BROTHERS,
RIVALS,
VICTORS

Eisenhower, Patton,
Bradley and the Partnership
that Drove the Allied
Conquest in Europe

通往将星
之路

艾森豪威尔、巴顿和布莱德雷，
从兄弟、对手，到征战欧洲

[美] 乔纳森·W. 乔丹　著
Jonathan W. Jordan

小小冰人　王祖宁　译

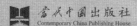

当代中国出版社
Contemporary China Publishing House

版权合同登记号 图字：01-2018-4588

图书在版编目(CIP)数据

通往将星之路：艾森豪威尔、巴顿和布莱德雷，从兄弟、对手，到征战欧洲 /（美）乔纳森·W. 乔丹

(Jonathan W. Jordan) 著；小小冰人，王祖宁译 . --

北京：当代中国出版社，2024.5

书名原文：Brothers, Rivals, Victors: Eisenhower, Patton, Bradley and the Partnership that Drove the Allied Conquest in Europe

ISBN 978-7-5154-1319-8

Ⅰ. ①通… Ⅱ. ①乔… ②小… ③王… Ⅲ. ①第二次世界大战—研究 Ⅳ. ① K152

中国国家版本馆 CIP 数据核字（2024）第 037108 号

出 版 人　王　茵

执行策划　黄　河　桂　林　隋　丹

责任编辑　隋　丹

特约编辑　徐　芳　刘健煊　羊桓汶辛　张　帝　林　晖

印刷监制　刘艳平

封面设计　东合社·安宁

版式设计　胡小瑜

出版发行　当代中国出版社

地　　址　北京市地安门西大街旌勇里 8 号

网　　址　http://www.ddzg.net

邮政编码　100009

编 辑 部　（010）66572154

市 场 部　（010）66572281　66572157

印　　刷　深圳市精彩印联合印务有限公司

开　　本　787 毫米×1092 毫米　1/16

印　　张　38 印张　插图 66 幅　602 千字

版　　次　2024 年 5 月第 1 版

印　　次　2024 年 5 月第 1 次印刷

定　　价　98.00 元

唯一比盟友共同作战更糟糕的事情，是在没有盟友的情况下作战。

—— **温斯顿·丘吉尔**（Winston Churchill）

献给奥斯丁、埃米莉和蕾切尔

 **权威推荐**

《科克斯书评》（*Kirkus Reviews*）（星级评论）

本书精湛地分析了"二战"的战争特点与双方的战术，十分振奋人心。

《纽约时报》（*The New York Times*）
迈克尔·科达（Michael Korda）

如果任何人认为"将军"是"正直""理智"的代名词，以为他们非常重视袍泽之情，对上级敬重有加，那么他（她）肯定会被这本书所震惊。

《二战史》杂志（*WWII History Magazine*）
亚历克斯·克肖（Alex Kershaw）

布莱德雷、艾森豪威尔和巴顿有一个共同点：他们都愿意竭尽所能地为国效力。乔丹的书不仅非常有趣，还成功地让我们注意到了这种献身精神，并让我们意识到，盟军在漫长、血腥的胜利之路上拥有如此不凡的领导者，是多么幸运。

《海军战争学院评论》（*Naval War College Review*）

这是一本非同寻常的书……乔丹从多方面展示了一部完美的现代传记应有的样子……这本书必然会在与领导力相关的作品中占有一席之地。

《华盛顿时报》（*The Washington Times*）

乔纳森·W. 乔丹完成了一个几乎不可能完成的任务： 他的这本具有划时代意义的作品，改变了我们对艾森豪威尔、布莱德雷和巴顿的理解……这本书应该成为西点军校等军事学院的必读书目。本书文笔优美，是一本广受欢迎的传记和军事史经典之作，非常值得推荐。

《纽约时报》畅销书《奥克角的男孩》（*The Boys of Pointe du Hoc*）的作者道格拉斯·布林克利（Douglas Brinkley）

乔纳森·W. 乔丹的《通往将星之路》是第二次世界大战历史领域具有里程碑意义的作品。

普利策奖（Pulitzer Prize）得主，《大国与将军》（*The Generals*）的作者托马斯·E. 里克斯（Thomas E. Ricks）

这是一本与美国军队的辉煌历史有关的书，它描写了巴顿、艾森豪威尔和布莱德雷这三个截然不同的人是如何团结起来改变世界的。乔纳森·W. 乔丹在这里以他的洞察力、同理心和热情讲述了这个故事。

《已死与即将死去之人》（*The Dead and Those About Die*）的作者
约翰·C. 麦克马纳斯（John C. McManus）

本书以翔实的资料、优雅的文笔和透彻的分析，为三位重要将领绘制了一幅肖像。乔丹成功地在读者面前复活了巴顿、布莱德雷和艾森豪威尔。本书充满了新鲜的洞见和引人入胜的故事情节，它会让你爱不释手。

《奥马尔·布莱德雷：战争中的将军》（*Omar Bradley: General at War*）的作者及《美国狙击手》（*American Sniper*）的合著者
吉姆·德费利斯（Jim DeFelice）

乔丹的作品帮助读者以一个全新的视角看待战争。对于所有的"二战"军迷或者想了解如何实际做出指挥决策的人来说，这都是一本必读书。

★ 序 言

兄弟、对手、胜利者

本书讲述的是三个人的故事。他们的任务是去消灭一个帝国。

这是一个以三位杰出军人的视角出发的关于战争和政治的故事。这三位军人的立场反映了他们从半个世纪的美式生活中积累起来的智慧和偏见，优点和缺陷。这三位主角，一个是来自加利福尼亚州（California）南部的有钱人，一个是来自密苏里州（Missouri）边远地区的穷人，还有一个是来自堪萨斯州（Kansas）的中产阶级。他们个性不同，但聚在一起却组成了有史以来最伟大的指挥团队之一。本书就讲述了这个团队的故事，以及三人被战火无情摧毁的数十年的友谊。

本书对那场解放欧洲的战争的叙述主要来自德怀特·戴维·艾森豪威尔（Dwight David Eisenhower）、奥马尔·纳尔逊·布莱德雷（Omar Nelson Bradley）和小乔治·史密斯·巴顿（George Smith Patton Jr.，又称乔治·巴顿）三位将军的言论和著作，此外，也来自他们的助手、参谋、上司、秘书、速记员、司机、勤务兵以及名流相识的口述和文字记录。大量的"二战"史著作赋予了21世纪的研究者无所不知的视角，但本书并不是以这种视角进行写作的，而是根据这三个人的立场进行叙述，所以本书既无法完整地描述这场战争，也无法完全客观地描述这场战争。实际上，巴顿和布莱德雷有据可查的想法是充满矛盾的，三位军人间的关系也随着政治、战争形势和三人个性的变化及冲突而有起有落。

从某些方面来说，三位主角的公众形象是被精心打造出来的，例如："血胆将军"巴顿经常脸色阴沉；"士兵将军"布莱德雷不摆架子；讨人喜欢的艾森豪威尔拍下了咧嘴而笑的照片，还附上了"我爱艾克"（Ike）① 的口号等。但对认识他们的人来说，这些公众形象一点也不真实：艾森豪威尔会接二连三地爆出粗话，有时候甚至与巴顿相差无几（尽管巴顿其实不太习惯使用修辞）；布莱德雷的同僚们则注意到，在他那传奇性的镇定自如之上，往往覆盖着一层焦虑不安的阴霾；同时，巴顿的博学和在上级面前的卑躬屈膝，与布莱德雷的冷酷无情和对其他人的造谣中伤同样颇具代表性。

巴顿喜欢说："战争也许可以靠武器来打，但必须靠人才能打赢。"盟军的反法西斯战争证实了巴顿的观点。第二次世界大战中的军事行动，如"火炬行动"（Operation TORCH）和"霸王行动"（Operation OVERLOARD）、卡塞林山口（Kasserine Pass）之战和突出部（Bulge）之役、西西里岛（Sicily）之战和莱茵兰（Rhineland）之战等，反映的其实是在这些战场上进行策划和作战的军官将士的各种特点。他们将自己的才能、恐惧、缺陷和欲望融入了战场。三位领导者才华出众、性格坚毅，他们的往来和交锋体现了爱国主义精神和对共同事业的忠诚，而这些正是盟军赢得胜利的"秘诀"。但他们也会发生争执、欺骗、威胁、暗算；有时又会互相迁就。因此，本书所讲述的三位伟大指挥官战时的个人故事，有时也在一定程度上反映了他们性格的阴暗面。本书向读者讲述的正是这三位将军那些发生在私人轿车里、办公室中及私人会面时的鲜为人知的故事。

坦率地说，由于书中所描述的人物均来自20世纪中期的那个伟大与堕落兼备的美国，因此，如果你想探寻三人迈向辉煌的不屈进程，抑或想要巩固或颠覆公众所热爱的偶像形象，那么你将发现这很难成功：他们既

---

① "艾克"是艾森豪威尔的昵称。——译者

可能是杰出而无私的，也可能是目光短浅且气量狭小的。不管怎么说，接下来的叙述将展现他们更为复杂多面的形象，这种叙述将会引发深受烦恼、恐惧和矛盾折磨的现代心灵更多的共鸣。总之，本书所写的既是关于友谊与责任、野心与牺牲的古老斗争，也是关于兄弟之情、同袍博弈和赢得战争的故事。

★ 目 录

I

第三部分　　反攻欧罗巴

第四部分　　千年帝国的陷落

凡尔登的"小型星系"

1944 年 12 月

当纳粹的利齿已深深插入美军的防线时，德怀特·戴维·艾森豪威尔正盯着污迹斑斑的地图，上面用红色记号笔画满了纵横交错、蜿蜒伸展的线条。他皱起了眉头。在他的军队里，所有穿军装的人都会朝这位高大、谢顶的将军敬礼，但此刻他正痛苦地意识到这些长长的红色线条代表着什么：正在被瓦解中的各个团、被打垮的补给单位、被敌军缴获的物资以及沿一条 50 英里①宽的战线阵亡的士兵。

那都是他的部下，是美国人！

一连两天，艾森豪威尔都在专心研究态势图和伤亡报告。他从鲜艳的线条中看出了一个真相，一个他担心自己的副手没能掌握的真相：希特勒这次穿越阿登森林（Arden Forest）的突击不是佯攻，不是骚扰性的袭击，也不是声东击西。这是一场真正的进攻，但要命的是，他的那些下属并未对此做好准备。

没人认为德军会发起大规模进攻，可它偏偏就发生在艾森豪威尔晋升

---

① 50 英里 ≈ 80 千米。——译者

为五星上将的当天。德军如潮水般涌来，威胁着前进道路上的约8万名美军将士的生命。美军的战线开始瓦解，部队向西溃退，战争的胜负似乎悬而未决。这种情况在很长一段时间以来还是首次出现。面对日趋严重的溃败局面，这位来自堪萨斯州阿比林市（Abilene）的将军忧心忡忡，他可以感觉到四国政府焦虑的目光此时都投向了他设在巴黎郊外的总司令部。

这种令艾森豪威尔心烦意乱的意外并不是第一次发生。在过去的两年半里，他那张原本平和的面孔不断被疲惫、沮丧和焦虑侵蚀着，最终变成了一副苍白的面具。每当他像以往那样边踱步边吸烟时，袅袅的烟雾便会散开。他那代表性的露齿微笑充满了自信，是他坚韧性格的象征，也曾令三大洲的政治家、记者和将军们为之倾倒。可每小时传来的阿登战役的噩耗让这种笑容看上去更像是在强撑门面。

研究地图时，艾森豪威尔知道至少有一部分问题出在他的战地指挥官身上。美军士兵正在英勇奋战，可那些将领却被德军装甲部队的突击打得晕头转向，不知所措。艾森豪威尔认为，他要做的第一件事，就是让这些将领迅速清醒过来，重组他们的部队并向东挺进。因此，他在12月18日夜间通知麾下高级将领到法国凡尔登市（Verdun）第十二集团军群的司令部参加会议。

盟军最高统帅于12月19日清晨离开总司令部，反复思考应如何带领军队摆脱可怕的混乱状态。与此同时，棕色的泥浆和灰色的脏雪从他那辆凯迪拉克防弹轿车的轮胎下甩了出去，开道的吉普车上挤满了面无表情的宪兵，艾森豪威尔和随行人员沿古道驶往凡尔登，美国第十二集团军群的指挥部就设在那里。车队从城市入口处的旧石拱门下驶过，蜿蜒地穿过凡尔登狭窄的街道。很快，凯迪拉克在飞溅的泥浆中停了下来，它已到达该市东北端一座石砌的旧营房旁。在集团军群司令的勤务兵们的引导下，艾森豪威尔踏上嘎吱作响的台阶，走入一间寒冷、破旧、和他冻僵的脸颊同样苍白的会议室。他站在陈旧的木桌、地图、椅子、文件和公文包中间打量着他的部下。

在这间看似地窖的会议室里等待他的是奥马尔·纳尔逊·布莱德雷中将。

这个身材高大的黑眼睛的密苏里人满面愁容，身上朴素的军装熨烫得服服帖帖。他在靠近房间中央的地方静静等待时，扣紧了厚实的紧身军用夹克以抵御严寒。

布莱德雷将军比他这位西点军校（West Point）的同班同学小3岁。他此时站得笔直，牙关紧咬，寒冷的空气让他的金属框圆形眼镜的镜片变得有些模糊。他的表情更像是一名正在接受考核的高年级军校学员，而不是美国有史以来规模最大的军队的指挥官。布莱德雷并不想操办这场会议。作为关键的第十二集团军群司令，他的战线正被希特勒的装甲力量撕开。他后来承认，"我们被打得措手不及"。当时他正设法摆脱这场巨大的灾难。

在此之前，布莱德雷不断赢得引人注目的胜利。他有条不紊地率领美军从诺曼底滩头（Normandy）杀至德国边境。这一过程中，他只遭到过几次拦截，从未遭遇彻底的失败，他麾下的几个集团军差不多都推进到了莱茵河。某些在军事和政治方面不切实际的上司一再施压，称美军在圣诞节前，或最迟在1945年的头几个星期就应该能打赢这场战争。催促布莱德雷攻入德国本土的压力越来越大，可随着希特勒的利剑刺进了他的侧身，布莱德雷不得不摸索抵御之道。

屋内唯一的热源是一个温热的大肚火炉。当艾森豪威尔和布莱德雷在它旁边徘徊时，这个临时性指挥部逐渐挤满了身穿防水风衣和野战短外套、脸色阴沉的军人。除了布莱德雷和他的参谋，艾森豪威尔还召来了他的空军中将、高级情报官员、附近的第六集团军群司令、英国地面部队司令和几名下级指挥官，以及一些不知名的副官、助手和高级参谋。会议开始前，他们在上司的指示声中来回穿梭，翻寻文件、报告和地图，并与其他人低声交谈。

快到11点时，伴随着嗡嗡的讨论声，布莱德雷麾下的第三集团军司令小乔治·史密斯·巴顿中将迈着大步走入房间，他那双棕色的高筒骑兵靴踩在地板上发出砰砰的响声。他摘下标志性的"钢锅"头盔，露出一头蓬乱的白发和一张颧骨突出的坚韧面孔。他的每一次呼吸都在他面前形成丝丝白色的雾气。

巴顿迈开的大步和脸上自命不凡的微笑，将他与坐在会议桌旁的那些疲惫、悲观的军人明显地区别开来。他从上衣口袋中掏出一根粗大的雪茄塞进嘴里，擦燃火柴，把脸凑上去点燃雪茄。接着他开始吞云吐雾，全然无视屋内的寒冷，那双蓝灰色的眼睛以一种目中无人的自信扫过房间——这是因为他对眼前的棘手问题已有了一个简单、暴力的解决方案，而这个问题此时仍让在座的谨慎之辈不知所措。

在所有与会者就座后，艾森豪威尔起身发言。他用尖锐的中西部口音说道："我们应该把目前的态势看作机会而不是灾难。会议桌上只应有笑脸。"

没人吭声，直到一个高亢的嗓音打破沉默。

"见鬼！我们应该鼓起勇气，让那些狗杂种一直打到巴黎。然后，我们把他们切断，再把他们一口口吃掉！"

说话的是巴顿。会议室内响起低低的笑声。这是一种勉强挤出来的笑声，但军官们毕竟是笑了，至少这是个开始，对这场会议来说非常重要的开始。

"很好，乔治，"艾森豪威尔略有些不快地说道，"但无论如何都不能让敌人渡过默兹河（Meuse）。"

基本要点明确后，艾森豪威尔转而谈起如何击退敌人两个庞大的装甲集团军的问题。将领们已经对如何堵住盟军战线上的"出血的溃疡"提出了试探性的建议。他们决定，一旦将进攻中的德军阻挡在"突出部"①的上方，巴顿第三集团军的 3 个师和从布莱德雷那里暂借的另外 3 个师就从南面对敌人发起猛攻，粉碎纳粹的侧翼。如果情况允许，他们还要对其后方实施打击。

盟军最高统帅部（Supreme Allied Headquarters）不乏聪明的策划者，他们已提出了一个明智的计划。但要让这个计划奏效，就需要有人将一股强大、猛烈而谨慎的打击力量投入战场，并且需要一个相信该计划可行的人。因此，他们选中了巴顿。

---

① 由于当时盟军的战线比较平整，后被德军撕开了一个口子冲了出去，于是盟军就将这个口子称为"突出部"。突出部战役即阿登战役。——译者

艾森豪威尔转向他的老朋友，宣布他的决定："乔治，我希望由你来指挥这场行动，当然，是在布莱德雷的监督下。我希望你至少要出动 6 个师，发起一场强有力的反击。你什么时候能开始？"

"你吩咐完毕就能开始。"

"那你何时能投入进攻？"

"12 月 22 日，3 个师。"

12 月 22 日，仅剩 3 天。

几名副手低声发笑。其他将领眯着眼睛把背靠到椅子上，桌下的靴子不停地摩擦着地板。布莱德雷一言不发。所有人都知道，没有哪支军队能做到这一点。巴顿必须把数千名士兵撤出敌方的战线，将他们旋转 90°，以掩护侧翼免遭敌人攻击。他要印制新地图，寻找道路以转运储备物资，还要指定出发地。然后，他要在冰天雪地中把几千个冻得要死、怨声载道的士兵以及车辆、火炮、食物、通信设备和锅碗瓢盆转移到 160 千米外的地点。房间里的人知道，巴顿的大胆承诺更多的是一种卖弄，而这个人的炫耀卖弄已让自己与艾森豪威尔麾下的大部分更优秀的将领变得疏远了，特别是巴顿原先的副手——布莱德雷将军。

艾森豪威尔用巴顿以前多次听过的语调反驳道："别说蠢话，乔治！如果你过早地发起进攻，你的 3 个师会来不及准备，你将只能零零散散地投入兵力。"艾森豪威尔告诉巴顿，他打算把进攻日期推迟一天，以确保他的部下为实施这次协同进攻做好准备。

巴顿没有吱声，以往的痛苦经历已教会他在这种时候闭上嘴巴。艾森豪威尔以尖锐而不容置疑的声音告诉他，此事无须再议。

但巴顿心里知道自己是对的。他对敌人位于北部边境的阵地已研究数日。离开设在南锡（Nancy）的司令部前，他指示参谋人员拟就 3 份计划，其中 1 份要求军队全力穿过卢森堡（Luxembourg）。只要他给司令部打去电话并说出预先设定的密码，他们就把 3 个师和 1 个骑兵团送上布满积雪的道路，去攻击德军暴露的侧翼。

为巴顿制订了合适的进攻时间后，艾森豪威尔明显变得愉快起来。在接下来的会议中，巴顿的强大信心将美军最高统帅部从悲观情绪中慢慢地解救了出来。屋内变得暖和了，巴顿这个好斗的老坦克兵凑到布莱德雷的地图前，从嘴角取下雪茄，指着德国人易受攻击的突出部，开始阐述他的进攻计划。

"德国佬将把脑袋伸入一部绞肉机，"他挥舞着拳头，奸笑着说，"绞肉机的手柄这次在我手中。"

对计划加以充实后，三位将领离开了这座古老的兵营。此时，他们并未想到他们在和平及战争时期建立起来的伙伴关系会如何将他们带至美国陆军最辉煌的时刻。他们没有细想昔日在非洲、西西里岛、英国和法国出现的争执、计划、野心和恐惧。他们正在进行一场殊死战斗，并竭力将其转变为美军的胜利。重新焕发活力的五星上将和他的两位老友即将钻入司机的驾驶室，开着一列咆哮着的巨型运输列车冲破"第三帝国"的正门。

当他们走入 12 月的寒风中时，艾森豪威尔的眼中闪过一丝光芒，他对巴顿说道："乔治，每次我得到一颗将星时都会遭到攻击，这可真够滑稽的。"

这位老骑兵咧嘴而笑，回答道："艾克，每次你遭到攻击时，我都会帮你渡过难关。"

BROTHERS, RIVALS, VICTORS

第一部分

和平年代的友谊

第1章 战争后遗症

> 艾克，战争可能会在 20 年后爆发。我们将要做的就是打仗。我会成为托马斯·乔纳森·杰克逊（Thomas Jonathan Jackson），而你会是罗伯特·E.李（Robert Edward Lee）将军。[①]可不想干繁重的脑力活，那是你该做的，我会率领部下冲向敌人。
>
> ——巴顿致艾森豪威尔，1920 年

谢顶的中校穿着一件皱巴巴的衬衫，但他并不觉得自己这身装束好笑。橡树叶开始变色，慵懒的秋风吹拂着他的面庞。他漫步于马里兰州（Maryland）米德营（Camp Meade）的木制兵营间，沿着尘土飞扬的车道踟蹰而行。米德营曾经是强大的美国坦克军团的基地。在和平时期，该军团主要负责一些常规工作。

一年前，米德营还是个热闹非凡的地方：步兵们列队而行；坦克在驾驶训练时喷出烟雾，搅起泥浆；步枪靶场上传来断断续续的射击声；拥挤的食堂中传出上千人交谈的声响；此外，还有在陆军错综复杂的电话线路上工作的女接线员，她们表面热情，实际却冷若冰霜。可现在，他不由得想到，这地方看上去空空如也，已被人遗忘，一如他的职业生涯。

从失意者到装甲力量的信徒

18 个月前，27 岁的德怀特·戴维·艾森豪威尔满怀热情地经营着繁

---

① 托马斯·乔纳森·杰克逊（简称"杰克逊"）是南北战争时期南方军总司令罗伯特·E.李将军（简称"李"）麾下的名将。——译者

荣发展的柯尔特营（Camp Colt）。那是宾夕法尼亚州（Pennsylvania）为美国坦克兵提供的训练场地，他们将赶赴欧洲，打击德国人。那时候，艾森豪威尔兴奋不已，十分渴望能在战争结束前投身战斗。如果能去海外参战，他甚至愿意被降为少校。

但陆军方面对此并不感兴趣。他们喜欢艾森豪威尔，就像大多数人一样。但他们希望的是艾森豪威尔去训练士兵，而不是率领士兵，于是将他留在了国内。战事在法国结束时，艾森豪威尔和他巨大的自由式坦克（Liberty Tank）被闲置在米德营中，共同度过了这场"结束一切战争的战争"[①]那令人扫兴的最后时光。

1919 年秋，艾森豪威尔坐在他那间毫不起眼的木制办公室里，准确地推断出自己开始走下坡路的日子：1918 年 11 月 11 日，也就是第一次世界大战正式结束的那天。从那天起，军队的一切都发生了变化：敬礼变得马马虎虎，士兵们打招呼时不拘礼节，每个人似乎只想着回家。这些人履行了自己的职责，现在战争已结束，他们正憧憬着没有敬礼、教官、起床号和毫无意义的队列操练的生活。但这不是艾森豪威尔此刻在想的事情。他是一名职业军官，正处于一个心情沮丧的时期，此时他最重要的工作是把他的那些部下送回家。

最后一批接受训练的新兵离开很久之后，艾森豪威尔哀叹道："战争结束时，没有谁的事业会像陆军训练营那样一落千丈。"他补充道："至于我的职业生涯，前景并不乐观。我觉得自己未来几年会在一份毫无意义的办公室工作中整理文件、填写表格，然后眼看着体重增加。就算不会意志消沉，我也会生气、失望，会憎恨我没能投身战争的这一事实。"

那是个平淡无奇的秋天，唯一打破艾森豪威尔单调乏味的生活的，是一个充满干劲的加利福尼亚人的到来。他叫小乔治·史密斯·巴顿，是一名曾指挥过一支轻型坦克部队的上校，现在这支部队暂时由艾森豪威尔照管。巴顿上校身材高大，穿着一尘不染的定制军用夹克、马裤和锃亮的靴子，看上去就像是从《军官战地手册》（Officer's Field Manual）的封面上走下来的人物。他摆动着 185 厘米高的身躯，那样子仿佛这个世界

---

① "结束一切战争的战争"是第一次世界大战的别称，当时所有人都认为这场战争是战争之最，没人想到后来会爆发规模更大、更为惨烈的第二次世界大战。——译者

只是个大型阅兵场。当他以高亢的、近乎女性化的嗓音喊出命令时，他会习惯性地皱起眉头，眯起蓝灰色的眼睛。

这两位军官几乎没有任何相同之处。小乔治·史密斯·巴顿混合了有教养的贵族与粗俗的骑兵的特点。作为一名校级军官，他的家庭财富使他能够维持一种将级薪资也无法承担的生活方式。艾森豪威尔比巴顿矮 5 厘米，年龄也小 5 岁，是个讨人喜欢的步兵军官，但他微薄的军饷很难维持其家庭生计。巴顿是独立战争和南北战争英雄的后代，相信伟大就像赛马的速度或公牛的力量一样，是可以培养的。而艾森豪威尔呢？据他所知，他那在堪萨斯州和宾夕法尼亚州的先人取得的成就微不足道，他的血统在历史上毫无记载。

两人都是急性子，脾气很大，脏话连篇。但艾森豪威尔的微笑是牙膏公司愿意花大价钱投放广告的露齿一笑，他用这种极具感染力的笑容软化了其性格上的棱角。而在朋友圈以外的人看来，巴顿上校趾高气扬、满口粗话，始终像是在舞台上表演。就连两人的婚姻伴侣也存在着鲜明的对比：比阿特丽斯·艾尔·巴顿（Beatrice Ayer Patton）是个热情奔放、身体强健、颇有教养的波士顿（Boston）女继承人，在新英格兰特权阶层长大；而艾森豪威尔的妻子，精明、朴素的玛米·杜德·艾森豪威尔（Mamie Doud Eisenhower）始终不为人熟知。或许就这一点而言，艾森豪威尔的妻子反而更引人关注。

艾森豪威尔与巴顿的一个联系纽带是令他们为之骄傲的母校。巴顿1909 年毕业于纽约州西点镇的美国军事学院，而身材颀长的学员艾森豪威尔在 6 年后也从这座神圣的殿堂中走出。

但毕业后，两人的职业生涯天差地别。巴顿在陆军的快速通道上奋力前行：与约翰·约瑟夫·潘兴（John Joseph Pershing）将军 [①] 一同追击潘乔·比利亚（Pancho Villa）[②]；在 1912 年的斯德哥尔摩奥运会（Stockholm Olympic）上传递美国陆军的火炬；重新设计骑兵军刀；组建了坦克军团。"一战"中，他在法国参战并带着枪伤从欧洲回国，获得 4 枚战星勋章、1枚杰出服役十字勋章、1 枚杰出服役勋章和 1 枚法国军功十字勋章。反观

----

① 约翰·约瑟夫·潘兴：美国著名军事家，陆军特级上将。——译者
② 潘乔·比利亚：墨西哥农民运动领袖。——译者

艾森豪威尔，他的运动生涯因膝盖受伤而中断，15 年的军旅生涯也并无太多出彩之处。只不过，作为一名三流橄榄球教练，他的成绩尚可。此外，他还是个在当地小有名望的认真的管理者。战争期间，艾森豪威尔一直在国内默默无闻地服役，大多数时候待在葛底斯堡战场（Gettysburg）附近，就是在那里，巴顿的一位支持南方邦联（Confereate）的祖先死于北方联邦军队（Union）的枪口下。第一次世界大战期间，艾森豪威尔没有率领他的部下上过战场，他仅负责训练士兵们在诸如巴顿上校这些指挥官手下战斗。

尽管军旅生涯颇有成就，但巴顿到达米德营时情绪依然较为低落。在羊毛军装和坚强外表下的，是一个正在与抑郁症苦苦相搏的军官。他在 1918 年 11 月 11 日得了这种病——那天是他 33 岁的生日，但令他近乎绝望的是，战争竟然在这一天结束了。

几个月的战术训练，思想和身体经受的数年的磨炼，以及他为之奋斗的一切，都付诸仅仅两天的宝贵战斗中。因为默兹河—阿戈讷（Meuse-Argonne）攻势首日的一颗该死的毛瑟枪子弹，巴顿上校的战争结束了。命运之神猛踢了他的屁股一脚，更准确地说是一颗子弹穿过了他的大腿，最后从他的臀部钻出。而当他从伤势中恢复过来时，战争结束了，年轻的巴顿一直追求的冒险生涯也随之结束了。

在给身边的人带来灿烂笑容的和平时期，乔治·巴顿发现自己陷入了一种空虚、沮丧的生活中，似乎没人在乎他所拥有的东西。战争扩大了他的视野，塑造了他的精神，向他展示了她的力量和威严。但在短暂而"可口"的硝烟与怒火之宴结束后，他被粗暴地丢回一个"满是小人物的平庸世界"。这里都是些"碌碌无为之徒"，也就是 1919 年的米德营中的那些人。

巴顿最小的女儿后来描述了这位战神门徒回国后的情绪：

> 他那时非常痛苦，对自己一手创建的坦克军团的未来忧心忡忡。他还得了战争后遗症，这事是千真万确的。他曾是一位指挥几千名士兵的军官，那时他做出的判断意味着胜利或失败、生存或死亡，但现在他离开了战场，只指挥着一小批人。此外，和平时期的军旅生活视野狭隘，军中没有足够的资金和充足的士兵，家庭还给他制造了温柔陷阱。这些都实在令他失望。我想，这样的境况可能与乔治的期望相去甚远……

虽然对这两位年轻军官来说，生活变得索然无味，但首次碰面后没过几周，他们就设法重新点燃了对方心中的火焰。这股火焰源自不断发展的军事理论。他们发现，将他们这两个彼此不太可能成为朋友的人联系在一起的纽带是对坦克的崇拜，因为他们都认为钢铁战马是现代战场上的利刃。正如艾森豪威尔在总结他们的早期关系时所说的："从一开始，乔治和我就惺惺相惜……我们俩都是现代军事学说的信徒。我们的激情部分源于我们对坦克的执着，这种执着在当时遭到了其他人的嘲笑。"

与欧洲的普遍看法一样，美国陆军学说认为，坦克的任务是提供掩护、粉碎敌人布设的铁丝网，并以近距离直射火力支援步兵。坦克的速度不需要超过每小时 8 千米，因为其任务与匍匐、隐蔽并穿越中间地带的步兵密切相关。但两位年轻军官为坦克设想的是一种独立行动的新方式，军队可以借此更自由地深入敌人的后方。

两人进行的只是一种理论工作，他们的热情也只能保持在学术领域，除非下一场大规模战争爆发，否则他们的想法就无法付诸实践。但在一支和平时期的军队里，两位坦克兵很喜欢扮演前途远大的年轻知识分子。威尔逊主义者（Wilsonian）认为，战争是人类愚昧的产物，但这种观点并未说服巴顿和艾森豪威尔。他们在门廊或火炉旁度过了许多个夜晚，讨论坦克应如何在一场虚构出来的战斗中突破阵地。他们会更改相关假设，并为解决方案争辩到深夜。

他们对装甲力量的热情展现出他们的许多上司所缺乏的想象力和乐观主义精神。这种热情使巴顿和艾森豪威尔结下了深厚的友谊，并以他们在1919 年秋季时尚无法想象到的方式改变了他们的命运。但两人都很清楚一件事：下一场战争总有一天会在某处爆发。正如艾森豪威尔记得的那样："乔治不仅对此深信不疑，而且是个狂热的信徒。在闲谈或进行我们共同的研究时，他从来不说'如果战争爆发'，而总是说'当战争爆发时'。我们一同工作、聊天、学习，成为彼此亲密的朋友。"

两人越走越近，两人在其他方面的共同兴趣进一步加深了彼此的亲密关系。艾森豪威尔从未想过与巴顿一同打马球，因为那是有钱人的运动，而且需要健康的膝盖。但他和巴顿都已年过 30 岁，都喜欢骑车和射击。他们都喜欢做一些冒险的事情，也喜欢在米德营周围的村庄喝点杜松子酒。[①]

有时候，他们渴望搞点小刺激。对这两位认真负责的军官来说，这是个奇怪的念头。比如，在得知手无寸铁的行人在通往营地的路上遭歹徒抢劫后，两人会钻入巴顿的旅行车，在夜间黑暗的道路上开来开去——他们希望把歹徒引出来，然后用他们携带的 6 支手枪解决问题。

另一个阳光明媚的午后，两人跑到机枪射击靶场，用一挺 7.62 毫米口径的勃朗宁（Browning）机枪连续射击，以确定机枪在枪管过热、准确度下降前能够使用多长时间。巴顿为自己能够担任射手而兴高采烈，卖力地打了几个长点射。艾森豪威尔则眯起双眼贴近望远镜，观察子弹的弧形下落过程。

巴顿打完一条长长的弹链后，艾森豪威尔建议休息片刻并检查弹靶。没等朝发射方向走出太远，他们便听见勃朗宁机枪在身后响了起来，一声，接着又是一声。机枪的水冷系统开了锅，接连射出的子弹从两人身边飞过，每一颗子弹都发出“砰”的一声，使枪管再度变热。

两人奔跑着寻找隐蔽之处，艾森豪威尔喊道：“乔治，机枪太热了，它会继续发射的！”艾森豪威尔和巴顿无视子弹的呼啸，像两个诺曼·洛克威尔（Norman Rockwell）[②]油画中的瘦子一样，迅速蹦着回到机枪旁。巴顿抓住弹链用力扭动，卡住的机枪终于平静了下来。两人面面相觑，决定这天不再进行任何冒险了。

还有一次，这两个自封的坦克技师进行了一项实验，想知道一辆重型自由式坦克能否用钢索拖动 3 辆轻型雷诺坦克（Light Renault Tanks）。咆哮的自由式坦克奋力前进时，钢索不断地拉伸、扭曲，以至断裂。尾部被磨损的钢索犹如一柄长剑般飞过，距离两人的头部只有十几厘米。“我们离飞来横祸肯定不超过 15 厘米，”艾森豪威尔后来回忆道，“我们当时都吓傻了，完全不知道发生了什么，只是面面相觑。我敢肯定自己的脸色跟乔治的一样苍白。”晚餐时，沉思的巴顿将他们与钢索的近距离接触，同他在默兹河—阿戈讷攻势中险些丧命的经历加以对比。

---

① 据鲍里斯·劳伦在《巴顿将军私人日记》一书中称，使这两位年轻军官的关系更加密切的另一个共同爱好是酿私酒，当时这在美国是被绝对禁止的。——译者
② 诺曼·洛克威尔是美国 20 世纪早期的重要画家。——译者

"艾克，你也和我一样害怕吗？"他问道。

艾森豪威尔点点头："我甚至害怕提起这个话题。"

"剿匪巡行"、开锅的勃朗宁和坦克钢索事件虽说有些荒唐可笑，却是艾森豪威尔和巴顿在20世纪20年代初的交往中最真诚的部分。艾森豪威尔曾是堪萨斯校园的拳击手，而巴顿通过更深入的研究，已找出战斗时的危险所在，特别是人们在使用"文明的"武器时的危险。两个人相互鼓动着进行了一些奇怪的小冒险，在一个"我们对抗世界"的游戏中接受身体和精神的测试。他们都对对方的男子汉气概印象深刻：顽强、遵守纪律、随时准备战斗。在和平时期军队的悠闲生活里，这些异想天开的冒险为巴顿和艾森豪威尔带去了他们在战争时期才有的那种兴奋感，也加深了他们之间的友谊。

在米德营，巴顿和艾森豪威尔的家人住在相邻的两座废弃的营房里。军方已批准将其改造成军官宿舍。把一座超大的木制营房改造成体面的家庭住宅需要付出大量的精力和劳动，但巴顿和艾森豪威尔的营房翻新工程却成为两人关系中的另一块砖。他们雇佣不值勤的士兵帮忙拆墙，重新布设管道，把每座营房隔成三间卧室，以便能够容纳巴顿的两个女儿、艾森豪威尔的幼子和到访的客人，此外，还重新粉刷墙壁并挂上了窗帘。没过多久，陈旧杂乱的屋子便呈现出一种舒适的，甚至颇能吸引人的面貌。为了增添一抹温馨的色彩，艾森豪威尔和玛米在屋外种上了鲜花和蔬菜。据他后来回忆道："我曾耗费许多时间'劝诱'玉米、西红柿和青草从堪萨斯州的土壤里快快长出来，从未放弃。"随着新家的建成，两个家庭愈发亲近；艾森豪威尔两岁的儿子，昵称为"艾基"（Icky）的杜德·德怀特（Doud Dwight）经常在巴顿家里和他的女儿比亚（Bea）和露丝·艾伦（Ruth Ellen）一同玩耍，她俩非常崇拜玛米，对她的小儿子也宠爱有加。

与旧式陆军军官一样，巴顿和艾森豪威尔保持着积极的社交活动。巴顿在陆军部声望颇高，偶尔会吸引来自华盛顿和其他地方的访客。巴顿和比阿特丽斯经常用奢华的晚餐招待来宾，而艾森豪威尔和玛米都是他家的常客。艾森豪威尔和巴顿也同他们的军中同僚打扑克。艾森豪威尔是个扑克牌高手，巴顿输掉的钱，大多是被他赢走的，但巴顿从未有过抱怨——巴顿输得起，而且作为一个赌徒，他从来不会因为输掉太多钱而心情不好或耍赖不认账。他正在为更大的赌注聚集运气。

虽然艾森豪威尔和巴顿很快就成了好朋友，但他们强烈的个性偶尔也会扑灭两人友谊的火花。艾森豪威尔记得，两人"会就某些问题发生激烈争执，有时候几乎是大喊大叫，但通常是在理论和学术方面的争议，而不是个人私事或物质上的计较"。例如，他们永远无法在一个多解的问题上达成一致：赢得军事胜利最重要的条件是什么？内心充满浪漫主义色彩的巴顿极力主张，战场指挥高于其他一切因素。他心目中的英雄——汉尼拔、恺撒、拿破仑、"石墙杰克逊"（Stonewall Jackson）[①]，都是通过大胆无畏和众人瞩目的领导力，克服万难赢得胜利的。这种极具表现张力的领导技巧为部队注入了斗志，驱使有理智的人冲入枪林弹雨。从童年时对历史的研究到他在法国的战场经历，一切都在向巴顿强调领导力能赢得战斗，而战斗决定战争。而艾森豪威尔这个中西部美国人则来自一个农民和商人相互依赖的地方，他觉得个人领导力只是影响战斗结果的诸多因素之一。虽说个人领导能力很重要，但他认为巴顿对日常事务（例如后勤和联盟）过于轻视，而这些日常事务是有利于勇士们冲锋陷阵、奋勇杀敌的。他认为，将领必须将士兵们组织起来，为他们提供食物并配发有效的武器，这样他们才能在战场上发挥威力。艾森豪威尔也赞同伏尔泰的说法——"天助强者"，但他相信，如果一个将领率领的是一群饥肠辘辘的乌合之众，那么无论他的个人行为多么鼓舞人心，他都将输掉战争。这个理念是艾森豪威尔的军事思想中不可分割的组成部分，是他在世纪之交的堪萨斯州所接受的教育和他的军事研究相结合的产物。

1920 年下半年，巴顿与艾森豪威尔的合作达到顶峰，两人都撰写学术性文章，预测坦克将在未来的冲突中独立地发挥作用。1920 年 5 月，巴顿上校在权威的《步兵杂志》（*Infantry Journal*）上发表了一篇题为《未来战争中的坦克》（*Tanks in Future Wars*）的文章。他在其中驳斥了盛行于陆军中的学说——坦克唯一起到的作用是支援步兵。他写道："坦克军团与步兵、骑兵、炮兵或工兵结合，就像一只鸭子的第三条腿，对指挥军队和削弱敌

[①] "石墙杰克逊"这个绰号来自美国南北战争期间的第一次马纳萨斯战役。杰克逊率部驰援亨利豪斯山，小巴纳德·艾略特·毕准将命令溃退的部队重组，他喊道："看啊！杰克逊像石墙那样屹立在那里！我们要下定决心，不成功便成仁！集合到他身后去！"——译者

方毫无价值。"

同年，艾森豪威尔也为《步兵杂志》撰写了文章，建议美国坦克配备更大口径的火炮。他预测，在未来的战争中，坦克将利用其机动性和强大火力从侧翼粉碎敌人。正如艾森豪威尔后来回忆的那样，他们的理论是"一种综合性的坦克学说的先驱，乔治·巴顿的理论将使他成为一个传奇人物。当然，作为这一学说的强烈支持者，我们力图争取更多的信徒。这并不容易，但乔治和我对此有着极高的热情"。

为证明坦克比步兵更有优势，艾森豪威尔和巴顿并未仅仅满足于改善理论——他们的想法若付诸实施，会使坦克脱离支援角色，并将其置于下一场战争的舞台中央，让这些喷吐烟雾的可怕巨兽像中世纪的披甲武士那样震撼敌军。他们旗帜鲜明地提倡变革，在步兵内部开展说服工作（尽管步兵部队是这个国家最保守机构中的最保守的部门）。

在步兵大佬查尔斯·法恩斯沃思（Charles Farnsworth）少将看来，这种言论不啻离经叛道。装甲力量的任务就是为步兵提供火力支援，他无法相信任何一个负责任的军官会主动提出让坦克担负其他任务的建议。法恩斯沃思立即将艾森豪威尔召至华盛顿，在一场短暂而又冰冷的面谈中，这位步兵司令发出威胁，如果艾森豪威尔继续撰写这方面的文章，他的职业生涯就会因此断送。

受到责罚的艾森豪威尔做出了让步，至少表面上如此。他放弃了自己的"邪说"，并撰写了一篇未发表的文章，文中总结道："无论发展到什么程度，坦克永远都无法替代步兵的任务。"但在内心深处，这位军事伽利略仍是坦克的信徒。无论法恩斯沃思这种保守的老将军说些什么，艾森豪威尔都清楚，坦克将改变各国进行战争的方式。

巴顿从不缺乏强烈的热情，但在一支日趋缩小的军队中，高涨的热情并没有太大的意义。他非常清楚必须停止冲撞目前的体制。他和艾森豪威尔尽可以砍伐"步兵第一"这一学说的树根和枝杈，但这棵大树依然会高大、粗壮、笔挺地伫立在那里。

华盛顿那些身穿卡其教袍的"红衣主教"下达的禁令是对巴顿和艾森豪威尔一个巨大的打击。但与大多数被迫害之人一样，信徒们只是团结起来并静静地坚持他们的信仰。他们咒骂、嘲笑高级军官们得了脑萎缩，并以骑马、学习、辩论来充实自己的生活，没有再次试图公开"传教"。

几个月的辩论、实践、演练和理论建构，以及扑克牌局、军方的迫害和偶尔为之的奇特冒险，巩固了巴顿和艾森豪威尔几乎持续一生的友谊。两位才华横溢的军官都认为，他们在坦克军团的第二年日子会更美好。但1920年，陆军部根据一条重组和平时期军队的法案，将坦克兵团并入了步兵。此时，巴顿的内心世界引领他返回骑兵部队，那是他的"初恋"，而艾森豪威尔作为一名接受过训练的步兵，将继续与坦克待在一起。分入不同兵种后，两人都被降回到之前的永久军衔①，在接下来的20年里，他们很少见面。但正如军旅生涯中常见的情况那样，他们保持着友谊的火焰，并以虽不频繁却相当真诚的信件将其拨旺。

在1920年10月分道扬镳时，巴顿和艾森豪威尔对自己在下一场大规模战争中的定位都有一种模糊的认识。他们认为下一场大战将是《凡尔赛条约》（Treaty of Versailles）的必然结果。年长的巴顿不想包揽一切，因为这涉及太多的参谋和文书工作，会影响他的战场指挥，他会让艾森豪威尔负责策划工作。在下一场战争中，巴顿将在马背上，或在一辆坦克中率领士兵们赢得胜利。艾森豪威尔对此回忆道：

> 在所有讨论未来战争的闲谈中，乔治总是将自己视为高度机械化部队的指挥官。起初他把自己比作"石墙杰克逊"麾下的杰出骑兵指挥官阿什比（Ashby），但他很快提高了自己的目标。他曾说："艾克，战争可能会在20年后爆发。我们将要做的就是打仗。我会成为托马斯·乔纳森·杰克逊，而你会是罗伯特·E.李将军。我可不想干繁重的脑力活，那是你该做的，我会率领部下冲向敌人。"这种想法一次次地在他嘴边重复。

巴顿傲慢的言谈可能出现在他俩在前廊喝啤酒时的闲聊中，但一个微弱而又非常令人信服的声音告诉巴顿和艾森豪威尔，他们将会一同做

---

① 美国军官晋升分为永久晋升和临时晋升两种。永久晋升的军衔称为"永久军衔"，亦称"正式军衔"，不经法律程序不得降级、停止或剥夺，为个人终身所用。临时晋升的军衔称为"临时军衔"，亦称"职务军衔"，一旦失去与这个军衔相当的职务，临时军衔也就随之消失，降回到原来的永久军衔。——译者

一些事，一些大事。正如艾森豪威尔对那些令人振奋的日子所做的总结那样：“展望未来，我们始终是伙伴；那些日子中我们从未想过，在战争中我们可能会决裂。”

“小镇警长”布莱德雷

分离，以及随之而来的沮丧才是军旅生涯的真实面貌——布莱德雷少校艰难地学到了这一课。

这位黑眼睛的密苏里人于 1915 年 7 月离开西点军校，带着一名新上任军官的装备：一支 9 毫米（0.45 英寸）口径柯尔特手枪、一顶宽边毡帽、一柄派不上太大用处的佩剑和一副 6 倍双筒望远镜。在接下来的两年里，奥马尔·纳尔逊·布莱德雷往来于纽约州和华盛顿州，带领一批又一批的步兵连，但他从未参加过实战。

这位愁眉苦脸、身材瘦长、身体矫健的少校本应在欧洲指挥一个营：那里当然有足够多的战争可以让他派上用场，而且，他也已接受过充分的训练，具备野外经验，因此有理由期待军队任命他为战地指挥官。可对布莱德雷来说，事情似乎一直都不顺利。当美国与墨西哥发生战争的时候，布莱德雷始终在场外旁观。欧洲的战火席卷大西洋时，美国陆军却以其无限的“智慧”将布莱德雷调往第十四步兵团。这个运气欠佳的步兵团散布在从阿拉斯加州（Alaska）到蒙大拿州（Montana）的驻军据点上，工作单调乏味。

第十四师的任务无疾而终，布莱德雷想调到战斗指挥部的努力也无果而终。他在第一次世界大战期间见到的唯一“战场”位于蒙大拿州中部的阿纳康达（Anaconda）铜矿附近，那里的“敌人”是罢工工人和劳工煽动者，而非头戴尖顶式钢盔的德国人。在 1918 年的圣帕特里克节（St. Patrick's Day）①，世界产业工人联合会（Industrial Workers of the World）的成员企图在比尤特（Butte）附近发动暴乱。数百名配备指节铜环和小刀的矿工沿大街游行，布莱德雷为此出动了他的 91 人的连队。他让全体士兵装备上

---

① 圣帕特里克节：在每年的 3 月 17 日，是为了纪念爱尔兰守护神圣帕特里克。——译者

刺刀，如果有谁愚蠢到想要改变游行路线，就把他撂倒。布莱德雷的步兵们摆出的果决姿态扑灭了罢工者的热情，世界产业工人联合会离开了该镇。

就这样，当4个美国师在法国同德国风暴突击队（German Storm Troopers）血战时，布莱德雷只在蒙大拿州扮演着小镇警长的角色。但若非十几岁时离开了家乡，他现在可能还待在密苏里州南部贫困的边远地区。

对这个方下巴的左外野手来说，这是一段令他焦躁不安的时期，对他的西点军校同学艾森豪威尔而言同样如此。布莱德雷最害怕的是被抛在后面，而第一次世界大战正迅速使他最担心的事情成为现实。雪上加霜的是，青梅竹马的妻子玛丽·奎尔·布莱德雷（Mary Quayle Bradley）在他对付暴动矿工的当天生下了一个死婴——那是个男孩，是他们的第一个孩子。这个死去的婴儿本来会成为他唯一的儿子，这对布莱德雷是个巨大的打击。他的家庭共同度过了那段痛苦的时光，但这个特殊的伤口仍会在他的余生给他带来阵阵伤痛。

这位情绪低落的少校从事了6个月的行政管理工作。随后，一个激动人心的消息传至他的连队。1918年下半年，第十四步兵团奉命调往艾奥瓦州（Iowa）得梅因（Des Moines）附近的道奇营（Camp Dodge）。这道命令正是布莱德雷渴望听到的。它对于布莱德雷来说是个好消息，预示着他将被迅速调往欧洲，那意味着他将在法国参战，并率领部下投身战斗。这么多年以来，布莱德雷的工作一直是训练傻乎乎的新兵，处理军方文书的工作，在一个又一个荒凉的前哨维持秩序。此时他感到，长期的坚忍可能很快就会迎来回报了。

可当布莱德雷和玛丽一天下午在得梅因街头散步时，这个世界又一次发生了变化。汽笛拉响，教堂的钟声响起，一轮"地震波"席卷全城。面带微笑的人们挤满街头，他们挥手致意，传播着好消息：

"停战！德皇退位了。战争结束了！"

战争结束了。

这句话对这个留在后方的战士来说毫无意义。他的枪法相当出色，却从未有过在战斗中扣动扳机的机会。

结束了。

布莱德雷永远不会承认他希望战争再持续6个月。虽然他和其他人一样，欣慰地看到伤亡名单暂时不再变长，但他的确对失去功成名就的大好机会而感到沮丧不已。他后来写道："我为战争的结束感到高兴。但我现在完全相信，错过这场战争就等于断送自己的职业生涯，等于一辈子只能干一些枯燥无味的日常工作。幸运的话，30 年后我能以中校军衔退役。"

对付挥舞棍棒的罢工者、逮捕喝得醉醺醺的士兵，这谈不上是什么战时经历。布莱德雷怀着苦乐交织的心情迎接他那些从法国归来的同学——他们佩戴着勋章，军衔也获得提升，还带回了一个个引人入胜的故事。这些人都在传奇的"黑杰克"潘兴将军①麾下战斗过。

他无法指望与这些亲历战斗的同伴们一较高下，他们的经历已经奠定了其在陆军历史中的地位。除了微薄的军饷，以及一旦国会批准大批陆军人员复员时，他的临时少校军衔可能会降为中尉外，这个来自密苏里州莫伯利（Moberly）的乡下小伙，不会在军旅生涯的最后 5 年中拥有任何指望。望着空旷的地平线，布莱德雷放弃了投身战争的梦想。

但即便是在和平时期，陆军仍会按时提供军饷，这是布莱德雷的家人在布莱德雷年幼时从未见过的。布莱德雷已将 9 年时间投入了军旅生涯，现在他想要到军事院校任教。他天生擅长教学，毕竟他的父亲是一名乡村教师。快到 30 岁时，布莱德雷对课堂教学产生了兴趣，而他的同学艾森豪威尔则飞奔在西点军校的球场，专注于运动生涯，毫不在意教学方法。布莱德雷觉得自己也许能作为一名步兵理论的教员闯出些名堂，甚至有可能在母校任教。他认为不管怎样都强过在亚利桑那州（Arizona）或得克萨斯州（Texas）再苦熬一个炎热的夏季，无聊地等待退役。

因此，在这个对和平心存感激的国家进入 20 世纪 20 年代时，奥马尔·纳尔逊·布莱德雷调整了自己的目标，积极寻求新的、不那么雄心勃勃的机会。带着仅有的几个选择和一个年轻家庭给予的支持，他暗暗决定充分利用陆军提供给他的一切机会。20 年后，当布莱德雷、艾森豪威尔和巴顿奔向同样远大的前程时，人们不禁会想这一切将如何结束。

---

① "黑杰克"这个称谓在书中频频出现，潘兴在西点军校任战术教官时要求非常严格，因而不太得人心。由于他曾在第十骑兵团服役，而该团的黑人士兵居多，西点军校的学员们便给他起了"黑鬼杰克"的绰号，这个绰号后来改为"黑杰克"。——译者

第 2 章　大战间隔期

我渐渐意识到，虽然没去成法国，但我并未断送自己的职业生涯。

——布莱德雷

　　军队的复员与新的大战的爆发之间隔着一段漫长的时间，这使乔治·巴顿变得更加坚强。第一次世界大战结束后，他从战时的上校降为上尉（永久军衔）。1920 年至 1939 年，他一边在和平时期的军队中摇摇晃晃地攀登着晋升的阶梯，一边做一名绅士军人，如此消磨了 10 余年时光。他在工作之余航海、玩马球、社交、写作、演讲，并思考未来战争的形式。他还在堪萨斯州赖利堡（Fort Riley）的骑兵高级军官学校（Advanced Officer's School）表现出色，并以优异成绩从莱文沃斯堡（Fort Leavenworth）的指挥与参谋学院（Command and General Staff School）毕业。

　　1925 年，巴顿被调至海外服役，加入夏威夷师（Hawaiian Division），被任命为该师的作战处长。他的那种严格执行纪律的本能并未在那里隐藏太久，相反，这种本能很快便强势回归了。他会在正式报告中批评诸如人称"哈普"（Hap）的亨利·阿诺德（Henry Arnold）少校 [①] 这样的下级军官。他还以书面形式对上级提出严苛的意见，这在任何行业都是一种会遭到质疑的做法，而在一支和平时期的军队中，这种行为更加具有风险。倒霉的巴顿因此遭到打击报复——被他的师长降级，理由是"说话太直"。

　　说话太直——这个问题自西点军校时期起便长期困扰着巴顿。二年级

---

① "哈普"为阿诺德的绰号。——译者

时，作为一名级别较低的第二下士，他经常以高亢的嗓音训斥新生，并乐此不疲。这种滑稽的行为使他获得了"刚毛"（Quill）的绰号，对一个喜欢报告学弟们的过错的高年级学员来说，这是个贬义词。巴顿对同学们的反应深感痛苦，他向父亲抱怨道：

> 我在这里不受人待见，没有其他原因，就是因为我"太过好斗"。但这正是我比他们强的地方。那些认为自己不如别人的人是世界上最蠢的家伙，总有一天我会让他们知道，他们自己有多么低劣。

但巴顿继续"好斗"下去的做法让他被不光彩地降为第六下士，同时"过于讲求细枝末节"的评价这些年来也一直困扰着他。他因此疏远了夏威夷的同僚。1928 年，他的上司们总结了他们对乔治·巴顿逐渐形成的共识："此人在战时会成为无价之宝，但在和平时期却是个捣乱分子。"

婚外情与逃离马尼拉

两次世界大战之间，巴顿参加的唯一一次行动是在 1932 年夏季的酬恤金进军事件（Bonus March）中担任胡佛总统（President Hoover）的骑兵指挥官。游行者、无家可归的"一战"老兵和一小批左翼煽动者在首都搭设起临时棚户，要求国会提前支付在战争结束时已批准发放的补助金。7 月 28 日，示威者在他们越来越庞大的营地汗流浃背地度过第 6 周时，陆军部长帕特里克·J. 赫尔利（Patrick J. Hurley）命令趾高气扬的陆军参谋长道格拉斯·麦克阿瑟（Douglas MacArthur）将军采取行动，以确保首都的安全。麦克阿瑟立即召集当地驻军去平息"暴乱"，巴顿的第三骑兵团从附近的迈尔堡（Fort Myer）率先赶到。骑兵们配有防毒面具和卡宾枪，他们挥舞着马刀迅速出击，以肃清阿纳卡斯蒂亚河（Anacostia）对岸一座违规的"胡佛村"①。

---

① 由于大萧条，民众对胡佛总统心生不满，各种以"胡佛"命名的讽刺性称谓应运而生：手里拎的破袋子叫"胡佛袋"，无家可归者身上盖的报纸叫"胡佛毯"，饥饿的农民逮来充饥的野兔叫"胡佛猪"，破烂不堪的棚户区自然就叫"胡佛村"。——译者

　　麦克阿瑟的多兵种联合进攻轻而易举地驱散了手无寸铁的示威者。但巴顿的骑兵们却发现，在迈尔堡操练场上灵活自如的马匹，在华盛顿脏乱的人行道和楼梯间却难以驾驭。混乱的骑兵们招来了苦难的示威者的嘘声，示威者咒骂骑兵并向他们抛投杂物。虽然该团的任务是驱散抗议者，但巴顿并没有完成这项任务，他赢得的唯一战斗胜利似乎是对惹恼了麦克阿瑟的一名老兵动粗。[①]

　　在解救胡佛政府的行动中，巴顿将自己视为共和国的轻骑兵，在当代重演了拿破仑镇压巴黎群众的著名行动。巴顿后来谴责攻击酬恤金进军队伍是"最令人厌恶的服役方式"，但他和麦克阿瑟一样，坚称示威队伍中充斥着心怀不满的流浪汉和布尔什维克煽动者。

　　20 世纪 30 年代，巴顿步入中年。他绝望地看到自己的职业生涯已经停滞不前。不仅如此，他的身体也有了变化：马裤下的肚子开始突起，稀疏的金发逐渐变白，红润的皮肤开始在颧骨处下垂。他满口的粗话和贵族的派头造成了他与下属间的嫌隙，至少有一次，他与他的师长发生了公开冲突。和平时期，巴顿在一个个乏味的岗位上调整、调动。他陷入了沮丧之中，并做出了情绪化的反应，这所有的一切使他变得虚弱。巴顿只能在晚餐、化装舞会、马球比赛和社交舞会中暂时摆脱抑郁情绪。他觉得自己渐渐变得无关紧要，就像一只夏末的萤火虫：它那几乎令人难以察觉的躯体不时被零星的光线照到，但随后就被长时间地湮没在漆黑的夜晚之中。

　　1935 年，50 岁的巴顿开始显现中年危机的征兆。他以前在饮酒方面一直比较节制——在西点军校期间，他曾说："作为未来的骑兵中尉，我不能饮酒无度。"但人到中年，巴顿开始在社交场合狂喝滥饮。他的酗酒是一种症状而非病因，这给他忠诚的妻子比阿特丽斯和他们的家庭带来了痛苦。而加速他的家庭悲剧的是他与琼·戈登（Jean Gordon）的外遇——这位 21 岁的姑娘是他女儿的朋友，也是他的姻亲侄女。毫无疑问，这种幽会几乎毁了他的婚姻，并给比阿特丽斯和他的孩子们带来了无法抹去的痛苦。

　　巴顿陷入沮丧的主要原因是他一直担心自己会壮志未酬身先死，而他

---

① 麦克阿瑟下令骑兵驱散示威者，一名退伍老兵喊道："从今以后，我看美国国旗再也不值一个钱了。"麦克阿瑟高喝："要是那个人再敢开口，就把他逮起来。"巴顿的部下可能真把他逮了起来。——译者

的壮志是在一场大型会战中指挥千军万马。他的人生此时已过大半，但他渴望的大战却仍未发生，他开始恐慌起来。据巴顿回忆，他心目中的英雄埃蒙德·艾伦比（Edmund Allenby）爵士曾说："经常会出现一些承担历史重任的人，例如拿破仑、亚历山大和耶稣基督，但只有幸运者才能到达顶峰。"巴顿说，艾伦比"认为任何时代都有为其国家和上帝尽忠的人，但有时候时代并不需要他们；你必须在正确的时间处于正确的位置——你得有点运气"。

巴顿生怕成为那些不幸者中的一员。

对德怀特·戴维·艾森豪威尔来说，"一战"后的漫长岁月不时被深深的痛苦占据。巴顿于 1920 年 10 月离开米德营后没过几个月，艾森豪威尔的长子艾基便因猩红热死去。为逃避悲伤，艾森豪威尔让自己沉浸在工作中，竭力避免看到展示了艾基笑容的照片。他躲入办公室，结果却使他与玛米的关系趋于紧张。忧郁、烦闷的思绪将他逼至精神崩溃的边缘，为克服这种情绪，他花费了许多时间。

艾基夭折造成的痛苦永远不会减弱，更不会平息，但一个离开米德营的机会让艾森豪威尔缓解了一些悲痛。当年早些时候与巴顿共进晚餐时，巴顿将艾森豪威尔引见给福克斯·康纳（Fox Conner）准将——这位巴顿的老朋友与潘兴将军关系十分密切。

康纳在艾森豪威尔之前 20 年毕业于西点军校，这位密西西比（Mississippi）人是美国陆军中最重要的思想家。与两位年轻军官在前廊进行的轻松会谈的过程中，康纳邀请巴顿和艾森豪威尔说一说他们的坦克理论。在当日剩下的时间里，两位热情的年轻军官陪同康纳将军参观了他们的营区。坦克旅的效率和指挥坦克旅的两名军官给将军留下了深刻印象。艾森豪威尔和康纳将军立即喜欢上了对方，并且像朋友那样挥手道别。

1921 年初，艾森豪威尔接到康纳将军打来的电话，要他前往巴拿马运河地区（Panama Canal Zone）担任第二十步兵旅副旅长——这是个海外战地指挥职位，任上的军官率领的大多是波多黎各新兵。艾森豪威尔对获得这个真正指挥作战士兵的职务兴奋不已。从到达盖拉德营（Camp Gaillard）那天起，他开始了历时两年的训练期，这将改变他的一生。

艾森豪威尔所在的海军陆战队基地地处巴拿马地峡（Isthmus of

Panama）中部，因此，这里的主要敌人是蚊子和热带疾病，但他并未被这一点所烦扰。艾森豪威尔和康纳空闲时会一同骑马，也会坐在篝火旁，讨论战略和战术。康纳向艾森豪威尔介绍柏拉图、塔西陀、尼采，格兰特（Grant）和谢尔曼（Sherman）的回忆录，以及克劳塞维茨（Clausewitz）富有哲学思想的《战争论》（On War）。年轻时的巴顿曾如此评价《战争论》这部19世纪的晦涩著作："要多难有多难，连层出不穷的注释都很抽象，整本书简直就像狗身上的虱子。"康纳是位出色的老师，他在他的这位门徒身上激发出一种智慧的火花，一种对军事专业持认真态度和强烈兴趣的火花。艾森豪威尔的转变快速而显著：他不再那么肤浅，不再那么狭隘，而且更加关注军事与社会经济、政治及工业诉求之间的关系。

艾森豪威尔新出现的激情使他摆脱了严重的抑郁症，并改变了他看待自己职业的方式。在康纳的指导下，艾森豪威尔开始学习大战略，而不仅仅局限于战术。他更加看重大局，而不仅仅是机动行动。他吸收了康纳的思想：战争并不只是各场战斗的总和。后来军方调他回国。离开巴拿马时，艾森豪威尔相信，美国迟早有一天会将其军队纳入一个更大的联合指挥框架中。

陆军的大批心理学专家本来应该预见到，艾森豪威尔会比大多数军中同僚更快地成长为一位具有立体思维的思想家。他在堪萨斯州阿比林一个育有6个男孩的中产阶级家庭长大。那是个传统的美国小镇，彼时的艾森豪威尔时常愉快地穿梭于喧闹而杂乱的人群之中。在街头，在后院，在青年时期的球场上，艾森豪威尔得以领会到同盟的价值，就像他与他哥哥阿瑟和埃德加这样的同盟。但他也培养起一种自食其力的精神，这使一个骨瘦如柴、头发蓬乱的小男孩得以抵抗他的大哥或附近的坏小子。艾森豪威尔在中西部的根和他对社交活动（如扑克牌、高尔夫球和晚宴等）的热情，使他能够胜任某些工作。这些工作要求个性与技术的融合，因为庞大的机器要发动起来，是需要一点人情味的。对于参与这些工作的军人来说，政治技巧几乎与军事技能一样重要。

在和平时期，康纳从远处帮助艾森豪威尔摸索着穿过了陆军的官僚主义和政治雷区。1925年，艾森豪威尔再次被升为少校，并被指挥与参谋学院录取。兴高采烈的巴顿将自己100来页的笔记寄给艾森豪威尔，其内容涵盖了相关课程的各个方面。艾森豪威尔以班级第一名的成绩毕业。巴顿通过他的军中关系获知好友的班级排名后，便写信给艾森豪威尔："如果一位强者能成为第一名，这表明莱文沃思是所好学校。"巴顿还彬彬有礼地向这位年轻的少校保证，就算没有自己提供的大量笔记，他也能取得优异成绩——尽管巴顿可能在心里认为，他的笔记是艾森豪威尔成为班级第一名的制胜王牌。

如果真是这样，那他就错了。两人都掌握了担任陆军校级军官的技巧，但在巴顿频频用脑袋碰撞军事体制的墙壁时，艾森豪威尔已学会如何玩好这个游戏了。对西点军校的好斗者和西点军校的特立独行者来说，这是一种奇怪的角色转换，总有一天它会为艾森豪威尔派发红利，并从巴顿身上收取代价的。正如他们共同的朋友布拉德·查诺韦斯（Brad Chynoweth）所说的那样，巴顿贬斥陆军通过的战术方案是难以令人信服的教条，但在艾森豪威尔看来，"学校提供的学说就是他的信仰"。查诺韦斯补充道："艾克始终全力坚持，从不偏离，因此成为班级第一名。"

20世纪20年代初，艾森豪威尔和巴顿相隔数百千米，但他们不时会通过信件保持联系。两人的私人信件透露出军事行动中的两种不同观点，他们的部分争执是关于领导力和后勤的。巴顿在1926年写信给艾森豪威尔："我们谈了许多关于战术等方面的问题，但我们没能触及实质。也就是说，我们没谈到驱使那些可怜的傻瓜投入血腥战争的是什么，以及他们应以何种队形进行战斗。第一个问题的答案是领导力，至于第二个问题的答案，我不知道。"巴顿建议，艾森豪威尔应该"停止对起草命令和调运补给物资的思索"。现在需要考虑的是"驱使步兵在敌军火力下前进的一些手段"，因为"下一场战争的胜利将取决于执行，而不是策划"。

在巴顿的世界中，情况可能的确如此。但当艾森豪威尔在陆军军官团内努力攀登时，作战策划、后勤补给以及战略使用的问题则变得更加重要，他还会因为这些问题得不到解决而受到更多嘲笑。

1926年12月，艾森豪威尔少校接到命令，去华盛顿的陆军部报到。巴顿当时在迈尔堡的时光大多是与同僚们一同度过的，偶尔还会有上流社会来宾。与巴顿不同，艾森豪威尔在冷酷无情的首都工作，并借此掌握了华盛顿政治体系的全貌。他的弟弟米尔顿（Milton），当时已经是农业部一颗冉冉上升的新星，也是柯立芝总统（President Coolidge）在白宫的座上常客。

艾森豪威尔多次与米尔顿一边打着桥牌、喝着杜松子酒，一边彻夜长谈。艾森豪威尔从对话中充分认识到了美国在社会治理方面面对的挑战，而这是他的许多陆军同僚（例如巴顿）严重忽视了的。

身处华盛顿期间，艾森豪威尔对其重新与乔治·巴顿建立起的友谊深感高兴，后者此时已调至迈尔堡。艾森豪威尔频频出现在巴顿家中举办的午餐或晚宴上。他们每次驾驶巴顿的帆船沿切萨皮克湾（Chesapeake）航行的时候，艾森豪威尔都会和巴顿一起展开风帆。艾森豪威尔的次子约翰是这样回忆在他的幼年时期，威风凛凛的乔治·巴顿留给他的印象的：

> 我一直相当敬畏巴顿，因为他们家很有钱。另外，巴顿是一名中校，而我爸爸只是少校……巴顿是个极其幽默的人，喜欢开玩笑。他满口粗话，还因此出名。令我惊讶的是，他不仅在女士们身边大爆粗口，还鼓励他的 3 个孩子也这样做。当比我稍小些的小乔治脱口说出一句正确的粗话时，巴顿会高兴地狂吼起来。

在艾森豪威尔享受华盛顿的生活的同时，陆军部繁忙的工作开始影响到他的健康。他为工作从黎明忙到黄昏，长时间地阅读厚厚的建议书；他还不停地吸烟，伙食也很糟糕——这些都让他付出了高昂的代价。胃肠道疾病和滑囊炎令他备受折磨，而这名年轻的总参谋员的社交活动几乎使其家庭本就紧张的财务状况崩溃。他穿便装去上班时，看上去就像个秃顶的中年银行家。他在陆军参谋长道格拉斯·麦克阿瑟将军手下工作时的压力非常大，但艾森豪威尔会依靠一帮老朋友缓解压力，包括巴顿、来自莱文沃思的人称"吉"（Gee）的同学伦纳德·T. 杰罗（Leonard T. Gerow）、埃弗雷特·S. 休斯（Everett S. Hughes）等人。为了振奋精神，艾森豪威尔加入了由平民和军人朋友组成的一个社交圈。一轮轮的高尔夫球运动和骑马活动，以及包含了宴会、桥牌、饮酒、交谈的一个个夜晚，成为这位性格外向者的补药。

随着时间的流逝，艾森豪威尔渐渐对自负的麦克阿瑟失去好感，并开始严重质疑这位上司在酬恤金进军事件中的判断。虽然麦克阿瑟认为这场抗议是左翼分子在共和国寻衅滋事，但正如艾森豪威尔担心的那样，首都的记者们认为情况并非如此。他们看到的是衣衫褴褛、营养不良的老兵们遭到马背上的"反动派"的殴打；他们看到的是棚户被烧毁，孩子们的眼睛被催泪瓦斯弄瞎；他们看到的是这些普通民众，这些曾经为国效力的优秀公民，遭到了一个冷酷无情、自私自利的政府的粗暴对待。

一些深具影响力的专栏作家，例如《华盛顿邮报》(The Washington Post) 的德鲁·皮尔逊 (Drew Pearson)，对麦克阿瑟从"共产主义暴徒"手中挽救首都的夸耀作出了尖锐批评。艾森豪威尔从中学到了重要的一点：当新闻媒体在场时，你绝不能欺负弱者或下级——巴顿、艾森豪威尔和皮尔逊在遥远的未来都将再次领略这个教训的重要性。

1935 年，富兰克林·德拉诺·罗斯福 (Franklin Delano Roosevelt) 总统将麦克阿瑟派至菲律宾群岛 (Philippine Islands) 担任美国军事代表，艾森豪威尔则作为麦克阿瑟的参谋长度过了 20 世纪 30 年代后期。这是一份内容很模糊的工作，包括撰写演讲稿、参与外交事务、进行数据统计和整理文件等各个方面。几个月后，艾森豪威尔与麦克阿瑟的关系恶化。他不赞同麦克阿瑟的某些做法，但犯下了背后嚼舌根的严重过失。暴躁的麦克阿瑟将军立即对艾森豪威尔的行为还以颜色，这使艾森豪威尔在这座炎热、潮湿的岛屿上所产生的禁锢之感更加强烈。麦克阿瑟将军对他的最后一击发生在 1938 年。当时，麦克阿瑟趁艾森豪威尔正在美国度假，突然把他从参谋长降为高级策划人员，用更圆滑的马屁精取代了这个固执己见的堪萨斯人。

年近 50 岁的艾森豪威尔越来越想逃离马尼拉 (Manila) 的这位将星熠熠的自大狂。无奈之下，艾森豪威尔求助于西点军校的老同学马克·韦恩·克拉克 (Mark Wayne Clark) 上校。克拉克的朋友们都称他为"韦恩"，他比艾森豪威尔更幸运些：第一次世界大战期间，他出国参战，在法国担任副营长。战争结束后，这位瘦高个上校作为一名训练士兵的军官而出名。到了 1938 年，克拉克已是美国陆军中一颗冉冉上升的新星。他身材高大、聪明睿智、极具野心，而他到底是自信还是自负、能干还是傲慢，取决于回答这些问题的人是谁。

1938 年，在华盛顿路易斯堡 (Fort Lewis) 举行的一次会议上，艾森豪威尔和克拉克重新燃起昔日的友谊。绝望的艾森豪威尔向克拉克倾吐苦水，克拉克则答应尽力帮他在国内指挥机构找到合适的职务。克拉克后来回忆说，艾森豪威尔离开时，看上去就像个"被承诺圣诞节会得到一辆电动火车的孩子"。

克拉克实现了诺言。1939 年 5 月，艾森豪威尔接到陆军部发来的电报。电报命令他去路易斯堡报到，担任步兵营营长。他于 1939 年秋季赴任新的岗位，如释重负，而同时发生的两件事将彻底改变他的一生——一件是乔治·卡特利特·马歇尔（George Catlett Marshall）将军出任陆军参谋长，另一件是希特勒入侵波兰。

最幸运的时刻——结识乔治·卡特利特·马歇尔

1920 年的复员裁撤沉重打击了布莱德雷少校。他的军衔降为上尉，军饷也相应下调。第二年，他协助陆军解散了剩余的训练营。布莱德雷想在单调乏味的和平时期努力寻找机会。他向陆军部申请担任预备军官训练队的教官后，被派到了一个非常小的学院任教，学校位于南达科他州（South Dakota）一处阴冷的角落。在那里，他和他漂亮的妻子玛丽，靠军队付给上尉的每月 350 美元的微薄军饷度日。对布莱德雷停滞不前的职业生涯来说，这个孤立而又沉闷的前哨是个再适合不过的地方：这里远离一切，人们几乎没有注意到国会正将正规军裁撤一空，此举使布莱德雷落入了几乎一无所有的谷底。

在整个 20 世纪 20 年代，布莱德雷与旧相识重燃友谊之火：他与同僚们打高尔夫球，玩扑克和桥牌。他还和一些同学保持着联系，但与另一些人却渐渐疏远，其中包括他在西点军校橄榄球队的队友艾森豪威尔。在军校时，他们都是 F 连的学员军官，但布莱德雷的军衔高于和蔼可亲的艾森豪威尔。

和艾森豪威尔一样，布莱德雷用打牌赢的钱来增加他微薄的收入。但是，他东拼西凑的外快并未给他的社交生活带来什么不同。玛丽对私酒的强烈反感阻碍了布莱德雷在晚上与一群酒鬼痛饮私酒。布莱德雷对此写道："与我们的大部分朋友相比，我俩的生活非常平淡。"

作为一名陆军军官，他时常会在社交活动中违反禁酒令。但不管怎样，他从未成为这方面的名人。他来自一个贫穷的农村家庭，13 岁时父亲去世，所以他长大后缺乏许多中上层朋友所拥有的社交自信。

在大多数连队中，布莱德雷都没有太多笑容；他只是以一种紧闭双唇、几乎没有明确意义的咧嘴表达快乐或兴奋。他的幽默感和他的军饷一样稀少，他能轻而易举地记住复杂的数学公式，却永远记不住笑话。童年时的一场溜冰事故毁了他的牙齿和下颌，给他留下一个显得有些滑稽的宽大下巴。作为一个羞涩的少年，他学会抑制一切表情，以免将不整齐的门牙暴露在外。面部的这种畸形加剧了这个年轻人的不安全感。从西点军校毕业之前，他的一头黑发已开始夹杂灰发。此外，他还饱受各种令人尴尬的食物过敏的折磨。这些身体上的缺陷使布莱德雷处在一切聚会的边缘，永远无法成为中心。无论是在人群中还是在朋友的小圈子里，奥马尔·纳尔逊·布莱德雷始终是个高大而沉默的人，没人会注意到他。

但了解布莱德雷少校并和他一同工作过的人都喜欢他。他聪明，会讨人欢心，工作勤奋，是个户外运动和田径运动的天才。没过多久，这位来自密苏里州边远地区的黑眼睛军官便成为学院教官交际圈的固定成员。他保持着良好的体型，是射飞靶和打猎的好手，他还是高尔夫球场上的好搭档。在西点军校他表现得最出色的一个棒球赛季中，布莱德雷作为一名强打者把他的平均打击率提高到了 0.383，另外，他还保持着西点军校史上最远投球距离的记录。在棒球场上挥洒汗水的时候，只有他的金属框眼镜、泛白的头发和不可避免的面部皱纹暗示着时光的流逝。

在西点军校从事了 4 年数学教学工作后，再度晋升为少校的布莱德雷被佐治亚州（Georgia）本宁堡（Fort Bening）陆军步兵学校（Army's Infantry School）的高级军官进修班录取。本宁堡使他观察到现代战争的现实。令布莱德雷惊讶的是，这些现实根本不在乎他是否在"一战"期间缺乏依托战壕和胸墙①进行战斗的经验。追溯本宁堡岁月，他回忆道："我渐渐意识到，虽然没去法国，但我并未断送自己的职业生涯。本宁堡步兵学校的教学重点是野战或运动战。那些曾去法国服役的同学很难适应这些概念，他们已形成了固定、呆板的思维模式；而我没有相关经历，思想上不带框框，因此更容易掌握我们正在讨论的理论。"

① 胸墙，即士兵为了便于射击和减少敌人火力可能造成的损失，在战壕边沿用土堆砌起来的矮墙。——译者

　　1925 年 5 月，布莱德雷在本宁堡以班级第二名的成绩毕业，陆军部将他派往夏威夷，在第二十七步兵团任营长。以陆军的标准看，这是一项重要工作。布莱德雷后来写道："对一名少校和他的家庭来说，和平时期在夏威夷的驻防生活很愉快。我们每天工作半天，周末一般没什么事情。"担任团长的上校让布莱德雷放手开展工作，很少干涉；布莱德雷也同样给予了他的 4 位连长充分施展才能的机会。他每周有四五个下午会去打高尔夫球。据他回忆："在火奴鲁鲁（Honolulu）附近新开的一个球场打完一场比赛后，我取得了'第 19 洞'①的成绩。在 33 岁那年我喝到了有生以来的第一杯威士忌。那是某种夏威夷烈酒。我发现这酒能让人变得轻松愉快，从此我就养成了晚饭前喝上一两杯（绝不多喝）掺水威士忌的习惯。"

　　他后来写道，当时在夏威夷任职的另一名军官"是我一生中在所有的军人和平民中遇到过的最杰出的人物。他就是小乔治·S.巴顿"。巴顿是师里的情报处长，他所在的圈子与经济拮据的布莱德雷一家截然不同。布莱德雷回忆："在夏威夷，我们同巴顿他们没什么来往。我们并不喜欢他们那种过度社交的生活。另一方面，巴顿是个狂热的骑手……而我则对骑马一点也不在行，所以我们没有太多共同之处。"布莱德雷与这位傲慢的上校第一次打交道时并不顺利。巴顿在当地组织了一个飞靶射击队，听说布莱德雷少校是个"优秀射手"，便邀请他试上一试。布莱德雷前两发子弹脱了靶，但接下来连续击中了 23 个泥靶，命中率高达 92%。面对这个出色的成绩，巴顿傲慢地说了句"你行"。初次见面后，布莱德雷并不确定自己是否想加入巴顿的射击队。他写道："我一点儿也不喜欢巴顿的作风。"

　　他当然不会喜欢。乔治·巴顿是个有钱的自大狂，还是趾高气扬的马球俱乐部成员。奥马尔·布莱德雷则是在密苏里州贫困地区的一个贫穷家庭长大的，那里的居民都是辛勤耕耘的农夫和像他那样的猎手。除了都被派至夏威夷师，以及过去都在西点军校接受教育以外，布莱德雷和巴顿几乎没有任何共同之处。

　　话虽如此，但陆军中与布莱德雷没有太多共同点的人其实还是很多的。布莱德雷喜爱射击，最终还是加入了巴顿的射击队，并对飞靶比赛乐此不疲，

---

① 第 19 洞指的是比赛完毕后去酒吧喝上一杯。——译者

就像他对所有运动都抱有的热情那样。

　　布莱德雷在热带天堂服役 4 年后，军方派他去莱文沃思的指挥与参谋学院学习。后来，他完成了学业，并以"满意"的评分顺利毕业。这个成绩还不错，但也算不上特别优秀。他喜欢教学，但求知欲并不强。一旦发现标准答案，他便几乎没什么兴趣以巴顿或艾森豪威尔那种狂热的劲头展开更为深入的研究了。

　　布莱德雷晚年时认为，这可能是因为他在学校里太过精明。据他回忆，最顶尖的西点军校毕业生总是会加入工程兵军团。这是陆军中最受欢迎的兵种，晋升速度比其他兵种更快，可以说是一名年轻军官职业生涯的加速器。但工程兵的工作非常琐碎，需要修建桥梁、勘察河流、修建堡垒等，并不适合培养领导陆军普通步兵所需要的领导才能，因为步兵是在强调"火力与机动"的战争中进行战斗的。这就是优秀毕业生大多会成为陆军最宝贵的参谋人员，而成绩一般的毕业生则会成为陆军顶尖战地指挥官的原因。

　　布莱德雷不想成为一名宝贵的参谋人员，他对参谋工作也一向没什么兴趣，直到他遇上这一生中见到的最不同凡响的人。

　　由于布莱德雷是本宁堡和莱文沃思学院的毕业生，他在 1929 年获得了西点军校和本宁堡的教职。布莱德雷更喜欢西佐治亚州的轻松氛围，因而没有选择前往处处循规蹈矩的西点军校任教。他后来说，事实证明"这是我这一生中最幸运的决定"，因为这让他接触到他"所见过的最优秀的人，世界上最伟大的军事思想家之一——乔治·卡特利特·马歇尔"。

　　乔治·卡特利特·马歇尔出生于宾夕法尼亚州尤宁敦（Uniontown）的一个中上层阶级的家庭，毕业于弗吉尼亚军校。在菲律宾服役一年后，他被堪萨斯州莱文沃思的指挥与参谋学院录取。1917 年 6 月，军方将他派至欧洲，他在那里获得晋升，成为第一步兵师参谋长，该师就是著名的"大红一师"（Big Red One）。潘兴将军很快将马歇尔招揽到麾下，并于 1918 年 7 月把他调入美国远征军司令部。马歇尔在潘兴的身边策划了 1918 年 9 月在圣米耶勒（St-Mihiel）突出部消灭德军的行动。他们不断赢得胜利，马歇尔当月又策划了一场大规模机动行动，使美军在默兹河—阿戈讷攻势中大获全胜。

　　战争结束后，马歇尔成为潘兴将军的首席副官。在中国服役 3 年后，他返回美国担任本宁堡步兵学校副校长。在本宁堡，这位严格、冷静的军官彻底改变了学校的课程：他着重强调机动性、空中掩护和火力，并由此在步兵内掀起一场无形的思想革命。

当奥马尔·纳尔逊·布莱德雷在本宁堡任教的第一个年头即将结束时，马歇尔已把这位直言不讳的武器教官列为前途不可限量的人物。离开本宁堡时，马歇尔给这个密苏里人的评价是一名"优秀的"军官，并在能力评估报告中写道："平静，谦逊，能干，拥有合理的判断力。绝对值得信赖。交给他一份工作，完全可以让他放手去干。建议的指挥岗位：和平时期任团级指挥官，战时可担任师级指挥官。"

在陆军战争学院参加学习并在西点军校再度任教后，已晋升为中校的布莱德雷于1938年奉命到华盛顿任职。这次，他在陆军参谋部人事部工作。

作为华盛顿政治—军事工作中的核心部分，布莱德雷和同事们每天要耗费几个小时为动员计划拟订法规，各种排列、日程安排、附件和规划多得让人眼花缭乱。这是一项烦琐的工作，但它教会了布莱德雷在整个陆军中进行人员分配的诀窍——军队中的人员分配只是看起来随意而已。在此期间，他还了解到有"拜占庭世界"之称的军方政治的许多事情；每次收到邀请，他都会陪同陆军副参谋长马歇尔将军参加活动，不是去打猎，就是参加一些不骑马的比赛，这巩固了他与马歇尔之间的关系，让他在这一过程中成为马歇尔的"本宁堡部下"之一。

自和平的钟声在1918年那个遥远的日子响彻得梅因以来，这名来自密苏里州莫伯利的中校已走过漫长的路途。他吸收了陆军教导的知识，并将之传授给军校学员和年轻的军官们。1939年9月1日，他觉得自己已做好承担更重要任务的准备，或至少希望自己已经准备妥当。当天，马歇尔得到四星上将临时军衔，并宣誓就任陆军参谋长。

巧的是，希特勒的坦克就在当日点燃了欧洲大陆的战火。

第 3 章　陆军参谋长的指挥实力

要是你想碰碰运气，我马上申请调你过来……希望我们可以在一场漫长而又血腥的战争中齐心协力。

——巴顿致艾森豪威尔，1940 年 10 月 1 日

马歇尔出任陆军参谋长，对艾森豪威尔、巴顿、布莱德雷、克拉克和另外几十名颇具才干但级别较低的军官来说是个好消息。新参谋长进行了大刀阔斧的变革，包括改组陆军结构，撤换各兵种负责人，解除陆军航空兵团的束缚，并组建一支独立装甲力量。他悄然获得国会授权，可以批准临时性的晋升（就像他在战时有权力做的那样）。他还建立起一个退役将领组织，也就是退役委员会，专门负责对那些可能被迫退役的年长军官提出建议。战争结束前，退役委员会成功地让近 700 名高级军官退出现役。这为马歇尔腾出了空间，使其可以任用具有天赋、活力和才能的人重建他的上层指挥力量——巴顿、艾森豪威尔和布莱德雷这些人也在其中。

艾森豪威尔的志向：　给巴顿当团长

马歇尔履新的第一个受益者是迈尔堡的骑兵指挥官——巴顿，因为陆军参谋长的官邸就设在迈尔堡。据巴顿说，"相当仓促地搬家"完成以后，他把马歇尔将军安置在自己的宿舍，因为将军在迈尔堡的住处正在翻新。巴顿得意地告诉比阿特丽斯："他和我正划分地盘呢。我觉得，一旦我的个人魅力发挥作用，就再不需要潘兴或其他任何人的推荐信了。"在上级面前

低三下四的巴顿，从一个纽约珠宝商那里购买了 8 颗银星，作为送给新任参谋长的礼物。他还邀请马歇尔在切萨皮克登上他的游艇，这艘精美的帆船名为"如果号"，是在缅因州（Maine）定制的。

考虑到马歇尔对他的好评，巴顿其实没有必要对陆军参谋长大拍马屁。马歇尔认为巴顿上校是位杰出的作战指挥官，尽管他年龄较大（1940 年夏季时巴顿已 54 岁），其怪癖也颇为出名。在写给艾森豪威尔的一位老朋友吉·杰罗（Gee Gerow）的信中，马歇尔总结了他对巴顿的看法："到目前为止，巴顿是陆军中最优秀的坦克指挥官。'一战'时我就清楚这一点……他是个桀骜不驯的家伙，但我知道该如何驾驭他。"

马歇尔的妻子凯瑟琳（Katherine）同样认为巴顿放荡不羁。她偶尔会在早晨陪丈夫和他的亲密部下骑马，每当她在场，大多数军官自然会有所收敛，不会说出太多污言秽语。可巴顿并没有因此克制自己灵活而又粗俗的舌头。在一天早晨的骑行中，巴顿又滔滔不绝地大放厥词。马歇尔夫人看着巴顿，以一种只有女士才可以无所顾忌地使用的口气说道："乔治，你可不能这样说话。如果你是一名上尉或一名少校，你可以说出这些污言秽语，然后再望着我，看我是不是会发笑。但你立志成为一位将军，而将军是不能以这种粗野的方式说话的。"

凯瑟琳·马歇尔的忠告基本上没起到什么作用，因为巴顿认为自己是战士们的激励者、训练者和领导者，他的语言虽然直白到污秽的地步，但那恰恰是他工作的组成部分。艾森豪威尔觉得这一特点是他这位朋友有意为之。他在几年后写道："乔治·巴顿喜欢让人大吃一惊。突然出现在他脑海中的东西，他都会不假思索地脱口而出，特别是那些奇谈怪论。这似乎是无意的，但在我看来，他这一生都在培养这种习惯。他喜欢爆出几句令人惊讶的污言秽语，以此让社交聚会的来宾震惊。如果达到了某种效果，他就会乐此不疲地一再为之。倘若没人理会，他也就偃旗息鼓了。"

艾森豪威尔的分析非常准确。巴顿的父亲是一位身份高贵的律师和政治家，早在 1919 年时他就提醒自己的儿子：

> 除了其他事情外，我一直在担心，你的伶牙俐齿可能会给你造成麻烦……你已经34岁了，你的上校军衔和随之而来的尊严，使你所说的

话更具有权威性。所以我希望你在讲话时要非常谨慎，要克制自己，这是为你好，也是为了你的前途好。你展露的另一个天赋令我非常遗憾，那就是你写粗俗的、下流的诗歌的能力……我这一生见过不少这种例子——我的经验从来没有出过错，这是来自俱乐部的智慧——沉溺于这种下流东西的人，最终伤害的是他自己。

和凯瑟琳·马歇尔的忠告一样，巴顿父亲的忠告也没能奏效。什么上流社会，哪怕是将星熠熠的社交圈，巴顿也根本不在乎他们如何看待自己的言行。军人的任务是杀戮，这是一项暴力、粗野、污秽的事业，它需要暴力、粗野、污秽的语言。士兵们需要激励，而激励他们有时候必须用污言秽语。在巴顿看来，他手下的尉级军官们在下一场战争中击败日军、德军或红军后，就可以回到"优雅的小姐们"开办的女子精修学校，并把他教给他们的一切都忘掉了。但在此之前，他们必须向小乔治·S.巴顿上校报到，并完全按照他下达的指示行事。

1941年夏季临近时，重新设计过骑兵军刀，与潘兴将军一同追击过潘乔·比利亚（Pancho Villa）的乔治·巴顿，正在寻找新的方法改善他这个师的作战能力。他的一些奇思妙想获得了极大的成功。例如，他认为装甲师需要一种轻型侦察机，可以在条件未被改善的机场着陆，并提供最新的侦察结果。他最终选择的侦察机是"派珀幼兽"（Piper Cob），这款飞机后来成为整个陆军的标准配置。

但他的另一些想法就不这么可行了。其中一个创意显然受到他心目中的骑兵英雄、拿破仑麾下身穿华美制服的约阿希姆·穆拉特（Joachim Murat）元帅的影响——巴顿为坦克军团设计了一身新军装。他亲自在媒体面前充当模特展示这套制服：包括一条绿色的棉裤，一件绿色外套（一侧缀有一排铜扣），一个腋下枪套，一顶漆成金色、具有橄榄球队服风格的头盔，头盔上还配有一副硕大的圆形骑行护目镜。

虽然他宣称新军装"比军械署发明的垃圾货更好"，但这身制服看上去很滑稽。新闻媒体称之为"青蜂侠套装"（Green Hornet Suit），就连巴顿在第二装甲师任坦克指挥官的女婿约翰·沃特斯（John Waters）也承认："没人打算接受这身制服。他应有足够的理智将其取消，而不是强行推广。"青蜂侠套装将在巴顿的衣橱里度过下一场战争。

解除了与麦克阿瑟签署的"卖身契"后，身穿卡其军装的艾森豪威尔回国并前往华盛顿州的路易斯堡报到，这是第十五步兵团的驻地。他非常高兴能够重返战地勤务：从事战斗演练，在星空下宿营，并在战云密布的时候，为投入战斗调动作战人员。他写信给老同学奥马尔·布莱德雷说："……这是我生命中的快乐时光。同军队里的其他人一样，我们忙得不可开交，要解决大大小小的问题。但这项工作很有趣！"

可没过多久，不那么有趣的参谋任务和充斥着后勤、图表及没完没了的备忘录的办公室工作又把他叫了回去。到1941年秋季，艾森豪威尔的上级将他调离战斗指挥岗位，派他担任一系列高级参谋职务：他先出任第三步兵师参谋长，后又被调至第九军任参谋长，最后在沃尔特·克鲁格（Walter Krueger）中将指挥的第三集团军任参谋长。参谋职位的晋升也让他的军衔节节高升，到1941年3月，艾森豪威尔已升至上校。他现在是陆军中最吃香的参谋之一，职责、军衔、地位，当然也包括军饷，都得到提高。他和玛米为此自豪不已。

但艾森豪威尔最渴望的是率领作战部队，而不是管理他们的"尾巴"——后勤。想做些什么和擅长做些什么可能是两件截然不同的事，但艾森豪威尔很难接受这个事实。

20世纪40年代到来后，巴顿和艾森豪威尔恢复了他们断断续续的通信往来，彼此都在寻找一种合作方式——艾森豪威尔想从事作战指挥，而巴顿则希望获得艾森豪威尔解决一切问题的才能。已升为准将的巴顿将在1940年9月底接管第二装甲师，因而他邀请艾森豪威尔上校加入该师。艾森豪威尔对在巴顿手下工作的前景深感喜悦，他在回信中写道：

亲爱的乔治：

非常感谢你近日的来信。你建议我去你那里任职，我深感荣幸。能再次加入坦克部队真是太好了，而能再度与你携手就更棒了……在你的师里指挥一个团，我认为这个期望可能过高，因为我获得上校军衔还不满3年。但我想，我能指挥好一个团……不管怎样，如果有获得这一任命的机会，我会为此付出百分百的努力。你能就此事再次写信给我，让我知道你的想法吗?

巴顿回信给艾森豪威尔:

我们坚信1月或2月时我们会组建两个装甲师,但这取决于具体的生产情况。军队派我指挥其中一个师的可能性非常大。若果真如此,我会申请调你担任参谋长或团长,但我更愿意你出任前一个职务。你可以把你的想法告诉我,无论以何种方式合作,我们都将获得成功。如果你在此期间得到更好的职位,只管接受好了,因为我这里的不确定因素比较多,但我希望我们能在一起。目前这个旅里面没有特别适合你的位置。不过,要是你想碰碰运气,我马上申请调你过来……希望我们可以在这场漫长而又血腥的战争中齐心协力。

巴顿晚些时候又写信给艾森豪威尔:

如果我是你的话,我现在就申请调至装甲部队。这里至少很快就会有一个空缺……要是你申请调动……就说你是个老坦克兵。倘若你有什么门路就赶紧使用,因为这个军团很快就会迎来10名新的将军。

艾森豪威尔回信给巴顿:

我可能会被批准留在部队。所以,时机到来时,我应该有资格获得调动……祝你好运!也许我们在春季就能相聚。

艾森豪威尔心急如焚,开始动用一切关系为自己谋求装甲军团的指挥职务。10月底,他写信给克拉克,请他帮忙跟上面说说好话,批准对他的任命:

如你所知,乔治·巴顿非常期待能够得到一个在明年组建的新师……不管怎样,这正是我想做的事,我相信乔治·巴顿打算在他的能力范围内为我申请……实际上，在装甲军团担任任何职务我都乐意，但我确实不想当参谋，而是希望能从事部队指挥工作。

他还写信给托马斯·杰斐逊·戴维斯（Thomas Jefferson Devis），这是他在菲律宾时期的一位老朋友，目前在陆军副官长办公室工作。"我最终的志向是去装甲军团，给巴顿当一名团长。这是一份非常棒的工作，我只希望陆军部不要认为我军衔太低而不让我指挥一个团。"

艾森豪威尔认为自己在第二装甲师获得职位已是板上钉钉的事，这使他敢于在 11 月中旬告诉巴顿："时机到来时，我应该有资格获得调动。"

对巴顿来说，1940 年夏季的局势变化得非常快。在马歇尔的改革动摇旧秩序时，巴顿嗅到了离开骑兵部队、重新投入昔日旧爱坦克军团怀抱的机会。他给新成立的装甲部队的负责人阿德纳·查飞（Adna Chaffee）准将写了封信，申请获得任命。没过多久，查飞就调巴顿去指挥第二装甲师两个坦克旅中的一个了。1940 年 9 月底，巴顿兴奋地获知自己将获得第一颗将星——他终于能超过自己在 1919 年达到的军衔了。陆军部很快又任命巴顿为第二装甲师代理师长，该师的绰号颇具巴顿风格——"车轮上的地狱"（Hell on Wheels）。

不久后，查飞的健康状况出现问题，陆军部将目光投向野战炮兵军官，任命巴顿的同学兼马球玩伴雅各布·L. 德弗斯（Jacob L. Devers）少将接手指挥装甲部队。德弗斯派巴顿出任新成立的第一装甲军军长，并命令他去加利福尼亚州印第奥（Indio）建立陆军沙漠训练中心。

陆军部长亨利·史汀生（Henry Stimson）是巴顿的老朋友，也是他在华盛顿的长期保护人。史汀生建议罗斯福总统将巴顿从准将升为少将。1941 年 4 月 10 日，巴顿肩上的将星又增加了一颗。然后，他就忙着写信给史汀生、马歇尔和从事评估工作的另外一些官员，为自己获得晋升向他们表示感谢。巴顿甚至将游说活动引向"更高层"——他给圣马力诺（San Marino）的姨妈苏西（Susie）写了封信："我知道您同上帝交情甚笃，我相信您会竭尽全力地虔诚代祷。这样，也许我很快就能再获得一颗将星并成为一名中将了。"在其他人看来，此举似乎不够真诚，甚至有些亵渎神明的意味，但对巴顿来说，这不过是尽力面面俱到罢了。

军事演习改变个人命运

从马歇尔将军宣誓就任陆军参谋长的那天起，奥马尔·纳尔逊·布莱德雷中校就长期待在堪称陆军神经中枢的人事部门。他所在的陈旧残破的军需大楼位于宪法大街。与诸多普普通通的军官一样，布莱德雷在一间平淡无奇的办公室里度过了许多个日夜，出席了一场又一场冗长的会议，并透过他那副圆眼镜阅读一堆堆研究报告、文件和备忘录，以确定他的上司会审阅哪些东西。回忆起从事人事工作的那些单调而乏味的日子时，他说道："美国陆军历史上也许从未有过这么多官员在打字机和图表前工作这么长时间。我们的办公桌上，每天文件都堆积如山。我们工作到深夜，深入研究和分析各种材料，准备向马歇尔汇报。"

他可能一直在挑灯夜战，这也许对别人来说是份苦差事，但在布莱德雷看来，这是一段令人兴奋的时光——他作为高级秘书的地位允许他提出建议，偶尔还能就陆军政策问题做出决定。这份工作还使他对陆军在华盛顿政治舞台上的地位有了更全面的认识。和他一同工作的一小批人颇具影响力，进取心甚强，都是参谋长一手选拔出来的人物。他甚至还参与到这个国家最严格保守的秘密中——破译日本人那理应无法破解的"紫色"外交密码。

虽然这项工作使他进入了陆军权力结构的中心，但据布莱德雷后来说，他的"手脚开始发痒"。马歇尔虽然对他关照有加，但他仍希望成为一名战地指挥官，而不是坐在政府配发的办公桌后，担任行政人员，然后变得越来越胖。因此，当陆军部人事处为布莱德雷提供机会，调他去西点军校任学员团团长时（从严格意义上说，这是个指挥职位），他立即答应下来，马歇尔也批准了这项调动。

布莱德雷收拾行囊，准备再次前往哈德逊河（Hudson），但马歇尔却一反常态地重新考虑起布莱德雷的调动问题来：这位中校在苛刻的环境下表现得格外出色。随着陆军扩充到50万人，马歇尔知道，真正需要布莱德雷发挥才能的地方是训练作战士兵，而不是带领那些年轻学员。因此，几天后，马歇尔去看望他的助手，并随口问道："布莱德雷，你真想去西点军校吗？"

布莱德雷答道："是的，长官。这是一项指挥工作，它使我有机会帮助那里的军官们成长。我在西点军校待过 12 年，其中 4 年是学员，我相信自己了解他们的问题所在。"

"派你去接替霍奇斯的工作怎么样？"

布莱德雷此时激动得心脏都快从嗓子眼儿里跳出来了。考特尼·希克斯·霍奇斯（Courtney Hiks Hodges）将军是本宁堡步兵学校校长——这是一份能让他平步青云的工作，而与之对应的军衔是准将。

布莱德雷一秒钟也没犹豫，立即改口道："长官，这是个新情况。我更喜欢霍奇斯的工作。"

马歇尔说道："那好，我们来办这件事。"

布莱德雷在 2 月份到达本宁堡。没过几周，陆军部发来一封电报，向他传达在华盛顿时无从奢望的消息：美国参议院已批准擢升他为准将。

准将！布莱德雷激动不已。他居然跳过上校一级，成为 1915 届西点军校同学中第一个戴上将星的人。锦上添花的是，他所接替的人，和马歇尔一样，也是他最为敬重的人物。出生于佐治亚州的考特尼·希克斯·霍奇斯是第一次世界大战中的英雄，获得过杰出服役十字勋章、银星勋章、铜星勋章和 3 枚来之不易的战星勋章。霍奇斯以其谦逊和勇敢著称，是位后来者难以望其项背的人物。这是一种挑战，这种挑战会令任何一个处于布莱德雷这种地位的人备感兴奋。

在本宁堡，这位新准将满怀热情地投入工作。他修改训练方案，强化健身要求，并与本宁堡常驻部队指挥官协同配合。这个精英团队中也包括"车轮上的地狱"师的那位聒噪的师长。自夏威夷一别后，布莱德雷再没见过乔治·巴顿，但在偏僻的本宁堡校园里，布莱德雷这位步兵和骑兵巴顿相处得很好。在发现了巴顿的多面性后，布莱德雷开始意识到，他之前对巴顿的印象似乎并不完全正确。

1941 年间的演习是马歇尔将军付出的最大、最突出的努力，其目的是将陆军正规军（Army's Regular Froces）和国民警卫队（National Guard Forces）打造成现代化作战力量。在马歇尔的指导下，北美历史上规模最大的实战演习于 1941 年 9 月在路易斯安那州（Louisiana）和得克萨斯州举行。为之集结的兵力超过 40 万，是 80 年前的葛底斯堡战役参战人数的两倍多。马歇尔称这场演习为"部队领导的一所作战学院"。马歇尔知道这场演习会暴露陆军学说中的缺陷和他那些高级将领们的缺点，但他希望在国内改正这些问题，而不是被迫在欧洲解决它们。

为拟订演习方案，陆军地面部队司令莱斯利·麦克奈尔（Lesley McNair）中将把这项任务交给他的头号策划者——马克·韦恩·克拉克准将。这场演习覆盖了红河与萨宾河（Sabin River）之间和路易斯安那州西部近 8 万平方公里的空间。克拉克的方案并不复杂：本·利尔（Ben Lear）中将率领第二集团军的 16 万人，跨过红河，进攻克鲁格将军辖下的第三集团军 24 万名将士据守的蓝军防区。为模拟希特勒装甲集团军的构成，包括巴顿的第二装甲师在内的大部分装甲部队都由利尔将军指挥，而克鲁格的蓝军主要由步兵和反坦克部队主力构成。在演习的第二阶段，双方互换角色，但坦克部队也随之换边，依然担任进攻者角色。

巴顿很高兴能对在克鲁格将军麾下参加演习的老朋友艾森豪威尔发起进攻，他带着一脸坏笑向部下们宣布悬赏：谁要能俘虏"一个名叫艾森豪威尔的混球"，就奖励 50 美元。1941 年 9 月 15 日晨，利尔的部队冒着瓢泼大雨投入进攻，但其先遣部队渡过红河时被克鲁格的侦察机飞行员们发现。克鲁格和艾森豪威尔迅速调集反坦克、步兵和骑兵力量，沿 117 号公路布防，堵截进攻者，包围他们并将其粉碎。当第三集团军明显赢得了这场"战争"时，麦克奈尔将军宣布演习第一阶段结束。

第二阶段演习于 9 月 24 日拉开帷幕，第三集团军对利尔的集团军展开反击。巴顿的装甲师与艾森豪威尔的第三集团军协同作战。这次他们的表现很出色。克鲁格和艾森豪威尔派他们的步兵向北赶往什里夫波特（Shreveport），绕过了利尔将军的防线。利尔率部后撤时，克鲁格"炸毁"了沿途的桥梁，派"车轮上的地狱"师艰难地展开一场 320 千米的侧翼机动迂回。他们先是进入得克萨斯州，再返回路易斯安那州，出现在"敌人"的"首都"什里夫波特后方。

巴顿意识到这是个向上级证明自己能力的绝佳机会，因而驱使部下发起了一场彻夜行军。尽管天气恶劣，路况不佳，且巴顿的坦克处在敌众我寡的形势下，但他的师仍势不可当地攻入了利尔的后方梯队。巴顿站在一辆轻型坦克的炮塔里指挥战斗，他的面孔除了护目镜留下的两个白圈外，均被坦克排出的废气熏得漆黑。演习开始后的第四天，巴顿攻入什里夫波特。麦克奈尔于次日宣布演习结束。

按照马歇尔的要求，布莱德雷陪同两位参议员观看了此次演习，据他回忆："巴顿打破一切陈规旧俗，指挥他的机械化力量以令人震惊的速度和出其不意的行动向前猛冲。担任裁判的将领们对他提出批评，说他离经叛道，说他擅离指挥岗位在前线游荡，还说他的师恃强凌弱。但美国陆军中的每个人都很清楚，巴顿确实是陆军有史以来所造就的最能征善战的将领。"

在需要赢得战斗的地方，巴顿无情地驱使着他的坦克和部下，将所有目光都汇聚到他身上。巴顿赢得了他在和平时期最大的一场突然袭击，作为奖励，他被擢升为第一装甲军军长。

事实证明，在巴顿陶醉于扮演潇洒的骑兵角色时，路易斯安那大演习中广受欢迎的英雄，其实是获胜的第三集团军的那位和蔼而谦逊的参谋长。模拟战斗在树林中激烈进行，哥伦比亚广播公司（Columbia Broadcasting System，简称 CBS）的埃里克·塞瓦赖德（Eric Sevareid）、《纽约时报》（The New York Times）的汉森·鲍德温（Hanson Baldwin）等记者则聚在艾森豪威尔上校的帐篷里畅谈。他们吃着东西，开着粗俗的玩笑，把酒言欢。

艾森豪威尔偶尔会抛出一些不可公开的独家新闻。这种温和的处世之道使他赢得了新闻界的喜爱，他们立即以丰厚的回报报答了艾森豪威尔。专栏作家罗伯特·S.艾伦（Robert S. Allen）和德鲁·皮尔逊是颇具影响力的《华盛顿邮报》的专栏作者。他们一眼就看中了这位笑容可掬、两眼炯炯有神的和蔼上校，称这个人"构思并指导了击败第二集团军的战略。他的头脑极为敏锐，还具有异乎寻常的活力"。其他记者也为艾森豪威尔大唱赞歌，结果，艾森豪威尔成为第三集团军优异表现的最大受益者。

注意到艾森豪威尔出色表现的并不仅仅是新闻媒体——没过多久，陆军部便授予了艾森豪威尔第一颗将星。马歇尔将军视察陆军在南、北卡罗来纳州（South Carolina and North Carolina）展开下一阶段演习时找到克拉克，提及自己正在考虑陆军部的一些人事变动。陆军部战争计划处需要这个国家最优秀、最机灵的人物，以便为麦克奈尔和克拉克即将进行训练的新师制定战略计划。

马歇尔说道："我希望你给我一份名单，写上 10 个你非常了解，而且会推荐他们担任作战处负责人的名字。"

克拉克答道："我很乐意这样做，但名单上只会有一个名字。要是您一定要我写 10 个名字，那我只能把这个名字再重复 9 遍。"

"这个名字是？"

"艾克，艾森豪威尔。"

卡罗莱纳大演习结束 8 天后，日本对珍珠港的偷袭震惊了美国全国。这场突然袭击导致美国太平洋舰队的大部分舰艇沉入海底。4 天后，德国对美国宣战——战争现在不再只是一种可能性，在世界的两端，它明显已成为现实。

珍珠港事件爆发 5 天后，艾森豪威尔接到电话。陆军参谋长的秘书沃尔特·比德尔·史密斯（Walter Bedell Smith）上校给身处圣安东尼奥（San Antonio）的艾森豪威尔打来电话，单刀直入地告诉他："参谋长说，要你立即搭乘最近的一班飞机，马上到这里来。告诉你的上司，正式命令随后下达。"

艾森豪威尔问道："要去多久？"

"我不知道。只是让你过来。"

艾森豪威尔困惑不解，想知道应该带上哪些衣服。

他问道："那么，是什么样的任务呢？是在办公室里还是在其他地方？"

"参谋长说让你上飞机，立即来这里。"仅此而已。

两天后，艾森豪威尔发现自己坐在旧军需大楼 2 楼的一间办公室里，面前是美国陆军中最严格、最具权力、最令人生畏的人物——艾森豪威尔的良师益友福克斯·康纳曾将此人称为天才——乔治·卡特利特·马歇尔。

跳过礼节和闲聊，马歇尔从一堆文件中抬起头来，直奔主题。他先概述了太平洋上的整体情况，包括菲律宾、澳大利亚、美国的各座岛屿的概况以及据守这些地方的可用兵力，随后直接问这位准将："我们的行动总方针应该是什么？"

艾森豪威尔要求给他几个小时考虑这个庞大的问题。于是，在粗鲁地叫艾森豪威尔出去后，马歇尔那张满是皱纹的脸再次转向桌上的文件。

艾森豪威尔赶紧跑到新上司（也是老朋友）吉·杰罗的办公室，借了张办公桌、几幅地图和在短暂的宝贵时间里所能掌握的一切信息。政府配发的挂钟记录着时间的流逝，艾森豪威尔在一本黄色便笺本上写下一份题为"应采取的步骤"的清单。

深吸一口气后，艾森豪威尔回到马歇尔的办公室。此人要么会把自己留在这支"大学球队"，要么会让自己的职业生涯戛然而止。艾森豪威尔僵硬地坐在参谋长面前，他告诉马歇尔，菲律宾可能无法挽救，但必须付出救援努力，即便是象征性的，因为中立的太平洋国家会仔细留意美国对日军不断推进的反应。艾森豪威尔继续说道，从战略层面看，应通过澳大利亚在太平洋战区采取消极防御措施，对日后的作战行动来说，澳洲会成为一个后勤基地；盟军的重点应该是在欧洲打击希特勒，因为德国是更危险的敌人。艾森豪威尔说完了，他等待着裁决。

马歇尔那双锐利的蓝眼睛盯着这位准将，他告诉艾森豪威尔，他同意他的结论，他的结论与陆军部的战略相符。艾森豪威尔方案的细节和所做的分析只是印证了马歇尔已经得出的结论，其想法并没有特别出彩之处。但马歇尔正在寻找的，以及艾森豪威尔所能提供的，恰恰是制定政策、做出决定的一种意愿，而不是对参谋长的建议和批准的消极等待。艾森豪威尔的直觉告诉他，马歇尔需要的是一些无须加以密切监督的军官，这样一来，参谋长就能腾出身来周旋于国会、白宫、盟友和遍布海军及太平洋司令部大楼上层那些趾高气扬的高级将领之间了。

艾森豪威尔的直觉是对的。马歇尔以尖锐而又坦率的口气说道："艾森豪威尔，陆军部里能干的人不少，他们能够很好地分析问题，但总是觉得必须把这些问题交给我进行最后定夺才可以。我必须找一些助手，由他们解决这些问题，然后再向我汇报相关情况。"

艾森豪威尔点点头。他已通过第一轮考验。

谁是未来的潘兴将军？

出任第一装甲军军长一周后，小乔治·史密斯·巴顿给他在陆军部的老朋友写了封简短的信：

亲爱的艾克：

等你的战争计划制订完毕后，最好到我这个军里来指挥一个师……

我要再次感谢你为第二装甲师所做的宣传，我认为你已做好随时随地投
入战斗的准备。

和往日一样，巴顿仍希望这位堪萨斯人能与自己并肩奋战。

就在他的军衔节节上升时，巴顿也引来了新闻媒体的关注——就像一
块磁铁吸引钉子那样。他是个经历丰富多彩的家伙，喜欢出风头，而他的
妻子比阿特丽斯则会认真剪下关于她丈夫的每一篇文章，存放于家庭剪贴
簿里。不过，尽管具有强烈的自恋倾向，但巴顿知道好事发展得过了头反
而会成坏事，可能会给他带来无妄之灾。因此，《生活》(Life's)杂志决定
为这位个性张扬的陆军将领发一篇专题报道时，巴顿写信要求编辑不要刊
登这篇文章，信中披露出许多关于他本人和昔日陆军的办公室政治的问题：

> 我深深地感谢您一直以来对我的关注和您那本出色的杂志为我说的
> 好话。但坦率地说，我希望您不要发表菲尔德先生的文章，我提出这一
> 请求的理由如下：
> 首先，我不认为这篇文章反映了我的真实面貌。粗心的读者会认为
> 我是世界上最下流、最粗野、最低俗的家伙，因为我50年来的粗话都被
> 压缩到寥寥几页报道中了。
> 其次，我一向反对别人提及我继承来的一小笔财富，因为我不认为
> 通过祖先的明智选择而获得财富是一种能力的标志。
> 最后，一名幸运的军官的目标是晋升为军级指挥官。多亏德弗斯将
> 军，我现在成了军长。但成为军级指挥官的军官，其未来的发展取决于
> 他同僚和上司的意见，而不是公众的情绪。实际上，据我观察，不合时
> 宜或过度的宣传会给一名军官的职业生涯造成极大损害，因为公众肯定
> 会认为这种过度吹捧是这位军官自己要求的，而且其中大部分可能出自
> 他的口授。您和我知道情况并非如此，但其他人会认为就是这样……我
> 认为，现在发表这篇文章，不仅对我毫无帮助，甚至可能葬送我的职业
> 生涯，并使我30多年的努力毁于一旦。

巴顿在信中表现的并不是一种虚伪的谦逊。他已非常接近战争，甚至

已经能够闻到战场上的硝烟味了，他现在最不希望有谁在华盛顿散布他的流言蜚语，因为他离中枢太远，无法为自己辩护。写信给《生活》杂志编辑后，他又给陆军公共关系局局长 A. D. 叙勒（A. D. Surles）准将写了封信，看他能否请《生活》杂志不要刊登那篇文章。为确保万无一失，他还写信给上司德弗斯将军，解释自己已设法说服《生活》杂志的编辑们放弃那篇文章，并请叙勒将军代为说合。他传递给德弗斯的潜台词非常明确：不必担心巴顿会鼓励新闻媒体吹捧自己，以此超越同僚。

巴顿努力解决的另一个问题是将艾森豪威尔调入他的这个军。对于这个不时谈及的任务，巴顿有两个想法。一方面，巴顿希望将艾森豪威尔揽入麾下，换作其他任何一位指挥官也会这样做。他了解艾森豪威尔，知道后者会独立思考，做出适当的反应和行动，这对一名参谋长而言至关重要。但另一方面，他又认为艾森豪威尔准将是他遇到紧急情况时在陆军部的一张王牌，所以他又不确定自己是否希望弄走马歇尔将军身边的一位坦克战支持者。因此，1942 年 2 月到访华盛顿后，巴顿写信给艾森豪威尔：

> 我和你的交谈，比我在华盛顿进行的所有讨论更令人欣喜。我认为原因有两个。首先，你是我的老朋友；其次，至少在我看来，你的自信展现出了你的能力，使我对你的未来充满信心。我很高兴你获得了现在的位置。我深信不疑的是，通过你的努力，我们最终会打败那些杂种——"你说出他们是谁，我来把他们干掉！"

艾森豪威尔对此表示感谢，他在回信中写道："我没有丝毫的麻烦，也没有所谓的我要你为我干掉的敌人。我现在面临的问题是找到办法，把我安置到适合我的地方。"对于自己目前被困在参谋职位上这一问题，艾森豪威尔补充道：

> 我对自己不得不到华盛顿来深感失望——但许多人都是如此。这项工作太过重要，没办法顾及每个人的喜好，所以我只能把训练和率领部队的想法暂时搁置，而你也必须完成这项工作。我知道，你会让整个军队达到第二装甲师的水准。

但艾森豪威尔指挥军队的梦想仍不时会冒出来。两个月后，他致信巴顿："或许我最终会离开这个忙碌的岗位，和你并肩作战。到那时，你将成为这场该死的战争中的'黑杰克'。"

巴顿现在觉得，在这场"该死的战争中"可能成为"黑杰克"的会是艾森豪威尔，而不是自己，他在回信中写道：

> 我和你的感觉一样，我们并肩作战肯定会很愉快。虽然我完全理解你放弃目前这份工作的想法，因为你在谢顶前是一头红发①，但我个人认为，你现在撒手不干，会给这个国家带来一场灾难。不过，说句自私的话，如果我成为这场战争中的"黑杰克"，你就是"黑杰克"的助手。没有什么比这种情况更令我高兴的了。但反过来也行，你做"黑杰克"，我做你的助手。

艾森豪威尔对此回复：

> 你所说的"谢顶"是你造成的——路易斯安那演习期间，我一直担心你会驾驶那辆魔鬼玛利亚战车②俘虏我们的指挥将领。另外就是我竭力让自己变得更加重要，我的脑袋必须对得起你给你的兵痞下达的悬赏。

暂且撇开他们的玩笑话，我们会发现，艾森豪威尔认为巴顿的工作是一份美差，但他们也在形成一种共生的伙伴关系：巴顿被派往偏远的加利福尼亚州修建一座训练中心，他需要华盛顿的盟友；而艾森豪威尔也需要一位战地指挥官的帮助——一旦他从陆军部脱身，后者可以为他提供一个战地指挥的职位。因此，他们在整个1942年初都保持着通信，重新建立起源自米德堡岁月的亲密合作感。巴顿在5月份向艾森豪威尔透露：

> 有时候我觉得你和我的人生，冥冥中受到某种至高无上的力量或命

---

① 谢顶有"单调枯燥"的意思，而红发有"急躁"的意思。——译者
② "魔鬼玛利亚"这个词，源自当年美国副总统道威斯的绰号，相当于"该死的"这类口头禅。——译者

运的保护，因为我们各自经过多年的思考，才来到目前所处的境况下。但请记住，我的命运在很大程度上取决于你，因为在这个遥远的地方，一个人很容易被遗忘……我已伸长了脖子，但相信你伟大的洞察力和说服力能让任何人都不敢对它抢起斧子。

在美国卷入一场白热化的战争时，巴顿和艾森豪威尔的关系正处于一种让双方都很舒服的状态。这种关系使两人的长处得以发挥。

更年轻一点的艾森豪威尔被培养成一支"球队"的"教练"，他会评估每个"球员"的能力，并使所有人都为一个共同的目标而奋斗。这项工作非常适合艾森豪威尔，因为自堪萨斯州的童年时代起，有组织的集体行动就是他性格中最重要的组成部分。他在一个大家庭长大，那里的人际关系、社会等级、同伴、争斗和家庭晚餐充斥着生活的方方面面。他读的是公立学校，玩橄榄球和棒球，珍惜与大型团体的联系。长大后，艾森豪威尔喜欢简单的消遣，例如桥牌、高尔夫球和网球。这些活动强调社交，而在这种社交中，玩笑和玩耍同样重要。需要力量时，他会召集亲密朋友寻求帮助。他把这些朋友联系起来，一同解决问题，他们会达成共识并得出正确的答案。

而巴顿呢，尽管他家境富裕，尽管他老于世故，但他缺乏广阔的社交圈，而这种社交圈恰恰是艾森豪威尔无往不利的基础。在巴顿的成长期间，他没什么邻居，而且是家里的独子，只能从自身吸取力量。射击、帆船、骑马和马球这些兴趣爱好，都是以个人主导和个人执行为中心的。在安静的时刻，他的内心备感空虚。他退缩，他阅读，他书写，他祈祷。然后，他回来重新准备投入战斗。他是个孤独的骑士，是一件单打独斗的武器，他需要艾森豪威尔这样的人在正确的时刻、正确的地点将他置于正确的团队中。

在巴顿训练坦克兵，艾森豪威尔制定陆军部的战略时，布莱德雷正忙于本宁堡的工作。他为陆军新成立的伞兵团制订了训练方案，以提高其体能标准，并对本宁堡进行严格管理，从露营决定到堡内的交通规则他都要过问。在交通法规方面，他对特立独行的军官要求得尤为严格——这些人跟巴顿一样，最喜欢无视交通规则。

布莱德雷在本宁堡的出色工作使他日益增长的声望锦上添花。马歇尔将军一如既往地密切留意着军官团体内传播的小道消息，别人对布莱德雷的积极评价终于传入他的办公室——此时的马歇尔是完全有能力造就或毁掉一名军人的。

1942年，马歇尔视察本宁堡期间提出了一个出人意料的问题，布莱德雷还为此吓了一跳——"布莱德雷，如果调你去指挥一个师，你觉得这里的工作由谁来接替比较合适？"

布莱德雷激动不已，竭力抑制内心的喜悦，简单地答道："还没有想好，长官。"但他很快便提出了一个合适的接任者。不出3个月，这位接任者将到本宁堡报到，而布莱德雷也会去指挥一个师，并获得第二颗将星。

美国参战后，陆军动员起了3个新步兵师。其中之一是第八十二师"全美之师"（"All-American"）。这是个第一次世界大战后遭撤编的师，他们饰有旧丝带的战旗的历史可追溯至第一次世界大战。布莱德雷在本宁堡校区一座带有白色隔板的建筑内展开工作，为第八十二步兵师凑集起师部工作人员，还找来两名新助手——来自加利福尼亚州洛代（Lodi）的刘易斯·D.布里奇（Lewis D. Bridge）中尉和切斯特·B.汉森（Chester B. Hansen）中尉（昵称"切特"）。前者是一名优秀的运动员，后者原先是锡拉丘兹（Syracuse）的一名报社编辑，后来成为布莱德雷的知己和年谱编者。

布莱德雷投入工作中，努力打造第八十二步兵师。经过4个月激烈的体能训练，布莱德雷觉得自己已做好率领该师投入战斗的准备。他那紧闭双唇的微笑暴露出他的想法：战斗不会太远了，他很快就有机会摘取第一次世界大战中与他失之交臂的桂冠。

但他率领部队投身战场的梦想，被麦克奈尔将军接到的一封密信粗暴地打断了。麦克奈尔说，马歇尔非常看重布莱德雷作为一名训练者的才能，他现在需要人去训练一个"急需获得帮助"的国民警卫队师。他解释说，第二十八步兵师迫切需要可靠、成熟的指导，马歇尔希望布莱德雷把这些人塑造成形，就像他强化第八十二步兵师那样。虽然麦克奈尔承认这项任命对一个焦急的指挥官来说是"令人失望"的，但马歇尔希望他去第二十八步兵师，无论这位少将喜欢与否，都必须遵从命令。

麦克奈尔向布莱德雷保证："你的能力会在适当的时候得到承认，因此，这项特殊任务也许只能视为突发事件。"但布莱德雷并未因此得到安慰。

第4章 "亲英派"的军队家庭

> 20年前，我们作为一支团队投身战争。现在你看看我们的梦想发生了什么变化？我估计自己会待在这里，从事全球范围内的大量繁重的策划和操作工作，但我希望你永远鸿运当头。

> ——艾森豪威尔致巴顿，1942年夏

珍珠港事件后，英美高层人员在1941年12月举行了代号为"阿卡迪亚"（ARCADIA）的会议。这是双方为协调美国与英国作战计划做出的第一次高级别努力。尽管双方在基本战略、战争目标和指挥结构方面存在巨大分歧，但阿卡迪亚会议仍为英美策划团队提供了一些基本指导，并据此制订日后的行动计划。虽然公众强烈要求罗斯福政府对日本的偷袭展开报复，但两国还是重申"先德后日"的战争决策。他们同意将两国陆、海、空军参谋长组成一个名为"联合参谋长委员会"（Combined Chiefs of Staff）的指挥机构，以指挥各战区的盟军最高统帅。

美方提出将美军集结于英国后，于1943年春季进军法国——这是第一场大规模行动。这个方案的代号初为"围捕"（ROUNDUP），后改为"波列罗"（BOLERO）。他们还提出一项应急措施：于1942年秋季紧急发起跨海峡进攻行动，行动代号为"大锤"（SLEDGEHAMMER），其目的是在苏联的抵抗即将崩溃时，将希特勒的部分师调离东线。

从地理上看，攻入德国最快的途径是穿过法国北部。但英国人坚持认为，盟军的第一场进攻无论在哪里实施，都必须有较大的把握成功。因为第一场联合行动遭遇失败的话，英美军队的士气会遭到严重打击，还会助长德军战无不胜的神话，甚至可能令苏联灰心丧气，以至于寻求单独媾和的机会。西线盟军必须在年底前展开行动，因为斯大林和选民们都不会容忍庞大的盟军在这一年内碌碌无为。他们认为，1942 年显然无法实施"围捕行动"。为了替代进军法国这个方案，英国首相温斯顿·丘吉尔提出了让英美军队进军北非的"超级体育家计划"（SUPER-GYMNAST）。这次作战计划的代号后来缩短为"体育家"（GYMNAST），该计划作为 1942 年军事行动的另一个选项被送至艾森豪威尔的办公室。

走向美军驻欧洲的最高指挥官之位

阿卡迪亚会议后，艾森豪威尔的工作堆积得犹如蒙大拿州的雪堆。他很少能在白天回家，只能以香烟和黑咖啡取代食物和睡眠。他在 1941 年的最后几个小时向一位朋友描述了自己的日常生活："我和你说的这些只是为了让你大致了解你走进的这间房子有多么疯狂。现在是新年前夜 8 点，我还要再工作一两个小时，明天也不会有什么不同。我在这里已经待了 3 周，今天中午是我第一次走出办公室去吃午饭。平时我一般会吃一个热狗三明治，喝一杯牛奶。"他还在日记中抱怨道："真让人恼火！这里都是一些工作上的业余战略家。自大狂无处不在。我情愿放弃一切返回战场。"

正如马歇尔所担心的那样，压力正朝艾森豪威尔袭来。艾森豪威尔的父亲于 1942 年 3 月 10 日去世，这让情况变得更糟糕：由于工作任务太重，悲痛的儿子无法出席父亲的葬礼。艾森豪威尔已处于崩溃的边缘。

但艾森豪威尔坚持了下来，只在可控范围内爆发了情绪，而这些爆发共同预防了一场彻底的崩溃。他在日记中说麦克阿瑟"就像婴儿一样大"，而对即将上任的海军作战部部长欧内斯特·P. 金（Ernest P. King），他写道："我们能为打赢这场战争做的一件事就是，派人干掉金。"尽管他的朋友巴顿因为满口粗话而名声大噪，但艾森豪威尔脱口而出的大量污言秽语就像充斥他办公室的蓝色香烟烟雾那般浓郁、那般下流①。

不过，除了偶尔在日记中发泄一番，或对马马虎虎的工作人员大发雷霆外，艾森豪威尔像一名优秀的军人那样吞下他的失意，低下头，努力完

① "蓝色"这个词在英语中也有下流的意思。——译者

成自己的工作。在 1942 年 3 月份的一篇反思日记中，他将自己的爆发与马歇尔的态度进行了对比：

> 马歇尔令我有些困惑不解，我从未见过这样的人。他遇到某种蠢事时显然怒不可遏，但发脾气的时间很短，会迅速平静下来，彻底恢复"常态"。我确信他这样做是为了装装样子，但至少他不会像我那样愤怒——我整整发了一个小时的脾气。

面对沉重的工作压力、漫长的工作时间，以及上司和下属的抱怨，艾森豪威尔永远把工作放在首位并为此而自豪。但他终于还是对马歇尔发了脾气。1942 年 3 月中旬，这位陆军参谋长意识到艾森豪威尔期盼获得战地指挥的职务，于是在一天下午随口告诉后者："我想让你知道的是，在这场战争中，会获得晋升的是指挥官，而不是参谋人员。"

说完这句话，马歇尔停顿片刻，随即直奔主题："就拿你来说，我知道一位将军推荐你出任师长，还有人推荐你去当军长，这很好。我很高兴他们如此赏识你，但你必须待在这里坚守你的岗位，就是这样！"

一阵令人难以忍受的沉默。

马歇尔将军继续以冷酷无情的声音说道："尽管这对你来说也许是一种牺牲，但不得不如此。"

艾森豪威尔在 1918 年遭遇的巨大挫败——没能奔赴海外，没能参加战斗的现实——即将重演。

这位语带讥讽的老将军终于以他的话语和目光激怒了艾森豪威尔。艾森豪威尔光秃秃的脑门变成了深红色，他咬牙切齿地回敬道："将军，我对您说的东西很感兴趣。但我希望您明白，对我来说，我他妈根本不关心您的晋升计划。我从战地来到这间办公室，只想努力尽到自己的职责。只要你想让我待在这里，我就会留下。如果这会使我在战争剩下的日子里困在这张办公桌前，那就让它见鬼去吧！"然后，他转身朝门口走去。

毫无疑问，艾森豪威尔的话里充满苦涩。他后来写道："我已经为自己突然爆发的愤怒感到羞愧了，马歇尔的办公室很长，每往前走一步，这种羞愧感就强烈一分。"

握住黄铜做的门把手时，他悄悄向后瞥了一眼。这位堪萨斯人认为他看见将军坚毅的脸上绽露出了一丝笑容。

他迅速走了出去。

在心慌意乱的状态下，艾森豪威尔没弄明白，参谋长含蓄的声明并不是威胁或欺凌，因为马歇尔打算不久后就晋升他。马歇尔正对艾森豪威尔展开又一次性格测试。艾森豪威尔的痛苦反应包含了一个重点——他会去马歇尔希望他去的任何地方服役，让战争余下的岁月见鬼去。虽然这种表达并不优雅，甚至表达得不够清晰，但它正是马歇尔希望听到的。艾森豪威尔一直坚持以团队利益为重，即便以自己的职业生涯为代价也在所不惜。他通过了第二轮考验。

艾森豪威尔在大发雷霆 3 天后，被参谋长擢升为少将。当然，这是个临时任命（艾森豪威尔的中校永久军衔将保持到战争末期），但肩上的两颗星是一个非常令人满意的公务员徽标，因为参谋人员的军衔基本上不会超过准将。然而更重要的是，作为一名少将，如果他有一天能摆脱参谋工作的枷锁，就有可能去指挥一个师，甚至是一个军。

1942 年春末，马歇尔获知，在伦敦负责组织"波列罗行动"的美国人干得不太好，于是便派艾森豪威尔将军去那里提高美军先遣部队的紧迫感。艾森豪威尔收拾好行装并带上了韦恩·克拉克，马歇尔派后者去伦敦兴建训练用的基础设施。5 月 23 日，艾森豪威尔一行驱车赶往博灵机场（Bolling Field），分别同他们的妻子吻别后登上飞机。艾森豪威尔作为马歇尔的特使就此开始了其多次出访的经历。

经过长途飞行，他们到达苏格兰的普雷斯特威克（Prestwick），之后又冒雨搭乘火车赶往伦敦。两位少将与他们的英美同僚展开了持续数日从早到晚的疲劳会谈。这些会议使艾森豪威尔接触到大西洋彼岸舞台上的众多"名角"，包括与马歇尔地位相当的帝国总参谋长艾伦·布鲁克（Alan Brooke）将军，以及潇洒的路易斯·蒙巴顿（Louis Mountbatten）勋爵。结识这些盟友时，艾森豪威尔发现英国人一般热情开朗、讨人喜欢，且愿意伸出援手，但有两个人例外。

那些不幸为艾伦·布鲁克工作的人给他起了个绰号："榴霰弹上校"。他的脾气暴躁得与马歇尔不相上下。这位说话断断续续的英国人长着一张下垂的长脸，他对国家的责任感与马歇尔同样强。他必须以尽可能巧妙的方式调和丘吉尔的宏伟计划，这一沉重负担加重了他的工作压力。虽然布鲁克不得不坚忍地在丘吉尔面前保持沉默，但他对美国表兄弟们却带有一种漫不经心的傲慢和轻视。他非常尊重德国对手，认为美国人是一群缺乏经验的莽撞新人，他们的想法必须由一名老兵检查，否则就会给盟国的事业造成灾难。

艾森豪威尔竭力与这位帝国总参谋长拉近关系，但布鲁克紧皱的眉头和反复显露出来的不耐烦的表情，被他那副牛角框眼镜和无礼的举止放大了，就连对待极具亲和力的艾森豪威尔，他也没有好脾气。整个战争期间，布鲁克一直将艾森豪威尔视为一个善良的小伙子，认为他显然不适合担任高级军事指挥职务。而在艾森豪威尔看来，布鲁克太过依赖第一次世界大战的打法。他觉得在那些有幸参加第一次世界大战的将领中，许多人都抱有布鲁克那样的观点。

艾森豪威尔议程中的另一次会议是与一位矮小结实的中将共同召开的，对方是英国东南部陆军训练中心的指挥官，名叫伯纳德·劳·蒙哥马利（Bernard Law Montgomery，简称"蒙蒂"）。艾森豪威尔和克拉克驱车赶往苏塞克斯（Sussex），蒙哥马利和他的参谋正在那里给一群美国军官讲授他们与德军作战的经验教训。正是在苏塞克斯，艾森豪威尔见识到了英国人的"家规"。

会议开始时，蒙哥马利说道："我已接到指示，从百忙中抽出时间给诸位先生做简要介绍。"他随即开始了一场相当傲慢的报告，据克拉克回忆，几分钟后，"艾克悄悄把手伸入衣兜，掏出一包香烟"，没等艾森豪威尔抽上三口，蒙哥马利就皱起他那长得像腊肠的鼻子，停下报告厉声问道："谁在抽烟？"

艾森豪威尔抬起头："是我，长官！"

蒙哥马利怒声说道："别抽了，我不允许！"

艾森豪威尔的秃顶泛红，朝克拉克羞怯地笑了笑，低下头来，顺从地踩灭了引起麻烦的香烟。乘车返回旅馆时，艾森豪威尔的司机无意中听到后座传来刺耳的用美国口语吐出的"蒙哥马利"和"混蛋"这些词。据这位司机后来回忆，艾森豪威尔"怒不可遏——真的气得要命。看来他的火气一直没消。这是我第一次见识到艾森豪威尔的脾气。他满脸通红，前额暴起的静脉看上去就像一条条虫子"。

汽车到达旅馆时，艾森豪威尔已竭力压下了怒火。他完成了自己要做的事，听完了蒙哥马利的报告，这就是他需要完成的任务。他不想再和傲慢的英国人有任何交集了。

1942 年 6 月初回到华盛顿后，艾森豪威尔起草了一份关于美国在英国的作战准备情况的报告交给马歇尔。这份报告草案的核心是，身处伦敦的美国军官，既缺乏领导力，也没有紧迫感，正在浪费宝贵的时间。很快，马歇尔就把艾森豪威尔叫到他的办公室讨论华盛顿方面的行动。这位令人生畏的陆军参谋长看着他的副手，以平淡的语气问道："照你看，我们能不能弄出较为完整的计划？"

艾森豪威尔答道："能，长官！"

"很好，因为负责执行这些计划的人可能是你。"

这是马歇尔将军让人出乎意料的时刻之一。他的幽默感犹如沙漠般枯燥，但他喜欢为自己青睐的军人创造条件。他没有吹嘘夸耀，没有客套虚礼，只是一句看似无关紧要的解释，便将德怀特·戴维·艾森豪威尔推向驻欧洲美军最高指挥官的位置。无论在英国发生了什么，艾森豪威尔都将成为中心人物。

那天晚上，回到家里的艾森豪威尔头晕目眩，几乎说不出话来。当晚他所能做的只是在日记里简短地写下一句："参谋长说我就是那个人。"

"只要能指挥一支即将参战的部队，让我出卖灵魂都行"

当艾森豪威尔忙于组织美军在欧洲的集结时，他的朋友乔治·巴顿正为获取前往战场的机会苦苦奋斗。他乘坐侦察车、吉普车和轻型侦察机在沙漠中或沙漠上空奔驰、疾飞，确保这座位于加利福尼亚州印第奥的沙漠训练中心在炎炎烈日下顺利运作。他现在的贴身随从是来自南加利福尼亚州的年轻副官理查德·N.詹森（Richard N. Jenson）上尉，还有亚历山大·斯蒂勒（Alexander Stiller）中士，后者是个坚忍、全副武装的得克萨斯人。巴顿的一位副官说，斯蒂勒"看上去就像是坚硬的山胡桃木做成的"。

巴顿作为训练指挥官的声望越来越高，这对于马歇尔和麦克奈尔将军这些人来说很重要。但巴顿此时同样急于进入一个海外作战指挥部。1942年夏初，巴顿听说"艾森豪威尔和克拉克在欧洲会有大动作"，但他认为艾森豪威尔获得的任命不会影响到自己成为第一个进攻海滩的将领——无论这些海滩会在哪里。

巴顿与艾森豪威尔的友谊在当年6月结出了果实。当时，英国人位于利比亚东部的图卜鲁格（Tobruk）堡垒落入了埃尔温·隆美尔（Erwin Rommel）将军的非洲装甲集团军手中。图卜鲁格的沦陷是一场严重的灾难，它让德国人对北非的征服势不可当。罗斯福要求马歇尔采取措施帮帮英国人，于是马歇尔想听听艾森豪威尔对率领一个师远征非洲的最佳人选有什么建议。艾森豪威尔不假思索地答道："巴顿！"

马歇尔怀疑巴顿是否愿意接受这项工作，因为这会使他降为师长。但艾森豪威尔了解自己的老朋友。他请求参谋长批准他直接跟巴顿谈谈这件事，马歇尔点了点头。

"我们什么时候可以开始？"艾森豪威尔刚一提起这个话题，巴顿就在电话里吼叫起来，"只要能指挥一支即将参战的部队，让我出卖灵魂都行"。

艾森豪威尔解释说，一旦做出具体计划，就会有人再跟他联系。但在此之前，巴顿必须做好飞赴华盛顿的准备，随叫随到。

接下来的几周，巴顿和艾森豪威尔加强了联系，在工作允许时会匆匆写下简短的信件。艾森豪威尔已对自己从事的参谋工作听天由命了。他告诉巴顿，自己加入作战部队的希望微乎其微。自米德营那些日子以来，他们的前进道路已出现分岔，艾森豪威尔伤心地写道："20年前，我们作为一支团队投身战争。现在你看看我们的梦想发生了什么变化？我估计自己会待在这里，从事全球范围内的大量繁重的策划和操作工作，但我希望你永远鸿运当头。"

始终乐观的巴顿安慰他的朋友："艾克，不要放弃。战争的一条真理是，意外总是会发生。这将是一场漫长的战争。我们还会相聚。"

1942年6月21日，马歇尔命令巴顿到华盛顿来，巴顿随即跳上了飞赴首都的最近的航班。次日，他静静地坐在马歇尔的办公室里。陆军参谋长向他简要介绍了情况。他说，英国人的处境岌岌可危。隆美尔从位于利比亚的大本营威胁着苏伊士运河，进而对大英帝国通往远东的生命线造成影响。罗斯福总统希望对英国人施以援手，但美国陆军只能腾出一个约1.8万人的加强装甲师。倘若投入行动，该师将由巴顿指挥。马歇尔悄悄派这位老骑兵去附近的陆军战争学院收集地图并拟订初步计划。

巴顿在脑海中将整个情况考虑一番，得出结论：马歇尔错了。装甲力量的优势当然是其机动性，但只编有4个装甲团（或称之为战斗指挥部）的一个装甲师是不足以发挥作用的。如果有第二个师，他就可以凭借更大的破坏力包围敌人。就像迦太基人在坎尼对付罗马人时那样，他将直接粉碎敌人，而不仅仅是重创对方。因此，他次日带话给马歇尔办公室，执行这项行动需要两个师，而不是一个。

马歇尔的副官传达这一信息后，美国陆军参谋长勃然大怒。巴顿竟敢要求把他的指挥权扩大到下辖两个师的一个军。一丝不苟的马歇尔将军明确指出，巴顿只能掌握一个师，因为超出一个师的兵力必须从其他更大的计划中抽调，而巴顿对各战区的计划一无所知。

正如马歇尔所说的那样，"局部利益症"恰恰是他无法容忍巴顿或其他任何人犯的毛病。于是，马歇尔决定以巴顿不会忘记的方式给他个教训。参谋长嘟囔着吩咐副官："送他回印第奥。"

当天，马歇尔的副官礼貌地陪同巴顿前往机场。

尴尬不已的巴顿登上飞往加利福尼亚的飞机，心里凉了半截。他竟然想改变陆军参谋长的计划，这种狂妄开罪了陆军参谋长。谁知道马歇尔会把他打发到哪儿呢？难道在战争剩下的岁月里，马歇尔会把他拴在国内从事训练工作？

飞机颠簸着越过美洲大陆时，一种绝望感弥漫在巴顿心中。他耗费毕生时间才到达目前（或者说是昨天）的位置，但就在刚才，他丢掉了在历史上最伟大的战争中大展身手的最好机会，这个机会也许只有这一次。

他想，这也许是个误会，或许马歇尔没有得到正确的信息。他可能没有意识到，那只是个建议，而不是要求。但巴顿知道，他必须在马歇尔无情的裁决成为自己职业生涯的死刑判决前采取措施。

回到加利福尼亚，他就致电马歇尔办公室道歉。马歇尔的秘书告诉他，参谋长正在开会。他一连几天打给马歇尔的电话都没有得到回应。

巴顿惊慌不已，垂头丧气。马歇尔再也不会将战地指挥官的职务委任给他了。巴顿又干了蠢事——他曾经因此在学校里度过了一段被人嫌弃的时光。由于"太过好斗",他又把事情搞砸了。这个"太过好斗"的巴顿坏了大事,他本来会成为这场战争中最伟大的战地将领的。

要是巴顿知道实情,他就不会夜不能寐了。诚然,马歇尔不会纵容属下讨价还价,而陆军部的一些参谋人员也对任命巴顿指挥一个军深感不满——他们不喜欢巴顿古怪的做派和他无法预测的行为。

但马歇尔没有任用巴顿的真正原因是这项使命不具备可行性。马歇尔会见巴顿时,陆军部策划人员刚得出结论,美国提供的任何援助,最快要到10月或11月才能准备好,那对英国人来说为时过晚。马歇尔眼下能为丘吉尔提供的仅仅是300辆坦克和一些大炮,而丘吉尔也感激不尽地接受了,因此马歇尔决定搁置对巴顿的任命。

然而,马歇尔认为无须告诉巴顿陆军部取消该使命的原因,至少目前不需要。他知道巴顿是个古怪的斗士,他那令人恼火的缺陷会削弱他突出的优点。他还知道巴顿是位出色的军人,但有时候需要提醒他,谁才是真正的领导。因此,马歇尔一连几天拒接巴顿的电话,任他沉浸在沮丧的情绪中。正如马歇尔皱着眉头对他的副参谋长约瑟夫·T.麦克纳尼(Josef T. McNarney)说的那样:"这就是驾驭巴顿的办法。"

在炼狱中遭了几天罪后,马歇尔把巴顿释放了出来。弗洛伊德·帕克斯(Floyd Parks)准将写信向巴顿保证,他并未得罪参谋长。巴顿长长地松了口气,在回信中写道:"我很高兴接到你的信并得知我并没有彻底毁掉自己的机遇。如果出现什么问题,你可以告诉所有人,我愿意在任何时候、任何地方执行任何任务,无论其结果如何。"

7月11日,装甲部队的上司德弗斯将军向巴顿重申这一信息,并告诉他,陆军部正考虑在9月或10月将一个装甲军派至海外,"你愿意去吗?"

对巴顿来说,这根本不算是个问题。大喜过望的他在回信中写道:"收到您的来信前,我根本没有听说自己会率一个装甲军赶赴海外。我对您选中我深表感激。谢谢!我不会让您失望的!"

与一场灾难擦身而过的巴顿终于吸取了教训。他将循规蹈矩,安分守己。他将遵守命令并闭上自己的嘴巴。他绝不再给上级制造麻烦,绝不!

总司令的头衔，执行者的角色

"参谋长说我就是那个人。"

艾森豪威尔盯着一堆新文件，考虑着"那个人"（更准确的说法是欧洲战区美军总司令）的职责。他必须成立一个新总部。他必须白手起家地组建一支大军。他还要策划3场可能发起的进攻。因为进攻都是两栖作战行动，所以他要处理的情况非常复杂。他还不得不整合美国和英国的军事参谋部。他必须做到这一切才能达到马歇尔将军的严格要求，而马歇尔则会把艾森豪威尔的表现汇报给史汀生部长和罗斯福总统。

"总司令"这个头衔是一道令人敬畏的光环，但艾森豪威尔痛苦地意识到"那个人"所能施展的本事其实很少。艾森豪威尔迅速发现，最高统帅根本谈不上"最高"，至少在与其他国家联盟的情况下是如此。正如他在日记中所写的那样："在这样一场战争中，最高统帅总是会牵涉到1位总统、1位首相、6位参谋长和一群较次要的策划者。我们必须极有耐心——没人能成为拿破仑或恺撒！"

艾森豪威尔知道自己需要帮助，需要很多帮助，才能应对这项庞大工作带来的越来越大的压力。而且他知道，这种帮助不得不从烟盒和军官俱乐部酒吧以外的其他地方获得。艾森豪威尔还需要一些私人友谊。于是，他向海军上将金打听，海军能否为他提供一名"海军副官"。他心目中的人选是海军少校哈里·C. 布彻（Harry C. Butcher），他任职于哥伦比亚广播公司，是艾森豪威尔长期的高尔夫球玩伴，并且已从海军预备役返回现役。艾森豪威尔解释说，他希望布彻少校担任他的海军副官。

稍感困惑的金上将批准了布彻的调遣令，因为将一名海军人员安排到陆军司令部没有任何坏处。艾森豪威尔给身材高大、和蔼可亲的布彻安排了新的任务。对布彻来说幸运的是，这项任务与海军毫无关系。布彻真正的工作是把艾森豪威尔拖到户外跟他打高尔夫球和棒球，让他画素描或写生（这通常不会使艾森豪威尔的血压上升），并组织副官、助手和红十字会的姑娘们进行轻松的桥牌聚会，总之是确保艾森豪威尔能够暂时摆脱过度工作和悲观失望引起的乏味感与无聊感。

布彻为艾森豪威尔提供了他迫切需要的陪伴和欢乐。正如艾森豪威尔在信中对弟弟米尔顿所说的那样："我过的日子非常寂寞；我的一举一动都有人密切留意，结果我开始变得紧张……在家里会得到家人陪伴，可在这里，除了像布彻这样的好朋友，没有别人和我做伴。"他告诉另外几位朋友："有那么几天，我只想像一条生病的狗那样蜷缩于角落，但布彻不让我这样做。这就是我需要他的原因，他使我不至于发疯。"

艾森豪威尔从他的小圈子里挑选的第二个人是托马斯·杰斐逊·戴维斯上校。此人是他在马尼拉为麦克阿瑟工作的那段黑暗时期的老朋友。温文尔雅的戴维斯来自南卡罗来纳州，布彻形容他"身材矮胖，长着双明亮、闪烁的棕色眼睛"。他拥有昔日南方绅士的做派，平静中又不乏办事效率。戴维斯担任艾森豪威尔的副官长，负责人事工作，监督司令部人员，并以指挥官的名义下达命令。和在马尼拉时一样，戴维斯是艾森豪威尔艰难时期的一剂补药，到了关键时刻，他还是个优秀的公关人员。

在艾森豪威尔身边的，还有办公室副官——身材高大、戴着眼镜的人称"特克斯"（Tex）的欧内斯特·R. 李（Ernest R. Lee）上尉。特克斯的工作是确保艾森豪威尔的备忘录、信件、命令和归档文件顺利进出欧洲战区司令部。特克斯天生就有一副大嗓门，是个有趣的家伙。他似乎驾驭着一张文书工作的魔毯，总能确保每个人都知道自己该做些什么。但与哈里·布彻一样，特克斯的价值远远超出他所承担的职责的总和。尽管他对文书工作的执着令艾森豪威尔烦恼不已，但特克斯也是艾森豪威尔桥牌桌和餐桌上的常客，并成为艾森豪威尔朋友圈中的一员。在日后的艰难时期，艾森豪威尔将倚仗特克斯等人获得支持和力量。

艾森豪威尔带着韦恩·克拉克（将在英国训练一个军）、特克斯·李、布彻和勤务兵米基·麦基奥（Mickey McKeogh）（过去在纽约当侍者），于6月23日登上泛美航空公司的氢动力概念喷气式客机（Stratoliner），第二次离开博灵机场，飞赴英国。玛米和莫琳·克拉克来为她们的丈夫送行。准备登机时，艾森豪威尔向莫琳·克拉克保证："别担心韦恩，我会好好照顾他的。"两位妻子看着飞机起飞，随后返回各自的汽车。

艾森豪威尔赶去报到的是联合参谋长委员会，这是个令人敬畏的机构，由两个国家产生的意志最坚强、最无情、最深谋远虑的人组成。英方成员包括布鲁克将军，第一海务大臣、海军上将达德利·庞德（Dudley Pound）

爵士和空军上将查尔斯·波特尔（Charles Portal）爵士。他们的美国同行是马歇尔将军、海军上将金和陆军航空部队的亨利·阿诺德中将。这些人都是新成立的美国参谋长联席会议（U.S.Joint Chiefs of Staff）成员。另外，罗斯福和丘吉尔也派出他们的私人代表参加了联合参谋长委员会，前者的代表是海军上将威廉·D. 莱希（William D. Leathy），后者的代表是前帝国总参谋长约翰·迪尔（John Dill）元帅。他们的工作是为中国、太平洋、地中海和欧洲战区制定总体战略。正如艾森豪威尔后来所说的那样，满足这个任性的团体就好比"设法将几张毛毯顺利地盖在同一张床上的几个自大狂身上"一样。

除了他的几位顶头上司（马歇尔、参谋长联席会议、联合参谋长委员会），艾森豪威尔还要为两国元首安排毛毯。罗斯福离得太远，无法经常见到艾森豪威尔，也不会过多地插手作战事务，所以艾森豪威尔同他的直接接触较少。但艾森豪威尔在伦敦的住处恰恰位于聪明好斗、精力旺盛的温斯顿·丘吉尔的活动范围内。丘吉尔喜欢插手干预别人的事务，这几乎是他的第二天性。

艾森豪威尔和丘吉尔都是军事领导人，两人最明显的区别就是各自的等级。艾森豪威尔只是一名少将，其权力范围受到严格限制。太平洋不归他管，政治不归他管，工业产量也不归他管。作为一名执行者，他的任务是组织盟国政府提供给他的所有军队和装备，并执行联合参谋长委员会布置的一切行动。相反，丘吉尔却没有这种限制，他不是那种会把任何东西强加给自己的人。他是个政治家，是政府首脑，还是他自己的国防大臣。他的权力与帝国的权力共同延伸，而且他也非常喜欢使用这种权力。

整场战争期间，艾森豪威尔会看到丘吉尔性格中许多矛盾的方面：小丑、战士、哲学家、历史学家、顶尖的纵横家；他喜欢欺凌弱小却又深具魅力；他是个撒谎大王、极端利己主义者，但他还是个浪漫主义者，对大英帝国的忠诚高于一切。这就是艾森豪威尔不得不加以提防的人。

与丘吉尔、联合参谋长委员会、马歇尔、欧洲战区司令部以及各战地指挥官一同工作会使一名年轻人筋疲力尽。而对 52 岁的艾森豪威尔来说，这份工作简直要命。各种会议、咨询、备忘、人事问题、视察、媒体会面、社交邀请和制定决策的压力，使艾森豪威尔强健的堪萨斯体格付出了沉重的代价。他在伦敦豪华的多切斯特饭店（Dorchester Hotel）的前厅和卧室成了他的另一间办公室。他难以避开繁忙的事务。他开始觉得疲惫不堪。

密密麻麻的工作事项给艾森豪威尔的身体造成了负担，糟糕的饮食习惯使他的健康雪上加霜。艾森豪威尔的午餐通常只是花生和葡萄干，就着掺了牛奶的咖啡或茶吃下。他香烟抽得越来越凶，每天多达4包，这使他的医生可以大显身手，但也激怒了他那位毫无怨言的勤务兵米基，后者不得不清理艾森豪威尔漫不经心地弹落在地毯上的烟灰，以及随手丢入壁炉的烟蒂，这些壁炉有真有假，有的只是酒店套房的一种装饰。

工作、思乡和持续不断的会议所造成的压力使艾森豪威尔患上了慢性失眠和滑囊炎，他的脾气也变得极坏。他的司机后来写道："他脸上的皱纹加深了，心情急躁和紧张的情况越来越多。"欧洲战区副参谋长阿尔·格伦瑟（Al Gruenther）上校上次见到艾森豪威尔还是在路易斯安那大演习期间，当他到达伦敦看到这位老朋友的模样时深感震惊：艾森豪威尔看上去像是在10个月里老了10岁。他已不再是1941年时那个面带微笑、充满活力的艾森豪威尔了。他看上去忧心忡忡、疲惫不堪。他需要帮助。

7月，艾森豪威尔获悉参议院批准晋升他为中将（临时军衔），他的精神为之一振。没过多久，他收到小乔治·S.巴顿少将写给"艾森豪威尔中将"的祝贺信。巴顿告诉艾森豪威尔，他没有产生丝毫的嫉妒："我们俩相知甚深，就算我不说，我猜你也知道，我对你取得的成就是多么高兴，我是多么衷心希望你在日后都走好运。"

艾森豪威尔很高兴听见老朋友这样说，他在回信中写道：

亲爱的乔治：

要是我不能完全确定你称我为"中将"仅仅是因为你在纵情施展那异于常人的幽默感，我肯定会把你这封该死的信撕掉，而且不做任何回复。如你所知，没有谁的美好祝愿比你发来的祝贺对我更有意义。过去的八九个月，看上去就好像我一直骑在一股幸运巨浪的顶端——我希望至少在我们赢得这场战争前一直保持这种好运……

他继续激起巴顿的期望：

　　我接下来可能会非常需要你。到那时，我会努力克服自己的羞怯，敦请一位资格更老、比我更有能力的人过来帮忙。就像我经常对你说的那样，你是我心目中理想的战斗指挥官，倘若命运注定大兵团战斗将全部或部分在我的影响范围内展开，我当然希望由你来担任领军人物……我真诚地感谢你在贺信中对我的关心。你的来信让我尤为感动，因为你和我都知道，你早就该戴上更多将星了。

　　当年夏季，艾森豪威尔被分配了一个名叫凯·萨默斯比（Kay Summersby）的司机。艾森豪威尔第一次去伦敦，就是这位女司机开的车。凯出生于爱尔兰科克郡（County Cork）的一个富裕家庭，1938年到伦敦当模特，还在一些电影中出演过小角色。在伦敦遭遇轰炸的时候，她开上了救护车。身材高挑、颇具魅力的凯，轻而易举地在单调的军队圈子里脱颖而出。一个认识她的红十字会工作人员这样描述她的眼睛："她长着厚厚的眼皮，显得很性感……那是一双蓝灰色的眼睛，闪烁着与她的爱尔兰血统相称的轻蔑和愤怒。"彼时，她已嫁给一名在印度服役的英国陆军军官。艾森豪威尔到英国上任前，她还跟一名美国陆军军官有过一段恋情。

　　勇敢但多少有些小集团倾向的凯开玩笑说，除了骑马和倒茶外，她几乎不会做其他事。但作为伦敦大轰炸期间的一名老资历的救护车司机，她比汽车运输军团停车场上的任何一位司机都更加熟悉城市周边的道路。艾森豪威尔和凯立即喜欢上对方，没过多久，"斯基布"（这是工作人员给这个来自斯基伯林的姑娘起的绰号）就成为艾森豪威尔陆军家庭中的一位重要成员。

　　艾森豪威尔和女司机的绯闻很快传遍欧洲战区司令部。而在伦敦，这些桃色新闻自然会通过陆军更广的小道消息网传播。但就目前而言，萨默斯比夫人的陪伴使艾森豪威尔得以从战时伦敦一张张严肃的脸庞中解脱出来。整个战争期间，艾森豪威尔对她开车技术的看重远胜过他对司令部停车场的其他司机的欣赏。由于艾森豪威尔能与凯、布彻、米基、特克斯和下属中另外几张友好的面孔相伴，他的私人生活和他的战时职责一样尚可忍受。

　　尽管跨海峡进攻存在障碍，但马歇尔、艾森豪威尔和海军上将金坚信，如果在1942年发起进军法国北部的"大锤行动"，英美联军就能为承受重压的苏联提供最大的帮助。美国人一致同意，1943 年的主要目标是攻入法国并尽快渡过莱茵河，而不必理会丘吉尔和他的将领们近乎痴迷的非洲、巴尔干或周边其他需要迂回的地区。马歇尔担心地中海会成为吞噬大批兵力和装备的无底洞，进而使盟军无法在 1943 年进军法国。出于这个原因，他强烈反对在北非登陆的"体育家行动"（GYMNAST）。艾森豪威尔全力支持马歇尔的观点，并在 7 月中旬的日记中写道："'体育家行动'存在战略上的缺陷。"

但发号施令的是罗斯福，而不是马歇尔、金或艾森豪威尔，丘吉尔已说服罗斯福支持北非登陆行动。美军将领们飞赴伦敦，竭力挽救应尽早实施的跨海峡进攻方案。但由于罗斯福坚持要求在 1942 年展开一场大规模行动，"体育家行动"似乎是唯一可行的计划，他们没有任何理由支持其他计划。与英方激烈争执两天后，美方做出让步。马歇尔和艾森豪威尔输了，至少在 1943 年之前是这样。

但是，在马歇尔和金离开英国前，英国人也给他们扔了块骨头。确切地说，是两块。首先，作为对美国人默许在 1942 年发起"体育家行动"的回报，英国人暂时同意在 1943 年实施"围捕行动"。其次，他们同意这两场行动都由美军将领指挥。

伦敦会议落下帷幕后，马歇尔把艾森豪威尔叫到他在克拉里奇酒店（Claridge's Hotel）的豪华套间里商讨一个重要细节。艾森豪威尔赶到时，这位威严的参谋长正躺在浴缸里，隔着盥洗间的门，与两位指挥官平静地讨论高层战略。泡澡的马歇尔随口谈及的一件事引起了艾森豪威尔极大的兴趣：参谋长说，艾森豪威尔将担任盟军副总司令，策划"体育家行动"，该行动现在更名为"火炬行动"。马歇尔还说，他和金会力保艾森豪威尔出任进军北非的整场行动的总司令。

随着这个消息的公布，"火炬行动"成为艾森豪威尔生活的中心。他坐在堆满文件的办公桌后，思考着一个重要的问题。他刚刚接到命令，要合并两支官僚作风严重的庞大军队，去进行一场漫长的战争。这场战争至少会使他卷入两场两栖进攻行动。他不知道需要翻越多少座山才能完成自己的使命，或者说在他的指挥下要牺牲多少年轻人。但他知道，如果自己丧失勇气或犯下错误，就会出现更多坟墓。

福克斯·康纳曾教导他从历史中寻求指导，但历史无法为正努力将两支盟国的现代军队融合在一起的人提供太多帮助。在康纳的历史书里，一页又一页写满了盟友间传奇的、令人沮丧的争吵故事：斯巴达人与雅典人、东正教徒与拉丁人、普鲁士人与奥地利人仅仅是其中的几个例子。拿破仑战争期间，参加联盟的部队要么是被一支占据主导地位的军队吞噬（例如在拿破仑大军中服役的德国、意大利和西班牙师），要么就只是在一场或两场会战中合作（例如赶往滑铁卢炮声响起之地的普鲁士人）。第一次世界大战中，艾森豪威尔所能看到的最相似的例子是"黑杰克"潘兴那广为人知之举，他将美国军队留在了欧洲人的框架之外。但面对技艺娴熟、整合良好的敌人时，这种做法无法奏效。

因此，艾森豪威尔只能靠自己想办法。

除了令人困惑的组织问题，还有英国人和美国人互不信任的麻烦事。从英国人的沙文主义立场看，稚嫩的美国佬就是一群高谈阔论、吃得太饱的公民装模作样地组成的一支民兵队；与之相反，英军老兵已在欧洲大陆、北非和中东同德国人战斗了近3年。而从美国人的沙文主义角度看，英国人已在欧洲大陆、北非和中东战败，因此，除了如何打败仗之外，他们的实战经验实在没有什么能教给美国人的。自1775年以来，美国军队一直以自己特有的方式打仗，当然，英国军队从事战争的历史与美国相比更加悠久。正如艾森豪威尔后来回忆的那样，两支军队就像"一头斗牛犬和一只猫聚在一起"。

与审查制度和种族关系等其他棘手问题一样，艾森豪威尔认为，解决英美军队矛盾的最佳办法是将其公之于众，并与同事们摊开来进行讨论。就国家主义偏见而言，这意味着艾森豪威尔要宣讲并推行盟友团结的信念。他必须在自己的司令部里为英国部门负责人配备美国副手，英国人那边也是这样。至少在他可以对他们加以监督的范围内，他要求部下通力合作，而他的部下也服从了这一指令。艾森豪威尔经常喜欢说，侮辱英国同事的美国人会被立即送上"一只没人护航的船"遣送回国。不过，他对他的英国下属没有直接指挥权，因而必须在很大程度上依靠英国人自己约束他们的国家主义。

艾森豪威尔知道自己瑞士式的中立会激怒许多顽固的英国人和美国人，

特别是美国军官，他们开始抱怨艾森豪威尔总是偏袒英国人，艾森豪威尔甚至要竭力让他在英国最好的朋友韦恩·克拉克遵守规定。但他并不理会传入他耳中的任何闲言碎语。由他亲手调至身边工作的男男女女，都能抛开以往的偏见，并把自己视作一个独特的跨国小组的成员。他知道，这里终归会有克拉克和布鲁克这种只看重本国军队声誉的人，但也有蒙巴顿和艾森豪威尔这样的人，他们持续不断的呼声会在联盟中变得越来越响亮。

8月初，艾森豪威尔忙着为"火炬行动"招募高级参谋人员。他的策划团队被称为盟军司令部（AFHQ），英国和美国军官在其中所占的比例较为平均，涵盖海、陆、空三个军种。他们将司令部设在伦敦诺福克府（Norfolk House）的位于圣詹姆斯广场（St. James's Square）的巨大办公楼内。但掌控全局的同时也要留意细节，因此艾森豪威尔需要一名左右手。这位激励者必须具备令他信服的策划能力。于是他将目光投向北方——美国陆军设在英国的训练中心，要求该中心的负责人韦恩·克拉克担任自己的副司令。

艾森豪威尔的老朋友极不情愿地接受了这一邀请。克拉克目前正在指挥一支作战部队——第二军。这位雄心勃勃的将军对加入一个半数由英国人组成的臃肿的司令部并担任二把手这种不明确的工作不太感兴趣。但克拉克也知道，如果在"火炬行动"期间工作出色，他可能会在下一场大规模进攻行动中获得战地指挥官的职务，因此他接受了艾森豪威尔的提议，并确保艾森豪威尔充分理解自己为此做出的牺牲。

克拉克迅速证明自己的确是艾森豪威尔不可多得的帮手。他巧妙地处理了铺天盖地但至关重要的细节问题，例如航运计划安排、弹药储备、后勤集中等，每天都向艾森豪威尔提交整齐的总结报告。可即便获得了克拉克的协助，艾森豪威尔的生活还是变成了一连串琐碎、含糊的事务的集合——开会、电话、文书工作，然后是更多的电话和更多的会议。艾森豪威尔在诺福克府实施12小时轮班制。他要穿梭于一场又一场的会议，然后前去分配任务并同许多桀骜不驯的指挥官商讨细节。他抽烟抽得很凶，吃得很少，几乎不把宝贵的时间用来睡觉，甚至还在多切斯特饭店的私人套房中开会。当得到一点时间能够稍稍放松时（通常是在哈里·布彻的一再坚持下悄然离开伦敦），他会发现睡不到5个小时，自己的大脑就又开始为次日的问题运转起来，就像被人上了发条一样。

他的眼睑下垂，脸上的皱纹加深，连发脾气的时间也缩短了。但通过这番文书工作的洗礼，艾森豪威尔学会了迅速做出决定并消除瓶颈，知道何时应该放权，何时应该要求自己去做不可能做到的事，或者换句话说，要求自己承认遇到了障碍并继续前进。在他的全面指挥下，盟军司令部像战火中的一个作战旅那样高效运作着。

正如艾森豪威尔的策划者们理解的那样，"火炬行动"是个大胆的方案，它被建立在这样一个重要的假设上：谁能控制港口，谁就能掌握西北非。从大西洋的摩洛哥（Morocco）直至突尼斯（Tunisia）的加贝斯（Gabès），这条海岸线上的重要港口都由维希（Vichy）的法国军队据守。

盟军最初的计划要求部队对摩洛哥的卡萨布兰卡港（Casablanca）、阿尔及利亚（Algeria）的奥兰港（Oran）和阿尔及利亚首都阿尔及尔（Algiers）发起突击。而次要港口，例如波尼港（Bône）和菲利普维尔港（Philippeville），可能也包括在第一批次内，但这主要取决于可用的登陆艇有多少。一旦这些海港被盟军控制，盟军获得的弹药、燃料和食物补给就将支持他们一路向东攻往突尼斯。

在突尼斯赢得胜利将彻底结束非洲战役。德国人会被困在位于突尼斯的盟国军队与蒙哥马利部署在利比亚的第八集团军之间，到时候隆美尔要么被迫撤离非洲大陆，要么举手投降——至少艾森豪威尔的策划者们是这么希望的。

计划中没有涉及突尼斯的另外两个主要港口——比塞大港和突尼斯港，它们仍处于"轴心国"军队的炮火掩护下。艾森豪威尔担心的是，希特勒不需要太多时间就可以通过这些港口将大批援兵送入非洲。对盟军来说不幸的是，意大利和德国军队从西西里岛和撒丁岛提供的空中掩护，排除了盟军在阿尔及利亚东面进行两栖登陆的可能性。因此，盟军必须攻占阿尔及利亚，经陆路迅速穿过突尼斯（隆美尔的后门），并在纳粹加强守卫力量前攻占防御薄弱的港口。

1942年7月底，艾森豪威尔给马歇尔发去一份"火炬行动"中美国军队指挥者的候选名单，他列出4名首选人员，其中包括奥马尔·布莱德雷和乔治·巴顿——艾森豪威尔希望由他信任的人率领第一批美国师投入战斗。正如他对昔日一位球队队友所说的那样："我发现自己对这个方法非常痴迷——只要密切了解其指挥官，你就可以判断一个师或更大编制的部队到底怎么样。"他认为，只要有合适的机会，布莱德雷或巴顿率领的部队都将在战斗中表现出色。

但战斗开始前，艾森豪威尔只能期望巴顿、布莱德雷或其他人可以通过考验。这是让艾森豪威尔不得不等待结果的诸多事情中的一件。

"摘掉巴顿的脑袋"

在艾森豪威尔竭力将两股陈旧的力量打造成一支盟军时，乔治·巴顿正为投身战斗做准备。7月30日他被召至华盛顿，了解到小道消息并非空穴来风：他将在艾森豪威尔的指挥下率领"火炬行动"的西路特遣队（Western Task Force）。巴顿—艾森豪威尔团队曾梦想投身于一场庞大而激烈的战斗，他们终于要等到这个机会了。

在考虑自己的使命时，巴顿知道其麾下的力量会迅速扩大。和艾森豪威尔一样，他从自己在战前就熟悉的人中挑选指挥部高级参谋人员。排在首位的是他的参谋长，人称"哈普"（Hap）的霍巴特·R. 盖伊（Hobart R.Gay）上校。此人是个诙谐的骑兵，他的偏见和风格正好反映了巴顿本人的个性。盖伊是个坦诚、谢顶的人，看上去更像是小镇教堂的执事，而非一位军级指挥官。他获悉自己将在脾气暴躁的乔治·巴顿手下工作时非常震惊，于是立即展开活动，竭力想要改换门庭。但从勉强加入巴顿指挥部的惊恐中恢复过来后，他对这位老将越来越钦佩，并一直忠心耿耿地为他服务，直到巴顿时代结束。

作为抽动响鞭的首长，盖伊将为一群工作人员提供指导，其中包括他的副参谋长保罗·哈金斯（Paul Harkins）中校，巴顿的情报处长珀西·布莱克（Percy Black）上校，巴顿的作战处长肯特·兰伯特（Kent Lambert）上校，以及足智多谋的、人称"莫德"（Maud）的后勤处长沃尔特·马勒（Walter Muller）上校。除副军长杰弗里·凯斯（Geoffrey Keye）少将和出色的军部工作人员外，巴顿还召来一批随身侍从，包括他的司机约翰·米姆斯（John Mims）中士和来自亚拉巴马州（Alabama）的黑人勤务兵乔治·米克斯（George Meeks），以及副官迪克·詹森（Dick Jenson）上尉和亚历克斯·斯蒂勒中尉。

8月初，巴顿接到命令，去伦敦向他的新上司德怀特·D.艾森豪威尔中将报到。他立即搭乘下一班氢动力概念喷气式客机，于8月6日到达伦敦，并在当晚入住克拉里奇酒店。在第二天完成"火炬行动"的相关工作后，他给老朋友打去电话。

"乔治，哦，老伙计，我真高兴听见你的声音！"电话中传出艾森豪威尔兴奋的声音，"赶紧过来，跟我一起喝点可怕的脱水鸡汤！"

巴顿立即赶了过去，径直走入艾森豪威尔的办公室，热烈地与好友团聚，共喝一碗鸡汤，而鸡汤的滋味也正如艾森豪威尔描述的那样。两人的"晚宴"一直持续到凌晨——两人思考了他们赢得胜利的机会，为人事任免达成一致，并寻找计划草案中的潜在缺陷。

从各个角度看，两人都一致认为这项使命看来并不乐观。布彻写道："艾森豪威尔说，如果有谁能给他些好消息，他会非常高兴，因为计划过程中的每一步都暴露出问题。"艾森豪威尔和巴顿认为，取消卡萨布兰卡登陆，将巴顿放在奥兰港，把阿尔及尔留给英国人，这样盟军才能获得更大的胜算。巴顿在日记中写道："与艾克共进晚餐并倾谈到凌晨一点。我们都认为这场行动非常糟糕，而且它主要是一场政治性行动。但是，我们已被要求开展行动，所以我们要么取得成功，要么在行动中阵亡。虽然这是一个不太可能成功的计划，最坏的情况是有可能发生的，但凭借一些好运气，我们还是能以高昂的代价完成这一计划的。这场行动或许也可以成为一件有把握的事。"

尽管当时两人都未提及，但巴顿当初的预言已经应验。艾森豪威尔正指挥着同盟国大军，犹如当代的罗伯特·E.李，巴顿则接过了"石墙杰克逊"的衣钵。命运交给了他们符合各自性格的角色，这也是自第一次世界大战结束以来他们一直梦寐以求的角色。他们将携手打造一个出色的团队。

兴奋而又精力旺盛的乔治·巴顿在伦敦快速浏览着各式地图和报告，研究自己即将踏上的战场。他一直专注于眼前难以逾越的障碍。在同艾森豪威尔长谈时，他隐约觉察到这位老友已发生了微妙的变化——艾森豪威尔似乎不再是米德营时期的那个头脑简单的激进主义者了。巴顿在日记中写道："他不像我想的那样意志坚定。他摇摆不定，不是个实干家。"巴顿的评论似乎是自我安慰："很显然，这里的大多数美国军官都是亲英派，甚至包括艾克……我可不是，我从来就不是亲英派。"

长期以来，巴顿一直在他们的密切关系中扮演着导师角色，但这种友谊也不再像巴顿想象的那般牢固了，因为它已被一种上下级关系取代。这的确是一种截然不同的关系。坐在多切斯特喝汤、吸烟、咒骂、密谋时，两人仍是密友。但他们都明白，上下级的距离给他们的亲密关系造成了无形的障碍。就像布彻说的那样，对身处艾森豪威尔这个位置的人来说，"友谊固然重要，但是为了把事情做好，他只能抛开友谊"。巴顿听着艾森豪威尔下达的指示和命令（而不是建议或请求），开始以一名资深下属的目光打量他的新上司，而不再以挚友的宽容眼神看着艾森豪威尔。

艾森豪威尔力挺克拉克将军出任副总司令，这加剧了巴顿的疑虑。虽说韦恩在小时候就和巴顿相识（巴顿中尉最初被派驻谢里登堡，韦恩就住在那里，他的父亲是一名少校），但巴顿既不信任也不喜欢这位年轻的将军——他晋升得太快，而且让巴顿不太舒服的是，他似乎有点滑头。

巴顿将艾森豪威尔—克拉克这对组合称为"神圣家族"。他在私下里对该"家族"中那位年幼的成员越来越关注，这使他坚定了自己对克拉克的看法。他在日记中写道："我在克拉克的住处跟他喝了一杯。我还是不信任他，但他正努力提高自己的觉悟。另外，艾克变得狂妄自大了。"一个月后，巴顿认为克拉克还是没能提高觉悟，他抱怨道："在我看来，克拉克更关心的是自己的前程，而不是赢得这场战争。"

相较之下，艾森豪威尔对巴顿的意见较少。他觉得巴顿为这场战役带来了一股他所需要的能量。他了解这位老骑兵，相信他会以专业、服从，甚至可能是狂热的精神履行自己的使命。艾森豪威尔向马歇尔报告，他的朋友已迅速觉察到了"火炬行动"的根本问题，并以一种"高效、理智但不乏热情"的方式与盟军司令部参谋人员一同工作。

8月17日，T. J. 戴维斯安排了一场别开生面的晚宴，以纪念艾森豪威尔、巴顿和 J. 沃尔特·克里斯蒂（J. Walter Christie）在1933年的会面。克里斯蒂是"革命性"的坦克悬挂系统的设计者，也是大部分陆军军官最大的仇敌，但艾森豪威尔和巴顿却是两个罕见的例外。晚餐结束并畅饮一通后，又是一个吞云吐雾、玩笑迭出、纵情追忆昔日运动场岁月的夜晚。

两位将军和他们的副手畅谈到深夜，这给艾森豪威尔饱受压力的生活带来了一缕他所渴望的温暖阳光。

布彻分析了艾森豪威尔将这位深具魅力的、堂吉诃德式的朋友领入战争的原因："巴顿是个粗野的家伙。不要怀疑他几天前发表的言论，他确实能以自己的魅力使部队士气高涨。他的话语粗俗、扼要、色彩丰富；脏话连篇，但富有表现力。难怪艾克对巴顿加入麾下这么高兴。"

在1942年的整个夏季，军队接收了数量众多而又相互矛盾的指示。到了9月份，联合参谋长委员会建议实施一场三路突击，以调解美国和英国策划者相互矛盾的观点。

正如联合参谋长委员会指出的那样，这将是军事史上最复杂的任务之一。它涉及三场大规模登陆行动，每场行动都需要夺取几个附属战争目标。巴顿将军的西路特遣队率领5.8万名将士从美国起航，其中3.5万人将投入最初的突击行动。巴顿的当前目标是卡萨布兰卡，他要从那里征服整个法属摩洛哥，确保盟军补给通道的畅通。劳埃德·弗雷登道尔（Lloyd Fredendall）少将指挥中路特遣队。他们将从苏格兰出发，让2.5万名美军士兵在奥兰港登陆，再在后续批次中投入另外2万人。然后，这些士兵将从奥兰港出发，夺取泰法拉乌伊机场（Tafaraoui Airfield），以便"野猫"（Wildcat）式战机和"喷火"（Spitefire）式战机能够飞上阿尔及利亚的天空。最后是艾森豪威尔的西点军校同学查尔斯·赖德（Charles Ryder）少将会在名义上率领3.3万名士兵（多为英国人）进攻阿尔及尔。之所以派一个美国人指挥该特遣队，是因为盟军专家们认为维希守军会更欢迎星条旗，而不是英国国旗。

最终指令赋予艾森豪威尔一组明确的目标，这意味着他的参谋人员不必再为菲利普维尔港、波尼港和其他可能的登陆地点制订应急计划而疲于奔命。他们曾在过去的一个月里为此争论不休。深受鼓舞的艾森豪威尔写信给巴顿：

> 你不难想象，我此刻怀有的是一种欣慰的感受，因为最终决定和确切计划已定。过去6周是我这一生中最艰难的时候。当时如果不是在这件事情上有你和克拉克这两个主要支柱，我真无法想象自己会怎么做。

但考虑到巴顿的部下在摩洛哥港外的险恶水域所面临的危险，他又补充道："我正在陆军中寻找最具能力的牧师，我们会努力确保行动发起当日有个不错的天气。"

巴顿在思考这一来自军需大楼隐蔽处的计划时，不由得皱起眉头。他对由英美联合参谋长委员会、工作人员和文职顾问（这些人最可怕）拼凑出来的行动计划深感怀疑。但他和艾森豪威尔一样，已将自己的悲观情绪搁置一旁，因为现在已经没有时间反对和抱怨这项笨拙的计划了。他给艾森豪威尔写了一封私人信件，谈及他去看望玛米和布彻夫人的事情。他对朋友说："在我看来，就你为我所做的一切表达诚挚谢意是毫无意义的。报答你的唯一方式就是向你保证，我会完成你赋予我的一切任务。"

这使艾森豪威尔迅速回信给他：

我觉得自己就像不得不同时驾驭 3 匹马的马戏团杂技女郎，完全不知道它们会奔向哪里。不过，好消息是这场演出快要结束了。

艾森豪威尔还在信中承认自己压力重重：

我认为韦恩和我承受压力的能力相当不错，但今天早上我仍有点烦躁。昨晚躺在床上时，我开始重新思索这些事，直到 2 点 30 分还在考虑。我觉得自己好像有点优柔寡断，好在这种情况不经常发生。我们目前一切顺利，期待与你在一个明媚的秋日相见。

巴顿正驾驭着艾森豪威尔所说的 3 匹马中的 1 匹，几乎没时间细想如何攻破卡萨布兰卡。他知道进攻将于 11 月 7 日或 8 日发起，那天晚上是进攻部队在接受训练并被运到非洲后的第一个没有月光的夜晚。如果一切顺利，海军会在 10 月的第 3 周从弗吉尼亚的汉普顿锚地（Hampton Roads）搭载他的部队，把他们送过潜艇出没的大西洋，并在 H 时（进攻发起时刻）将他们送到非洲海岸。至于突击力量，巴顿负责指挥第三步兵师、第九步兵师大部、第二装甲师和两个独立坦克营，大约拥有 3.5 万人和 250 辆坦克。

这是个出色的军，但和其他美军部队一样，巴顿的部下经验不足。他们在战斗中的素质还是个未知数，因为数千名法国正规军、一艘巨型法国战列舰和猛烈到足以将小船掀翻的波涛正在卡萨布兰卡等待他们。巴顿不打算把所有人都投入防御严密的卡萨布兰卡，此举风险太大。

他计划将麾下力量分成 3 股，沿海岸登陆，夺取当地机场，并沿着内陆一侧向卡萨布兰卡汇聚。位于北面的门柱特遣队（Task Force Goalpost）由卢西恩·K. 特拉斯科特（Lucian K.Truscott）少将指挥。9000 多名官兵将在法属摩洛哥首都拉巴特（Rabat）登陆。帅气的特拉斯科特就像是当代的穆拉特元帅。和巴顿一样，他也对近乎古怪的军装痴迷不已：在摩洛哥登岸时，他身穿一件红色皮夹克，扎着丝巾，下身着马裤。特拉斯科特的特遣队负责夺取利奥泰港（Port Lyautey）和塞拉（Sale）至关重要的机场，攻克附近的迈赫迪耶镇（Mehdia），并向南进攻卡萨布兰卡。

乔纳森·安德森（Jonathan Anderson）少将负责指挥"灌木丛"特遣队（Task Force BRUSHWOOD）。这支部队编有 1.9 万名步兵，并拥有巴顿老部队"车轮上的地狱"师的坦克、炮兵和侦察营。该部队将在卡萨布兰卡以北约 19 千米的古老渔港费达拉港（Fedala）登陆，而后向南前进。

"黑石"特遣队（Task Force BLACKSTONE）由欧内斯特·J. 哈蒙（Ernest J. Harmon）少将指挥，这个喋喋不休、嗓音粗哑的老坦克兵被一些部下称作"穷人版巴顿"。他将指挥的是巴顿麾下实力最强的那部分队伍。该特遣队编有休·J. 加菲（Hugh J. Gaffey）准将的第二装甲师，以及第九步兵师一个团。"黑石"特遣队的目标是葡萄牙人古老的贸易城镇萨菲（Safi）周边的 4 片海滩，位于卡萨布兰卡以南约 225 千米。尽管远离主要目标，但萨菲为至关重要的坦克登陆艇提供了最适合的海滩。巴顿推断，坦克固有的机动性能将让哈蒙的部队迅速前进，并与安德森的人及时会合，从而对卡萨布兰卡展开最终突击。

海军为巴顿提供的支援力量包括 1 艘航空母舰、4 艘护航航母、3 艘战列舰、7 艘巡洋舰、38 艘驱逐舰和数十艘运输船及货轮。这支庞大的舰队将在海军少将 H. 肯特·休伊特（H. Kent Hewitt）的指挥下开赴非洲。他是一位倍受尊敬的海军指挥官，漫长的服役记录可追溯到泰迪·罗斯福（Theodore Roosevelt）总统的大白舰队（Great White Fleet）时期。但随着计划时间表的拟定和登陆演习的开始，巴顿逐渐丧失了对海军的信心。他发现海军军官们"极为悲观",与指挥进攻舰队的温文尔雅的海军少将举行首次会议时,他对舰队的怀疑和蔑视终于达到顶峰。巴顿就是巴顿,他把自己对海军舰队在计划时间表、后勤状况和火力支援方面的不满变为充斥着污言秽语的长篇大论,但这种训斥更适合针对一名骑兵中士,而不是一位海军少将。休伊特曾是祭台助手,温和的脸庞下隐藏着一颗钢铁般坚强的心,他是不会对巴顿的厉斥和咆哮逆来顺受的。他向巴顿提出抗议,并与他进行争辩。但他最终还是放弃了,不再和这个莽夫讲道理,而是去见海军上将金。

这是巴顿自西点军校时期以来第一次与不同军种的人发生争吵。当年他在西点军校对抗的是安纳波利斯(Annapolis)海军学院的学员,但这次他遇到了大麻烦。巴顿在陆军高层有保护人,而休伊特在海军上层也有后台。与陆军相比,海军同富兰克林·罗斯福时期的白宫关系更为密切。一旦涉及激烈的军事政治,很少有人敌得过欧内斯特·金——这位海军上将像一颗40厘米的炮弹那样爆发了,要求马歇尔"摘掉巴顿的脑袋"。

马歇尔十分看重巴顿,但他不希望在这种微妙时刻发生军种间的摩擦。他要求巴顿的上司艾森豪威尔将这位骑兵免职。但艾森豪威尔力挺他的老友,并说服马歇尔,巴顿是他们在卡萨布兰卡赢得胜利的最大希望。

马歇尔认为,这一点最为重要,无论是对他的部下还是对海军的人而言,军事成功终将压倒个人问题,而且巴顿的头也不可能放在一个橄榄色的盘子里呈给金。马歇尔告诉金,巴顿已成为"火炬行动"不可或缺的人物。他指出,巴顿喜欢吵闹、横冲直撞的性格是一种特殊的品质,正是这种品质使他成为一名卓有成效的战地指挥官。

金手下也有个动辄闯祸的家伙,故对此深表理解。最终他向陆军表达了自己的观点,决定不再继续追究此事。斧子被放回架子,巴顿的职业生涯得以继续。

艾森豪威尔和马歇尔这次支持了巴顿,但这位老骑兵的闹剧绝不能再度上演,因为这场冒险需要空军、海军和地面力量的通力合作。巴顿的坦克隆隆驶过摩洛哥的沙漠时,他痛斥海军没有问题,可现在他们需要舰队军官们在这场史无前例的两栖登陆战中发挥作用。因此,马歇尔选择息事宁人,但他给了巴顿一个温和的训诫:"别吓唬海军,他们很怕你。"

"火炬行动"：焦虑和压力的旋涡

随着伦敦的夏季渐渐让位于悄然到来的秋季，法国和西班牙的问题犹如两朵乌云在艾森豪威尔的生活中升起——这两个国家都处于法西斯独裁者的统治下，且在非洲战区拥有庞大的军力。在空中，维希政权在北非海岸大约有500架飞机，而盟军可用于对付他们的战机只有166架；地面上，从摩洛哥到突尼斯，维希政权大约有12万名士兵。因此，如果法国人在行动头三天实施的不仅仅是象征性的抵抗，"火炬行动"就将失败。

一个会增加风险的地理因素是，除第一批次喷火战机和野猫战机外，其他所有进行空中掩护的飞机不得不从直布罗陀（Gibraltar）起飞，而那里正好位于西班牙法西斯政权的火炮射程内。倘若西班牙加入"轴心国"一方参战，或者允许德军穿越西班牙国土，那么，直布罗陀及其拥挤的小型机场将在几分钟内被彻底摧毁。无法平衡的要求、在政治上走钢丝的行为，以及大量政治、气象和军事方面的未知因素共同构成的压力在艾森豪威尔身上聚集，就像锅炉管道里的蒸汽一样随时可能让管子爆开。他对马歇尔透露：

> 我无需告诉您，您也会知道过去几周是一段令人紧张、焦虑的时期……在情况尚不明朗的时候就必须做出决定，这是压力的真正来源，例如，在我们需要平静的海洋时，整个地区的天气却极度恶劣，这该怎么办？如果一个人任由这种问题缠住自己，他绝对会为法国和摩洛哥的天气、政治、民族性格等问题而发疯。在某种程度上，一个人只能相信自己的运气，并认为当关键的日子到来时，好运会保佑自己。

布彻、米基和司机凯等艾森豪威尔的随从为他的憔悴、疲惫、暴躁，以及那些极为反常的举止而惊慌。他们知道，必须采取措施，让他们的上司从遍布日程表的记者、军人、社会名流、政客和王室成员中得以喘息。否则，那根爆裂的蒸汽管很可能会是艾森豪威尔的主动脉。

于是，他们决定给他在城外找个僻静的地方。对英国乡村探寻一番后，布彻在8月份发现了一片完美的"绿洲"。这是一座被树篱围绕、布满了常春藤的都铎式房屋，名叫"电报屋"（Telegraph Cottage），艾森豪威尔的工作人员将其称为"泰莱克"（Telek）。它是一座安静的三居室住宅，位于伦敦以西约 40 分钟车程的地方，在泰晤士河畔的金斯顿（Kingston）附近，毗邻两个高尔夫球场。泰莱克能让他们避开伦敦人窥探的目光，是远离大锅般喧闹的诺福克府的理想避难所。

在从多切斯特和诺福克府逃脱出来的这些宝贵日子里，艾森豪威尔在这座小屋过着简单的中西部式生活。他穿着老式军便裤、旧衬衫和一双马尼拉时期留下的草拖鞋在房屋周围散步。侍者会为他提供一份中产阶级的基本菜单——鸡肉、烤豆子、煎蛋三明治、牛肉、猪肉、球芽甘蓝、玉米粗粉，总之都算不上什么"美食"。傍晚时，艾森豪威尔还可能与个别客人喝上一杯"日落高杯酒"。他喜欢打高尔夫球，用 7.62 毫米口径手枪射击后院的空罐头盒，玩桥牌，同身边的工作人员打棒球。每个军人都有一个共同的乐趣，那就是打开偶尔从家里寄来的包裹：玛米邮递的包裹里通常有艾森豪威尔喜欢的汤面及廉价的旧西部小说。那些书名都很吸引人，例如《无法无天》（*Way of the Lawless*）或《枪手复仇记》（*Gunman's Reckoning*）等。另外，包裹里还会有袜子、新牙刷和牙膏。

艾森豪威尔曾暗示他的朋友们，自己想在生日时得到一只小狗。他向玛米解释："你无法同一只小狗谈论战争，有时候，我想跟完全不明白这个词是什么意思的某个人或某只动物谈谈！"

在艾森豪威尔表达了对苏格兰犬的模糊偏好后，布彻和凯弄到两只看起来符合标准的候选者。欣喜的艾森豪威尔选中了一只昂首阔步、吵吵闹闹的公犬，并给它起名为泰莱克，即他的这幢盖着石板屋顶的隐居地的名字。10 月 14 日，克拉克、布彻、特克斯、凯和米基在这里为艾森豪威尔举办了一场生日会，正式将泰莱克送给他。当它套着背带，背着第八航空队特制的微型降落伞，优哉游哉地走入屋内时，艾森豪威尔欢呼了起来。

整个战争期间一直陪伴着艾森豪威尔的泰莱克没有任何军事素养，而且和大多数小狗一样，它令主人喜忧参半——它有个敏感的膀胱，害怕空袭，还喜欢从壁炉里叼出未燃烧起来的木柴，在地上拖出一条黑色的痕迹让它所谓的主人们去打扫。

但这只小狗使艾森豪威尔饱受压力的生活多少恢复些正常。它成了艾

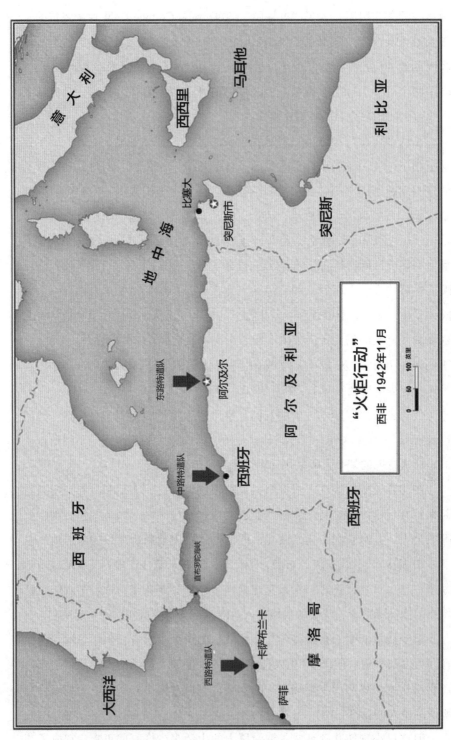

图 4-1 "火炬行动"（西非，1942 年 11 月）

森豪威尔军队家庭的另一名成员——和布彻、凯、米基及克拉克一样，艾森豪威尔需要它。

艾森豪威尔小圈子第二位成员在 9 月初到来，那就是盟军司令部备受期待的参谋长沃尔特·比德尔·史密斯准将。他还有各种昵称，例如"比伊德尔"或"甲壳虫"。他是一位模范参谋长，意味着他是典型的高效且没有人情味的人。这位普鲁士军人的孙子是个高大而瘦削的印第安纳人。他一路向上攀登，从印第安纳州国民警卫队的一名列兵晋升为陆军准将（永久军衔）。比德尔是个耍弄手腕的高手。他可以在执行外交任务时温文尔雅，深具说服力，也会毫不犹豫地毁掉某人的职业生涯。凯后来写道，他拥有"一名党卫队将军的所有情感"，就像一位参谋人员数年后回忆的那样："我想告诉你，他就是一柄砍脑袋的巨斧。另外，他还经常大发雷霆。"

这位综合了舵手、顾问、校园恶霸、打手和外交官的所有特点的参谋长负责司令官的各种脏活。比德尔非常擅长自己的工作。他的职责要求他确保每个人都朝正确的方向前进，这意味着他会对任何不守规矩的工作人员进行训斥、惩处、降职、解雇或咒骂。他会同战地和勤务指挥官商讨人事和后勤问题，艾森豪威尔不在时他就会代表上级出席会议，并担任他的首席门卫（决定艾森豪威尔见谁或不见谁）及翻译员。艾森豪威尔经常就涉及国务院、海军、空军或其他团体的一些棘手问题下达简单的指示："比德尔，告诉他们去死吧，但措辞上别冒犯他们。"

艾森豪威尔曾说，每位高级指挥官都需要一个这样的家伙，而比德尔就是艾森豪威尔身边的这个人。比德尔曾以直白的印第安纳人的表达方式对艾森豪威尔的情报负责人总结自己的管理理念："我们雇佣你是为了获得你的知识和建议，如果你老是犯错，我们只好解雇你，并请其他人接替你的位置。"他脾气暴躁、患有胃病，经常恶言谩骂，情绪极不稳定，比德尔的下属逐渐学会了没事尽量离他远点。据他的秘书，美国陆军妇女队（WAC）上尉露丝·布里格斯（Ruth Briggs）回忆："他很吓人。他会以机关枪的速度喷出一个个问题和命令。空气中弥漫着令人不快的污言秽语。"在一次高级别会议上，倒霉的布里格斯在门口探了探头，比德尔就朝她尖叫起来："滚出去！"没等这位受到惊吓的女士缩回头，比德尔便对身边的同僚解释道："诸位，请你们原谅她，她就是个白痴。"

可是，虽然他激起了所有下属的憎恨，这位美国的刻耳柏洛斯（Cerberus）①却备受英美同事们尊重。下班后的他是讨人喜欢的，甚至可以说是颇具魅力的。他在联合参谋长委员会里是个出名人物，因为他曾担任该委员会的秘书。最重要的是，包括马歇尔将军和温斯顿·丘吉尔首相在内的重要人物都对他青睐有加。这两个人都跟艾森豪威尔争夺过比德尔。艾森豪威尔告诉他的一个朋友："我希望能有十来个像他这样的人。倘能如此，我就干脆买根钓鱼竿玩玩，每周给家里写信，说说自己在战争中取得的伟大成就。"他后来指出："他们说没有什么不可或缺的人，但比德尔·史密斯已非常接近于这样的人了。"

初来乍到的比德尔在电报屋陪艾森豪威尔玩儿了一会儿手球，然后在吃午饭时与他商讨人事和作战行动问题，接着，艾森豪威尔这个"不可或缺的助手"随即又投身到工作中。比德尔仅用了几天便证明自己不仅是个能力出众的参谋长，还是个杰出的全球战略家。除了作战方面的细节，他还能把握政治和后勤问题的全貌。比德尔在大量详细资料、研究报告和备忘录中整理出了最紧要的问题，以便焦虑的艾森豪威尔能抓紧时间将注意力集中于战略、协调和人事管理方面的挑战。

8月下旬，艾森豪威尔这部机器的笨重组件像胡夫金字塔的一块块巨石那样堆放就位。数千名卡车司机和铁路工人穿过美国和英国将大批装备运抵转运站，再由数千名军需人员对其加以分类，最后由数千名装卸工负责将它们装载上船。美国和英国士兵长长的队列穿梭于宿营地、训练场和集结区之间。人们对卡车、坦克、食物和弹药进行装载，最后被装上船的正是海滩上需要的第一个箱子。护航队得知了会合的日期，军官们也拿到了登船时间表。

尽管艾森豪威尔的计划复杂、庞大、精细，但对这场战役只起一半作用，另一半是他无法控制的政治事务。法国和西班牙的问题最令他担心。在他漫长的职业生涯中，没有哪一次像即将于1942年11月8日凌晨1点发起的进攻这样，令他感到毫无把握。

1941年的路易斯安那大演习是艾森豪威尔的最接近于大规模战斗的经历，其中涉及的都是军事事务——红军进攻，蓝军防御。没有盟友，没有

---

① 长着3个头的冥府守卫犬。——译者

背信弃义，没有海军，也没有未知数。战术问题是复杂的，但在韦恩·克拉克的预演中，这个问题非常简单。

非洲离路易斯安那州的航船行程很遥远。在那里，红军（艾森豪威尔）将对蓝军（希特勒）发起进攻。那里还有一支白军（贝当），他们也许会加入蓝军，也许会加入红军，但也可能袖手旁观。这场进攻甚至可能将一支棕军（佛朗哥）牵入，他们也许会从海峡两侧进攻直布罗陀，也可能进攻法属摩洛哥，但也可能不采取任何行动。

艾森豪威尔眯着眼凝视态势图时，他清楚地意识到，如果马德里、维希或阿尔及尔的领导人决定投入纳粹怀抱，那么无论自己多么谨慎地策划行动，他的部下都可能被赶入大海。因此，法国人和西班牙人极有可能成为征服北非的关键。

可谁知道法国人和西班牙人会倒向哪一方呢？艾森豪威尔不知道。显然，盟军阵营中的其他人也不知道。

某晚，在泰莱克的晚餐上，国务院北非问题专家向艾森豪威尔、比德尔和克拉克介绍了法属北非错综复杂的关系网。这位专家名叫罗伯特·墨菲（Robert Murphy），是个高大、谢顶的职业外交官。墨菲解释道，法国人的抵抗组织肯定都是各自为战的。其中最大的派系是夏尔·安德烈·约瑟夫·马里·戴高乐（Charles André Joseph Marie De Gaulle）将军领导的从非洲西海岸展开行动的"自由法国运动"。墨菲指出，英美联军应当联合戴高乐，因为他掌握着实力最强的一股反法西斯力量。可问题在于，戴高乐被维希政府视为叛徒。因此，如果盟军支持争议较少的其他人，团结法国军队的机会就会更大些。其中一个候选人是原法国第九集团军司令亨利·奥诺雷·吉罗（Henri Honoré Giraud）将军。墨菲说，吉罗在1940年被德国人俘虏，在被囚禁两年后逃离德累斯顿（Dresden）的柯尼希施泰因（Königstein）城堡。虽然他也反对目前的法国政府，但据墨菲说，吉罗以往光荣的作战记录使他悄然获得了许多法国陆军军官的支持。

在维希政府派驻非洲的总督当中，真正掌握权力的是海军上将让·路易·泽维尔·弗朗索瓦·达朗（Jean Louis Xavier François Darlan）。他是法国武装力量统帅，还是备受敬仰的维希政权领导人亨利·菲利浦·贝当（Henri Philippe Pétain）元帅的副手。墨菲指出，海军上将达朗是使强大的法国舰队保持中立的关键。然而，达朗也是个直言不讳的反犹分子，会对法西斯的宗旨表示公开的同情。墨菲承认这是个问题，但这位海军上将也是个卑劣的机会主义者——他与罗斯福派驻维希政权的大使、海军上将威廉·莱希私下有过合作，曾暗示自己可能会投入胜利的一方，即便这意味着他将率领麾下大部分力量以及法国海军，去与盟军并肩奋战。因此，如果情况趋于白热化，矮墩墩的达朗（莱希私下里称他为"大力水手"）就将稳操胜券。丘吉尔更担心的是法国人的舰艇，而不是法国驻军。他在这个问题上并不那么模棱两可——他以口齿不清的讲话方式建议艾森豪威尔："只要能得到法国海军，哪怕要亲达朗的屁股，你也得干。"

艾森豪威尔、克拉克和墨菲考虑了他们的选择。吉罗在陆军有一定影响力，而达朗掌握着海军。但几个小时后，可能最多一天，战斗将在陆地上进行。吉罗是一位法国爱国者，他可能会团结法国军官团，不同于达朗，他并不是亲法西斯主义者。因此，国务院北非问题专家对艾森豪威尔说，迅速结束盟军与法军间战斗的最大希望是吉罗，而不是达朗或戴高乐。

在离开弗吉尼亚海岸前最后几周，巴顿舰队的行动进程加快，艾森豪威尔不得不控制船的吨位，请求勤务主管提供帮助，并解决战地指挥官们提出的各种问题。大部分情况下，他可以把这些问题委托给旁人，但某些时候不得不由他做出最终决定。例如，发动进攻的 4 周前，巴顿要求艾森豪威尔批准用休伊特的战列舰炮击卡萨布兰卡，但艾森豪威尔拒绝赋予他将整座城市夷为平地的权力。虽然艾森豪威尔并未排除在适当情况下采取此举，但他知道，到那时他必须亲自对相关情况加以评估。他明确告诉巴顿："没有获得我的预先批准，不得实施炮击。重复一遍，不得实施炮击。"

按照计划，进攻发起当日，盟军将向北非人民播放罗斯福总统和盟军最高统帅的讲话。巴顿对此提出强烈反对，但被艾森豪威尔驳回。盟军司令部安排在当地时间凌晨 1 点 30 分播放广播，此时盟军正在奥兰和阿尔及尔登陆，但离卡萨布兰卡的 H 时还有 4 个小时。巴顿愤怒不已，他认为在卡萨布兰卡登陆行动开始前便播出讲话，会给他的部下带来很大的风险。他夸张地说，这是"背信弃义"。

艾森豪威尔没有被巴顿装模作样的表演打动。在奥兰和阿尔及尔登陆时播出的讲话，肯定会让摩洛哥的法国军队警惕起来；但数千名盟军士兵在东面登陆后，巴顿本身绝无可能实现战术上的突袭。与所有为艾森豪威尔工作的人一样，巴顿不得不以手中发到的牌来谋划下一步动作。

10月的最后一周，艾森豪威尔的参谋人员准备把指挥部迁至直布罗陀岩山，他将从那个海角指挥进攻行动。在公众和那些知道他要离开的圈内人士们看来，艾森豪威尔将军走过伦敦街头时，总是带着自信的微笑、坚实的肩膀和不可动摇的信念——这位将军知道自己不能失败。

但在笑容背后，成千上万个"如果"令艾森豪威尔的神经饱受折磨，其中任何一个可能性都可能让事情变得很糟。尽管他抱以乐观的态度，但艾森豪威尔快速运转的大脑会将造成灾难的主要问题进行排列——哪怕这些末日场景出现的概率非常小，他还是会思考：海滩上的那些将士能有多大胜算？

当进攻行动所需的物品伴随着响亮的碰撞声装载就位时，艾森豪威尔觉得自己越来越难以影响那些事情的走向了。随着船只装载就绪，计划时间表分发到位，艾森豪威尔似乎已不再是一位指挥官，而更像一名观众、调解者、政客、跑腿小厮和啦啦队队长。这是一种无助感：数百人，甚至数千人的生命可能会在短短几天内戛然而止。自6月以来便纠缠他的邪恶的焦虑旋涡张开了大口——他可以坐下来思考、不安地扭动和祈祷，但除了等待，他什么也做不了。

离开伦敦赶赴直布罗陀前，生性并不多愁善感的艾森豪威尔，却沉浸在一个小小的迷信中：他找来代表各盟国的6枚硬币，放入上衣口袋的一个小拉链包里，以求好运。内心充满紧张感时，他便像捻念珠那样搓揉这些硬币。

在英国的最后一晚，紧张不安、烟不离手的艾森豪威尔将军，被这场大型演出前的暴风雨所阻，与身边的随从无助地坐在电报屋里，等待天色放晴，以便动身赶赴直布罗陀岩山。11月傍晚的夜色早早降临伦敦，艾森豪威尔和他的小组无事可做，于是换上便装，悄然来到沃德杜尔大街（Wardour Street），在那里打发了几个小时，观看了一场私下放映的鲍勃·霍普－宾·克罗斯比（Bob Hope-Bing Crosby）的新喜剧——《通往摩洛哥之路》（*The Road to Morocco*）。

艾森豪威尔要走的路远没有电影里描述的那般有趣。

在登上运兵船，享受即将到来的血腥冒险前，巴顿展开了最后一轮礼节性的拜访。10月18日，他同陆军部长史汀生、马歇尔、迪尔和他们的妻子共进晚餐，席间他们不时热泪盈眶。他还看望了年迈的、几乎双目失明的潘兴将军，并参加了罗斯福总统的简短告别会。

巴顿和休伊特将军赶到白宫。下午两点，两人被领入总统办公室。微微仰头的罗斯福以灿烂的笑容迎接了"船长和老骑兵"，用愉快的语调同休伊特谈及划船、航海等事。在漫长的政治生涯中，他曾多次以这种语调争取过国会议员、选区领导人、产业界领袖和选民。巴顿则给这次会晤添加了更多实质性的内容。他试图把谈话引向将他的部下送上海岸时所需的帮助上——这是对休伊特将军的一种有些明显的嘲讽。但他的努力彻底失败了。罗斯福不置可否地点点头，随即兴冲冲地问巴顿，他的骑兵马鞍会不会放在坦克炮塔上，投入战斗时是否会把马刀拔出。

巴顿失望地意识到，此次会晤的目的只是闲聊，是在行动发起前告诉这对搭档他们"干得好"，仅此而已。他们又用几分钟时间开了开玩笑，罗斯福总统祝两位指挥官取得成功后，两人便离开白宫，即刻返回到各自的工作中。

1942年11月5日晨，6架B-17轰炸机轰鸣着飞离伯恩茅斯赫恩机场跑道（Bournemouth Hurn Aerodrome），带着艾森豪威尔和一群参谋人员前往直布罗陀的临时盟军司令部。当时天气相当恶劣，艾森豪威尔的飞行员保罗·蒂贝茨（Paul Tibbets）少校（他因更著名的飞行而被世人所知）[①]建议不要起飞。但艾森豪威尔命令他别理会天气，立即起飞。经过一段颠簸的旅程，艾森豪威尔那架被称为"红色小妖精"的"飞行堡垒"（Flying Fortress）降落在英国最珍贵的资产上——直布罗陀岩山控制着狭窄的海峡，这道海峡将伊比利亚半岛（Iberian Peninsula）与北非隔开，同时也分开了地中海（Mediterranean Sea）与大西洋（Atlantic Ocean）。站在岩山上，可以同时将欧洲和非洲尽收眼底。古老的巨石上分布着各式植被以及由候鸟、虫类和小小的无尾猴（Macaca sylvanus，地中海猕猴）构成的奇特生态系统。和100年前一样，它是大英帝国的西部基石。

动植物掩盖着直布罗陀巨大的石灰石躯体，已被洞穴和隧道贯穿。劳

① 蒂贝茨可谓陆航队最优秀的飞行员，后来他驾驶B-29轰炸机在广岛投下原子弹。——译者

工们开凿第一批洞穴大约是在美国独立战争时期。自那时以来，这片地下网络得到不断扩大：其隧道长约48千米，距离山顶约550米。到1942年，英国人已为该岛配备了通信网、简陋的宿舍和一座小型机场。艾森豪威尔的指挥部是现代办公设施与中世纪酒窖的奇特组合，逼仄的住处仅以一串灯泡提供照明。凝结的水珠从灰色墙壁滴下，而电风扇则竭力将沉闷而潮湿的空气从洞穴网络的一条条"支气管"中推出。感恩的布彻在日记中指出："这里真够安全的。"而艾森豪威尔却记得，直布罗陀是"我们在战争期间待过的最阴郁的地方"。

但岩山现在是艾森豪威尔的岗位，和其他人一样，他将在此恪尽职守。在手下的工作人员确定已有足够的文件运入岛上拥挤的办公室后，艾森豪威尔将军在岩山开始了自己的工作。无线电和电传打字机传出这样一行文字：11月5日晚上8点，直布罗陀指挥所启用。通知有关各方。代表盟军护航舰队的图钉缓慢跨过最高统帅的地图时，艾森豪威尔踱着步，吸着烟，不时摩挲着他的幸运硬币。水珠从拱形天花板上滴落，时间一秒秒过去，慢慢接近决定性的H时。艾森豪威尔已告知马歇尔，成功的概率是50%。

艾森豪威尔向马歇尔汇报后者已知道的事情，以此来缓解自己的压力，他在信中写道："如果巴顿遇到真正的抵抗，他将经历一个艰难的时刻，因为登陆问题足以占据他的全部注意力……我们正站在峭壁边缘，必须跳下去，无论下面是一层羽绒褥垫还是一堆砖块！"

在等待发起进攻时刻的到来时，艾森豪威尔和克拉克所做的事情与即将投入危险行动的普通士兵并无二致：他们开着玩笑，简单地闲聊，试图摆脱压力。这种压力犹如一件厚重的、令人窒息的大衣紧紧地裹住他们。布彻描述了这番场景：

> 艾克和克拉克在我们的闲谈过程中发表意见，认为过不了多久就能证明，他们到底是狮子，还是跳蚤……克拉克现在打算飞赴阿尔及尔，在那里设立前进指挥部。他说，如果行动进展得不顺利，他可能会继续飞往中非，在那里降落或跳伞，并随身携带应急金块，在必要时贿赂当地人。不过，到时候会出现一位绅士告诉艾克他在哪里，而艾克最好也把自己的金块分对方一份。

最后，所有海军特遣力量正逼近非洲海岸的消息令艾森豪威尔紧张起来。布彻描述了当晚进入直布罗陀的情形："这里犹如选举前夜那般嘈杂、喧嚣……我们一定会按计划行事。"

在工作人员匆忙准备着电台、电传打字机、钢笔和加密密钥时，盟军司令部通信室里的有线机器咔咔作响地发出了最后一份电报：准备命令已下达，确认 H 时为 11 月 8 日。东路和中路 1 点，西路 4 点 30 分。

BROTHERS,
RIVALS,
VICTORS

第二部分
第一站——北非

第 5 章　抢滩摩洛哥

艾克的情况不太好，非常暴躁，老是说身居高位多么辛苦，抱怨自己从未听过战场上的枪声。要是他愿意，这种状况很容易改变。我几乎要认为他有点胆怯了……不管怎么说，我现在可不想从事他的工作。我觉得他或克拉克对接下来该做些什么一头雾水。

——巴顿致比阿特丽斯，1942 年 12 月 3 日

1942 年 11 月 8 日到来时，直布罗陀岩山上一片混乱。罗斯福总统铿锵有力的声音通过无线电波，向全世界宣布盟军的登陆，艾森豪威尔则接到停泊在阿尔及尔港外的舰队发来的消息：登陆成功，A、B、C 海滩，东路特遣队。

查尔斯·赖德已登上海岸。

清晨 3 点 22 分，英国皇家海军报告，弗雷登道尔在奥兰港附近的初步登陆也取得成功。

岩山通信室里，解码机发出的声音越来越响，各种报告迅速传来，艾森豪威尔的高级参谋们根本来不及消化它们。但穿透战争迷雾的信息片段足以使艾森豪威尔在脑中形成一幅关于行动的清晰画面。进攻奥兰和阿尔及尔的部队已登陆。奥兰的法国守军全力抵抗，射杀力图冲入该城港口的美军士兵，其他登陆行动正逐步按计划进行。战斗程度从中度到激烈不等，但当日上午 9 点，赖德的目标阿尔及尔已掌握在盟军手中。

很快，更多捷报传来：躲在阿尔及尔的海军上将达朗被俘，阿尔及尔附近的卜利达（Blida）和白屋机场（Maison Blanche Airfields）已被夺取，奥兰附近的泰法拉乌伊机场亦被盟军控制。随着星条旗飘扬在阿尔及利亚首都，克拉克和几名参谋准备带上他们的电台、文件、地图和金块赶赴阿

尔及尔，他们将在那里设立艾森豪威尔的前进基地。

在这个漫长的清晨，最令人担心的问题是没有巴顿的消息。艾森豪威尔通过海军获知，休伊特将军的登陆行动已按计划展开，但除了从法国方面获得萨菲周围正在战斗的零星消息外，艾森豪威尔整个上午都未接到巴顿的任何报告。登陆后几个小时，休伊特发来了两封电报，但艾森豪威尔的参谋人员每次询问通信处，执勤的上校都说没收到西路特遣队的任何消息。

失踪的卡萨布兰卡战报：巴顿在哪里？

在坐立不安地等待各种报告时，内心无助的艾森豪威尔将军为打发时间，草草写了份备忘录，题为《一名指挥官的忧虑》(*Worries of a Commander*)。列举的事项包括西班牙的意图、空中的支援情况、法国方面不愿合作的态度。最后一条是艾森豪威尔潦草而有力地写下的一行小字："我们无法找出任何办法。"

上午晚些时候，艾森豪威尔终于找到让自己在这座岛上监狱作出些贡献的办法：他试图说服已被秘密送至直布罗陀的吉罗将军加入盟军一方。昨晚，他在进军发起前与吉罗的面谈已告破裂。这位身材高大、过于敏感的将军坚持要求替代艾森豪威尔担任盟军最高统帅，并对法国海岸遭受了直接进攻深表愤慨。

现在，意识到盟军取得了胜利，这位一心想成为法国救世主的将军接受了现实，并勉强同意了艾森豪威尔提出的条件：他将命令法国陆军停止抵抗，而作为回报，盟军将任命他指挥该地区所有的法国军队，并让他担任法属北非总督。作为盟军总司令的艾森豪威尔承诺与吉罗密切合作，共同将"轴心国"敌人驱离非洲大陆。

这些让步足以满足吉罗的荣誉感。取得这一令人尴尬的外交成果后，艾森豪威尔派吉罗、克拉克和盟军司令部先遣组前往阿尔及尔，说服法国陆军和海军停止抵抗。

吉罗刚刚投入盟军阵营，艾森豪威尔就接到了一个好消息：法国海军上将达朗在阿尔及尔被俘。被软禁在家中的达朗带话给盟军指挥官，他希望谈判。但达朗现在没有太多本钱和时间用于谈判，于是他迅速地打出了王牌——他有法国舰队和指挥维希法国陆军军官的合法权力。毫无疑问，达朗的牌胜过吉罗。这并非险胜。虽然艾森豪威尔认为达朗是个法西斯YBSOB（艾森豪威尔个人的军事代号，"胆小鬼"的缩写），但他同样确信达朗是个可以拉拢的角色。丘吉尔曾告诉他："只要能得到法国海军，哪怕要亲达朗的屁股，你也得干。"可是，拉拢达朗意味着他将违背刚刚给予执拗、自大的吉罗的承诺。

处于进攻行动有可能失败的极大压力之下，加之严重缺乏睡眠，艾森豪威尔一听到这个消息就勃然大怒："天哪！我真需要一个优秀的刺客！"

随着压力像热病一样暴发，这场最新的政治乱局将艾森豪威尔推向他的忍耐极限。这个狡诈的密谋集团就像出自达希尔·哈米特（Dashiell Hammett）拙劣的小说。艾森豪威尔恼怒不已，这帮家伙本来就应该为获得解放自己国家的机会而投身盟军阵营的。他气愤地告诉比德尔，他对"阴谋诡计和不得不与这些自称是男子汉的懦弱、自私、自负的虫子打交道"感到恶心。他还对马歇尔抱怨道："我发现自己对这些愚蠢的法国佬愤怒至极。"

同法国人打交道或许已使他临近爆发点，但艾森豪威尔的乐观，他内心深处的长明火，随着情况逐渐明朗而变得愈发明亮。他的地中海部队登上了海滩，他们已夺得足够多的机场，这使他的喷火式战机和"闪电"（Lightnings）式战机得以降落在非洲土地上。西班牙人没有炮击直布罗陀的机场，至少目前还没有，这是另一个积极的迹象。克拉克正在阿尔及尔设立指挥部，分裂的法国领导人都表示愿意谈判。运气好的话，法国舰队很快就会弃暗投明。

但是，他很想知道，巴顿在哪里？

非洲的大西洋沿岸一向比地中海沿岸更加危险。西风掠向大西洋汹涌的海面时，海水会以可怕的力量起伏涌动。随着海洋深度的下降，这股力量会在海面加强，形成巨大的碎波，裹挟着巨大的能量猛烈冲击着海滩。自夏季以来，盟军气象专家们就预测，登陆日当天，卡萨布兰卡会出现4.5米高的巨浪，远远高于盟军小型登陆艇可以安全应对的0.9~1.2米高海浪。与法国军队相比，摩洛哥的海浪将是巴顿最致命的敌人。

虽然艾森豪威尔从信使、无线电报和留言条中获知了各路消息，但他最需要，或者说他最渴望听到的，仍是巴顿部队的情况。从"轴心国"和盟军内部流出的各种传言令人十分不安。他收到的零星报告称，法国守军在卡萨布兰卡、迈赫迪耶、费达拉进行顽强抵抗，"轴心国"的宣传广播则声称巴顿正打着白旗撤往海面上的舰艇。艾森豪威尔对这条消息嗤之以鼻，他告诉比德尔："除非我对乔治的看法大错特错，否则他是不会撤回军队上船的，包括他自己。"

但巴顿的部队登陆时，艾森豪威尔收到的明确消息仅仅是"得克萨斯号"战列舰在拉巴特附近的海面巡弋，并用舰上的无线电设备播放《马赛曲》（ La Marseillaise ）和《星条旗永不落》（ The Star-Spangled Banner ），以迷惑摩洛哥听众。这条消息并未让艾森豪威尔掌握更多的情况。

他问自己，巴顿在哪里？

清晨 4 点过后，休伊特将军发电报给直布罗陀，报告摩洛哥的登陆行动正在按计划进行。在舰艇上的人看来这是个好消息，这意味着美国人可能不必同他们担心的巨浪展开搏斗。但这对已登上海滩的人来说意味着什么呢？这个问题的答案直布罗陀的指挥部没人知道。

4 个小时过去了。休伊特报告所有的登陆区都遭遇了法军的抵抗，而且至少有一艘法国战列舰对登陆舰队实施了炮击。法国的消息来源暗示，维希军队在萨菲周围的抵抗濒临崩溃，但没有人知道卡萨布兰卡和利奥泰港的情况如何。

到当日上午晚些时候，矛盾、不完整和明显不可靠的消息使艾森豪威尔的神经疲惫不堪。巴顿肯定在为生存而战，但他被击退了吗？他有没有取得进展？他的伤亡情况有多严重？机场能否使用？港口的状况如何？

对于这些关键问题，那堆经过解码的紧急电报都无法作答。

巴顿究竟在哪里？

由 102 艘舰艇组成的舰队正冒着蒸汽驶向摩洛哥海岸时，巴顿一会儿神经紧张，一会儿从容自信，情绪很不稳定。进攻发起前夕，他靠阅读侦探小说缓解压力。

晚上 10 点 30 分，他便穿戴好全套装备，包括他那顶永远戴着的钢盔、大型双筒望远镜和一双让野战夹克显得尤为突出的靴子，然后躺在床上安然入睡。凌晨 2 点，他醒了过来，随即登上主甲板。他眯起眼睛，透过漆黑的夜幕凝望卡萨布兰卡的闪闪灯火，他后来说，这座迷人的都市在他眼里就是"好莱坞与《圣经》的完美结合"。

舰队接近目标时，巴顿更感兴趣的是摩洛哥的海浪，而不是那充满异国情调的地平线。数日来，碎浪一直在猛烈冲击卡萨布兰卡的海岸。最近几周，气象专家和侦察机反复查看碎浪的模式。据他们报告，5.5米高的巨浪将会出现。艾森豪威尔已授权休伊特将军，如果他觉得海浪是一道无法逾越的障碍，就把巴顿的部队送至奥兰，在弗雷登道尔后方、地中海的安全处登陆。

登陆是一场危险的赌博，没有哪位对得起自己薪水的气象专家会为只有5点的牌押注，但巴顿并不是该战区唯一的赌徒。休伊特将军仔细观察了滚滚海浪，研究了舰队前锋发回的报告之后，决定投下骰子。他命令特遣队前进，按计划登陆。他们将对卡萨布兰卡的敌人发起攻击。

休伊特的豪赌获得了回报——海神当晚保持平静，这让所有人都松了口气。透过一座法国灯塔有节奏地闪烁着的光亮，巴顿、休伊特和舰上的瞭望员看见海浪戏耍着海滩，但并没有猛烈撞击她。海水昨晚还对脆弱的"希金斯"登陆艇（Higgins boat）满怀敌意，现在却显得漠不关心。美国人随时可以上岸。上帝和他名叫"命运"的副手，仍站在巴顿一边。

清晨4点45分左右，登陆艇出发。法国人设在海岸上的炮台开始与休伊特的军舰交火。巴顿的部下在潮湿的沙滩上跋涉了数小时后，法国海军加入了战斗。受伤但依然强大的"让·巴尔号"（Jean Bart）战列舰以其380毫米（15英寸）口径火炮轰击盟军舰队，同时，一队法国驱逐舰也开始炮击登陆艇，并对拥挤而脆弱的海滩施以火力打击。

美军那位积极进取的战斗指挥官在登陆日当天几乎没经历战斗。巴顿静静地待在美国海军"奥古斯塔号"（Augusta）重巡洋舰上的指挥所里，观察着登陆行动，并注意避让舰上忙碌的海军军官。早上8点左右，一艘"希金斯"登陆艇装上了将军的行囊，准备把他送上岸。当一艘法国巡洋舰逼近时，巴顿已挎好他那把标志性的左轮手枪，正站在"奥古斯塔号"的主甲板上。

休伊特的炮手们转动炮塔开火射击。巨型舰炮的轰鸣淹没了其他一切声响，剧烈的冲击将巴顿那艘小小的登陆艇震得脱离了吊艇柱，里面装的东西落入满是泡沫的海水中。水手们竭力抢救登陆艇时，巴顿的个人物品沉入了汹涌的波涛下。这是个不祥之兆,沮丧的巴顿对一名副官嘟囔道:"我真希望你带着备用牙刷,这样我就可以刷刷我这张臭嘴了。感谢美国海军,我现在一无所有了。"

比丢了牙刷更糟糕的是,巴顿失去了通信设备。虽然"奥古斯塔号"借给陆军 3 个报务室,以便在摩洛哥和直布罗陀间传递信息,但火炮轰击带来剧烈震动令这些娇气的设备出现了故障。待发现问题并加以解决时,许多重要消息已错过。海岸上,脆弱的战术电台因海水、加密设备遗失、粗暴的操作和无数其他因素而失效,这导致通畅的信息传递被列入了第一批战斗损失之中。令不断加剧的通信问题雪上加霜的是,负责联系直布罗陀的海军报务员没有将他们的电报列为"紧急"级,同时艾森豪威尔的收报员又将这些报告放在从奥兰和阿尔及尔发来的数百份急电之后。一连串意外导致艾森豪威尔将军在很长一段焦虑不安的时间里对卡萨布兰卡或巴顿的情况一无所知。

暂时被困在"奥古斯塔号"上的巴顿等着水兵们再为他提供一顿午饭——此前,他已同休伊特手下的军官们吃了顿愉快的午餐了。巴顿在中午时获知厄尼·哈蒙的坦克力量已在南面的萨菲夺得滩头,他期望哈蒙的坦克很快就能向北隆隆推进。受此鼓励,他攀下"奥古斯塔号"的货网,进入等待他的登陆艇。登陆艇驶离时,他朝欢呼的水兵们挥手致意。巴顿和一批瘦削的司令部参谋人员乘坐的船只劈波斩浪,颠簸着赶往费达拉海滩。下午 1 点 20 分,巴顿的坦克靴终于踏上了非洲的土地。

巴顿通过下午发回的报告获悉,对他的大部分部下来说,这是一场艰苦的战斗。哈蒙在萨菲的登陆如预期般顺利,但还要一两天才能到达卡萨布兰卡。在北面 80 千米外的利奥泰港,特拉斯科特的部下错失了他们的登陆区——赶往其目标时,他们遭遇到崎岖的地形和殖民地士兵的顽强抵抗,而法国外籍军团的抗击则更为顽强。为据守宝贵的利奥泰机场,他们同美国人展开了激烈战斗,不让对方靠近。与此同时,安德森位于卡萨布兰卡的部队要面对费达拉的 2500 名敌人和 4000 多名敌军援兵。他们的进展固然稳定,但缓慢得令人痛苦。

战役次日,由于无线电设备瘫痪,巴顿几乎无法对辖内部队作出指挥。昨日还懒洋洋的海浪,此刻逐渐形成典型的巨浪。美国人无法获得陆基航空兵的支援，因为最近的机场仍在法国人手中。巴顿不得不靠海上的舰载机中队提供空中掩护。此时坦克仍在船上，卡车数量不足，与直布罗陀的联系尚未恢复。

面对这种状况，巴顿意识到自己无力影响大局，于是发起了一场个人行动，竭力肃清卡萨布兰卡登陆场。他以他的两颗将星和一组"准备战斗"的号令驱使部下将装备运上滩头。他跳入齐膝深的海水并再度涉水上岸。他一边朝副官、滩头勤务长、装卸工和水手长们大声咒骂、咆哮，一边指引登陆艇驶上海滩。完成卸载后，他们再次把船只推入海中。通过他和不知疲倦的海军滩头勤务长付出的努力，费达拉滩头阵地在9日终结前得到了部分巩固。疲惫的巴顿将军已为次日的实际工作做好了准备。

艾森豪威尔直到11月9日才终于接到巴顿的消息，他报告所有海滩均在美军的控制下。艾森豪威尔后来写道："整个战争期间，我从未感受过比这更大的解脱。我说了一句感恩节的祷告语。我最大的担心已然消失。"10日，艾森豪威尔给他的老友发去一封电报："乔治，阿尔及尔已在我们手里两天了。奥兰的敌方海军力量和岸上炮台纷纷投降，那里的防御正迅速崩溃。唯一尚待解决的难题在你手中。迅速解决它，需要什么尽管开口。"

在私人文件副本的签名下面，艾森豪威尔对巴顿的反应写下了一句注释："他会热血沸腾的！"

至于巴顿的私人文件副本，他在艾森豪威尔的签名下写道："这是我接到的唯一一命令，而且直到11月23日才接到。"

虽说艾森豪威尔对巴顿率领部下成功登陆的消息深感宽慰，但也因西路特遣队发回的报告缺乏具体信息而失望不已。勤务部门从伦敦发来电报，询问他们是否可以使用卡萨布兰卡的港口，运送补给和援兵。对此艾森豪威尔无法给出回答。一个P-38战斗机中队正准备离开直布罗陀飞赴卡萨布兰卡，前提是巴顿保证能为他们提供着陆的机场。艾森豪威尔对此还是无法作答。

电台依然保持沉默。艾森豪威尔试图派信使前往摩洛哥，但法军的拦截迫使艾森豪威尔派去联系休伊特和巴顿的轻型轰炸机无功而返。绝望的艾森豪威尔要求皇家海军舰队司令安德鲁·坎宁安（Andrew Cunningham）海军上将借给他一艘快艇。一直待在艾森豪威尔身边的哈里·布彻，在日记中谈及艾森豪威尔对巴顿越来越失望：

总司令要求掌握信息，但西路特遣队不太愿意合作。他们似乎认为自己正凭一己之力从事一场小型战争……他的指挥部设在哪里？卡萨布兰卡港口的状况如何？36 小时前向巴顿提出的两个问题到现在都没有得到回答，这很不妙。海军在西面展开的行动结果如何，我们也一无所知。伦敦的补给人员要求获知港口的情况，船队的航行、装载、时间安排，一切都依赖于信息，可巴顿就像个坐在圆木上瞠目结舌的笨蛋。问题也许是通信不畅，可他有飞机，完全可以派信使带上完整的情报飞赴直布罗陀。顺便说一句，除了海军，特别是皇家海军以外，我们的通信能力远远无法令人满意。除巴顿的沉默外，这是此次远征最大的失败。

巴顿受到这种指责已不是第一次。在第一次世界大战中，他作为上校营长参战后没多久，就遭到坦克军团指挥官的严厉斥责，因为他本该向上级汇报整体情况，却擅自离开指挥岗位，在战场上游荡，忙于修正一些小问题。可巴顿听说艾森豪威尔的不满后却产生了一种耻辱感，并试图进行解释，用某种半开玩笑的幽默平息上司的怒火："你为我没能及时联系你而生气，我对此感到遗憾。可是，我无法控制宇宙空间，我们的电台根本无法使用，就像你无法联系上我一样。另外，唯一为此蒙受损失的人是我，由于我没能同你取得联系，新闻界可能因此无法讲述我的英雄事迹。"

与维希政府进行"魔鬼交易"

对卡萨布兰卡的最后突击将巴顿逼入两难的尴尬境地。他决定以休伊特的战列舰和所能召集的战机攻击卡萨布兰卡，并派特拉斯科特、哈蒙和安德森冲锋陷阵。但艾森豪威尔已下达过命令，对该城实施轰炸和炮击前必须获得他本人的批准，而巴顿与直布罗陀的无线电联络实际上已经中断。他知道现在是发起攻击的时刻，但不联系直布罗陀就贸然行事，很可能将自己的职业生涯置于危险之下。

他在指挥所里紧张地考虑着相关决定：要等待艾森豪威尔的命令吗，哪怕这种等待意味着丧失夺取该城的绝佳机会？还是展开行动，自己承担后果？在衡量过眼前的机会后，巴顿召集凯斯、盖伊、休伊特和其他人，告诉他们将在 11 月 11 日晨 7 点 30 分发起突击。这一天正是他 57 岁的生日。

战线已拉开,坦克引擎已转动起来,火炮的拉火绳也已绷紧。可就在即将发起进攻的当日清晨,法国驻军指挥官奥古斯特·诺盖斯(August Noguès)将军获知阿尔及尔停战的消息。在美军发起进攻前,法国海军投靠达朗的消息传至卡萨布兰卡,诺盖斯也随之停战。摩洛哥之战就此结束。

当日晚些时候,忧心忡忡的诺盖斯将军及其随从来到卡萨布兰卡的美丽华酒店签署降书。巴顿穿上漂亮的军礼服,走入酒店吸烟室去解决当日的第二个难题:由于法国人抗击盟军登陆,盟军司令部指示巴顿采用 C 方案。这份苛刻的降书要求法军士兵彻底停止抵抗,立即放下武器。诺盖斯和他的代表团读完条款后提出强烈抗议。诺盖斯指出,摩洛哥这片土地上有 1100 万阿拉伯人和西北非一些民族的人。诺盖斯警告道,解除法军武装会导致法国当局崩溃,并引发当地人的暴动。这样一来,美国人不得不腾出数千名士兵维持社会秩序,并确保摩洛哥—西班牙边境线的稳定,但他们原计划完成的任务是在撒哈拉沙漠的另一端。

巴顿皱起眉头,他立即明白了对方的意思。诺盖斯说的没错。但他已接到指示,必须使用强硬的 C 方案中的条款。命令就是命令。如果他胆敢同意其他解决方案,而又得不到艾森豪威尔支持的话,盟军司令部那些人会像一群獒犬那样扑向他,他很可能会被遣送回家。况且,他的通信出现问题,根本无法请示艾森豪威尔,甚至无法联系阿尔及尔的克拉克以获取指示。这一次,他又要靠自己做出决断了。

巴顿的一名副官写道:"他很快就做出决定。他站起身,拿起 C 方案的打印稿,把它撕成了碎片。"他盯着桌对面的法军指挥官,那双蓝灰色的眼睛闪闪发亮。巴顿要求对方以军官和绅士的荣誉做出保证,不再向美军士兵开火,同时,法军要遵照巴顿的命令行事。法国人点头同意。法国人做出这一确定姿态后,摩洛哥落入盟军手中。

巴顿知道自己已涉足政治浑水。在他看来,政治浑水总是很深、很浊,里面都是食肉动物。他自行决定完整保留殖民地政府及其军队,这违背了盟军司令部的命令,而且艾森豪威尔没有理由相信诺盖斯——所有人都知道他同情法西斯。

实际上,巴顿悟出了沙漠王国的现实。几十年来,法国人已建立起一套行之有效的行政体系。削弱法国官僚机构可能会招致一场叛乱，从而牵制住盟军士兵，而这些士兵本应该去痛击突尼斯的德国佬。他知道，自己同诺盖斯的交易可能会给他和政客们造成麻烦，但他认为艾森豪威尔最终会支持他。不管怎么说，他以伤亡1100人的代价解放了法属摩洛哥。

盟军司令部的参谋们获知巴顿的"绅士协议"后非常恼火，艾森豪威尔的几名亲信赶往休伊特的旗舰，试图纠正巴顿。巴顿坦率地与他们进行对话，并使他们相信，至少就目前而言，他的决定是明智的。当晚，他在日记中写道："由于没有解除法国人的武装，艾克的几名参谋想为难我。我采取主动，告诉他们解除法军武装或不信任法国人，都意味着一场阿拉伯战争，我们至少要为此动用6万名士兵。最后，所有人都赞同了我的观点。"巴顿随后亲笔写信向艾森豪威尔作出解释。艾森豪威尔回信批准巴顿同法国行政人员达成的协议，并告诉他："你所在地区的报告传来了，很明显，你干得很棒——我知道你会的！继续保持。从某些方面看，摆在我们面前的问题比打仗更艰巨，但我知道你没问题的。"

巴顿对此回复道："不得不决定签署一份绅士协议的时候，我对其他地方的情况一无所知。我当然要感谢上帝，自己正为一个像你这样的人效力，因为我知道许多将军会因为我没有遵从命令而对我大加斥责。"他以令人信服的理由解释自己处理停火的方式。随后，就像他经常做的那样，巴顿又抛出一段即兴附言，使他颇具说服力的报告大为减色："（去拜望摩洛哥苏丹时）动身非常匆忙，忘了把裤子扣好。凯斯提醒了我，我们赶紧纠正了问题，否则这就好像我正准备去后宫全力以赴地制造盟友呢。"

在向这位朋友和下属表示祝贺的同时，艾森豪威尔也对这位骑兵在卡萨布兰卡的表现有些失望。巴顿直到登陆日后第三天才夺取该城，而且没有及时向最高统帅报告自己的进展。这使艾森豪威尔相信，巴顿没有顾及大局。

按照马歇尔的提示，艾森豪威尔决心日后要严格控制这位骑兵。从自"火炬行动"以来一直折磨着他的"暴风骤雨"中恢复过来后，艾森豪威尔给马歇尔发去了一份列有7名"战役杰出执行者"的名单。

他的朋友不在其中。

身处飓风风眼的艾森豪威尔所要担心的事情远不止巴顿为卡萨布兰卡进行的谈判，因为此时阿尔及利亚的政治局势正在急转直下。在盟军司令部驻阿尔及尔的前进指挥所工作的克拉克，已成功说服达朗投靠盟军，并命令法军停止抵抗，以换取法属北非民事总督的任命。吉罗——事实证明他对法国军队的影响力竟然是零——获知克拉克同达朗的谈判后勃然大怒。这给艾森豪威尔和克拉克留下了棘手的问题。致使艾森豪威尔溃烂的政治伤口进一步加重的是，戴高乐将军通知丘吉尔，他打算将一支自由法国军队派至阿尔及利亚协助盟军。这个提议将艾森豪威尔置于丘吉尔首相与罗斯福总统这两位巨人之间——前者支持戴高乐，而后者则极不喜欢这个人。

阿尔及利亚的政治形势依然模糊不清，东面的军事态势倒是很明朗。可这是一种令人遗憾的明朗，因为它显然已经分崩离析。进攻初期，盟军登陆的消息传入阿尔贝特·凯塞林（Albert Kesselring）元帅的招风耳中。希特勒派这位狡猾、好斗的空军指挥官负责地中海战区。他的露齿笑容和镇定自若的乐观情绪——这一点倒是和他在直布罗陀的那位对手相似——使他获得了"微笑的阿尔贝特"的绰号。收到盟军登陆的消息后，凯塞林迅速派他的战机进入非洲领空。盟军登陆后的清晨，"梅塞施密特"（Messerschmitt）战斗机陆续到达突尼斯。尾随其后的是一波波"容克"（Junkers）中型轰炸机、"斯图卡"（Stuka）俯冲轰炸机、运输机、侦察机和新组建的第五装甲集团军司令部后方梯队人员。在强有力的空中掩护下，"轴心国"船只驶入突尼斯和比塞大，卸下一吨吨弹药、食物、补给物资、坦克和轮式车辆，以此支援实力日益强大的守军。

没过多久，微笑的阿尔贝特就有了许多值得微笑的东西。他正在赢得奔向突尼斯的赛跑。

11月13日，星期五，艾森豪威尔飞赴阿尔及尔时，克拉克和墨菲终于促使法国人达成一项双方都能接受的协议——吉罗负责指挥该地区所有的法国武装力量，达朗领导北非的公民政府，诺盖斯继续担任法属摩洛哥总督，而达朗的陆军司令阿方斯·朱安（Alphonse Juin）将军，将在吉罗的领导下指挥法军野战部队。

随着这项交易的各条款的确立，艾森豪威尔的飞机降落在阿尔及尔。墨菲和克拉克迅速向他做了简要汇报，随即领他进入一间会议室，同聚集在那里的即将成为各方大员的一群人简短地握手致意。艾森豪威尔在批准这份协议后匆匆离去。

同法国的战争就此结束。法国、英国和美国共伤亡约 5200 人，盟军控制住了法属摩洛哥和阿尔及利亚。

批准同达朗和吉罗达成的协议时，艾森豪威尔觉得自己如履薄冰。维希政府与纳粹合作，而互相鄙夷的达朗和吉罗是戴高乐将军的死对头。作为一名真正的抵抗派战士，戴高乐的反达朗宣传在英国和美国公众看来是真实可信的。盟军司令部的政治和公共关系顾问们担心此举会有损艾森豪威尔的形象，他看上去似乎正致力于推动美国人同亲纳粹分子的合作，《华盛顿邮报》对此肯定不会有什么正面评价。

一想到国内民众会如何看待这笔交易，艾森豪威尔就越来越担心，不由得希望这场风暴赶快结束。但他又担心民众的强烈反对会对马歇尔和总司令（罗斯福总统）造成不良影响。

一如既往，艾森豪威尔的政治直觉相当准确。戴高乐在电台广播中指责盟军司令部与"叛徒"讨价还价。电台评论员沃尔特·温切尔（Walter Winchell）称之为"与魔鬼做交易"，《时代》（Time）指责罗斯福政府与法西斯分子沆瀣一气。爱德华·R.默罗（Edward R.Murrow）也从遭受炸弹蹂躏的伦敦发出怒吼："这究竟是怎么回事？我们是在跟纳粹打仗还是跟他们睡觉？"

艾森豪威尔在 11 月 18 日有点轻描淡写地向克拉克承认："这起事件显然正成为大量报纸加以评论，以及首相与总统之间不断通信的内容之一。"

为化解冲击，艾森豪威尔在批准"达朗协议"的次日写了份 6 页的备忘录，以军事方面的理由对这份协议做出解释。他的陈述在私下里说服了罗斯福总统和丘吉尔首相，但两人在公开场合对该协议闭口不谈，因为公众对该交易的愤怒与日俱增。与比德尔·史密斯私下交谈时，丘吉尔咆哮着说道，即便从军事必要性的角度接受了协议，他还是认为这极其让人不悦。

在华盛顿，罗斯福试图转移媒体的批判，同记者们开玩笑时提及一句古老的巴尔干谚语："危急时你可以与魔鬼同行，直到跨过险桥。"但他强调，关于法国继任政府的组成人员，目前尚未做出相关决定。

即便被隔离在直布罗陀漆黑、潮湿的隧道里，艾森豪威尔也开始感觉到舆论的热度。作为一名陆军军官，他对国内政治形势可以算得上是极其敏感了。艾森豪威尔向比德尔抱怨道，上级不明白与达朗达成协议是必要之举。这样一来，盟军就可以将注意力转向突尼斯的德国人。他在写给陆军参谋长的信中辩解道："伦敦和华盛顿当局仍抱有幻想，认为我们的军事力量已控制住这个国家。我们要想耀武扬威并告诉世界上的所有人见鬼去吧，那还需要很长一段时间。"他知道玛米每天都读报上的社论。他在寄给她的信中写道："这里的许多事情看上去很奇怪，但只是为了防止阿拉伯人发动暴乱。我们坐在一口沸腾的大锅上！"

巴顿此时正坐在他自己那口冒泡的大锅上。他确信必须保留现有的法国行政管理机构，因而坚决支持艾森豪威尔的"达朗协议"。听闻艾森豪威尔的苦楚，他马上写信鼓励这位备受困扰的老友。他告诉艾森豪威尔："依我看，法国人在摩洛哥的地位几乎完全依赖于法国神话般的霸权，目前达朗代表着阿拉伯人的想法……哪怕仅仅是为保持这种声望，我也完全认为你与达朗打交道是有必要的……"

事实上，巴顿一直在遭受国务院驻当地官员的批评。对巴顿允许诺盖斯管理国家事务的政策，他们的反应不一——从失望到愤怒都有。对此，巴顿只是耸耸肩。他认为国务院的抱怨是个政治问题，而政治问题必须让位于军事需要。在巴顿看来，华盛顿和伦敦都没有注意到，盟军在北非的实力并未强大到足以在大陆的一端实施军事管制，同时在另一端与"轴心国"军队交锋。

虽然他觉得艾森豪威尔与达朗做了件正确的事，但这是个政治决定。他在私下里认为艾森豪威尔正在失去对军事态势的掌握。巴顿从设于卡萨布兰卡的指挥部得出结论：待在直布罗陀岩山的最高统帅过于远离前线，因而无法有效地指挥他的军队，而这本该是一名中将的首要职责。11月17日，弄清艾森豪威尔对摩洛哥所下达的指示的含义后，巴顿对妻子比阿特丽斯抱怨道："我正飞往直布罗陀……去见艾克。他和克拉克当然需要知道现实是什么样的。他们之前发来了一些我这辈子读过的最愚蠢的指令。"

巴顿搭乘一架B-25"米切尔"（Mitchell）轰炸机赶往直布罗陀，当天与他的老友共同度过，这也是他最近3个月里首次拜访艾森豪威尔。返回时，他在日记中添加了一段对此次探望简短而刻薄的总结：

> 飞往直布罗陀……艾克住在岩山中部的一个洞穴里，非常危险。他

的参谋长、情报处长、军需长官都是英国人，他用的许多单词同样是英式的。我对他感到失望。他谈了些琐碎的事。我们将许多时间浪费在午餐上……他还不错，就是对我们这场战争不太热情。

正如巴顿两天后对比阿特丽斯说的那样："艾克还不错，就是他把午餐说成 tiffin，把汽油说成 petrol，把高射炮说成 flack。我真担心伦敦已将阿比林征服。"

巴顿失望地飞回卡萨布兰卡，因为艾森豪威尔没有给他分配任务。不久的将来，他将待在摩洛哥这片寂静的战区，但在远处，他能预见到本应迅猛攻入突尼斯的美国军队会跌入平庸的深渊，在两个失败的盟友之间苦苦挣扎。他的偶像潘兴将军是绝不会赞成让一支军队失去个性，还丧失部分荣誉的。

在战争剩下的日子里，巴顿会在他那位老友的身上寻找"黑杰克"潘兴的影子，但这是一种注定会令他失望的期待。艾森豪威尔的眼界涉及政治、产业政策、策划和外交，而在巴顿看来，这些与他无关的领域并不重要。浪漫主义色彩浓厚的巴顿无法理解，早在潘兴（以及惠灵顿、拿破仑，甚至是福煦）时代，甚至更早，佛兰德斯（Flanders）战场之魂就已然被丢弃了。人们对现代工业战争的开展已达成共识：生产、联盟、外交与战略和战术同样重要。虽然战斗指挥官仍主导战场，但新时代的最高统帅将凭借他们在行政、政治和外交方面的辉煌成就而崛起。

巴顿也无法理解同盟战争的需要。虽然他愿意接受军事技术，但他毕竟是旧时代的产物。那时候，一名将领的荣辱成败取决于他的战术智慧，而不是他与文员、官僚们达成一致的能力。出于这个原因，他永远无法充分认识到他那位老朋友的能力。

多年前，欧内斯特·海明威（Ernest Hemingway）写过传奇性的西班牙斗牛士："那些对过去的伟大人物了如指掌的人很少注意到新人的到来。他们想要旧人，这是他们的纪念方式。"巴顿在上次世界大战中认识了一位伟大人物。他看不到，也不愿承认的是，这个世界已不再需要一个"黑杰克"，它需要一个艾森豪威尔。

抓狂的巴顿和突尼斯僵局

在艾森豪威尔和巴顿深深卷入北非的战斗时，奥马尔·布莱德雷却觉得他又要与这场战争失之交臂了。就像在第一次世界大战期间那样，布莱德雷发现自己被打发到了一个满是稚嫩新兵的步兵师，莱斯利·麦克奈尔将军告诉他，这帮倒霉蛋急需帮助。将第八十二步兵师移交给马修·李奇微（Matthew Ridgway）少将后，布莱德雷于 6 月 26 日加入第二十八"基石"（Keystone）步兵师——他所在的师似乎只是颠倒了编号的数字顺序而已。和他一同赴任的还有几个参谋，两位副官（切特·汉森与刘易斯·布里奇上尉）和一名司机，这个心胸开阔的司机是法国人的后裔，名叫亚历克斯·斯托特（Alex Stoute），布莱德雷后来发现了斯托特的重要性，因为他会说法语。

接下来几周，布莱德雷忙于寻找给该师带来诸多问题的原因。这项工作毫无吸引力，他无法指望得到上司或公众的赞赏。他回忆道："媒体总想弄到些奇闻轶事，我觉得他们大概是希望发现一个新巴顿。但他们对我一定很失望。"布莱德雷记得一名记者这样写过他："他不是一位能成为传奇英雄的耀眼人物，也没有足以引起人们好奇心的神秘感。他很严厉，但并未固执到值得一提的程度。在部队里，个人的突出往往会令人又敬又恨，而布莱德雷显得坚强刚毅。"

即便在相对孤立的情况下，布莱德雷的天赋也能消除身边晦暗的阴霾。报道基石师的记者告诫他的读者们："不要把魅力与领导力相混淆。布莱德雷是一位卓越的领导者……这位将军不仅受到尊重，还赢得了部下们的热爱。也许，不是别的，正是这一点使部下们对他的指挥无比忠诚。这一点也是他性格的关键所在。"

1942 年临近结束时，布莱德雷密切留意着最新形势。继续关注第二十八步兵师进展的同时，他还抽时间与陆军参谋长打猎野鸭。在这种野外远足活动中，出色的射击技术使他深受欢迎。

通过军方的小道消息网，布莱德雷获悉他的师将赶往戈登·约翰斯顿营（Camp Gordon Johnston），那是位于温暖、潮湿的佛罗里达州（Florida）长地带的一个新两栖训练中心。这个消息令他兴奋不已，因为两栖训练意味着真正的行动：可能在非洲，也可能是在太平洋或法国，而且也许用不着等得太久，他就能去前线了。

但布莱德雷训练新兵的能力，就像艾森豪威尔在上一场战争中展示出的天赋那样，有可能会破坏他的战地指挥梦想。马歇尔于1942年底写信给布莱德雷："我知道他们已经有五六次要你去指挥一个军。每次我都没同意，因为我不想让我们苦心经营的国民警卫队发生这么快的变动。"看来，布莱德雷短期内将被困在佛罗里达州。但陆军参谋长承认，他对把布莱德雷留在国内"感觉非常不好"，他含糊地答应会在适当的时候给他安排个"更有意思的工作"。

在奥马尔·布莱德雷看来，1917年的情况会再度出现。

布莱德雷在国内心神不宁时，焦躁的巴顿正在令人昏昏欲睡的摩洛哥前线坐立不安。敌对行动结束后，战线便沿阿尔及利亚—突尼斯边境线向东推进了数百公里。巴顿留在非洲另一侧，守卫盟军后方，并扮演驻法大使和摩洛哥苏丹的角色。

令所有人惊异的是，巴顿出色地扮演了外交官的角色，这证明他当初顺利解决法国人的投降并非出自初学者的运气。拉巴特是伊斯兰国家的行政和精神首都。遵照情报参谋的建议，再加上自己的直觉，巴顿决定保证该城免遭战火侵袭。这令苏丹和他的朝廷非常高兴。巴顿轻松但又不乏威严地出席宴会、典礼、舞会、打猎，以及游行和阅兵仪式，给摩洛哥王室和法国军队留下了深刻的印象。同时，他以铁腕手段确保西面的盟军补给线的安全。由于巴顿拒绝取缔诺盖斯集团，他可能会与国务院发生些小矛盾。但巴顿认为，他的工作可不是为了取悦《华盛顿邮报》。他的工作是确保补给终端的安全，使其免遭西班牙人、法国人和阿拉伯人的威胁。

这也使艾森豪威尔终于明白，巴顿属于前线。

为了解难以想象的遥远前线究竟发生了什么事，11月底，巴顿将他1.8米的身躯塞入了一架B-25轰炸机的鼻锥飞赴奥兰，然后再转汽车，去看望第二军军长弗雷道尔将军。脾气暴躁的反英分子弗雷登道尔没能振奋巴顿的情绪。位于前线后方数百千米的奥兰，几乎同卡萨布兰卡一样沉闷、安于现状。巴顿对自己感到担忧："我似乎是唯一一个在无所作为的牢笼里拍打双翼的家伙。其他人只是说我们比国内那些人强多了。我不想只处于'强多了'的状态。我想成为胜利者，只有战斗能赋予我这一切。"他在写给比阿特丽斯的信中重申了这一主题："我今天的情绪极其低落。无所事事，就这样坐着。我想这是因为我希望继续战斗，可又无法继续……我觉得如果我们不进行更多战斗的话，我会发疯的。"

1942 年 12 月 1 日前后，与"神圣家族"（艾森豪威尔和克拉克）共进晚餐时，巴顿获悉了克拉克的下一项任务，他本就沮丧的情绪变得更加低落。艾森豪威尔告诉他，克拉克将指挥美国第五集团军进军意大利。

这一拳直接击中巴顿的下巴。他被任命为军官时，克拉克还是个拖着鼻涕在谢里丹堡玩耍的军属子弟。可现在呢，陆军部已晋升克拉克为中将，比他还多一颗星。克拉克的集团军可能会调用巴顿剩下的作战部队，加之率领第二军的是弗雷登道尔，而不是巴顿，这使巴顿口中的药丸更为苦涩。想到克拉克能够有幸征服自己曾在童年和成年时期研究过的那片古老土地，巴顿只能在脸上堆起虚假的笑容，并急切地期盼这顿晚餐迅速结束。

吃罢晚饭，巴顿唉声叹气道："我曾预料到这一点，可事情发生时我还是感到十分震惊……我觉得糟糕至极，一刻也无法入睡。"他的沮丧和嫉妒与日俱增，他对此的反应是给艾森豪威尔—克拉克阵营挑刺。几天后，他向比阿特丽斯抱怨道："艾克和韦恩处于优势，但他们的司令部肯定是一团糟，几乎每天都会下达自相矛盾的命令。他们总有一天会被发现的。"

虽说对老友心生不满，但巴顿并未对艾森豪威尔的长处视而不见。令他骄傲的是，艾森豪威尔不仅具备政治才能，还能为盟军面临的问题制订正确的解决方案。巴顿知道，这是自己不具备的天赋。他在一次晚餐后承认："艾克与人交谈时，显然会给对方留下好印象。我为他感到骄傲。我认为同一份工作交给我做的话，不会比他干得更好。我缺乏某种东西，无法让政客们像相信艾克那样相信我。"

巴顿的问题在于，他对艾森豪威尔的感觉，就像他对大多数其他事情的感觉一样，没有缓和的余地。随着时间的推移，这种爱恨交织的情绪会对他造成更加猛烈的冲击。

艾森豪威尔已命令安德森将军迅速进入突尼斯，抢在希特勒和墨索里尼的援兵到来前占领比塞大和突尼斯城。但从阿尔及尔到哈马马特湾（Gulf of Hammamet）的距离为 640 千米，而且沿非洲海岸的原始土路根本不足以支持盟军完成这项任务。艾森豪威尔向突尼斯首都的闪电突击因而沦为一场支离破碎的业余行军。艾森豪威尔后来向《纽约时报》的一名记者承认："当时的战线简直是一团糟，能想象到的最混乱情况莫过于此。我们赌上一切，从许多部队抽调零零碎碎的小股力量派往前线，力图迅速夺取突尼斯城和比塞大。所有这些部队混杂在一起，竭力穿越数百千米的山丘和泥泞乡村。"

盟军输掉冲往突尼斯和比塞大的赛跑后，突尼斯多萨尔山脉（Dorsal Mountains）以东地区便成为"轴心国"强大的防御堡垒。11 月间，意大利和德国运输船为新组建的第五装甲集团军的数千名士兵送去 176 辆坦克、131 门火炮、1152 辆汽车和 1.3 万吨物资。到 12 月，这些数字会再度增长。面对实力不断加强的敌军，艾森豪威尔投入了两个过度拉伸的集团——肯尼斯·安德森（Kenneth Anderson）麾下编有 5 个师的英国第一集团军和弗雷登道尔辖下编制了 4 个师的美国第二军。

对艾森豪威尔来说不幸的是，迟迟无法冲向突尼斯，意味着他要接收到来自联合参谋长委员会的尖锐质询，以及各盟国首都发来的"建议"。这些"建议"几乎就要对艾森豪威尔该如何进行工作耳提面命了。11 月 21 日，艾森豪威尔在因麾下将领愚蠢的政治宣传而受到严厉斥责后，对克拉克抱怨道："这个星期我一直遭到来自身后的打击，有时候我觉得，无论我们在前线做什么都无法让华盛顿方面和伦敦方面满意。"

11 月 23 日，艾森豪威尔将司令部迁至阿尔及尔，部分原因是为了逃避将他与伦敦紧密相连的蟒蛇般的电缆[①]。克拉克和墨菲自"火炬行动"初期便在那里工作。穿上军装 27 年后，艾森豪威尔终于进入了作战区域。一支车队赶至白屋机场迎接他，艾森豪威尔随即搬入圣乔治酒店（Hôtel St. Georges）。

圣乔治酒店是法国殖民主义时期的一座典雅的城堡，《纽约时报》专栏作者德鲁·米德尔顿（Drew Middleton）将其描述为"一座规划凌乱的、点缀着吓人的雕塑和油画的白色建筑，是那种到地中海旅游的老处女们青睐的酒店。"时尚的装饰、棕榈树成荫的庭院、抛光的马赛克地板（地板上布

---

① 电缆在这里指代电报。——译者

满陆军通信兵错综复杂的线缆）似乎与一个战时司令部并不相称。但这里的空间足以容纳盟军司令部相当一部分高级参谋。在战争结束前，这些人会像进入罗马的匈奴人那样蜂拥而至，并占据大半个城市。

到达阿尔及尔两天后，艾森豪威尔和他的随从搬入一幢租来的别墅，那里可以让他们俯瞰海港。这所房子名叫"家庭别墅"，是一座六居室洛可可式建筑，四周树木环绕，离圣乔治酒店并不远。

艾森豪威尔不喜欢这个地方。他抱怨说，这里最大的房间是铺满瓷砖的浴室，"冷得像格陵兰"。特克斯·李的女友是一名红十字会志愿者，她把屋内洛可可风格的装饰称为"法国妓院"的装潢。但这座豪宅的娱乐休闲设施还不错，因为这里有一间图书室、一间配有三角钢琴的客厅和一间正式餐厅。没过多久，这里又添加了一张乒乓球桌，艾森豪威尔经常同海军上将坎宁安、哈里·布彻和其他高级访客打乒乓球。几天后，欢闹的泰莱克从伦敦赶来，这让艾森豪威尔和凯·萨默斯比大为高兴，但这只苏格兰犬给艾森豪威尔身边的其他工作人员增添了负担，他们将泰莱克视为低能儿一样的笨狗。

艾森豪威尔在圣乔治酒店开展工作，沉浸到作战细节中，每天从清晨忙到深夜。他裁判了轰炸优先权纠纷（先轰炸德国空军的机场），提出了货币政策（75法郎兑1美元），向副官们灌输了后方地区安全的重要性（他的福特车被路过的部队"解放"了），并解决了错综复杂的运输和补给问题。他要确保半履带车、夜间战斗机的雷达、军靴、绷带、备用轮胎、弹药、饭盒、血浆、铁锹和汽油这些军用装备和物资送至正确的地方，他还要同战地指挥官们保持联系，询问他们需要什么样的支持，他们的部队要去哪里，以及他们为此拟定的计划是什么。艾森豪威尔在写给玛米的信中说，每个典型的工作日他都要处理众多恼人的问题，每个问题都需要数小时的口述、书写、挠头和粗话。"我要顾及战争、政治、经济、食物、军火，重复制作无限长的列表，你可以明白我这颗可怜而又苍老的脑袋要考虑多么复杂的事情了！"

在艾森豪威尔的工作中，最困难的部分可能是他不得不应对太多人。作为一名美军中将，他必须让马歇尔满意；作为美军高级策划人员，他必须让美国参谋长联席会议满意；作为盟军最高统帅，他不得不让英美参谋长组成的联合参谋长委员会满意；而作为临时性政治决策的制定人，他还必须让罗斯福和国务院满意。但不管他戴哪顶帽子，都必须让丘吉尔感到满意，后者的影响力已扩展到与盟国战时行动相关的一切领域。

像马歇尔这些地位高于艾森豪威尔的人，总是将司令部视为战地指挥官及其部队的仆人。这就意味着艾森豪威尔与他的工作人员还要满足安德森的英国集团军、散乱的美国第二军、克拉克组建的美国第五集团军骨干人员和在摩洛哥据守后门、人员日趋减少的巴顿部队的要求。他必须满足的队伍还包括美国和英国部署在海上的海军力量、在空中展开行动的轰炸机部队，以及掩护轰炸机群、城市、港口和基地的战斗机群。对这些供给不足、自私自利、爱发牢骚的部队，艾森豪威尔和他的工作人员必须解决他们的各种问题——资源问题、人员问题、管理问题。

每日让艾森豪威尔苦苦挣扎的困难足以使人脾气暴躁，况且他的脾气从来就不算好。进攻行动头两周，政治事务使他严重分心，无法将更多时间投入军事工作。他朝一位同僚吼道："看在上帝的分儿上，你觉得我想谈论政治吗？该死的，我讨厌它，我对该死的政治问题烦得要命！"他告诉马歇尔："我过的每一周都像是 10 年，其中至少有 9 年要专注于政治和经济事务。"他的步伐是如此狂热，以至于马歇尔开始担心，"从事不可能做到的工作所带来的巨大压力"，最后会导致艾森豪威尔精疲力竭。

面对不断加剧的焦虑情绪，艾森豪威尔的解脱之道是探访前线。他总是通过视察部队吸取能量，因为政治问题会在营地消失不见。睡在帆布帐篷里、身边燃着篝火的时候，艾森豪威尔觉得自己再次成为一名真正的军人。他发现，询问士兵们的伙食、装备、来历并倾听他们的抱怨时，自己放松了。他喜欢检查他们携带的装备，和他们围坐在篝火旁吃 C 级口粮，在阴凉的"达科他"（Dakota）飞机机翼下同他们交谈。作为一名将军，艾森豪威尔喜欢履行这些职责，出巡使他获得了一种自由的感觉。

艾森豪威尔在 11 月底沿前线驱车而行时发现了作战人员面临的诸多问题。最糟糕的问题是，德国空军有能力派出斯图卡战机和梅塞施密特战机，对他们实施攻击。接下来是部队的领导问题。他视察了安德森的司令部，返回后开始担心这个悲观的苏格兰人不是率领英国第一集团军的合适人选。

评估自己的军队时，艾森豪威尔在军事上的忧虑剧增。他问自己，在无法取得空中优势的情况下，美军能夺取突尼斯城吗？他是否不得不放弃迅速攻向海边的迫切希望？1943年要有多少时间耗费在这片荒芜的土地上？当艾森豪威尔从战地指挥官的角度凝望前线时，这些问题令他备感困扰。回到阿尔及尔后，他疲惫、沮丧，病倒了——得了重感冒。感冒病菌在每一个操劳的日子里，不知不觉地深入了他的肺部。

返回圣乔治酒店后，艾森豪威尔看着沙漏中的沙子逐渐流到下面——虽然1943年尚未敲响屋门，但它已走过信箱，正迅速迈向前门台阶。竭力渴望打破僵局的艾森豪威尔知道，他必须在年底前采取些措施。

在安德森将军的配合下，艾森豪威尔将12月9日定为进攻发起日（D日），到时将对突尼斯城展开全面攻击。但在进攻即将发起的前几天，安德森告诉艾森豪威尔，他的战线遭遇到了"严重挫折"。"微笑的阿尔贝特"展开了一场猛烈进攻。呼啸的斯图卡战机和野战火炮对盟军前哨阵地狂轰滥炸，而德国第十装甲师的四号坦克、虎式坦克和88毫米反坦克炮给他们造成了严重损失。安德森设法在12月10日前挡住凯塞林的进攻，但英军士兵的伤亡和坦克遭受的严重损失让忧心忡忡的艾森豪威尔别无选择，只能批准安德森的要求，将进攻日期推迟到12月20日。然而，雨季即将到来，道路很快会变成难以逾越的泥沼。

艾森豪威尔试图保持乐观，但每天遇到的烦心事使他额头上的皱纹变得更深了。盟军的损失与日俱增，而他们此时尚未投入决定性战斗。他已输掉奔向突尼斯城和比塞大的赛跑，现在正面临一场缓慢、血腥的推进。他必须穿越突尼斯的山脚和山口，盟军将为此牺牲更多生命。这场失败甚至有可能延误他和马歇尔竭力确保的、更大规模的跨海峡进攻行动。

艾森豪威尔对此心知肚明，因而坐立不安。他需要派一个值得信赖的人去前线。此人要懂得装甲战，还要对地形有所了解。他必须找个经验丰富的医生来"诊断"他这支军队的问题，特别是坦克方面的高昂损失，于是，他打电话给卡萨布兰卡的乔治·巴顿。

接到电话后，恢复活力的巴顿飞赴阿尔及尔面见艾森豪威尔，两人畅谈到深夜。艾森豪威尔很高兴见到一位乐观主义者，他相信对方提出的建议。自11月中旬将这位骑兵的名字从他那份"杰出执行者"名单中剔除以来，他对巴顿的看法有了全面改善。经过这番会晤，艾森豪威尔甚至向哈里·布彻表示："在美军指挥官中，我认为巴顿最接近我们对一名指挥官的各项要求。"

这种感觉并未得到相同的回应。巴顿仍对艾森豪威尔的军事指挥才能心存怀疑，认为这位最高统帅故意不让他参加战斗。巴顿在 12 月 13 日的日记中嘀咕道："艾克和克拉克正在商量该怎么办，他们俩都没有奔赴前线，因而严重缺乏果敢的品质。我认为他们会被撤职。他们对士兵和战争一无所知。太滑头了，特别是克拉克。"圣诞节后的第二天，巴顿给妻子寄去一封措辞含蓄的信，其中预测了艾森豪威尔的结局："无所事事地坐在这里，眼睁睁地看着这场战争输掉。我真受够了，但也可能因祸得福，因为很快就会有人充当替罪羊，他们的军衔都比我高。已经有传闻说他们中的一个将被解除职务。我倒是觉得两个人都被撤职会更好些。"

巴顿对"神圣家族"的矛盾心态，在针对克拉克时翻了一倍，巴顿认为克拉克与来自阿比林的艾森豪威尔不同，根本不具备实际指挥能力。在另一封家书中，巴顿暗示比阿特丽斯，自己之所以还是一名少将，克拉克负有某种责任：

> 我本该得到三颗星，但现在还没有拿到。有些地方出了点问题，或者说某人偷走了它们。但我不确定这有多么糟糕，因为我相信事情不会进展得太顺利，"奇迹小子"们之间同样如此。某人会切开其他人的喉咙，再把自己的脖子折断。

没有决定性战果，就没有华盛顿的裁决结果

由于 1942 年 12 月没能取得任何进展，沮丧的艾森豪威尔越来越痛苦。他的弟弟米尔顿为战时新闻处的工作来到阿尔及尔，艾森豪威尔烦躁地告诉他："该死的，我并未打算退出。要是派我去指挥一个营并投入真枪实弹的战斗，一切就变得简单了。"他在一次午餐会上宣布："告诉在座诸位，谁想干我这份工作都可以来接手。"哈里·布彻可以说是艾森豪威尔情绪的晴雨表，他在日记中写道："艾克不应该在餐桌上说'天哪，谁想当盟军总司令就让他当吧'这种话。不是因为他说的不对，而是因为有人可能会以讹

传讹，说他能力不济云云……米尔顿和我的看法相同。"

艾森豪威尔也许希望投入一场真枪实弹的战斗，但他心里知道，他已不再适合担任传统战地指挥官了。然而，他也不完全是个纸上谈兵的将军。正如他给西点军校的室友 P. A. 霍奇森（P. A. Hodgsen）的信中所写的那样："有时候我觉得自己介于曾经的军人、伪国务活动家、不成熟的政客和不诚实的外交官之间。暴风雨中，我行走在一条湿滑的钢丝上，一侧是喷吐着火舌的熔炉，另一侧是一群饥饿的猛虎……"

如果艾森豪威尔无法赢得一场胜利，饥饿的老虎只会变得更加贪婪。到 12 月中旬，他已知道胜利遥不可及，远远超出难以逾越的多萨尔山脉。12 月 22 日，安德森将军率领他的军队发起期待已久的进攻。但安德森和艾森豪威尔都没有料到，在突尼斯的雨季，寥寥无几的道路一片泥泞，甚至沦为被雨水冲蚀而成的沟渠。车辆和人员深陷其中，挣扎向前。

艾森豪威尔承认他受到达朗事件和地面行动进展缓慢的双重打击，但仍力图对公众舆论的喧哗保持表面上的冷静。艾森豪威尔的儿子约翰是西点军校二年级学员，他在寄给儿子的信中写道："根据我从报上听说的东西来看，你应该知道，一个人很容易成为报上的英雄，然后又突然间沦为流浪汉。所以，你决不能被赞誉冲昏头脑，也不必为恶语而烦躁、愤怒。"他说，总之，一名军人该做的就是恪尽职守，"不能对公众或报纸的赞扬太过激动"。

艾森豪威尔退出政治战线并投身战场的想法被马歇尔下达的一道必须遵从的命令所摧毁。这位陆军参谋长吼道："把你的国际问题交给下属，把你的注意力彻底转移到突尼斯的战事上。"

艾森豪威尔将这道命令牢记于心。他吐出胸中的感冒病毒和香烟烟雾混合而成的令人虚弱的气体，于 12 月 23 日赶赴前线。他将自己瘦削的身子塞入"连体套装"——它包括了一件连体工作服、一件野战短外套和一顶针织帽。他还带上他的幸运硬币和一些供长途旅行时阅读的报告。还在一柄轻便手杖里藏了把匕首。当然，如果最高统帅确需防御，他需要的不仅仅是一把小刀——车队中 4 辆全副武装的护卫车可以提供保护。待所有人都装备齐全后，艾森豪威尔的防弹凯迪拉克加大油门，车队开始了漫长、缓慢的前线之旅。

车队艰难地驶向位于赫米斯集市（Souk el Khémis）的英国第五军军部。一场瓢泼大雨淋透了棕色的突尼斯乡村，雨点撞击着凯迪拉克的金属车顶，并以同样的力度叩问着艾森豪威尔的心灵。对这位盟军总司令来说，此次旅行不啻一番教育，因为车队越是穿过暴雨向前，艾森豪威尔就越能理解安德森和他陷入困境的部下面临的问题。他看见雨水和泥泞正宣告着自己的战场主导权。艾森豪威尔不由得祈祷，待他到达前线时天气会转好。

经过一场 32 小时的艰难行进，他们终于在圣诞前夕到达第五军军部。在暴雨云中钻出凯迪拉克的艾森豪威尔眯着眼，透过倾盆大雨看见在一个个棕色的水洼中伫立着的一顶顶光滑的小帐篷。这是一幅凌乱、凄凉的画面，会使比尔·莫尔丁（Bill Mauldin）笔下的威利和乔 ① 做出各种鬼脸。安德森的部下不是挤在帆布帐篷里，就是在突尼斯的泥泞中推动车辆。他们的车像一只只钢铁河马，陷入深及车轴的泥沼。带着一丝畏惧，艾森豪威尔接受了只有他、安德森和前线 3.9 万名将士明白的现实：盟军无法在圣诞节前进入突尼斯城，甚至在年底前也无法做到。届时他们如果能走出这片深厚、黏稠的泥潭就算是运气了。

布彻多少有些轻描淡写地指出："这令艾克非常失望。"安德森在信心与绝望间来回摇摆。他提出辞呈，但艾森豪威尔没有批准。他刚刚见识到突尼斯无法逾越的黏稠泥沼，知道盟军需要的是天气的变化，而不是指挥人员的变更。除非道路凝结成通行无阻的大道，否则就连汉尼拔也无法赶往突尼斯城。艾森豪威尔的心情就像黑非洲的天空那般阴沉，他走进一顶帐篷，给华盛顿发去一封令他难以启齿的电报：由于持续降雨，对突尼斯城立即发起进攻是不可能的。

艾森豪威尔急躁而又疲惫。他患上一种功能性抑郁症，即便内心痛苦万分也要在部下们面前展露微笑。士兵们的背囊在他眼前渐渐发黑，在一些日子里，他需要耗费许多时间擤鼻子——由于吸烟过多，他患上了鼻窦炎。他对身边工作人员使用的语言越来越粗俗，越来越激烈。他不喜欢这样，可是又忍不住。他努力对副官们掩饰自己的悲观情绪，但这又给已有的烦恼增添了新的负担。

---

① 莫尔丁是第四十五步兵师的一名士兵，威利和乔是他创作的漫画人物，其特点是牢骚不断，但又始终乐观，代表的是美军普通士兵。他的漫画在"二战"中深受美军士兵欢迎。——译者

那个圣诞节，艾森豪威尔沉闷生活的唯一亮色是令人头疼的海军上将达朗在平安夜被一个反维希激进组织刺杀身亡。他在直布罗陀开玩笑说的"一名优秀刺客"这句话，一语成谶，这名杀手替盟军解决了一个持续存在的公关问题。大概除了身亡的海军上将和达朗夫人，这起事件对所有人来说都是个解脱。尽管如此，达朗之死却成了一朵带刺的玫瑰。虽说这位"大力水手"同情法西斯，但他确实信守了对盟军的所有承诺。艾森豪威尔可能会以一个他熟知的魔鬼换来一个他不熟悉的魔鬼。

达朗遇刺的消息迫使艾森豪威尔匆匆返回阿尔及尔，并在圣诞节当天到达那里。沾满泥浆的凯迪拉克驶入比德尔的豪华别墅时，艾森豪威尔走下汽车，舒展僵硬的四肢。确认这座城市并未陷入无政府状态后，他向盟军司令部宣布停战几个小时。他同司令部工作人员欢庆圣诞节，用他嘶哑的男中音高唱颂歌。他们还分享了巴顿从卡萨布兰卡送来的一只火鸡，一起运到的还有两套表示敬意的坦克兵制服。这是个隐晦的提醒——某位坦克兵正整装待发。

各种永无休止的麻烦不断给艾森豪威尔的身心造成伤害。布彻在1943年1月初注意到："整整一个月来艾克都在感冒、鼻塞，身体整体状况处于下降趋势。他现在每天睡到午饭时间，然后起床坐在炉火旁。他在家里吃午饭，觉得状态很糟糕，看上去也是如此。他双眼下出现了眼袋。"到月中时，布彻发现情况几乎没有好转："患有重感冒和一般性流感的艾克上床睡觉了。我们来到这里后不久他就患上了感冒，自那以后，这种状况持续存在……接二连三的事件使他无法获得哪怕一天的休息，以便让自己的身体摆脱感冒。由于连续几个月缺乏休息，他最终不得不求助于医生。"医生告诉艾森豪威尔，他的血压高得有些危险。

很显然，必须采取某些措施才能让盟军和盟军最高统帅摆脱困境。艾森豪威尔将战斗的直接作用视为他唯一的出路。他开始埋头制订夺取突尼斯城和比塞大的另一个计划。这一次将实施中路突击，他希望借此分割意大利和德国军队的两翼。这场攻势旨在夺取加贝斯和斯法克斯（Sfax）。这两座突尼斯的港口城市位于"轴心国"军队之间。隆美尔的部队在利比亚边境，而汉斯-于尔根·冯·阿尼姆（Hans-Jürgen von Arnim）将军指挥的德国第五装甲集团军部署在突尼斯北部。同安德森讨论相关部署后，艾森豪威尔决定以劳埃德·弗雷登道尔的第二军进攻突尼斯海岸南端的加贝斯。这座城市就在隆美尔北面。他们希望以一支美军部队切断德国人通往利比亚的补给线，迫使隆美尔分散兵力，而这些军队是他在利比亚抗击蒙哥马利将军所迫切需要的。

为避免像 11 月中旬那样忽略战场情况，艾森豪威尔在阿尔及利亚的君士坦丁（Constantine）设立了前进指挥所，派与巴顿玩马球的老朋友卢西恩·特拉斯科特少将在前线担任他的耳目。

艾森豪威尔对特拉斯科特的评价很高。尽管他希望任用他信赖的朋友韦恩·克拉克，但克拉克已离开盟军司令部去组建美国第五集团军。该集团军集结在摩洛哥和阿尔及利亚。克拉克一直在谋求战地指挥官的任命。第五集团军司令这个职务出现后，他曾哀叹道，虽然自己更愿意率领第二军上前线，但为了履行军人的职责，他会接受指挥第五集团军的任命。

几乎没什么人相信他的说辞。艾森豪威尔后来指出，他这位同学"苦苦哀求"给他一份头衔更耀眼的工作。布彻在日记中写道："艾克并不觉得克拉克'对自己被派往摩洛哥'感到失望，实际上，他认为克拉克松了口气，因为他并不很想去指挥第二军。"

克拉克辞别盟军司令部时，艾森豪威尔和马歇尔就其他战地指挥官的情况交换意见。提到巴顿的名字时，对巴顿的外交才能深感满意甚至有些惊讶的马歇尔直截了当地问艾森豪威尔，是否应该派这位老骑兵指挥突尼斯南部战线上的美国和法国军队。艾森豪威尔提出异议，但他手下的高级将领们对巴顿评价颇高。最后，他建议派他这位朋友担任军级指挥官。艾森豪威尔写道："对于上级拟定的计划，不管他个人对此看法如何，巴顿总是愿意并提供慷慨的支持。在与他同级别的将级军官里面，我有所了解的约有 150 人。我会把巴顿排在第五位。"在书写巴顿的年度评价时，艾森豪威尔评论道："这名军官精力充沛、勇敢、见多识广、易冲动。他绝对是领导者类型的人，而且恪尽职守。"

随着战事在燃烧的地平线上渐渐消退，艾森豪威尔心目中排名第五的这位将军在卡萨布兰卡的住处坐立不安。他在"冰激凌前线"①打发时日，

---

① 指巴顿所处的舒适环境。卡萨布兰卡不是浴血奋战的前线，而是驻扎着胜利的美军、让巴顿吃着冰激凌的悠闲之所。——译者

穿梭于设在壳牌石油大厦 3 楼的办公室与当地摩尔人的宫殿之间。他在那里所做的不过是为美军的占领摆出一副友善的面孔。他不喜欢这个国家，也不喜欢这里的居民，他的军事职责仅限于监视北面的西班牙人并保护卡萨布兰卡的港口。这项工作很重要，但不是战斗。

在巴顿看来，这始终是个问题。不属于战斗的工作终究不是战斗，不是主要事件的中心，也不会成为报纸首页的新闻。

巴顿从小就受到无法满足的欲望的驱使。无论在晚宴上、马球比赛中还是他喜爱的军事作战方面，他总是想成为众人关注的焦点。投身战斗时，他的思维专注且高效。他热血沸腾、神采飞扬。陷入无所事事的状态时，他会苦思冥想，甚至产生消极的念头。他变得情绪低落。他责怪他的朋友，认为对方在自己身上耍阴谋搞诡计。他还在背后诋毁同僚。

巴顿陷入了寻找别人致命缺陷的诱惑中——他仔细研究艾森豪威尔和克拉克，并使自己和自己的知心伴侣坚信，"神圣家族"缺乏专业能力，很快就会被他们自己拖垮。他对比阿特丽斯预言道："陈旧的锯末篮里很快会装上几颗头颅。至少一颗，有可能是两颗。"

但到了 1 月 10 日，第五集团军司令的头颅仍牢牢待在克拉克的身体上。他来视察后方地区时，巴顿还摆开仪仗队在机场迎接他。经过一天的相处，巴顿发现这位中将除了对自己的职业生涯感兴趣外，对其他一切都不屑一顾。巴顿在当天的日记中写下对这位新上司的观感：

> 我带他视察当地驻军，他对此毫无兴趣。他所有的心思都放在"克拉克"身上。我们去了家里，一个小时里他一直在说艾克的坏话。艾克这个可怜的傻瓜居然把他派来这里。当然，克拉克之所以来这里，最大的可能性是，如果新的进攻行动遭遇挫折，他就可以抽身离开，把责任丢给弗雷登道尔……这是最令人沮丧的。

随着时间的流逝，巴顿内心的怨恨加剧了。他告诉比阿特丽斯：

> 军人与政客或与那种主要扮演政客角色的军人之间存在太多背后中伤他人的情况。我们有许多指挥官，但没有统帅……有时候我真希望自

己退役，但我知道这不是我喜欢的选择。也许我只会在自己成为上帝的情况下得到满足，因为没有谁的地位能超过他。

在陪同即将上任的艾森豪威尔副手埃弗里特·休斯视察，并在司令部展开一番怀有偏见的闲谈后，巴顿又在日记中写道："我们就那些'魅力小子'的话题展开长谈。他担心他的搭档即将离去，因为另一个家伙在背后捅刀子，至于这家伙是谁，他和我的看法相同。"与特遣队的外科医生艾伯特·肯纳（Albert Kenner）准将进行一场类似的闲聊后，巴顿在日记中挖苦道："（肯纳）也觉得艾克不是司令官，而克拉克就是个小人。"

1943年1月初，巴顿获悉他这座城市被选中招待一批贵宾和比他们级别更高的上司。司令部将这些人称为VGDIP①。罗斯福和丘吉尔将在安法（Anfa）的高档城郊住宅区举行一次秘密首脑会议，会议的代号为"象征"(SYMBOL)。两位领导人为此次会晤带来了他们的全套班底：参谋长、私人顾问、军事顾问、特勤人员、媒体人士和工作人员。巴顿是艾森豪威尔安排在摩洛哥的"总督"，负责那里的住宿、后勤和安保。

从1月14日持续到24日的卡萨布兰卡会议，使巴顿得以认识他在日常工作过程中永远无法遇到的一群政治家、盟友和将领。这种交际场合更适合艾森豪威尔，而不是他。而且在大多数情况下，他总是对那些声称要建立自由世界的庶民反应冷淡。在巴顿看来，丘吉尔"说的是我听过的最糟糕的法语。他的眼珠转个不停，一点也不令人印象深刻"。他又嘲笑吉罗"是个老派的高卢人，长着一双蓝眼睛，智商不高"。

巴顿认为，美国人普遍表现得更好些。他觉得罗斯福是个"伟大的政治家"，而海军上将金"下班后最友善"。至于总统的亲密顾问哈里·霍普金斯（Harry Hopkins），巴顿说他"非常聪明，直觉过人，就像与鲨鱼伴游的引水鱼……理解力超强，消息很灵通"。马歇尔曾与"黑杰克"潘兴并肩奋战，所以对这个人，巴顿永远不会说出任何批评的话。但在一天结束时，巴顿总结道："我越是看这些所谓的伟大人物，他们给我留下的印象就越少——还是我更棒些！"

---

① VGDIP：Very Goddamn Important Person 的缩写，意思是"该死的超级贵宾"。——译者

艾森豪威尔在 1 月 15 日赶到安法参加会议。飞行途中，他乘坐的 B-17 飞机发生故障，差一点儿迫使他跳伞。平安到达目的地后，他首先出席的是联合参谋长委员会一场争执不休的会议，必须在那里耐心忍受布鲁克元帅对盟军没能到达突尼斯城和比塞大提出的质问。这场严厉的欢迎仪式结束后，遭到围攻的艾森豪威尔马不停蹄地从一座别墅赶往另一座别墅，拜望罗斯福、马歇尔和海军上将金，希望获得其中一两个人的支持。

令艾森豪威尔失望的是，罗斯福总统仍旧对他作为盟军最高统帅的表现不置可否。他没有说出明确的鼓励话语，也没有保证给予支持。艾森豪威尔清楚地意识到，华盛顿评判委员会仍在密室里商讨、斟酌。除非在战场上取得决定性战果，否则艾森豪威尔不会听到裁决结果。

他从罗斯福总统那里得到的东西是造成他失眠的另一个原因。在他们谈到战事的进展时，不那么愉快的总统坚持要求艾森豪威尔估计一下这场战役的结束日期。

艾森豪威尔支支吾吾了好几分钟。其中的变数太多。他手下的数百名工作人员每日忙于捋清非洲战役中的未知数。难道总统想把所有变数缩减为一个日期？

的确如此！

艾森豪威尔从先决条件谈起，阐述他的战役设想，并就不确定因素和可能发生的变动提出警告。但罗斯福是个打马虎眼的高手，知道该如何准确获得他想知道的东西。艾森豪威尔就像陷入蜘蛛网的苍蝇，他扭动着、挣扎着，最终发现不回答这个问题就无法脱身。于是他做出粗略的估计："最快也许在 5 月中旬，最迟到 6 月。"

他在这里做出了回答，他已经给他的总司令提供了一个结束战役的日期。他知道，无论自己再增添任何警告、先决条件或各种因素，这个日期都将要被确定下来，而且是较早的那个。美国总统会在离开卡萨布兰卡时记住，盟军最高统帅估计"5 月中旬"前赢得胜利。5 月 15 日。这是艾森豪威尔刚刚给自己规定的时间期限：他将在 120 天内肃清非洲的 20 万"轴心国"老兵。

就好像他身上的压力还不够重似的。

饭后，艾森豪威尔继续出席一直持续到夜里的各种单调乏味的会议。

疲惫的艾森豪威尔把巴顿请来，对自己灾难性的会议首日加以剖析。两人聊到凌晨 1 点 30 分，一起解剖"尸体"，仔细研究陆军政治、军事战略和艾森豪威尔暴露在外的政治侧翼。

随着时间的流逝，话题不可避免地转向他们的同僚。当艾森豪威尔随口提及克拉克具有"自我拔高"和"野心勃勃"这两个缺点时，目睹"神圣家族"分裂的巴顿得出结论："他和克拉克疏远了。他认为他手中的线即将断裂。"巴顿对艾森豪威尔提出建议，他后来在日记中写道：

> 艾克又成了昔日那个艾克，会注意聆听我的建议。我告诉他，他必须"去前线"走一走。他觉得出于政治原因，他无法这样做。他说他曾向马歇尔将军推荐让我担任盟军副总司令，主管作战事宜，而他负责政治事务。

次日，艾森豪威尔出现在各位参谋长面前的时候，正处在令人难以置信的压力下。他知道，自己的命运同军事问题一样，含有太多政治因素。布彻后来评论道："总统和首相没有明确说出表示感激的话语，在我看来，这说明他们已嗅到政治风向，而且不打算为一名做出了不受欢迎的决定、目前尚未到达突尼斯城的将军承担责任。"

布彻回应了巴顿说过的话："我告诉他，绞索已套在他的脖子上。他对此心知肚明。"

事实证明，安法会议令巴顿受益匪浅。他扮演了主人、迎宾员和保安主管的角色，既有老派南方宴会承办者的优雅，又不乏纽约选区负责人的果断。坎宁安、丘吉尔、马歇尔和其他来宾都对他的热情好客和他手下人的靓丽外表赞不绝口。艾森豪威尔授予了他第二枚杰出服役勋章。后来，艾森豪威尔重申自己的想法：让巴顿担任负责军事战略事务的盟军副司令。

但巴顿渴望的东西是社交午宴和高层会议永远无法提供的。他想投身战斗。他在寄给华盛顿时期的一位老秘书的信中写道："最近 10 天，为招待世界上的重要人物，我们忙得不可开交。这很有趣，可这不是战争。就个人而言，我希望上级能派我出去斩将杀敌。"

获知艾森豪威尔提升他为副司令的提议遭到搁置后，巴顿的希望破灭了。根据联合参谋长委员会在安法确定的新指挥结构，待蒙哥马利的英国第八集团军从利比亚进入突尼斯领土，英国负责埃及和利比亚的地面部队司令哈罗德·R. L. G. 亚历山大（Harold R. L. G.Alexander）上将将指挥新组建的第十八集团军群。该集团军群下辖安德森的第一集团军、蒙哥马利的第八集团军、美国第二军、朱安将军的法国第十九军。令巴顿倍感痛苦的是，非洲的最后之战不需要他参与其中。

巴顿百思不得其解。他是战术专家、美国沙漠训练学校的创始人、坦克发展先驱，可上级为何不断将他弃置一旁，反而支持像弗雷登道尔这种不太重要的人。他写道："真希望有人能听听我的心声。我觉得他们不愿意问我，是因为我的回答总是基于事实，而不是拍马屁。"

也许确实是这样。但也许是巴顿的"事实"与盟军司令部接受的"事实"相去甚远。

巴顿不知道的是（其实也没几个人知道），另一场更加重要的行动即将到来。在安法会议上，罗斯福、丘吉尔和联合参谋长委员会为即将发起的两栖登陆行动展开了复杂的谈判。这场进军西西里岛的计划代号为"爱斯基摩人"（HUSKY）。参谋长们委派艾森豪威尔将军负责策划，但这令艾森豪威尔疲于奔命，因为正如参谋长们可能已注意到的那样，他目前正在进行一场战役，而且并未迅速取得进展。两场行动，在两个不同地区实施，对任何人来说都不太容易。

被这些完全不同的任务纠缠的艾森豪威尔遂命令他手下最具经验的两栖登陆指挥官巴顿策划美军在"爱斯基摩人"中的行动方案。巴顿的参与为美军地面力量提供了一些方向，但海军、空军和英国地面力量的司令仍要向艾森豪威尔汇报北非和西西里岛的情况。繁重的工作将他逼至崩溃边缘。马歇尔迅速发现了这一点。他敦促艾森豪威尔找些耳目监督前线战事，自己在阿尔及尔掌握大局即可。不久后，艾森豪威尔给马歇尔发去一份国内军官的名单，他希望派这些人来协助他处理战地事宜。奥马尔·纳尔逊·布莱德雷少将的名字赫然在列。

就在艾森豪威尔作出调整，以适应战区的扩大时，一个个人问题突然出现，导致他那位出色的司机凯·萨默斯比的存在变得复杂起来。在一张艾森豪威尔与身边工作人员合影的新闻照片上，凯显得很突出。她站在他那些随从的正中间，而这个位置通常不应由一名外国司机占据。结果这张照片在后方造成了紧张局面。待《生活》杂志也提及艾森豪威尔"美丽的爱尔兰司机"后，艾森豪威尔不得不竭力向玛米保证，他和凯或其他什么人没有任何不当之举。他指出，司令部迁至北非后，凯离她的未婚夫更近了，她打算6月份完婚。为加强自己的防线，他回答了玛米一个心照不宣的问题："迂腐老套、愚蠢透顶的人才会认为我这样一个老笨蛋能和陆军妇女辅助队的护士和司机有什么关系，你以后会知道我没有情感纠葛，未来也不会有这样的事。"

当然，无论这种绯闻的真实性如何，艾森豪威尔和凯的亲密关系都是办公室八卦中的理想谈资。纳尔逊勋爵说过："一旦越过直布罗陀，每个人都成了单身汉。"现在，艾森豪威尔的部下们已远远越过那个著名的地标，许多军官已将婚戒藏起，或已展开了行动。例如，罗斯福总统的儿子、侦察机飞行员埃利奥泰就迅速同比德尔的秘书订婚，而特克斯·李很快就跟一名红十字会的姑娘交往起来。

这几乎算不上什么不同寻常的故事，但凯·萨默斯比的绯闻牵连到最高统帅，这对盟军司令部的大部分工作人员来说，甚至对于艾森豪威尔的战地指挥官来说，都是个极具诱惑力的话题。例如，艾森豪威尔的副手埃弗里特·休斯，就在他的日记中提及艾森豪威尔和凯的绯闻。休斯潦草地写道："说到凯（和艾克），我不知道艾克是不是在辩白。他说他喜欢她，想握她的手，送她回家，可没跟她睡过觉。他抗议得太多，特别是鉴于这个姑娘在伦敦的声誉。"巴顿不喜欢凯，对她就像人们面对毒蜘蛛时那样抱以礼貌的尊重。但在公开场合，他和布莱德雷总是对自己的推测三缄其口，尽管这两人对情况知之甚少，根本无从证实艾森豪威尔与凯的关系纯洁无瑕。

艾森豪威尔身处盟军司令部这口压力锅内，他像普通人一样很需要非官方人士的陪伴，而性格外向的他的此种需求可能超过大多数人。无论是同身边的工作人员打桥牌，还是和布彻玩高尔夫、与特克斯·李用手枪射击或跟凯骑马，艾森豪威尔总是借助同伴的力量成长。他们帮助他从制造死亡的事业中摆脱出来，一次又一次地充当他坚实可靠的后援。凯的质朴魅力缓解了艾森豪威尔的压力，他对她作为司机、秘书、桥牌搭档和朋友

119

的信心，使她成为他战时领地内一个不可动摇的固定人物。无论他们关系的性质如何，休斯的日记无意间说出一个重要的观点："也许凯能帮助艾克打赢这场战争。"

2月中旬，马歇尔将军擢升艾森豪威尔为四星上将，以此重申对他的管理工作的信心。虽然艾森豪威尔在卡萨布兰卡会议期间受到冷淡对待，但马歇尔返回华盛顿后仍敦请罗斯福晋升艾森豪威尔。2月11日，罗斯福总统将艾森豪威尔的名字提交参议院。这项晋升于当日获得通过。成为美国历史上第12位四星上将后（他心目中的英雄尤利西斯·S.格兰特是第一个），艾森豪威尔将贴身工作人员召集到一起，宣布每人晋升一级。巴顿给艾森豪威尔发去一封热情洋溢的贺电，艾森豪威尔对此慷慨回应道："没人比我更清楚我欠你多少人情。"当晚，埃弗里特·休斯和哈里·布彻举杯畅饮，为艾森豪威尔的好运干杯。容光焕发的艾森豪威尔上将和他的"战时家庭"打开留声机，播放《12朵玫瑰》（One Dozen Roses）和另一些流行歌曲。这是战争压力下艾森豪威尔迫切需要的放松时刻。

在远离阿尔及尔别墅内飘荡的欢快音乐的地方，坦克和侦察车的司机们于黑暗中在遥远的东面启动引擎——隆美尔的部队开始在出发阵地集结，汽油已分发下去，弹药储备已发出，各种武器已得到检查。

沙漠中闪烁的星光下，敌人发起了进攻。

第6章 兄弟重逢阿尔及尔

> 我会被解除职务并被降级。出现这种情况是完全有可能的……现代战
> 争非常复杂，政府不得不像对待抵押品那样对待个人。

——艾森豪威尔致儿子，1943 年 2 月 19 日

夺取突尼斯港的关键，也就是非洲战役胜利的关键，是控制穿过多萨尔山系进入突尼斯中部的山口——艾森豪威尔的敌人就藏在这些满是岩石的海角后方。1943 年 2 月，冯·阿尼姆的德国第五装甲集团军部署在山口外。而在南面的马雷斯（Mareth）附近，隆美尔的德国—意大利装甲集团军正沿着一条强大的防御地带抗击蒙哥马利。对这两个集团军来说，与祖国相连的生命线贯穿了突尼斯城和比塞大。若没有柏林通过这些港口源源不断地运抵的汽油、食物和 88 毫米炮弹，希特勒的军团连一周都无法维持运转。

盟军位于多萨尔山另一侧，劳埃德·弗雷登道尔少将的美国第二军被编入安德森指挥的英国第一集团军，在南面扼守的战线沿阿尔及利亚—突尼斯边境延伸，部署在中间的则是法军。北面，安德森的英国集团军位于突尼斯城和比塞大对面。这就是艾森豪威尔麾下军队的薄弱部署。为了到达港口，艾森豪威尔需要弗雷登道尔打开穿越多萨尔山脉的两个山口。第一个山口位于南面的米克纳西（Maknassy）。该镇横跨一条状况不佳、通往加夫萨（Gafsa）的狭长公路。第二个山口是稍北面的法伊德山口 (Faïd Pass)，那是西迪布济德镇（Sidi bou Zid）东面的一条蜿蜒小径。如果弗雷登道尔能从卡塞林向东推进并夺取西迪布济德和米克纳西，就将打开东多萨尔山脉，艾森豪威尔便可以在第五装甲集团军与隆美尔的部队之间插入

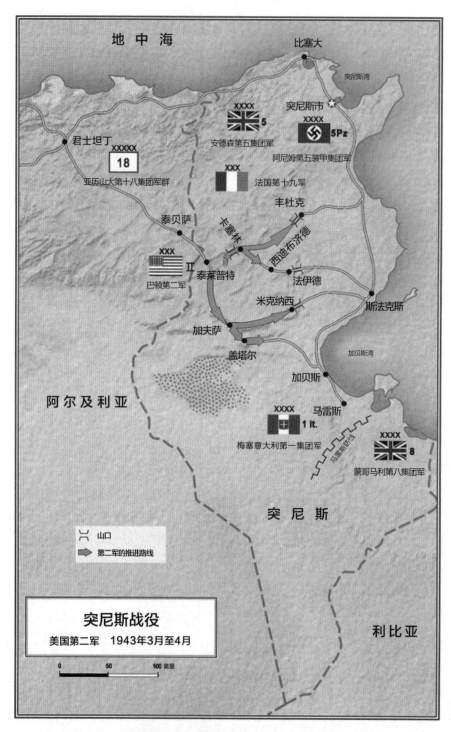

图 6-1 突尼斯战役（美国第二军，1943 年 3 月至 4 月）

一根楔子，而他的两台英国压路机将把对方逐一粉碎。

但隆美尔和冯·阿尼姆不允许没有经验、组织混乱的美国军队楔入他们之间，他们准备让这些美国佬遭遇首次严重挫败。冯·阿尼姆深以为傲的第十装甲师悄然赶往法伊德山口时，隆美尔的第二十一装甲师正朝西北方的加夫萨进军。他们的计划是在西迪布济德痛击美国人，打垮盟军设在泰莱普特（Thélepte）的空军基地，然后向西挺进，穿过卡塞林山口进入阿尔及利亚，粉碎盟军南翼。两位德国指挥官的目光盯上了盟军战线的薄弱环节：艾森豪威尔的美军。

卡塞林山口惨败： 解除下属职务需要艺术

盟军实施的侦察已发现德军装甲力量正沿着安德森的战线集结，弗雷登道尔麾下性急的情报参谋，绰号"修道士"（Monk）的本杰明·迪克森（Benjamin Dickson）上校提醒安德森，敌人有可能从南面发起攻击。但艾森豪威尔的情报参谋埃里克·莫克勒－费里曼（Eric Mockler-Ferryman）准将得出的结论是，冯·阿尼姆正准备在丰杜克（Fondouk）打击美军战线以北的盟军。长期以来，盟军一直对德国人的"恩尼格码"（Enigma）密电加以拦截和破译，这项行动的代号为"超级机密"（ULTRA）。由于莫克勒－费里曼是寥寥无几的知情者之一，艾森豪威尔更重视他的预测，而不是迪克森上校刺耳的警告。

根据盟军司令部和英国第一集团军情报参谋提供的敌情评估，安德森将一支美军装甲部队调往北面，加强英军防区。这一调动抽干了第二军的预备力量，弗雷登道尔继而将另一些坦克部队派往后方的泰贝萨（Tébessa）。由于余部像狂风中的种子那样散落在各处，弗雷登道尔的装甲力量进一步遭到分散。虽然艾森豪威尔已命令他保留一支"大股、集中、强有力的预备队"，但弗雷登道尔却把麾下部队弄得四分五裂。他将兵力沿东多萨尔山孤立部署，致使他们一旦遭遇敌人的迅猛打击，根本无法相互支援。

1943 年 2 月 12 日，艾森豪威尔视察弗雷登道尔的军部，该军部的掩体群设在泰贝萨附近一条巨大的峡谷内。位于前线后方大约 110 千米的指挥部，已由一个工程兵团予以加固。他们忙碌了 3 周，在突尼斯的岩石上凿出深深的隧道。弗雷登道尔的掩体精美地布设成展开英勇抵抗的最后防线，但几乎没能将强烈的信心传递给他的部队。这里看上去更像是阿拉莫，而不是一位积极进取的战地指挥官的总部。士兵们将其称为"劳埃德最后的度假地"。看见这个怪异的地方，艾森豪威尔显然很尴尬。和许多初次到访者一样，他对这里的评论很刻薄。

艾森豪威尔离开弗雷登道尔和那些忙于完成开凿任务的工程兵，驱车赶往前线，过夜时同分散的第一装甲师的一部分人待在一起。艾森豪威尔曾告诉弗雷登道尔，将该师留作一支完整的快速预备力量。但是，他在第一装甲师见到的情况，甚至比弗雷登道尔的掩体更令人不安：各坦克排分散在四处，通信不太可靠，该师师长奥兰多·沃德（Orlando Ward）少将一直被弗雷登道尔排除在指挥体系外，受到后者的蔑视。布彻说这两人"像高中生一样互相批评，不仅特拉斯科特和史密斯这样看，就连艾克也持同样的看法"。弗雷登道尔对沃德缺乏信心。他开始绕过这位师长，直接给沃德的战斗指挥部下达命令。

虽然马歇尔已提醒过艾森豪威尔，对于他缺乏信心的人必须予以撤换，且艾森豪威尔也对其他将领重申了这一指示，但他还是对撤换弗雷登道尔犹豫不决。毕竟马歇尔对劳埃德颇有信心，并派他指挥登陆奥兰的部队，而马歇尔的认同对艾森豪威尔的决定非常重要。除此之外，艾森豪威尔仍在指挥的过程中不断摸索。此时，他觉得将战地指挥官们打入漆黑的深渊前，必须给他们一个公平的机会，也许这个机会还不止一次。他担心如果不这样做，就永远无从发现谁会成为这场战争中的菲尔·谢里登（Phil Sheridan）[①]、"石墙杰克逊"或威廉·T. 谢尔曼（William T. Sherman）[②]。

因此，艾森豪威尔给自己打气，希望在隆美尔造成任何危险前，前线部队能够自行解决这些问题。

2月14日，德军展开进攻。冯·阿尼姆的第十装甲师冲过法伊德山口，在西迪布济德周围突破弗雷登道尔薄弱的防线，迫使美军向西退往卡塞林。次日晨，隆美尔的第二十一装甲师从东南方袭来，隆隆穿过加夫萨，一举包围了惊慌失措的美国人。弗雷登道尔的部下撤往卡塞林山口时拥挤在谷

---

① 菲尔·谢里登：美国内战时期的联邦军队指挥官。——译者
② 威廉·T. 谢尔曼：美国内战时期的联邦军队将军。——译者

底,隆美尔的坦克像法老的战车那样追上他们。德国人和意大利人涌过高地,以猛烈炮火轰击混乱后撤的美军士兵。到了2月20日,弗雷登道尔的防线彻底崩溃,他的部下四散奔逃。

艾森豪威尔从设在君士坦丁的前进指挥部逐渐后撤,随着一份份美军遭受损失的报告传来,他的心情陷入深深的黑暗中——地盘、人员、车辆、燃料的损失。

艾森豪威尔获知,战斗头两天,弗雷登道尔便下令炸毁物资仓库,放弃了设在基岩处的指挥部。他损失了2500名士兵、112辆坦克和280部其他车辆。位于泰莱普特的前进空军基地是盟军防空链上的关键环节,但那里的人员也被迫疏散。艾森豪威尔2月16日回到盟军司令部时,不由得担心弗雷登道尔可能会折损5000名士兵和大量重要装备。

反复计算伤亡报告后,艾森豪威尔获知,美军在这场13千米的后撤中遭受的损失比他担心的还要多。他的部下最终之所以得救,完全是因为德国人的优柔寡断和燃料的严重缺乏使隆美尔不得不于2月22日和23日夜间后撤。布彻总结了艾森豪威尔小圈子里流传的观点:"我们在这场战斗中遭到痛击,这也许是我们的地面部队在战争中最严重的挫败。"凯说:"司令部的气氛犹如一间空荡荡的殡仪馆。"

卡塞林山口之战最令艾森豪威尔泄气的是,被打得满地找牙的竟然是美军。尽管艾森豪威尔是一位率领多国部队的盟军司令,但在全世界面前蒙羞的是美军——他的部队。这场失败重挫了所有美国人的士气——无论是蜷缩在狭窄战壕中的士兵,还是圣乔治酒店里的高级军官。伴随着交换机、电话和电传打字机发出的毫无感情的噪声,艾森豪威尔陷入了绝望。看了一天损失报告后,他颓然回到自己的住处,在别墅的钢琴上弹奏起《安息号》(*Taps*),然后双眼茫然地盯着黑白琴键。他那位忠实的勤务兵米基·麦基奥中士写道:"我从未见过比那一晚更低落的他。"

指挥官的任务之一是向上级汇报坏消息,艾森豪威尔恪尽职守地将报告发回华盛顿和伦敦。在这两个首都,那些办公室里的上司们待在镶有木板的房间里,期待着非洲的战事能于5月中旬结束。电传打字机嗡嗡作响地将一份份备忘录、情况报告和解释从阿尔及尔发送给各联合参谋长委员会成员。事实上,他做出的解释有些太多了,马歇尔忍不住回复道:"令我不安的是，在如此严峻的情况下，你竟然觉得自己不得不在我们身上花费这么多时间……你应该专注于战斗，并相信我们的工作是支持你而不是骚扰你。"

如果说艾森豪威尔在卡萨布兰卡时觉得脖子上的绞索逐渐收紧，那么他现在就会认为脚下的活板门正在打开。布鲁克元帅在安法的质询、罗斯福和丘吉尔的冷淡，加上美军刚刚在卡塞林的惨败，都指出他再也无法否认的一个结论——艾森豪威尔觉得自己作为盟军最高统帅的任期即将画上句号。1943 年 2 月 19 日，他在写给儿子约翰的信中给家人打了预防针："我会被解除职务并被降级。出现这种情况是完全有可能的。这不会令我伤心，也不会给你造成任何痛苦……现代战争非常复杂，政府不得不像对待抵押品那样对待个人。"

但他目前仍是盟军最高统帅。他那双疲惫的蓝眼睛盯着错综复杂的态势图，思考着现在是不是应该撤换弗雷登道尔。虽然劳埃德一直受到安德森所下达的命令的掣肘，但这位脾气暴躁的西部人自己也表现出一些可怕的问题：他从不去前线视察，他修建的藏身处完全配得上一部赛西尔·B.德米尔（Cecil B. DeMille）的电影①，他在压力下崩溃了。然后，随着败势变得愈发明显，弗雷登道尔信口开河地指责安德森和沃德，将惨败的原因归咎于他们，而不是自己。他认为军队应该立即解除沃德的职务。

艾森豪威尔对弗雷登道尔大声疾呼的无罪声明深表怀疑，但他无法从阿尔及尔准确判断问题，他也没时间来一场个人调查。于是他派出厄尼·哈蒙——这个身材粗壮的坦克兵曾率领装甲部队在摩洛哥登陆。他命令哈蒙稳住态势，然后提出该把谁打发回家的建议。

对第二军来说，这是个微妙的时刻，艾森豪威尔希望为弗雷登道尔提供支持，让他振作精神，并以他认为合适的方式发起进攻。他甚至还毫无诚意地告诉弗雷登道尔："部队在你鼓舞人心的领导下，肯定能阻止敌人目前的推进，我对此充满信心。"在内心深处，艾森豪威尔知道，为卡塞林惨败承担责任的要么是弗雷登道尔，要么是沃德，肯定会有人人头落地。

但第一个掉脑袋的不会是弗雷登道尔。许多年前，艾森豪威尔从莱文

---

① 德米尔曾拍摄过《十诫》《宾虚》等电影，以场面壮观浩大著称，这里指的是弗雷登道尔的避弹所太过豪华。——译者

沃思毕业后写道："不能相信参谋人员；他在自欺欺人，别让他把你也骗了。"受到莫克勒－费里曼对"超级机密"分析的误导，艾森豪威尔犯下了大错。盟军司令部和英国第一集团军没有接受弗雷登道尔的情报参谋发出的警告。而这种警告恰恰基于战场上的确凿证据，不是杂乱无章的无线电拦截。因此，艾森豪威尔解除了莫克勒－费里曼的职务，取而代之的是一名能干的英军准将，名叫肯尼斯·斯特朗（Kenneth Strong）。另外，艾森豪威尔还将奥兰多·沃德手下的一名指挥官和第一装甲师的一名团级上校撤职。

在这场灾难中，艾森豪威尔正在学习解除下属职务的重要艺术。陆军名册吹嘘说陆军有 1000 名将军和 7000 名上校。虽然砍下的每一斧都令他感到痛苦，但艾森豪威尔正学会挖掘这个庞大、踊跃的替补人才库。隆美尔撤离卡塞林几天后，艾森豪威尔向他的朋友吉·杰罗提出的强烈建议反映出他目前的想法：

> 不能全身心投入并执行任务的军官，必须无情地清除……你一定要严厉……对那些懒惰、懈怠、漠不关心或洋洋自得的家伙，让他们离开……看在上帝的分儿上，别把这种人留下，你可能觉得"他也许能行"，但他肯定不行，打发他离开。

"打发他离开！"艾森豪威尔最近一直听到这种异口同声的呼吁。厄尼·哈蒙是个拥有半履带车的充满魅力的家伙，他直言不讳地告诉艾森豪威尔，弗雷登道尔"真的不行，你应该打发他离开"。在隆美尔的装甲力量痛击美国人时接掌第十五集团军群的亚历山大也支持哈蒙的意见，他建议道："我相信你肯定有更好的人选。"

但艾森豪威尔暂时还是没有对这个马歇尔派至突尼斯的人下手。他想再听听第三个意见，最好是来自另一个马歇尔的人。

艾森豪威尔的"探子"

在戈登·约翰斯顿营指挥第二十八步兵师的奥马尔·布莱德雷正为部

127

下们准备两栖训练内容，他希望这个阶段将成为他的师从转入现役到投身战斗这段漫长旅程中的最后一步。

正如布莱德雷所知的那样，他已获得率领部下参战的权利。在他看来，30 年从军生涯似乎是一段非常漫长的等待期。他在本宁堡的岁月，在马歇尔手下工作的年头，在陆军部工作的日子，应该让他获得指挥一个作战师的任命。实际上，为何不能是一个军呢？归根结底，几个孤零零的师需要一名出色而又坚定的指挥官时，只需要颁发第三颗将星即可，布莱德雷知道自己能干好这份工作。

布莱德雷的高级指挥官的梦想被马歇尔的一封电报点燃。1943 年 2 月12 日，他 50 岁生日当天，这封电报就放在他的办公桌上。迅速扫视一遍后，布莱德雷将目光落在电文最后一段：

　　前几天，你已晋升为军长。我们在你庆祝生日之际告知你这个好消息，并借此机会感谢你在第二十八步兵师建立的卓著功勋。祝贺你，并顺便献上最美好的祝愿。

你已晋升为军长！

这大概是布莱德雷读过的最令他兴奋的电文。这些话语不会轻易出自沉默寡言的马歇尔之口。他知道，某些事情即将发生。来自奥林匹斯山的消息非常明确，这肯定是个好兆头，派他去做的肯定是大事。

担任军长！

3 天后，另一封密电传到，指示布莱德雷将军接掌第十军，该军军部设在得克萨斯州。可没等布莱德雷细细体会这道新命令，麦克奈尔将军的人事参谋长突然打来的电话便将他从第三颗将星和指挥一个军的梦想中唤醒：

"布莱德雷，我们修改了发给你的命令。你要延长现役期去海外。不是率领全师，就你一个人。"

这个消息令布莱德雷大为吃惊："我刚刚接到调往得克萨斯州坦普尔的命令，去……"

"哦，那是昨天的事。"

昨天？

"那，我着什么装？"布莱德雷问道，"走哪条路？"

"该走哪条路"是个难以回答的问题，不应在电话里询问陆军部的工作人员。陆军条例对此有明确规定，不得在非保密电话中谈论部队的调动，哪怕是一名军人的调职也不行。要记住，祸从口出。

对方的回答很谨慎："还记得你的同学吗？你会和他一同工作。"

同学？

艾森豪威尔！

我要去非洲！

不管他怎么打听，这通电话结束时，布莱德雷知道的仅仅是自己将去非洲向艾森豪威尔将军报到，具体情况等他到华盛顿后会得到指示。这次出行只能带两名低级参谋，也就是他的副官切特·汉森和刘易斯·布里奇，就连他的司机斯托特中士也不能随行。由于布莱德雷接到的是密令，他甚至不能将自己的去向告诉身边的参谋人员。

布莱德雷仍不知道马歇尔要派他去做什么。他把剃须工具包和一些必需品塞入了一个军用手提箱。由于他此次将会面对德军，陆军部还命令他带上一支 11.43 毫米口径手枪和 21 发子弹、一顶钢盔和一张防毒面具。布莱德雷带着这些装备，同切特和刘易斯赶赴机场，飞往华盛顿刚刚竣工的五角大楼接受新任命。

看来，马歇尔认为艾森豪威尔需要更多的专业人士。准确地说，他需要美军专业人士。艾森豪威尔同联合参谋长委员会、丘吉尔、法国人、媒体和其他人打交道时，必须有人在军级和集团军级层面指挥战斗。卡塞林山口发生灾难的前一天，马歇尔已给艾森豪威尔发去电报："我建议派奥马尔·纳尔逊·布莱德雷将军负责细节问题。"艾森豪威尔迅速接受这一建议。布莱德雷将担任最高统帅在前线的耳目，他会把战场状况毫无保留地汇报给艾森豪威尔。

布莱德雷思考着他的分配，以及在短短两天内失去的第二十八步兵师和第十军的职务。他认为自己并未损失什么，至少没有被洗劫得一干二净。他那列通往军级指挥官的列车可能已经出轨，但他得到了一张去前线的车票。从某种程度上说，这样更好。他获得的经验肯定能让他在地中海战区当上军长，不管怎么说，他总归会参加一些战斗。他后来回忆道："在陆军服役 31 年半后，我终于首次踏上出战的征途。"

为无从预知的未来享用最后一顿美国饭（一块樱桃派和两杯牛奶）后，布莱德雷踏上赶赴阿尔及尔历时 90 个小时的单调旅程。他和切特、刘易斯于 2 月 23 日平安到达目的地，隆美尔的装甲部队正好在当日从卡塞林的胜利中撤离。凯驾驶着艾森豪威尔的防弹凯迪拉克迎接他们三人。她带着他们穿过阿尔及尔弯弯曲曲的街道，把他们送到圣乔治酒店门口。

比德尔·史密斯热情迎接了布莱德雷，并带他们参观了熙熙攘攘的酒店。这里满是乱七八糟的电话线、文件柜、信使和身着法国、英国、美国军装的工作人员。向盟军工作组介绍了几位来宾后，山地人比德尔领着布莱德雷走入盟军最高统帅的办公室。布莱德雷会在这里弄清楚军队为何把他从阳光明媚的佛罗里达州召至这里。

布莱德雷后来回忆："从某种程度上说，这次会面是为了'相互了解'。虽然我们 30 年前在西点军校时就认识，还在同一个连队，但关系并不密切。后来的若干年里，我们几乎没见过对方，从未共事过，只有几次书信往来。这么多年里，我只见过艾克几次，要么是同学聚会，要么是陆海军橄榄球赛。我们通常都带着玛米和玛丽，每次见面都很短暂。由于玛丽和玛米相处得不太融洽，而且可能永远都不会融洽，这些偶尔的社交聚会并未使我们以往的关系升温。"

虽然相别多年（或许正因为如此），艾森豪威尔还是很高兴见到他的老同学。他非常尊重布莱德雷。他们戴着学员军帽时，布莱德雷的军衔就比他高。实际上，艾森豪威尔 28 年前曾在西点军校校刊《榴弹炮》（*Howitzer*）上热情称赞布莱德雷："我们中的一些人总有一天会向我们的孙子们炫耀，'没错，布莱德雷将军是我的同学。'"在布莱德雷看来，他的到来使艾森豪威尔觉得自己在阿尔及尔又有了一个朋友，这是一个他可以相信的人，是忠于他的人。布莱德雷回忆道："他像久别重逢的兄弟那样热情洋溢地迎接我，这使我马上产生一种到家的感觉——这是我需要的。"

一番寒暄结束后，艾森豪威尔开始谈正事。正如布莱德雷所回忆的那样："他花时间亲自向我介绍德军近日的进攻形势。"艾森豪威尔概述了交战双方军队的部署情况，随后说出了他交给布莱德雷的第一项任务："我希望你能尽快赶赴前线，去弄清情况。我如果有时间的话，本来是要亲自去看看的。比德尔会写信告诉弗雷登道尔和其他人，你将担任我的耳目。"

布莱德雷看着这位老同学手中的指示棒扫过非洲大陆，觉得艾森豪威尔成熟了许多。他不再是布莱德雷昔日认识的 F 连那个逃课、抽烟、违反校规的人。他看到的艾森豪威尔精力充沛，在办公室里来回踱步，是一位充满魅力、成熟、几乎有些贵族气质的政治家。他有着聪明过人的头脑和一种讲求实际的权威。他可以施展魅力，可以咒骂，可以说服，也可以提出要求。来自堪萨斯小镇的这名中后卫已成为一位统帅。

艾森豪威尔的沉着冷静给布莱德雷留下了深刻印象，但同时，这位密苏里人认为自己觉察到了艾森豪威尔平静外表下的另一面，而艾森豪威尔通常在公众面前对这一面加以掩饰，只将其暴露给他所信赖的人。布莱德雷后来回忆道："我对他有个新发现。他具有一种根深蒂固、难以控制的愤怒。公众见到的艾森豪威尔，总是笑容满面，和蔼可亲。但我见到的他敏感、易怒、脾气火暴。"谈话无意间涉及达朗协议时，布莱德雷写道："艾克的怒火突然爆发，而且发作了很长一段时间，甚至在我看来有些过长了。他为这项让他受到世界各国媒体严厉批评的协议加以辩解。对艾克和我们这些在和平时期默默无闻的陆军中成长起来的人来说，媒体的批评是一种前所未有的经历。这对我们当中的任何人来说都不是一件容易应对的事。"

接下来两天，布莱德雷潜心研究军情报告和地图，并让自己适应司令部和前线的新环境。他立即注意到的一件事是，"艾克不允许美国人批评法国人或英国人，特别是英国人。任何一个批评英国人的美国人都很可能会被降职及遣送回国"。他后来回忆道："当年在汤姆·哈迪（Tom Handy）领导的陆军部作战处，我曾听说过这样一种观点：为实现'联合作战'的和谐关系，艾克的态度和思想已变得过于亲英……我认为他同凯及其家人的密切关系同样对他的亲英态度有很大影响，她在这方面对他的影响要比一般人了解的更深刻。"

作为艾森豪威尔正式或其他形式的探子，布莱德雷将军在弗雷登道尔的住处不太受欢迎。布莱德雷一行到达第二军军部后，弗雷登道尔打发他住进一座没有窗户的小房子里。布莱德雷抱怨道："这里让一名少尉居住都不合适。"他就是从这里开始了观察和学习的。

接下来几天，布莱德雷和比德尔·史密斯听取弗雷登道尔及其参谋人

131

员对诸多事实做出的解释。但他们没有提及弗雷登道尔放弃的掩体,那才是卡塞林山口惨败的真正原因。布莱德雷发现弗雷登道尔和他的参谋人员有"强烈的反英情绪"。比德尔轻蔑地指出,这位少将"要么是无能,要么是疯了,要么兼而有之"。就连不太熟悉军事的布彻也明白问题所在。他在日记中写道:"要是你问我的话,最佳替代人选应该是巴顿。若非艾克不愿落井下石,弗雷登道尔早就出局了,但艾克不是那种让他的指挥官失望的人。艾克一周前告诉我,他希望派巴顿去接替弗雷登道尔,但巴顿必须守卫摩洛哥,以防西班牙人出现异动,另外他还要为美军进攻西西里岛做准备。"

不久后,艾森豪威尔再次视察第二军军部。他把布莱德雷叫到一旁,问这位老同学:"你认为这里的指挥情况怎么样?"

布莱德雷回答道:"糟透了!我已同所有师长谈过,他们都对弗雷登道尔这位军长失去了信心。"

"谢谢,布莱德雷!你证实了我原先的想法是错的。"

弗雷登道尔出局了!他将获得第三颗将星、一张返程车票、英雄班师般的欢迎和在田纳西州接受训练的一个集团军。

但艾森豪威尔需要有人来接掌第二军,一个具有良好组织能力和强烈紧迫感的人。于是他打电话给他信任的朋友——克拉克将军。他想让克拉克接手第二军。

艾森豪威尔认为这一调动轻而易举,毕竟克拉克接掌第五集团军时曾向艾森豪威尔保证:"我希望你会认为我此去只是暂时的。你要知道,我已准备并渴望为你效力,无论以什么身份。我只想为你赢得你应得的胜利。"

但这位"美国雄鹰"拒绝出任第二军军长。他暗示,自己现在是第五集团军司令,若改任军级指挥官,所有人都会认为他降级了。当然,如果艾森豪威尔派他指挥一个集团军,那就完全不同了。否则的话,他在第五集团军还有要紧的事情得办。

艾森豪威尔对此深感震惊。他曾在1942年告诉马歇尔,他永远不会对高层派给自己的任务抱有个人野心,哪怕这意味着远离战争,在华盛顿作为一名默默无闻的准将坐在政府配发的办公桌后整理文件。现在,暴露出个人野心的却是他最青睐的部下。克拉克也许是个爱在报纸上出风头的家伙,必须不时受到上级的敲打。但艾森豪威尔认为拒绝上级委任这种事情只会发生在麦克阿瑟那种自大狂身上，而不是发生在克拉克身上。他对此始料未及。

好吧，艾森豪威尔本人的失望无关紧要。如果克拉克不愿赴任，他绝不会逼他。按照艾森豪威尔的说法，克拉克可以留着他的"粪堆"。但艾森豪威尔需要一名斗志昂扬的领导者，这个人必须让美军将士们重振士气。他现在就需要这个领导者。

艾森豪威尔的目光扫过撒哈拉沙漠，他认为自己知道这项任务的正确人选是谁。

上级兼好友的告诫： 沉默能掩饰愚蠢

卡萨布兰卡会议结束后的几周，乔治·巴顿又过上了法国人投降后的那种日子——坐着、等待着、烦恼着，看着战争与自己擦肩而过。他有时会乘坐那辆"帕卡德"（Packard）豪华轿车穿梭于拉巴特与卡萨布兰卡之间，或飞越沙漠视察原先部队的零星余部。但没有行动需要他参与，没有计划需要他制订，更没有需要他消灭的敌人。巴顿扮演着美国驻摩洛哥总督这一舒适但无法令人满意的角色。

他不时激励自己，并对朋友们发泄不满，通常是对战争进行方式的不满。例如，1月底，他同克拉克长谈时得知了"一些我闻所未闻的混账事"。克拉克说，对突尼斯城的最后进攻将由两个英国集团军实施，即蒙哥马利的第八集团军和安德森的第一集团军，而安德森这个英国人将指挥美国第二军！乔治在日记中怒骂道："让人想起约翰·约瑟夫·潘兴！ ① 在我看来，我们出卖了我们与生俱来的权利，马歇尔将军得到的蝇头小利就是个盟军总司令头衔而已。我对此感到震惊和苦恼。"

就个人而言，他很高兴这是艾森豪威尔的麻烦，或者也许是克拉克的麻烦。因此，他不会为美国的荣誉遭受到任何的侮辱或承受任何指责。他告诉自己："我觉得我很幸运，没去给艾克当副司令。我确认整件事是英国人巧妙的政治手段和我方自私的野心造成的后果。"

---

① 第一次世界大战中，潘兴对法国元帅、协约国军队总司令福煦说："我们的每个人、每支枪和每一样东西都归您使用，只要您认为恰当就行。"——译者

但对巴顿的前途来说，最大的威胁并非来自英国人、盟军司令部或政客们，而是源自他自己的嘴巴。他的言论和俏皮话会以一种刻意为之、招惹麻烦的轻率方式说出，这掩盖了他多年的思考和学习。

他的这种机智和粗俗的"才华"曾使他父亲在第一次世界大战结束时提醒过他。迈尔堡时期，凯瑟琳·马歇尔也为此批评过他。但这是巴顿永远不会动摇的特点，他也从未试过改变。2月初，乔治又在一次午餐会上大放厥词，艾森豪威尔为此给这位老朋友写去一封私人信件：

> 你机智灵敏，巧舌如簧。因此，你通常给人留下的印象是，你只凭冲动做事，而不是基于思索和研究行事。我和了解你的人都很清楚，你的话大多是障眼法，但某些刚刚认识你的权威人士却并不知道这一点。

就像亲切的家长对待青春期令人头疼的孩子那样，艾森豪威尔继续说道：

> 因此，要是你愿意听的话，我的建议就是老话说的"数到十再开口"。这不仅适用于对盟友的批评（我在这个问题上坚定不移），对其他许多人也是如此。曾有人告诉过我一句古老的谚语，它是这样说的："宁愿保持沉默，让自己看上去像个傻瓜，也不要一开口就证明自己的确是个蠢货。"你知道的，我并不是说这句话适用于你，我的意思是说，某种斯芬克斯式的品质有时候会大大帮助一个人提高声誉。

艾森豪威尔的话戳到了巴顿的痛处。自1919年起，巴顿便将这位年轻军官置于自己的庇护下，邀请艾森豪威尔出席无数次午宴和晚餐，还把他介绍给相关人士。他甚至帮助艾森豪威尔和玛米改建米德营的家庭宿舍。至于自己的声誉，巴顿曾钻研过用兵之道，对兵法的运用比其他军官都要出色。艾森豪威尔无权要他闭嘴。

但巴顿却无法轻易驳斥艾森豪威尔的话，特别是如果像艾森豪威尔所说的那样，这是"其他人"所持的意见的话。倘若艾森豪威尔说的"其他人"指的是马歇尔、麦克奈尔或麦克纳尼，那么巴顿已惹上麻烦，所以他最好还是把艾森豪威尔的话放在心上。巴顿琢磨着这件事，当晚在日记中写道："接到艾克的一封密信，他在信中建议我谨言慎行，不要对军事问题指手画脚。他是出于好意，到目前为止，我还确实没能把自己推销给上级。"

第二天，巴顿给艾森豪威尔回信，对他的坦言忠告表示感谢。他在信中写道："我首先向你保证，我愿意接受你的建议。这是出于两个原因：其一，你是我的司令；其二，你是我的朋友。"

他向艾森豪威尔解释，自己的举止看似轻率，实际上是深思熟虑的结果，并不是一种荒唐的挑衅态度，尽管看上去似乎缺乏洞察力。但他承认："我早已意识到，不要把自己最好的一面展现给上司。我非常感谢你坦率地写下你的肺腑之言，我会在今后做得更好。至少应该以自己不断的学习来遵守你的建议。"

巴顿的想法不无道理。他也许会在日记中发发对艾森豪威尔的牢骚，或与克拉克和休斯谈及艾森豪威尔进行这场战争的错误方式。但在内心深处，他知道他的朋友是"出于好意"，而且在一定程度上，艾森豪威尔会保护他，使他免遭那些佩戴将星的恶狼的伤害。他们的友谊准确印证了巴顿一年前的预言：艾森豪威尔需要巴顿的军事才能，而巴顿需要上层的保护，这种共生的伙伴关系是他们的主要支柱。

但在寄出这封和解信前，巴顿决定再考虑一下。次日，经过进一步思考，他决定不把信寄出。

1943 年 1 月底，巴顿在漫长、阴暗的隧道中看到了一丝亮光。他通过非正式渠道获知，自己已被选中，将要策划进军西西里岛的"爱斯基摩人行动"。艾森豪威尔在 2 月 3 日的午餐时证实了这个消息。兴高采烈的巴顿认为自己终于摆脱一潭死水，这件好事要归功于艾森豪威尔。几周后，他在写给比阿特丽斯的信中修改了对这位老朋友的看法："艾克的确令人难以置信。他是个非常伟大的人。当然，他对我一直很好。实际上，我似乎得到了比韦恩更多的工作，但仍有待观察。"

进军西西里岛的行动对巴顿来说并非完全志在必得，最明显的就是其成功概率较低。毕竟，盟军已被内心希望投降的法国敌人打得头破血流，而巴顿在卡萨布兰卡遇到的较平静的海浪纯属走大运。那就像一道闪电，可能不会击中他两次。他在拉巴特待了几周，新组建的第一装甲军（加强军）在那里研究两栖登陆的问题，巴顿承认："我们都意识到这是一场该死而又差劲的赌博。"但他补充道,"得到信赖、负责制订美军的行动计划是一种荣幸。我觉得我会赢。"

巴顿在忙着策划他那场"该死而又差劲的赌博"时,也第一次近距离接触了他的英国同僚。他将与他们并肩作战。他乘坐一架 B-17 飞机奔赴的黎波里(Tripoli)参加了一场军事会议,英军地面和空中力量指挥官在那里给他们的美国表兄弟上了 3 天课,讲授他们过去 3 年半时间里与德国人交战学到的经验教训。巴顿潦草地写下对英军战地指挥官们的初步印象,包括哈罗德·亚历山大("非常平静,看上去并不威风凛凛")和蒙哥马利("瘦小,很机灵,相当自负,是我在这场战争中遇到的最优秀的军人,或者说看上去是这样")。除了蒙哥马利被他认为是"有几分'石墙杰克逊'的样子"(这句大话出自一名原弗吉尼亚军事学院的学员),巴顿斥责大多数英国军事首脑"和我们的将领一样,是那种不承担义务的办事员类型的人物"。巴顿的本能告诉他无论战斗将在哪里进行,他仍会是个独一无二的人物。

3 月 4 日下午,巴顿骑着诺盖斯将军的一匹名叫"茹瓦厄斯"的纯种战马回家时,被一名信使拦住,对方带着发自阿尔及尔的急件。急件由艾森豪威尔发出,他说战地服役期已延长,并命令巴顿将军次日赶赴阿尔及尔。巴顿当晚在日记中写道:"我打电话给艾克的参谋长比德尔·史密斯询问情况。他说艾克可能会派我接替弗雷登道尔。这就是说让我去接一个烂摊子,但我会干好的。我觉得同英国人打交道,可能比打德国佬更麻烦。'天佑勇者,胜利属于勇士!'"

第7章　不许批评英国人！

> 艾克对英国人散布的谣言一清二楚。但他放任谣言传播，这导致英军
> 和美军之间的矛盾日益加深。艾克太过亲英，根本不关心第二军发生了什
> 么事。

——布莱德雷

巴顿麾下编有特里·艾伦（Terry Allen）的"大红一师"、沃德的第一
装甲师、曼顿·埃迪（Manton Eddy）的第九步兵师和道克·赖德（Doc
Ryder）的第三十四步兵师，共 9 万人左右。他认为，如果指挥得当，这将
是一股出色的作战力量。巴顿对历史的研究使他相信，美军士兵是世界上
装备最好、伙食最佳、速度最快的战斗人员。打败希特勒、墨索里尼的军
队或其他一切敌对力量，第二军将士们需要的只是秩序和纪律。说到纪律，
巴顿知道，自己就是那个能带给他们纪律的人。

回到拉巴特，他匆匆收拾行囊，将他的副手杰夫·凯斯（Geoff Keyes），
留在那里负责第一装甲军。赶往突尼斯之前，他带着加菲、兰伯特、情报
处长奥斯卡·科赫（Oscar Koch）和年轻的副官迪克·詹森上尉飞赴白屋机
场，与艾森豪威尔和比德尔·史密斯协商问题。艾森豪威尔、比德尔和布
彻在停机坪迎接他。

据布彻称，"跑道会议"开始时就像某种演讲比赛，巴顿和艾森豪威尔
的开场白既针对自己也针对对方。艾森豪威尔关心的是巴顿对英国人的态
度——那是他即将与之密切合作的盟友，并谈及自己对盟国团结的信念。这
是一场标准的布道。巴顿的女婿是第一装甲师的一名中校，在近日的战斗
中被德军俘虏。他对此非常激动，"对德国佬的咒骂如此激烈，如此情绪化，

137

以至于在短暂的会谈期间三次声泪俱下"。

豪言壮语说完后，两人开始干正事。艾森豪威尔交给巴顿一封亲笔信，上面的内容是解除弗雷登道尔的职务，并简述巴顿作为第二军军长的任务。布彻写道："巴顿的首要任务是协助英国第八集团军突破马雷斯防线。他的部队应尽可能多地牵制德军力量，并确保加夫萨成为蒙哥马利集团军的前进补给基地。"

为协助巴顿，艾森豪威尔还把奥马尔·布莱德雷交给巴顿，这位副手会"随时提供你需要的一切服务，他将愉快而又高效地为你效力"。艾森豪威尔随后指出，布莱德雷将在战役头几周担任巴顿的左右手。待巴顿恢复美军阵地后，布莱德雷就接管这场战役，而巴顿则返回拉巴特，完成进军西西里岛的计划。

艾森豪威尔建议巴顿，解除那些不称职军官的职务时必须"冷酷无情"，哪怕是对老朋友。他告诉巴顿，"我们承担不起因为顾及老朋友的感受而使人员、装备和效率蒙受的损失"。艾森豪威尔的说法是对巴顿的警告还是友善的建议，这一点尚不明确。

握手道别前，艾森豪威尔提醒他的老友多留神。布彻写道："他不需要证明自己的勇气，艾克将军希望他当一名军长，而不是成为伤亡者。"

带着艾森豪威尔的祝福和建议，巴顿重返中央舞台，这是他一直期盼的地方。可是，就在他准备接管这匹新的纯种马时，这个唠唠叨叨地递给他缰绳的人让巴顿对他的怀疑态度像脚癣那样发作了。巴顿在日记中写道，艾森豪威尔曾"强调不得批评英国人，我担心他把自己的灵魂卖给了'合作'这个魔鬼，我认为合作意味着我们要为我们高贵的盟友火中取栗……很显然，我也得'合作'，否则就必须走人"。

双面巴顿与低调的布莱德雷

巴顿在 1943 年 3 月 6 日上午 10 点到达弗雷登道尔的军部。多年后，布莱德雷回忆起当时的情景：

> 伴随着巴顿到来时尖锐的喇叭声，一队装甲侦察车和半履带车驶入

库伊夫山（Djebel Kouif）附近第二军军部校舍对面一座脏兮兮的广场……
装甲车上架着机枪，高耸的像鞭子一样的天线在车顶上不停摆动。巴顿
像一名战车驭手那样站在头车里，风中的面容令人生畏。他钢盔上的两
颗将星熠熠生辉，钢盔带则在下颌处被扎紧。

充当军部的法国校舍空空荡荡，巴顿惊讶地发现，弗雷登道尔和大
部分工作人员还在吃早饭。巴顿竭力对这位即将离任的将军保持应有的风
度——他闭上嘴巴，直到弗雷登道尔离去。随后，他像一阵非洲热旋风般
席卷军部，严厉训斥一群懒散的参谋人员，要求他们动作比以前更快，行
为举止比以前更像军人。很快他又去视察麾下的 4 个师，寻找领导不力的
迹象。将士们的着装不合规范，纪律更是糟糕。他总结道："第三十四师太
过消极，第九师有一种'无知之勇'，第一师还不错，第一装甲师畏缩怯
懦……我看不到弗雷登道尔做了些什么事情证实他的存在。我从未见过这
种秩序或纪律几乎荡然无存的情况。"

许多军官很乐意见到弗雷登道尔被解除职务。刚刚从国内调来的新
人，奥马尔·布莱德雷少将就是其中之一。他同弗雷登道尔将军相处得并
不融洽。作为艾森豪威尔的"间谍"之一，他自然不会受到弗雷登道尔待
见。过去两周里，布莱德雷一直待在矿业公司旅馆的一个无窗的臭洞里。

巴顿也不喜欢"耳目"。他直截了当地告诉布莱德雷："我不打算让任
何该死的间谍在我的指挥部里跑来跑去。"他拿起电话，要接线员接通"自
由"，那是艾森豪威尔设在阿尔及尔的总部。很快，比德尔·史密斯刺耳的
声音出现在电话另一端。

"比德尔，我打电话给你是想谈谈布莱德雷和他的工作问题，"巴顿说
道，"你看，我们这里急缺一位优秀的二号人物担任副军长。布莱德雷恰巧
可以填补这个空缺。要是艾克同意的话，我想让布莱德雷担任我的副手。
他能帮助我们解决问题，我想要他。可以吗？请向艾克转达我的意见。"

没过多久，比德尔回电，传达了艾森豪威尔的批准。巴顿一个电话就
把艾森豪威尔的间谍变为自己的左右手。

回到自己的办公室后，巴顿和他的副官坐在一起，草拟一些常规命令，
它们将使第二军烙上巴顿的印记。从现在起，包括护士和汽修工这些技术

人员在内的每一个士兵，都必须佩戴符合规定的钢盔衬帽。无论身处前线还是后方，所有人员必须打绑腿、戴领带并擦亮枪支。野战夹克和雨衣必须扣好。军部食堂的早餐供应到 6 点，仍在排队打饭的人只能等着吃中饭了。伴随这些命令而来的是下达给下级军官的一系列夸张指示，要求他们严格执行巴顿的着装规定。

巴顿知道他那些部下（军官和士兵）会咒骂、会发牢骚并设法逃避他的规定。这正是作战人员做的事。他曾告诉他的作战参谋奥斯卡·科赫："士兵们总是喜欢对着干。要是我发给他们没有纽扣的外套，我敢打赌，他们用不了 24 小时就会找到纽扣缝上去，再把它们扣好。"

巴顿打算利用士兵们的本能，以最快捷的方式激怒他们，让他们知道镇上来了个干劲十足、无所不能的新警长。接下来几天，巴顿带着一种"黑杰克"潘兴的风格，从一个团赶到另一个团，从指挥车、越野车、坦克和半履带车上对毫无防备的官兵们发起突然袭击。他检查军装、发表讲话、没收不符合着装规定的针织帽、开具罚款单并大肆咒骂。对违规行为的罚款是：军官 50 美元，士兵 25 美元。巴顿乐于亲自收取罚金。

为处置违规士兵忙了几个小时后，他得意扬扬地告诉布莱德雷："你把惩罚对准他们的钱包时，很快就能取得成效。"3 月中旬，他向艾森豪威尔报告："刚刚处分了两名未按命令佩戴钢盔的军官，每人罚款 25 美元。纪律将赢得战争。"

巴顿规定，在他防区内的所有人都要佩戴钢盔，无一例外。就连几乎从不戴钢盔的艾森豪威尔也遵命行事，以示支持。艾森豪威尔和随行人员视察第二军设在勒塞夫（LeCeif）的军部时，巴顿无意间遇到了艾森豪威尔的勤务兵米基·麦基奥。巴顿沉下脸，问米基是不是钱多得不在乎 25 美元。米基承认他没那么多钱，巴顿警告他找顶钢盔戴上。

米基随后对艾森豪威尔提起这件事，艾森豪威尔淡淡地点点头，让米基也给自己找顶钢盔，因为他也没有 25 美元可以浪费。视察巴顿军部期间，艾森豪威尔一直扎着帆布绑腿并戴着钢盔。

虽然巴顿强硬、粗暴的手段给他的士兵们传达出了一个明确信息，但他粗鲁的话语却触怒了许多军官。在巴顿发表脏话连篇的讲话、像操练教官那样骂骂咧咧时，他们不得不按捺住内心的愤怒。布莱德雷就是其中的一个。

布莱德雷后来抱怨道："有些人喜欢用建议、以身作则和另一些方式领导部队，但巴顿却选择用谩骂和威胁驱使下属行动。这些怪异的做法取得了惊人的成果，却无法赢得将士们的感情。"

多年后，这位温和的密苏里人在思索巴顿的豪言壮语时回忆道："每当他对部下发表讲话，总是使用充满暴力的污言秽语。他与士兵说话时，也一直拿出高人一等的口气……他的话语污秽又下流。我很震惊。他喜欢出风头，想让人们谈论他并想到他，正如他说的'我宁愿让人仰视，也不愿被人俯视'。但当巴顿坐在餐桌上时，他的谈话显示出了他的博学。他读过许多书，有知识，有教养。巴顿就是两个人：杰基尔（Jekyll）和海德（Hyde）①。"

令布莱德雷越来越苦恼的是，他发现这只狂妄自负的老公鸡对高级将领们竟也完全能做到粗鲁无礼，特别是当他站在"舞台"上的时候。当然，大多数时候他都在舞台上。有一次，他们俩临时视察特里·艾伦少将的第一步兵师师部，布莱德雷注意到巴顿的眼睛轻蔑地扫过一排狭窄的战壕——这是防范德国空军空袭的常见措施。

巴顿和"可怕的艾伦"的资历都很深。两人都出生于内战时期的军人家庭，都来自西部，也都在第一次世界大战中挨过毛瑟枪的子弹——巴顿的大腿中了一枪，艾伦的下巴被子弹穿了个孔。他们俩都是传统的骑兵，而不是布莱德雷这样的"本宁堡人"。两位将军都信奉宗教，但很容易像骑兵那样破口大骂。每当他们意见不合就会发生激烈争执。

巴顿对好斗的艾伦的粗俗态度在当日的视察中变得非常明显。当他的目光掠过整齐、狭窄的战壕时，他做了后来也许会让他后悔的事。

"特里，哪个避弹壕是你的？"他以严厉的男高音尖声喊道。

艾伦指了指一条战壕。巴顿带着一脸假笑走到战壕边，解开裤扣，对这位曾率领"大红一师"冲上奥兰海滩的将军的避弹壕撒了泡尿。

巴顿扣上裤扣，冷笑道："现在去用吧。"

在烈日下，艾伦将军和他满脸皱纹的副手小西奥多·罗斯福（Theodore

---

① 杰基尔和海德：出自英国作家史蒂文森（R.L.Steveson）的小说《化身博士》（*Strange Case of Dr Jekyll and Mr Hyde*），后成为"双重人格"的代称。——译者

Roosevelt Jr.）准将站在战壕边，为遭受到的侮辱而满脸通红。他们的卫兵端起汤普森冲锋枪（Thompson Submachine Guns），恶狠狠地盯着这个行事怪异的长官。

巴顿意识到自己做得太过分了，但他只是僵硬地耸了耸肩，没有理会一道道冰冷的目光。他转身离去，尴尬不已的布莱德雷只得跟在他的身后。

布莱德雷被巴顿的怪异表演惊呆了。他难以置信地摇摇头。后来，布莱德雷写道："有时候我觉得，不管巴顿作为一名军长有多么成功，他都没有学会自我控制。"

当然，布莱德雷会执行"钢盔令"，就像他执行严禁超速令那样。可领带呢？过早的早饭呢？窄窄的避弹壕呢？若干年后，他评论道："在我看来，这一切未免过于苛刻，但有意或无意的过分恰恰是巴顿的风格。坚决而更加成熟、合理的纪律无疑也能达到同一目的，可巴顿是这里的老板，舞台是他的。"布莱德雷觉得巴顿像对待白痴那样对待下属，以一种类似普鲁士人风格的铁腕统率他们。但不同之处在于普鲁士人举止高贵，绝不会像巴顿那样说话。

布莱德雷的作风则低调得多。他的军装简简单单，钢盔和衣服都很普通，不戴武装带或军礼帽。他的唯一饰品是一位前宾夕法尼亚州国会议员送给他的一根简易手杖。巴顿会将两把象牙柄左轮手枪插入一条带有超大搭扣的粗大枪带（布莱德雷的副官们打趣说这是"摔跤腰带"），而与此同时，布莱德雷只挎着一支老旧的、沉甸甸的柯尔特自动手枪（Automatic Colt Pistol），那是他当中尉时配发的。

布莱德雷言辞温和，声音几乎有些羞涩。与巴顿相比，他和同僚们相处得更好，因为他说的话听起来不那么狂妄。和巴顿一样，布莱德雷的密苏里口音似乎与他1.8米高的健壮身躯不太协调，尽管他的外表与声音之间的不匹配并不像巴顿那般突出。巴顿以粗话、机智或二者兼而有之的方式弥补他的鼻音，而布莱德雷则是以庄重的举止和谦虚掩盖缺陷。正如战地记者厄尼·派尔（Ernie Pyle）评论的那样："他的声音尖锐清晰，但他说起话来总是轻声细语，就连离他很近的人也听不太清……他总是让人很放松。"

布莱德雷喜欢看电影，喜欢喝可口可乐，喜欢在浴缸里吃冰激凌。发表讲话时，他会大量使用诸如"cain't"的南方腔和"猛烈战斗"这种土话。

他的话语和姿态与巴顿的手腕形成了鲜明对比，例如紧皱的眉头、刻意强调自己真诚但又有所保留的表述。与大多数将军一样，布莱德雷偶尔也说粗话，但不像巴顿那么多，甚至比不上艾森豪威尔；布莱德雷的语言也缺乏他那位顶头上司的暴力和污秽粗俗。面对胜利或危机，他显得很沉着，就像一位在飓风中船只剧烈摇摆时，在甲板上冷静地装填烟斗的船长。

布莱德雷与巴顿的另一个区别是，前者对宣传毫不上心。在布莱德雷看来，衡量一个人的能力要看他取得的成果，而不是看《星期六晚邮报》（ The Saturday Evening Post ）上的专栏对他的评价。他曾告诉身边的工作人员："要是我哪天能不出现在报纸上，那该有多好。"这就是老派的布莱德雷。

作为一个性情平和的"普通人"，布莱德雷的公众形象与艾森豪威尔有许多相似之处。但和巴顿不同，布莱德雷会迅速开除那些表现不尽如人意的副手。尽管他的公众形象似乎主张人人平等，但他最喜欢待在那些不得不向他敬礼的人当中。这可能是他从马歇尔那里学来的，但布莱德雷会故意运用自己与生俱来的特点，让下属们觉得局促不安——这里说的是他那饱经风霜的外表、金属框双焦眼镜和严厉的苦脸。这副尊容就像一位老校长盯着一个垂头丧气的学生，责备的话语随时会从他的喉咙里吐出来。派尔写道："尽管这位将军性格温和，但他不是那种你能称之为随和的人。与他一同工作的人必须做出成绩，否则就得走人。他们不会像在传统军队里那样遭到他的痛斥，但他们会被调离。"

巴顿与布莱德雷之间的不同可以通过他们的靴子加以总结。与艾森豪威尔一样，布莱德雷骨子里是一名步兵。他穿的是步兵的黄褐色长军靴和绑腿。这些粗帆布绑腿绳直接系在 17 个极其麻烦的金属扣环上，步兵们对此牢骚不断。绑腿无法遮风御寒，但能挡住大部分淤泥和一些尘土。这种为劳动人民制作的军靴，在阅兵场上看起来不漂亮，但实用又可靠。

巴顿和他的骑兵兄弟们一样，穿的是骑兵靴。这是一种齐膝高的棕色皮靴，两侧配有铜带扣。副官们会反复擦拭皮靴，直到亮得犹如镜面。这种皮靴引人注目。你可以从 19 世纪的数百幅元帅肖像中看到这种靴子。这是惠灵顿公爵、穆拉特元帅、J. E. B. 斯图尔特（ J. E. B.Stewart ）或巴顿穿的皮靴。

奥马尔·布莱德雷不会穿这种靴子。

正如他在若干年后努力尝试的那样，布莱德雷无法理解巴顿行为的动机。教养、教育、个性方面的巨大差异将他们隔开，即便布莱德雷有时间和兴趣对这种差异加以衡量，他也终究无法跨越两人间的鸿沟。布莱德雷来自一个贫穷的小家庭，说粗话和酗酒在家里被有意无意地禁止，而且这个家庭在布莱德雷还是个孩子时，就失去了一家之主。而在巴顿这一边，与外界隔绝的富裕的成长期，以及来自事业成功的父亲的爱和支持，使他充满了社交上的信心。这种信心使他近乎狂妄自大，而且经常越界。战前，在巴顿举办豪华晚宴，骑着马穿梭于全国各地，驾驶游艇驶向夏威夷时，布莱德雷和玛丽则竭力依靠普通军官的军饷和打牌赢来的钱维持生计。巴顿擅长个人竞技，例如田径和击剑；布莱德雷则是个具有团队精神的人，站在投球区时状态最佳。他是一个深具凝聚力的九人团体的领导者。

由于陆军为规范其军官团而付出的一切努力，奥马尔·布莱德雷接受的战术哲学与他上司的截然不同。布莱德雷是在步兵部队学会了他的谋生手段的。这个保守的军种拘泥于可追溯至数世纪前的教条。步兵对以血肉之躯抗衡坦克、机枪、榴弹炮和迫击炮的脆弱性有着深刻的理解，这塑造了布莱德雷对"火力与机动"的信念。保守的步兵们普遍认为仓促行事是一种致命的罪过。大多数步兵将领信奉南部邦联的詹姆斯·隆史崔特（James Longstreet）将军的格言——他曾建议一名即将发起进攻的下属："发起进攻后就要猛打猛冲，但你要等一切准备妥当后再投入进攻。"

布莱德雷战前在西点军校和本宁堡担任数学和战术教员，这使他保守的本能得以强化。他的大部分职业生涯是为学员们制定基本准则，以便他们在这个危及性命的行当中遵循它们。在布莱德雷看来，一名军官决不能偏离陆军久经考验的准则，除非打破准则的益处清晰而又明确。破坏规则者将为自己蒙受的风险承担责任。

和艾森豪威尔一样，布莱德雷也对后勤问题极其敏感，他的行动经常会受其主宰。布莱德雷曾向司令部人员阐述过自己的理念：

> 我对工作人员解释说，情报处长的存在是为了告诉我，根据敌人的
> 相关情报该做些什么。后勤处长则告诉我，鉴于后勤的局限性，我们可

以做些什么。然后，一旦我做出决定，作战处长就会加以落实。因此，一名胆怯的后勤处长会给指挥官作战行动的规模造成直接限制，同样，一名神通广大的后勤处长则能扩大行动。

总之，在布莱德雷看来，战术就是一种解决数学问题的办法。就像一名学者进行一个代数证明那样，布莱德雷用已知的 X（后勤）和 Y（情报）推导 Z（作战行动）。如果每个人的工作都按部就班，事情就会自然而然并且以可预见的形式得到落实。布莱德雷成功的秘密以及个人天赋的源泉是，他能在一个巨大的动态战场上掌握方程式的所有因子，并根据它们做出令前线步兵深具信心的计划。

相比之下，巴顿从未想过将他的工作人员置于驾驶座，自己作为名义上的领导者坐在后排。在一种自我膨胀感，对嘉许的强烈渴求和无法抗拒的宿命感的驱使下，巴顿总是倾向于进攻，而作战处的人员总是遭到他的训斥。他会离开自己的指挥岗位，亲赴前线指挥战斗。当规则伫立在他与目标之间时，他会忽略它。他喜欢以铿锵有力的节奏喊出"绕开，快速移动，交给步兵"，在1920年与艾森豪威尔致力于陆军重建工作时，巴顿鼓吹过这一方式。在过去3年半的时间里，德国人在波兰、法国、低地国家和苏联出色运用了同一种方法。巴顿在路易斯安那大演习中的出色表现让他明白，遵循公认的规则是件好事，除非它与赢得胜利的需要发生冲突，而一旦发生这种情况，就必须为赢得胜利摈弃教条。

巴顿超越规则的能力，是一种建立在多年的潜心研究、实验甚至是祷告基础上的第六感，这种能力赋予了他一种独特的天分。布莱德雷将后勤和敌人的防御视为对他行动自由的限制，而巴顿不这样认为。从拼写错误到骑兵规则的一切，他都不在乎。巴顿的口号是英勇无畏，而布莱德雷则持现实主义态度。

尽管后来这些差异看上去显而易见，但其实只是程度问题。布莱德雷理解并重视进攻精神。即便机会蕴含风险，他也准备采取大胆措施，特别是在他意识到敌人的处境已岌岌可危的时候。而巴顿呢，虽然他从不承认后勤在战斗中占据最高地位，以前也曾与艾森豪威尔就此问题多次争辩过，但他了解交通线造成的基本限制。他渴望获得新情报，谨慎节约炮兵和工程兵提供的支援，很少超出后勤保障范围。虽然他也许会在吃晚饭或抽雪茄时贬低参谋人员的作用，但他身边始终有一个能力出众的策划团队。他相信他那些高级将领能安静、有效地履行各自的职责，而且他也愿意听取他们的意见。约翰·P.卢卡斯（John P. Lucas）少将是艾森豪威尔和巴顿的密友，他在日记中写道："巴顿试图给人留下凭意气和'一时冲动'做事的印象，但他在每一个军事行动的背后都做了非常仔细的参谋策划工作和深度思考。"

巴顿最初几周在第二军的粗野行径埋下了不和谐的种子，后来又结出了苦果。但他和布莱德雷目前相处得不错。战斗期间，他们轮流在军部指挥作战——一个去视察前线，另一个就留下看家。开始时，布莱德雷认为他与巴顿"是个很好的组合"，而巴顿也并没有察觉布莱德雷对他的不良观感，在日记中称布莱德雷是个"不错的家伙"，还是个"出色的安慰者"。不久后，巴顿又在日记中写下对这位副手的看法："我想再说一遍，我从未从其他人那里得到过像你这么多的帮助。"

盖塔尔之战：美军的第一次胜利

令巴顿欣喜的另一件事发生在 1943 年 3 月 12 日。第九步兵师的埃迪将军在那天打电话给他，说广播报道巴顿将军已获得第三颗将星。目前这只是个非正式的消息，至少就陆军而言，要到几天后参议院通过罗斯福的任命提议，巴顿的梦想才会成为现实。但巴顿并不担心这种程序问题。当晚，他的住处飘扬起一面三星将旗，这是他忠实的副官迪克·詹森上尉预先为此留存的。

布莱德雷满心期待巴顿的晋升，毕竟这是一名军级指挥官应得的。他看见巴顿已为自己钉上第三颗将星，便开玩笑指出，新军衔要等参议院批准后才能获得。

巴顿笑着反驳道："别胡扯了，这颗将星我已等得太久。"

这个加利福尼亚人当天的最后几句话，反映出一种令人陶醉的满足和不屈不挠的壮志雄心。他在日记中写道："我还是家中的小男孩时，就曾挎着木剑，称自己为'小乔治·史密斯·巴顿中将'，那时候我不知道还有上将。现在，我想成为四星上将，我会成功的。"

他这场四星之旅将是一段了不起的征程。

巴顿接掌第二军时，亚历山大元帅的第十八集团军群的西部力量构成一道南北向战线，面对多萨尔山脉，这条山脉掩护着最南端的加贝斯和加贝斯上方的斯法克斯这两座沿海城市，以及两个关键港口——突尼斯城和比塞大。第二军的9万名美军将士守卫着亚历山大战线的南端，与朱安将军率领的法国第十九军的5万名装备不佳的士兵毗邻。位于法军北面的是安德森指挥的英国第一集团军的12万名将士。在亚历山大的多萨尔战线东南方约320千米处，蒙哥马利的英国第八集团军正从利比亚边境向西北方进击，将德国人缓缓推向突尼斯。

尽管遭受孤立和重压，北非的"轴心国"军队仍是一股不可忽视的力量。隆美尔的非洲军团部署在意大利第一集团军东南侧，仍将蒙哥马利第八集团军阻挡在马雷斯防线。多萨尔山脉东面，巴顿、朱安和安德森所面对的敌人是冯·阿尼姆的第五装甲集团军，这是另一股令人生畏的敌军。

3月9日，隆美尔返回德国休了很久的病假。突尼斯的"轴心国"军队交由冯·阿尼姆指挥，他负责向西西里岛的凯塞林元帅汇报。正如布莱德雷回忆的那样："我们仍以为正与隆美尔对阵。"巴顿渴望同著名的"沙漠之狐"交锋，以验证自己的勇气，直到后来才知道隆美尔已被召回。

亚历山大和艾森豪威尔考虑了两种对突尼斯发起最后突击的选择。亚历山大可以将美国第二军楔入两个"轴心国"集团军之间，再以安德森的第一集团军粉碎北面的第五装甲集团军，蒙哥马利则从南面痛击意大利第一集团军。或者，亚历山大可以将敌人的两个集团军挤到一起，就像一部巨大、弯曲的手风琴，然后蒙哥马利攻向西北方，安德森、朱安和巴顿则向东推进。他们承认，第二个方案将会是一条更漫长、更艰难的取胜之路，但它在亚历山大看来风险较小。

获得艾森豪威尔批准后，亚历山大踏上第二条道路。美军在卡塞林山口的表现使亚历山大和许多英国军官确信，美国人只会夸夸其谈，没什么战斗技能。在十余个绝望的"轴心国"师之间插入根楔子根本无法做到，特别是当这根楔子是由4个稚嫩的美国师构成的时候——就在几周前，他们被对方两个装甲师打得溃不成军。

不，亚历山大决定，巴顿的部队只能领取更简单、更符合他们能力的任务：他们将在马雷斯防线北面来一场"示威游行"，一场虚张声势的佯攻，设法夺取加夫萨镇，并在蒙哥马利和安德森遂行主要突击时牵制敌人的援兵。一旦蒙哥马利突破马雷斯防线并将德国人逐至突尼斯海岸，巴顿和他的部下就将同第八集团军齐头并进，承担掩护蒙哥马利的侧翼或诸如此类无关紧要的任务。不管怎样，亚历山大的命令很明确：美国人不能越过东多萨尔山，当然也不能向东冲往突尼斯海岸。

巴顿当然对自己的部队在突尼斯战区被弃置一旁深感不快。他和布莱德雷在军部对领取的次要任务抱怨不已，但没有对外张扬这种情绪。布莱德雷暗示，谨慎行事也是英勇的一部分。他后来回忆："我们都有些失望，但还是欣然接受了任务。亚历山大是对的，从各方面的准备情况来看，第二军也许更适合执行佯攻任务。"

巴顿、布莱德雷和他们的参谋人员坐在一起，开始策划他们接到的任务，其行动代号为 WOP。特里·艾伦的"大红一师"将朝东南方出击，夺取加夫萨和盖塔尔山口（El Guettar），之后派侦察队佯装赶往海滨城市加贝斯。沃德第一装甲师和埃迪第九步兵师的一个团将从加夫萨攻向米克纳西，摆出直奔突尼斯海岸的斯法克斯的姿态。第三十四和第九步兵师主力留作预备力量，准备抗击德国人必然发起的反击。他们认为，攻向加贝斯和斯法克斯将对隆美尔通往突尼斯城的道路构成威胁，迫使他从蒙哥马利对面抽调兵力应对美军造成的麻烦。

行动发起前的那几天，巴顿叮嘱身边人员要各尽其能。进攻前一晚，他把工作人员召集到泰莱普特附近一座破旧饭店的房间里，向他们做最后的情况简报，并在结束时说出了这样一句祝福："诸位，我们明天开始进攻，不成功，便成仁。"然后，他戏剧性地迈着大步走回住处祈祷。这些工作人员面面相觑，一个个都摇着头。布莱德雷后来写道：

> 巴顿性格中的矛盾之处继续困扰着他的工作人员。虽然他满口粗话，可也很虔诚。作为一名指挥官妄自尊大地炫耀时，他也会谦卑地跪在上帝面前。虽然"不成功，便成仁"的口号在军部人员看来是一种夸张的姿态，但的确有助于让他们更清楚地看出，这场战争对巴顿来说是一场

神圣的"十字军东征"。

巴顿于 3 月 17 日发起进攻。行动当天，艾森豪威尔和亚历山大决定亲自赶来督阵。"艾森豪威尔和亚历山大都要求我待在后面，这使我无法展现自己的风格"，巴顿在写给比阿特丽斯的信中抱怨道。但他的风格后来又重新出现了，那时候最高统帅将第三颗星固定在他衣领上，正好与他野战夹克的肩章上已缝有的三颗星相呼应。巴顿和布莱德雷给戴着钢盔的艾森豪威尔将军留下了不错的印象，他在寄给华盛顿的一位朋友的信中写道："巴顿神采飞扬，很高兴看见他在很短的时间内取得了成就。布莱德雷干得也很出色。对我来说，这个人真是天赐之物！"

接下来的几天，这对搭档都在遇险时侥幸逃脱：布莱德雷的吉普车碾上一颗地雷，而巴顿则差点被一个阿拉伯狙击手命中。第二军夺取加夫萨后，两人情绪高涨。看见巴顿取得初步成功，亚历山大稍稍放松了第二军的缰绳，批准巴顿以坦克力量夺取米克纳西，并穿过盖塔尔绿洲奔向加贝斯，以扩大美军对敌人的威胁。

巴顿的步兵像发条般展开，一举攻克盖塔尔，而沃德的坦克迅速攻占了塞涅德站（Sened Station），这是通往米克纳西山口的门户。实际上，对巴顿行动自由的唯一限制是亚历山大的规定——"大股部队不得越过东多萨尔山"。蒙哥马利第八集团军向北攻往突尼斯城时，亚历山大需要为其保持一条宽阔、畅通的车道，他不想让巴顿冒被蒙哥马利的货车撞倒的风险。

在巴顿看来，这才是真正的症结所在。亚历山大将美军的行动严格限制在次要角色，所以巴顿不得不给蒙哥马利让路。但巴顿认为，如果沃德能打开米克纳西山口（从严格意义上说，此举违背了亚历山大的命令），他就可以要求亚历山大赋予自己更重要的任务——也许他能直奔海边。

令巴顿失望的是，面对雨水浸透的道路和米克纳西山口的泥泞陡坡，沃德的第一装甲师停滞不前。结果，这个至关重要的山口到 3 月 21 日时都尚未设防。待沃德命令坦克部队投入行动时，山口已满是德国人。

由于沃德的谨慎、恶劣的天气和深及车轴的泥泞，敌人得以加强其阵地。巴顿气得发疯，对这番延误恼怒不已。他命令布莱德雷前去督促沃德。于是布莱德雷挎起一支斯普林菲尔德步枪，跳上吉普车赶往第一装甲师指挥部。

布莱德雷喜欢沃德，他曾与这位密苏里老乡同在陆军部工作。他认为沃德不是个行动缓慢的人，而是巴顿过度的雄心的牺牲品。这位优秀的军人受到坏天气的妨碍，结果为巴顿迟来的荣誉付出了代价。他后来回忆："巴顿气急败坏。他不是责怪大雨而是责怪沃德……巴顿冲动地得出结论，沃德和第一装甲师仍对卡塞林山口的失败感到不安，缺乏进取精神。无论我怎么说都无法改变巴顿的看法。"若干年后，他告诉他的传记作者，巴顿听说亚历山大可能会放松限制并批准他奔向海边时：

> 我几乎可以看见他舔着嘴唇，一副充满期待的模样。问题是，根据计划，这项任务需要沃德的装甲部队，但他们仍陷在泥泞中，甚至没能夺取指定的米克纳西高地。沃德把一切都耽搁了，这个严酷的现实破坏了巴顿率领骑兵冲向海边的这一约翰·韦恩式幻想！巴顿气得满脸通红，把沃德痛骂一顿。

巴顿发现南面的进展更大些。特里·艾伦的第一步兵师已夺取盖塔尔，正准备攻往通向加贝斯的公路。3月23日，冯·阿尼姆抽调第十装甲师（这支部队曾在2月时冲出法伊德山口），以四号坦克和虎式坦克打击艾伦的步兵。后者在盖塔尔镇外的一座山丘上掘壕据守。艾伦的部下以榴弹炮和反坦克炮击退了对方的进攻，在此过程中他们击毁了30辆敌军坦克。盟军密码破译者截获了德国人下达的命令：他们将发起以步兵为主导的第二轮进攻。巴顿获知这个消息后，命令特里在对方进攻路线上方的山头严阵以待，将火炮妥善部署在满是岩石的山坡上。敌军步兵进入射程后，艾伦的炮手们朝敌军队列射出一发发高爆弹和白磷弹，不加选择地猛轰敌人的装甲掷弹兵。

战斗打响后，乔治·巴顿这个级别最高的无关人员同艾伦和罗斯福坐在山坡上，双肘撑在战壕的沙土边缘上，端着超大号望远镜观察战场。他在这场演出中不担任任何角色，不再是一位真正的将军，而是一名观众，正在观看一部献给战神的非凡交响乐的开幕。榴弹炮的男中音与炮弹爆炸的鼓声混杂在一起时，巴顿喜悦地咧嘴而笑。绽开的黑色花朵像打保龄球那样将一队队敌军炸倒，炸碎的尸体和残肢断臂洒落在沙漠上。德国人后退时，巴顿透过望远镜看见，到处都是穿着卡其军装的尸体，一条条前一刻还充满活力的生命，现在却倒在坦克残骸旁腐烂，而谷底这些坦克残骸，就像迦太基人死去的大象。

巴顿对自己造成的这种一边倒的结果感到惊讶，甚至有些失望。战斗一点也不像剑术高手间的长剑对决，他本指望从"沙漠之狐"那里找到些这样的感觉的。没有劈刺，没有格挡，没有伴以风度翩翩的鞠躬。由于盟军获得的情报和艾伦巧妙的火炮部署，战斗成了一场美国式的火鸡狩猎，一场喧嚣、粗俗的屠杀。

"他们在屠杀优秀的步兵。"巴顿喃喃说道，"好一个浪费出色步兵部队的恐怖方式！"他对隆美尔的高度关注有所消退。

战斗的第二幕开始时，布莱德雷已来到巴顿身边。他后来指出："巴顿只是厌恶看见优秀的步兵被人以这种方式谋杀。死的是德国佬，你知道，但我的意思是，虽然他这一生一直是骑兵，但他很欣赏训练有素的步兵。"

以战争的标准来看，盖塔尔之战规模甚微，但对美国人来说却意义重大，因为这是稚嫩的美国兵面对德军时赢得的第一场真正的胜利。布莱德雷将其称之为"我们在战争中给德军造成的第一次实实在在、无可争议的失败"，在布莱德雷、巴顿和艾森豪威尔看来，这场胜利是更大的成就即将到来的预兆。

巴顿完全有理由对艾伦的表现感到满意。他高兴地收到了艾森豪威尔发来的为战斗结果向他表示祝贺的电报。但在巴顿满足于其所取得的战果前，他必须处理奥兰多·沃德，后者此时仍被困在米克纳西高地。

"该死的第一装甲师究竟是怎么回事？"巴顿朝身边的工作人员吼叫起来。他对装甲部队的缓慢进展深感恼火。24 日，他接通沃德的师部，在电话中问道："沃德，你攻下那个高地了吗？"听沃德喘着粗气解释了 10 秒钟后，巴顿打断了他，对着话筒吼道："该死的！那座山就在你面前。抬起你的屁股，拿上手枪，你得亲自率领部队进攻。"

当晚，巴顿坐在办公桌前，在日记中写道：

吃罢晚饭，我得知第一装甲师仍未攻克高地……于是我打电话给沃德，告诉他亲自率队进攻，务必夺取高地。现在我的良心令我不安，我担心这道命令已让他送命，可我觉得这是自己的职责所在，不得不这样。充满干劲的领导本来可以在前天就将该高地拿下。我希望一切顺利。

沃德遵照巴顿的命令亲自率队进攻。他的脸在战斗中被弹片划伤，可尽管他亲自率队，该师还是无法取得进展。两天后的 3 月 27 日，巴顿致电沃德，希望他更具斗志。巴顿在日记中写道：

我今天视察了米克纳西附近的第一装甲师，并同沃德交谈，为他讲解后续行动。我还告诉他，他缺乏干劲儿，太过依赖参谋人员，以至于自己以为命令已得到贯彻，没有不辞辛劳地去看看执行情况究竟如何。他承认了这一点。我还告诉他，要是下一次行动再失败，我就解除他的职务。他欣然接受。由于他亲自率队进攻，我授予了他银星勋章。除了我不得不命令他这样做的事实外，我认为他的行动配得上杰出服役十字勋章。

4 月 2 日，艾森豪威尔给巴顿发去一份简短的电报，称亚历山大对沃德将军深感失望。巴顿明白，沃德必须走人了。4 月 4 日吃早饭时，他把这项令人不快的任务交给了布莱德雷。

"你看，布莱德雷，"他解释道，"你是沃德的朋友。你去那里告诉他我不得不让他离开的原因。"

布莱德雷点点头，一位尽职的副手总是要完成上司的心愿，但他的内心波涛汹涌。沃德亲自率部冲击米克纳西高地返回时，他就在第一装甲师指挥所，亲眼看见沃德的脸上满是瘀伤、血迹和磺胺粉，简直就像一幅毕加索的油画。他认为，沃德的失败不是因为缺乏努力，巴顿只是不愿承认，有时候计划受挫并非战地指挥官的过错。这不公平。

除了对沃德不够公平外，更令布莱德雷恼火的是巴顿派他去干这件脏活。他后来发泄道："这位在战场上最勇敢的人却无法鼓起勇气与沃德面对面谈此事。相反，他派我去干这事！"

布莱德雷说的没错。巴顿知道必须做什么，他知道不得不解除沃德的职务。巴顿外表看似粗暴，实际上却是个心慈手软的人，无法轻轻松松地将自己的部下解职。他给了沃德好几次机会，也跟他谈过几次，到斧头落下时他仍不愿面对沃德。巴顿面对艰难的个人决定时的怯懦在布莱德雷看见的这一插曲中表现出来了。这是他们关系桥梁上的另一道裂缝。

这可能是巴顿的某种忠诚感，也可能是昔日陆军士兵间一种不成文的规矩。艾森豪威尔曾回忆一起突显出巴顿性格阴阳两面的类似事件：

> 例如，他摆出某种姿态，让自己看上去像是陆军中最冷酷无情的人。实际上他心肠很软，特别是涉及私人朋友的时候，这可能是他最大的缺点。战争后期，他有一次强烈要求我把他手下的80名军官撤职，因为据他说，这些人缺乏能力，而且胆小到近乎怯懦。他是那么忧心忡忡，那么固执己见，以至于我只好同意他的要求，但必须由他提交一份书面报告。他显然对我的默许感到惊异，便以这样或那样的借口，一周又一周地拖延他的报告。最后他不好意思地承认，经过重新考虑，他又不想撤他们当中任何人的职务了。

布莱德雷将免职令交给沃德，但这项工作使他心烦意乱，因为它动摇了他对小乔治·史密斯·巴顿的信心。在第一装甲师师部与沃德会面，并向他传达命令后，布莱德雷几乎是含着眼泪离开的。沃德当晚在日记中写道："布莱德雷比我更难过。"对布莱德雷来说，这是黑暗的一天。

"军情报告事件"：英美部队口水战

巴顿在北非最黑暗的日子降临在1943年4月1日，他非常喜欢的年轻副官迪克·詹森上尉阵亡了。巴顿派迪克和布莱德雷前往一个前进指挥所，一队容克轰炸机从上方飞过后消失不见，随即背着阳光朝他们扑来。布莱德雷、迪克和同行的其他人员躲入狭窄的避弹壕。重达220多千克的炸弹像雨点一样落下，沙土、火焰、金属弹片到处横飞，冲击波扑向四面八方。等到爆炸结束，轰炸机引擎的轰鸣声也渐渐消失在远方后，布莱德雷一行人爬出他们的堑壕。

除了迪克。

爆炸的冲击波击中了他。众人找到他时，他的头处在一个古怪的位置，脖子已被折断。他蜷曲着倒在战壕里，就像个没有生命的娃娃。额头上有一道无关紧要的擦伤，嘴角流出一道猩红色血迹。他那只停止的手表标示出他阵亡的时刻。

空袭的强烈惊吓让位于一种听天由命的悲痛感。布莱德雷藏身的堑壕离迪克仅隔 4.5 米，他平静地命令副官们把迪克的尸体抬上吉普车，把迪克带回加夫萨。

迪克就像巴顿的儿子一样，他的死讯令他痛彻心扉。布莱德雷的副官赶到时，这位老骑兵跪在迪克的遗体前，像个孩子一样失声痛哭。泣不成声的巴顿抹掉眼泪，从口袋里掏出一把剪刀。他剪下迪克的一缕头发放入自己的钱包，打算把它寄给迪克的母亲。他转身离开，避开众人独自承受这种悲痛。

在广大读者们看来，"血胆"巴顿可能一向是 U. S. 格兰特、怀亚特·厄普（Wyatt Earp）和青蜂侠那样的人。但他的情感——愤怒、兴奋、沮丧、悲伤、骄傲——总是溢于言表。虽然他为战斗而生（或者说他是这样告诉自己的），可每当他不得不面对战争的可怕后果时，无论是战地医院帐篷里痛苦呻吟的士兵，还是一位年轻朋友支离破碎的遗体，他都会紧紧咬住嘴唇。迪克的阵亡使他痛苦不已，这个热爱战争的人只能伤心地摇着头，当晚在日记中写道："我不明白为何这么优秀的年轻人会阵亡。我会非常想念他的。"

巴顿告诉比阿特丽斯，出任第二军军长以来，他一直竭力"按捺住对英国佬的脾气"。但德国空军每晚的空袭、艰苦的山地战和亚历山大、蒙哥马利、安德森偏向英军的态度，已将他逼至心理极限。他不止一次拔出手枪朝德军战斗机上轰鸣的戴姆勒引擎射击，就连布莱德雷也多次端起斯普林菲尔德步枪朝敌军战斗机开火——英国战术空军力量本应为他们提供免遭此类危险的保护。

巴顿想到英国人指挥的第十二空中支援大队就不由得怒从心头起，他们本该拦截那些频频出击、袭向迪克·詹森一行人的容克大蝗虫。修道士迪克森记得巴顿抱怨过，"你根本无法指望该死的空军去做一件事。"巴顿在日记中气急败坏地写道："我们的空军无法在夜间飞行，无法在风中飞行，无法支援部队，而德国人这三样都能做到。"

难怪迪克身躯渐凉的时候，巴顿会热血沸腾起来。

各指挥部定期会向上级提交态势报告，或称之为"军情报告"，以便上级部门及时掌握他们的进展情况。以第二军为例，军部每天都会向第十集团军群司令部呈交报告，再给艾森豪威尔发去一份副本。4月1日，巴顿为迪克的阵亡悲痛不已，在例行报告中加了一句："我方部队完全得不到空中掩护，致使德国空军肆无忌惮地展开行动。"

巴顿的报告送至盟军指挥部的桌上时犹如在英军飞行员中点燃了一串爆竹，特别是派驻北非的英国战术空军指挥官。一位巴顿式的人称"玛丽"（Mary）、名字叫作亚瑟·科宁厄姆（Arthur Coningham）的空军中将，因巴顿对他的飞行员所做的书面批评而暴跳如雷。雄辩的科宁厄姆立即给地中海各高级指挥官发去一封复电。他讥讽巴顿的报告是个糟糕的愚人节玩笑，这位空军中将暗示巴顿正"丢人现眼地拿空军作为他没能在地面上取得进展的借口"。科宁厄姆继续写到，如果巴顿的报告不是在开玩笑，"那么只能认为第二军的人在目前这场行动中尚不具备参战资格"。科宁厄姆在电报中总结道："空中支援司令部已接到指示，不能让他们对第二军出色而又尽责的支援受到这种危言耸听的影响。"

很快，口水战像酒吧斗殴般蔓延开来。司令部工作人员为之哗然，艾森豪威尔的美军航空兵指挥官卡尔·斯帕茨（Karl Spaatz）将军也加入其中。他发电报给科宁厄姆，对他所做的"完全超出其能力范围"的评论表达了"最严重的抗议"。看来，盟军将领之间即将爆发一场英国与美国、陆军与空军的互殴。

"军情报告事件"是艾森豪威尔不希望见到的一场危机，它爆发在一个极度恼人的时刻。此时，国内认为突尼斯之战即将顺利结束，艾森豪威尔对这种错误看法深感沮丧。实际上，盟军正面对一支实力强大、殊死抵抗的敌军。对方都是些经验丰富的老兵。而他刚刚从"达朗协议"的负面影响和在卡萨布兰卡受到的英国参谋长们的冷淡对待中恢复过来。他耗费大量时间，力图让巴顿、斯帕茨、弗雷登道尔、布莱德雷、亚历山大、科宁厄姆、安德森保持和睦。可现在，充当密探的参谋哈罗德·R.布尔（Harold

R.Bull）少将告诉他，顽固的科宁厄姆将一封该死的愚蠢电报发给了除希特勒外的每一个人，以此回应顽固的乔治·巴顿同样不够得体的电报。在这一切发生的当天，艾森豪威尔还为科宁厄姆的部队发挥的效用赞扬了皇家空军中将亚瑟·特德（Arthur Tedder，艾森豪威尔负责空军的副司令）。

布莱德雷后来评论道："艾克显然在处理这起事件上非常为难。"在艾森豪威尔看来，"军情报告事件"是自己已深深陷入一个烂摊子的征兆。尽管他竭力维持和谐，但这头怪兽越长越大，并发出阵阵咆哮。他对巴顿和其他美军将领一次又一次地讲过，不要对英国人说三道四。这是为了容忍他们的盟友，也是为了帮助艾森豪威尔赢得战争——看在上帝的分儿上，他要在 5 月中旬前打赢北非战役，因为他已在罗斯福总统面前保证过。现在，他精心维系的和睦关系正在破裂。如果他连自己的将领都无法控制，又如何能在接下来的 45 天内征服突尼斯呢？

对艾森豪威尔来说，"军情报告事件"就是压死骆驼的最后一根稻草。他受够了他那些将领和他们的乖张荒诞。于是他起草了一份电报，要求马歇尔解除自己的职务，理由是他无法让自己的部下放弃国家偏见并为共同的利益齐心协力——福克斯·康纳多年前告诉艾森豪威尔，这个条件对取得胜利不可或缺。

震惊的比德尔·史密斯立即以他最擅长的周旋之道介入其中。他以一套既具逻辑又不乏感染力的说辞使艾森豪威尔相信，破裂的英美关系完全可以修补。他恳求道，艾森豪威尔是这项工作的合适人选，盟国未竟的事业需要他留下。比德尔设法阻止了艾森豪威尔的自我牺牲，艾森豪威尔没有发出这份电报。

事态暂时缓和下来，疲惫不堪的艾森豪威尔派特德和斯帕茨去加夫萨安抚巴顿。"军情报告事件"发生两天后，他们赶至第二军军部，表面上是为了商讨更大规模的空中掩护事宜。就在两位空军司令听取这位骑兵关于地面部队缺乏空中掩护的冗长讲话时，4 架德国空军的"福克－伍尔夫"（Focke-Wulf）战斗轰炸机呼啸着掠过巴顿指挥部外的街道，投下炸弹，并扫射美军士兵。

伴随着爆炸声、星型发动机的轰鸣声和办公室天花板震落的石膏灰尘，英国空军中将坐在那里，平静地装填烟斗，紧抿的嘴唇露出一丝讥讽的笑容。斯帕茨用疑惑的目光看着巴顿，问道："你到底是怎么上演这一出的？"

巴顿嬉皮笑脸地摇着头："我可以发誓，我真不知道，可我要是能找到这几个开飞机的杂种，我就给他们每人寄一枚勋章。"

在艾森豪威尔和亚历山大的坚持下，科宁厄姆中将前往巴顿的军部，进行修好访问。为捍卫部下的荣誉展开一场激烈争吵后，两位指挥官冷静了下来。科宁厄姆提议发一封电报撤销他之前对巴顿报告的回复，以此作为补救措施。巴顿在日记中写道："我们友好地道别，我想我们会得到比以往更好的空中支援。我为自己感到骄傲，因为我态度坚定，但又不乏温和。我怀疑他不会发撤销电报，因为艾克会告诉他没有必要。"

科宁厄姆给各高级将领发去一份态度谦和的电报，称要撤销自己先前的那份文件。但正如他预料到的那样，巴顿并未得到安抚。巴顿写信给艾森豪威尔，告诉这位老友，自己对科宁厄姆"向美国军队所做的完全缺乏诚意的道歉非常生气、非常反感"。

艾森豪威尔在回函中提出异议。他承认巴顿有权觉得"公开撤回电报或道歉是必要的"，但提醒他，"本战区必须实现盟国通力合作的伟大目标"。他在信中告诉这位愤怒的骑兵，"对每个错误提出合法却不合理的要求"不会给盟军带来胜利，并建议这位加利福尼亚人："我们应当不辞劳苦地寻求坦率、友好的沟通，这样就不会出现任何真正的意见分歧，也不会激怒他人。"他还向巴顿保证，如果他的英国同僚给他造成任何麻烦，他可以依靠亚历山大将军公平、客观地解决问题。

如果艾森豪威尔命令巴顿收敛骄气，他会这样做的。这只是他工作中令人不快的另一部分。巴顿乖乖接受了科宁厄姆的道歉，并回以一封热忱的信函。他还给亚历山大写去一封亲切的信件，称赞了空军为他的军队所提供的支援。

但如果艾森豪威尔认为他可以改变巴顿亲美、亲陆军的偏见，那他纯属浪费时间。巴顿对亚历山大动辄告诉他该做什么、该如何做的非美国式习惯感到恼火，艾森豪威尔以超越国界的合作方式来推进战争的要求预示着将来会有更多麻烦。巴顿在日记中写道："我总是觉得这个问题最后必然要爆发，我也许会沦为他们的受害者之一。艾克比英国人还要英国人，是他们手中想捏就捏的泥巴。天哪，看在约翰·约瑟夫·潘兴的分儿上。"

短短几个月里，乔治·巴顿和奥马尔·布莱德雷在对待英国人的友情观方面达成一致。1943年4月3日，与科宁厄姆的争执达到高潮时，巴顿在日记中痛斥道：

> 美国军队被彻底拆分，杀敌和获得声誉的机会悉数丧失。布莱德雷和我向艾克指出这一点，他说他会设法阻止形势恶化，但他什么也没做。他已经把自己彻底卖给英国人了。我希望国内媒体关注此事。布莱德雷和我决定不管闲事，什么都不说。他要是跌跟头，不是我们的错。我希望德国佬彻底击败英国第一二八旅和第六装甲师。英国人视我们为白痴，我受够了。对我们来说，这里已没有国家荣誉和声望可言。艾克必须离开，他是个典型的暴发户，无法适应成功。

大骂艾森豪威尔和英国人不过是他发泄怒火的方式而已，但迪克·詹森阵亡后，巴顿就无法将艾森豪威尔的亲英态度逐出脑海了——他也没有试过这样做。两天后，巴顿又抱怨起来："我认为艾克的态度令人遗憾。他对我们所做的一切持批评意见，总是偏向英国人。布莱德雷和我……觉得美国正被一个理论所出卖，而这个理论就是棵大毒草。（他）从未设法提高美国军队的声望。我们已持续战斗19天，从未后退过一步。英国第八集团军只打了5天。我们已将德国第十和第二十一装甲师从他们那里吸引过来，他们却温和地（其实不算太温和地）暗示我们没有尽到全力。"

他还抱怨道："人们只能得出结论：第八集团军遇到麻烦时，我们很乐意献出我们的生命；而第八集团军进展顺利时，我们应该停下脚步，以免攫取任何荣耀。这种打仗的方式鼓舞人心，显示出罕见的领导才干，艾森豪威尔轻易就相信了。哦！看在潘兴的分儿上。"

更糟糕的是，4月10日，亚历山大的参谋长打电话告诉巴顿，亚历山大打算把第二军再次置于安德森麾下。逻辑很简单，参谋人员喜欢明确、直接的作战序列表：他们认为第十八集团军群应该指挥诸集团军，而不是单独的军。因此，向突尼斯的最后推进应该由英国第一集团军在北面、蒙哥马利的英国第八集团军在南面遂行，美国和法国军队作为直属力量由安德森指挥。

听到这个消息，巴顿勃然大怒。他飞赴亚历山大的司令部，试图说服对方不要这样做，但亚历山大不为所动。巴顿当晚在日记中恼怒地写道："该死的英国佬和那些向他们卑躬屈膝的所谓的美国人。艾克对此不会采取任何行动。我宁愿接受一个阿拉伯人的指挥。我想没有谁比阿拉伯人更差劲了。"

巴顿出局，布莱德雷上位

鉴于"爱斯基摩人行动"策划工作进展缓慢，盟军最高统帅和马歇尔将军通过密电，就巴顿和布莱德雷在突尼斯战役最后阶段应发挥的作用交换意见。艾森豪威尔对布莱德雷作为巴顿副手的表现非常满意，他告诉马歇尔："从各方面看，（布莱德雷）都是个天赐之物，他毫无保留的坦率和绝对的忠诚是我十分看重的。"

但突尼斯战区只需要一位能干的将领，而不是两位，艾森豪威尔不得不决定将谁调回拉巴特完成"爱斯基摩人行动"的策划工作。第二军对加夫萨发起进攻前，布莱德雷到阿尔及尔拜望艾森豪威尔。这位堪萨斯人问他的老同学，该如何安排巴顿。

布莱德雷说："好吧，我认为乔治应该回去，恢复他的西西里岛战役策划工作。毕竟第一装甲军的工作人员都是他的部下，他能指挥得比我更好。"

"这也是我的看法，"艾森豪威尔回答道，"等加夫萨阶段完成后，你就接掌第二军，我们会把乔治调回拉巴特。"

就这样，巴顿出局，布莱德雷留下。这是个诚实的交易，巴顿从一开始就欣然接受。这种安排最符合第二军和"爱斯基摩人行动"策划组的利益。艾森豪威尔向亚历山大、安德森和其他将领表明，他认为巴顿已出色完成了上级赋予他的任务。一旦布莱德雷做好接掌第二军的准备，巴顿就将继续从事进军西西里岛的紧急任务。

巴顿没有因为自己被解除作战指挥而发作，尽管他知道公众会认为，他是因为没能到达加贝斯湾而被解职的，他们并不了解他当初接到的任务只是暂时指挥第二军。4月8日，他告诉比阿特丽斯："若报上说我被解除职务，不必担心。我在这里只是临时接替别人。布莱德雷会接管一摊麻烦。他是个出色的家伙。"他又在日记中告诉自己："我想完成这场战斗，但不会为此而争辩，因为在我看来，我在命运的掌握下，它正在磨炼我，以便日后发挥更大的作用。"

次日，他带着一丝愉悦草草写道："见到了克拉克，他酸得就像一颗泡菜。我认为我已超过他，我对自己浪费在他和其他许多人身上的嫉妒和仇视觉得好笑。现在回过头看，这些人似乎没那么可恶。"

奥马尔·布莱德雷出生于密苏里州边远地区，从小就熟悉各种蛇类。例如，他知道美国境内有 4 种基本类型的毒蛇。他知道如何识别它们，也知道如何避免被它们咬伤。它们是已知的、公认的危险。随着时间的推移，他已学会理性地、充满信心地对付它们。相反，旧大陆的毒蛇对他来说神秘而又陌生。他知道，各种狠毒的蛇类可能在非洲蜿蜒爬行，英国的情况很可能同样如此。布莱德雷对这些物种毫无经验，但是，如果他不得不对付这些毒蛇，就必须以自己的本能谨慎行事，而且要特别留意不被它们咬到。

获知亚历山大计划将第二军纳入英国第一集团军，置于性格沉闷的安德森麾下时，布莱德雷看到的是一颗颗毒牙，他对此反应强烈。第二军是他继承的遗产，他不能把它变为一个附属品。布莱德雷和尚未返回拉巴特的巴顿私下里对此牢骚满腹。布莱德雷后来说："我一想到这个计划，就气不打一处来。巴顿和我愤怒得说不出话来。但由于艾克严格命令我们按照亚历山大的要求行事，我们没有提出异议。"

在巴顿的支持下，奥马尔于 3 月 22 日飞赴阿尔及尔，与他的老同学促膝谈心。多年后，布莱德雷公开了关于此次会谈的他这一方的版本，这对确定美国军事力量在非洲最后之战中发挥的作用起到很大帮助。他声称他曾告诉艾森豪威尔：

"美国人民希望赢得一场胜利，他们应该得到这份殊荣。他们会发现，美国军队在进军北非和突尼斯的初期战役中发挥了重要作用，但在这场最后的战役中却被排挤在外，这让人很难理解。"

"可能的确如此，布莱德雷，"艾森豪威尔说道，"我没考虑到这一点。"

"这场战争会持续很长时间，艾克。结束战争前，会有更多美国人投身其中。我认为我们有权在我们自己的指挥下开展行动，而不是永远在各盟友之间调来调去。除非你给我们机会，让我们展示在我们自己的作战地区、在我们自己的指挥下，我们根据自己的作战目标行动究竟能做到些什么，否则你永远无法知道我们到底是优秀还是糟糕，美国人民也不会知道。"

"你有何考虑？"

"将整个第二军北调，而不仅仅是第九师。然后让我们以自己的力量夺取比塞大。"

1943 年 4 月 14 日，艾森豪威尔飞赴海德拉（Haïdra），这个突尼斯小村庄是亚历山大第十八集团军群司令部所在地。他在那里与自己的副手会晤，梳理美军在夺取突尼斯城和比塞大的最后之战中的任务。他希望巴顿和布莱德雷参与其中，因为他觉得这是个好时机，可以让他们知道如何同盟友打交道。双方应该坦率交流，并怀着最佳的动机和诚意。

由于英军在战线上的兵力更多，而且投身战争的时间也更长，艾森豪威尔觉得让英国人认为自己在这场战斗中发挥主导作用这一点非常重要。英军将把突尼斯放进他们的战斗荣誉榜中，这一点已成定局。但由于需要应对美国的公众舆论（这项任务要求美军做出较为显著的贡献），他告诉亚历山大，他希望将夺取次要港口比塞大的机会交给布莱德雷的第二军。亚历山大同意了，会谈结束时，布彻写道："巴顿和布莱德雷都对此次会议感到高兴和满意。"

如果艾森豪威尔也得出同样的结论，那他未免错得太过离谱了。布彻的看法恰恰说明，布莱德雷和巴顿在艾森豪威尔面前谈到英国人的计划时已变得多么谨慎。实际上，巴顿离开会议时极为沮丧，他抱怨道："艾克说了好多，让亚历山大做的只是他想做的事。艾克说他'不是以美国人，而是以一名盟友的身份出席'。他说的是实话。真是个蠢货，对我们来说这就是一场悲剧。"

接下来的两天，巴顿和一群志同道合的同僚为此焦虑着急时，他的怨恨越来越深。与艾森豪威尔共度一晚后，巴顿又在日记中大骂起来：

> 在我看来，艾克是在装腔作势，他知道自己被批评得几乎成了本尼迪克特·阿诺德（Benedict Arnold）[①]。要么是他奉命行事（如果真是

---

① 本尼迪克特·阿诺德：美国独立战争中著名的美军将领，能力出众，但后来投靠英军当了叛徒。——译者

这样，他以一种军人的方式履行了职责，没有哭爹叫娘），要么是英国人彻底把他耍了。在任何情况下，他通常不会说实话。他不过是个花花公子，一个喂饱了的玩偶……布莱德雷、埃弗雷特·休斯、鲁克斯将军和我，可能还有其他许多人，都认为美国被人出卖了。我一向比艾克更加忠诚，从来没跟任何人说过，我从英国人那里学会了永远无法从一个美国人身上学到的东西。如果这种对美国的欺骗来自上层，那实在是该死。倘若这种欺骗来自艾克，那就太可怕了。我与休斯认真谈过以辞职表示抗议，我觉得自己就像犹大。

"犹大"在自己的日记中对"本尼迪克特"大发脾气，但我们也不能忽视两人的深夜谈话。这种促膝谈心每次都能重现他们友谊中最好的一面。这次也不例外。巴顿在离开的前夕和艾森豪威尔展开了一场朋友间的交谈，就像 23 年前他们在米德营度过的那些宁静的春夜。哈里·布彻对这番交谈做了简短而富有洞察力的记录：

> 艾克和巴顿谈论到，组建并领导一支强有力的军队需要坚定的意志。他们一致同意，必须做到冷酷无情，哪怕对他们最好的朋友也是如此。部队有权获得出色的领导，为此，高级指挥官应该把那些缺乏指挥能力的军官撤职。

但布彻又讥讽地补充道：

> 我忍不住想指出，这两位从外表上看都很坚强，实际上都有些多愁善感。没等我开口，巴顿便谈及离开第二军军部前，他花时间摘了点野花，放在他那位副官的墓地上。想起这件事，他说道："我想我真是个该死的老傻瓜。"他的声音哽咽了，泪水顺着面颊滚落。

第二天早上，特克斯·李打电话给巴顿，告诉他马歇尔将军发来贺电，称赞巴顿将军在突尼斯前线指挥第二军的出色工作。巴顿意识到艾森豪威尔在这封电报后面替自己进了美言，于是，满怀感激地对艾森豪威尔说道："我欠你的情。"自豪的艾森豪威尔回答道："少来这套。"

巴顿确实对艾森豪威尔心怀感激之情，艾森豪威尔也的确为他的朋友感到自豪。但英美关系这个令人厌倦的老话题会像突尼斯的太阳那样再次升起，因为一个联盟的框架根本不允许艾森豪威尔成为巴顿希望的那种最高统帅，即一位国家主义者、沙文主义者、美国指挥官。

这道划在巴顿与艾森豪威尔的这段友谊上的伤痕，会随着战争的持续变得越来越深，越来越明显。巴顿在 4 月中旬离开阿尔及尔后写道："今天早上很坦率地跟艾克谈了谈。我告诉他，他就是约翰·约瑟夫·潘兴的反面。他引用 1918 年 3 月的例子，潘兴将所有美军交给福煦指挥。我反驳道，潘兴将军当年 8 月告诉福煦，除非他下达命令将美军编为一个集团军，否则美国人不会再开一枪，不会再发动一辆汽车或火车。此举的结果是圣米耶勒大捷。"

两人都没有让步。这不符合他们的性格，即便符合，这两人也早已将各自的目光投向两条截然不同的获胜之路。艾森豪威尔注视着一张世界地图，他看到的是一场新型战争，在历史书中无法为此找到范例。联盟要想打败一个无情的、业已实现工业化的敌人，美国、英国和法国盟友间必须展开紧密无间的合作。但在巴顿看来，你不能把一名美国士兵置于外国指挥官的麾下，就像你无法让一只野猫拉大车那样。作为一个发自内心的反对合作的人，巴顿坚信各盟国军队在独立行事时将取得最佳战果，每支军队会努力争取他们能够获得的相应份额的荣耀。如果美国人有能力夺得这份荣耀中的大部分份额，为何要让任何一个爱国的美国人袖手旁观呢？

巴顿怀着极其复杂的情感向他的朋友道别，登上飞机返回拉巴特，他的思绪已萦绕在下一场进攻的细节问题上。但离开前，他给布莱德雷写了封热情洋溢的祝贺信，并把他拉到一旁，就盟军总司令部的情况进行最后一次私下交流。他没有记录下当天跟布莱德雷谈了哪些内容，但无论他对布莱德雷说了什么，都促使这位密苏里人告诉巴顿"少说为妙，不要批评艾森豪威尔和英国人"。

几天后，巴顿又给布莱德雷寄来一封私人信函，向他保证："我遵照你的忠告，一言不发。换句话说，我行事就像三只猴子 [①]。"

---

① 三只猴子指的是"三不猴"，即不看、不听、不说。——译者

第8章　征服比塞大：一个人的胜利

> 如果我遵照艾克的建议（这无异于一道命令）行事，我觉得我们肯定
> 会遭受另一场卡塞林山口惨败。
>
> ——布莱德雷

奥马尔·布莱德雷在1943年4月16日接掌第二军时，有幸掌握了一支9万人的力量。他们曾在卡塞林山口和西迪布济德蒙受损失，但现在已恢复士气。他的几位师长，特里·艾伦、曼顿·埃迪、道克·赖德和厄尼·哈蒙，个个是硬汉，也都还算听话。艾伦是这些将领中的刺儿头，但布莱德雷觉得自己能对付这个粗野的将军。

他也对自己的军部团队感到满意。担任副军长的两个月使他对他们有了了解和欣赏。除了被布莱德雷从基石师调来、即将担任军参谋长的无情暴君比尔·基恩（Bill Kean，被吓坏的工作人员给他起的绰号是"布莱船长"）外，军部人员保持不变。与艾森豪威尔和巴顿一样，布莱德雷也培养起了一个可靠而极其忠诚的"战时家庭"，其中包括他的副官切特和刘易斯，他在国内使用过的司机亚历克斯·斯托特，还有个能干的勤务兵。这位来自密歇根的下士名叫弗兰克·切卡达（Frank Cekada），是布莱德雷到非洲后物色的。他认为，这是个坚实的基础结构。随着进攻比塞大的日期逐渐临近，布莱德雷和他的部下们怀着一种冷静、从容的信心投入工作。

出任第二军军长后不久，布莱德雷决定放松巴顿颁布的某些旧规定。例如早餐今后将提供到上午8点30分。他认为这一举措"大大提高了军部工作人员的效率"，因为这些人经常工作到凌晨。他也没有时间检查钢盔衬

帽和巴顿时期另一些毫无意义的细节，并降低了巴顿规定的着装要求。布莱德雷将所有人从巴顿的靴跟下解救出来。他认为，如果自己暂时放松对仪容整洁的过分规定，就能让部下们做出更多成绩。

如果说有什么事情以错误的方式给布莱德雷造成干扰的话，那就是艾森豪威尔对军队事务的善意插手。布莱德雷认为，对一个从未在战场上指挥过部队的人来说，艾森豪威尔提出的战术建议实在太多。读到艾森豪威尔给这位即将上任的军长发来的第一封公函时，布莱德雷发现信中的语气俨然以恩人自居。他觉得，艾森豪威尔对于部队部署的建议是个糟糕的构想，甚至可以说是具有危险性的。总的说来，艾森豪威尔的意见使布莱德雷确信，他这位老同学对战场上的战术知之甚少，甚至完全不了解。带着一丝轻视，布莱德雷注意到艾森豪威尔要求他以坦克为先导，沿南部的提奈河河谷攻击前进。该路线是一条位于敌军火力打击下的漏斗形隘路，人称"捕鼠器山谷"，几个月前给弗雷登道尔带来了滑铁卢之败。反复考虑艾森豪威尔的信件后，布莱德雷得出结论，艾森豪威尔的建议会导致一场灾难。他后来告诉他的传记作者："如果我遵照艾克的建议（这无异于一道命令）行事，我觉得我们肯定会遭受另一场卡塞林山口惨败。"

布莱德雷不希望再发生由低级错误导致的失败，因而悄然忽略艾森豪威尔的建议，命令"大红一师"在他将坦克投入纳粹靶场前肃清这些高地。

战场的墙与盟友的"墙"

进攻日期定于 1943 年 4 月 23 日。布莱德雷和参谋人员反复"擦拭"他们的计划，直到它像镜子般明亮。各个细节都已反复考虑了，就算布莱德雷有些紧张，他也没有露出任何迹象。但在安德森于 4 月 18 日召开的军级指挥官会议上，这位自信的战术家在他那些更加世故的欧洲同僚面前遭遇到了诸多尴尬时刻中的第一次。会议期间，法国第十九军军长路易 - 马里·克尔特兹（Louis-Marie Koeltz）将军开始用母语阐述他的目标。布莱德雷回忆道："我竭力以早已生疏的西点军校的法语弄明白他的话。克尔特兹对自己无法用英语阐述作战计划表示歉意，安德森朝他轻轻挥挥手，'当然，这里每个人都懂法语'，他这样说道。我就不懂，但我只能默默地忍受。"

巴顿在第一次世界大战前就学过法语，艾森豪威尔也有一帮翻译人员随时为他效劳。布莱德雷真希望他那位会法语的司机在场，但现在他别无选择，只能带着不安的沉默站在这群博学的指挥官中——他就是这些职业精英中的一个乡巴佬。

对布莱德雷来说幸运的是，克尔特兹的法国军队部署在安德森部队的另一侧，因此，需要了解法军情况的是安德森，而不是布莱德雷。

D日前一天，布莱德雷夺取比塞大的计划获得批准。他展开地图，向一群记者概述他的策略。这是他作为一名作战指挥官召开的首次新闻发布会。他戴着圆形眼镜，以带鼻音的方言开始了他的演说。布莱德雷站在地图板前讲解情况，"他的派头就像一位老师正在介绍新学期的课程安排"。但在这位教师的儿子看来，他说的内容远比他的表述方式更加重要。

夺取比塞大的计划就跟这位讲解人一样简单明了：埃迪的第九师将从北面进攻"对方"（布莱德雷经常这样称呼敌人），而艾伦的第一师则从南面发起突击。道克的第三十四师在中央附近负责攻克被称为"609高地"的敌人堡垒，哈蒙的第一装甲师将在道克右侧前进。该装甲师余部担任预备队，做好对扩大一切突破的准备。

这种打法肯定有风险。但思考计划时，布莱德雷的注意力都集中在目标上，而不是完成目标之前或之后的血肉之躯。当然，他已采取一切措施以降低部队的损失，但正如他的副官所写的那样，布莱德雷策划进攻时，"部队只是地图上的红蓝色符号，他必须设法让他们突破敌人虚弱的阵地"。布莱德雷所做的不过是将士兵们输入一个方程式中。

为掌握布莱德雷的进展，艾森豪威尔派哈罗德·布尔少将在第二军充当耳目，就像他先前交给布莱德雷的任务一样。进攻即将发起时，艾森豪威尔及其随行人员来到第二军，一同到来的还有莱斯利·麦克奈尔中将率领的一个小组。麦克奈尔是马歇尔将军安排在非洲的耳目。因此，布莱德雷的军部挤满了"间谍"，他们在监视别人的同时也受到别人的监视，但所有人都对此心知肚明。

对布莱德雷的第一次进攻行动来说，艾森豪威尔及其随从成了他既不需要也不想要的一种负担。"重要来宾们"迫使他给这些高级将领做了一次军级层面的任务简报，这些人又涌向特里·艾伦的指挥所，在那里聆听"大红一师"参谋人员最后的简报。这种"公开表演"毫无军事意义，但这是游戏的组成部分，布莱德雷只能容忍。艾森豪威尔在离开时对他这位朋友的表现非常满意。

1943年4月23日清晨3点30分，进攻时刻到来。此时，就连镇定自若的布莱德雷也流露出紧张的神情。在进攻发起与初步报告之间的平静期，他烦躁不安地绕着指挥所走来走去。办公室的四面墙壁令他厌烦，于是他向两名副官提出来一场短途步行。一行三人走到附近沙漠边缘的一条峡谷，布莱德雷端起卡宾枪，朝突出的岩石射击。打了几发子弹后，布莱德雷的神经似乎得到了放松。他返回指挥所，准备指挥作战。

头两天，布莱德雷的进攻进展顺利。每天早上，他会在黎明时醒来，躺在床上打电话给各位师长，听取他们的口头汇报，然后再去自己的办公室。

但第三天，布莱德雷的军队撞上了一堵墙，或者说是609高地高大、突出的岩石——这是道克·赖德第三十四步兵师的目标。这座高地的海拔超过550米，控制着进入比塞大的通道，艾伦将军的部下每次攻向目标时，都会遭到敌人部署在山脊上的火炮的猛烈轰击。布莱德雷知道，要想夺取比塞大，他必须将星条旗插上609高地的顶峰。

布莱德雷看着赖德的部队对高地发起3次冲击，每次都在德军猛烈火力打击下匆匆退回。暂时被难住的布莱德雷忽然想到一个解决办法，他派出厄尼·哈蒙的一个坦克连增援步兵。赖德的部下以哈蒙的"谢尔曼"坦克作为流动榴弹炮，在4月30日的第四次冲击中终于冲上山顶，并于次日加固其阵地——609高地落入盟军手中，通往比塞大的道路已敞开。

布莱德雷的步兵不得不在布满岩石和灌木丛的地带择路而行，缓缓攻向他们的目标。但在做事有条不紊的奥马尔·布莱德雷看来，缓慢而谨慎的前进是件好事。此时的他坐在巨幅态势图前的金属折叠椅上指挥战斗。他是个有耐心的人，知道比塞大这个最终目标就在眼前。

当更谨慎、更有条不紊的方法能减少士兵们的伤亡时，布莱德雷就不会命令他的部下冲向敌人未经挑战的防御工事，这是一种信条。在他看来，他的任务是夺取比塞大，至于是5月1日还是15日完成没什么不同，除非风险和伤亡完全相同（实际上很少相同）。

耐心是他在幼年时学到的一课。有一次他和父亲去打猎，父亲端起步枪瞄准一只松鼠时，年幼的布莱德雷在一旁紧张不安。他无法控制自己，朝那只小动物扔了块石头。没等他父亲开枪，松鼠便逃之夭夭。结果，父子俩两手空空地回家了。这一课一直伴随着他的成长，他现在把这种边远山区的智慧运用到战斗中。

虽然拖延并未影响布莱德雷的对敌策略，却使安德森将军有时间来惹怒他。他要求后者将一个美军步兵团交给英国第一集团军指挥。这是个危险的先例，布莱德雷和巴顿曾在私下里对这种事大发牢骚。布莱德雷决定同安德森来个针尖对麦芒，哪怕这意味着要向艾森豪威尔求援。

次日，艾森豪威尔视察第二军军部时，布莱德雷趁机提出这个问题。他强烈反对将美国部队调拨给英军。令他宽慰的是，艾森豪威尔向他保证："布莱德雷，别担心。我下午去找安德森，我支持你。"

也许是巴顿关于"黑杰克"潘兴和美国威望的争辩给艾森豪威尔留下了深刻印象，也许是艾森豪威尔意识到，马歇尔的目光正注视着他，他需要让布莱德雷暂时挥舞美国的国旗。不管出于什么原因，艾森豪威尔坚决反对这一调动，无计可施的安德森只得退让。布莱德雷就像受人尊敬的潘兴将军那样，将自己的所有部队统一在同一面旗帜下。

安德森、蒙哥马利和布莱德雷悉数就位后，亚历山大命令军队于5月6日发起最终突击。厄尼·哈蒙率领他的坦克部队担任先锋。布莱德雷认为虽然哈蒙满口粗话，喜欢自吹自擂，但他是个出色的师长。埃迪的第九师、艾伦的第一师和赖德的第三十四师负责为这场突破提供支援。

计划得到完美执行，唯一令布莱德雷恼火的是，特里·艾伦未经批准便下令进攻，结果被敌人击退，还遭受了严重伤亡。这是巴顿可能会尝试的举动，但布莱德雷知道，巴顿的运气也许会更好些。布莱德雷说："从那一刻起，我对特里的印象急转直下。我不会允许他或他的师忽略上级下达的明确命令，作为一支独立部队自行其是。"

虽然局部受挫，但艾森豪威尔还是对布莱德雷的进展深感满意。进攻发起后，他3次视察前线，还跟布莱德雷一同发布定期情况简报。他向布莱德雷保证："你要知道，你所做的一切不仅激起了我极大的钦佩，还使我必须对你表示深深的谢意。"5月7日，艾森豪威尔视察第二军设在西迪尼斯尔（Sidi Nisr）的军部。布莱德雷的密苏里口音将该镇错误地读成"斯尼尔"。在西迪尼斯尔，两位老同学戴上眼镜，注视着标有箭头和圆圈的大幅地图，一起推测第五装甲集团军的最终结局。两位西点军校毕业生非常快乐。

在埃迪对比塞大发起最终突击的第二天，第九步兵师先遣部队攻入了城内。5月9日，据守比塞大的敌军已无法坚守阵地，被美军逼至海边。城防司令弗里茨·克劳泽（Fritz Krause）将军接受了布莱德雷提出的无条件投降条款。战斗宣告结束。

"任务完成！"

一支军队的覆灭是一幅阴沉的、令人敬畏的景象，非常像一片经历森林火灾后仍在阴燃的树林，或是一座沿海城市遭受飓风袭击后的残垣断壁。先是战斗停息后的平静，然后是一些最勇敢的人开始迈出犹豫不决的步伐。他们的性命掌握在那些跨过无人地带、神情紧张的胜利者手中。随着相关命令传达到战败的部队，一群群筋疲力尽的士兵从战壕中站起身，搀扶着战友，携带着个人物品蹒跚着走向全副武装的战胜者，等待他们的是战俘营敞开的大门。陌生的沉寂逐渐加剧，浮动的战俘队列不断延长、壮大，就像一群群蝗虫。有人闷闷不乐，有人露出释然的微笑，也有人面无表情。军士、宪兵和尉级军官们将这些俘虏逐一赶入一座巨大的牢中。对那些端着M-1步枪和汤普森冲锋枪站在路边、蓬头垢面的胜利者来说，这是一个永远无法忘却的场景。

第五装甲集团军的最后时刻并没什么不同之处。承认战败后，"轴心国"俘虏大多已厌倦战争，并对自己能死里逃生心存感激。他们乘自行车、摩托车、驴子、半履带车和德制卡车涌入布莱德雷临时设立的战俘营，这些车辆上漆有非洲军褐色的棕榈树和反万字标志。美军抓获了大约4万名俘虏，数量太过庞大，以至于布莱德雷的宪兵司令不得不召集德军工兵协助修建更大的营地，以容纳他们的同胞。

在布莱德雷看来，这场胜利是他的计划、他的汗水、他的领导力的产物，是他战时服役期间最激动人心的时刻。他后来回忆道："战争中没有任何一件事使我体验到看着这支战俘队伍时的兴奋之情。"

他还将继续品尝到这种胜利的滋味。他抿着嘴，露出一丝高深莫测的微笑，这个骄傲的密苏里人给他的老同学发去一封简短的电报：任务完成！

盟军在突尼斯城和比塞大双双赢得胜利后不久，乔治·巴顿赶到阿尔及尔，兑现他跟艾森豪威尔先前的赌约：巴顿认为盟军无法在6月15日前将敌人逐出非洲。巴顿的赌品很好，他以司空见惯的戏剧化风格大步走入艾森豪威尔的办公室，招摇地端着个银盘，盘子里是一支红玫瑰和一张500法郎的钞票。他高声喊道："万岁，恺撒！"

两人谈了一会儿，不时发出欢笑。但巴顿离开阿尔及尔时的情绪有些复杂，并为艾森豪威尔对布莱德雷的杰出前任的出色工作缺乏赞赏而恼火。重新打造第二军，并在盖塔尔和其他地方打垮德军的人是他巴顿。当日晚些时候，他评论道：

> 艾克来回踱步，说个不停，然后要求我在写给马歇尔将军的下一封信中提一提他工作得多么努力，承担的风险多么大，同英国人打交道时表现得多么出色。我在信中大肆吹嘘他的优点，因为我觉得亏欠他很多，必须支持他。我说了个善意的谎言。实际上，我知道除了我以外，没人能比艾克干得更出色，但上帝可以作证，我一点儿也不想干他这份工作。

随着突尼斯战役落下帷幕，盟军最高统帅在三大洲被誉为当代英雄。但是，他谦虚地将功劳分给他的那些高级将领，特别是攻入比塞大的密苏里神枪手。他告诉布莱德雷："我为你和你指挥的优秀作战团队深感骄傲。"在写给马歇尔的信中，艾森豪威尔私下里推荐布莱德雷晋升中将。一位爱开玩笑的同学给艾森豪威尔起了最新绰号"非洲征服者艾克"，但艾森豪威尔指出，另外几位西点军校的1915届同学也为北非战役做出了诸多贡献，甚至建议将"突尼斯征服者奥马尔"的称号赋予他的第二军军长。攻克比塞大当日，《纽约时报》向读者们介绍奥马尔·布莱德雷。艾森豪威尔又为他宠信的这位军长提供了进一步宣传的机会。他建议一位名叫厄尼·派尔的战地记者"去采访布莱德雷"。用不了多久，布莱德雷就将沉浸于这位多产作者精心撰写的赞誉中，他在专栏中将这位轻声细语的密苏里人吹捧为"士兵将军"，这个绰号将在公众中流传开来。

北非战役结束后，艾森豪威尔终于能够解除新闻媒体不得报道高级将领姓名的限制——其中包括巴顿和布莱德雷。特派新闻记者们总是能从巴顿那里获得精彩的素材，他们当然很想知道艾森豪威尔解除"血胆老将"职务、全力支持布莱德雷的原因。艾森豪威尔在接下来的新闻发布会上重申官方说法：布莱德雷的背景是步兵，"因而更适合山地的战斗"。至于巴顿，他解释说，他是一名坦克兵，更适合在战事向南席卷平川时发挥作用。

说完这番官方套话后，艾森豪威尔又向这些记者透露了不宜公开报道的消息，称巴顿将参加下一场大规模行动，而他离开突尼斯战役返回自己的指挥部只是为了将注意力集中于下一场进攻行动。当然，艾森豪威尔不会告诉记者们这场进攻将在何处发起。他警告众人，他说的这些必须保密，因为他不希望希特勒发现盟军的下一轮打击将落在何处。

但媒体和希特勒都不会等待太久。

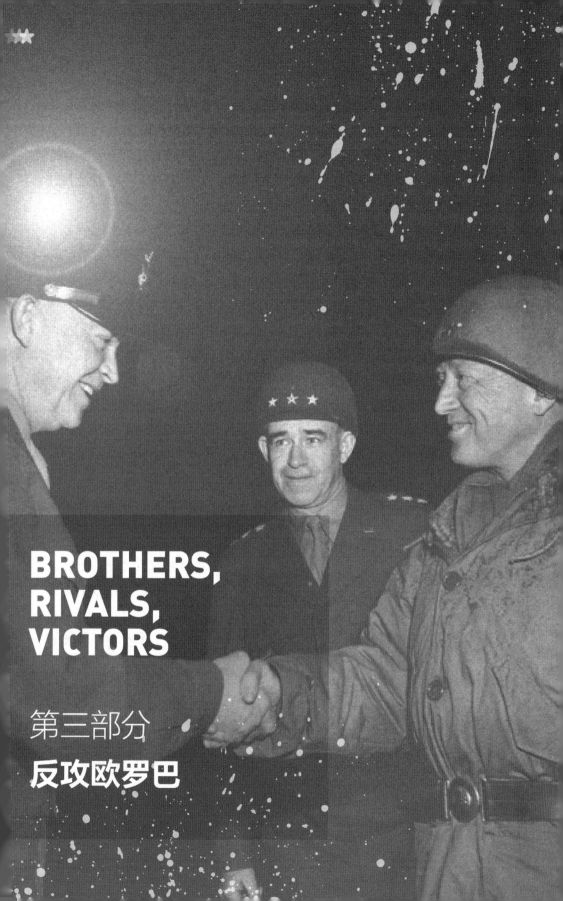

BROTHERS,
RIVALS,
VICTORS

第三部分
反攻欧罗巴

第 9 章　目标西西里岛

> 我不清楚艾克是否认为布莱德雷是个比我更出色的战士，还是想同马歇尔将军保持良好关系——因为马歇尔喜欢布莱德雷。但我知道布莱德雷是绝对忠于我的。

——巴顿，1943 年 7 月 5 日

西西里岛是一座古老的岛屿。满是峭壁、山脉和灌木丛的这个海角是防御者的梦想之地。该岛的形状像个粗糙的三角形，希腊人称之为特里纳基亚（Trinacria）。岛上的主要城市构成 3 个角：西北部的巴勒莫（Palermo），东南部的锡拉库萨（Siracusa），东北部的墨西拿（Messina）。

3 块"宝石"中，最珍贵的当属墨西拿。这座港口城市位于岛屿东北角，与意大利这只靴子的脚趾部仅隔一道 3 千米宽的海峡。夺取这个小小的海角，就能阻止"轴心国"军队在西西里岛与意大利之间的调动，并控制沿意大利的第勒尼安（Tyrrhenian）海岸和阿德里亚（Adria）海岸而行的海上航道。对西西里岛守军来说，墨西拿海峡是援兵进入岛内的门户，也是灾难发生时的逃生舱口。这是攻占西西里的关键所在，因此，墨西拿成为乔治·巴顿的关注目标。

巴顿沉浸在策划进攻行动的基础部分，意识到自己得到的是一份美差。进攻发起时，他将以一个加强装甲军冲击海滩，该军几乎等同于一个集团军。位于北非的盟军司令部正在削弱克拉克第五集团军，抽调了他的登陆艇、工作人员、训练设施和部队，将其中一部分交给巴顿的装甲军，其他的则被送回英国供训练之用。巴顿通过陆军小道消息网获知，当初克拉克不愿去突尼斯接掌第二军，而他却欣然接受了这个职位，这使他在艾森豪威尔身上的投资收到了极大回报。巴顿欣喜地告诉比阿特丽斯："起初是派克拉克接替劳埃德的位置，可他拒绝出任军级指挥官。现在他什么都没了，我想他知道这一点。"

然而，在突尼斯战役取得胜利的欢庆声中，巴顿一直对自己在最后一刻遭到忽视（实际上是被排除在外）耿耿于怀，这种不满并未因为艾森豪威尔邀请他和布莱德雷出席在突尼斯城举行的胜利阅兵而有所缓解。看着检阅台上的艾森豪威尔被笑容满面的英军将领包围，却冷落了他的美国同僚，巴顿不由得抱怨道："盟军司令部实际上就是个英军司令部，外加一位中立的将军——如果他不算是亲英的话。这真令人瞠目结舌。"

事实证明，巴顿对这场胜利庆典的看法基本正确。艾森豪威尔在机场遇到巴顿和布莱德雷，但没时间跟他们多聊，因为英法军官、外交人员和另一些达官要人正争先恐后地与他这位盟军总司令攀谈。检阅台两侧是两辆英制丘吉尔坦克，面积并不特别大，所以布莱德雷和巴顿被打发到一个位置更低的检阅台。他们在那里同一群被巴顿称为"中上阶层法国佬"的法国校级军官站立在非洲炙热的阳光下。艾森豪威尔、吉罗、丘吉尔的代表、英军将领和一群点头微笑的政客自豪地站在检阅台上，而参加检阅的 1.4 万名英军士兵也使人数少得多的美军和法军相形见绌。

巴顿骂道，"这真是浪费时间，"他在写给比阿特丽斯的信中称，"奥马尔和我都很生气、都很失望，你能猜到原因，我们俩都不是自私的人。"

虽然巴顿对英国人给予美国人的二流地位感到愤慨，但他在艾森豪威尔面前牢牢管住了舌头。艾森豪威尔曾告诉他别惹英国人，巴顿知道艾森豪威尔对此非常认真。另外，正如巴顿几天前在日记中所写的那样："艾克身边需要些忠诚而又无私的人，哪怕他的性格太软弱，不值得我们这样对他。"

布莱德雷也有同感。他认为安排这场阅兵"是让英国人在突尼斯的战果中拿到最多的荣誉。在巴顿和我看来，这件事似乎加强了我们的信念，即艾克现在太过亲英，对我们几乎视而不见……"。

"反蒙哥马利"集团与蒙哥马利的博弈

对艾森豪威尔来说，进军西西里岛给突尼斯的庆祝活动蒙上了一层阴影。这场行动要求他击败 6 个二流的意大利海岸师、4 个意大利正规步兵师和 2 个强大的德军师。他一如既往地为行动细节忙得不可开交，还被各种善意的建议包围，其中一些几乎就是命令。例如，马歇尔建议他，应该在德国人从北非的失败中恢复过来前迅速进攻西西里岛。艾森豪威尔听到谣传，说丘吉尔向罗斯福总统抱怨说他应该在突尼斯战役结束后立即攻向西西里。艾森豪威尔认为，这种纸上谈兵在理论上还不错，但要"搬走一座圣母院"却是不可能做到的，因为盟军缺乏登陆艇，而突尼斯的各个师也需要整补。另外，德国空军设在附近潘泰莱里亚（Pantelleria）岛上的基地也是个阻碍。

1943 年 1 月下旬，艾森豪威尔的部下们认为他们无法在 6 月登陆。艾森豪威尔不得不把这个让人不悦的消息汇报给联合参谋长委员会。他在 2 月 12 日呈交了自己拟订的进攻计划草案后，反对意见纷至沓来。艾森豪威尔在 3 月下旬告诉马歇尔，他正在修改计划，以便让亚历山大和蒙哥马利满意。他说："我不喜欢这样，但我别无选择。"

当年春季，一群群策划者、联络员和政客从四面八方扑向艾森豪威尔，他们用各种问题、评论和彬彬有礼的建议将艾森豪威尔已然杂乱无章的生活弄得更加混乱。艾森豪威尔寻找着同情者的耳朵。他对玛米抱怨道：

> 我年轻时曾读过关于军队指挥官的书籍，并羡慕他们拥有我所认为的行动和决策上的极大自由。这种想法真荒唐！最高层对我的要求必然会使我成为一名奴隶，而不是主人。就连我的日常生活也受到警卫、副官等人的限制，有时候我甚至想彻底隐居。

凝视着被艰难决策笼罩的山顶，艾森豪威尔又一次陷入焦虑。他开始在清晨 4 点醒来，无法入睡。他的思绪萦绕在一个个看似无法解决的问题上。哈里·布彻注意到："他甚至很少有满足感。由于下一阶段行动进展缓慢，他变得心急易怒。他让自己很不开心。"艾森豪威尔曾建议布彻，"待突尼斯落入囊中，我俩来个一醉方休。"现在突尼斯已成囊中之物，可排得满满当当的时间表却使他无法享受军人们的传统权利。

艾森豪威尔的"战时家庭"试图让他们的领导者保持一种平衡的生活，

但这个堪萨斯人很容易爆出大量粗话和怒火。作为他的公共关系专家之一，忠实的布彻不得不从报道盟军总司令的文章中删除大量的"混蛋""该死的"等词，因为他不希望盟军领导人使用的词语变成人们广泛讨论的话题。让事情更加复杂的是，非洲战役结束后，凯的未婚夫在扫雷行动中身亡。她悲痛欲绝，更加接近艾森豪威尔。当然，这又引发了关于最高统帅与这位来自斯基伯林的姑娘之间的新传言。

在艾森豪威尔看来，"爱斯基摩人行动"的混乱策划与当初的"火炬行动"没什么不同——也许它会更好些，但还是乱七八糟。这场进攻应该在 5 天内分阶段实施，以 9 个师（5 个英国师和 4 个美国师）在西西里南部、东部及西北部海岸登陆。亚历山大将军和他的第十五集团军群负责指挥这场行动，而巴顿将军率领得到加强的第一装甲军，在该岛西北角的巴勒莫附近登陆。这场演出的明星是英国第八集团军，他们将在西西里东南海岸的锡拉库萨附近抢滩登陆，指挥该集团军的正是蒙哥马利将军。

伯纳德·劳·蒙哥马利爵士即便不是个机智的战术高手，也是巴顿、布莱德雷和艾森豪威尔一致认可的人物。蒙哥马利是牧师的儿子（尽管艾森豪威尔私下里称他为"混蛋"），也是英国优秀的战地指挥官，这位传奇人物在 1914 年于比利时伊普尔（Ypres）留下的伤疤，和他杰出职业生涯中不可动摇的信念同样深。这个禁酒主义者和巴顿一样，喜欢引用《圣经》中的话语。他暴躁的脾气、狂妄的性格和动辄流露出来的傲慢态度轻而易举地抵消了他对恶习的压制。蒙哥马利身高 170 厘米，总是对个头比他高的人不屑一顾。这个自信心超强的阿尔斯特（Ulster）人似乎从未意识到自己已成为招人非议的家伙。

率领第八集团军的蒙哥马利在利比亚和突尼斯战役中表现出色，于 1943 年 4 月上映的英国纪录片《沙漠的胜利》（Desert Victory）让这位阿拉曼的赢家在美国和英国一举成名。但蒙哥马利暴躁的性格也使他的众多批评者永远不缺理由怨恨他，不管他们的理由是对是错。无论是以最无礼的方式坚持正确路线，还是插手最好留给别人处理的政治问题，蒙哥马利的解决办法通常在军事上是正确的，但很容易淹没在被他激起的怒火中。

艾森豪威尔在 1942 年夏季首次会晤蒙哥马利将军时就不喜欢他。当时，这位傲慢的英国人因这个堪萨斯人当面吸烟而训斥了他。凯写道，这个开端预示着不祥的未来。"两人的关系再也没有好转。实际上，随着战事的进行，蒙蒂的自以为是和刚愎自用经常将艾克气得喘不过气来。"艾森豪威尔在给马歇尔的一封密信中写道："（蒙哥马利）对他迄今为止取得的成功深感自豪，以至于不愿采取任何行动，除非他对胜利有百分之百的把握——换句话说，除非他集中起足够的、让任何人都能保证赢得胜利的资源，他才会行动。"

艾森豪威尔在盟军司令部的同僚，特别是空军中将特德、科宁厄姆和海军上将坎宁安，都对蒙哥马利厌恶至极。为此，蒙哥马利经常派一名代表替他参加在盟军司令部召开的会议，避免亲自面对那些同僚，他默认自己的存在会起到适得其反的效果。然而蒙哥马利拒绝离开他的"主场"的举动总是被其他阵营的人视为他孤傲性格的体现，这只会加深艾森豪威尔麾下其他将领的不满。

在蒙哥马利看来，这位面带微笑的美国最高统帅没什么用处。他在布鲁克面前嘲笑艾森豪威尔，说他"高亢的音调和大嗓门会让我发疯"。他评论道，虽然艾森豪威尔"可能在政治方面的表现挺出色……但他对如何作战一无所知。如果我们想赢得这场战争，他就应该袖手旁观"。

不过，虽然艾森豪威尔不喜欢蒙哥马利，但他知道对方是执行作战任务的最佳人选，这一点至关重要。他会和蒙哥马利和睦相处的，他的下属也会这样。

另外，作为盟军最高统帅，艾森豪威尔必须关注物资、空中掩护、登陆艇，以及政治和意大利，而不是哪个师调往哪里的具体问题。因此，与那个"沙漠兄弟"打交道的人其实是巴顿，或者说是巴顿、亚历山大、特德、科宁厄姆、比德尔和其他人。

自1943年2月的会晤以来，巴顿和蒙哥马利已建立起真诚的关系，但这种关系将发展成一种发自内心的厌恶，主要原因在于他们都是同一类货色，虽然这听上去很奇怪。两人都是国家主义偏执狂，没有大局观，都坚信自己的军队能赢得任何战役，不需要别人的帮助。两位将军都深受大言不惭、痴迷荣誉和自视过高之害。与巴顿相比，蒙哥马利的优势是他与德国人作战的丰富经验，而巴顿的优势说起来有点令人难以置信——那就是他的机智。有人告诉蒙哥马利，巴顿对他在突尼斯战役结束后召开的一次研讨会嗤之以鼻。据说蒙哥马利回答道："下次见到乔治·巴顿，我只有三件事跟他说：别挡我的路，把你的部队撤回去训练，把你的汽油留给我。"不过，他们彼此间的蔑视让他们勉强产生了对对方的一种尊重。巴顿第一次见到蒙哥马利就知道他是个颇具才干的自大狂，他私下里评论道："蒙蒂是个强势、自私的家伙，但算个男子汉。我觉得他作为领导者比亚历山大强得多，而且他只做他喜欢做的事，因为亚历山大怕他。"他对蒙蒂和亚历山大之间的关系的怀疑在后来的一次会议中得到证实。巴顿在蒙哥马利面前抱怨亚历山大司令部下达的一道命令，困惑不解的蒙哥马利回答道："乔治，听听我的建议吧。要是你从集团军群接到一道你不喜欢的命令，你就干脆不用理会。我就是这样做的。"

巴顿非常想让他的部下夺取巴勒莫，与蒙哥马利隔岛相望。他直言不讳地告诉麦克奈尔将军："盟国军队必须在不同战区战斗，否则，他们彼此间的矛盾会超过对敌人的仇恨。"但在参谋人员不断地做出分析、高层对"爱斯基摩人行动"不断进行修订之后，巴顿的光荣孤立之梦破灭了。最初的计划要求盟军在东面（卡塔尼亚周围的开阔地附近）和西北面（巴勒莫附近）实施登陆，但这个计划遭到空军反对，联合参谋长委员会也要求英国陆军在西西里南部海岸登陆，并夺取位于杰拉（Gela）和利卡塔（Licata）镇的机场。在那里登陆会拉伸蒙哥马利的第八集团军，使其绕过西西里东南角，而蒙哥马利讨厌被拉伸。

对中立者艾森豪威尔来说，要想在纯粹的军事基础上平息这些无法调和的利益之争非常困难，再加上空军中将特德、海军上将坎宁安、巴顿、亚历山大和蒙哥马利的鲜明个性，这番拉锯演变成了一场仇深似海的大战。特德要求登陆次日夺取南部机场，以便主宰战场上方的天空。坎宁安支持特德，他不希望敌人的斯图卡战机从这些机场起飞，尖锐地呼啸着扑向他的战舰。亚历山大力图让双方达成一致，但他的运气不太好。这个25900平方千米的岛屿上的登陆点之争，让人想起昔日横跨大西洋去夺取波尼、菲利普维尔、卡萨布兰卡和突尼斯城的旧争论。这又是一场地理上的纸牌游戏："我用杰拉跟你换巴勒莫。""我要看你的锡拉库萨，再加两个利卡塔的机场。""我跟。""全押。"

1943 年 4 月底之前，艾森豪威尔正在处理来自三大洲的抱怨，还必须应对突尼斯战役的最后阶段。他的那些将领陷入僵局后，艾森豪威尔于5月2日与蒙哥马利、特德、坎宁安和另一些相关派别的人在突尼斯召开会议，以决定该如何行事。由于天气恶劣，亚历山大没能出席会议。会议开始前，蒙哥马利在圣乔治酒店的男厕所里拦住比德尔·史密斯。他站在厕位和洗手池之间，向比德尔阐述自己的计划。他在厕所的镜子上哈了口气，画了幅西西里的粗略地图，简要介绍自己的建议：英军在东面登陆，美军在南面登陆。

比德尔对军事行动中的国家问题不感兴趣，他知道蒙哥马利的计划不无道理。尽管他也知道这份计划会在艾森豪威尔的"反蒙哥马利"集团中引起轩然大波，但还是将它告知艾森豪威尔，以获得他的支持。艾森豪威尔同意了。比德尔当晚打电话给巴顿，告诉他盟军司令部已对进攻计划做出某些重大修改。他邀请巴顿次日来阿尔及尔，听听蒙哥马利的意见和相关人员的观点，巴顿答应会赶过去。

次日早晨，巴顿打算乘飞机赶去参加会议，但春季暴雨导致他的飞机无法起飞。他带着马勒上校和副官斯蒂勒上尉，驱车驶过被雨水冲刷的道路和挤满补给卡车的公路，赶往阿尔及尔。傍晚5点30分，他到达艾森豪威尔的指挥部，疲惫不堪、沮丧不已，对自己没能赶上会议表示歉意。艾森豪威尔安慰道："没关系，我知道你会无条件地奉命行事。"

艾森豪威尔让亚历山大、休斯和比德尔向巴顿介绍最新情况。他说，巴勒莫已被排除。巴顿的部队不会在西北角登陆，而是进攻南岸，夺取杰拉、斯科利蒂（Scoglitti）和利卡塔，以及位于这些镇子郊外的3座机场。蒙哥马利将在东面登陆，占领锡拉库萨和奥古斯塔港；然后向北攻往卡塔尼亚（Catania），再从那里直奔墨西拿。

那么，巴顿的任务是什么？

比德尔说，美军将通过锡拉库萨获得补给。但他也承认，锡拉库萨港的主要作用是满足英军的需求，它并未大到足以为巴顿全军提供补给的程度。因此，巴顿的部下必须尽可能将物资倾卸在杰拉周围的滩头。

这听上去并不乐观，但巴顿摆出英勇的模样，没有公然跳起来加入"反蒙哥马利"的争论。肯特·休伊特撺掇他向老友艾森豪威尔提出抗议时，巴顿傲然答道："不，该死的！我在陆军干了30年，上级每次给我下达命令，我都说'是，长官！'，然后尽我所能去完成它。"他这次也打算这样做。

但当晚，他私下里再次跟他的老朋友提起"英国人的问题"。与艾森豪威尔和凯吃了顿深夜晚餐后，他同艾森豪威尔聊到凌晨1点30分。巴顿后来写道："他开始明白过来，但太过自负。我很坦率地跟他谈起英国人，他接受了。"在巴顿看来，这是个进步，尽管只是一丁点儿。艾森豪威尔缺乏的可能是道德勇气。巴顿写道："我觉得艾克稍稍有所领悟，但他有些瞻前顾后。"

就在巴顿为艾森豪威尔的瞻前顾后暗自心急时，一个亮点出现了。艾森豪威尔对巴顿军（该装甲军即将指挥一个步兵军）的编制仔细研究了一番，随口说道："也许该把西路特遣队编为一个集团军。"

巴顿立即竖起耳朵。他对新集团军司令可能是谁非常警惕，并摇了摇头。他直截了当地告诉艾森豪威尔，他可不想在韦恩·克拉克手下当差。

艾森豪威尔从容不迫地答道："我不是这意思。"他说他正考虑将第一装甲军升格为集团军。

没过多久，艾森豪威尔打电话给待在穆斯塔加奈姆（Mostaganem）的巴顿，正式通知他，第一装甲军（加强军）将在进攻发起当日改为美国第七集团军。巴顿兴奋不已，这一提升（在他看来，这才是装甲军改编的真正原因）使他与蒙哥马利、克拉克处于同等地位。他对此无比欣慰，告诉比阿特丽斯："看来我大概不会再指挥第一装甲军太长时间了，但正如我们的英国朋友（艾森豪威尔）说的那样，'我对此感到高兴'。其他的你能猜到吧。W（克拉克）肯定气疯了，但我没替代他。实际上，我们处得不错。他收敛多了。"

布莱德雷重回巴顿麾下

整个春末，巴顿努力不惹是非，但他忍不住将公众的注意力吸引到自己身上。他有一种使自己成为焦点的天赋，这将使他在战斗中成为一名英雄。通过一场快速而又艰巨的战役，他的战功将在陆军名册上的1000名将领中脱颖而出。

但不从事战斗时，聚集在巴顿身上的强光从来就不是好事。

　　这次，打开灯光的是巴顿特遣队的一名审查员。1943 年 5 月下旬，马歇尔偶然获知巴顿的作战处长肯特·兰伯特上校写了一封家书。兰伯特在信中说，他写给妻子的上一封信中提到"火炬行动"，结果被审查员交给巴顿，因为这违反了保密条例。兰伯特没有受到惩处，这是因为"我的朋友巴顿说了句'呸，把它归档'"。艾森豪威尔获知，马歇尔对高级将领违反保密规定怒不可遏，他希望彻查此事。

　　艾森豪威尔把巴顿叫到自己的办公室，带着一丝歉意告诉他："我必须跟你谈谈兰伯特的事。"他随即说出陆军参谋长转述的整件事，并强调马歇尔对兰伯特的过失和巴顿的包庇非常恼火。

　　巴顿竭力辩解，否认自己有所隐瞒。他对兰伯特信中的说法提出疑问。他向艾森豪威尔指出，"'呸'是我唯一没用过的粗话"。他说他和哈普·盖伊已就这起事件严厉训斥了兰伯特——盖伊的申斥比较正规，而巴顿则使用了他丰富的粗话库，但"呸"这个词除外。

　　艾森豪威尔批评他的朋友完全是因为马歇尔命令他这样做，他没有采取进一步举措，巴顿安然离开，未受到犯罪指控。事后，他跟休斯谈及此事，得出的结论是，艾森豪威尔只是"让我稍稍丢了点面子"。

　　他躲过了一颗子弹。幸运的是，"兰伯特事件"就此平息，他可以返回穆斯塔加奈姆，继续思考手头的任务。

　　但来自艾森豪威尔的这一警告让巴顿决心发挥更敏锐的判断力，至少要围绕上层梯队使用这种能力。6 月 2 日，马歇尔、克拉克和一群将领来到巴顿的指挥部，看事情的进展情况。在克拉克离开前，巴顿竭力告诉马歇尔，克拉克是多么乐意提供帮助。他在日记中写道："我变得越来越狡猾，就这件事而言的确如此。我认为，如果你善待一只臭鼬，它就不会尿你一身——就像常见的那样。"

　　巴顿的想法，至少是关于战争的想法，可以说清晰无比。它就像他为骑兵设计的马刀那样笔直。战争以纪律开始，然后是暴力，接下来是一方流血而死或投降。此外没有更复杂的了。其他的一切，例如武器、战术、后勤，仅仅是达到目的的手段。其他人任由这些事遮蔽了他们对战争本质的看法。

　　巴顿策划的"爱斯基摩人行动"反映出了他的简单哲学。他的登陆方案是在斯科利蒂投入一个师，在杰拉投入一个师，在利卡塔投入一个加强师，他还打算以第八十二空降师的一个团在海滩后方实施空投。他的部下随后将向前推进，直到接到停止前进的命令。

巴顿麾下的最大编制力量是欧内斯特·道利（Ernest Dawley）少将的第六军。这个军有几位优秀的师长，其中包括特洛伊·米德尔顿（Troy Middleton）少将，他是巴顿在莱文沃思的同学。20世纪30年代后期，米德尔顿离开陆军，在路易斯安那州立大学任职。深受马歇尔青睐的米德尔顿再次应召入伍后出任第四十五"雷鸟"师（"Thunderbird" Division）师长。这支部队是一个在美国接受训练的国民警卫队师。五十来岁的米德尔顿看上去像一个大城市的银行家，可只要他一开口，从喉咙里冒出密西西比三角洲慢吞吞的浓郁口音，一切就会真相大白。

卢西恩·特拉斯科特（Lucian Truscott）少将是巴顿在卡萨布兰卡玩马球的伙伴，也是个能干的将领，拥有和巴顿一样的想法。特拉斯科特对部下要求甚严，他曾告诉儿子："战争不是靠绅士们打赢的。赢得战争的是那些不得不成为第一流的家伙们。就这么简单，没有这些家伙，就没有指挥官。"

特拉斯科特指挥人员超编的第三步兵师，弗雷德·沃克（Fred Walker）率领第三十六步兵师，接替布莱德雷的马修·李奇微在第八十二步兵师改编为空降师后继续担任师长。巴顿司令部的工作人员还是那几位——凯斯、盖伊、马勒、科赫、斯蒂勒。此外还有新来的作战处长哈利·G. 马多克斯（Halley G. Maddox）以及副官查利·科德曼（Charlie Codman）。后者是一位保守的波士顿飞行员，曾在第一次世界大战中获得过勋章。他当过葡萄酒经销商，现在替代了阵亡的迪克·詹森。

巴顿对他的司令部人员甚为满意，这是他在摩洛哥一手训练出来的团队。他也有理由对麾下的几位少将和他们率领的师感到满意。但他越是想到布莱德雷在突尼斯的表现，就越想率领布莱德雷的第二军投入战斗。他告诉自己，艾森豪威尔"想给奥马尔机会，因为（马歇尔）喜欢他"，但实情是，巴顿了解并尊重布莱德雷。将布莱德雷招致麾下，巴顿的集团军就将获得一位一流的军长，他会率领那些顽强的老兵冲锋陷阵。

但对艾森豪威尔或布莱德雷来说，这件事并不好办。道利是马歇尔和麦克奈尔的宠将，而布莱德雷的第二军在结束漫长、艰苦的比塞大争夺战后正在接受整补，其部下还忙着将数千名意大利和德国战俘西运。他的各个营都需要时间休整、补充损失并为新的进攻行动进行训练。从5月中旬到7月初，他们的休整期只有7周。

尽管如此，打打预防针也没什么坏处。因此，巴顿于4月中旬离开第二军时提出了他的一个想法。他把布莱德雷拉到一旁问道："布莱德雷，你想不想跟我走，把第二军带到西西里岛去。"

"替代道利？"

巴顿点点头说："我跟你一同工作过，我对你有信心。另外，我不知道道利能做些什么。要是你不反对，我就去跟艾克说，让他来解决这个问题。"

虽说存在一些障碍，但这是布莱德雷无法拒绝的提议。比塞大的枪声停息后，他写信给巴顿：很高兴再次在你的麾下服役。

亚历山大的参谋人员发布任务简报两天后，布莱德雷飞赴穆斯塔加奈姆设立他的指挥部。巴顿带着一支仪仗队来到机场，像迎接盖世英雄那样欢迎布莱德雷的到来，并为他举办午宴。在宴会上，巴顿开了两瓶香槟，向"比塞大的征服者"祝酒。这番仪式稍显夸张，但流露出了巴顿的真实感受。他仍对艾森豪威尔没有为盖塔尔之战向自己表示真正的祝贺耿耿于怀，因而决心不让别人也这样指责自己。在巴顿看来，这本来就是一位绅士该做的事。

但当布莱德雷的工作人员要求批准在巴顿的海滨总部旁设立第二军军部时，巴顿对比塞大征服者的敬意消失了。巴顿的卫戍司令拒绝了这个请求，并告诉他们要将军部设在南面60公里外的埃利赞（Relizane）。那个尘土飞扬的小村庄位于撒哈拉沙漠边缘。

看见这个地方，布莱德雷不禁想知道，这家伙是怎么想的？时值5月下旬，北非恒温器读数徘徊在"极热"与"酷热"之间。他的部下穿着在突尼斯山区作战时的呢绒制服被运到沙漠旁。撒哈拉烈日的无情打击导致大批士兵中暑。

深感震惊的布莱德雷向巴顿求助。

听到他诉说的情况，巴顿笑着说道："哎呀，布莱德雷，要是你把军部设在海滩，德国佬可能会在某个夜晚摸上岸，割断你的喉咙，偷走我们的计划。"第二军必须待在埃利赞。

布莱德雷很不痛快。他几乎能想象到巴顿脸上露出自命不凡、龇牙咧嘴的笑容。他一手握着电话，一手夹着雪茄，那条"摔跤手腰带"上的铜饰和左轮手枪上抛光的银面在阳光照耀下熠熠生辉。

布莱德雷后来指出，"这是对我那些部下的气量狭小、侮辱贬低、毫无必要的折腾"，他永远不会为此原谅巴顿。但他别无选择。带着一丝苦涩感，他打电话给先遣组，命令他们继续迁往埃利赞。布莱德雷和他的随从们住在一对法国老夫妇的房子里。布莱德雷、切特·汉森、刘易斯·布里奇和另一些人避开了夏季的高温，并得到了游泳池这个唯一的奢侈享受，但他的那些士兵却没有。

盯着巨大的西西里地形模型，布莱德雷、修道士迪克森和第二军作战参谋对"爱斯基摩人行动"的感觉很不好，他们手中的可口可乐瓶在高温下渗出了水珠。任何一场两栖登陆行动的困难都是不言而喻的——那里存在敌人的潜艇、海滩上的障碍物、登陆点的混乱、空中掩护的脆弱和随时可能造成麻烦的一系列其他问题。而且美国人必须覆盖 111 千米的登陆区中的 76 千米，也就是说，布莱德雷的部下们展开后的稀疏程度是非常危险的，很容易招致敌人对中央战线的打击。迪克森提醒道，西西里有 20 万"轴心国"士兵，且部署在前线的两个德军师不啻"辣芥末"。问题不在于这些德军师是否会发起进攻，而是在何处、何时发起进攻，以及进攻的猛烈程度如何。

1943 年 5 月到 6 月，巴顿与布莱德雷将大部分时间用于改进登陆行动的细节。右侧的米德尔顿第四十五步兵师将攻向斯科利蒂渔村，与他们相邻的是蒙哥马利麾下的加拿大部队。第四十五师的任务是夺取位于科米索（Comiso）和比斯卡里（Biscari）的敌方机场。中央地带的艾伦的"大红一师"和威廉·O. 达尔比（William O.Darby）中校的两个游骑兵营负责进攻杰拉和蓬泰奥利沃（Ponte Olivo）机场。占领机场后，这些人将冲向西北方的卡尔塔尼塞塔（Caltanissetta）。位于岛屿中央的这个交通路口能让巴顿的部下视情况需要攻往东面或西面。部署在左侧的是特拉斯科特的第三步兵师、第二装甲师的一个战斗指挥部和一个加强游骑兵营，共约 5 万人。他们将在利卡塔登陆，夺取那里的机场，然后挥师向北。布莱德雷负责指挥右翼和中央部队，而巴顿监督左翼的特拉斯科特师和装甲力量。他还把一个装甲战斗指挥部和第一步兵师的一个团留作机动预备队。而曼顿·埃迪的第九步兵师留在北非，随时准备在适当的时候加强进攻。

巴顿还掌握着一支伞兵力量，即第八十二空降师。他有足够的飞机，完全可以在进攻当日投下一个加强伞兵团，他委派布莱德雷策划伞兵们的进攻地点。

他告诉布莱德雷："我们有 220 架 C-47，可以投下 4 个伞兵营和一批榴弹炮，你打算把他们用在哪里？"

布莱德雷回答道："用于杰拉后方高地，他们可以在那里掩护海滩，抗击敌军预备队从内陆发起的反击。"

巴顿认为这个想法很好。第八十二空降师的一个团将在盟军登陆前空投到杰拉前方。D 日后不久，他还将投入该师余部。

虽然为自己被流放到埃利赞感到恼火，但布莱德雷对他在突尼斯的良师益友并非全然不满。从专业角度看，骑兵与步兵现在能够更好地相互了解了。双方多多少少能猜到对方的脾气，相处得非常和谐，就像一对性格倔强的音乐家，依靠各自的乐器演奏出一首令人惊叹的美妙乐曲。布莱德雷把他对巴顿个人风格的看法藏在心中。在一次长谈后，巴顿说布莱德雷"是个非常可靠、极其忠诚的军人，我很喜欢他"。

两人一致认为，这场进攻行动的最困难之处是漫长而脆弱的补给线。各个师需要的物资量相当庞大，仅第四十五步兵师就要携带近 453.6 吨的装备登陆。部队战斗和前进所需要的吨位会将巴顿少得可怜的港口设施拉伸到极限。巴顿或布莱德雷需要的一切燃料、食物、弹药和装备必须通过锡拉库萨（也就是蒙哥马利的港口）运抵，后续补给要到进攻发起后的第 14 天才能送到。看看地图就会发现，即便锡拉库萨保持开放，这些物资也不得不经过超过 225 千米的恶劣路况，才能送到美军军需官和他们的服务对象手中。

在巴顿看来，补给问题就跟战斗中谁更优秀的问题一样，归根结底是某人的脊梁骨太软，而这个人就是艾森豪威尔。他抱怨道："就'爱斯基摩人行动'目前的安排来看，我们有一位亲英的稻草人担任总司令，还有一位英国海军上将和一名英国海军中将……"

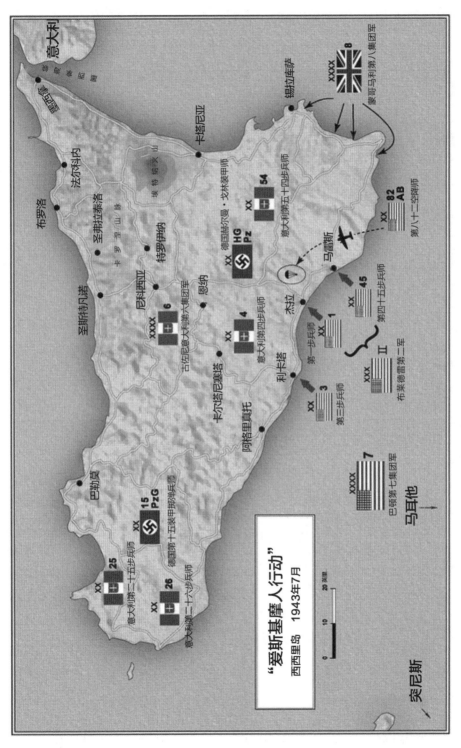

图 9-1　"爱斯基摩人行动"（西西里岛，1943 年 7 月）

几个星期后，他和盖伊参加一名新牧师主持的礼拜，他的思绪又飘回到这个问题上。巴顿写道："这次牧师布道讲的是承担责任的问题——哪怕这会给你自己造成伤害，你也应该担起责任。这种能力是我们所需要的，也恰恰是艾克缺乏的。"

巴顿是个虔诚的圣公会教徒。需要精神寄托时，他就会投向无所不能的、仁慈的上帝。但艾森豪威尔和克拉克的反复出现破坏了他平和的神学补药，他永远无法完全相信这两个人。他在日记中写道："尽管艾克和韦恩都在我面前说过对方的坏话，但他们之间仍存在某种邪恶的联盟。我不该杞人忧天，因为我好像干得还不错，可我还是有些担心。我真是个傻瓜，这两人无法扰乱我的命运。虽然我欠他们甚多，但我并不知道他们在背后给我下了多少绊子。"

为密切留意巴顿，艾森豪威尔在 6 月初将他的新任副司令约翰·P. 卢卡斯少将派至穆斯塔加奈姆充当耳目。卢卡斯是个谢顶的、面容和善的人，总是笑眯眯地叼着根玉米穗轴烟斗，说话直言不讳。艾森豪威尔、巴顿和马歇尔都对他赞赏有加。虽然卢卡斯也是个"官方间谍"，但巴顿认为没有必要像当初对布莱德雷所做的那样把他拉入自己的阵营；他经常打电话征询卢卡斯的建议，把他当作向艾森豪威尔传递信息的过滤器。有时候他也这样利用休斯或哈里·布彻。卢卡斯对巴顿抱怨艾森豪威尔的内容表示同情，至少巴顿本人是这么认为的。他在日记中写道："卢卡斯也觉得艾克只是个参谋，而不是一名战士。太糟糕了。卢卡斯来此赴任前，马歇尔对他说，'盟军司令部的情况并不令人满意，或者我应该说，那里非常危险'。"

巴顿补充道："我、布莱德雷或凯斯都能胜任这项工作。但就个人而言，我不想干。"

在巴顿和布莱德雷考虑他们的登陆方案时，艾森豪威尔要耗费许多时间解决各指挥部之间产生的争执。这张庞大的指挥部网分布在阿米尔卡（Amilcar，艾森豪威尔的指挥所）、阿尔及尔（盟军司令部）、拉马尔萨（La Marsa，空军指挥中心）、比塞大（英军地面部队指挥所）、马耳他（Malta，海军前进中心）、开罗（Cairo，蒙哥马利的司令部）和穆斯塔加奈姆（Mostaganem，巴顿的司令部）。他要涉足的是后勤、空中支援、海军协同和天气状况等问题，于是难免沿途丢下一连串烟蒂和狠话。他怀着越来越悲观的情绪写信给马歇尔："各种迹象都表明，'爱斯基摩人行动'将是一场困难而又危险的行动。我们每日拟订的计划逐渐揭示出各种障碍的严重性，这些障碍必须加以克服……"

其中一个障碍是"妖怪"（HOBGOBLIN）——这是盟军给潘泰莱里亚岛起的代号。这个崎岖的前哨站靠近突尼斯海岸，岛上驻有 1 万名意大利守军。1926 年，意大利军队占领了这块巨大的火山岩。自那以后，"轴心国"军队加强该岛建设，建立起一座潜艇燃料库、能容纳 80 架梅塞施密特战机的数个机场，以及大约 100 个炮兵阵地。"妖怪"对"爱斯基摩人行动"团队构成了侦察、空中及海上威胁，艾森豪威尔希望在巴顿和蒙哥马利冲上西西里岛海滩前拔掉这根毒刺。

艾森豪威尔同他的空军司令商讨此事，提出消灭该岛抵抗的一种新办法：他将对岛上守军实施猛烈轰炸。这场空袭被称为"开瓶器行动"（Operation CORKSCREW），是"一种实验，以确定密集的猛烈轰炸会对海岸防线造成怎样的影响"。如果轰炸取得成功，他就派一个旅登陆，让他们穿过岛上的废墟，毫不费力地俘虏幸存者。倘若不成功，这场轰炸至少能彻底削弱对方的海岸防御。

艾森豪威尔对此持乐观态度，但他的顾问们对此几乎都不太赞同。抽着烟斗的空军司令特德和海军司令坎宁安对艾森豪威尔的提议深表怀疑，而亚历山大则恳请艾森豪威尔不要让他的部下去攻打工事得到了加强的海滩。艾森豪威尔没有采纳这些建议，他要按自己的想法行事。"开瓶器行动"将于 1943 年 6 月 8 日发起，3 天后盟军实施登陆。

指定日期到来后，艾森豪威尔登上坎宁安海军上将的旗舰——英国皇家海军"曙光女神号"巡洋舰，两人在那里观看这场轰炸。看着 6400 吨烈性炸药掀起的火海将岛屿吞没，艾森豪威尔跟坎宁安开玩笑："安德鲁，咱们干嘛不划条小船到岛上去呢？我认为我们不需要任何士兵就能夺取这座岛屿。"

虽然艾森豪威尔一幅很有信心的样子，但参谋人员对伤亡人数的可怕预测令他心惊肉跳。空中和海上力量以炸弹和炮弹猛轰海岸线是一回事，把一个个血肉之躯派上布满地雷、迫击炮和机枪的海滩则是另一回事。布彻指出，艾森豪威尔在登陆前"经历的焦虑和担忧同我们在北非登陆前那几天完全一样"。在部下们冲上海滩前，他几乎彻夜未眠。

1943 年 6 月 11 日，D 日到来，艾森豪威尔早早起床。他被前线传回的消息惊呆了：驻岛守军集体投降。意大利士兵们以缺水为理由，开始涌入战俘营。用不了多久，艾森豪威尔就将打电话给丘吉尔，为超过 3000 人以外的每一个战俘收取一美分的赌注。[①]

最后他们清点出了 1.1 万名俘虏，于是丘吉尔很高兴地寄给艾森豪威尔 80 美元以偿还自己的赌债。艾森豪威尔松了口气，很高兴自己猜对了。

"爱斯基摩人行动"：行动前夕的合作裂缝

与潘泰莱里亚岛的情况相比，西西里完全是另一番景象。据守西西里岛海岸线的大多数师实力虚弱，由当地应征入伍者组成。他们是否愿意为墨索里尼献身这一点值得怀疑，但希特勒和墨索里尼可以在一天内将 4 万名精兵从意大利趾部运入西西里岛，另外，岛上还有几支强悍的"轴心国"部队，这令艾森豪威尔夜不能寐。伦敦布莱奇利公园（Bletchley Park）的盟军密码破译者们截获的电报表明，凯塞林元帅安排在西西里的指挥官——意大利的阿尔弗雷多·古佐尼（Alfredo Guzzoni）将军，已将赫尔曼·戈林（Hermann Göring）装甲师和意大利最好的部队——第四里窝那（Livorno）师部署在岛屿东南部。他还把德国第十五装甲掷弹兵师安排在西面的巴勒莫附近。从这一部署看，凯塞林和古佐尼似乎想以德军部队加强构成防御主力的 5 个西西里岛海岸师和 4 个意大利正规师。若果真如此，意大利人可能会进行一场认真的抵抗。

最终确定的"爱斯基摩人行动"要求从美国、英国、马耳他、阿尔及利亚和突尼斯而来的 3000 艘舰船在西西里会合，放下所载的登陆艇。第一批次的 14.9 万名士兵将在海军炮火和战术空军掩护下，沿一条 130 千米宽的弧形战线冲击海滩。伞兵则在敌后实施空降。蒙哥马利将军将指挥 4 个突击师、部分装甲力量、突击队和在锡拉库萨后方着陆的滑翔机部队。巴顿的部下则会在南部海岸抢滩，向北面和西面攻击前进，掩护蒙哥马利的

---

① 丘吉尔起初认为岛上的守军不超过 3000 人，于是跟艾森豪威尔打赌，要是俘房的意大利士兵超过 3000 人，他就为每一个超额的俘房支付一美分（意大利货币 5 生丁）。——译者

侧翼，直到他们到达"黄线"——那是他们在"爱斯基摩人行动"中的最终目标。

之后的西西里岛战役计划变得相当含糊。蒙哥马利大概会沿东海岸穿过卡塔尼亚，始终位于埃特纳火山（Mount Etna）右侧。巴顿可能会向北推进，在墨西拿或其西面同蒙哥马利会合——至少这是根据亚历山大的基本计划提出的假设。但随着 D 日的临近，这些假设并未得到确定，甚至没有被认真讨论过。

"爱斯基摩人行动"发动前夕的集体紧张氛围加深了艾森豪威尔—巴顿—布莱德雷合作关系的裂缝。艾森豪威尔在 6 月中旬起草了一份秘密备忘录，分析了他麾下的指挥官。对于巴顿，他评论道："一个精明的军人，对表现力的信仰几乎已达到夸张的程度。他说得太多、太快，有时候会给人留下很糟的印象。另外，我担心他并不总是部下们的好榜样。他也许只能以表面上的行为引导他们，而不是让他们理解深深的责任感、勇气和职责等构成他真正个性的东西。作为一名指挥战斗的军长，他干得很好，我希望他在日后的所有行动中都能干好。"

对布莱德雷，艾森豪威尔的评价简单得多："可能是我军现役将领中最全面、最均衡的高级指挥官。他的判断力一贯可靠……我对他迄今为止的行为没有任何批评，日后也不希望有。我觉得陆军中没有他无法胜任的岗位。"

巴顿竭力避开艾森豪威尔。只要有可能，他就通过休斯、卢卡斯、休伊特或其他人同他的上司打交道。但在 7 月 5 日，两人就艾伦的第一步兵师能否在西西里岛设有防御的海滩胜任登陆任务发生了争执。艾森豪威尔从布莱德雷和卢卡斯那里听到对该师的诸多批评，声称"大红一师"太过散漫，其战斗力必然会受到影响。巴顿私下里也对艾伦是否够格有所怀疑，但他不同意艾森豪威尔的说法。他明确告诉艾森豪威尔，他对艾伦和"大红一师"的看法是错的。巴顿争辩道："不管怎么说，没有谁会在一只猎犬投入厮杀前鞭打它。"

巴顿赢得了争论。但艾森豪威尔坚持认为该师需要换人领导，巴顿所能争取到的只是推迟艾伦的解职，直到战役登陆阶段结束。

两人还讨论了空中支援和另一些较为普通的问题。艾森豪威尔随后谈起巴顿在西西里岛发挥的作用。巴顿对这番对话的回忆如下：

　　我告诉他，我非常感激他能选择我。他说："你是个伟大的领导者，但是个糟糕的策划者。"我对此的回答是，我策划的"火炬行动"非常成功，但除此之外，我一直没有获得策划其他行动的机会。他说如果"爱斯基摩人行动"演变为一场激烈的战斗，他可能会把我召回，为下一场计划做准备，然后让布莱德雷完成"爱斯基摩人行动"。我强烈反对，我想完成这场行动。我不清楚艾克是否认为布莱德雷是个比我更出色的战士，或者是想同马歇尔将军保持良好关系，因为马歇尔喜欢布莱德雷。但我知道布莱德雷是绝对忠于我的。

　　进攻发起前的最后几天，艾森豪威尔视察部队、查询天气，他也对敌人的部署忧心忡忡。但需要他做的其他事少得令人惊讶。他给玛米写了封内容杂乱的信，告诉她，"在这种情况下，这些人几乎什么事都做，以免自己精神失控。散步、聊天、设法工作和吸烟（一刻不停）……他们会做任何能打发时间的事，等待战果的到来，尽管他们对这种结果已无能为力。我的承受力比大多数人都要好，但不可否认，我也感到紧张"。

　　1943 年 7 月 6 日，艾森豪威尔揣着他的幸运硬币登上一架 B-17 飞机，飞赴马耳他的要塞。亚历山大已在那里设立起第十五集团军群前进指挥部。艾森豪威尔的办公室是一间长 4.3 米、宽 3 米的房间，屋内的装饰并不比他在西点军校的学员宿舍更好。马耳他浓郁的含盐湿气对他肺部的侵害，几乎与他潮湿的骆驼香烟同样猛烈。温暖的地中海阳光烘烤着岛屿表面时，艾森豪威尔和他的同伴们正穿着大衣待在寒冷、滴水的隧道里。其中一条隧道从艾森豪威尔的卧室通往一个中世纪的地牢。这种场景会让艾森豪威尔想起他在另一座英国岛屿堡垒中度过的焦虑的日子——那只是 8 个月前的事，但在他朦胧的记忆中几乎已消失不见。

　　自他在直布罗陀的隧道中低下头以来，太多事情发生了变化。他成了个不同的人。他的军队、他的工作、同他合作的那些面孔，一切都变了。他在"火炬行动"前的生活只留下些许痕迹。从未离开他的唯有失眠、不安和职责带来的重负。

　　进攻当晚，艾森豪威尔和他的副手们待在曾是马耳他骑士住处的宫殿里，收听"狂风席卷地中海"这一令人不安的报道。当夜幕笼罩这座古老的堡垒时，这位堪萨斯人驱车来到岛屿南端，他希望能在那里看见载着伞兵、拖曳着滑翔机的运输机。

他脸上泛起的紧张、忧虑的表情说明了一切。艾森豪威尔喃喃地为部下们的安全做了一番快速但虔诚的祈祷，然后向马歇尔报告，行动已开始。

奥马尔·布莱德雷在 1943 年 6 月 10 日获知自己晋升为中将。次日，艾森豪威尔为他在突尼斯的工作授予他杰出服役勋章。但除了那些忙碌的工作人员为他举办了一场简短的派对外，布莱德雷根本没时间好好品味这两项殊荣。"爱斯基摩人行动"发起前的几个星期，布莱德雷的时间被训练、演习以及与师长们一起参加的会议挤得满满当当。一些小而重要的细节也令他焦虑，这些问题大多涉及海军最爱用的缩略词：LST（坦克登陆舰）、LCI（步兵登陆艇）、LCT（坦克登陆艇）、LCVP（车辆／人员登陆艇，又称希金斯艇）、DUKW（一种水陆两用卡车，美国兵将其字母缩写简化为"鸭子"）。针对极其有限的航运空间，第二军各部队却毫无节制地提出他们的要求。进行裁决的布莱德雷被拉到 151 个不同方向[①]：炮兵主任想把更多火炮运上岸，因此希望削减工程兵数量，以便在第一时间搭载他们的火炮；工程兵们想携带更多架桥铺路的器材，哪怕这意味着削减高射炮的数量；高炮部队负责人要求带上更多炮兵连和弹药——干嘛不削减军需官呢？这些事情就这样不断地发生着。只有一件事是所有指挥官达成一致的：如果不满足他们的要求，这场进攻会非常危险。

空中支援司令部介入后，一场争吵爆发开来。空军支援司令部的人负责修理机场，以便提供战术空中支援。他们要求布莱德雷在第一批次为他们提供 660 辆汽车、推土机、重型卡车等设备的运输空间。布莱德雷整个军只有 4500 个车辆的舱位，包括拖曳式高射炮和反坦克炮。因此，这个要求太过荒唐。

"你必须削减数量，"布莱德雷平静地告诉代表空军联队的上校，"这个要求几乎跟我们分配给一个突击师的舱位相当。部分推土机可以在夺取机场后跟随第二批次运入。"

上校不为所动："660 辆是最低限度，不能减少。"

有点恼火的布莱德雷瞪了这个任性的上校一眼，不耐烦地说道："好吧，

---

① 此处为夸张的修辞技巧。——译者

那你就用 660 辆卡车实施突击，为我们肃清滩头，我们稍后再送来其他物资。要么是你们，要么是步兵。这里没有足够的运输舱位。"说罢，他打发对方离开。

次日，布莱德雷接到巴顿打来的电话。

巴顿说道："布莱德雷，空军的人在这里大吵大闹，他们告诉我，说你很难打交道。"

"乔治，要是他们不那么高高在上，而是跟我们坦诚地商讨运输事项，我绝不会那么强硬。"

布莱德雷讲述这个问题时，巴顿礼貌地倾听着。他可能会在指挥部的设置地点或指挥的风格上给布莱德雷搞鬼，但货运舱位是件严肃的事。如果布莱德雷同其他部队发生争执，他一定有他的理由。

"我知道你面临的难题了，"巴顿终于说道，"你就按自己的想法去处理吧，我支持你。"

获悉马歇尔将军及其随行人员将从阿尔及尔飞来这里后，布莱德雷便组织艾伦的第一步兵师进行了一场登陆演习，以便让这些高级将领们看看自己的部下能做些什么。当然，6 月 2 日的登陆行动不会进行实弹射击，也没有敌人的抵抗，但仍是一场深具压力的演练。因为与布莱德雷一同站在海滩上的是他的上司巴顿将军，还有上司的上司艾森豪威尔将军和上司的上司的上司马歇尔将军。每个大人物都带着自己的卫兵和随从来观看这场演习。虽说布莱德雷在突尼斯对艾森豪威尔那些"重要来宾"的视察感到紧张，但那根本无法同这次来的观众造成的压力相提并论。

演习当日，突击舰队驶入目的地。伴随着吊柱发出的嘎嘎声和希金斯艇（巴顿把它们称作"小狗"）落水的声响，第一批次突击力量朝岸边涌来。跌跌撞撞的步兵们在登陆艇的门放下后冲了出来，艰难地穿过海浪冲上滩头。

三五成群的将军们在海滩上走来走去，并用望远镜观察那些浑身湿透、弯着腰呈扇形散开的士兵。突然，巴顿朝蹲伏在附近的一群步兵皱起眉头。他向身边众人礼貌地表示歉意，随即朝那群士兵跑去。

"你们那些该死的刺刀在哪里？"巴顿对惊呆的士兵们吼道。

这些步兵盯着他，万万没有料到守卫海滩的居然是一位三星中将。

巴顿弯下高大的身躯，用粗暴的话语大声训斥这群士兵，告诉他们为何要给步枪上刺刀。他全身心投入对这几名列兵和下士的训斥中，震惊的将军们在一旁听得一清二楚。

在巴顿以丰富、生动的污言秽语斥责部下时，艾森豪威尔带着尴尬的沉默站在一旁。他认为这场发作可能是演给马歇尔看的，只不过太具巴顿风格。站在一旁的哈罗德·布尔朝马歇尔点点头。马歇尔看看他，什么也没说。布尔又转向布莱德雷，低声说道："好吧，这是乔治在上司面前展现他高明之处的机会。他这脾气迟早会让他玩儿完。"

巴顿走了回来，骑兵靴上的沙子簌簌落下。他带着自鸣得意的露齿笑容走回众人身边。

"狠狠训斥他们一顿，他们就会牢牢记住了。"

1943 年 6 月 27 日，布莱德雷的部下关闭了埃利赞指挥部，军部人员将前往奥兰。他为最后的细节问题又忙碌了 7 天，随即驱车赶往阿尔及尔的米尔斯克比尔港（Mers-el-Kebir）。他将要搭乘的船只正等在那里。美国海军的"安康号"（Ancon）停在系泊处——这艘改装过的邮轮在布莱德雷登上海岸之前将成为他的海上之家和指挥部。7 月 4 日，率领作为斯科利蒂突击力量的 96 艘舰船的海军少将艾伦·R. 柯克（Alan R. Kirk），以海军最佳传统作风迎接布莱德雷登上"安康号"。但布莱德雷不熟悉海军的做法，不知道自己是该向这些军官敬礼、握手，还是等着他们把自己请入船上的住处。最终，他和他的装备在正确的地方就位，然后他便在船舱内不安地等待进攻令的到来。

海军也同样以军队中的传统风格迎接巴顿将军踏上"蒙罗维亚号"（Monrovia）——这艘运输船将成为西路特遣队的浮动指挥部和他的海上旅馆。这是他第二次登上一艘驶往外国海滩的船只，与布莱德雷不同，他不太担心海军的礼仪。

特遣队航行在海上时，作为陆军集团军司令的小乔治·史密斯·巴顿基本无事可做。他同海军中将休伊特争论舰炮轰击的时机，他还通知防空部队，马修·李奇微的一批伞兵运输机将在进攻发起后的某个时刻飞入。但总的说来，他在船上就是个失业的将军。在他和他的部下再次踏上坚实的地面前，他只是游荡在"蒙罗维亚号"擦洗得干干净净的甲板上的数百名笨水手之一。

　　休伊特舰队于 7 月 6 日下午 5 点驶离阿尔及尔时，巴顿正站在"蒙罗维亚号"甲板上，看着运输船、巡洋舰、驱逐舰、战列舰、扫雷舰和补给船小心翼翼地穿过港内航道。夏末的黄昏渐渐吞没海岸线，以一种略带紫色的宁静色调笼罩这座城市。此时的巴顿望向这片他 8 个月前首次见到的大陆的另一端。

　　海浪舔舐着盟军舰队的船体，无所事事的巴顿焦急起来。他的命运和部下们的性命，现在都掌握在那些他从未见过的人手中。他在船上写道："这是一幅动人的景象。但总体感觉是，在我们踏上海岸前，主导一切的是上帝和海军。我希望上帝和海军能把事情做好。"

　　在船上度过 3 晚后，次日就将投入战斗的巴顿伴随着引擎舒缓的轰鸣躺在铺位上，他穿戴得就像一座中世纪的骑士石雕。战斗前夕，一种紧张的沉默笼罩着他，他躺在那里，对明日会发生些什么惴惴不安，但他试图暂时摆脱这种压力。这位骑士渐渐睡去，"蒙罗维亚号"轻轻晃动的船体把他带入黑暗、甜美的梦乡。

　　双眼紧闭的巴顿梦见一只黑猫呜呜叫唤着朝他走来。当他在梦中低头看着甲板时，又有十几只猫聚到他身边。它们弓着背、吐着口水并发出嘶嘶的声响。然后，它们毫无征兆地转身跑下楼梯，就此消失不见。

　　巴顿起身看看时钟。时间到了。

第 10 章 战火与怒火

我们离开巴顿将军时，我觉得他非常恼火。艾克把他批得太狠了。

——哈里·布彻，1943 年 7 月 13 日

海滩突击队登上木质结构的希金斯艇，每只"木盒子"载有 30 来人。他们要在焦虑的迷雾中穿过 1.2 米高的海浪。站在这些浮动的沙丁鱼罐头里，他们惊慌不安、呕吐、喃喃自语并低声祷告。他们盯着海军 150 毫米（6 英寸）口径舰炮发射的曳光弹拖出的红色轨迹。他们听见子弹和炮弹的呼啸。探照灯扫过黑黢黢的海面时，他们眯起了眼睛。

但大多数时候，他们只能等待——等待舵手放下重达 360 千克的钢制斜板，等待冲出登陆艇脆弱的出口并散开的时机，等待面对机枪和迫击炮的时刻。他们无能为力，所能做的只是等待，宛如置身炼狱。和巴顿一样，他们只能寄希望于上帝和海军。但海军很快就将退出行动。

在夜幕笼罩下，巴顿来到拥挤的桥楼上。他同休伊特、卢卡斯、盖伊及一群身着卡其军装的军官们站在一起，看着他的部下们搭乘那些起起伏伏的"小狗"赶往泡沫翻腾的杰拉海滩。在他们上方，"蒙罗维亚号"和她的姊妹舰艇们射出的炮火构成了一张火力网，以纤细的手指掐灭敌人的探照灯，并搜索海滩上疑似暗堡或战壕的一切。无论这些光束在哪里点亮，这片地面都会迅速爆发出短暂而美丽的黄白色花朵，几秒钟后又会传来柔和的、震荡的隆隆声，但很快那里就会被下一轮齐射所吞噬。

伴随着猛烈的炮火，达尔比的游骑兵冲了出去，艾伦的突击队也冲了

出去。他们扑向承受炮击的海滩，这些海滩已被策划行动的人员标为"红滩""绿滩""黄滩""蓝滩""红二滩"和"绿二滩"。进攻者穿过摇曳的火光，迅速攻入杰拉镇，并将镇内守军驱散。海滩不再平静，工兵们开始炸开沙丘，铺设便于车辆通行的铁丝网，并贴上彩色的海滩标志。戴着袖标的海滩警察指引部队和补给车辆向内陆开进。

上帝和海军已完成他们的任务。

随着时间一分一秒地流逝，巴顿终于收到第一批报告。在旗舰"比斯坎号"（Biscayne）上指挥第三步兵师的特拉斯科特发来电报，称在利卡塔的登陆取得了一次"空前的"成功。午饭前，该镇就将落入美军手中。除了在那个该死的黄滩附近遭遇的阻挠，特里·艾伦也在杰拉取得了不错的进展。他的登陆艇还在蓝滩和红二滩周围遇到密集的雷区，而且根据报告，敌方坦克正冲向镇子。尚未收到伞兵们的消息，而布莱德雷正监督着米德尔顿的雷鸟师进攻斯科利蒂。

快速变化的态势混乱不堪，巴顿的首要任务是让所有部下赶紧登陆，并投入预备力量。设在"蒙罗维亚号"上的指挥中心可以更好地完成这些工作。当晚，他略带尴尬地在日记中承认："情况太过复杂，因此我没有登岸。我觉得自己像个胆小鬼，但在这里我也许能干得更好。"

令巴顿觉得情况复杂的原因之一，是李奇微的第八十二空降师第二批次部队在西西里岛平安着陆的棘手问题。李奇微和第五〇四伞兵团团长鲁宾·H. 塔克（Rueben H. Tucker）上校担心的是紧张不安的友军高射炮手们的火力—部队运输司令部直到最后一刻（1943 年 7 月 5 日）才为第七集团军提供了一条飞行路线。发起登陆行动的 5 天前，巴顿就已发电报给布莱德雷、米德尔顿、艾伦、加菲和特拉斯科特，提醒他们，战役头 6 晚中的某个午夜，会有己方运兵机飞过，哈普·盖伊也向第七集团军各部队重申了命令。但没人能保证这些命令已传达给每一个高射炮手，他们仍可能会对这些飞入西西里岛领空的手无寸铁的运输机开炮射击。

百密一疏的火力误击

布莱德雷蜷缩在他的铺位上度过了 7 月 10 日的清晨，疼得就像他这辈子从未受过伤一样。当舰艇隆隆地穿过地中海的强风向前航行时，坐在狭窄的舱室中面对着海军丰盛的伙食的布莱德雷因痔疮发作倒下了。这种剧烈疼痛来得不合时宜，令他心力交瘁。

随着进攻日期临近，疼痛变得愈加难忍，布莱德雷决定求助于外科医生的手术刀——这将使他在"爱斯基摩人行动"开始时无法指挥战斗。对他深感同情的切特·汉森在当天的日记中写道："将军病倒在他的舱室里，一场来得不是时候的局部手术使他寸步难行。他不得不躺在床上。颠簸的大海很快令他备感不适。他被困在舱内，为自己无法监督行动的开始而焦躁不安。"

对布莱德雷这种深具职业道德的人来说，进攻行动期间躺在舱内，几乎同疼痛本身一样令人烦恼。几乎如此。

事实证明，海军的炮击极具毁灭性。随着零零碎碎的报告传至"安康号"上的指挥中心，布莱德雷松了口气：敌人并未竭力将他阻挡在海滩上。虽然米德尔顿的"雷鸟"师出现了一些延误，并错过了某些登陆区，但恶心呕吐的奥马尔·布莱德雷还是兴奋地给巴顿的指挥船发去电报：6个营已牢牢地攻占海岸，第四十五步兵师余部正在途中。截至下午2点，米德尔顿的部下（大多在错误地点登陆）已攻入斯科利蒂，开始将敌人赶往科米索机场。登陆行动并不漂亮，但完全成功。

"大红一师"在杰拉登陆，他们的进展也称不上顺利。该镇陷落后不久，赫尔曼·戈林装甲师的坦克咔咔作响地越过北面的山丘，开始轰击艾伦的部下，后者此时尚未来得及将他们的反坦克炮卸下。布莱德雷蜷着身子躺在狭小的床铺上翻阅前线传来的报告。这些报告描述了沿杰拉镇后方高地进行的艰难抵抗。他的猎物显然正转身面对着他，露出獠牙准备冲过来。布莱德雷意识到，夺取杰拉镇是一件容易的事，但坚守该镇后方的高地将是一场真正的考验。

艾伦的部下在杰拉滩头夺得立足之地时，布莱德雷的病情有所好转，可以慢慢登上通往桥楼的台阶。他呼吸着新鲜空气，透过望远镜查看混乱的情况。默默祈祷并感谢一番后，他投入到工作中。

和巴顿一样，布莱德雷将军在混乱的D日剩下的时间里通过电台指挥作战，给混杂在一起的各营下达命令，并设法弄清敌人接下来将在哪里发起反击。德国第十五装甲掷弹兵师和赫尔曼·戈林装甲师出现后，布莱德雷正在寻找对方实施集中打击的一切迹象。但是，随着 7 月 10 日黄昏时东面升起的一道淡蓝色帷幕，他的滩头守住了。一瘸一拐的，仍有些疼痛的奥马尔·布莱德雷准备离开"安康号"，踏上了墨索里尼的岛屿。

1943 年 7 月 11 日上午 8 点，紧张的巴顿将军命令李奇微当晚将第五〇四伞兵团空投至第一步兵师滩头。为避免发生友军火力误击事件，他通过"蒙罗维亚号"上超负荷运转的通信室发出了一道最紧急的命令，提醒部下们（特别是高炮部队指挥官），第八十二空降师即将到来。他在旗舰的甲板上来回踱步，为自己对滩头的微弱控制焦虑不安，他还听闻了关于意大利和德军坦克正向杰拉会合的不祥报告。9 点，烦躁的巴顿决定不能再待在船上。他带着盖伊、斯蒂勒和另外几名副官，登上休伊特将军的驳船朝岸上驶去。涉过最后几米齐膝深的海水，巴顿在 10 点前踏上滩头。

与他在卡萨布兰卡的登陆不同，巴顿这一次在登上海滩之前为创造历史刻意打扮了一番。他那星光熠熠的钢盔，超大号望远镜和象牙柄左轮手枪，在浸湿的马裤和高筒骑兵靴的衬托下更加夺目，他还举起马鞭指向杰拉的大方向，引得一群陆军通信兵对这位指挥若定的第七集团军司令频频拍照。滩头工作组争先恐后地拆除他那辆吉普车上的防水布，并插上一面大胆的三星将旗。巴顿抽着一根长长的"总统"雪茄，漫步在海滩上，故意忽略敌人的炮弹声。

与卡萨布兰卡不同的另一点是，巴顿这一次没时间扮演三星中将级海滩勤务队长。他登上吉普车，在西西里岛南部海滩横冲直撞，四处寻找达尔比中校和艾伦将军。他高声吼叫着，驱使部下们前进，呼叫海军炮火，投入他的装甲预备队，并推开被坦克击毁的一切，以便找到艾伦岌岌可危的防御阵地。他绕过布莱德雷，命令特里·艾伦派一个团深入岛内，与左侧的特拉斯科特师取得联系。这样一来，第七集团军就将获得一条坚实而又连贯的防线。此外，他还设法让一些小股部队感觉到他的存在——这是一名将军应该做的。

下午 2 点，赫尔曼·戈林装甲师师长取消反击行动——主要原因是第七集团军实施的激烈防御。虽然巴顿没能在杰拉之战中赢得太多个人声誉，但他亲赴战场的指挥的确有所帮助；艾森豪威尔派至巴顿司令部的约翰·卢卡斯后来开玩笑说："我确信恢复态势与他的存在有很大关系。"

巴顿当晚返回休伊特的旗舰，浑身湿透，疲惫不堪，但对当日的战斗非常满意。他的部队在敌人的反击中损失了 2400 多人，但他抓获了 4400 多名俘虏，并牢牢控制住西西里岛的下海岸。他带着一种自我满足感坐在舱室的桌前写道："这是这场战役的第一天，我想我对得起自己的军饷，我对我今天的指挥十分满意。上帝显然关照着我。"

巴顿身上的水迹渐渐变干，他最担心的仍是那些该死的伞兵。越是想到这些部下，他就越是忧心忡忡。当晚 8 点，他决定取消空投行动。

但此时已为时过晚。进攻过程中，从舰船到海岸再到机场的通信非常混乱，就连第七集团军司令也无法终止任务。就像他在日记中所写的那样："晚上 8 点我来到办公室，看看我们能否阻止第八十二空降师升空，因为敌人的空袭非常猛烈，而且很不确定，陆军和海军的防空火力也过于神经质。发现我们无法通过电台取得联系。我非常担心。"

他的确有理由担心。当晚，第五○四伞兵团约 2000 名士兵乘坐缓慢的双引擎运输机飞越战场上空。就像命中注定的那样，这些运输机出现时，适逢敌人一场大规模轰炸刚刚结束。隆隆作响的运输机刚刚越过海滩线，一门高射炮射出的炮弹就划破夜空，舰上和岸上的所有高射炮也跟着喷吐出猛烈的反应性炮火。橙黄色光线撕破夜幕，曳光弹射穿机翼和机舱。笨拙的运输机编队立即被打乱，一架架飞机像受到惊吓的野鹅那样四散飞离。

断断续续的炮击逐渐停息后，已有 23 架美军运输机被击落，其中 6 架没等机上的伞兵跳离便已坠落。另外 37 架运输机受损程度不一，"踉踉跄跄"地返回非洲。这场短暂而又猛烈的手足相残导致 141 人丧生，另外 177 人裹着绷带、上着夹板被送入战地医院。

当友谊遭遇上下级关系

夜里上床睡觉时，巴顿对这些伞兵的遭遇还一无所知，部下们当日的表现令他十分自豪：右翼的米德尔顿第四十五步兵师夺得科米索，并朝蒙哥马利第八集团军而去；中央的艾伦第一步兵师和达尔比的游骑兵们夺得杰拉，并击退了希特勒的精锐装甲师的一场猛烈反击；左翼的特拉斯科特第三步兵师在利卡塔坚守防线，而"车轮上的地狱"师正忙着卸载——他们的到来将使美军获得一只强有力的铁拳。战役首日结束时，巴顿的部下抓获约 4000 名俘虏，巴顿确信，对白天的行动进行清点后，战俘的数量还将增加。他干得不错。

对巴顿来说，没让艾森豪威尔看到这些是件憾事。盟军最高统帅这几天一直在焦虑和煎熬中度过。他待在马耳他代号为"韦克"的海军司令部内，这里可以第一时间接到各种消息。随着战役的初期压力像发烧那样爆发开来，艾森豪威尔的脾气再也按捺不住。他开始寻找发泄目标。

一连数日的强制性无线电静默非常必要，但这种静默也使艾森豪威尔进入一种极其不安的状态。现在，地面战斗已打响，他几乎每个小时都能从第八集团军收到工工整整的进展报告。相比之下，巴顿的报告少得可怜，稀稀拉拉，几乎就没有。为什么？他很想知道。巴顿不需要空中支援吗？难道他想单枪匹马征服西西里岛？如果集团军司令不汇报情况，作为最高统帅的他又该如何向联合参谋长委员会报告？ D 日上午，哈里·布彻写道："我们没有接到美国军队的消息。美军打得很好，这很重要……但要命的是，我们急于获知消息。"

消息很快传来。"蒙罗维亚号"发来的电报告诉艾森豪威尔，巴顿的部下已在杰拉登陆。他们在海滩上遭遇抵抗，但谢天谢地，没有地雷，没有敌方水面舰只，也没有敌机。布彻通过他在海军的关系获知，艾伦的"大红一师"已夺取杰拉及其机场，这些消息令艾森豪威尔深感鼓舞。但这份报告又让他产生了另一些问题：特拉斯科特呢？米德尔顿的情况如何？达尔比的游骑兵在何处坚守巴顿的防线？伞兵们在哪里？艾森豪威尔对这些情况一无所知。

艾森豪威尔了解到，与巴顿在卡萨布兰卡的指挥船不同，"蒙罗维亚号"专门配有扩大的通信和编码设备。因此，这一次的问题显然不在海军。紧张不安的艾森豪威尔知道，这次肯定是巴顿的错。于是，在"韦克"闲逛了一天半后，艾森豪威尔决定去拜望这位第七集团军司令。

7 月 12 日深夜，艾森豪威尔登上皇家海军"花火号"驱逐舰，赶去与"蒙罗维亚号"会合。与他同行的是哈里·布彻、几位英国军官、几名副官和一些记者。"花火号"于凌晨 2 点起锚，去寻找行踪不定的第七集团军司令。

经过 4 小时的航行，"花火号"于清晨 6 点来到休伊特的旗舰旁。在暗灰色天空下，艾森豪威尔及其随行人员登上了"蒙罗维亚号"，休伊特和巴顿在一旁立正敬礼。众人简单地吃了顿早餐，艾森豪威尔与休伊特交换了意见，随后走入乔治·巴顿的指挥室听取态势汇报。

巴顿此时尚不知道伞兵遭到友军火力误击。他兴冲冲地摊开地图向艾森豪威尔介绍集团军的进展，他的参谋长哈普·盖伊则在一旁陪同。巴顿指出，特拉斯科特和米德尔顿已越过他们的目标，正赶往岛屿中央。科米索机场和125架飞机已落入美军手中。艾伦的第一步兵师在杰拉打得很艰苦，遭到意大利"里窝那"师和德国赫尔曼·戈林装甲师的攻击，但他们正在击退这些敌人。上级们应该会为此而高兴。

"不，他们不会高兴。"艾森豪威尔厉声说道。他站直身子，对迷惑不解的巴顿狠狠发作起来。他宣称，第七集团军的报告很难令人满意。第八集团军每个小时都发来详细报告，相比之下，巴顿的报告少得可怜。正如巴顿所知，德国人早已料到盟军会登陆。他们现在知道巴顿集团军的确切位置，正投入援兵粉碎特拉斯科特和侧翼其他部队。如果德国人知道巴顿的部下在哪里，而艾森豪威尔却对此一无所知，他又该如何下令实施空中阻滞呢？战役次日，巴顿为何要离开自己的指挥所，跑到前线去当一名班长？

对此毫无防备的巴顿尴尬万分，但他没有同艾森豪威尔争辩。他满脸通红，像个低年级学员那样站直立正，接受这番训斥。趁艾森豪威尔停顿下来时，巴顿转身命令他的参谋长盖伊将军，除了下午4点的定期态势报告外，每天再向盟军司令部发送3份每日报告。可就连这种顺从的回应也激起了愤怒的最高统帅的一顿怒斥。正如巴顿抱怨的那样："艾森豪威尔还说，我回复得太快，应该像他那样，回答前多想想。"

盖伊将军派人去找后勤处、情报处、作战处负责人提供详细报告，却发现这些人不知去向。现场的气氛变得更加紧张、尴尬。艾森豪威尔的亲信布彻是巴顿最好的朋友之一，他后来评论道："盖伊似乎不知所措，我很不看好他的管理能力。巴顿将军自以为是且相当混乱的行政管理也多少让我对他这方面的能力持相同看法。"这次视察暴露出了巴顿最糟糕的一面。

艾森豪威尔转身离开这间指挥室，震惊不已的巴顿僵立在已变得冰冷的空气中。巴顿是个渴望获得上级认可的人，对他来说，这是个可怕的打击。

艾森豪威尔的发作似乎是被动的，事先毫无征兆。他身边的工作人员私下里认为他对巴顿过于严厉。布彻指出："艾克对他大加斥责，气氛很紧张。我觉得艾克很失望。他之前说过，要是在战役的第 5 天左右让布莱德雷将军接手就好了。他处事沉着，实事求是。"

实际上，各种电报在"蒙罗维亚号"超负荷运转的通信中心积压了 7 个小时，而控制该部门的是休伊特，不是巴顿。布彻从海军方面了解到这一情况后，对巴顿愈发同情。这起事件发生时，艾森豪威尔的"间谍"约翰·卢卡斯并不在场，但他目睹了后续风波，并在日记中写道：

> 我没听到他说了些什么，但肯定是把巴顿痛骂一顿，因为巴顿很不高兴。他刚刚从海滩回来，那里的迫击炮火力相当猛烈。不管怎么说，他可能本来就已心烦意乱。英国人向艾克提交报告的情况显然比美国人做得更好，可我们的态势报告是通过亚历山大将军转发的。我不知道这些报告后来有没有及时发给艾克，反正我检查过这些报告。在我看来，目前情况下发出的这些报告已经是尽可能完整的了。

但卢卡斯、布彻和其他工作人员的看法无关紧要。艾森豪威尔是上司，他似乎总跟巴顿过不去。不久后，卢卡斯又在日记中写道："（我）再次见到艾克。比德尔·史密斯一度也在场。两人都说特拉斯科特和布莱德雷是这场行动中的杰出人物。我不想贬低这二位，可我看不出这种说法的根据何在。我觉得很多人都嫉妒巴顿。"

艾森豪威尔为何要如此严厉地训斥巴顿？他没有说。也许是为了给这条老狗拴上根短锁链。毕竟马歇尔曾说过，这是驾驭巴顿的方式。归根结底，一根短锁链对巴顿来说可能是好事，可以避免他惹是生非。

或者，也许是因为艾森豪威尔知道，能坦然承受他的雷霆怒火但仍像兄弟般忠贞不二的人寥寥无几，而乔治·巴顿就是其中之一。这个兄弟也许有些傲慢、有些自负、容易嫉妒，却是他在骰子落下前可以信赖的兄弟。

又或者，最高统帅艾森豪威尔是在"加强边路"，以此向所有人表明，他能下狠手，哪怕对老朋友也不例外。他想以此确保那些"四分卫"在接到他的指示时会全力以赴。但不管出于什么原因，巴顿都已坐立不安。

他悄然走回寂静的舱室，想着艾森豪威尔刚才对他的咆哮，思考着自己在上司心目中的地位。他满怀眷恋地回想起了第一次世界大战结束后他们度过的那些田园诗般的日子。那时候，他讲述战斗经历，描述毛瑟子弹被坦克车体弹飞的声音，以及默兹河—阿戈讷和圣米耶勒的轰鸣及硝烟。这些故事吸引了那位年轻的、面带微笑的中校。巴顿也许会想起短短几年前的那些日子——沮丧低落、天天伏案工作的艾森豪威尔祈求在他的装甲部队谋一份上校的差事。

可是，那些日子已悄然逝去，无论巴顿用何种方式回忆，难忘的时光都已一去不复返了。在休伊特的旗舰上发生的事，仅仅是一种莫逆关系急剧下降时必然出现的诸多冲突时刻之一。这种转变就像一个人被提拔为监工或主管后，不得不抡起锤子砸向昔日的老朋友。在这种情况下，友谊的纽带将彻底让位于上下级关系。

艾森豪威尔与巴顿之间的情感纽带也许并未就此消失。但从这一刻起，两人都知道，他们的友谊将大打折扣。

好吧，他还有工作要干。巴顿让副官们收拾好他的东西赶往杰拉的指挥部。船准备好后，他最后一次攀下"蒙罗维亚号"的绳梯。

风格不同，冲突严重

返回途中，艾森豪威尔对巴顿的怒气渐渐消退，可到达亚历山大的司令部后，空降行动惨败的消息又令这种怒火卷土重来。23架运输机在美军战线上方被击落？第七集团军到底出了什么问题？巴顿为什么没有通知他的高炮部队？今天早上在"蒙罗维亚号"上，巴顿为何不向他汇报这场灾难？他紧皱眉头，嘴里喃喃地咒骂起来。他厉声叫来一名副官，开始口述发给第七集团军司令的电文。

巴顿直到艾森豪威尔离开"蒙罗维亚号"后不久才获悉空降行动遭遇惨败之事。情绪低落的乔治·巴顿在日记中写道："接到艾克发来的电报，他为'这场悲剧'对我大加斥责。"艾森豪威尔警告道："如果报告情况属实，那么这起事件只能是某人玩忽职守造成的。"艾森豪威尔想要某人的脑袋，而不是推诿掩饰。为确保巴顿不把他的命令当作耳旁风，他又补充道，"我希望接到有关你进行纪律处分的报告。"

巴顿已多次下达命令，提醒地面和海军防空部队，友军运输机将从头顶飞过。他觉得寻找替罪羊的做法毫无意义，于是只批准开展一场形式上的调查，并允许艾森豪威尔的调查人员不怀恶意地四处打探情况。他认为，自己的良心在这个问题上是清白的："依我看，如果说有谁应该受到责备的话，那只能是我自己，可我觉得自己无可指摘……也许艾克在找借口要撤我的职。我写了份完整的报告，但我不会把责任推给任何人。要是他们想找替罪羊，那就是我。"

他心中泛起一阵苦楚，又补充道："整日遭到轰炸的人得挨训受气。艾克从未遭到空袭或其他形式的死亡威胁。可他是个前程无虞的傀儡。英国人绝不会赶他走的。"

1943 年 7 月 11 日清晨，奥马尔·布莱德雷踏上了西西里岛的土地。他乘坐的登陆艇的每次碰撞都会令他皱起眉头——他仍处在痔疮切除手术的疼痛中。接下来的几天，他不得不笨拙地坐在一件充气式救生衣上，每隔几分钟就转移重心，以缓解大量神经末梢被缝合后直肠处传来的阵阵剧痛。

但如果不看他那张"定制座椅"，只看他普普通通的军装、绑腿和钢盔，那么这个戴着眼镜，长着一张亲切的、饱经风霜的面孔的人，似乎就和在庞大指挥部里工作的任何一名中年军官没什么两样。他没有为拍照摆姿态，也没有等待装饰着三颗星的吉普车。他的副官只是挥手拦下一辆路过的"鸭子"。他搭乘这辆水陆两用车，经过一场痛苦的旅程赶到斯科利蒂。忙碌的工作人员正在那里为他设立新指挥所。

即将成为他新办公室的是一座古老、残破的宪兵司令部。安顿下来后，他听见特里·艾伦的方向传来榴弹炮持续不断的隆隆声。他从忙乱的通信兵那里获知，进水的电台今天肯定无法发送或接收电文。于是，他很不情愿地再次踏上痛苦的旅程赶往杰拉。

吉普车颠簸着驶向杰拉郊外时，布莱德雷看见"大红一师"正为自身的生存而战。敌方坦克攻向该师设在皮亚诺·卢波村（Piano Lupo）危如累卵的环形防线，布莱德雷命令司机火速赶往艾伦的指挥部。

吉普车刚刚停下，布莱德雷就慢吞吞但十分清晰地问道："特里，你能守住吗？"艾伦的脸上满是疲惫，嘴角叼着根香烟。他点点头："我认为能守住，但他们让我们的日子很不好过。"

"大红一师"此时的处境的确非常艰难，但艾伦那些喜欢惹是生非的部下们正在竭力拼杀，奥马尔·布莱德雷对此看得清清楚楚。布莱德雷比谁都循规蹈矩，并以此树立起自己的声誉。他不喜欢这位仪容不整的将军，也不喜欢他不守规矩的师。但看着艾伦的部下痛击敌方坦克的猛攻，他意识到巴顿坚持让"可怕的艾伦"率领中央地段进攻的决定是正确的。布莱德雷后来承认："他的决定可能使第二军免遭一场大祸。顽强的'大红一师'和该师同样顽强的师长坚强且富有经验，只有他们能从容应对敌人的进攻。"

但布莱德雷获知巴顿取消了自己下达给艾伦的一道命令后，他对这位上司深具远见的尊敬之情消失了。布莱德雷已命令艾伦的一个团坚守阵地，直到将附近一个包围圈消灭，但不耐烦的巴顿却命令艾伦继续前进。结果，这个团陷入了覆灭的险境，布莱德雷不得不请求巴顿派第二装甲师一部救援该团。巴顿干涉了布莱德雷的命令，并将部下们置于危险中。

由于巴顿打破了陆军神圣不可侵犯的指挥体系，愤怒的布莱德雷与他发生了争执。直到巴顿道歉，布莱德雷的怒火才平息下来。但布莱德雷后来发现，巴顿私下里向艾森豪威尔抱怨，认为他的这位军长在敌人反击期间"不勇敢"。

这句话刺痛了布莱德雷。他的个人勇气不该因此受到质疑。他曾端起卡宾枪，搜寻阻挡他前进的敌方狙击手，这对任何人来说都是个勇敢的举动。他认为自己向内陆推进前坚守阵地的决定是正确的，巴顿欠考虑的评论是想在他们共同的上司面前破坏自己的形象。这句话和布莱德雷对它的领悟，使两人在突尼斯的日子里出现了一道心理鸿沟。

地面战役加速进行，布莱德雷接掌了巴顿东路部队的指挥权，驱使士兵向北推进。随着手术后的疼痛渐渐消退，他搬入一辆改装过的军用卡车——这辆卡车将成为他协调部队的指挥所。驾驶室后的车厢内横放着一张铺着西点军校毛毯的矮床，毛毯上印有 U. S. M. A 字样[①]。床的上方，布莱德雷已写下北非战役的开始和结束的时间，这些时间下方写着"爱斯基摩人行动"的发起日期，而西西里岛战役的结束日期则暂时留空。车厢一侧放着一张桌子，抽屉里塞满命令和报告，桌子一侧放着一部沉重的、裹

---

① U. S. M. A 是 United States Military Academy 的缩写，即美国陆军军官学校，也就是西点军校。——译者

着皮套的黑色战地电话。这间移动公寓的另一侧摆着个小小的壁橱和一个脸盆，上方挂着一幅硕大的西西里岛地图。布莱德雷将在晚上独自研究这张图。

西西里岛战役期间，布莱德雷和巴顿通力合作，就像他们在突尼斯时所做的那样。巴顿非常信任布莱德雷，放手让他开展工作，很少插手干预。这种宽松的管理使第七集团军通过布莱德雷及其手下的工作获得了最大利益。但没过多久，他们的不同风格开始激怒对方，就像他们在突尼斯有时也会惹恼对方一样。例如，7月中旬，恼火的布莱德雷冲入巴顿的指挥部，情绪激动地转述一份报告，称一名美军上尉冷血地枪杀了约50名"轴心国"俘虏。布莱德雷指出，更恶劣的是，这名上尉屠杀他们时，这些顺从的战俘已在美军战线后方排好队，准备走入战俘营。

巴顿对此只是耸耸肩。他在日记中写道："我告诉布莱德雷，这可能有点夸大其词，但无论如何都应告诉那名军官，要设法证实这些死者是狙击手或企图逃跑什么的，否则会在媒体上引发轩然大波，国内民众也会发怒。"

这不是布莱德雷想要的回答。

还有一次，布莱德雷要求巴顿将米德尔顿第四十五步兵师的一名团长解职。布莱德雷说，这名团长不称职。他还提出以达尔比中校替代此人——这名游骑兵营营长在杰拉周围战斗时犹如一头雄狮。

巴顿告诉达尔比，要是他愿意接掌米德尔顿的团，自己就正式晋升他为上校。但达尔比更喜欢他的游骑兵，因而婉言谢绝。他告诉巴顿："也许我跟我那些小伙子们待在一起更好些。"居然有人为从事战斗而拒绝晋升，巴顿对此深感钦佩，因而不再坚持。但布莱德雷对素以强硬著称的巴顿在这件事上给达尔比留下选择余地稍感不快。他觉得自己受到了轻视。这种怨恨持续了好几年。

另一些冲突发生在老问题上，也就是他们的"后勤尾巴"。西西里岛的地形非常复杂，在任何情况下沿崎岖的道路从杰拉往前线运送弹药、燃料和食物都很困难。由于巴顿的作战区域缺乏一处主要港口，因此后勤问题成倍增加。巴顿的工作人员把杰拉的海滩作为运送物资的固定出发点，并将分配给第二军的物资交给一个工程兵海滩营。这支部队很适合将物资运上岸，但无法将其运送给前线部队。这个结果对陆军军械部来说是个耻辱。

布莱德雷后来写道："有几次我要求巴顿提供更多补给，他的反应好像是我总在为这些微不足道的小事去责怪他，然后就把我的意见抛之脑后。虽然巴顿以铁一般的手腕高明地指挥着他的集团军，但他总是对后勤需求几乎无动于衷。在巴顿所知道的战争中，一天到晚忙碌的战地指挥官几乎没有时间关心后勤问题。"布莱德雷回忆，每次他提出一个补给问题，巴顿一成不变的回答是："让你的人跟我的后勤处长去商量此事，现在我们回到这个进攻计划上……"他向卢卡斯抱怨第七集团军忽视补给问题，卢卡斯对此表示同意，并同情地指出，巴顿"从来不为这种事烦心"。

将唯一畅通的公路让给蒙哥马利？

巴顿和布莱德雷离开滩头时，蒙哥马利将军在卡塔尼亚镇附近撞上了一堵"砖墙"。不幸的是，这堵比喻意义上的砖墙依托着一堵实实在在的砖墙——一道由岩石和熔岩锥构成的墙壁，即埃特纳火山，它是英军通往墨西拿的沿海公路上的主要障碍。这座海拔 3350 多米高的火山伸向地中海的天空，火山的神秘熔炉强化了一条控制着通往东海岸公路的防御地带。顽强的德军伞兵部队、调自意大利的一个装甲师和几个七拼八凑的意大利旅正围绕火山底部建构着强大的环形防御。到 7 月中旬，蒙蒂已意识到自己正在埃特纳防线进行一场不太可能赢得胜利的艰苦战斗。

几乎没有哪位情报处参谋可以预见到会在这里遭遇顽强抵抗。D 日前，艾森豪威尔的参谋人员预计，最激烈的战斗会发生在巴顿第七集团军周围，因为古佐尼实力最强的部队部署在岛屿西部和中央。随着德国人袭向第七集团军，蒙哥马利冲向墨西拿应该不会遭遇太强的抵抗。就连亚历山大也承认："赋予美军的是更艰巨又不太引人注目的任务。"

但古佐尼将军的少量快速部队已使第八集团军屈居下风。没过多久，蒙哥马利便不得不仔细研究地图，设法找到绕过埃特纳防线的道路。向西转是达成目的的唯一途径，这会让他深入布莱德雷的作战地域。但蒙哥马利需要一条迂回绕过埃特纳守军的路线，而美国人控制着唯一一条畅通的道路，也就是 124 号公路。因此，7 月 13 日晨，蒙哥马利派一个军赶往恩纳镇（Enna）十字路口附近的 124 号公路，然后指示他名义上的上司亚历山大将军，重新划定美军与英军之间的分界线，从而将令人垂涎的公路交给第八集团军。

在艾森豪威尔怒斥巴顿后没过 30 个小时，这位挨训的将军又被亚历山大出人意料的到访震惊了。后者礼貌地命令他交出 124 号公路。亚历山大解释说，他正对两军分界线加以修改，第八集团军将绕过火山两侧，继而夺取墨西拿。布莱德雷军必须为即将到来的加拿大第一师腾地方。

发动进攻前，巴顿和布莱德雷曾设想过让两个集团军携手攻往墨西拿，一起切断"轴心国"军队的退路。此举似乎具有很好的军事意义，而且符合原定计划：巴顿可以率领的美军在巴勒莫登陆，再沿北部海岸向东疾进，直奔墨西拿，然后在那里同英国军队会合。但亚历山大从未批准这个提议，而且令人难以置信的是，除了"爱斯基摩人行动"的最初目标，盟军根本没有确定的计划。但两位美军将领却认为，他们的部下将在后期战斗中获得平等的机会。

因此，在亚历山大命令美国人站在一旁，让英军率先攻往墨西拿时，巴顿当然有理由愤怒。毕竟蒙哥马利能从锡拉库萨获得补给，东面的道路也在他手中，这些条件令第七集团军望尘莫及，他还想要什么？难道亚历山大的工作就是确保蒙哥马利为大英帝国夺得每一顶胜利的桂冠吗？

巴顿又一次无法争辩——最高统帅刚刚就第七集团军提交报告的问题怒斥过他，而李奇微的伞兵遭友军火力误击的事件更是让巴顿受到艾森豪威尔的冷遇，他担心艾森豪威尔打算撤他的职。这种担心不无道理。几个月来，艾森豪威尔一直跟他唠叨维护盟军团结、和谐的必要性，他曾亲自告诫巴顿，谁不合作就把谁送回国。巴顿现在忧心忡忡——艾森豪威尔似乎正在找借口炒他鱿鱼并以一个更圆滑的家伙——奥马尔·布莱德雷替代他。

现在不是争辩的好时机，巴顿对此心知肚明。他向亚历山大保证，第七集团军会完全遵从集团军群的命令。如果此举会使美国人成为蒙哥马利的盾牌，那就这样吧。深受伤害的巴顿能做的只是对身边的工作人员大声抱怨，并告诉妻子，艾森豪威尔是蒙哥马利施展这一诡计的同谋。但他这次只把自己的脾气限制在日记和知己中间。

亚历山大离开后，巴顿叫来一名副官，让他把布莱德雷将军请到集团军司令部。他们需要好好谈谈。

第11章　将军之间的战斗

> 我不喜欢他的工作方式：打乱战术计划，干扰我的命令。他对两栖登陆的固执以及进入墨西拿的入城仪式令我恶心，也使我对巴顿烦透了。……

——布莱德雷，战后采访

"天哪，你不能让他这样做！"

布莱德雷非常气愤。他提出异议："这会给我们造成一场大混乱。我对那条公路非常倚重，要是做出调整，肯定会拖缓我们的整个进展。"

布莱德雷简直不敢相信自己的耳朵。他唯一的任务（实际上也是他的军队进入西西里唯一明显的理由）是向北推进，攻往西西里岛海岸。到达那里后，他就可以为夺取墨西拿展开最后的战斗。这种计划类似于他在非洲战役中攻克比塞大的行动布置。米德尔顿师的迅速前进全靠 124 号公路，可巴顿刚刚告诉布莱德雷，他正在失去自己最宝贵的"不动产"。

布莱德雷竭力挽救他的作战计划，恳求道："或者，至少让我们使用这条道路把米德尔顿调到特里·艾伦的左侧？"

巴顿摇摇头："抱歉，布莱德雷，立即交换阵地。蒙蒂现在要这条公路。"

"可这会让我们陷入非常艰难的境地。米德尔顿目前离那条公路不到 1 千米。如果无法利用这条公路把他调至艾伦另一侧，我就不得不把第四十五师撤回海滩，再从那里绕过特里的后方。"

巴顿说，没办法，木已成舟。蒙哥马利想要这条公路，亚历山大下了命令，所以，蒙哥马利会得到它。第二军的 3 万名将士不得不玩抢板凳的游戏。

一脸沮丧的布莱德雷驱车返回自己的指挥部，对亚历山大和巴顿愤怒不已。他后来把亚历山大的命令称为"第二次世界大战期间所有联合行动中最傲慢、最自负、最自私、最危险的举动"。令他尤为震惊的是，一个叫作哈罗德·鲁珀特·利奥弗里克·乔治·亚历山大（Harold Rupert Leofric George Alexander）的英国贵族将军，一个获得过爵级司令勋章、爵级大十字勋、杰出服役勋章的家伙，居然挫败了"血胆"巴顿，并把他的第四十五步兵师推到一旁。巴顿怎么会接受这种侮辱？

布莱德雷抱怨道："不管怎样，本来以为他会像狮子那样发出怒吼。"但出于某些原因，巴顿选择逆来顺受地服从命令，就像一名低年级军校学员。

布莱德雷回到设在杰拉的指挥所时，修道士迪克森不需要施展收集情报的聪明劲儿就能知道，布莱德雷对交出公路的愤怒"犹如埃特纳火山一样炽热"。令布莱德雷气愤的是，亚历山大在突尼斯也曾试图耍弄同样的伎俩，他还怪艾森豪威尔助长了对方为所欲为的气焰。约翰·卢卡斯也持同样看法，他飞赴阿尔及尔，为巴顿争取艾森豪威尔的帮助。

蒙哥马利对亚历山大的控制一直让艾森豪威尔保持警惕。他对巴顿的遭遇表示同情，但拒绝插手干预。艾森豪威尔会在另一些场合为巴顿鸣冤叫屈，但他不愿取消亚历山大下达的战术命令。艾森豪威尔让卢卡斯从英国人的角度来考虑这件事。他指出，美军士兵在卡塞林山口的惨败已给亚历山大留下了第一印象。不管对错，卡塞林山口可怕的失利使他对美军战斗力的信心发生动摇。艾森豪威尔认为，巴顿现在怒火难耐，而马歇尔又施加了捍卫美国人权力的压力，因此巴顿可能要在无法得到盟军司令部公开支持的情况下坚决反对亚历山大。艾森豪威尔以不自信的声音告诉卢卡斯，"设法让他明白，他必须大胆对抗亚历山大"。但他又补充道："当然，我的意思不是让他违抗命令。"这种话几乎起不到任何安慰作用，对此深感厌恶的卢卡斯返回杰拉向巴顿汇报此事，他在日记中抱怨道，在艾森豪威尔面前批评英国人，"就像在一个男人面前指责他的妻子"。

不管对错，整个交流已脱离实际。艾森豪威尔提出附带条件很高的支持时，美军的引擎已挂入倒挡。蒙哥马利命令麾下的加拿大师赶往124号公路，米德尔顿则率领第四十五步兵师返回滩头。艾森豪威尔的话没有产生任何影响，而且令布莱德雷沮丧的是，巴顿一反常态，平静地接受了命令。

但巴顿在安静的时候通常会施展袖里乾坤。

巴勒莫：与亚历山大讨价还价的筹码

自 1943 年 4 月以来，第七集团军司令一直就补给线的问题向集团军群司令部大发牢骚。这并不是说他的集团军缺乏物资储备，而是巴顿无法将足够的弹药、食物和装备运过杰拉满是车辙印的海滩。利卡塔太小，他的补给船只无法停泊。但他讨厌听凭蒙哥马利后勤人员的摆布——这帮人决定从东面约 225 千米的锡拉库萨为他运送物资。

然而在第七集团军分界线外的西面，有个小渔村名叫恩佩多克莱（Porto Empedocle）港。这个出现得恰到好处的小港口位于古城阿格里真托（Agrigento）面朝大海的一侧。为缓解补给线的压力，巴顿提出，为何他不能试试位于阿格里真托的这个小港口呢，只要稍稍向西走就能到达那里。

亚历山大此时的心思都放在如何逼近墨西拿的问题上。他礼貌地告诉巴顿，要是后者能以有限力量（也就是说，只能是一场战斗侦察）夺取阿格里真托，他就不反对这项建议。于是巴顿立即驱车赶往第三步兵师师部，并告诉特拉斯科特，迅速组织战斗侦察或诸如此类的行动，夺取阿格里真托和恩佩多克莱港。

巴顿知道，只要他在西西里岛西部获得一个合适的补给基地，进攻巴勒莫就是小菜一碟——它是西西里首府，巴顿几乎无法抑制自己对夺取这座城市的痴迷。正如特拉斯科特回忆的那样："占领西西里最大城市巴勒莫的诱惑力，深深吸引了乔治·巴顿。"为到达那里，他组建了一个临时军，由他的副手杰夫·凯斯率领，然后他像掷标枪那样将该军投向巴勒莫古城。1943 年 7 月 14 日，从亚历山大处返回的次日，谨慎的巴顿在日记中写道："待两个集团军的现有战线得到稳固后（这个时间可能在 19 日前后），就可以派第三步兵师和第二装甲师迅速前进并夺取巴勒莫。待时机成熟，我就向亚历山大将军提出这个问题。"

特拉斯科特办事稳妥，干劲儿十足。他把接到的命令牢记在心，率领部下以每小时 8 千米的行军速度向前推进。其手下士兵们称这种进军为"特拉斯科特快步走"。特拉斯科特于 7 月 16 日夺取恩佩多克莱港，并报告巴顿，他已将阿格里真托合围，该城即将被攻克。向亚历山大汇报的时机已然成熟。

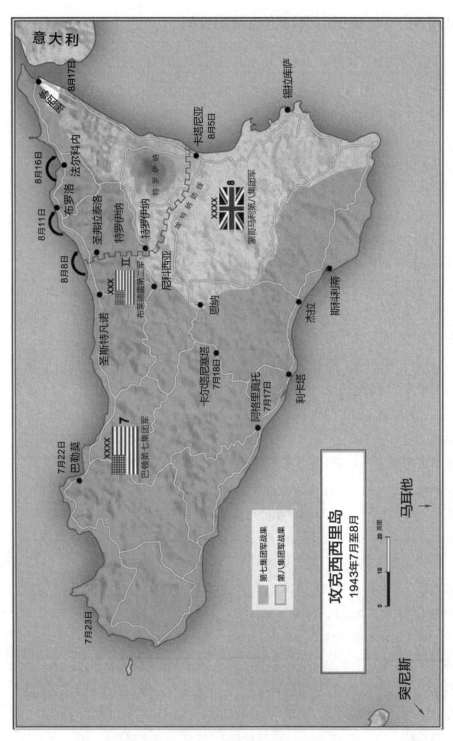

图 11-1 攻克西西里岛(1943 年 7 月至 8 月)

亚历山大将军不安地盯着标有网格线的作战地图。他意识到西面的意大利军队正构成一种潜在威胁。英国人和加拿大人包围埃特纳防线时，蒙哥马利的左翼必须获得掩护。他惴惴不安地想，倘若古佐尼将军从巴勒莫发起猛攻，突破美军薄弱的防线，来到第八集团军身后，那该如何是好？因此，亚历山大在 7 月 16 日命令第七集团军恢复对蒙哥马利周边的掩护。

巴顿看了看亚历山大下达的命令，注意到极为丑恶的一句话——"第七集团军应掩护第八集团军之后方。"他在日记中骂道："亚历山大将军……指示第七集团军掩护第八集团军后方，把美国人置于次要地位。整个战役期间，我们一直处于这种位置，现在不过是这一情况的延续而已。也许等到战争结束，我们会发现自己被完全忽略了。"美国人就该待在蒙哥马利身后，这是巴顿无法容忍的偏见。他决定，必须在亚历山大将战争主导权拱手让给蒙哥马利的习惯变成不可改变的模式前纠正这种严重的不公之举。

巴顿在 7 月 17 日的日记中写道："我正飞赴突尼斯去见亚历山大将军。我确信他和他的参谋人员对第七集团军的战斗力和机动性一无所知，也没意识到他们的决定中潜在的政治影响。我会向亚历山大将军解释，如果他不能在战役最后阶段给予第七集团军同等的荣誉，那么他将造成政治上的不良影响。"

布彻在遥远的阿尔及尔关注着此事。他在次日记录道："巴顿将军昨日乘坐一架 B-25 飞机迅速到访拉马尔萨。他希望面见亚历山大将军，希望亚历山大将军说明其下达给第七集团军的命令。他非常生气，因为命令中要求第七集团军掩护第八集团军的后方及侧翼，并将美国人置于一种从属地位。"

实际上，巴顿并不打算像布彻所说的那样对命令进行说明，他要的是重写命令。

虽然他可能会在日记中破口大骂，或是在密友身边用粗俗的语言大发牢骚，但参加高级别会晤的巴顿总是机智、务实、准备充分的。他研究了自己需要的吨位，拉上密友艾伯特·C. 魏德迈（Albert C. Wedemeyer）准将充当陆军部见证人，然后卷起地图跳上一架中型轰炸机飞赴突尼斯。

"拉马尔萨之战"比巴顿预期得更顺利。在亚历山大的司令部，巴顿游说这位心软的将军批准布莱德雷的第二军攻向北部海岸，将西西里岛一分为二，让美国人控制岛屿西半部。由于蒙哥马利的战线毫无实质性进展，亚历山大点头同意这些建议，但要求巴顿的部下必须掩护他侧翼的道路交通网。巴顿认为这很容易做到。他将获得他梦寐以求的巴勒莫。

奥马尔·布莱德雷咬紧他那口假牙，遵照巴顿的命令将 124 号公路交给加拿大人。美军已被排除在外，他不理解巴顿为何会毫无怨言。第二军降级为掩护蒙哥马利西翼的部队后，这位密苏里人认为他的部下不会再取得太多战果，主要就是"占领高地，俘虏温顺的农民和无精打采的士兵"。就像艾森豪威尔和英国人那样，巴顿似乎善意地忽视了布莱德雷的第二军。

布莱德雷顿足走回指挥帐篷。他命令惊讶的特洛伊·米德尔顿停止与敌人接触，返回杰拉。特洛伊对这道命令的反应并不比布莱德雷更高兴，因为此时他和第八集团军即将打垮德国的第十四装甲军。他对布莱德雷的猛烈抨击可能并不亚于布莱德雷对巴顿的批评。但陆军的指挥体系再次发挥了作用。米德尔顿最终率领他那些困惑不解的部下退往西南方的杰拉，随后又绕过第一步兵师后方。不管怎样，他们已远离战斗。

没过多久，与布莱德雷或艾森豪威尔同样能干的"教练"米德尔顿再次率领部下向北进击。各个团实施"蛙跳"战术攻向西西里岛北部海岸。浑身是汗的美军士兵跨过曾被希腊重甲步兵踏过的一条条尘土飞扬的道路时，红蓝色块开始主宰布莱德雷挂在作战帐篷内的巨大的西西里岛地图：蓝色代表美军夺取的地区，红色表示蒙哥马利的部下占领的地盘。蓝色区域的面积使红色区域相形见绌。这在明确地提醒访客和他自己，哪个国家正在赢得西西里岛战役。

在巴顿和布莱德雷设法穿越西西里岛中部时，盟军最高统帅正在竭力解决政治纠葛——这是他这个职务不可推卸的责任。罗斯福总统听说盟军司令部已正式承认戴高乐的法兰西民族解放委员会，1943 年 7 月下旬，他为这个毫无根据的传言斥责了艾森豪威尔。为消除戴高乐的影响，罗斯福交给艾森豪威尔一项难以完成的任务——为吉罗的部下提供大量战争物资。陆军部长史汀生开始给艾森豪威尔施加压力，以确保西西里岛上的美军不能处于次要地位。这可能是为了回应巴顿的投诉信和其他怨声载道的反英分子给部长吹的耳旁风。为取悦马歇尔、阿诺德、金和另一些美国上司，艾森豪威尔不得不为 BBC 广播电台偏袒英军的报道给丘吉尔和布鲁克寄去投诉信——这些报道似乎总是忽略甚至贬低美军作出的贡献。最后，只要永远没有时间的艾森豪威尔一有时间，就不得不解决他这个臃肿的司令部犹如野草般疯长的大量行政问题，如军法处、军事警察处、补给处、人事处、陆军运输处、民政处和无数其他部门的琐事。艾森豪威尔也不得不亲自接听重要的电话，处理从核准死刑到分配补给吨位的事项。如果说艾森豪威尔沉闷的天空中还有一个亮点的话，那就是据他所知，他那些副手合作得还算和谐——巴顿、布莱德雷、蒙哥马利、亚历山大这些人似乎能做到和睦相处，至少目前看来是这样。

在西西里岛西部，巴顿命令特拉斯科特的部下向北攻往巴勒莫。此举令布莱德雷愤愤不平，因为巴顿曾承诺将夺取该城的荣誉留给第四十五步兵师。但巴顿担心的事情远比布莱德雷的怒火更大。他成功哄骗亚历山大极为勉强地默许他在西面展开行动，因此他担心的是，没等他在这场战役中扬名立万，第十五集团军群就有可能再次命令他停下脚步。他确信，要不是亚历山大太过胆小的话，装甲部队的机动性和"特拉斯科特快步走"的继续前进能让他一路杀至墨西拿。也许是想起心目中的英雄"石墙杰克逊"迅猛的"步行骑兵"，巴顿抱怨道："亚历山大根本不知道美军的战斗力和速度。我们的前进速度两倍于英国人，进攻也更犀利……"

事实证明，巴顿的担心颇具先见之明。放开缰绳一天后，亚历山大给第七集团军司令部发去一份电报，重新加强对巴顿冲向巴勒莫的约束。电报中指示巴顿投入大部分力量构设一道防线，南起阿格里真托，北至坎波费利切（Campofelice）。亚历山大还发给巴顿一份目标清单，要求他在进攻巴勒莫前必须夺取这些目标。换句话说，第七集团军再度沦为蒙哥马利的盾牌。

这一次巴顿没有理会亚历山大的命令，可能是因为他从未收到过，也可能是因为他告诉第七集团军司令部人员，他不希望接到这种命令。尽管命令中使用了不容置辩的字眼，巴顿忠心耿耿的参谋长哈普·盖伊还是将它解释为亚历山大对其口头指示的确认。

杰夫·凯斯指挥着特拉斯科特、空降兵、游骑兵和休·加菲的第二装甲师，于7月19日开始奔向巴勒莫。巴顿终于见到事态朝正确的方向转变了。他在次日写给比阿特丽斯的信中欢呼道："现在我正设法松开加菲的缰绳。如果我取得成功，阿提拉就不得不退居第二了。"7月21日，蒙哥马利仍在卡塔尼亚苦苦厮杀时，加菲报告第二装甲师将于次日清晨进入巴勒莫。凯斯发电报给巴顿：尽快回复。我们能否自行触地得分？

巴顿回复：球在你手中，触地得分吧。

次日，巴顿心爱的"车轮上的地狱"师进入城内，一辆辆"谢尔曼"坦克在40万名居民的欢呼、注视以及友好的表情下，咔咔作响地驶入巴勒莫一条条残破的街道。巴顿的部队在这场西西里岛首府之战中伤亡272人，击毙约2900名敌人，并俘虏了5.3万名士兵。没等官方发布新闻，巴顿便兴高采烈地匆匆写了封短信给比阿特丽斯，开玩笑说："等信件审查员在所有报纸上看见该镇的名字，他就可以把它填在这里：_____。"

巴顿故意在1943年7月22日深夜才到达巴勒莫——这是他公开表示谦逊的罕见例子。他不想抢杰夫·凯斯的风头，并决定让后者获得接受该城正式投降的荣誉。他那双蓝灰色的眼睛望向一座座残破的石制建筑。它们上面挂着白床单、美国国旗和撕破的法西斯旗帜。巴顿喜形于色。在他的率领下，美国人占领了敌人的古老首都！

这是他多年来梦寐以求的事，也是他渴望体验的经历。作为占领这片传说中的火山岩的将军，巴顿和他麾下的美国士兵将与希腊人、迦太基人、罗马人、诺曼人、拜占庭人和那不勒斯人并列。

这会巩固他在同僚中的声誉。

这会向全世界表明，小乔治·史密斯·巴顿中将是胜利者。

暂时获得满足的胜利者将他的新司令部设在西西里岛国王的豪华宫殿里。这是一座美丽、残破且杂乱无章的建筑，就像意大利摇摇欲坠的政府。其豪华的装饰与墙角一样，已然破旧不堪。巴顿没有理会宫殿里面仆人的法西斯式敬礼，这显然是个习惯问题。他把办公室设在一间满是孔洞的套房，屋内有水晶吊灯、铺着厚软垫的椅子、古典油画和一张巨大的红木桌。他将在这里，在画着小天使的洛可可式天花板壁画下，制订征服特里纳基亚其他地方的计划。对小乔治·史密斯·巴顿这种拥有深刻历史感的人来说，这是个非常合适的场所。

巴顿很快获知，埃特纳火山周围发生的事情促使布莱德雷的部队重新投入战斗，这令他非常高兴。由于蒙哥马利被牵制在埃特纳防线的激战中，艾森豪威尔和亚历山大将军得出结论，米德尔顿的"雷鸟"师也许能协助蒙哥马利突破敌人的防线。1943年7月20日，蒙哥马利派奥利弗·利斯

（Oliver Leese）将军解决道路使用权问题，艾森豪威尔的非正式耳目克拉伦斯·R.许布纳（Clarence R. Huebner）将军主动找到巴顿，强烈建议他向亚历山大强调，第七集团军将沿北部海岸的两条道路攻往墨西拿。亚历山大认为美国人可以为蒙哥马利提供真正的帮助，于是不假思索地批准第七集团军对墨西拿展开谨慎的试探。亚历山大23日下达的新命令似乎将巴顿集团军置于和蒙哥马利集团军更平等的位置上。

第二天，亚历山大命令巴顿和蒙哥马利次日到锡拉库萨南面的卡西比莱（Cassibile）机场碰头，讨论细节问题。

巴顿承认："我担心发生最坏的情况，但迄今为止我一直在他们面前坚持自己的意见。"他写信告诉比阿特丽斯："在这种场合，我总是觉得自己像一只羔羊，但到目前为止我都挺过来了。"次日，他乖乖跳上一架飞机，并降落在蒙哥马利的主场。

这是一场奇怪的非正式会晤，也是巴顿与蒙哥马利寥寥无几的平等会面之一。蒙哥马利在规定时间驱车来到机场。他穿着一条略有些松垮的英式长裤，上身是一件皱巴巴的、没有任何标志的衬衫，袖子卷到肘部。唯一表明蒙哥马利军人身份的是他那条带有皇家坦克兵团标志的皮带。他很符合切特·汉森对他的描述："一个不讲究穿着的波希米亚画家。"走下飞机时，巴顿穿着件朴素的卡其色军装，没戴那顶标志性钢盔，而是戴着一顶简单的船形帽。他也没挎手枪，没戴战功绶带，没拿马鞭。巴顿只带着他的作战副处长和副官查利·科德曼。他匆匆走向蒙哥马利，后者也加快步伐，走过来与同为集团军司令的巴顿握手。

由于亚历山大还没到，蒙哥马利便在他那辆棕褐色指挥车的引擎盖上摊开一张大幅的西西里岛地图，与巴顿凑到一起商讨各自的分界线。蒙哥马利铺平破旧的等高线地形图时，并未像以往那样俯身向前并指向地形地貌，也没有眯起眼睛看着那些小小的地名，让手指沿各条道路和交通线移动。当日的读图非常简单：有4条道路通往墨西拿，西北面的2条位于巴顿的作战地域，东南方的2条在蒙哥马利的地盘内。他们一致同意，第七集团军得到113号公路（北部沿海公路）和与之平行的120号公路，蒙哥马利则使用南面的2条公路。

在飞往锡拉库萨的途中，巴顿一直在给自己打气，认为此次会晤肯定是一场艰难的谈判。但蒙哥马利目前正面对一场血腥、艰巨的战斗，如果能迅速而又圆满地结束这场太过残酷的战役，他很乐意让巴顿夺取墨西拿。尽管双方都清楚，蒙哥马利会努力先到达那里。"他答应得太爽快了，我怀疑其中有诈，但到目前为止我没发现什么不对头的地方。"巴顿后来在日记中暗自思量。但他这一次的怀疑并不准确。和巴顿一样，蒙哥马利也许是个自命不凡的家伙，但他的理智和坦诚足以使他意识到，第七集团军施加的压力最终能挽救盟军士兵的生命。

姗姗来迟的亚历山大显然对自己被排除在讨论外很恼火。巴顿当晚在日记中写道："他看上去有点生气。就他而言，这种表现可以说相当无礼。他要求蒙蒂解释他的计划。蒙蒂说我们都已经商量好了，亚历山大就更生气了……"但问题此时已得到解决。蒙哥马利把他同巴顿的决定（从理论上说是建议）告知亚历山大。为保住面子而做了些许修改后，亚历山大让步了。

巴顿兴高采烈地登上他那架 C-47 飞机返回巴勒莫。蒙哥马利请求美国人帮助他们的英国表兄弟。这一次，巴顿非常乐意伸出援手。到达王宫时，他已为下一场演出的明星拟订出一套新指令，这位明星就是布莱德雷。

战争不需要特立独行的人

布莱德雷所在的那辆挂有地图的军用卡车向北驶去，越过一座座满是车辙印的山丘。特里·艾伦的第一步兵师位于前方右侧，而特洛伊·米德尔顿的第四十五步兵师在左侧。没过多久，布莱德雷便在卡尔塔尼塞塔一座华丽的巴洛克式宫殿中设立起指挥所。他当然为自己被排除在夺取巴勒莫的行动外而这份殊荣又落在第二装甲师头上感到不快。但布莱德雷高兴地获知，巴顿给他派来了更多炮兵和另外几个团。巴顿指示布莱德雷，将他的军转动 90°，打击特罗伊纳（Troina）的敌人——这座构筑了堡垒的山城位于通往墨西拿的道路中间。忠实的布莱德雷给麾下两个师下达了新命令。他派米德尔顿向东沿海滨公路而行，艾伦则在崎岖的卡罗涅山脉（Caronie）与隐约可见的埃特纳火山之间沿一个大致平行的方向直奔特罗伊纳。布莱德雷的情报参谋估计敌人在特罗伊纳的抵抗不会太激烈，而布莱德雷推断，在那里取得突破会使他那幅西西里岛地图涂上更多蓝色。

这一周的大部分时间里，艾伦的各个团都在不断向前，并试探特罗伊纳精心构筑的防御阵地，寻找切断守军或让己方军队楔入其侧翼的办法。但德军在这里的抵抗非常顽强，每当艾伦的老兵们发生动摇，他们都会发起反击。为驱散敌人，该师投入了18个榴弹炮营和3个战斗轰炸机中队，并多次发动血腥突击。8月6日，对方终于撤离该城。当天晚些时候，星条旗飘扬在市中心广场上，而布莱德雷已策划了他的下一步行动，还把注意力转到第一步兵师指挥官的问题上。

一段时间以来，布莱德雷一直为"可怕的艾伦"心烦意乱——这是个不错的家伙，非常好，但无法控制：他满口脏话，自负傲慢，过于好斗，因而无法成为一名出色的团队成员。歪戴着钢盔的艾伦对违反陆军条例不以为意，他认为这些规定对"大红一师"的战斗力无关紧要。这家伙认为第一步兵师是岛上唯一一个师。之所以有这种想法，是因为艾伦似乎觉得他的部下比其他人更久经沙场，因而可以免除别人不得不遵守的规章制度。艾伦的个人"榜样"，特别是他对波旁酒的嗜好，会削弱"大红一师"的根基。电话接线员不止一次听到情绪激动的布莱德雷说道："艾伦，我得提醒你，我可是你的军长。"艾伦对此的回应是挂断电话。

布莱德雷认为，凡事以自我为中心的艾伦很像乔治·巴顿，只不过布莱德雷不得不忍受巴顿，但他不必看艾伦的脸色。另外，与艾伦臭味相投、昵称为"特德"（Ted）的副师长小西奥多·罗斯福（特德·罗斯福，Ted Roosevelt）准将也对纪律漠不关心，这让问题更加严重。布莱德雷告诉艾森豪威尔："部下们崇拜特德，但他太心软，无法率领一个师——他太像这群小伙子中的一员了。"

布莱德雷接掌第二军时，艾森豪威尔曾提醒他对属下严厉些。作为马歇尔的门徒，布莱德雷并不需要艾森豪威尔的这种忠告。发现不称职的指挥官时，无论的确如此还是他认为如此，布莱德雷都会扣动扳机。必要时他可能会像比德尔·史密斯那样冷酷无情。因此，布莱德雷在7月中旬决定，艾伦和罗斯福必须走人。

布莱德雷为他的上司打下了必要的基础。他在7月下旬写信给艾森豪威尔，称第一步兵师疲惫不堪。他怀疑特里和特德的状况会比第一师更为严重。艾森豪威尔同意让艾伦好好休息一下，认为他可以为国内组建的新师作出更多贡献。

向巴顿汇报，巴顿又正式询问艾森豪威尔的意见后，布莱德雷的副官着手拟定解除艾伦和罗斯福职务的命令。可是，由于典型的官僚主义，解除"大红一师"正副师长的命令通过常规邮袋发至该师师部。命令送到时，艾伦正在指挥夺取特罗伊纳的战斗。他打电话给布莱德雷，后者向他保证这些命令为时过早，但8月6日，布莱德雷便把艾伦和罗斯福叫到他设在尼科西亚（Nicosia）的指挥所，让他们坐在一张营地桌旁并告诉他们，他已解除他们的职务。

虽然他们知道命令早已下达，但两位鬓发斑白的老兵还是对此感到震惊。他们无法相信自己会在又一次艰难赢得胜利后被撤职。难道在西西里岛苦战28天，在非洲战役中从奥兰打到比塞大，这些都一文不值吗？

他们的战绩很出色，但在布莱德雷看来，这跟他们的功绩无关，这是个团队合作问题。进攻墨西拿或日后在意大利和法国的更大规模的战斗中，每个师都必须在团队中发挥作用。这里不需要特立独行的人，因为在战争中，特立独行者往往会让许多人丧生。艾伦的独立精神使"大红一师"在一对一的较量中成为一个优秀的师，这就是他的部下为何能在杰拉的激战中痛击赫尔曼·戈林装甲师的原因。但一对一的较量无法赢得战争，至少无法击败盘踞在法国的40多个纳粹师。他们的存在使将士们的生命受到威胁，而且当过棒球运动员的布莱德雷也无法容忍部下的特立独行。因此，为了"大红一师"，也为了全军利益，艾伦和罗斯福必须离开。

虽然将这两位将军撤职的决定来自布莱德雷，但此举更适合巴顿在第七集团军进行的更大规模的重组中做出。巴顿不像布莱德雷那般冷静，他对解除老朋友艾伦的职务感到不安。这位老朋友打了一场漂亮的仗，其战绩比大多数人，甚至比布莱德雷更出色。他原本为艾伦写了份热情洋溢的嘉奖令，在布莱德雷的要求下才将调子稍稍降低。在艾伦赶往阿尔及尔听候艾森豪威尔做出后续安排前，巴顿还在自己的司令部对这位老骑兵作了番激励性的讲话。获知罗斯福也将被解职，其日后的指挥前景还会受到影响后，巴顿在日记中写道："虽然我认为罗斯福将军并非世界上最优秀的将领，特别是从组织和纪律方面看，但他依然是位勇敢的军人，战斗得非常出色……"他决定"同艾克谈谈，让特德去做适合他的工作"，以便最终让罗斯福与艾伦一样以一种不具伤害性的方式解除职务。

为美国人的荣誉奔跑

在艾森豪威尔看来，巴顿的成功证实了他当初对颇具争议的坦克兵的看法。布彻在日记中指出："巴顿的出色进展给艾克带来一道光，许多陆军军官无法透过巴顿的哗众取宠和喧嚣吵闹看清他出色的领导能力，而艾克却对此抱以强烈的期待。"在 7 月中旬发给马歇尔的电报中，艾森豪威尔对布莱德雷的评价很高，只勉强承认巴顿"干得不错"，但在 8 月初，喜气洋洋的艾森豪威尔报告道："第七集团军的表现一向杰出。他们长途跋涉，补给条件非常恶劣，多次投身激烈的作战并取得成功。他们目前处于战线的突出位置上，正潜心研究如何将敌人逐出岛屿。对该集团军队迄今为止取得的成就，确实很难不给予他们足够的荣誉。"虽然亚历山大的命令将布莱德雷推开，但艾森豪威尔高兴地见到巴顿避免了一场冲突。他觉得他这位朋友以步兵和坦克组成的临时军攻向巴勒莫的表现非常精彩。夺取西西里岛古都成为世界各地的报纸头条,巴顿愁眉不展的面孔出现在《时代》和《新闻周刊》(Newsweek) 封面上,陆军部长史汀生给盟军司令部发去电报吹嘘他的"前副官小乔治·巴顿干得多么棒"。在艾森豪威尔看来，巴顿、布莱德雷和他们的师长们已使美国陆军从卡塞林山口的耻辱中走出。西西里岛之战可能是迄今为止他们在这场战争中最重要的成就。

尽管第七集团军在西西里岛表现出色，但艾森豪威尔对巴顿的管理风格的看法并未发生根本性变化。他知道巴顿还是那么冲动，社交时表现得还是那么鲁莽。攻克巴勒莫的次日，他告诉约翰·卢卡斯待在第七集团军司令部，密切关注其运作情况。但在巴顿成为风云人物之后，盟军司令部对这位骑兵的看法发生了微妙的转变。谈及第七集团军时，工作人员的笑容更盛。艾森豪威尔和比德尔开始讨论为巴顿在杰拉反击战期间的表现授予他第二枚杰出服役十字勋章。卢卡斯可以说是个晴雨表，能可靠地反映出艾森豪威尔的心情变化。他戏谑道，巴顿身上"正有事情发生"。

巴顿撕裂西西里岛西部的政治后果使艾森豪威尔的日子过得更加轻松。

在美军攻克巴勒莫次日，罗马的法西斯大委员会罢免了墨索里尼，并以彼得罗·巴多利奥（Pietro Badoglio）元帅取而代之。巴多利奥立即向盟军发出了秘密媾和的试探。这非常重要，因为艾森豪威尔很清楚，与军事结果相比，华盛顿和伦敦对政治结果的理解会更容易些。盟军最高统帅部可以报告，"勾掉了一个独裁者"。对艾森豪威尔来说，这是个关乎个人荣誉的问题。

虽然墨索里尼提前退出战局，但西西里岛的军事态势远未达到艾森豪威尔的预期结果。德军一方的"微笑的阿尔贝特"正实施迟滞行动，以便将部队和装备撤离该岛。所有人都知道，困住岛上守军更好的办法是堵住瓶颈墨西拿，而不是从瓶底冲击，将德国人逐出瓶颈，因为这样的话，德国人就能择日再战。

除了西西里岛和下一个合乎逻辑的进攻目标——意大利，艾森豪威尔的前途并不乐观。一些传言已经流出，说是马歇尔将要取代他，并率领盟军进军法国。每次听到这种说法，艾森豪威尔的心都为之一沉。他表面上支持马歇尔指挥这场进攻，但在内心深处，他讨厌重新回到办公室的工作，哪怕是陆军参谋长这种位高权重的职务。几位访客给艾森豪威尔带来同样的预估后，他私下里大发雷霆。他告诉凯·萨默斯比："该死的，从华盛顿来这里的人都跟我说，我很快就会待在五角大楼的一张办公桌后，我真受够了。"

1943年7月底，乔治·巴顿这头美国最著名的"冲锋公牛"，正准备向东面约150公里外的墨西拿发起最后的冲刺。喝酒时他告诉特拉斯科特，他"当然很想抢在蒙哥马利之前进入墨西拿"。他寄给罗斯福总统一张很旧的西西里岛工程图，图上标出已在美军控制下的地区。在地图的右边，一个蓝色箭头指向墨西拿，箭头上方是巴顿写的一句话："我们希望拿下它！"

这是一场巴顿非常想要赢得的比赛。他正在为美国人的荣誉而奔跑，正为艾森豪威尔及其英国随从长期拒绝给予的承认而奔跑。他对比阿特丽斯抱怨道："BBC刚刚勉强承认我们的存在。"他觉得自己被战区内的某个人忽视了，而他最渴望得到的正是此人的嘉许。他在写给比阿特丽斯的信中大发牢骚："罗斯福总统寄给我一张他同我的合影，还签了名，丘吉尔首相也发来贺电，可天命之子（艾森豪威尔）仍保持沉默。"

7月31日，奔向墨西拿的赛跑正在进行的时候，艾森豪威尔飞赴墨西拿同第七集团军司令共进午餐。巴顿率领第十五步兵团仪仗队在机场迎接他，以此致敬艾森豪威尔的实际指挥经验。巴顿指出："这是他指挥过的唯一一支部队。"[①]巴顿和艾森豪威尔登上一辆等候着的指挥车，巴顿带这位最高统帅参观城市，并指出他的工程兵为巴勒莫恢复供水供电所取得的进展，还对第七集团军全体将士大加称赞。

在巴勒莫狭窄的街道上兜了一圈后，他们返回王宫。两位老兵就着油炸午餐肉吃了顿安安静静的午饭。当他们把刀叉放在饰有萨伏伊王室纹章的瓷器上时，艾森豪威尔告诉巴顿，他"希望巴顿与亚历山大不要为进攻计划发生误会"。他强调，巴顿应继续有条不紊地稳步向前，而蒙哥马利应在东面全力投入，设法突破埃特纳防线——这并不算是一个鼓舞人心的战斗号令。

艾森豪威尔离开后，稍有些丧气的巴顿写道："他很放松，但没有称赞我们。他的确说我已有所克制，他觉得这是一种称赞，可我对此表示遗憾。我想让他在这里住一晚，这样就能告诉他许多令人震惊的实情，但他不得不离开……"

艾森豪威尔可能意识到自己没有成功地振奋他这位朋友的斗志，于是为了弥补这一疏忽，他在两天后写信给巴顿。艾森豪威尔在信中写道："声名远扬的第七集团军将被永远载入美国的历史。接下来几天，集团军还将为自己的赫赫威名增光添彩。我个人向你保证，如果我们迅速消灭西西里岛上的德寇，你不必担心后续战事将你留在这里。"

艾森豪威尔的溢美之词意味着巴顿可以走出7月中旬被严厉训斥的阴影。他在艾森豪威尔的签名下草草写了个"哇！"，并划上3条线予以强调，然后将这封信放入"归档"箱内。他以一种自己很少承认的自鸣得意回顾西西里岛战役，并把艾森豪威尔的支持理解为一种信赖（实际上这有些夸张了），但他很快就会因此悲伤起来。

1943年7月的最后一周，巴顿第七集团军已掌握从圣斯特凡诺（San Stefano）通往墨西拿的公路。该镇位于西西里岛北部海岸正中央。另外，他还控制着从特罗伊纳向前延伸的公路。巴顿认为，现在该给他的将领们加把火了，特别是布莱德雷和米德尔顿，他们的前进步伐似乎有些缓慢。在抢先到达墨西拿的热情加剧之际，巴顿于8月5日获知东路的最大障碍

---

① 艾森豪威尔曾担任第十五步兵团副团长兼第一营营长。——译者

卡塔尼亚终于落入蒙哥马利部队手中。他告诉米德尔顿："这场赛马关系到美军的声誉，我们必须先于英国人攻下墨西拿。请尽你一切所能帮助我们赢得胜利。"

麻烦的是，巴顿的部下正面临蒙哥马利最近 3 周遭遇的相同问题：岛屿的颈部东面急剧收缩，导致巴顿的两条道路挤在一起，就像塞入漏斗的意大利面条，他所擅长的快速机动根本没有施展的空间。德国人是内线防御专家，他们充分利用狭小的空间，决心像温泉关（Thermopylae）的斯巴达人那样，为退往墨西拿的每一寸土地浴血奋战。因此，米德尔顿的部下在逼近海边小镇圣弗拉泰洛（San Fratello）时撞上了一堵坚硬的烈火钢墙，战地医院的帐篷里满是伤员和垂死者。

巴顿认为，解决之道是一记两栖登陆的"左勾拳"。如果他和布莱德雷能把几辆坦克和足够的部队（例如一两个营）运上船，他们就能绕开"轴心国"军队的防线，从后方打击遂行防御的德国第二十九装甲掷弹兵师。巴顿拿起电话，从设在圣斯特凡诺前线附近的一片橄榄树林的前进指挥所打给布莱德雷。

布莱德雷和巴顿在 7 月下旬讨论两栖登陆事宜时，说服巴顿让他掌握实施此类行动的时机。布莱德雷对自己的能力越来越有信心，尽管他会使用特拉斯科特第三步兵师的老兵（巴顿正让他们接替米德尔顿的"雷鸟"），但布莱德雷担心他这位急躁的上司可能会在尚未确保一切准备就绪的情况下下令进攻海滩。布莱德雷和特拉斯科特详细讨论此事，一旦他们就一场两栖迂回行动的正确时机和地点达成一致，布莱德雷就将满怀热情地拟订计划，以蛙跳战术绕过圣弗拉泰洛。和巴顿一样，这位密苏里人急于抢在蒙哥马利之前到达墨西拿，特别是因为他那些士兵对 BBC 电台非常恼火，后者不仅报道英国第八集团军的英勇功绩，还说美国人一直在西西里岛西部"游泳、吃葡萄"。布莱德雷认为，圣弗拉泰洛是个完美的表演场地，足以向英国人证明他们足智多谋的表兄弟能做到些什么。

布莱德雷于 8 月 7 日至 8 日夜间实施的两栖迂回行动是一场实实在在的局部胜利。声音沙哑的特拉斯科特按规定时间登陆以配合大股力量的正面推进。这套组合拳迫使德军掷弹兵后撤，还消灭了他们 3 辆坦克和不少士兵。布莱德雷认为，这是一场漂亮的局部机动行动，将成为日后西点军校的教学案例。

虽然这场两栖登陆并未完成更大的计划，因为德国人还是顺利撤出了圣弗拉泰洛防线，但巴顿对行动取得成功深感高兴。他想再来一次，而这一次他将安排媒体报道他的战术胜利。随着进攻时间的临近，他的不耐烦像个疖子那样化脓溃烂，因为蒙哥马利已越过卡塔尼亚，发电报宣称他正朝墨西拿迅速前进。英军越过埃特纳，现已穿过兰达佐（Randazzo），巴顿密切留意第八集团军发出的每一封电报，关注着蒙哥马利所在位置与墨西拿和自己的关系。急于采取行动的他于 8 月 9 日晚忧心忡忡地写道："今晚我们设法发起另一场登陆行动，可我担心第三师无法取得足够多的进展。"

他获知英军正穿过布龙泰（Bronte），蒙哥马利正在缩小差距。巴顿必须越过下一道德军防线。

由于一艘宝贵的登陆艇被德国空军击中，行动不得不推迟一天。焦急的巴顿等待着特拉斯科特发起另一场计划中的蛙跳，绕过德军坚守的沿海小镇布罗洛（Brolo）。1943 年 8 月 10 日晨，他叫上米姆斯中士，跳上汽车赶往第二军军部，让布莱德雷给卢西恩·特拉斯科特下达命令。返回圣斯特凡诺的前进指挥所途中，他停下来视察一所后送医院[1]，并在那里以简单、直接的巴顿风格处理了一起所谓的战斗疲劳症。

虽然特拉斯科特将军同意实施一场两栖登陆，但他知道自己的主力远远落在后方，登陆部队遭遇敌人火力时根本无法获得增援。一旦德国人开始应对他们遭受的威胁，在遍布岩石的海滩上孤军奋战的登陆部队就会成为活靶。特拉斯科特打电话给布莱德雷沟通此事，后者赞同他的意见。当晚 7 点 50 分，特拉斯科特致电巴顿的司令部，告诉这位集团军司令，他和布莱德雷都希望将进攻再推迟一天。他解释说，这一推迟非常必要，它将给路上的步兵以足够的时间准备一场大规模的正面突击，并且使主力能够在情况变得棘手前与滩头部队会合。

巴顿对特拉斯科特的逻辑不以为然。他认为几乎没有任何东西能证明推迟进攻的合理性，因而明确拒绝了特拉斯科特的请求，并宣称，"该死的，继续进行！"

---

[1] 战地医院只能对伤势较重的士兵进行初步治疗，然后他们会被送到后方医院。后送医院为战地医院和后方医院的中转处，医护人员会在这里为伤员提供必要的帮助。——译者

挂了特拉斯科特的电话后，巴顿意识到他这两位下属有点不太情愿。命令就是命令，他们肯定会遵从他的指示。但第七集团军司令觉得，在这种情况下让他们圆满完成任务，就需要些"黑杰克"式的督促。他驱车来到特拉斯科特的师部，怒斥从宪兵到参谋长的所有人。在挨批的特拉斯科特再次请求巴顿推迟行动时，后者再也按捺不住怒火。他问道："该死的，卢西恩，你怎么回事？你是不是害怕战斗？"这项行动已拖延得太久，现在必须发起，他的部下必须按照命令于 8 月 11 日晨进攻海滩。要是特拉斯科特不愿实施登陆，巴顿就将解除他的职务。特拉斯科特并未害怕，而是请巴顿干脆将自己撤职。巴顿在当天的日记中写道："8 点，奥马尔和卢西恩都打电话来说这场行动风险太大。我告诉他们遵命行事，失败的话由我承担一切责任，胜利的话功劳归他们……我不得不强硬起来，问他们是不想把将星换成老鹰（上校）。"

"我们的"部队和"你的"部队

布莱德雷摔下电话，真想破口大骂。这太荒唐了。巴顿愚蠢至极。形势要求美军采取更加保守的做法时，他却想做一些华而不实的，甚至是鲁莽的事情。难道他不知道布罗洛周围的地理、敌人和整体形势与圣弗拉泰洛完全不同吗？决定战术的是地理，而不是历史，更不是华而不实的、该死的宣传。

布莱德雷后来写道："我已出离愤怒。"他现在强烈怀疑，巴顿自夺取巴勒莫以来的各项决定，以及同蒙哥马利幼稚的赛跑，完全是出于自我膨胀而非合理的军事判断。巴顿自 8 月初以来的每个愚蠢决定都强化了布莱德雷的怀疑：这家伙正在创造金星母亲 ①，目的只是满足其虚荣心。

不出布莱德雷所料，登陆虽然取得成功，但代价高昂。特拉斯科特第三十步兵团的一支特遣队上岸后不久，敌守军便朝他们扑来。自行火炮陷入海滩，坦克遭击毁，敌人从高处冲向进攻部队。特拉斯科特的部下冒着雨点般落下的炮弹和迫击炮火苦战一天一夜，直到次日晨第三步兵师才设法突破到奋战中的登陆部队身旁。此时，登上滩头的 650 名士兵中有 167

---

① 金星母亲：美国阵亡士兵的母亲。美国的军属家庭通常会挂一面蓝星旗帜，若军人阵亡，则挂金星。——译者

人阵亡或负伤，伤亡近 30%。

这一切为了什么？

布莱德雷对巴顿的哗众取宠厌恶至极。在巴顿的领导下，第七集团军司令部人员上行下效，似乎从未想过怎样保证前线士兵的生存。炮弹严重短缺，轻武器弹药却堆积如山，可第七集团军对此满不在乎。集团军没有按照应有的方式铺设通信线路，布莱德雷的通信人员不得不自己完成这项任务。集团军也没有为第二军指示召唤空中支援的步骤，甚至没有采取措施来避免混乱的空中支援造成的误击。布莱德雷过度劳累的部下们不得不自行解决或将就凑合。

由于媒体对铁血老将的吹捧越来越盛，许多重要的东西被这位老将忽视。巴顿对这些"细节问题"毫不在意，他那些工作人员对此也满不在乎。布莱德雷后来指出："巴顿正变成一个不受欢迎的家伙。每次出行他都带着一长溜车队和大批摄影师……在巴顿看来，战术只是个向前推进的过程。他似乎从未仔细考虑过战役，很少认真研究态势。我认为他是个浅薄的指挥官。"

巴顿的炫耀和卖弄让布莱德雷越来越愤怒。出行时宪兵坐在摩托车和吉普车上，一队饰有五角星的车辆横冲直撞。从疲惫步行的士兵身边经过时，巴顿那位愚蠢的司机会揿响震耳欲聋的喇叭。布莱德雷后来总结道："虽然巴顿是个精明的表演者，但他没能掌握战士们的心理。他带着一队指挥车出行，身边簇拥着衣着光鲜的马屁精。他自己的车上装饰着红旗、超大的将星和司令部标志。这种排场也许并未像巴顿认为的那样令士兵们产生敬畏感，相反，他们对自己不得不穿过车队身后卷起的尘埃感到非常恼火。"这不是布莱德雷的作风，他永远不会这样做。在这位带有美国中西部口音的密苏里人看来，巴顿的排场就像他们战前在黑白纪录片中看到的罗马和柏林的法西斯典礼盛况，既陌生又令人不安。

但布莱德雷认为，巴顿在乎的不是挽救部下们的性命，而是抢在英国人之前夺取墨西拿，这是他最不可原谅的错误。布莱德雷记得他在布罗洛登陆的当日上午于海滨公路遇到巴顿和参议员亨利·卡伯特·洛奇（Henry Cabot Lodge）的情景："乔治想让我尽快赶往墨西拿，说他决心抢在英国人之前到达。他告诉我，要是我不得不以损失更多部下为代价提前一天到达那里，那就损失好了。他说他已同蒙蒂打了赌，并希望赢得赌注。"

布莱德雷认为，在战争中，你不能像只斗鸡那样自我炫耀，而应该做出清醒的、有条不紊的行动，其目标是以尽可能少的生命代价完成任务。战争需要的是精心的管理和细致的策划，而不是征服者威廉、庞培大帝等人那种挥挥马鞭的风采或粗话连篇的演讲。毕竟，这些人在汽油引擎、M-1 步枪和无线电被发明出来的 1000 年前就已作古。这是布莱德雷通过多年研究、教学、观察、训练和作战经历学到的一个教训。如果巴顿到现在还无法理解这一点，他和布莱德雷就不会有共同语言。

布莱德雷觉得，对上级隐瞒真相毫无意义。倘若巴顿想为自己的荣耀而发动战争，第二军肯定不会为他提供掩护。腐烂的水果很快会从树上落下。

8 月 14 日晚，艾森豪威尔的官方"间谍"约翰·卢卡斯到访第二军军部并留下过夜，布莱德雷倾诉了他对巴顿的失望，并把战役开始以来他一直压在心底的意见——告诉卢卡斯。这些情况足以让艾森豪威尔进行仔细思考。

到 8 月中旬，"微笑的阿尔贝特"几乎将一切撤离西西里岛。从军事角度看，墨西拿现在对盟军来说已没有太大价值，因为德国人和尚有积极性的意大利人早已在盟军堵住他们之前离开了该岛。

但距离金光闪闪的奖杯还有约 50 千米，巴顿不打算让蒙哥马利先到达那里。在巴顿看来，奔向墨西拿的比赛甚至比他 1912 年参加的奥林匹克运动会更加崇高。他在这场竞赛中争夺的是最好的奖品：敌人的最后一个据点。历史和他在天国的祖先们注视着他，乔治·巴顿不许任何人阻挡他的去路，无论是德国人、意大利人、英国人还是美国人。

经历了 3 天的高烧后，焦躁而又极度疲惫的巴顿从四柱床上爬起，于8 月 14 日下午飞赴特拉斯科特的指挥部，他命令再发起一场两栖行动。他在那里会晤布莱德雷，并向后者保证，这场蛙跳行动会比上一次规模更大，因而不需要担心部下们的安危。巴顿承诺，海军这次会提供足够的船只将一个团的兵力送上岸，准确地说是米德尔顿的第一五七步兵团。

布莱德雷只是耸耸肩。他告诉巴顿，这无关紧要。他已同特拉斯科特谈过，后者向他保证，他们只要对着摇摇欲坠的前门踢上一脚，就能更快地沿道路向前推进。特拉斯科特指出："前方已没有德国佬阻挡我们。"实际上，特拉斯科特担心的是，他的部下在黑暗中听见动静时可能会朝登陆部队开火。他们应该继续前进，而不是将时间浪费在让士兵们上下登陆艇上。

巴顿认为这纯属胡说八道，侧翼迂回什么时候成了比正面进攻更糟糕的想法？至少这能让更多部队逼近墨西拿。

指挥官不断质疑他们的上司，这让巴顿大为恼火。布莱德雷当初就不愿在布罗洛实施登陆，现在又出来阻拦。好吧，他告诉布莱德雷，不管你赞同与否，登陆都将继续进行，这一次巴顿将亲自指挥米德尔顿的步兵团。

布莱德雷的声音变得越来越冷淡，他回答道："很好，将军，要是你想这么干，那就发起行动吧。但他们登陆时，我们会等着你的部队。"布莱德雷转身离开，催促特拉斯科特的部下赶紧出发。

"我们会等着你的部队。"布莱德雷的部下现在是"我们"，而巴顿的人成了"你的部队"。

布莱德雷微妙的措辞是他们工作关系中的另一个伤口，这对两位将领或他们的手下来说都不是个好兆头。半年来，他们之间摩擦不断，来自密苏里的教师和来自加利福尼亚的马球运动员现在不得不面对这样一个事实：他们永远无法达成一致。他们的出身不同，成长经历不同，但他们都是中将，都在同一支队伍里，就像置身于同一口压力锅里的牛肉和土豆。两人面临的问题是，他们的责任感能否将他们团结到完成解放大半个欧洲的使命——这个问题恐怕要到"第三帝国"彻底覆灭时才能得到回答了。

巴顿从未提及他是否注意到布莱德雷语气的变化或选择的词汇。然而他迟早将学会怎样更仔细地倾听别人说的话。

墨西拿的"入城仪式"

1943 年 8 月 15 日至 16 日夜间，巴顿的两栖团来到距离墨西拿 50 千米的小村庄法尔科内（Falcone）。黑暗中，美军步兵在海浪的冲击下抢滩登陆。他们当中的尖兵向前散开。听见有人靠近，他们就立即蹲下，手指搭上扳机。迎面而来的士兵们穿着草绿色军装，提着马灯，呼叫着登陆部队——说的是英语。他们是卢西恩·特拉斯科特负责引路的部下，就像布莱德雷所说的那样，他们正等着巴顿的人。

次日夜间，特拉斯科特的巡逻队小心翼翼地进入墨西拿郊区的道路。除了狙击手零星的射击声和司空见惯的猛烈还击，一切都很平静。道路上散落着一支军队撤离时丢弃的垃圾：燃料罐、弹药箱、死去的驮畜、烧毁的车辆、破损的自行车。另外还有些身穿炭灰色军装的尸体。

特拉斯科特已向巴顿汇报情况，后者凌晨 3 点打电话给布莱德雷，告诉他第七集团军将在 7 小时后正式进入墨西拿。巴顿赶紧穿上军装，佩带上手枪、钢盔和军队徽标，并吩咐副官安排一架单翼飞机飞赴特拉斯科特的指挥所。

整个夜间和清晨，第三和第四十五步兵师部分部队穿过炸弹和炮弹造成的尘埃和瓦砾向前推进，朝墨西拿弹痕累累的市政厅聚集。庆幸这场灾难终于结束的民政当局出面迎接特拉斯科特，后者接受了该城的投降。

但目前的投降只能是非正式的，因为特拉斯科特已接到第七集团军司令的严格命令：必须等集团军司令到达并举行阅兵仪式后，才能接受对方的正式投降。清晨的空气开始吸收 8 月的热气，特拉斯科特疲惫的部下们等待着巴顿。

布莱德雷难以置信地摇摇头："真见鬼！乔治想举行墨西拿入城仪式。"布莱德雷认为，巴顿的狂妄自大简直永无止境。他在战后采访中回忆道："我不喜欢他的工作方式：打乱战术计划，干扰我的命令。他对两栖登陆的固执以及进入墨西拿的入城仪式令我恶心，也使我对巴顿烦透了。我们学到的是，不要像巴顿第七集团军那样表现自己。"

布莱德雷没做太多考虑便沿巴顿的车队路线驶入一个街角，此举仅仅是为了激怒那个贪慕虚荣的老家伙。但他也知道，自己这种幼稚的举动不过是在"玩儿乔治的游戏"。可是，他不会参加巴顿的胜利游行，所以他避开了庆祝活动。

不仅如此，布莱德雷还要向他的西点老同学汇报他和他的工作人员遇到的问题，那就是补给和军械供应方面的混乱。艾森豪威尔将军无疑会对这些情况感到不安。在西西里岛历时 5 周的艰苦战斗导致布莱德雷与巴顿的关系发生了永久性的破裂，布莱德雷对这位傲慢的骑兵指挥官的看法相当悲观，20 世纪 20 代末期他在夏威夷第一次见到巴顿时就有这种感觉。布莱德雷的失望使他产生了许多想法：如果由他来指挥，情况会大不相同。

"你们都站着干吗？"尖厉的声音从一辆大型指挥车中传出。

就在这时，米姆斯中士发动起改装过的道奇指挥车噪声极大的引擎，伴随着刺耳的喇叭声，米姆斯领着车队驶向墨西拿破旧的街道。此时，巴顿皱着眉头，摆出他在战争期间的一贯尊容，打量着这座被他征服的城市。就像一位已获得元老院投票通过举行凯旋式的罗马皇帝，巴顿将军的车队穿过欢呼的人群，由特拉斯科特陪同着进入市中心广场，也就是巴顿将要接受墨西拿投降的地方。陆军通信兵团的人一路为他拍下了许多照片。

这是巴顿漫长生命中最辉煌的一天，也是他在战神祭坛毕生工作、研究和朝拜的顶峰。虽然德国人、意大利人、英国人和最高统帅部都尽到最大努力，可最终赢得胜利的人还是巴顿。最棒的是，这位加利福尼亚老骑兵遇到了一支英军突击队——蒙哥马利派他们在装甲部队前方疾进，以便为英军夺取墨西拿。兴奋的巴顿当晚在他随身携带的日记本中写道：

> 驱车……到达俯瞰墨西拿的山顶。布莱德雷不在那里——肯定是没接到消息。我对此感到非常遗憾，因为我给他打过电话，他当然有资格享受入城的乐趣。我们在 10 点 10 分左右进入墨西拿城……
>
> 在墨西拿城内，我们遇到 3 辆英军坦克和一些英国士兵，他们在一名将军的率领下于上午 10 点到达。很显然，蒙哥马利派他们来的目的是窃取战果……我认为这位将军对我们的抢先到达非常恼火，但由于他到来时我们已经在这里待了 18 个小时，这场比赛显然是我们赢了。

这一刻，所有人都能看见巴顿作为一名战术家闪耀出的才华。巴顿就像身穿卡其色军装的弥赛亚，在 38 天内横扫西西里岛。他已夺得敌人的首府，并使自己的军队一举成名。他知道，这一刻将是他生命中最美好的时刻，也是美国陆军历史上最引以为傲的时刻之一。

各种赞誉涌向地中海，最热烈的称赞自然落在巴顿的红木办公桌上。西西里岛解放后没几天，罗斯福总统发来一封电报，回应他对征服巴勒莫的赞誉："我们都很激动……谨表达我的感谢和热情赞许。"

马歇尔在电报中写道："你的领导工作干得非常出色，你的那些军长、师长和他们的部下使美国人民为他们的军队深感自豪。"

海军上将坎宁安在电报中称："有幸见到第七集团军的速度和冲刺真是件乐事。"

　　亚历山大也发来电报："你的国家会为你感到骄傲，我也为自己麾下能有如此优秀的部队深感荣幸。"

　　就连马歇尔的太太凯瑟琳·马歇尔也为"你在西西里岛的壮举"发来祝贺。巴顿的面孔登上了报纸头版和杂志封面。对小乔治·史密斯·巴顿中将来说，这是一段美好的时光。

　　直到艾森豪威尔发来电报，使这一切戛然而止。

第12章　雪崩

乔治是我手下最好的将领，但他就像颗定时炸弹。你永远无法确定他何时会爆炸。你能确定的只是这种爆炸可能会在错误的时间发生在错误的地点。

——艾森豪威尔对凯·萨默斯比如是说

没有哪位将军愿意视察战地医院的营帐，因为那里会生动地提醒他，他的决定造成了哪些后果。

在各指挥部，连长们提交的伤亡报告（现有兵力、缺员、阵亡、负伤、失踪）相当于部队完成任务的流水账。人员的损失中有些是暂时性的，还有些则是永久性的。但这些表格只是无声的数字，记录在一沓沓整齐排列的文件上。它们和每天放在将军办公桌上的许多其他报告一样，要么被塞入抽屉，要么被交给副官长或转发给其他人。

而在战地医院温暖的帆布帐篷内，一名指挥官无法假装把他的决策造成的代价看作数学上的抽象概念。在收容伤员的帐篷里，你会沾上鲜血和臭气，见到恶心的景象，听到刺耳的哭泣。战地医院毫无荣耀可言，无法为战斗者提供放松的机会。这里只是个痛苦的仓库。

战地医院风波

与大多数高级将领相比，巴顿前往战地医院探望伤兵的次数更多些。他的副官们带着满袋紫心、铜星勋章和他有权颁发的一切奖励。每当他来到一所急救站或一个收容帐篷里，就会为那些执行任务时负伤的人慷慨地颁发勋章，别在他们的衬衫或枕头上。他们没有让自己的战友失望，他们的所作所为令国家骄傲。

但巴顿的情感总是隐藏在他坚强的外表下。看见那些痛苦的伤员，他的泪水很容易夺眶而出，其中蕴含着伤痛和钦佩。见到他那些年轻的部下留下残疾或奄奄一息时，他那战士的胸怀中充满了难以抑制的感情。他在日记中描述过一次典型的视察："我在一所后送医院略作停留，与350名新伤员交谈。一个可怜的小伙子失去了右臂，他一直在哭；还有个人丢了条腿。所有人都很勇敢，也很乐观。"另一次视察期间，巴顿写道："一名士兵的头盖骨被炸飞，他们只能眼睁睁地看着他死去。他身上满是鲜血，这种场景让人心酸，或者说，我应该对自己投入战场的部下产生个人情感，但这对一名将军来说是致命的。"在一所满是截肢者的战地医院，他找了个借口躲入厕所，一名勤务兵发现他正无法控制地抽泣着。

视察战地医院是一种对精神的折磨，但巴顿觉得他们希望一位伟大的将军去探望他们。他认为对伤员的恻隐之心是一名指挥官必须树立的榜样的组成部分，这并不亚于战斗中的无所畏惧。因此，当巴顿、约翰·卢卡斯和几名副官于1843年8月3日中午出现在尼科西亚附近第二军第十五后送医院的接收帐篷时，巴顿认为自己的到来能够鼓励这些勇敢的战士，稍稍减轻他们的痛苦，向他们表明集团军司令对他们的关心，并对他们的勇气表达敬意。

他故意从一张床铺走到下一张床铺，与裹着绷带、挂着血浆瓶、肢体残缺的伤员亲切交谈。很快，他来到一名满脸绝望的列兵面前，此人来自印第安纳州，名叫查尔斯·库尔（Charles Kuhl）。在满是消毒水和氧气面罩的帐篷里，他显得格格不入。他坐在那里，看上去正在发烧，非常疲惫，但身上没有受伤的明显迹象。

巴顿皱着眉头问他怎么回事。

库尔说："我觉得我受不了了。"

受不了了？

在巴顿看来，库尔的话就是一种赤裸裸的认罪，甚至可以说是承认了自己的背叛。他们都沉默下来。但在沉默中，巴顿的脉搏开始加速。他眯起眼睛，呼吸变得急促起来。旁边的人甚至能听见他脑中扳开枪机的咔嗒声。

几秒钟后，这头怪兽咆哮起来。

巴顿将一米八的身躯俯向面前不知所措的列兵，开始朝他吼叫。他大声咒骂，用巴顿式词典中无休止的各种粗话怒斥库尔是懦夫，还用手套抽他的脸。陷入疯狂的巴顿抓住库尔的衣领把他拉起来，推搡着他来到帐篷门口，抬起穿着靴子的腿，一脚踹在这个小伙子的背上，他一头跌入旁边几名士兵的怀中，其间巴顿一直在大声咒骂。

受不了了，不见得吧！

过了片刻，巴顿的呼吸渐缓，脉搏也放慢下来，他的怒火消退了。他静静地站在震惊的医院工作人员中，随后带着一股傲气大步走出帐篷，全然无视身后愤怒的目光和摇头。

当晚，巴顿以沉重而有力的语气在日记中写道：

> 在医院里我还遇到我在这支军队中见到的唯一一个懦夫。这家伙坐在那里，试图让自己看上去像是负了伤。我问他怎么回事，他说他只是受不了了。我怒斥他，用手套抽他的脸，还把他踢出医院。各连队都应该处理这种人。要是他们逃避自己的责任，我们就该把这些懦夫送上军事法庭，然后枪毙。

1943 年 8 月 10 日下午，疲惫而沮丧的巴顿将军前去激励布莱德雷和特拉斯科特投入布罗洛登陆行动时，在巴勒莫与墨西拿中间的圣阿加塔迪米利泰洛（Sant'Agata di Militello）临时视察第九十三后送医院。这一次，他的目光落在了 21 岁的保罗·贝内特（Paul Bennett）身上。他是一名炮兵，连里的医护人员命令他到后方休息。和巴顿见过的其他装病之人一样，贝内特坐在床上，蜷缩着身子，浑身发抖，但仍穿着军装，甚至戴着钢盔衬帽。他看上去根本没有负伤。巴顿能一眼识别出懦夫——现在他正盯着的就是一个胆小鬼。

巴顿大步走向贝内特，停在他面前，问他哪里不舒服。

"我的神经出了问题。"贝内特一脸紧张地回答道。

巴顿的表情也严肃起来。"你说什么？"他问道，带着鼻音的嗓门开始加大。

这名列兵坐直身子，回答道："我神经紧张，我再也无法忍受炮击了。"他双眼发颤，坐在那里抽泣起来。

巴顿转身问负责接收伤员的军医："这个人在说什么？他是不是真的有问题，是什么问题？"

没等得到回答，巴顿就勃然大怒，朝这个年轻的病人发作起来。"神经紧张！"他怒吼道，"你就是个该死的胆小鬼！"

贝内特坐在那里，巴顿挥手抽他耳光时，泪水从他的脸颊滚落。贝内特哭了起来。

"别哭了！"巴顿咆哮着，"我不能让这些身负枪伤的勇士看着个怯懦的混蛋坐在这里哭鼻子！"

脸色铁青的将军转身对惊呆的医务官吼道："不许收留这个胆小鬼，他根本没病！我不允许医院里塞满这些没胆子从事战斗的人！"

他把目光转回到可怜的贝内特身上，那双蓝灰色的眼睛燃烧起来："你得回前线去，也许会中弹，也许会阵亡，可你必须去战斗。要是你不去，我就让你站在墙壁前，派行刑队枪毙你！"

巴顿伸手去拔手枪，继续说道："实际上我应该亲自毙了你，你这个该死的哭鼻子的胆小鬼！"医院负责人唐纳德·柯里尔（Donald Currier）上校迅速赶到现场，眼前的场面完全出乎他的意料。

"我希望你们马上让那家伙滚出去！"巴顿朝所有人吼道，"我不想让这些勇敢的小伙子看见这个胆小鬼！"

巴顿气冲冲地离开时，贝内特抽泣得更加厉害。没走几步，巴顿又激动起来。他转身返回，朝这个哭泣的列兵冲去，举着手狠狠地抽向贝内特，把他的钢盔衬帽打落在地。

医生、护士和伤兵们盯着这个佩戴着 3 颗将星的疯子，一个个目瞪口呆。柯里尔大夫是比阿特丽斯家族的老朋友，他走到巴顿与他的病人之间，以平和、舒缓的语调把这位将军劝到门口。巴顿怒气未消，骂骂咧咧地离开医院，柯里尔跟在他身后。他怒吼着对所有伤员喊道："把那个懦弱的家伙送回前线！"直到他消失在众人的视线外。

巴顿的火气渐渐消退，完成对医院后续的视察，没再闹出其他意外。但离开前，他提醒柯里尔："我的意思是，让那个懦夫离开这里。我不会让这些懦弱的混蛋在我们的医院里闲逛。过段时间我们可能不得不枪毙他们，否则我们就会培养出一群白痴。"

当晚回到巴勒莫黑黢黢的宫殿后，巴顿真不知道自己严厉惩治这个不知名的士兵究竟是为了什么。他在日记中写道："又看见一个所谓神经紧张的病人，真是个懦夫。我告诉军医把他送回连队，他就开始哭泣，于是我狠狠地骂了他，直到他闭嘴。我也许拯救了他的灵魂，如果他还有灵魂的话。"

巴顿视察医院两天后，布莱德雷的参谋长威廉·基恩（William Kean）准将把一份报告交给上司。这份报告出自第九十三后送医院一位愤怒的军医，他投诉了第七集团军司令。

布莱德雷阅读了摘要。

巴顿这次干了件蠢事。抽一名士兵的耳光，把他踢出医院帐篷？殴打士兵是要交军事法庭审判的罪行，巴顿究竟在想些什么？

更重要的是，他该如何处理这份报告？

如果让布莱德雷来做决定，他会立即将巴顿撤职。但这事由不得他做主。军队的程序要求布莱德雷将军把报告呈交他的上司，也就是巴顿将军。当然，这样一来只会使该事件在第七集团军司令部大批工作人员中传播，造成问题和流言蜚语，而不会带来任何解决方案。

他也可以绕过巴顿，将报告直接交给艾森豪威尔。这将确保此事得到妥善处理，可能意味着乔治·巴顿的职业生涯就此结束。但细想之下，布莱德雷觉得自己不能这样对待巴顿：是巴顿把他带到西西里岛的，巴顿非常欣赏他在非洲的工作。巴顿那些缺点的确气人，每次接到他愚蠢的、自以为是的命令，布莱德雷的血压都会急剧上升，但他不打算采取绕过上司、一刀封喉这种激烈的措施。他欠巴顿的实在太多。

他把这份报告锁入办公室保险柜，希望此事就此了结。

艾森豪威尔的挽救巴顿行动

回到阳光炙烤下的阿尔及尔后，艾森豪威尔要努力解决一系列大大小小的问题。他的肠胃正从非洲腹泻的可怕病症中恢复过来。进军意大利的行动将于下月发起，比丘吉尔和马歇尔期望的晚得多。艾森豪威尔必须确保克拉克第五集团军为这项艰巨的任务做好准备。丘吉尔、罗斯福、史汀生和哈里·霍普金斯试图把他拉向巴尔干，而戴高乐和吉罗则建议他进攻法国海岸。媒体关系是一件永无止境、令人厌烦的琐事，行政工作也堆积如山……这个国家似乎天真地认为地中海的战事会像以往那般顺利。

1943 年 8 月 17 日上午，就在巴顿的侦察车进入墨西拿之际，盟军司令部军医主任弗雷德里克·布莱塞（Frederick Blessé）准将请求最高统帅抽点时间听取他的报告，也就是关于艾森豪威尔要求他查证的传言。看来，巴顿将军确实在第二军的两所医院惹出了麻烦，他咒骂、殴打了两名士兵，并激怒了医护人员。布莱塞交给艾森豪威尔一份详细的调查报告，第二军的一名军医描述了巴顿的一番长篇大论。这份报告和相关问题现在就放在艾森豪威尔腿上：

该死的，乔吉（Georgie）[①]，你就不能为一场战役少惹点麻烦吗?

"好吧，"艾森豪威尔告诉布莱塞，"我想我不得不帮乔治·巴顿一把。"标准程序会把这个老伙计带回到正轨。艾森豪威尔说他会看报告并对情况做出处理，就这样。

但艾森豪威尔越是细想此事，就越觉得棘手。他抿着薄薄的嘴唇，命令布莱塞对此事保密，至少现在不能公开。他告诫布莱塞："如果这件事泄露出去，他们就会猛烈抨击巴顿，这样一来，他就不能在这场战争中为国效力了。"

艾森豪威尔戴上老花镜，靠在办公椅上仔细阅读报告，同时考虑着该怎么办。文件描述了巴顿在战地医院发作的详情：一次次抽人耳光，不断高声叫骂。写在纸上的这起事件比最初听到的更严重。他这位老朋友犯下的是足以交军事法庭审判的罪行，艾森豪威尔意识到巴顿需要的不仅仅是普普通通的帮助。接下来 3 天，心烦意乱的艾森豪威尔坐立不安。他吸烟、踱步、自言自语，试图想出解决办法。

---

① 乔吉是乔治的昵称。——译者

撤换巴顿是件容易的事，或者他也可以干脆不插手这件事，把它交给陆军部处理，他们肯定会把巴顿撤职。这样一来，攥着斧柄的就不是他艾森豪威尔，而是陆军部监察长。

但在艾森豪威尔看来，事情并非那么简单。这不仅仅因为他们是相知相交 20 多年的老朋友，或巴顿是第一个为艾森豪威尔提供他在战前非常渴望的作战指挥职务的将军。

不是这样。这件事之所以难办，是因为盟军的这场圣战需要一个像乔治·巴顿这样的硬汉。此人会克服一切障碍，仅为证明自己是美国最伟大的战地将领。艾森豪威尔总有一天会把这个人称为"美国陆军已知的军事行动中最杰出的领导"。

艾森豪威尔在战前说过什么？他不是仅仅通过深入了解其指挥官就能判断一支部队的情况吗？如果是这样，那么艾森豪威尔坚信乔治·巴顿指挥的任何军队都将成为一股强大的作战力量。

艾森豪威尔把巴顿的价值浓缩为一番说明，他告诉哈里·布彻："任何一支军队里，1/3 的士兵是天生的战士和勇者，2/3 的是懦夫和偷懒的家伙。如果让这 2/3 的士兵担心受到像巴顿在这起事件中实施的公开责罚，那么这帮懒鬼就会被迫投入战斗……"他说，巴顿采取的方式"令人遗憾，但效果非常好"。艾森豪威尔甚至告诉布莱塞大夫："巴顿是我们这场战争中不可或缺的人物，是我们胜利的保证之一。"

"不可或缺"这个词非同寻常，因为一篇关于军队信念的文章曾指出，没有谁是不可或缺的。他们说，阿灵顿公墓里满是"不可或缺"的人。

但在艾森豪威尔看来，巴顿非常接近于"不可或缺"。诚然，巴顿有时候会以严格执行纪律的行为挫伤士气，但艾森豪威尔认为，士兵们对此的大部分抱怨并不比他们平日的牢骚怪话更严重。巴顿是个成功的将领。艾森豪威尔告诉布彻，"士兵们喜欢并尊敬一位成功的领导，没有什么比成功更能培育出更多的自信。"

但既然这件事被捅出来了，就必须采取些措施——和其他人一样，艾森豪威尔清楚地看出这一点。倘若新闻界听到风声（更不必说马歇尔知道后会怎么做），乔治·巴顿就完了。

新闻界当然会听到风声，一贯如此。巴顿将军是个受人崇拜的英雄，也是个非同一般的人物，而伟大的美国寓言的路数就是：树立一位英雄，接下来将他逐下神坛，然后（也许）再把他捧上去。

巴顿在突尼斯就已意识到这种怪圈。当年 4 月他写信给比阿特丽斯："我深受媒体欢迎，但我觉得他们迟早会挑我的刺。" 4 个月后，记者们果然得到了机会。艾森豪威尔刚刚同布莱塞商量完，《星期六晚邮报》（The Saturday Evening Post）的德马里·贝斯（Demaree Bess）、美国全国广播公司（NBC）的绰号 "赤色"（Red）的米勒（Mueller）和《科利尔》（Collier）杂志的昆廷·雷诺兹（Quentin Reynolds）3 位记者打电话给艾森豪威尔的司令部，布彻约好时间，让他们就涉及巴顿将军的严重事件采访最高统帅。

布彻告诉他们："我知道你们来见他所为何事。将军对此极为担忧，两晚都没睡好。"

1943 年 8 月 20 日，几名记者在艾森豪威尔大门紧闭的办公室里与他会面。他们说，巴顿对士兵们的谩骂让媒体一片哗然。他们强调，这可不是开明的报纸杂志故意表现出的伪善的愤慨，巴顿犯下的是足以让他上军事法庭的严重罪行，他正在破坏军队的士气。昆廷·雷诺兹甚至说："至少有 5 万名美军士兵一得到机会就会干掉巴顿。"在这些报道地中海战区战况的记者们看来，这不是政治迫害，甚至也不是在为他们的报纸找个好题材，而是巴顿是否称职的问题。

艾森豪威尔与新闻媒体互相信任的关系可追溯至 1941 年的路易斯安那大演习，他当时以恰如其分的审查政策使记者们相信，这个来自阿比林的军人是个诚实的家伙，他不会压制真相，哪怕这会暴露出令 "山姆大叔" 的军队狼狈不堪的问题。尽管他们偏爱军事无能和士兵被虐待的故事，但和美军士兵一样，战地记者们也是爱国者，他们知道所有人的首要目标是打败希特勒和他的那些纳粹恶棍。

艾森豪威尔坐在办公桌后，像一位查看战场的将军那样注视着 "政治地形"。预测了相应风险后，他决定赌上一把。艾森豪威尔带着众人熟悉的微笑说道："你们得到了一个好题材，正如你们知道的那样，这里不存在新闻审查问题。"他向记者们保证，他不会抽掉他们提交的关于此次事件的任何报道。然后，他静静地坐在那里，等待对方的回应。

这番开场白奏效了。记者们为他们被选中扮演的角色感到自豪。他们希望向艾森豪威尔表明，第四等级[1]的守护者和军人们一样，也在为战争出力。他们团结在艾森豪威尔的旗帜下，愿意对他妥协。代表40多名记者的贝斯强调，他们首先是美国人，然后才是记者。他说，要是艾森豪威尔觉得相关报道会破坏军队的努力，他们就不发表。"赤色"米勒甚至更激进："我们不仅会取消报道，要是哪位记者把此事透露出去的话，我们还会予以否认。"

巴顿暂时毫发无损。艾森豪威尔没有对新闻界施加压力，没有发出任何威胁，也没有提出任何建议。他只是像洞悉桥牌对手那样了解这些记者，对他们开诚布公，知道他们会报以光明正大的回应。艾森豪威尔需要做的是以微笑和不言而喻的请求来挽救巴顿的职业生涯。

当晚，艾森豪威尔拖着疲惫的步伐回到他的别墅，紧张地啜饮由沮丧和焦虑混合而成的强力"鸡尾酒"。虽然他给巴顿寄去了一封"他有史以来写给下属的最为严厉的谴责信"，但他还是对不可避免的清算日到来时要发生的事而担心不已。一旦这起事件泄露出去，他们俩都不得不面对公众的负面舆论。虽然同记者们达成了协议，但他承认，他也许"不得不让巴顿蒙羞回国"。

他还能做些什么？巴顿刚刚指挥了有史以来最辉煌的军事行动之一。艾森豪威尔曾预言，这场战役会作为"一个迅速征服敌人的典范出现在战争学院日后的课程中"。巴顿是盟军中最优秀的攻城略地之人。他之所以成为赢家，正是因为他对那些牢骚满腹的士兵和懒懒散散的军官要求得极为严格。撇开友谊不谈，艾森豪威尔认为盟军承担不起失去巴顿这种宝贵资产的损失。只有胜利得到确保之后，他们才能声讨巴顿的诸多缺点。现在绝对不行。但前提是艾森豪威尔能控制住局面。

巴顿在铺有猩红色地毯的王宫里阅读各方发来的贺电时，布莱塞将军带着艾森豪威尔亲手交给他的一个小包裹从阿尔及尔赶来。包内有一份简短的报告，还有一封简洁的信。艾森豪威尔的这封亲笔信深深刺痛了巴顿。

亲爱的巴顿将军：

　　我随信附上了一份调查报告。报告中对你个人行为的指控令我震惊。

---

① 第四等级指的是新闻界，这种说法源自18世纪的英国议会，当时在贵族、僧侣、平民的议席外设有记者旁听席，称他们是远比贵族、僧侣、平民更重要的第四等级。——译者

我真希望你能向我保证这些指控纯属子虚乌有，但我掌握的详情使我相信它们绝非空穴来风。我很清楚战场上冷酷和坚强的必要性，我也知道为确保实现既定目标，采取严厉措施和非常手段有时候是必要的。但这不能成为残暴、虐待伤病员或在下属面前控制不住脾气的借口……

对你的这些指控出现在目前这个时候使我非常痛苦，因为美国军队在你的率领下刚刚赢得令我无比自豪的胜利。我认为你在过去几周为美国和盟国事业付出的个人努力具有无法估量的价值。尽管如此，如果随信附上的报告中的说法基本属实，那我不得不严重质疑你是否具备良好的判断力和自制能力，并对你日后的任用产生严重怀疑……在盟军司令部，这份报告和我写给你的信，除了我个人的机密文档外，并无副本。我希望你的回信也以秘密的方式发给我本人。另外，如果所附报告中的指控属实，我强烈建议在你写信给我之前，亲自向有关人员道歉。

我在军旅生涯中，从未写过这种令我在精神上备感痛苦的信件，不仅仅因为你我之间有着长期而深厚的个人友谊，还因为我对你的军事才能极为钦佩。但我向你保证，本战区绝不会容忍所附报告中描述的行为，无论涉事者是谁。

诚挚的

德怀特·戴维·艾森豪威尔

巴顿坐在办公椅上，摘下老花镜，手里拿着艾森豪威尔的信件，考虑着该如何是好。

巴顿，这次你真的搞砸了。

当晚，他坐在桌前的日记本上，就这个问题写下了有忏悔意思的话：

盟军司令部的军医主任布莱塞将军带给我一封艾克的信件，信中措辞非常严厉，内容是关于我训斥两个我所认为的怯懦士兵的。显然，我的行为鲁莽，没有经过深思熟虑。但我的动机是好的，因为谁也不能容忍装病士兵的存在。它就像一种传染性疾病。我坦率地承认，我的方式是错误的，我也会尽一切努力去补救。我对这件事深感后悔，因为我在竭力取悦艾克的同时，却做出了让他生气的事情……我的心情差到极点。

次日，阿尔及尔发来一份仅限巴顿亲启的电报，上面写道：

> 卢卡斯将军将于本日下午5点至5点30分飞抵巴勒莫机场。你亲自去接卢卡斯将军并留意他带去的消息，这一点至关重要。要记住，你绝对不能承认同他见过面。当然，你要安排车辆等他，并给他留下话，在哪里能尽快找到你。

听上去不太妙。

巴顿赶往机场等候。一小时后，一架毫不起眼的橄榄色运输机出现在远处。它摇摇摆摆地冲向跑道，"不太情愿地"停了下来。约翰·卢卡斯走下舷梯。

卢卡斯以同情而又坚定的口吻告诉巴顿，他这次真的闯了大祸。艾森豪威尔已指出，他在医院帐篷里大发雷霆的行为不可原谅，新闻媒体更是尖叫着要搞掉巴顿。卢卡斯描述了群情激奋的民众如何要求军队将巴顿撤职。他提醒他的朋友，不要低估目前面临的困境。卢卡斯称，尽管第七集团军在巴勒莫和墨西拿赢得了胜利，但巴顿的职业生涯在眼下这场打击中存活下来的可能性微乎其微，除非他能解决这个严重的公关问题。

巴顿咽了口唾沫。他该怎么做？

卢卡斯告诉他，道歉！向士兵、医生和护士们道歉！另外，虽然艾森豪威尔未作要求，但巴顿还应向第七集团军辖内的各个师道歉，因为不管怎么说，他们可能都已经知道了这件事。他说，无论如何绝不能再发生这种事了，否则艾森豪威尔会把他的军衔降回永久军衔，并将他送回国内接受审判。

米姆斯中士开车送巴顿回王宫时，这位情绪低落的将军仍回想着卢卡斯的话。他明白了事情的严重性，或者说他是这样认为的。但他仍未彻底意识到，他已把他的朋友和上司丢进了油锅。

驱散自伤自怜的阴云后，巴顿平静地命令副官设法找到列兵贝内特，把他带到这间豪华办公室。8月21日，星期六，在绘有小天使的洛可可风格壁画下，乔治·巴顿开始了他的道歉之旅。

他首先会见了贝内特。正如他在日记中所写的那样："我向他解释说，我厉声训斥他是想要恢复他的男子汉气概。我对此非常抱歉，要是他不介意的话，我想跟他握手言和。我们握了手。"带着一种类似于交易房产时的热情，巴顿完成了道歉。然后，他的副官把贝内特送回了部队。

第二天早上，巴顿命令目睹那起事件的医生、护士和士兵们到他的办公室报到。柯里尔大夫抱怨道，"那张令人印象深刻的办公桌"后的巴顿似乎"毫无歉意"，而是"试图证明自己做的是对的"。星期一，巴顿叫来列兵库尔，也向他道了歉。

巴顿不知道艾森豪威尔是否会把他丢给"群狼"。他坐在办公室里，对此毫无信心。在巴顿看来，让他道歉这种差辱算不了什么，因为自他在谢里登堡担任少尉那天起他就不断地给士兵们道歉。他的自信心强大到足以对任何一名下级说抱歉。真正令他担心的是，那些装病者、记者和卫生员会把他钉在十字架上。这样一来，他就无法参加即将在欧洲拉开帷幕的大戏，他会被排除在人类漫长暴力史中最伟大的战斗之外。

为躲避纷飞的弹片，巴顿也悄然展开公关活动。向列兵贝内特道歉后，巴顿当晚宴请了美国劳军组织的喜剧演员鲍勃·霍普（Bob Hope）的剧团——他们在地中海和前线巡回演出，目前恰巧在西西里岛。霍普后来回忆，巴顿把他拉到一旁，闷闷不乐地对他说："我想让你告诉美国民众，我爱我的部下。"

这位喜剧演员说："我看着这家伙，觉得他正处在某种战斗疲劳症之中。然后我说，'你是我们国家最伟大的将军，你永远出现在报纸头条……任何事情你都不必担心。'他说，'不是这样，我希望你回国后去电台发表讲话。我想让人们知道，我爱我的那些部下。'"

他道了歉，也表达了悔意，巴顿希望这番亡羊补牢的措施能平息目前的争论。他希望艾森豪威尔不会太生他的气。

他希望自己没把出任集团军群司令的机会搞丢了。

为了让艾森豪威尔知道自己已彻底悔改，巴顿接受卢卡斯的建议，在整个第七集团军展开一场旋风之旅。他在各个师发表演说，既有鼓励性的讲话，也有对阵亡将士的颂扬，还含糊地提及某些令人遗憾的行为。

他确实用不着跟部下们明说，因为小道消息早已传得沸沸扬扬，那些士兵都明白他的意思。有些集会上，将士们朝他欢呼，但大多数情况下他们不太在乎这一切；他们只是看着他，等待这位集团军司令乘坐他那辆大型指挥车离开，然后返回各自的营地，恢复日常生活。

巴顿给他的上司写了封赎罪信，想就此结束他在炼狱中遭受的审判。埃弗雷特·休斯曾提醒他，不要用愚蠢的理由为他愚蠢的行为辩解。巴顿没有理会这一建议，他在信中写道：

> 首先请允许我对你以个人名义寄来的格外公正、大度的信件表示感谢。对于我给你造成的不快，我真不知道该用什么话来表达我的懊恼和难受，因为我欠你甚多。为了你我甘愿舍弃自己的性命。我向你保证，我无意以苛刻或残酷的态度对待那两名涉事的士兵。我唯一的目的是想让他们真正认识到作为一个男人和一名士兵的义务。第一次世界大战期间，我有个亲密的朋友和同学，他也丧失了勇气，情况和这两个士兵完全一样。他在忍受了多年精神上的痛苦后自杀身亡。我曾跟医护人员讨论过他的病情，他们告诉我，如果在他首次发生逃避行为时就予以严厉制止，他本来可以恢复到正常状态。这种记忆自然地促使我不恰当地试图采取医生当初给我的建议。每起事件发生后，我还告诉身边的军官们，我觉得我可能挽救了一个不朽的灵魂。

不幸中的万幸是，到 8 月底，巴顿似乎已摆脱他的恶名，至少暂时如此。8 月 30 日，他去卡塔尼亚参加蒙哥马利将军举办的胜利午餐会，并在那里遇到了艾森豪威尔、布莱德雷、蒙哥马利、凯斯、特拉斯科特和另外一些较次要的名流。在艾森豪威尔为蒙哥马利颁发战功勋章后，巴顿把道歉信交给艾森豪威尔。

"他只是把它塞进口袋里。"巴顿写道，并以颇具书卷气的叹息作为结束，"好险啊，但我感觉好多了。"

艾森豪威尔把巴顿叫到一旁，让他去看看韦恩·克拉克，后者正忙着策划进军意大利的行动。艾森豪威尔暗示，可能会派巴顿以第五集团军副司令的身份介入其中，这让巴顿精神大振。他恢复了信心，并在日记中写道："（艾克）说他也许会失去布莱德雷，克拉克也可能阵亡，到那时我就必须接手指挥。我似乎是第三选择，但我最终会赢得胜利的。"

虽然将巴顿的问题成功控制在了"地中海家庭"内，但艾森豪威尔还是辗转反侧，不知道该如何向马歇尔交代。他在他的小圈子里讨论了这个问题，布彻写道："艾克说乔治采用的方式很糟糕，但取得的效果非常好。他引用历史事例来说明，伟大的军事领导者赢得战斗的热情都几近疯狂。乔治就是这样……但艾克觉得乔治受到了自私心理的驱使。他认为，要是能进一步扬名立万，乔治宁愿让战争继续下去，而且也不介意牺牲更多生命，只要这样做能让他获得更大的名望。所以艾克陷入了一种困境，乔治是他最好的朋友之一……但友谊必须放在一旁。"

马歇尔将军也希望艾森豪威尔把友谊放在一旁，提交对巴顿、布莱德雷和另一些指挥官的推荐信，这样，陆军部便可以决定在发起下一场大规模行动时如何安排他们。对于巴顿，艾森豪威尔知道自己必须谨慎行事——他无法粉饰其掌掴士兵的事件，但也不愿此事闹得太大。

做出仔细考虑后，他起草了一封准确但又慎重的信件发给陆军参谋长。他既未隐瞒事件，也没有让事件引起太多关注。艾森豪威尔在报告中告诉马歇尔，巴顿指挥了一场战役，他所取得的辉煌战绩必须直接归功于他的干劲、决心和不懈的进取精神。第七集团军在西西里岛的行动将被战争学院和莱文沃斯堡日后的课程列为迅速征服敌军的典范。惊人的进军、持续不断的进攻、绝不因交通和地形方面的可怕困难止步不前的气势，这些都很令人兴奋,且这些主要是巴顿的功劳。接下来,艾森豪威尔在报告中写道：

> 尽管如此，乔治·巴顿继续展示了你和我一直都知道的某些不幸的个人特质。战役期间，这些特质的确有几天让我觉得很不舒服。他冲动地怒斥下属，这种习惯甚至发展到对个别人员的人身攻击，而且至少有两起具体案例指出了这一点。我不得不对此采取最严厉的举措。如果他不加以收敛，那他就没希望了。就个人而言，我希望他纠正错误，不仅仅因为他对你我极大的个人忠诚，还因为从根本上说，他对自己被承认为一名伟大的军事指挥官的荣誉极为热衷，因而会无情压制有可能对此造成危害的任何现象。除了这个毛病，他具有的品质是我们不能失去的，除非他因这个缺点毁了自己。

掌掴士兵事件的冲击波会在接下来几个月里继续回荡。9月1日前后,美联社（Associated Press）地方分社社长艾德·肯尼迪（Ed Kennedy）从国内记者处听到些关于巴顿将军的议论。他措辞严厉的评论使艾森豪威尔不由得紧张起来。肯尼迪告诉艾森豪威尔，他担心派驻阿尔及尔的新闻媒体会为粉饰耳光丑闻（的确如此）受到指责，而盟军司令部也会因为审查相关报道（并非如此）而遭到批评。

虽然肯尼迪和大部分记者欣然接受艾森豪威尔的说辞——巴顿太过宝贵，不能被这两起事件毁掉，但肯尼迪的言论也使艾森豪威尔产生动摇。他反复考虑是不是要让巴顿举办一场新闻发布会，解释所发生的事情，讲讲他对此的说法，并再次道歉。但布彻对新闻流行的周期加以计算后说服艾森豪威尔，此时举办新闻发布会只会造成更多伤害，不会有任何好处。他指出，接下来几个月肯定会出现新的头条新闻，届时掌掴士兵事件会被逐出报纸的头版。

于是艾森豪威尔暂时搁置此事，希望它自行消失。但巴顿的部下会对这起事件作何反应？艾森豪威尔为此夜不能寐。返回阿尔及尔的卢卡斯在日记中写道：

> 艾克仍在担心乔治。他说，传言波及整个北非，乔治对他的部下太过残酷。那些新闻记者可能已经开始报道此事，我不知道，但情况的确如此……如果上级，更重要的是下属们，对他失去信心，至少可以说他的用处会大打折扣。就像艾克说的那样，乔治永远长不大。

9月2日，艾森豪威尔把巴顿叫到阿尔及尔，最后一次对他加以斥责。这番历时105分钟的训诫详细阐述了巴顿的错误判断和言辞失当，艾森豪威尔对此再也不会容忍。同卢卡斯和埃弗雷特·休斯（和卢卡斯一样，他也是巴顿信赖的好友，不时充当艾森豪威尔与巴顿的中间人）共进午餐时，巴顿抛开顾虑，强调了自己目前受到艾森豪威尔冷遇的另一些原因。惊讶的休斯后来在日记中写道：

> 艾克命令乔治为自己的坏脾气向蒙蒂道歉。艾克说乔治抢先到达墨西拿的行为毁了蒙蒂的职业生涯。他还打算派一名监察长去西西里岛，

问问士兵们如何看待他们的集团军司令。

向蒙哥马利道歉一事无疑是巴顿偶尔为之的夸大其词，但监察长赶赴西西里岛调查却是千真万确的。监察长的报告促使艾森豪威尔将整件事汇报给马歇尔。卢卡斯告诉艾森豪威尔，他们那位朋友情绪低落。艾森豪威尔的回答很简洁："告诉乔治循规蹈矩，耐心等待。"

为什么指挥集团军群的是布莱德雷，不是巴顿？

艾森豪威尔担心的，同时也令那位喜欢惹是生非的兄弟深感痛苦的掌掴士兵事件，终于渐渐平息下来。艾森豪威尔继续为他朋友的利益摇旗呐喊。1943 年 9 月 6 日，他发电报给马歇尔，就提升永久军衔的问题写道："关于巴顿，我不明白您根据迄今为止的作战表现准备提交的晋升永久少将的名单上为何没有巴顿的名字。他在突尼斯恢复第二军战斗力的工作完成得迅速又出色。除此之外，他对第七集团军的指挥能力接近于我们最好的经典范例。"

巴顿的战场表现堪称典范，但考虑到他的个人记录，艾森豪威尔觉得自己不得不披露更多情况，于是写下了一段重要警告：

> 也许在将来，他的某些不明智的行为可能会让您后悔晋升他。您很了解他的缺点和长处，但我确信我已帮他改掉了不少缺点。他对您和我可谓忠心耿耿，足以让我对他比对其他任何高级将领更加严厉。若非如此，他可能早已被解除职务。在最近的一次战役中，他确实压力重重，并在某些情况下对个别下属大发雷霆——巴顿将军当时认为他们在装病。对此，我立即采取了强有力的措施。我可以肯定，这种事情不会再发生。您麾下这位将领是个真正具有进取精神的指挥官，而且有足够的头脑以出色的方式完成他的工作。

艾森豪威尔认为这样写就行了，他多多少少已将实情和盘托出。在艾森豪威尔看来，如果参谋长想知道巴顿的更多情况，他肯定会进行询问。

否则的话，艾森豪威尔不会再提此事。

艾森豪威尔越是细想巴顿，就越觉得他对盟军具有独特价值。几周后，他给马歇尔发去一封后续电报，建议道："我猜想您（在英国）会有两个集团军，我认为您应该考虑派巴顿指挥其中一个。"他解释说，巴顿的力量"在于他考虑的完全是进攻——只要还有一个营仍能前进。另外，此人有一种与生俱来的精明。无论他的部队在哪里，他似乎总能搞到弹药和足够的食物"。

但艾森豪威尔推荐巴顿出任的职务是集团军司令，与他在西西里岛战役中的职务相同。集团军司令的工作是根据集团军群司令的指示达成大规模计划。这里有一座城池，攻克它；那里有敌人，消灭他们。通常情况下，集团军司令部对策略的要求不太多，所需要的主要是推动力。

相比之下，集团军群司令的职责就需要外交上的忍让、战略远见和一种平衡能力。乔治·巴顿显然缺乏这些优秀的品质，或者说这方面能力和其他人差不多。因此，艾森豪威尔告诉马歇尔："就个人而言，我怀疑我是否会考虑派巴顿担任集团军群司令或任何更高职务，但如果让他在一个可靠而坚定、有足够的理智充分发挥其优秀品质，又不会被他对哗众取宠和装腔作势的热衷所蒙蔽的长官手下担任集团军司令，他应该会干得与他在西西里岛的时候同样出色。"

在巴顿和艾森豪威尔因掌掴士兵事件遭受抨击时，奥马尔·布莱德雷正在品尝因出色执行命令而获得的丰硕成果。尽管为布罗洛登陆命令发生争执，但他的表现显然令巴顿将军深感高兴。巴顿给这位密苏里人发去一封正式信函，表达他对布莱德雷"在整个西西里岛战役期间表现出的无比忠诚和卓越战术能力的深深钦佩和赞赏"。巴顿夸张地写道："毫无疑问，你夺取特罗伊纳是这场战役中杰出的战术行动，也是第二次世界大战迄今为止我所知道的最重要的军事胜利。"

艾森豪威尔对这位老同学的信心也开始激增。夺取墨西拿一周后，艾森豪威尔向马歇尔报告："我很少对您提及（布莱德雷），因为他的表现始终如一。他有头脑，领导能力也很出色，并充分理解现代战争的要求。他从未让我有过丝毫担心。他完全有能力指挥一个集团军。他尊重所有同僚，包括我曾遇到的每一位英国军官。我非常希望把他留在本战区，因为我们有重大行动需要执行。"两周后，与陆军参谋长商讨晋升永久军衔事宜时，艾森豪威尔再次谈及布莱德雷："在我看来，他是我在我们的军队中见到的最全面的战地指挥官。虽然他可能缺乏一些巴顿在危急时刻表现出的非凡而又无情的驱动力，但他同样具有能力和决心，甚至从这些品质看，他也是我们当中最优秀的。在所有方面，他都是一颗宝石……"在艾森豪威尔为布莱德雷大唱赞歌的同时，陆军参谋长正在考虑迄今为止规模最大的行动：第二年春季进军法国的计划。

随着笼罩墨西拿的硝烟渐渐散去，布莱德雷的公众声誉似乎已摆脱了"血胆老将"的阴影。厄尼·派尔、汉森·鲍德温和另一些大牌记者的新报道使这位"士兵将军"平生第一次成为公众舆论的焦点。《时代》称赞这位"在突尼斯和西西里岛率领第二军的指挥官高大而又坚强"。年底前，这个来自密苏里州的"乡巴佬"竟受邀去白金汉宫参加国王乔治六世（King George Ⅵ）举办的高雅晚会。就连他在瓦萨学院（Vassar College）读大三的女儿伊丽莎白也成了小明星——随着她父亲声名远扬，她和玛丽的名字开始出现在新闻和报纸专栏。

布莱德雷现在要做的是远离巴勒莫的雄鸡。

艾森豪威尔写给马歇尔的信件表明一点：布莱德雷和巴顿都有足够的能力指挥一个集团军。但在集团军群层面，后勤工作必须在相互竞争的各集团军之间保持平衡，各集团军的行动必须与盟友协同，团队合作至关重要。艾森豪威尔知道，集团军群司令除了需要战术专长，外交和眼界也不可或缺，实际上，这方面的要求更高。

艾森豪威尔认为，就这些方面看，布莱德雷是个更好的选择。艾森豪威尔和布莱德雷多年前便在西点军校的球场上学会了合作。与艾森豪威尔一样，布莱德雷也是在棒球比赛中成长起来的。这是一项团队运动。布莱德雷的眼界反映出了他在团队合作方面的经验，而这种合作经验是艾森豪威尔所赞赏的。相比之下，巴顿是一名田径选手，一名击剑运动员——这些是单人表演，是将惊人的能量用于一个方向和一个方面的项目。巴顿也许能跑得更快，刺得更猛，而且他的才能也更令人印象深刻，但它们必须用于盟军战略的更大框架内才能发挥作用，因为艾森豪威尔知道，即将到来的战役讲求团队努力，只有具备团队合作精神的美国将领们才会成为主导力量。如果说滑铁卢战役决定于伊顿公学的板球场，那么，欧洲战事就是在西点军校的橄榄球场上定胜负。

马歇尔同样认为，布莱德雷出任集团军群司令是个更好的选择，但具体任命暂时可以推迟些。他现在需要有人去英国设立一个集团军司令部，而且他知道这个人选是谁。8月25日，西西里岛的战事结束8天后，他提出心目中去英国设立美国集团军司令部的人选。他问艾森豪威尔："我的选择是布莱德雷，你能忍痛割爱放他走吗？"

虽然艾森豪威尔建议过这项任命，但他并不愿让布莱德雷去英国。突尼斯和西西里岛战役期间，布莱德雷作为巴顿的副手干得非常出色，而且他本身就是一名能力出众的指挥官。艾森豪威尔越来越依赖布莱德雷，于公于私都是如此。他希望把这位密苏里人留在身边，以防克拉克在意大利出什么岔子。就像他曾在"爱斯基摩人行动"中考虑过的，他想等巴顿将部下送上滩头，就让布莱德雷接手指挥西西里岛战役。

因此，在给马歇尔的回信中，艾森豪威尔改变了原先的立场。他提醒陆军参谋长，布莱德雷"策划两栖行动的经验稍显不足，特别是在海军与地面部队错综复杂的配合方面。准备西西里岛战役时，他发挥的主要是一名下属的作用"。为保持彻底坦诚，他又补充道："如您所见，我一想到将失去布莱德雷就暗自伤神，因为我现在越来越倚重他，他可以帮我承担一部分压在我肩头的重负……这个原因也许能成为您为他安排其他工作的理由。但如果您想改派克拉克，那我推荐由布莱德雷出任第五集团军司令。"

给马歇尔发去电报的次日，艾森豪威尔重新考虑了他对布莱德雷的冷淡评价，以及以克拉克取而代之的滑头建议。为做到无愧于心，他写了封附件："事实是，您应该委派布莱德雷。另外，我会在您规定的任何时候放人。我这里会自己想办法。我希望前一封电报不会给您留下推诿搪塞的印象。"

去英国组建集团军司令部的工作为何不能交给巴顿呢？巴顿毕竟指挥过卡萨布兰卡和西西里岛的登陆进攻。在后一场行动中，他的级别与蒙哥马利相当。他的第七集团军抓获的俘虏超过12.2万人，并解放了西西里岛的大部分地区，还沿岛屿北部海岸实施了3次战术登陆行动。亲法的巴顿有在阿登山区作战的经验，他似乎是率领一支快速军队在法国进行战斗的最佳人选，这就好比把一个15人的大乐队交给汤米·多尔西（Tommy Dorsey）[①]，并告

---

① 汤米·多尔西是20世纪30年代至50年代的著名小号演奏家、大型乐队指挥家。——译者

诉他要把乐曲演奏得震天响。不管怎么说，巴顿应该被纳入讨论名单。

问题在于，艾森豪威尔并不觉得巴顿的策划或后勤能力有多么出色。巴顿的同僚们认为，除了当日的弹药储备，他并不关心后勤问题。布莱德雷对约翰·卢卡斯的抱怨，加上艾森豪威尔本人的观察，使艾森豪威尔确信，除了发起进攻和追击，巴顿的作用相当有限。艾森豪威尔对巴顿在"火炬行动"和"爱斯基摩人行动"策划阶段的工作轻描淡写，他写信给马歇尔："（巴顿）策划了两场行动，但如您所知，他在这些阶段的工作并不像实际进攻时那般突出。"

因此，赶赴英国的是布莱德雷，而非巴顿。

1943 年 9 月 2 日上午，对此毫不知情的奥马尔·布莱德雷驱车沿海滨公路赶往墨西拿。他去见奥利弗·利斯中将。这个正派的英国人是他在西西里岛战役期间结识的。利斯第三十军的工作人员已告诉布莱德雷，该军炮兵将对墨西拿海峡对面实施炮击，以此支援蒙哥马利的集团军。利斯亲切地邀请布莱德雷去观看这场烟火表演。

布莱德雷由 2 辆吉普车组成的"车队"动身赶赴墨西拿 4 个小时后，供他个人使用的"派珀幼兽"轻型侦察机"密苏里骡子号"追了上来。"骡子"在附近一座机场降落，切特·汉森跳下飞机，交给他一份集团军司令部发来的急电。布莱德雷必须立即返回军部，巴顿将军会给他下达关于一趟"短途旅行"的指示。

这不是布莱德雷所期待的，可即便是一名老资格步兵，也很少能预料到陆军的那些事。他暗想，好吧，利斯的炮兵只能在他不出席的情况下开始那场烟火表演了。

布莱德雷乘坐"骡子"返回设在坎波费利切的军部，然后立即打电话给巴顿。后者告诉他，艾森豪威尔次日想同他会面。虽然在阿尔及尔挨了训，但巴顿的情绪还不错。他让布莱德雷乘坐自己的 C-47 飞机完成这趟旅程。第二天早上，布莱德雷 4 点 30 分起床，驱车赶往巴勒莫与巴顿共进早餐，然后乘飞机出发。

巴顿的"信天翁"在锡拉库萨附近的卡西比莱机场跑道停下，布莱德雷走下飞机，艾森豪威尔的副官陪同他来到构成第十五集团军群指挥部的一组迷彩帐篷处。等待艾森豪威尔时，布莱德雷与头发蓬乱的比德尔·史密斯亲切地聊天——比德尔近日一直在跟意大利使者就秘密停战协议扯皮。

过了一会儿，艾森豪威尔从一顶帐篷里走出，为让布莱德雷久等表示歉意。他微笑着开门见山："布莱德雷，我有个好消息告诉你。你得到了一份非常重要的新工作。"

布莱德雷告诉特克斯·李："我想我是世界上最幸运的人。"的确如此，至少在那一刻是这样。他刚刚获得这场战争中的最高奖项之一——指挥美国第一集团军（FUSA）。这是盟军进军西欧的先遣力量，而这场进军大家已谈论多年。至于集团军司令部的工作人员，他会从矮子里面拔将军。现在，他终于从巴顿沉重的拇指下摆脱出来了。布莱德雷已获得胜负手，剩下的只是完成最后一轮比赛。他给自己下达命令，为这一"临时职务"向艾森豪威尔报到，另外，出于礼貌，他打电话给乔治·巴顿，让他知道自己即将履新。

布莱德雷对巴顿的拜会总是保持一种表面上的诚挚，但这位密苏里神枪手在那副金属框眼镜后对他这位以往的良师益友却持有一种淡然的厌恶。此人的长处被夸大了，而他的缺点令布莱德雷憎恶至极——它们是对布莱德雷和他那些忠实部下的一种桎梏。在掌掴士兵事件的旋涡中，布莱德雷的副官切特·汉森描写了自己对这件事的厌恶感，毫无疑问，这也反映出他上司的态度：

> 真希望第七集团军被撤编并受到批判……现在人们对该集团军的议论非常恶毒。就连吃晚饭的护士们也在传播巴顿的事，都是负面消息。第一步兵师的克洛茨说巴顿视察他们师的时候，迎接他的是一片沉默。他脏话连篇，粗俗不堪，士兵们不喜欢他，军官们厌恶他。医院事件还制造了一些传言，说巴顿将军会受到军事法庭审判。军官们问我们这一传言是否属实。所有人最高兴的事莫过于从他的部队调离。他们都在问，为什么人们没看清这个青蜂侠，新闻记者们也同样如此。他们一点儿也不喜欢他。

布莱德雷返回英国是一场迂回旅程。第一站，他停留在迦太基（Carthage），并前往艾森豪威尔俯瞰突尼斯湾的别墅与他会面。在那里，他发现艾森豪威尔对萨莱诺战役"紧张不已"。他们共进迟来的午餐，艾森豪威尔给布莱德雷做了些最后的指点，布莱德雷随后飞往阿尔及尔，并在那里遇到比德尔·史密斯，后者为他提供了更多建议。带着这种积累起来的智慧，布莱德雷登上飞机，开始了经由马拉喀什（Marrakesh）和东大西洋赶赴英国的单调、曲折之旅。到达苏格兰普雷斯特威克（Prestwick）后，布莱德雷、比尔·基恩和切特·汉森搭乘一架短程定期往返飞机前往伦敦。在机场迎接他们的接待组中包括目前负责指挥欧洲战区美国陆军的雅各布·L.德弗斯中将。通过与德弗斯的几次交谈，布莱德雷了解到，进军法国北部的行动（原先的代号是"围捕"，现改为"霸王"）在过去一年里已由盟军最高统帅参谋长（COSSAC）小组进行了设计规划。德弗斯和布莱德雷开始根据最高统帅参谋长小组制定的大纲为该计划添加更多详细内容。

布莱德雷早在西点军校时就认识雅各布·德弗斯。那时候，年轻的德弗斯中尉是西点军校棒球队的领队，现在他是派驻英国的美军最高指挥官。但布莱德雷对他很不以为然。一方面，德弗斯曾在华盛顿公开发表文章，批评艾森豪威尔对北非战役的处理。自那时起，艾森豪威尔就瞧不起德弗斯。艾森豪威尔对德弗斯的厌恶也传染给了布莱德雷。他后来说这位炮兵"过于啰唆，说的东西往往不得要领，并且自负、浅薄、小心眼、不太聪明，常常不假思索就仓促行事"。另一方面，令布莱德雷深感困扰的是，他觉得德弗斯是个野心勃勃的家伙，试图利用他在欧洲战区美国陆军中的地位把持进攻力量。

除改进美国一方的"霸王行动"计划外，布莱德雷的另一项工作是建立一个集团军群司令部。待美国人将两个完整的集团军投入法国领土，该司令部就将指挥美军的作战行动。策划人员估计 D 日后一个月左右，盟军会将法国完全占领。为做好准备，布莱德雷的先遣人员将在接下来的几周里把他们的图表、文件柜、打字机和地图运往伦敦西区的布莱恩斯顿广场（Bryanston Square），在那里成为美国第一集团军群的前锋。其他人员将在严格的期限内展开工作，迅速进军英国西海岸，再在布里斯托尔（Bristol）"占领"克利夫顿学院（Clifton College）的哥特式大厅，于那里设立起美国第一集团军司令部。忠实的司机亚历克斯·斯托载着布莱德雷驱车前往布里斯托尔，在学院巨大的学生公寓区物色第一集团军的新营地。行驶到布里斯托尔，海峡飘来的清爽的风已越来越凉，布莱德雷惊讶地听到罕见的教堂钟声响彻整个乡村。

罗马燃烧了

登陆意大利的想法对美国人毫无吸引力。在马歇尔、金、艾森豪威尔和其他人看来，进军意大利的冒险只是再次向地中海这个污水坑迈出的毫无把握的一步，此举会分散进军法国所需的资源。但直到1943年春季，美国人才迫使丘吉尔和英国参谋长们承诺在1944年春季前发起"霸王行动"。

丘吉尔同意实施"霸王行动"，交换条件是进军意大利，不管怎么说，这都是"爱斯基摩人行动"后合乎逻辑的下一步。联合参谋长委员会命令艾森豪威尔为此投入一个集团军，在空中力量所能提供的掩护下，尽量沿意大利靴子上部登陆。对盟军最高统帅和他那些忙碌不堪的工作人员来说，这道命令意味着堆积如亚平宁山脉的工作，他们必须研究可用力量的编组、指挥官、登陆艇和作战目标。艾森豪威尔、亚历山大、克拉克、蒙哥马利和他们的参谋人员讨论数周后，联合参谋长委员会决定在两个地点实施登陆。第一个行动代号为"湾城"（BAYTOWN），以第八集团军在墨西拿对面意大利靴子脚趾部的卡拉布里亚（Calabria）登陆。一周后，克拉克的第五集团军将在萨莱诺（Salerno）抢滩，夺取那不勒斯和附近的福贾机场（Foggia Airfields），然后向罗马挺进。克拉克这场行动的代号为"雪崩"（AVALANCHE）。

这些登陆行动造成了许多后勤和战术方面的问题，使艾森豪威尔压力巨大。登陆艇的供应数量严重不足，艾森豪威尔经验丰富的师尚未从西西里岛战役中彻底恢复过来。克拉克拟订的作战计划尤为令人不安：他打算沿萨莱诺周围58千米长的战线投入两个军（美国第六军和英国第十军），而塞莱河（Sele）将他的集团军一分为二。不祥的预兆在于，该计划与麦克莱伦在南北战争期间灾难性的半岛会战策略相似。如果德军发起反击，第五集团军的两翼将无法相互支援。

雪上加霜的是，艾森豪威尔将无法获得他认为登陆时不可或缺的空中支援。他曾要求联合参谋长委员会为他调拨 4 个中型轰炸机中队，以便为克拉克的步兵提供战术轰炸，但欧洲战区的美国陆军负责人德弗斯将军反对这一调动。最终这项要求被拒绝了。令艾森豪威尔愤怒的是，妄自尊大的德弗斯告诉这位盟军最高统帅，"我必须考虑整体战争情况"，就好像 1943 年 9 月的作战行动比进军意大利更重要似的。此外，联合参谋长委员会还否决了艾森豪威尔使用另外 18 艘从印度前往英国途中的坦克登陆舰的要求。这给他又添了一个麻烦，因为那些登陆舰本来可以让克拉克在第一波突击后将更多坦克部队送上岸。在艾森豪威尔看来，上级部门的紧箍咒使他的部下处在一种令人不安的危险边缘。

政治上的不确定性也给艾森豪威尔的预测蒙上了一层阴影，一如"火炬行动"前的情形。虽然墨索里尼的继任者彼得罗·巴多利奥元帅正与比德尔就意大利投降问题展开谈判，但联合参谋长委员会赋予了艾森豪威尔一项极为艰巨的任务：他必须在德国师涌过布雷默山口进入意大利北部时，敦促意大利政府签署无条件投降书。9 月 3 日，巴多利奥的特使终于签署了秘密投降文件。艾森豪威尔和比德尔还使用了一些强硬的威胁，以迫使胆怯的巴多利奥遵守协议。这位意大利元帅的目光盯着阿尔卑斯山山口，他知道，倘若盟军无法向北推进并迅速击退纳粹，他的国家就将沦为战场。

5 天后公开的意大利投降协议令盟国为之欢欣鼓舞。对艾森豪威尔来说，尽管有些麻烦，但这仍是一场胜利。全英国的教堂都响起钟声以示庆祝，也包括布莱德雷司令部附近的布里斯托尔大教堂；而在意大利，教堂响起钟声是为了发出警报。

蒙哥马利的"湾城行动"于 1943 年 9 月 3 日发起，进展相当顺利。他的部队几乎未遭遇抵抗，到 9 月 9 日，也就是克拉克麾下部队登陆的那天，意大利半岛从"脚趾"到"脚跟"都被蒙哥马利控制。但打击半岛"小腿胫骨"的克拉克集团军从一开始就在进行激烈而又艰苦的战斗。德国人据守海滩周围的高地，以猛烈火力打击进攻部队，他们以装甲力量向前推进，控制登陆区。

凯塞林麾下的第七十六装甲军迅速利用了英军与美军沿塞莱河形成的 10 千米宽的缺口，使盟军的损失不断上升。焦急的克拉克将军开始制订应急计划，以便疏散欧内斯特·道利少将指挥的美国第六军。

在接下来令人大倒胃口的 4 天里，第六军为其生存而战。克拉克说服艾森豪威尔急调第八十二空降师加强自己薄弱的侧翼，美军防线暂时脱离危险，美军士兵全力与希特勒身穿原野灰军装的士兵们展开一场旷日持久的血腥厮杀。

由于盟军伤亡人数不断增加，同时克拉克也发回了悲观的态势报告，艾森豪威尔"非常担心"克拉克会被敌人逐出半岛。他告诉联合参谋长委员会："今后几天萨莱诺的局势千钧一发，非常危险。"他毫不掩饰自己对克拉克丧失勇气的担心，并抱怨，要是克拉克被逐入大海，他这位盟军最高统帅也就当到头了。

艾森豪威尔在目光扫过意大利中部的态势图时，心里不由得暗自怀疑，派克拉克而不是巴顿指挥此次行动可能是个错误。截至 9 月 16 日，克拉克集团军已伤亡约 9000 人，超过了巴顿军队在摩洛哥、突尼斯和西西里岛战役期间伤亡总数的 1/3。艾森豪威尔的密友哈里·布彻指出："万一后撤的话，巴顿的个性和他作为一名战士的人生观肯定会让他最后一个离开海滩。如果他根本不后撤，那是因为他宁愿奋战至死。"由于道利将军在萨莱诺表现不佳，艾森豪威尔把他降至和平时期的军衔，并将他打发回国。在军一级献上道利这个祭品后，艾森豪威尔在发给马歇尔的报告中竭力保护克拉克。但艾森豪威尔在陆军参谋长面前所能说的好话仅仅是，虽然克拉克"不像布莱德雷那样几乎毫不费力地赢得身边所有人的完全信任，也不像巴顿那样拒绝一切，只求胜利"，但他此刻"正身负重任，而且到目前为止，他做出的选择完全正确"。对艾森豪威尔来说，这是一种无力而勉强的支持。

陆军参谋长并未买账。他这位美国队主教练决不允许他的四分卫将球投给根本接不到球的接球手。9 月 23 日，他回了一封措辞尖锐的电报，申斥艾森豪威尔没有在敌人困住他之前将滩头阵地向前推进。马歇尔没有提供鼓励和支持，因为到目前为止，他没有看见任何具体事实可以证实艾森豪威尔微弱的希望。

马歇尔的责备刺痛了艾森豪威尔。进攻行动的不确定性和严重伤亡的确定性已给艾森豪威尔造成巨大压力。接到参谋长的电报后，他一下子没了食欲。正如巴顿不时期盼艾森豪威尔的称赞那样（得不到时他会情绪低落），艾森豪威尔在此紧要关头非常需要他最敬重的人给他带来安慰。当日下午大部分时间里，布彻和比德尔陪在他身边，力图让他振作精神。

对艾森豪威尔来说更为不幸的是，上级对克拉克指挥能力的批评在不断加剧。马歇尔一封封措辞严厉的电报有规律地出现在艾森豪威尔的办公桌上，让他痛苦不已。在这个黯淡的秋季，意大利前线的战事以缓慢、血腥的步伐展开，艾森豪威尔不得不向联合参谋长委员会陈述惨烈的详细境况。当年10月，盟军终于攻克那不勒斯。艾森豪威尔提醒参谋长们，即便福贾空军基地已经落入盟军手中，"在我们到达罗马前，仍会有异常艰苦的战斗"。艾森豪威尔天生的乐观情绪比以往减弱了许多，他命令参谋人员策划在意大利首都西南方56千米的沿海城镇安齐奥（Anzio）实施一场新的登陆行动。

"我对战争的期待就此告终"

"罗马燃烧时，我们却无所事事。但这只是个比喻，因为我怀疑它是否在燃烧——但反正也用不了太长时间了。"这就是乔治·巴顿对1943年秋季意大利血腥战事的看法。当克拉克的部下在萨莱诺与敌人一较高下，布莱德雷在英国组建新的司令部时，巴顿待在他那座古董似的王宫里，像一本满是灰尘、没人想读的旧书。

1943年9月2日，艾森豪威尔的司令部通知巴顿，第七集团军正式撤编，所辖部队转隶第一和第五集团军。电报中称，布莱德雷将军将赴英国策划跨海峡进攻。

巴顿深受打击。接下来的两天，他在这个镀金笼子里闭门思过，渺茫地希望艾森豪威尔的话只是对风向的某种预测。要是他和"天命之子"的命运仍受到眷顾，风向随时可能发生变化。为重新获得艾森豪威尔的垂青，他甚至设法说服哈里·布彻来西西里岛度假，他会用美酒佳肴款待这位最高统帅的亲信。敬佩巴顿的布彻干巴巴地评论道："我不想休假，就算休假也不想去西西里岛。所以我拒绝了这个想利用我与艾克的关系的人。"

意志消沉的巴顿告诉比阿特丽斯："每次去阿尔及尔，我都需要3天时间才能恢复过来。一个人必须穿上锁子甲才能避免刀刺……我被告知自己太过孟浪，无法承担奥马尔即将从事的工作。显然，我是个善于行动的人，而不是善于言辞的人，但有时候我会说得太多。谈到这些倒让我想起，某些最惊人的谎言正在我的身边传播……艾克对我一向不错，可如果马歇尔听到那些谎言，哪怕只相信一半，恐怕我就会落入万劫不复之地。"

巴顿担任战地指挥官的希望非常渺茫，盟军司令部在 9 月 6 日发来的两封加密电报，使这丝希望像堆在即将熄灭的火焰上的木柴那样坍塌下来。第一封电报明确告诉他，第七集团军不会重建。第二封电报证实，布莱德雷将在英国担任美军作战部队的最高指挥官。

巴顿写道，第二封电报"将我打垮了"。不管怎样，乔治·巴顿中将指挥过"火炬行动"和"爱斯基摩人行动"，他会因夺取几乎整个西西里岛而被载入史册；他曾在突尼斯整顿一个士气低落的军，并使其走向胜利。所以率领此次进攻的应该是他，而不是他的副手。

就好像巴顿在一天内受的苦难还不够似的，当日下午，盟军司令部两名调查人员跑来，盘问他掌掴士兵的事和第七集团军对待羁押中的意大利战俘的问题。巴顿满腹狐疑地写道："（艾克）说他这样做是为我好，以便消除流言蜚语。我觉得这也许是事实，但恐怕这是为了保护艾克自己。"他在老朋友查利·科德曼面前大发雷霆："你知道发生了什么事吗？我刚刚才受到责罚。他们所做的就是斥责我。你知道他们为什么斥责我吗？看来是我没给意大利俘虏提供足够的厕所。该死的！他们根本不知道什么是厕所。我给他们盖了一座他们才明白。"

当晚，他翻开日记本，用颤抖的手潦草地写道："太让人伤心了。我唯一一次产生比这更糟糕的感觉是在 1942 年 12 月 9 日的晚上，克拉克得到第五集团军的时候。"

次日，布莱德雷在赶赴英国前跑来向巴顿道别，发现他的精神已处于崩溃边缘。巴顿在这场会面中竭力保持一种愉快的态度。他安排仪仗队和乐队向布莱德雷致敬，为他举办午宴，还谈及他对进军诺曼底的一些想法，试图以一种积极的情绪把他的前任副手送去英国。这不仅仅是友谊或礼貌的问题，他们俩都明白。巴顿在日记中写道："布莱德雷在马歇尔将军面前要么帮我，要么中伤我。我希望他选择前者，但我不会求他这样做。"

巴顿对此并未抱太大希望，他心里很清楚。他的前程也许还没被完全毁掉，但已岌岌可危。在当晚的个人情况报告中，他写道："我必须继续保持对命运的信念，而可怜的命运也许要给我一些额外的时间来摆脱现在的消沉。"

接下来两个月，这位情绪低落的将军一直处于失业军人的状态，大部分时间都在同嗜睡、愤怒和沮丧作斗争。当然，他无法理解自己为何会被搁置一旁。他的生活又回到卡萨布兰卡那几个月中极其无聊的"禁赛"模式，但现在的日子过得比那时更加糟糕。他非常担心在医院的轻率之举会使他在这场战争剩下的时间中待在场边。他频频抱怨，也不甚喜欢周围的环境。他告诉内兄："西西里岛是我见过的最肮脏的地方，这里的居民也是最卑劣的民族。我觉得我必须回非洲为自己先前的看法向阿拉伯人道歉。"随着他身边的战地指挥官不断调离，被派往其他地方，他告诉比阿特丽斯："我觉得就像《老水手之歌》里写的那样，'孤独呵孤独，我独自一人……'我现在越来越像孤家寡人，但这种情况以前发生过，而且我也挺了过来。"

几个星期过去了，阿尔及尔没有打来紧急电话，巴顿绝望地向盟军司令部索取通往战场的车票。他给比德尔·史密斯写了几封过于谄媚的信件，还试图讨好艾森豪威尔身边的亲信，邀请他们来西西里岛看他。但他只设法哄骗到凯·萨默斯比来此一游，他为她准备的礼物是缴获来的丝袜、大量饮品（其中一种叫"巴顿75"，类似于大学生联谊会上提供的潘趣酒，是一种奇特的混合酒）和古镇巴勒莫之旅。

被上司忽略的巴顿，抑郁症日渐加深。像他这样的表演者对这种忽视无法承受太久。令他倍感沮丧的可悲事实是，似乎没人理解巴顿是一头斗牛——人们饲养这种动物的目的是将它们用于斗牛场，而不是牧场。他对自己再度出任高级指挥职务的可能性已感到绝望，于是向他的朋友提出了令人难以置信的要求。他在 9 月 17 日的日记中写道："我告诉艾克，我愿意在克拉克手下指挥一个军。为投身战斗，我宁愿给魔鬼当差。"

艾森豪威尔没有接受他的这一请求。忧愁的巴顿写日记的笔迹也变得虚弱无力："他说克拉克和我不合拍，所以他不能这样做。"

这是个公正的观点，但并未让巴顿觉得好受些。

巴顿的信心在 10 月初终于得到恢复。罗斯福总统提出将他的永久军衔升为少将，参议院可能会在下个月批准这一晋升。艾森豪威尔曾准确但又有些勉强地将巴顿称为"本战区的多余者"。他觉察到了他这位朋友在过去

6 周忍受的强烈痛苦。10 月初，艾森豪威尔给巴顿发去一封电报，让他振作精神。他在获知巴顿得到晋升提名的当日告诉巴顿："陆军部和总统将你的永久军衔提升为少将，是对你为战争所作的贡献的认可，我对此非常高兴。在过去的 25 年里，你从未辜负过我对你的任何一个期望。而且我知道政府在这场战争中赋予你的每一项任务，你都会以同样的锐气、干劲和决心去完成，这一点已在你过去 10 个月的行动中得到了体现。"

巴顿与艾森豪威尔的关系再度回温。他在回函中用了 1942 年初说过的一句话："我相信，这次晋升是你一手促成的，就像你以往不遗余力地为我的每一次晋升努力一样。我找不到合适的话语向你表达谢意，所以你只管把我的话放大 N 次方好了，什么都不必多说。"

虽然艾森豪威尔在马歇尔将军面前对巴顿不乏溢美之词，但他认为巴顿就像个喜欢惹是生非的顽童，必须牢牢看住他。艾森豪威尔有时候也会声色俱厉地训斥巴顿，以提醒他谁才是上级。一天晚上，他与巴顿、休斯、凯·萨默斯比、休斯的秘书共进晚餐。据巴顿说，艾森豪威尔"对他自己和他早年的经历来了段长长的独白。然后说我总是装腔作势，可能是因为我有某种自卑感。我觉得这太可笑了，但我同意了他的说法。事实是，我的自卑感实在太少——我根本看不起芸芸众生，而且我经常会让他们知道这一点"。

巴顿已学会不要在这种场合，在最高统帅展示肌肉的时候挑战艾森豪威尔。休斯后来告诉巴顿，在他看来，"艾克的问题是不够谦虚"，因为艾森豪威尔"不敢责备或批评英国人"，休斯说艾森豪威尔将怒火发泄到他的美国朋友身上，证实了这样一句格言："越是了解一个人，越是会对他说教。"巴顿对此深表赞同。

现在再来看这两个老朋友，人们永远无法知道他们在还扎着武装带、戴着宽边毡帽的军官时代是多么亲密。到 1943 年秋季，巴顿与海军、英国人、战术空军、医护人员和布莱德雷持续不断的纷争已动摇了他与艾森豪威尔昔日的稳定友谊。虽然这种友谊依然真实，依然私密，依然鲜活，但他们之间弱化了的纽带会摆向一侧，然后再回到另一侧，就像个节拍器——巴顿的智慧和愚钝会震颤着交替地传递到艾森豪威尔那里。

自首次见面以来，两人的个性并未发生太大变化：巴顿仍像 1919 年秋季大摇大摆地走进米德营时那般气势汹汹、喜好杀戮且对纪律要求严格；艾森豪威尔则依然是个深具吸引力的老烟枪兼工作狂。

但现在有些事情却不同了。

其中一个不同是他们现在各自所处的职位。他们的服饰在每天的每一分钟都提醒着他们这一点。从某种意义上说，作为一名集团军司令，巴顿只能自己照顾自己。他的任务是消灭艾森豪威尔要求他消灭的一切。他在自己的集团军里当家作主。在集团军指挥官的权威下，巴顿对第七集团军辖内的所有人拥有近乎绝对的权力。

相反，艾森豪威尔生活的世界较少出现绝对的事情。作为最高统帅，他并未以巴顿统辖第七集团军的方式管理盟军部队。实际上，他能直接管辖的东西非常少。他必须与别人合作，甚至屈从于外部力量，无论是在物理方面（例如登陆舰的运载能力），还是在政治方面（例如德弗斯否决他要求的轰炸机支援）。尽管他拥有崇高的头衔，但艾森豪威尔独断的权力受到了远甚于巴顿所受的限制。

艾森豪威尔的工作范围也更广泛。与巴顿不同，他必须确保盟军这艘船浮于水面，任何一方都不能让另一方失衡，也就是说，如果巴顿在船上站着并且让船体向一侧过度倾斜的话，艾森豪威尔的工作就是用船桨敲打他，并让他坐下。艾森豪威尔在这方面花费了许多时间。

昔日友谊渐行渐远的第二个原因是，艾森豪威尔看问题的方式已趋成熟，而巴顿却没有。当年两位年轻的军官在笨拙地修理雷诺坦克，并讨论装甲战理论时，巴顿觉得自己对军事战术的了解远甚于旁人——实际上，自西点军校那时起他就是这么认为的。而在接下来几年里，他的学习方式与小时候一模一样——阅读历史书籍并自己消化，而不是向同龄人学习。这就是巴顿经常藐视陆军教义的原因；这就是他随意批评上级的原因；这也是他在莱文沃思的成绩并未名列前茅的原因。

这就是1943年西西里岛的乔治·巴顿与1920年米德营的乔治·巴顿没什么不同的原因所在。

艾森豪威尔在许多方面变得更加圆滑，也更乐于接受教导。他从康纳那里学习；他在莱文沃思学院学习；他向政客和军士们学习；他甚至从麦克阿瑟那里学习。

在吸收这些内容的过程中，艾森豪威尔变了，不再是1920年那个热切的、一心一意研究战术的"坦克狂热分子"。到1943年，德怀特·戴维·艾森豪威尔将军已成为军事—政治车轮上的中心，而巴顿从未试图跟上这只车轮的运转速度，更谈不上主宰了。

巴顿在战前便已发现这些变化，但一直很难适应他这位老朋友的变化。在巴顿看来，艾森豪威尔就像个年轻的金发男孩，一脸雀斑，穿着一条破旧的裤子。一位年长者结识他，之后又离开了他，并且已经30年没见过他了。这个男孩逐渐长大、成熟：他的肚子突出，头发稀疏，下巴下垂，他在商业、医学或手工艺方面的天赋开花结果。但在那位年长者的脑海中，他仍是几十年前的那个金发男孩，一脸雀斑，穿着条旧裤子。尽管他们有那些信件、晚餐、电话和计划会议维持联系，尽管两人都获得很高的军衔，尽管有"我将成为杰克逊，而你会是李将军"这种深夜预言，但乔治·巴顿还是难以摆脱他对艾森豪威尔的最初印象：一个扎着武装带、戴着宽边毡帽、面带微笑的年轻中校。

1943年10月下旬，巴顿相信好运再次对他展露了微笑，至少朝他眨了眨眼，尽管他现在应该知道这种眨眼是多么靠不住。在夺取墨西拿9周后的10月25日，艾森豪威尔将巴顿召至阿尔及尔"来一场战术侦察"。艾森豪威尔在阿尔及利亚首都请他观看演出，并与他共进午餐，这应该是预示着好消息——某些问题只有乔治·巴顿这种老兵能对付。午餐很愉快，艾森豪威尔保持他的幽默，而巴顿则急于知道此次会面的重点所在。

得到些安慰的巴顿当晚在日记中写道："艾克还是老样子。比德尔·史密斯告诉我，我会在英国获得一个集团军。他说他曾告诉马歇尔将军，我是世界上最伟大的突击将军，应该率领进攻。"

当然，好消息总是伴随着告诫，特别是当艾森豪威尔带着比德尔时。这个来自印第安纳州的马基雅维利透露了他与马歇尔将军的谈话。马歇尔同意比德尔的观点，巴顿的确是美国最优秀的作战指挥官。但又补充道，他对巴顿身边的工作人员不太认可。比德尔声称他曾告诉马歇尔："他们干得都挺出色。"马歇尔对此回答道："我听说西西里岛的补给工作做得不太好。我有我自己的消息渠道。"

巴顿得出结论："（密探）要么是魏德迈，要么是布莱德雷，也可能两人都是。"

吃罢午餐，比德尔向巴顿透露实情：巴顿不会率领对法国、巴尔干或诸如此类地区的进攻，盟军打算利用他的名气将敌人的注意力引至科西嘉，使他们对法国北部海岸不加留意。巴顿将充当诱饵，而不是战士。

他喃喃说道："我对战争的期盼就此告终。"

第 13 章　欧洲战场的车、马、象

我为我给你造成的麻烦深感懊悔，我会照你的指示去做。

——巴顿致艾森豪威尔，1943 年 11 月 25 日

巴顿投身战斗的希望变得越来越渺茫，但原因并不仅仅是比德尔的背信弃义、布莱德雷的背后一刀或艾森豪威尔的亲英态度。虽然战区记者们信守承诺，没有报道掌掴士兵事件，但关于巴顿将军和战地医院的传闻依然开始在国内的新闻界传播开来。《华盛顿邮报》的德鲁·皮尔逊开始四处打探相关消息。1943 年 11 月中旬，他在辛迪加垄断组织控制下的广播节目中公开了这起事件。皮尔逊向国内听众详细介绍了巴顿将军如何虐待手下士兵，并称艾森豪威尔将军已"严厉申斥"这位第七集团军司令。皮尔逊敦促参议院的杜鲁门委员会（Senate's Truman Committee）着手调查"高级军官的自我保护小团体"，这个团体试图掩盖军官内部的不正当行为。国内报纸纷纷采纳了皮尔逊的报道，并对其添油加醋。愤怒的母亲们写信给她们的国会议员，要求将这个殴打年轻士兵、施虐成性的将军送上军事法庭。从东海岸到西海岸，所有编辑部都在猛烈抨击巴顿。国会的共和党人闻到血腥味，立即呼吁对事件展开正式调查。

第一次会见贝斯和雷诺兹时，艾森豪威尔和他身边的专业人员本应该预测到这股台风的，但出于某种原因，盟军司令部仍对此毫无准备。军方发表的一份新闻通告断然否认艾森豪威尔将军曾为这起事件训斥巴顿，当新闻媒体要求对此作出详细解释时，比德尔承认，艾森豪威尔写给巴顿的是一封"私人"而非"官方"的斥责信。一名记者引用"一位高级军官（比德尔）"的话指出，"巴顿受到艾森豪威尔将军的严厉申斥"。但巴顿的官方个人档案中对此没有留下任何记录。

陆军聪明过头的文字游戏使新闻媒体获得了新的报道题材。很快，公众的愤怒从巴顿的掌掴士兵事件转移到艾森豪威尔对他那位易怒朋友的笨拙的袒护上。国会议员和报纸编辑开始呼吁将巴顿送上军事法庭。最重要的是那些正在考虑罗斯福的晋升提名的参议员们也这样做了。四面楚歌的陆军部长史汀生是巴顿最长期、最强有力的保护者，他责令艾森豪威尔准备一份关于这起事件的完整报告。新闻界人士争先恐后地跑去找艾森豪威尔，希望他对此作出进一步评论。随着战时新闻处转发的国内新闻涌入阿尔及尔，艾森豪威尔决定公开疏远他的老朋友，同时坚称巴顿对战争极具价值，不能将他撤职。

对艾森豪威尔来说，这简直像"达朗协议"再度发生一样。更糟糕的是，被马歇尔称为"一个无情的家伙，是个真正的杀手"的约瑟夫·T.麦克纳尼将军也给阿尔及尔发来电报，要求艾森豪威尔解释他在这个问题上的做法。巴顿因掌掴士兵事件而蒙羞，更令他愧疚的是，他觉得自己拖累了朋友。郁闷的巴顿在遥远的西西里岛看着这起事件的后续风波再度展开，然后得出结论："我似乎成了某种工具。麦克纳尼企图以此打击艾克。这样一来，一旦马歇尔将军离职，他就能成为陆军参谋长。"

艾森豪威尔的信念坚定不移，坚决不肯将巴顿送上断头台。他给陆军部长史汀生提交了一份完整报告。在报告中他并未替巴顿的行为开脱。相反，他称这种行为"不得体且不可原谅"。但这份报告也表达了他的坚定信念,巴顿的个人驱动力（这种驱动力与他更具破坏性的另一些本能密不可分）是第七集团军迅速征服西西里岛的关键。陆军公众形象受到的损害不得不让艾森豪威尔担心，"盟国会失去一位无比宝贵的突击部队指挥官"。他告诉史汀生，从盟国的事业考虑，最好为日后的行动留下巴顿将军。艾森豪威尔与巴顿荣辱与共，他表示不愿与巴顿分开。艾森豪威尔觉得自己采取的纠正措施已经足够，他不打算牺牲自己最优秀的战将，以此满足短视的国会提出的要求或暂时缓解公众的愤怒。史汀生对此表示赞同。

"流放者"与"雄鹰"

艾森豪威尔从阿尔及尔的别墅中感受到他的老朋友正在经历的痛苦。他被流放到西西里岛，无所事事地从火山岛的一端走到另一端，而与此同时，他的集团军正在被蚕食，他的背后被人贴上了"糟践我吧"的标志。巴顿的处境岌岌可危。艾森豪威尔觉得给他打气的时机已经成熟。就巴顿的情况而言，这意味着他重返战场的概率会大大提高。艾森豪威尔知道，巴顿需要有人给他鼓鼓气，偶尔还要被人吹捧一番，就像艾森豪威尔自己也需要的那样。在皮尔逊的广播播出前的 10 月 4 日，艾森豪威尔向巴顿保证："在过去的 25 年里，你从未辜负过我对你的任何一个期望，而且我知道政府在这场战争中赋予你的每一项任务，你都会以同样的锐气、干劲和决心加以完成，这一点已在你过去 10 个月的行动中得到了体现。"

但德鲁·皮尔逊的报道是一个明确的提醒，艾森豪威尔必须给巴顿拴上一根短短的锁链——这是为他好，也是为陆军好。1943 年 11 月，艾森豪威尔又给巴勒莫发去另一封"亲阅"信：

> 华盛顿各大报纸大量报道这起事件……今天仍在继续。据我判断，这场风暴很快就会消散……我必须再次提醒你，不论何时都要谨慎行事，不要冲动……如果媒体来采访你，我要求你坚持事实，并坦率陈述发生的事情。另外，我认为你可以邀请这些记者去如今你仍在指挥的部队，亲自弄清楚部队的士气状况。我不希望你为眼下的事情发表正式声明。

巴顿无意向任何人发表任何声明。11 月 25 日，他给艾森豪威尔回电报："我为我给你造成的麻烦深感懊悔，我会照你的指示去做。"

职业生涯差点毁于一旦，这位老骑兵的情绪异常低落。每一封通知他又失去一个师的新电报都犹如干脆利落、闪闪发亮的钉子钉入他心中的棺材。他无法抵挡有关自己的新闻报道，它们大多是在愤怒地指责他。那些记者和政客甚至不认识他，但他却深刻感受到他们带来的阵阵刺痛。更糟糕的是，他暗自怀疑，刺向他的利刃，刀把上可能有布莱德雷的指纹，甚至可能有艾森豪威尔的。

在战斗的忙乱中，他经常能驱逐"自怜"和"沮丧"这两个恶魔，但它们现在又回来安家落户了。巴顿的日子过得烦躁不安。他阅读历史，漫游岛屿，写信，并寻找各种方式安抚心灵。他郁郁寡欢，睡得很晚，整天都在咒骂和沉思。他扭动着利刃，让它更深地插入自己的伤口。有一次，一名工兵走入巴顿令人印象深刻的办公室，惊讶地发现他的上司正用一把剪刀剪纸偶。

巴顿的朋友们劝他耐心点，但他们可能也告诉这头公牛，不要喷鼻子。58 岁生日那天，巴顿告诉比阿特丽斯，埃弗雷特·休斯建议他"保持冷静，静观其变"。巴顿觉得休斯更愿意相信艾森豪威尔是无辜的，因而回答道："遍体鳞伤，殊难冷静；屡受攻讦，无从静观。"

他在 11 月最后一个星期四的日记中写下自己的心情：

> 感恩节。我想不出有什么是值得我感激的，因而没有做感恩祷告。

但有一件事巴顿必须心存感激：艾森豪威尔的忠诚。这种忠诚是建立在对军事的冷静考虑的基础上的，并与其个人情感紧密相连。他们俩也许不再是《汤姆·索亚历险记》（The Adventures of Tom Sawyer）中的哈克（Huck）和汤姆（Tom），但只要战斗尚未平息，艾森豪威尔就能从巴顿身上看到很少有人发现的东西。这种东西超越了刻意摆出的怒容，也超越了马鞭和奇特的指挥车——它使同盟国可以将士兵们的生命托付给此人的判断力。

巴顿在内心深处知道艾森豪威尔不会把他送入虎口，但为了安全起见，他于 1943 年 11 月下旬给艾森豪威尔写去一封十分谄媚的信件。他说自己要写一本历史书，并且会郑重地将其命名为"最伟大的征服"。这本书将涵盖 1942 年 11 月至 1943 年 11 月艾森豪威尔指挥过的所有军事行动。

这种马屁毫无必要。艾森豪威尔已派比德尔前往华盛顿，为巴顿获得日后的指挥职务斡旋。巴顿将在 12 月 1 日得到另一个证明艾森豪威尔支持他的证据——艾森豪威尔给他写了封私信，为他打气：

> 我认为 8 月事件在国内引发的风波已经稍有平息。不过，我们也许

会因此蒙受许多不幸的后果。我想让你知道，我认为自己当时做出了正确的决定，并将把这个决定坚持下去。你大可不必担心我会动摇，尽管我现在确实对你非常恼火。

到 12 月中旬，华盛顿官场和各大报纸对掌掴士兵事件的怒火似乎已经消退——就像布彻曾预料过的那样。休斯在日记中写道，一项盖洛普民意调查显示，每 5 个美国人中有 4 个赞成保留巴顿将军的职务。艾森豪威尔最终冷静地解决了此事。他告诉休斯，掌掴士兵事件"只是那些毫无必要发生的恼人事件中的一起而已，它给所有人的工作都造成了困难"。他重申，巴顿"是个优秀的指挥官，尤其是在困难的情况下。他在战场上比我知道的任何人都更有冲劲"。

去英国设立司令部前，奥马尔·布莱德雷飞赴华盛顿进行了为期两周的策划和简报。他这趟行程的内容还包括与罗斯福总统进行一次简短的会面。令布莱德雷惊异的是，罗斯福总统随口谈及一个特殊炸弹项目，这种炸弹使用的是核裂变，而不是炸药。布莱德雷花了几个小时陪同马歇尔将军乘飞机前往内布拉斯加州的奥马哈（Omaha）。在此期间，他向马歇尔汇报了他在西西里岛的经历，并毫无保留地将巴顿司令部的诸多过错一吐为快。

布莱德雷在 1943 年 10 月返回英国时，适逢欧洲战区的美国陆军正式组建美国第一集团军群。他立即出任了美国第一集团军和第一集团军群司令（尽管德弗斯并未下达任何书面命令将这两个职位赋予布莱德雷）。由于集团军群司令部里满是德弗斯从欧洲战区美国陆军中挑选的人员，而布莱德雷又不了解这些人，所以他对他们的信任也就无从谈起。于是，布莱德雷开始进行调整，从第二军军部挑选他看中的工作人员，甚至将该军部更好的办公设施也一并拿走。没过多久他便建立起一个骨干团队，并着手制订进攻细节。

第一集团军群司令部在伦敦西区的一排房屋内展开工作。这些屋子的内部有华丽的洛可可内饰和涂黑的窗户，外部则由卫兵日夜看守。虽然第一集团军群辖内没有任何集团军，也未受领任何任务，而且德国空军持续不断的空袭让司令部得不到几间完好的办公室，但布莱德雷仍然非常乐意监督这个新组建的机构。临时指挥该集团军群，会使他在马歇尔选择第一集团军群正式指挥官时占得先机。他的办公室粉刷得极其糟糕，屋内地板上还有个很大的凹痕——那是赫尔曼·戈林的空军投下的一颗哑弹留下的。办事认真的布莱德雷打下了一个司令部的基础，这个指挥机构至少要指挥两个集团军（第一和第三集团军），可能还有其他集团军。不在第一集团军群司令部工作时，布莱德雷便摇身变为第一集团军司令。他和他的高级助手，以及切特·汉森和另外一些贴身随从住在位于布里斯托尔郊外的一座宽敞的乡间住宅中，工作则在附近的克利弗夫顿学院里进行。

看着自己新获得的指挥职务，布莱德雷知道自己终于成功了。小小的蛋最终孵化了，而且小鸟已长成了一只雄鹰。它将在5个月内降临法国，并让整个军界震惊。

奥马尔·布莱德雷的新职务得到了许多祝福，他现在已不必站在任何人的阴影下，至少不用再看巴顿的脸色了。实际上，他再次见到巴顿的可能性微乎其微，因为艾森豪威尔和美军指挥部里的大多数人一样，现在似乎很厌烦巴顿。这个爱吹牛的骑兵对后勤和团队合作几乎毫无兴趣。布莱德雷再也不会受到巴顿的干扰，他将以合理的方式进行他的战争，而不是意气用事。

"霸王行动"的负责人： 马歇尔还是艾森豪威尔？

在布莱德雷募集美国第一集团军核心人员时，盟军最高统帅部正忙于有关大战略的重要事务。斯大林已在两年半的时间里同400万"轴心国"军队展开的激烈厮杀中得到锻炼，他严厉批评美国人和英国人未能开辟一条真正的第二战线。苏联红军在1943年7月初于库尔斯克挫败希特勒庞大的坦克攻势后发起了一场反攻。在那个杀戮场中，苏军损失了80万人、3000辆坦克和2000架飞机。斯大林坚持认为，现在是盟军向前推进并开拓第二战线的时候了——他们应当对法国发动进军。

西方列强原则上同意斯大林这一要求，尽管英国的赞成是带有附加条件的。在丘吉尔看来，巴尔干、爱琴海和意大利都有资格同"霸王行动"争夺优先权。美国一方，马歇尔和海军上将金在为开罗的英美会议和11月

28 日在德黑兰召开的"三巨头"会议做准备，他们打算竭力争取将"霸王行动"的发起日期定于 1944 年 5 月 1 日。

令美军参谋长惊讶的是，和美国人一样，英国人也向斯大林保证，他们会认真考虑在次年春季开辟真正的第二战线的问题。然而，苏联的这位谨慎的领导者不愿对英美的承诺抱以太大信心，坚持要求他的盟友们为"霸王行动"指定一位最高统帅。罗斯福答应接下来几天他会在开罗就这一问题同顾问们商讨，然后宣布这项任命。

艾森豪威尔没有参加德黑兰会议。他在阿米尔卡焦虑万分，度日如年。他后来把自己和马歇尔比作"棋盘上的两颗棋子，不得不等待棋手的决定"。但就艾森豪威尔掌握的情况看，他在下一轮赛事中不会担任车、马或象，甚至当不上卒。相反，他会被打发到一个完全不同的部门，"霸王行动"将由马歇尔指挥。另外，由于罗斯福已答应丘吉尔让英国人指挥地中海战区的军事行动，因此艾森豪威尔可能会在 1944 年 1 月 1 日前后被调回华盛顿。他思索着这个前景，像等待处决的犯人一样扫视日历。

离开阿米尔卡之前，艾森豪威尔不得不招待另一群前往开罗和德黑兰出席会议的"该死的超级贵宾"（VGDIP）。1943 年 11 月 19 日，他飞赴奥兰，罗斯福总统则乘坐"艾奥瓦号"战列舰于次日到达那里。艾森豪威尔陪同罗斯福的随行人员（马歇尔、金、哈里·霍普金斯和其他人）乘坐一架 C-54"空中霸王"（Skymaster）战略运输机"圣牛号"（Sacred Cow）飞往阿米尔卡。

在罗斯福于阿米尔卡停留期间，艾森豪威尔有一次陪同他乘坐凯驾驶的汽车参观突尼斯战场。他们驶过近期与古代的战场遗迹——这些战事发生在同一地点，但又相隔千年。总有一天，人们会把罗斯福的那些将领同西庇阿、汉尼拔和恺撒相比较。这些将军坐在办公桌后，用笔和电话进行战争，而不是短剑和滑膛枪。他把苍老的面孔转向艾森豪威尔，若有所思地说道："你和我都知道南北战争时期参谋长的名字，可军界以外的美国人中却很少有人知道。然而，那些战地将领的名字，格兰特、李、杰克逊、谢尔曼、谢里登等人，几乎每个男孩都知道他们。我不希望 50 年后，没人知道乔治·马歇尔是谁。这是我为何委派他出任最高统帅的原因之一。作为一名伟大的将军，他有资格在历史上留下一席之地。"

马歇尔和金住在艾森豪威尔位于突尼斯郊外的别墅里。艾森豪威尔准备离开，去参加总统的私人晚宴，而两位高级将领则在起居室旁走来走去，啜饮着雪莉酒。陪艾森豪威尔走到门口时，抽着香烟吞云吐雾的海军上将金信口说道："我不希望马歇尔将军拒绝担任陆军参谋长。"艾森豪威尔看着他，什么也没说。就好像马歇尔根本不在旁边一样，金继续说道："获知你将接替他的工作，我的失落感才得到些缓解。"

马歇尔站在一旁，沉默得犹如斯芬克斯，而金坚持认为马歇尔的工作岗位应该在华盛顿，他宣称："你艾森豪威尔才是欧洲盟军最高统帅的合适人选。"

这个敏感的问题突然间抛在他身上，让艾森豪威尔深感惊讶。他支支吾吾地说道："总统会做出他的决定"，并希望就此结束这个话题。但金没有理会艾森豪威尔让他放弃这个话题的暗示。过了一会儿，马歇尔以他惯有的粗暴方式结束了这番讨论。他吼道："我不明白我们干嘛要为这件事费神。罗斯福总统自然有他的决定，而我们都会服从。"

和往常一样，马歇尔说得没错。艾森豪威尔的心沉了下去。他早就知道自己可能会被召回华盛顿。不管怎么说，即便是一名四星上将，要想挤入紧密的指挥结构也不是件容易的事，哪怕是在欧洲。艾森豪威尔的信也透露了他自初秋以来的估计——指挥1944年欧洲战事的会是马歇尔，而不是他。但怀疑会收到坏消息是一回事，从一名四星海军上将嘴里听到这个消息又是另一回事。

对艾森豪威尔来说，这是个令人心情沮丧的季节。如果被召回华盛顿，他不知道该如何告诉他那些密友，"我会在6个月内被送入阿灵顿公墓"。他接下来要做的仅仅是请求上级派他担任战地指挥官。"最高统帅"是个会引起误会的头衔，他挂着它从事了18个月不讨人喜欢的工作，因此应该得到些回报。让他到战斗激烈的地方服役，他对那里的工作人员、将领和指挥官的了解远甚于其他军人，但这种要求是不是过高了？国会、麦克阿瑟、史迪威、蒋介石、参谋长联席会议、中太平洋、拨款、草案、生产……天知道还有其他什么，马歇尔在过去4年里面对的这些人和问题，艾森豪威尔该如何处理？另外，从个人层面而言，他该如何适应回到国内的生活？

这些问题令艾森豪威尔郁郁寡欢。在过去几个月里，他与大量咖啡和香烟相伴。工作的压力让他一直不去想这些问题。然而现在，艾森豪威尔不得不面对它们。

但在内心深处，艾森豪威尔知道自己有点自私。陆军部已给了他前所未有的机会。他领导了世界上规模最大的两场两栖进攻，他还下令发起了历史上最具决定性的战术轰炸行动。他是一位出色的军人，倘若陆军部想让他回华盛顿，那么华盛顿就是他该去的地方。他只希望马歇尔允许他带走比德尔，尽管他知道自己可能会因此同丘吉尔和马歇尔争执一番。

英国的工作人员开始把马歇尔的个人物品运到伦敦时，艾森豪威尔已做好回家的打算。他向身边的工作人员道别，对他们的服务表示感谢，并拟订了去远东同麦克阿瑟和蒙巴顿勋爵会晤的计划。他悄悄把凯·萨默斯比推荐给埃弗雷特·休斯，"还附赠那辆凯迪拉克"。他听从马歇尔的建议休息了几天，带着凯和几个亲密的同事去卢克索（Luxor）、金字塔谷和圣地（耶稣的故乡西巴勒斯坦）游览一番。

从德黑兰会议返回的途中，"圣牛号"降落在突尼斯尘土飞扬的机场上。当天适逢珍珠港事件两周年纪念日。这架"空中霸王"停下来加油，准备飞往奥兰，罗斯福总统将在那里登上"艾奥瓦号"战列舰回国。总统一行从飞机舱口出现时，艾森豪威尔将军向他们立正敬礼，然后在特勤人员的护送下，陪同总统钻进他那辆凯迪拉克。从轮椅上转入凯迪拉克宽敞的后座之后，面带微笑的罗斯福开门见山地说："好啦，艾克，你要去指挥'霸王行动'了。"

第14章 "霸王行动"前的"办公室政治"

假如要我再次为乔治公开道歉，那么不管他有多了不起，我都只好让他走人。对他处处庇护的日子我已经受够了。人生苦短，我再也不能继续忍受下去了。

——艾森豪威尔致布莱德雷，1944 年 4 月

1943 年圣诞节当天，艾森豪威尔飞往突尼斯，准备会见自己在地中海战区的继任者——绰号"巨人"（Jumbo）的英国将军亨利·威尔逊（Henry Wilson）。这次换将的时机令人尴尬，因为丘吉尔反复施压，要求盟军再次登陆意大利。艾森豪威尔的手下曾计划攻打沿海城市安齐奥，但当地守军实力强大，共有 23 个德国师。艾森豪威尔对进攻安齐奥的计划顾虑重重，并且向丘吉尔表明了自己的态度，但后者对此不屑一顾。不过，攻打安齐奥已经不再是艾森豪威尔的责任，而成为威尔逊的负担。尽管该计划并无胜算，但这位即将去职的战区指挥官仍打算依计划行事。

安齐奥登陆战的结果不出艾森豪威尔所料。克拉克的正面进攻遭遇到强力的阻击，其两栖作战部队由卢卡斯将军率领，他们在高地上集结的 7 万名敌军的扫射之下，很快就败北了。这场意大利之战后来成为西线最惨烈的战役之一。头几个星期的战事十分艰难，正如丘吉尔在总结时所说的："我们本打算在岸上放一只野猫，将德军扯个稀巴烂，没承想却成了鲸困浅滩，尾巴还在水里扑腾。"

艾森豪威尔告别盟军司令部的部下，离开地中海，于元旦当天返回美国作短暂停留。马歇尔坚决主张，艾森豪威尔这次回国应当以恢复元气为主。在华盛顿，艾森豪威尔和玛米共同度过了宝贵的几个小时。玛米已经

一年半没有见过丈夫了，她立即发现艾森豪威尔身上出现了一些令人不安的变化：几个月来，艾森豪威尔不仅过量吸烟，而且经常需要参加深夜会议，或者一大早外出视察。他总是有操不完的心，所以显得心烦意乱，曾经容光焕发的脸上出现了深深的皱纹。艾森豪威尔很想多给玛米一些关爱，但他清楚，许多重大事项正等着他回去做出决定，包括登陆艇、空军战略，以及每次 1.2 万人的兵力调动。

每到夜晚，艾森豪威尔总是喜欢到林间散步，但是心中片刻也放不下欧洲战场，因为后者仿佛月光始终跟随他左右。虽然他身在美国，但是心仍在英国。1942 年夏，在博灵机场吻别妻子时，他还是一位目光炯炯的少将，如今的他却坐卧不安、态度生硬、冷若冰霜。相聚的那一天既甜蜜又苦涩，但是自此以后，玛米悲伤地发现，她脑海中丈夫的形象已经一去不返。她很难在心目中重现昔日的那幅画面了。

为期 12 天的休息对玛米来说太过短促，对艾森豪威尔来说又太过漫长了。随后，这位新任盟军远征军最高统帅登上一架前往普雷斯特威克的飞机，于 1944 年 1 月 7 日夜间抵达苏格兰。在布彻及其英国副官詹姆斯·高尔特（James Gault）中将的陪同下，他乘坐一辆镶有柚木内壁的豪华专列赶往伦敦，于次日搬入位于格罗夫纳广场（Grosvenor Square）20 号的新办公室，就好像他从未离开过那里一样。

只让你完全信任的人参与行动

艾森豪威尔无权任命"霸王行动"的高级指挥官，包括海军、空军和陆军司令。1944 年，英国人勉强同意了"霸王行动"。他们比美国人更熟悉地形，而且在"霸王行动"最关键的两栖登陆阶段——"海王行动"（NEPTUNE）中，他们负责提供半数以上的突击部队。因此，尽管艾森豪威尔被任命为盟军最高统帅，但空军、陆军和海军的重要指挥官人选仍将由英国人决定。

海军上将伯特伦·H. 拉姆齐（Bertram H. Ramsay）爵士将在"海王行动"中指挥进攻舰队。拉姆齐爵士精明强干，曾在"火炬行动"和"爱斯基摩人行动"中担任海军上将坎宁安的左膀右臂。空军指挥较为复杂，其中包括战斗机、战略轰炸机、战斗轰炸机和空降部队运输机的调动。部队在"海王行动"的登陆期间将听从空军上将特拉福德·利-马洛里（Trafford Leigh-Mallory）爵士的调遣。然而，几个月来，战略轰炸机指挥官斯帕茨将军和英国皇家空军上将、绰号"轰炸机"的亚瑟·哈里斯（Arthur Harris）爵士一直辩称，如果让他们出动大批"解放者"（Liberator）、"兰开斯特"（Lancaster）和"飞行堡垒"轰炸德国的城市、工厂、机场和炼油厂的话，战争早就打赢了。艾森豪威尔清楚，这些主张动用轰炸机的将领一定会急不可待，准备冲出诺曼底，返回柏林上空。

在"爱斯基摩人行动"和"雪崩行动"中，陆军指挥官由亚历山大担任。但这一次，英国人选择了蒙哥马利将军。

又是蒙哥马利。正是这位伯纳德·蒙哥马利曾经因为艾森豪威尔在他面前吸烟而出言申斥。突尼斯战役后，蒙哥马利执意要求艾森豪威尔送给自己一架美式轰炸机，以作个人之用。随后，他又迫使亚历山大将巴顿的第七集团军打发到西西里岛西部。此人总是信心十足、神气活现，与艾森豪威尔来自密苏里州的心腹助手截然相反。如今，这位蒙哥马利即将成为艾森豪威尔的陆军司令。

艾森豪威尔和布莱德雷等许多美军将领更希望由亚历山大掌权。布莱德雷尤其感到大事不妙，因为他发现蒙哥马利不仅试图打压巴顿，而且正竭力使美军成为法国战场上的配角。正如他后来写的："假如是亚历山大指挥欧洲的第二十一集团军群，我们就很可能避免后来与蒙哥马利之间产生的不快。与刚愎自用的蒙哥马利相比，亚历山大在指挥时更为理智、耐心和沉稳，不愧是一名伟大的军人。"

艾森豪威尔私下赞同布莱德雷的看法。但是帝国总参谋长艾兰·布鲁克爵士并不看好亚历山大的领导才能，力主由蒙哥马利担任此职。丘吉尔虽然也倾向于亚历山大，却一反常态地没有坚持己见。最后，这位阿拉曼战役的英雄成了盟国的陆军司令。

尽管艾森豪威尔无法决定盟军高级将领的人选，但他可以自由选择盟国远征军最高统帅部（Supreme Headquarters Allied Expeditionary Forces，简称SHAEF）的人员。作为在欧洲级别最高的美军将领，只要马歇尔同意，他还有权任命或否决任何希望被派驻欧洲的美国师、军或其他部队的指挥官。

过去，在与弗雷登道尔、克拉克和莫克勒-费里曼打交道的过程中，艾森豪威尔得到了许多教训，因此这一次他不会让任何自己无法完全信任的人参与"霸王行动"。他在伦敦的办公室中联系了阿尔及尔方面，将地中海的精英人物网罗了过来，其中最重要的便是他的参谋长，绰号"甲壳虫"的史密斯。地中海战区空军司令特德将军是艾森豪威尔手下的最高副统帅，此人少言寡语，喜欢用烟斗吸烟，成了实际上的空中协调官。为了解决本战区在后勤上的难题，艾森豪威尔委派傲慢专横的约翰·C. H. 李（John C. H. Lee）中将执掌陆军后勤部队。眼下，这支队伍仍被叫作"军需部队"（Service of Supply），借用美国大兵的话来说就是"石块上的一坨粪便"（Shit on a Shingle），因为这是步兵们对政府分发的烤面包加熏牛肉片的戏谑之称。没过多久，哈罗德·布尔、肯尼斯·斯特朗、T. J. 戴维斯以及艾森豪威尔昔日在盟军司令部的其他左膀右臂也都纷纷来到盟国远征军最高统帅部，重聚在他的麾下。艾森豪威尔保留了盟军最高统帅参谋部当时的中层人员，例如副手的助理、副助理等人，但是将欧洲战区美军陆军德弗斯将军打发到了地中海，因为他不希望此人留在总部。

在作战将领方面，艾森豪威尔已经将心腹奥马尔·布莱德雷牢牢安置在第一集团军。1943 年 12 月 23 日，他又要求马歇尔，一旦美国成立集团军群，就任命布莱德雷指挥。经过几番讨论，马歇尔应允了。随后，艾森豪威尔和布莱德雷花了数周时间，挑选关键指挥岗位的将领。两人一致同意，等到布莱德雷升任集团军群司令时，由他最信任的考特尼·霍奇斯执掌第一集团军，在此之前，仍由布莱德雷担任该集团军的代理指挥官。艾森豪威尔的密友吉·杰罗将指挥第一集团军的两支突击部队之一的第五军。至于另一支突击部队，艾森豪威尔和布莱德雷约谈了几个人选，最终敲定了绰号"闪电乔"（Lightning Joe）的 J. 劳顿·柯林斯（J. Lawton Collins）少将。此人曾经参加过恐怖的瓜达尔卡纳尔（Guadalcanal）战役和关岛（Guam）战役。接着，布莱德雷和艾森豪威尔开始从军级以下的将领中物色潜在的师长人选，最终确定了"海王行动"的所有指挥官。

尽管乔治·巴顿就像吸引锈钉的磁铁一样，总是负面报道不断，艾森豪威尔还是决定由他在布莱德雷手下担任第二集团军司令。等到第一集团军拿下足够的地盘，准备进攻布列塔尼（Bretagne）时，第二集团军将作为侧翼部队登陆。艾森豪威尔希望加入这支队伍的是一名强有力的斗士，因此在华盛顿会见马歇尔时，他再次为自己手下的老兵巴顿游说。当马歇尔质疑巴顿是否会听从布莱德雷和蒙哥马利调遣时，艾森豪威尔坚称他是这项任务的不二人选。他不仅用自己在陆军部的信誉为巴顿将来的行为作保，而且让史汀生部长放心："我确信他（巴顿）已经得到了教训，并且希望他今后会好好表现。我认为，即使是他最严厉的批评者，也会宽恕他以往的过错。"

艾森豪威尔——协调人还是军人？

自 1943 年 10 月中旬以来，艾森豪威尔对"霸王行动"的概况做了大致了解。他对自己的所见所闻很不满意。在估算了当时可供使用的登陆艇数量后，盟军最高统帅参谋部计划出动 3 个师，袭击法国诺曼底地区卡昂（Caen）附近的海滩。用 3 个师进攻由 50 个师把守的海滩，这一计划的问题显而易见。艾森豪威尔后来坦言，连他自己也不确定，他到底还想不想当这个最高统帅。

艾森豪威尔和蒙哥马利不谋而合，都认为该计划应当在前线增派兵力。在随后的几周里，艾森豪威尔及其部下根据蒙哥马利和比德尔等人的建议，重新确定了"霸王行动"的主要参数。像往常一样，这需要对种种因素进行权衡，以达到最理想的结果，其中最大的问题就是攻打海滩的兵力。为了确保登陆成功，艾森豪威尔坚持要求将兵力从最初的 3 个师增加到 5 个师。不过这也要付出代价，因为行动要从 5 月推迟到 6 月，而时间越往后拖，行动就越困难。

在许多事情上，他们不得不退而求其次，进攻日期和兵力只不过是其中的两项。这些问题相互叠加，致使行动的风险大幅增加。对盟军最高统帅参谋部计划的修订在参谋部引起了犹疑，艾森豪威尔决心避免曾在"火炬行动"前夕困扰其部下的种种问题。因此，在听取了各方意见后，他宣布将在 1 月 21 日召集海、陆、空三军和后勤负责人，确定进攻行动的总体方案。

21 日清晨，凯·萨默斯比驾车将艾森豪威尔送往诺福克旅店，也就是他在"火炬行动"之前的总部所在地。根据军中的规定，宪兵按照级别高低为所有人划定了车位。作为最高统帅，艾森豪威尔被分到距离大门最近的 1 号停车位。凯·萨默斯比做事向来认真，径直向大楼入口处开去。但是，当凯将橄榄绿色的帕卡德轿车驶进停车场时，她和艾森豪威尔发现，1 号停车位上已经停了一辆锃亮的大型劳斯莱斯——那是蒙哥马利的轿车。

凯开始操着盖尔口音低声怒吼。她拉开架势，准备与蒙哥马利无礼的司机争个长短。但艾森豪威尔不想一开始就闹僵，他告诉凯不要多事。

"没关系，"他告诫她说，"什么也别说，这不要紧。"

接下来的会议十分漫长。

在盟军的策划者们结束了这场漫长的会议后，"霸王行动"不仅将进行夜间空降，而且会出动 5 个师的兵力，攻打代号分别为"剑"（SWORD）、"朱诺"（JUNO）、"金"（GOLD）、"奥马哈"（OMAHA）和"犹他"（UTAH）的海滩。美军的首要任务是攻占奥马哈海滩和犹他海滩，然后夺取位于诺曼底科唐坦半岛（Cotentin Peninsula）上的瑟堡（Cherbourg）的大港口。如此一来，在盟军开往巴黎并继续向前挺进时，瑟堡就可以为增援部队和补给提供落脚点。布莱德雷的部队将向西南方挺进，进入布列塔尼，占领布雷斯特（Brest），然后向东将德军赶往巴黎附近的塞纳河（Seine River）边。

英国和加拿大的军队将在科唐坦半岛东侧行动。蒙哥马利手下的英国第二集团军会在第一天冲上剑滩、朱诺海滩和金滩，夺取卡昂的交通要塞，然后向法莱斯（Falaise）附近的开阔地带推进。蒙哥马利虽然负责制订总体计划，但自然更关注英军。他提醒众人，德军会派重兵把守法莱斯，并且暗示，英国和加拿大军队至多有望在美军突破滩头堡时，牵制住敌军的机动后备部队。

尽管希特勒手下有 50 多个师分散在法国和低地国家，但盟国远征军最高统帅部的策划者们坚信，如果德军不能在行动开始的第三天前集结 13 个师以上的兵力进行抵抗，盟军就能赢得诺曼底战役。隆美尔的后备部队包括 10 个装甲和装甲兵掷弹兵师以及 17 个野战步兵师。由于滩头堡易守难攻，所以最关键的就是在这些部队汇聚到滩头堡之前冲出海滩，继续向内陆推进。

1944 年 1 月 21 日的会议之后，盟军开始紧张地行动起来。艾森豪威尔有许多事情需要考虑，几乎无暇顾及自己。不过在获得片刻安宁时，他不禁想要知道，全世界——至少西方世界——是如何看待他的。他常常被媒体比作一位"笑容可掬的董事长"或者"协调人"，而不是一名军人或者将军。他想知道，将来自己留下的是否更多的是政治上的遗产而非军事上的遗产。毕竟他的主要责任是在英美两国之间、空军和陆军之间、野战部队和后勤部队之间，以及一系列看似渺小而对盟军这个庞大的整体来说又至关重要的事务之间进行调停。当年3月，盟国远征军最高统帅部在一份备忘录中对他的职责进行了说明，列举了最高统帅的11项责任，其中大部分都是以"协调"二字开头。艾森豪威尔抱怨说，英国报纸的专栏记者"想要表明，我在地中海的贡献是管理上的成就，以及'友好地'将盟军团结在一起。他们不愿相信，我与战役本身存在某种关系。在谈到我时，他们不会使用'积极主动'和'英勇无畏'这类字眼，但在提到亚历山大和蒙哥马利时却经常这样表述"。

艾森豪威尔心想，可惜他们不知道，是他下令攻打潘泰莱里亚的，是他让美军在卡塞林山口战役中变得更加顽强的，是他批准了"雪崩行动"和"爱斯基摩人行动"。"我常常要做一些危险乃至疯狂的事情，真受不了他们把我想得那么胆小。"他愤愤不平地说。

截至2月，比德尔的先头部队搭建了足够的临时营房，盟国远征军最高统帅部随即迁往布希公园（Bushy Park），即泰晤士河畔金斯顿附近的前空军第八总部。布希公园四周是一道2.4米高的石墙，由戴白色头盔的宪兵把守，这些宪兵因此被人戏称为"艾克的雪球"。不远处就是电报屋，艾森豪威尔早在1942年就曾在那里留下过许多美好的记忆。没过多久，艾森豪威尔及其随行人员——如今增加到包括一名司务长、一名侍者、一名厨师和一名裁缝——就搬进了电报屋。

在这个代号为"阔翼"（WIDEWING）的新总部内，艾森豪威尔住进了C楼，也就是位于角落处的一间铁皮顶小屋。屋内的日光灯有些昏暗，让屋子显得十分压抑。他的办公室极为朴素，只有一张办公桌，桌上摆着两部电话和他母亲、玛米以及约翰的照片，抽屉里放满了整盒整盒的香烟。屋里没有任何供暖设施，只有缭绕的香烟烟雾。如今正是寒冬时节，布彻冷得牙齿打颤；助手们穿着一层层外套，裹了好几条围巾，秘书们的手指都冻僵了。艾森豪威尔不是感冒就是嗓子疼，几乎每天都有护士为他治疗。他的爱犬泰莱克从非洲回来后，需要接受为期 6 个月的强制隔离，所以不能陪伴在他身边。这使这个严冬变得更加难熬。这只苏格兰野犬的地位暂时被一只名叫谢夫（Shaef）①的瘦骨伶仃的家猫取代。

艾森豪威尔非常想念他的爱犬。

在他的职业生涯当中，这段时期对他来说非常复杂。艾森豪威尔不得不竭力克服种种困难。他仿佛站在一座金字塔的顶端，手下共有 7000 多艘船、19.57 万名海军士兵和商船船员，地面部队包括 13 个美军步兵师、10 个英军步兵师、11 个装甲师、4 个空降师以及不计其数的突击队、游骑兵和工程旅。他手下的英国空军有 226 个飞行中队，美国空军有 161 个飞行中队，其中包括重型轰炸机、轻型轰炸机、歼击机、夜间战斗机、照相侦察机和运兵机。他需要为每一支部队中的每一名士兵安排食物和住所，对其进行照料和训练，为其提供补给、薪水和领导，并确保他们的安全。

艾森豪威尔面临的挑战空前巨大，远比他在"火炬行动"前所遇到的困难更加令人生畏。然而，经过几个月来的起起伏伏，艾森豪威尔已经变成了一个坚定的乐天派。他只是全神贯注地关注当下的进展，而不去考虑之后的重重困难。只有这样他才能像一名登山运动员那样，一步一个脚印地翻山越岭，渡过一道道难关。

至少在艾森豪威尔的屋里，"美英矛盾"这个老掉牙的问题已经被解决了。英国人正竭力适应美国盟友，而美国人也开始欣赏英国人的规划方式。每天上午 11 点，参谋部的人可以来杯美式咖啡，到了下午 5 点，还可以品尝一下英式下午茶。这种传统的工间休息为大家轻松友好地化解矛盾提供了时间。两种习俗结合起来，再加上艾森豪威尔以身作则，增进了两国军人之间的信任乃至友谊——正是这些人共同拟订了"霸王行动"的命令。因此，艾森豪威尔希望他手下的野战司令部的指挥们也能像他们那样做。

尽管艾森豪威尔不肯承认，以往的一个私人问题仍在他心头挥之不去，那就是凯·萨默斯比。艾森豪威尔曾将凯调回英国，担任自己的司机。他的大部分同僚，包括一些野战司令部的指挥官，都认为两人之间的友情不太妥当。在突尼斯时，他不仅邀请凯和自己一起同罗斯福共进晚餐，还带着安全级别较低的凯共同参加绝密会议。当其他与会者对他做出微妙暗示

① 谢夫即最高统帅部的缩略词。——译者

时，他竟然宣称"我们对凯不应该有任何隐瞒"。

"我对她当然要有所隐瞒。"巴顿私下抱怨道。但巴顿和其他大多数明智的将领一样，不愿对顶头上司的个人问题说三道四。在谈起凯时，他只是轻描淡写，尽量让自己只看到她好的一面。布莱德雷虽然在私下里认为艾森豪威尔与凯的关系非常愚蠢，但是也抱着事不关己的态度。吉米·高尔特告诫艾森豪威尔，他与凯的交往太过惹眼，最好避免招人非议。但无论艾森豪威尔的真实感受究竟如何，在凯·萨默斯比的问题上，他始终缄口不言。

战场上的职场斗争

1944 年初的几个月，布莱德雷一边筹建指挥部，一边思索如何让手下的 5 万名士兵登陆遍布机关枪、迫击炮、地雷和火炮的海滩。

按照计划，作为美国第一集团军司令，在战役的开始阶段，他需要服从蒙哥马利的指挥。但是等他拿下足够多的地盘，将另一支军队转移到欧洲大陆后，他将晋升为集团军群司令，不再受蒙哥马利的限制。因此，第一集团军在扮演着重要角色的同时，也承担着巨大的压力。他们需要集结起必要数量的师团，并在极短的时间内对其进行两栖登陆训练。为了跟上"霸王行动"的安排，第一集团军参谋长基恩将军正以无情的速度对手下士兵进行训练，以迎接登陆日的到来。

美国第一集团军群比第一集团军有更多准备时间，正从容地开展行动。参谋部的参谋长利文·C. 艾伦（Leven C. Allen）是布莱德雷在本宁堡的故交。布莱德雷回忆时称，他"除了跟蒙蒂偶有口角，其他时间总是性情温和、不慌不忙、镇定自若"。布莱德雷允许手下穿便装，可以不打领带，也不用把皮鞋擦得锃亮。早在突尼斯时，他就对巴顿的管理方式表示怀疑，经常设想一旦自己执掌大权将会如何运作这一切，如今他终于梦想成真。既然巴顿已经不在这里，所有情况都将大为改观。

虽然布莱德雷不怎么喜欢巴顿，但与此形成鲜明对照的是，他很高兴考特尼·希克斯·霍奇斯中将能够来到自己身边。当他升任集团军群司令后，第一集团军将由此人接管。霍奇斯曾经是布莱德雷崇拜的对象，前者凭借自己的努力奋斗，从一名普通士兵最终成为本宁堡的指挥官。1943 年 2 月，霍奇斯又成为美国第三集团军司令。布莱德雷十分欣赏霍奇斯的才干。作为一名指挥官，他沉着冷静，而不像巴顿那样，在陆军为其加上将星时失去了常识和尊严。"我绝对信任他的判断、才能和自制力。"布莱德雷后来表示，"在我手下的所有陆军指挥官中，他是最不需要监督的那个。"

"我亲自向你保证，如果我们在西西里岛迅速消灭德国人，你就不用担心被留在战争的死水坑里了。"自艾森豪威尔给巴顿写下这段话后，已经过了近5个月。在漫长的等待过程中，巴顿无疑被留在了战争的死水坑里。艾森豪威尔和布莱德雷正在英国蓄势待发，准备开展有史以来规模最大的进攻行动。巴顿似乎正逐渐被人遗忘，陷入了令人崩溃的绝望当中。

就像往常一样，一旦被打入"冷宫"，巴顿就会一改平日的精神抖擞，变得牢骚满腹、自怨自艾。他的蓝眼睛失去了昔日的光彩，瘦削的嘴唇也耷拉了下来，变得愁眉苦脸的。当第十五航空队指挥官吉米·杜利特尔（Jimmy Doolittle）顺路来拜望他时，巴顿仿佛受了天大的委屈，想要一股脑儿地倾泻出来。吉米还记得，巴顿两眼含泪哽咽说："想不到还有人会来看望我这个微不足道的糟老头。"巴顿还写信给妻子比阿特丽斯说："再给我送些粉色药片来，这样的担心和无所事事，让我的胃里像翻江倒海一样难受。"

巴顿正逐渐被排挤到一边，恐怕得有很多粉色药片才能治好他的胃病了，而他也清楚这一点。他知道这只能怪自己，并且坦言："这张臭嘴总是让我惹祸上身。"

但巴顿坚定不移地相信命运，再加上远方妻子的支持，对于自己被束之高阁一事，他竭力想要保持冷静。"很少有人不犯错。"他对一位故交说，"这当然不是为错误开脱，但至少说明和我们境况相同的人有很多。"

然而除了继续等待，他别无选择。他已经使劲儿拉了一把轮盘，现在只能等着轮盘自己停下来。

1943年底，命运之神的轮盘明显放慢了速度。当轮盘渐趋停止时，乔治·巴顿坐在红木办公桌后焦躁不安。他仿佛是一个被困在西西里岛的囚徒，只能干等着轮盘停止转动。他眼睁睁地望着轮盘上的数字掠过眼前，但一个个数字却对这位目不转睛的观察者无动于衷。

咔嗒，咔嗒，咔嗒……

当然，就像人生中的许多事情一样，最重要的不是一路上的坎坷，而是最后的终点。在神奇的轮盘最终停止，等待下一个人抓住手柄之前，这些掠过眼前的数字根本没有任何分别。

但巴顿想不到那么多。在这座已成为过去的小岛上，他住在一座老旧破败的宫殿里，一直被晾在一边，心中焦虑不已，仿佛开了锅一般。

咔嗒，咔嗒，咔嗒……

1943 年 12 月，巴顿终于看到形势朝着对自己有利的方向发展。12 月 7 日，陆军部助理部长约翰·J. 麦克洛伊（John J. McCloy）告诉巴顿，艾森豪威尔正在挑选指挥横跨海峡进攻行动的将领。次日，当罗斯福总统从开罗回国，经停西西里岛时，岛上的高级军官纷纷列队，与三军统帅握手。轮到巴顿时，总统拉着他的手握了一会儿，并向他透露说："巴顿将军，您将在诺曼底的大规模行动中率军出征。"

这个消息让身材高大的巴顿打了个趔趄。片刻之后，他悄悄离开人群，走进附近的一间屋子。他环顾四周，确定没有人注意到自己后，忍不住啜泣起来。他哭了好一会儿，然后才擦干脸颊，昂然走向军官俱乐部，参加为迎接罗斯福总统举行的鸡尾酒会。

事情总算有了转机。他终于得到了命运之神的眷顾，即将驰骋疆场，投身人生中最大的一场战役。但 12 月悄无声息地过去了，直到 1944 年 1 月，他也没有收到关于这项任命的任何正式消息。巴顿担心自己不是运气太糟，就是成了军界斗争的牺牲品。圣诞节前两天，他告诉比阿特丽斯："我一向命运欠佳，今后也不会变好。"4 天以后，他在日记中愤怒地写道："我真希望艾森豪威尔带着史密斯离开。他们束缚了我的行动。与其在天堂称臣，不如在地狱称王。"

1 月 18 日，巴顿刚刚吃过早餐，传令兵进来报告，BBC 宣布布莱德雷将军被任命为美国驻英陆军总司令。对于这则通告，巴顿没有在公开场合多说什么，但是在日记中却对此进行了连篇累牍的声讨。在对这名前任副手进行评价时，他写道：

> 布莱德雷是个极其平庸的人。在本宁堡担任指挥官时，他未能做到军纪严明。在加夫萨，当德军有可能在 1943 年 4 月 5 日和 6 日转向我军

右翼时，他提议将总部撤往菲里阿纳（Feriana）。我断然拒绝撤离。在西西里岛，当第四十五师接近切法卢（Cefalu）时，他担心德军有可能从泰尔米尼东部登陆，因此停止前进。我只好命令他继续行军，告诉他我负责断后，并且向他表示，如果他总是这样畏首畏尾，总有一天会让我们全军覆没。他担心从奥兰多角（Cape D'Orlando）东部登陆存在危险，试图叫停2号行动。我告诉他说，假如行动失败，一切罪责由我承担；假如行动成功，一切功劳归他所有。最后，8月16日至17日，他请求我不要从米拉佐东侧登陆，因为担心我军士兵有可能开枪打中彼此。此外，他也没有告知第二军的所有单位再次进行伞兵登陆一事。

但是，布莱德雷身上也不乏人们普遍认为的一位将军所应具备的特征。他戴着眼镜，长着方下巴，说话言简意赅，经常陪参谋长练习射击，而且为人忠诚。在我看来，他也算是一名较为出色的将军。

我猜想，过去的一切是为了考验我的斗志，好让我说："搞什么！谁稀罕这些玩意儿，大不了我回家去。"可我没有，我仍然坚信命运。

当时，布莱德雷仍对巴顿耿耿于怀。这是自布莱德雷离开第七集团军后，也是自巴顿掌掴士兵一事被曝光后，他首次亲笔写信给后者。

亲爱的乔治：

看到最近有这么多关于你的负面报道，我很难过。我真希望他们能找些别的题材去写，也希望你未来的事业不会因此受到影响。

我回国已经大约两周了。在此期间，我大多在华盛顿忙于公务，只有两天前往总督岛和西点军校。我本不应该抛头露面，但当时马歇尔将军把我介绍给了奥马哈的美国退伍军人协会。为了找机会与他交谈，我只好跟他外出转转。

希望这次行动的间歇期不会过于无聊。我在这里始终忙忙碌碌，但我宁愿重返战场，也不愿在案牍之上与人争锋。

祝你好运。

真诚的
布莱德雷

考虑到布莱德雷当时对巴顿的看法，这封信究竟是为了奚落后者，还是只为了叙叙旧，我们不得而知。但无论布莱德雷的意图是什么，巴顿都已经无暇顾及。1月22日，巴勒莫方面终于接到命令，要求巴顿先后到阿尔及尔和英国报到，并等候进一步指示。1月25日早上，他和查理·科德曼向第七集团军参谋部剩余的人员作别，将指挥权移交给克拉克后，乘坐当天最后一班C-54运输机前往普雷斯特威克。

巴顿在漫天大雾中抵达伦敦，在机场受到了哈里·布彻和约翰·克利福德·霍奇斯·李中将的欢迎。56岁的克利福德·李不仅是巴顿昔日的同窗，而且和他一样自负，耽于物质享受。跟他的生活水平比起来，就连巴顿都要相形见绌：他为自己分配了一辆装潢精美的专列，以便在国内出行；他的头盔前后都装饰有三颗星——即使身处绝境，他也像隆美尔一样，要保留这些特权。

后勤工作本就容易招惹非议，李不仅自我放纵、自吹自擂，而且喜欢在幕后玩弄政治手段。再加上要为数百万名士兵提供补给，其工作效率自然不高。这让所有战地指挥官都在私下——有时甚至是公开——对这名高级将领表示鄙夷。在与李共事数月后，巴顿也开始赞同另一名军官对他的看法——此人曾称他是"一个自高自大、只在乎自己的讨厌杂种"。当巴顿抵达伦敦时，李的手下把他安排在一个酒店房间里，这个房间看起来像一个花哨的妓院：客厅里铺着白熊皮地毯，摆放着镀镍的家具，还有一张缎面床，低低地放在一面淫荡的天花板镜子下。但这一切并没有使他的心情变好。

在新的工作岗位上，巴顿第一天就不顺利。他向艾森豪威尔报到后，因为发表意见时总是不经深思熟虑便脱口而出，所以"挨了一顿猛揍"。艾森豪威尔想让巴顿记住谁才是老大，并且希望这位部将在英国期间不要像一头闯进了瓷器店的公牛那样惹是生非。

艾森豪威尔之所以要狠狠地约束巴顿，主要是为了给他定下规矩。随后，艾森豪威尔通知巴顿由他指挥美国第三集团军，紧随布莱德雷的部队登上欧洲大陆。在确立了这些基本准则后，艾森豪威尔邀请他到自己的住处和凯、布彻、吉米·高尔特等人共进晚餐。席间，艾森豪威尔再次申斥了巴顿，意在强调欧洲战场由谁做主。当天晚上，巴顿写道："艾克又是发脾气又是摆谱——凯在场时他总是这副模样，还批评李穷奢极欲，可是为了这些，他艾克不也是一掷千金嘛。"

面对艾森豪威尔的挑衅，巴顿始终表现出一副改过自新、卑躬屈膝的样子。布彻发现，每当艾森豪威尔提出一个观点，巴顿就会找理由迎合。"他简直是个马屁精，只要有人与艾克意见相左，他总是能够设法让他们恭恭敬敬地顺从最高统帅的看法。"布彻总结道。在谈到巴顿的脾气时，布彻回忆说，巴顿曾经发誓，"从此以后他当然会更加小心地选择发脾气的场合，当然不会是在医院"。

即使是在战时，职场斗争也从未停止。巴顿在英国一站稳脚跟，便开始对艾森豪威尔的所有心腹阿谀奉承。他向布彻表示，艾森豪威尔"即将成为'有史以来最伟大的将领，甚至不亚于拿破仑'"。这话显然是说给艾森豪威尔听的。当艾森豪威尔让凯驾车带巴顿参观满目疮痍的伦敦时，他对凯表现得毕恭毕敬。虽然他极其厌恶比德尔，但他还是展开攻势，谄媚地对待艾森豪威尔的这名左膀右臂。他第一次参加参谋会议时，比德尔也在场。巴顿写道："我趁机让他出够风头，让他夸夸其谈，而自己只是一味逢迎。我大不了回头漱漱口。"

一个月后，巴顿嘴唇发炎，到哨所的医院看病。他自言自语地说："巴结人的话说了一大堆，难怪我的嘴会疼呢。"

布莱德雷眼中的蒙哥马利与巴顿

蒙哥马利来到欧洲战区已经让奥马尔·布莱德雷不太乐意，艾森豪威尔决定让乔治·巴顿加入更是令他感到不满。"在艾森豪威尔来到英国后，我才得知他提议由巴顿担任集团军司令"，布莱德雷在数年后写道。"要是我有权决定，"他对切特·汉森说，"我不会选择巴顿。我对巴顿有很多疑虑。我曾目睹他在非洲和西西里岛都干了些什么，尤其是在西西里岛……从他在西西里岛所做的许多事情来看，我认为他不适合担任一名集团军司令……他跟我做事的方式截然相反。"

在布莱德雷看来，此举无异于让一名中等重量级拳手去担任游击手。在第七集团军任职期间，他对巴顿形成了不可改变的印象，即后者虽然擅长战术，但在后勤保障方面无可救药。布莱德雷根本瞧不起巴顿的参谋部，并很快向艾森豪威尔和马歇尔将军表达了自己的顾虑。"毋庸置疑，乔治在攻城略地时极其敏捷，"布莱德雷回忆道，"但即便他在这方面才干出众，也无法消除当他在我麾下时我对他的担忧。"

艾森豪威尔让布莱德雷放心，巴顿一定会积极配合。"他只不过想借机重返战场，"艾森豪威尔解释说。当布莱德雷意识到艾森豪威尔已经下定了决心时，他只好放低姿态，与这名喧闹的骑兵共事。但是，他随后写道："我担心将来很可能要花许多时间去控制他鲁莽的习性。"布莱德雷后来回忆称："当艾克和乔治还是尉官时，两人就已经是朋友了……他们相交甚久，早在'一战'期间，他们还在与坦克打交道时就认识了，所以艾克才将他调回英国，担任集团军司令。"

布莱德雷也许可以容忍巴顿的为人，却怎么也无法忍受他的臭嘴。据说，至少有一次屠杀西西里岛上的德国俘虏的行为是因为巴顿对士兵的演说太过嗜血而引起的。布莱德雷很担心这位大嘴巴同僚会对英国媒体讲些什么。"巴顿的这个本事很令人不快，总是到处惹是生非，所以自从他来到我的手下后，我就收紧了新闻审查制度。"布莱德雷后来写道。"公关部门一定会因此骂死我。"他对比尔·基恩说，"但管他呢，我宁可冒这个险。告诉审查人员，不管是哪位将领的讲话，未经我批准，一概不准引用。我要亲自看看他们都说了些什么。"然而，由于布莱德雷身兼两职，光是日常工作就堆积如山，很少有时间去检查媒体到底说了些什么。

在"海王行动"中，他的第一集团军将有3个步兵师在卡昂和瑟堡之间登陆。瑟堡是一座重要的港口城市，一旦攻克这里，盟军就能由此深入法国内陆。突击部队将分别在两片海滩登陆，这两片海滩被卡朗唐河口（Carentan Estuary）旁一道长29千米的裂隙分开。"大红一师"和第二十九师的部分兵力会从英军右侧的奥马哈海滩登陆。另一片海滩被命名为"犹他"，位于科唐坦半岛东岸的瑟堡附近，"长青藤"四师（Green 4th Division）将对这里发动进攻。艾森豪威尔的故交、诚实可靠的吉·杰罗将在奥马哈指挥第五军向内陆推进，直捣圣洛（St.-Lô）的公路网。与此同时，"闪电乔"柯林斯将在犹他海滩指挥第七军，向瑟堡挺进。一旦拿下瑟堡，布莱德雷的军队就可以从这个港口得到增援，直至他掌握足够多的师，以

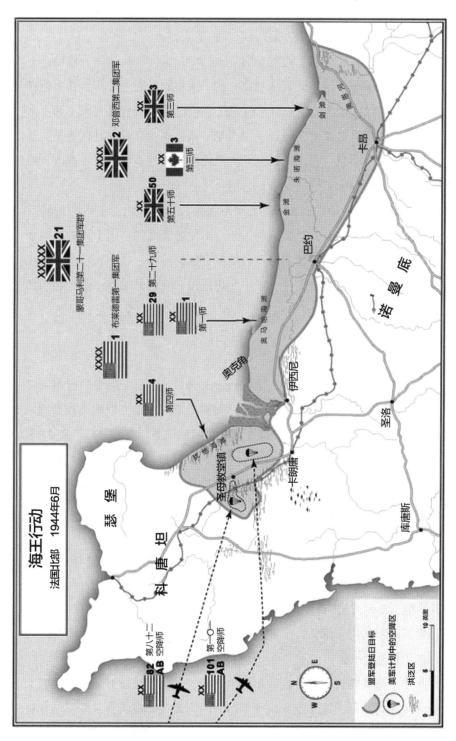

图 14-1　海王行动（法国北部，1944 年 6 月）

组成两个完整的集团军。届时，布莱德雷将升任第一集团军群司令，负责指挥美军行动，而蒙哥马利将指挥英联邦的军队。

为了厘清"海王行动"的所有细节——小到每一个营、每一艘船——布莱德雷的参谋部开始与蒙哥马利设立的"策划团"通力合作。其中包括布莱德雷、霍奇斯、情报处长修道士迪克森、中等身材却奇怪地被戏称为"水桶"的后勤处长索尔森（Thorson）以及第一集团军参谋部的其他成员。他们一干就是几个小时，在仔细研究了大量地图和计划表后，几经修改，终于做出了一张由1400块拼板组成的蓝图。

从眼下来看，进攻行动仅限于兵力运输、增援部队、空中掩护和后勤补给，但布莱德雷及其团队清楚，他们工作的成败将会用士兵的鲜血和阵亡的人数去衡量。因此他们对自己的职责极为重视，这一态度也反映在所有人对安全权限的高度关注上——要想进入布莱德雷的参谋部，必须拥有"比格特"（BIGOT）安全权限。所谓比格特，是指少数经过挑选的人员被赋予的绝密级别，因为只有他们才有权知道进攻行动最重要的两个细节：时间和地点。

当布莱德雷得知，他在西点军校的旧友、一名空军少将在晚餐闲谈时说漏了嘴，称"霸王行动"将在6月15日前开展时，他立即向艾森豪威尔汇报了此事。艾森豪威尔下令免除了这名少将的职务，并要求部下在24小时内将其遣返回国。"事后有军官认为，艾克没必要如此严厉，但我和他们的看法不同。"布莱德雷后来表示，"假如我处在艾森豪威尔的位置，我也绝不会心慈手软。虽然泄密没有造成任何损失，但这一处罚表明，在事关军事机密的问题上，一个人无论军阶大小，都不得享有任何特权。"

尽管布莱德雷只是一名集团军群司令，与艾森豪威尔相差两级，但这两位昔日的同窗每周都会在午餐、晚餐、会上或私下见几次面，另外还要通几次电话。两人会与乔治六世国王、丘吉尔和布鲁克元帅等人共进晚餐，还经常一起检阅盟军部队，只不过有时是带着平时的随行人员，有时是与丘吉尔和布鲁克一起。

此外，布莱德雷与艾森豪威尔将军之间的友谊使他能够经常直接和艾森豪威尔商讨问题，这一点无疑很幸运。因为布莱德雷认为，蒙哥马利将军不仅难以捉摸、冷漠做作，而且对其他人提出的所有建议都嗤之以鼻。

奥马尔·布莱德雷明显感觉到，面对自己这个来自密苏里州莫伯利镇的将军，第一代阿拉曼子爵蒙哥马利表现得仿佛只是为了盟军之间的团结，才不得不忍受自己这个乡巴佬。两年前，他对艾森豪威尔的态度也如出一辙。虽然布莱德雷在公开场合对蒙哥马利表现得彬彬有礼，当着别人的面总是得体地称他为"长官"或"蒙哥马利将军"，但在他自己的指挥部里，如果手下有人对这位英国将军冷嘲热讽，他会视而不见。当年在西西里岛时，他对巴顿也是这种态度。

1944 年 4 月 7 日，蒙哥马利将军召开了一次绝密会议，向许多战地将领通报了总体计划。他手下的工作人员在伦敦圣保罗学校（St. Paul School），即他的母校和第二十一集团军群总部的演讲厅里，搭建起一幅巨大的诺曼底地形图。在那里，这位身材矮小的将军手执木制教鞭，指着一条条阶段线，一边在地图前昂首阔步，一边滔滔不绝地用令人信服的细节，解释了"霸王行动"计划。所谓阶段线，是指他预计的从登陆日到登陆后 90 天盟军占领巴黎过程中的每一个阶段的战线。在登陆日夺取卡昂后，他沉着地告诉众人，他会下令让装甲师突破前线向东南部深入，"在法莱斯周围炸开"。美军将占领瑟堡，冲出科唐坦半岛的颈部。随后，另外两支部队也将参与其中，即巴顿统帅的美国第三集团军和 H. D. G. 克里勒（H. D. G. Crerar）指挥的加拿大第一集团军。

在圣保罗学校，蒙哥马利艺术大师一般的表现令所有人——尤其是美军中那些持怀疑态度的人们——顿感钦佩并深受鼓舞。他们意识到，蒙哥马利虽然古怪造作，但无疑是有真本事的。不过，他提出的阶段线让布莱德雷十分恼火，因此蒙哥马利讲完后，布莱德雷要求和他私下谈谈。

布莱德雷提醒蒙哥马利，在此之前自己曾请他放弃阶段线，至少在美军方面不要使用这种说法。布莱德雷辩称，这样划分战线容易限制部队的主动性。因为一旦抵达某个阶段线，指挥官们就会认为，在向下一道假想的战线推进前，他们的任务已经完成。再者，这些战线有可能成为导致失败的陷阱：如果某支部队没有达到所制订的阶段线目标，这支队伍看起来就会像是遭遇了挫折，然而情况往往并非如此。蒙哥马利本来同意取消阶段线，至少布莱德雷是这么认为的，但是在这幅巨大的地图上，一条条蜿蜒的曲线赫然呈现其上，而这些曲线正是之前布莱德雷要求抹去的。柯林斯将军无意间听到了两人的谈话。他在事后回忆称，任性的蒙哥马利同意让步，而这次事件是"布莱德雷对蒙哥马利感到不满的第一个，但不是最后一个原因"。

1944 年 4 月底，布莱德雷邀请特德、艾森豪威尔、杰罗和一群级别相对较低的军官来到普利茅斯附近的斯莱普顿沙滩（Slapton Sands），观看一场代号为"虎"（TIGER）的演习，即第四师对进攻犹他海滩的预演。演习开始时，将军们挤在一艘步兵登陆艇的甲板上，通过望远镜遥望浩浩荡荡的进攻舰队，任凭海水拍打在身上。海军轰炸按照预定时间开始，水面状况十分理想，但是令布莱德雷感到惊愕的是，进攻时间因故耽搁，致使坦克登陆艇等大量船只在海上滞留——它们必须等候上级下达行进命令。

无论是布莱德雷还是第四师都对这次演习很不满意。空袭也被推迟，云层又低又厚。"假如他们这么晚才出击，"布莱德雷提醒艾森豪威尔的战术空中指挥官刘易斯·布里尔顿（Lewis Brereton）中将说，"他们有可能会打到我们自己的部队。"

很快，轰炸机呼啸着掠过头顶。艾森豪威尔望着雨点般落下的炮弹，比其他人都要感到振奋。他对布莱德雷说，后者要求部队与轰炸区保持 1372 米（1500 码）距离的规定有些太谨慎了。为什么不把距离再缩短一些，例如 457 米（500 码），然后利用炸弹造成的混乱和直接破坏对敌军发动猛攻？

但艾森豪威尔话音刚落，一架轰炸机就偏离正轨，在距离目标还有大约 457 米（500 码）的地方投下了炸弹。艾森豪威尔再也没有提起他的想法。

当天晚上，艾森豪威尔、布莱德雷、特德和杰罗乘火车返回伦敦。在登上艾森豪威尔的私人车厢"刺刀"（Bayonet）后，众人讨论起了演习中反映出的问题，包括工兵组织涣散无力，空中支援基本失败。对于第一个问题，布莱德雷解除了海滩工兵指挥官的职务，但空中支援问题不归他管辖。在对奥马哈海滩上可能会出差错的事情进行检验后，杰罗感到十分悲观。艾森豪威尔不得不单独找他谈话，为他打气。艾森豪威尔提醒他说，进攻行动一旦开始，他身后将有空前强大的火力支援。

尽管演习中暴露出的问题层出不穷，布莱德雷却出奇的自信，甚至比"爱斯基摩人行动"之前更有信心，而当时的指挥官是巴顿。"随着'霸王行动'规模的扩大，我准备动用 5 个师发起袭击，怀疑主义的论调由此销声匿迹，大家开始振奋起来。"他写道，"进军西西里岛时，我曾经顾虑重重，而这一次我不会重蹈覆辙，因为我已经经受过一次考验，所以再次遇到这种情况，我决不会畏首畏尾。"

巴顿的手腕： 巧用军界官僚主义

1944 年 1 月底，巴顿已经在纳茨福德安营扎寨。该地位于曼彻斯特西南，是柴郡（County of Chester）一座古老的城市。他的第三集团军的指挥所代号为"幸运"，位于皮欧威尔礼堂内。该礼堂是一座乔治—都铎式的乡村宅邸，用英式发音读起来优美悦耳。但巴顿手下的美国兵们可没这么文雅，"皮欧威尔① 礼堂"（Peover Hall）很快被他们恶搞为"皮斯欧威尔② 礼堂"。没过多久，巴顿说服比德尔，将他在第七集团军的一些参谋撤出地中海，调往第三集团军，因此礼堂里陆续出现了许多熟悉的面孔。在比德尔的帮助下，巴顿希望他在西西里岛的大部分参谋——科赫、穆勒、马多克斯以及其他几名心腹助手都能重返他的麾下。

其中的关键人物是巴顿的心腹参谋长，人称"哈普"的霍巴特·盖伊将军。对巴顿来说，盖伊既是一位可靠的参谋长，也是一位忠诚的朋友，更是为他制订作战计划的最佳人选。虽然艾森豪威尔也觉得盖伊是个好人，但他和比德尔都认为盖伊不善管理，不适合被派往法国和德国担任军事将领。艾森豪威尔敦促巴顿撤掉盖伊，任命两人的旧友埃弗雷特·休斯担任第三集团军参谋长。

最终，艾森豪威尔决定仍让休斯担任自己在第三集团军的个人代表。艾森豪威尔告诉巴顿，自己不会命令他解除盖伊的职务，但还是希望他撤掉此人，因为盖伊根本不适合这个职务。但在巴顿看来，盖伊不仅是一位忠诚的好友，而且在第七军的履历堪称典范，撤掉他无异于是对他的背叛。看到巴顿犹豫不决，艾森豪威尔责备他说："你在大事上十分可靠，但是过分受制于友情。"对此巴顿在私人日记中愤愤地回应道："有人看重友情总

---

① Peover，盎格鲁撒克逊语，意为"波光粼粼的河流"。——译者
② Piss-over，意为"尿水横流"。——译者

是件好事。"巴顿清楚自己的前途岌岌可危，他不能继续跟艾森豪威尔对着干，至少在他打下几场胜仗之前不能这样。"当然，我最初是因为艾克的直接作用，才被选中加入'火炬行动'，所以我欠他一个大人情"，巴顿写道，"另一方面，从那以后，我已经付出了代价。我很不愿意替换掉盖伊，但是在我、休斯以及其他和我谈过此事的人们看来，假如我不想让自己也被替换掉的话，我就只能作出改变。"

尽管巴顿知道自己不能公然对抗"全世界权力最大的人"，但他还是感到良心不安。他告诉妻子说："如果我辞职的话，我想我还能保留些许自尊，可我没有那么洒脱。"为了明哲保身，他最终听从了艾森豪威尔的建议，但总觉得十分忐忑。数日后，他仍未告诉盖伊自己的决定，而是在日记中坦言："在参谋长这件闹心事上，我感觉糟糕透了。我得想个办法做这件事，不能伤害盖伊的感情。"

最后，巴顿利用军界的官僚主义压下了这个问题。为了缓和与艾森豪威尔的关系，他正式用休·加菲取代了盖伊。前者不仅是一位品行端正的战地将领，而且是盖伊的好友。此外，巴顿还任命盖伊为副参谋长，以便将他留在身边。随后，他可以找时机让加菲将军重返战场指挥装甲师，然后顺理成章地恢复盖伊的职务。这样一来，盖伊既能担任要职，巴顿也没有激化事态，同时拆除了一枚在他和艾森豪威尔的关系间潜藏的炸弹。但在巴顿看来，这次事件就是一个活生生的教训——说明艾森豪威尔并不看重所谓的义气。有鉴于此，在对待艾森豪威尔和布莱德雷时，他必须谨慎行事。

第15章　上刺刀：西欧之战拉开序幕

令人遗憾的是，（艾克）惯于低估手下所有的美国人，而高估所有的英国人以及不在他手下的美国人。我真希望他更像一名军人，而不是一名政客。

——巴顿，1944年2月18日

由于登陆的日子即将到来，盟军本已十分紧张的节奏变得更加紧张。布莱德雷和巴顿在各自的指挥部安顿下来后，两人在"爱斯基摩人行动"中丧失的旧日友情似乎有所恢复。

然而正如俗话所说，世事总是难以尽如人意。巴顿私下里认为，一些高级军官犯了许多错误，尤其是布莱德雷。"这个机构不够聪明。"巴顿写道，他指的是布莱德雷手下的美国第一集团军群参谋部。"他们在有些事情上规划得过于详尽，但在另一些事情上安排得又不够周密。究其原因，是他们当中没有人能说了算。"

在巴顿看来，力有不逮的不只是布莱德雷。作为艾森豪威尔的朋友和部下，他还对艾森豪威尔应对压力的方式感到担心。一天下午，他和布莱德雷一起在艾森豪威尔的办公室等候时，无意间听到这位故交正在对特德将军咆哮："你给我听好了，亚瑟！我要对付很多自命不凡的家伙。看在上帝的分儿上，你去告诉那群人，要是他们不能好好相处，继续像小孩一样吵个不停，我会让首相换人，让别人来负责这场该死的战争好了。我不干了。"3月1日，巴顿在日记中写道："我和艾克两人一起用餐，席间十分愉快。他喝了不少酒，看起来十分孤独。我真为他感到难过——我觉得他心里清楚，他其实什么也管不了。"

但是随着大战在即，巴顿变得精神抖擞。此外，一位四条腿侍从的到来也为他的个人生活注入了活力。这名侍从是一只 15 个月大的牛头梗，巴顿为它取名为威利。就像泰莱克一样，威利顽强而忠诚，深得巴顿喜爱。不过这条狗并不好养活，它喜欢在睡觉时打鼾，总是热情地追逐母狗和幼犬。尽管艾森豪威尔的苏格兰犬也喜欢打架，但事实证明威利更加勇猛。它最大的爱好包括追赶汽车、等着巴顿从餐桌上给它丢下一点残羹冷炙和咬着一根树枝蹦来跳去，这些都令巴顿高兴（后来，每当德军炮轰它主人的总部时，它都会躲在家具下面）。

就像布莱德雷在第二军一样，巴顿的总部里也都是一些熟悉的面孔，所以他感到十分轻松。人们最熟悉的巴顿形象是戴着头盔，在西西里岛南部的杰拉挥舞短马鞭的军人，但放松下来的乔治·巴顿与这一形象截然不同，他并没有在皮欧威尔礼堂中昂首阔步，也没有脏话连篇。他经常把象牙柄的手枪留在办公室，而随身携带一把带皮套的小型自动手枪。在威利的陪伴下，他总是把结实的双拳插进大衣前面的口袋里，在皮欧威尔礼堂中慢吞吞地踱步，嘴里还叼着一支细长的雪茄。尽管军务繁忙，但他却感到心情愉快。

上级的麻烦制造者再爆危机

1944 年 4 月 7 日，也就是蒙哥马利就"霸王行动"的作战计划进行精彩讲解的当晚，巴顿和一群美国高级军官共进晚餐，其中包括艾森豪威尔、麦克纳尼、布莱德雷、比德尔和陆军部助理部长麦克洛伊。席间巴顿提出，按照他预估的伤亡人数，美军应当建立加强师，但他的提议没有受到任何重视。"这是因为我们这些最高级别的将领根本没有上过战场。"他抱怨道，"就像平常一样，布莱德雷什么也没说，而是忙着借机到处拉拢……他们全都满不在乎，只有我一个人担心得要命。"

众人一边进餐，一边谈起了检察长对屠杀战俘一事展开的调查——早在西西里岛行动初期，布莱德雷就对巴顿在这方面进行过提醒。一名美国军士被指控犯有谋杀罪，正在接受审判。他的律师声称，是巴顿将军愤怒的演说致使他残忍地杀害了战俘。

大家一致认为，这一指控毫无根据，但在艾森豪威尔看来，巴顿臭名昭著的演讲给了对方貌似合理的口实，所以他直言不讳地警告巴顿，今后再向部队发表演讲时，一定要保持低调。

巴顿回答，如果艾森豪威尔这是在命令自己，他将不会再向部队发表措辞激烈的演说。"否则，"他说，"我会继续对部下施加影响，这是我唯一掌握的方式，也是迄今为止行之有效的方式。"

艾森豪威尔皱了皱眉。他需要巴顿，但是不需要后者这张 280 毫米口径榴弹炮般的臭嘴造成的连带损害。

"好吧，不过要多加小心。"他只得说道。

众所周知，艾森豪威尔要担心的事情不计其数，但巴顿会不会再次口不择言，是最让他担心的事情之一。眼下，乔治·巴顿来到英国已是一个尽人皆知的秘密，而他与第三集团军之间的关系本应等到登陆数周之后才会揭晓。这个公开的秘密、乔治·巴顿和流动记者团这 3 个因素相互叠加，要想取得成功着实不易。

在接下来的几周，巴顿对其他地面部队指挥官的看法时好时坏——主要取决于他喜怒无常的情绪。4 月 11 日，他在回顾布莱德雷取得的成就时充满了钦佩之情，并写信给比阿特丽斯："一年前的今天，我在突尼斯把兵权交给了奥马尔。当时我并没有意识到，他会成为一个何等伟大的人物——至少在一段时间里，他已堪称伟大。"两天后，他又在日记中写道："我有种感觉，这种感觉很可能毫无根据，无论蒙蒂还是布莱德雷都不急于让我指挥军队。要是他们知道我有多瞧不起他们两人的作战能力，就会更不希望如此，以免我会让他们难堪。"

麦克洛伊、麦克纳尼和休斯偶尔也会造访"皮斯欧威尔"，表面上是为了看看第三集团军情况如何，但实际上是作为艾森豪威尔的特使，提醒巴顿不要忘了他的严厉警告。比如麦克洛伊就知道史汀生部长十分溺爱艾森豪威尔的"熊孩子"，"每当巴顿陷入麻烦，史汀生有时会让我出面，安抚他的情绪或者化解难题"。

不过，一旦巴顿无法无天，再次捅了娄子，到时候丢脸的还是艾森豪威尔，所以他专门叮嘱麦克洛伊，让他保证巴顿不要闹出乱子。

麦克洛伊记得，艾森豪威尔"十分偏袒巴顿。艾森豪威尔看到了他的长处和才能，所以对巴顿坚信不疑。事实上，陆军部长曾数次和马歇尔干预过这样的事。我认为，尽管马歇尔也清楚巴顿的长处，但他至少有时候会认为，巴顿制造的麻烦已经超过了他的价值。主要是因为艾森豪威尔对巴顿充满信心，所以他才得以留在前线……"

登陆前不久，麦克洛伊回忆起一件事："巴顿没有被安排参加最初的登陆行动，因此他到处吵吵闹闹……一次，艾森豪威尔找到我说：'我知道为了保全巴顿，你已经做了很多，还有两三次多亏了陆军部长……你去告诉乔吉，我会设法让他出战的，我会把他派到哪个地方，好让他打个痛快，但是眼下你去给我告诉他，让他闭上他那张天杀的臭嘴！'"

麦克洛伊尽职地驱车前往皮欧威尔。午餐会议结束后，他设法将巴顿带到一间小屋，以便两人单独交谈。麦克洛伊告诉巴顿，后者"已经有些令人厌恶，并且为艾森豪威尔制造了许多麻烦，这种做法对他自己也毫无益处"。

巴顿立即站起身，挺起胸膛，满脸愠怒，看起来有些可怕。"大战当前，我即将临敌，你竟然在此时打击我的信心，部长阁下，你的胆子真大！"

麦克洛伊吓了一跳。巴顿不应该和上级争吵。毕竟当艾森豪威尔考虑起用他时，他还是一脸悔恨的样子，但这显然只是给艾森豪威尔一个人看的，只不过是为了让艾森豪威尔有所行动。

麦克洛伊冷静地答道："听着，乔治。要是我觉得自己可以凭几句话打击你信心的话，我就会直接让艾森豪威尔将军撤掉你了。"

巴顿虽然怒不可遏，但还是面色阴沉地作出了让步。他嘟囔道："好吧，你再也听不到我说一个字了。"

"你再也听不到我说一个字了。"

巴顿说话算话。1944年4月中旬，当最高统帅部宣布巴顿来到英国后，他知道媒体会竞相要求他说些什么，也知道自己必须格外谨慎，绝不能在这个紧要关头失言，因此他小心翼翼，只说了一些言辞亲切、乐观积极的客套话，既让媒体无可引用，也不会引起舆论哗然。虽然在面对公众时，他始终要保持"血胆将军"的形象，但他还必须让世人看到乔治·巴顿友善仁慈、和蔼可亲的一面。他不仅邀请著名演员鲍勃·霍普共进晚餐，还宠爱自己的猎犬，珍惜手下将士的性命，但他所说的一切都不值得见诸报端。

4月25日，巴顿找到了一个扮演亲善大使的机会。他接到邀请，在纳茨福德一个欢迎社团的开幕式上发表演说。出于谨慎，他故意迟到了 15 分钟，希望出席的记者们认为他只是走个过场，然后提前离开。但是来到现场后，他发现摄影师纷纷咔嚓咔嚓地按下快门，于是，他要求他们答应不要刊登这些照片。主持人是一位一脸严肃的女性，在介绍完巴顿将军后重申，他这次来访是非正式的。巴顿觉得，这会让记者们认为他的讲话"不宜引用"，也不会对其进行刊载。

既然危险已经排除，巴顿一边露出龅牙微微一笑，一边昂首阔步走上讲台。为了展示自己外交家般的机智老练，他一开始就引用了一句老掉牙的名言打趣："我认为这种社团真的非常有益，因为我赞成萧伯纳先生的看法，记得是他说的，英国和美国是被同一种语言分开的两个民族……"

观众面带微笑，还有人礼貌地点了点头。

"既然统治世界显然是英美两国的命运，当然还有苏联，所以我们越了解对方，就越能完成这项使命。"

观众再次面带微笑，还有更多人礼貌地点头。

接着，巴顿讲了些套话，比如为了打赢战争，所有人都要恪尽职守，盟国之间应当团结友爱，等等。随后他微笑着退下讲台，与其中一些人握手。乐队奏起了《天佑吾王》(*God Save the King*)，观众也纷纷散去，前往欢迎社团参观。

在这群普普通通的观众当中，有一名毫不起眼的记者记下了巴顿关于"统治世界"的言论，但是略去了"当然还有苏联"这句话。该记者向审查人员提交报道后获得了批准，因为这次演讲没有提到明显的安全问题，报道也被安排在次日发表。

巴顿对此事毫不知情。当天晚上，他在上床时很有把握地认为，对于这样一篇呆板乏味的演说，任何人都不可能曲解。"我已经竭力小心行事了。"他在日记中写道。

两天后，马歇尔将军在华盛顿翻开报纸，将看到巴顿将军是如何声称英美两国——而没有盟国苏联——注定要统治世界。

马歇尔简直不敢相信此事。他迅速翻到《华盛顿邮报》的社论版，找到报道战事的专栏，因为该报是首都最醒目的政治风向标。媒体再次怒斥乔治·巴顿将军满嘴放炮，竟然冒失地去暗示战后的世界秩序应当如何安排。共和党正密切关注 1944 年的大选局势，立即抓住巴顿的言论，将其视作罗斯福政府面对战争的另一个无能表现。《华盛顿邮报》还在社论中暗讽他曾经掌掴士兵："巴顿将军已经有所进步，不再是简单地对个人进行攻击，而是对整个国家进行集体攻击。"接着，这份影响力很大的报纸借用 25 年前巴顿父亲的话坦言："我们认为，这些将领……在发表言论时应当多些自重。否则，他们就有可能失去他们所指挥的人的尊重和他们所服务的公众的信任。"

这位参谋长立即从陆军部办公室柔软的椅子上直起身子，让人叫来一名速记员。他有话要告诉艾森豪威尔将军。

当艾森豪威尔在斯莱普顿沙滩观看代号为"虎"的演习时，一封来自华盛顿的电报被投进他在伦敦的绝密文件箱里。比德尔读到了这封电报。上面说到巴顿曾对某个英国服务性社团发表了一次非正式演讲，声称英美两国而非盟国苏联将主导战后的世界。马歇尔指出，这不仅是一次重大外交失误，而且无异于授人以柄，让共和党对罗斯福政府发起猛攻。更为糟糕的是，一张长长的晋升名单（其中包括小乔治·史密斯·巴顿和沃尔特·比德尔·史密斯）将在参议院被无限期搁置，直到这次事件引起的怒火平息。"我们眼看就要获得批准，"马歇尔向艾森豪威尔抱怨说，"我看这回算是全完了。"

在比德尔打电话向艾森豪威尔转达这一消息时，他大为光火。即使接到了保密禁令，巴顿也像一头大公象般时不时地叫上几声，好让所有人都知道他的到来。当艾森豪威尔出面处理巴顿与海军之间的争执时，他只是感到有些担忧。当他设法让巴顿和战术空军达成和解时，他开始感到不满。当他不得不就掌掴士兵事件作出评判时，简直心痛不已。

如今他实在感到厌倦，既厌倦又愤怒。他厌倦了老是这一套，厌倦了巴顿状况百出。作为最高统帅，他实在不应该忍受这些麻烦，而其中一个就是 6 个月来巴顿一再犯错又一再忏悔。

在代号"阔翼"的总部内，艾森豪威尔在办公室里踱来踱去，一边咒骂一边不停地抽烟。他要决定该怎么办。"我快受够了，"他对布莱德雷说，"假如要我再次为巴顿公开道歉，不管他有多了不起，我都只好让他走人。我已经受够了对他处处庇护。人生苦短，我再也不能继续忍受下去了。"

布莱德雷点点头。他也同意让巴顿走人，因为这个战区还有很多能够团结协作的指挥官，也有很多不会插曲不断、给上级制造麻烦的将领，而这正是巴顿最擅长的事情。无论你是否身在行伍，人生苦短，谁也不会一直容忍某人的滑稽表演。现在必须摆脱巴顿，彻彻底底地摆脱巴顿。

4月29日，艾森豪威尔拍电报给马歇尔发牢骚称：

> （巴顿）在高级指挥官必须认识到他们自己的行动对公众舆论的影响的所有这些问题上都不能合理地运用理智。姑且不论他在战场上表现出的指挥之才，人们还是会怀疑继续让他担任高级指挥官是否明智……对于他经常给你和陆军部——更不用说还有我——带来的麻烦，我越来越感到厌倦，因此我正在郑重考虑采取最严厉的行动。

当天的工作既艰辛又令人懊丧。其间艾森豪威尔一再想到巴顿，想到他为什么不能消停片刻，艾森豪威尔无法消除心中的愤怒。下午，他在之前发给马歇尔电报的基础上，又增加了一条更加直白的信息：

> 坦率地讲，对于他总是在公众活动中言行冒失，从而使所有的人都陷入困境，我感到极其厌倦。在这次事件中，调查显示他所犯的过错并没有报纸引导人们相信的那样严重，任何人在那种情况下都有可能犯下类似错误。但事实毋庸置疑，他就是不能给我闭嘴。

与此同时，一想到会失去巴顿这样一员猛将，艾森豪威尔顿时又感到不安。等到纳粹开始在法国进行反击时，艾森豪威尔知道自己可能会追悔莫及，而有些人甚至可能活不到对艾森豪威尔的决定感到遗憾的那一天。此外，艾森豪威尔的政治直觉似乎也告诉他不要解除巴顿的职务。马歇尔告诉艾森豪威尔，是否解雇巴顿应当由最高统帅决定，但是这位陆军参谋长也承认，"就巴顿现在的职务而言，在可供选择的陆军指挥官中，只有他此前真正与隆美尔交过手，并且在大规模登陆行动后趁机迅速开战"。为了行动成功，马歇尔似乎也愿意留下巴顿。如果艾森豪威尔理解得没错，在艾森豪威尔向丘吉尔提到此事时，后者对此不屑一顾，认为这完全是小题大做，毕竟人才难得嘛（但这位固执的首相并没有告诉艾森豪威尔，一年以前，与巴顿一样，他本人也在私下夸过同样的海口）。

4月26日，当最高统帅部公共关系处致电哈普·盖伊，询问巴顿究竟说了些什么，以及他在关于"统治世界"的演讲中是否把苏联人也包括在内时，巴顿才知道自己的言论已经被刊登了出来。翌日，比德尔·史密斯以艾森豪威尔的名义打电话给巴顿，对他进行了严厉申斥，并且悻悻地表示，正是后者"令人遗憾的言论"断送了两人的升迁。他命令巴顿，在将演讲内容以书面形式提前交到艾森豪威尔的办公室之前，不得在公开场合发表任何演讲，即使是对其手下的师也不例外。

巴顿只好隐忍不发，佯装悔过自责。他清楚现在辩解毫无意义，而且自己也不能再得罪比德尔了。但是在挂断"山地人"①的电话后，他怒火中烧，并在秘密日记中一吐为快：

> 就我所知，他们已经竭尽所能地表示对我的判断力缺乏信心，但与此同时，每当遇到压力时，他们又对我的作战能力抱有极大的信心……艾克总部里的那些家伙没有一个带兵上过战场，而一旦争论涉及英美两国，他们总是无一例外地偏袒英国。比起他们，本尼迪克特·阿诺德都相形见绌，甚至也包括李、艾克和比德尔……"上帝明鉴"，让所有的记者和懦夫们都见鬼去吧！

最令人沮丧的是，这起事件并不能怪巴顿，至少在他看来是这样。他立即派出部下，与自己发表演讲时现场的一些听众取得联系，并拿到了几份有个人签名的书面声明，其中包括活动主持人、一名英国海军军官以及几名美英副官，证明他在提到"统治世界"时将苏联人也包括在内了。

但除此以外，巴顿只能寄希望于艾森豪威尔不会彻底放弃自己。

为了替巴顿"收拾残局"，艾森豪威尔一般都是给他寄去一封措辞严厉的私人信件。这封信的语气与他去年8月写给巴顿的另一封信大同小异：

---

① "山地人"是印第安纳州居民的绰号，因为比德尔来自该州。——译者

在这件事情上，我的看法是，最让人担心的不是这起事件造成的影响，而是你虽然多次接到严令，但仍管不住自己的嘴巴。我曾经数次警告过你不要冲动……并且直截了当地命令你，不要发表任何有可能被曲解的言论……当初我执意要你来到我的麾下，是因为我相信你的作战之才以及在战场上率兵的能力。与此同时，我也完全清楚，你经常行为夸张、言辞轻率，不是为了别的，只是为了引人注目。对于你总是不能管住自己的嘴巴，我已经厌倦至极，并且开始怀疑你的全面判断能力，而这一点对高级军官来说至关重要。

在对巴顿进行申斥后，艾森豪威尔变得含糊其词。"在听取陆军部的意见之前，我不会就此事作出最终决定。"他对巴顿说，"无论为公为私，我都想告诉你，假如你再次因为言行不慎而犯错……我会立即解除你的指挥权。"

当艾森豪威尔的信被送到巴顿的办公桌上后，这名老兵吓坏了。这次又要艾森豪威尔出面收拾残局，他感到十分丢脸，但更糟糕的是，巴顿得知自己连累了其他军官，危及他们来之不易的晋升机会。在他看来，这已经不只是行为失检，而是对同袍的背叛。于是，他打电话给自己信赖的埃弗雷特·休斯，让他请艾森豪威尔将自己的名字从晋升名单上去掉。他发牢骚说："你大概已经对我受够了，但是可以肯定，这次的所谓失检之举很显然是有人故意陷害，因为事实上有人曾经告诉我，这次活动不会有任何报道，而活动也得到了信息部的支持，他们的人当时也在场……"

休斯试图安慰巴顿说，艾森豪威尔本来已经给马歇尔拟好了一封电报，准备将他遣返回国，但是在看过证人的声明后，他只是嘟囔了一句"活见鬼"，然后就撕掉了那份电报。

也许最坏的时刻已经过去，但巴顿的"第六感"告诉他危险还在前头。此外，休斯是艾森豪威尔手下的"保守派"之一，近来他关于统帅部的消息不见得十分可靠。

巴顿陷入了自怜的深渊，又一次把自己当成了受害者。他写信给女儿露丝·艾伦说："近一年来，我一无所获。我想要做的只不过是赢得战争，但似乎所有人都认为我期望的是名声，而这是我所鄙视的……士兵们认为我很了不起，可媒体呢？呸！耶稣只忍受了一晚的痛苦，我却要忍受数月之久。十字架虽然现在还看不见，但很可能已经不远了。"

1944 年 4 月的最后一天，从教堂返回后，巴顿接到一通来自最高统帅部的电话，要求他前往艾森豪威尔在伦敦的办公室报到。次日清晨，忧心忡忡的巴顿登上火车，5 个小时后到达伦敦。

哈里·布彻描述了艾森豪威尔的担忧："他担心巴顿已经搞砸了自己的前程。巴顿违背了艾克的命令，即不得发表公开演讲或接受媒体采访……媒体和国会都对巴顿情绪的不稳定感到愤怒，艾克担心这回自己也救不了他。事实上，艾克说巴顿能够保住指挥权的概率只有千分之一。"

不胜其烦的艾森豪威尔告诉马歇尔：

> 与他共事一年半以来，我似乎根本不可能指望他完全克服他这辈子养成的习惯，他总是喜欢装腔作势、哗众取宠，借用这种离奇的方式脱颖而出。从 1943 年 1 月兰伯特上校的书信遭到审查一事起，我就反复严肃地对他提出忠告，吩咐他必须遵守这条规定，甚至后来直接对他发出明确无误的命令和警告……采取惩戒措施。他的种种做法，再加上上次的事在美国引起的爆炸性后果，让我开始认为必须对他采取惩罚措施。很遗憾，这就是我的感受。正如我此前所说，我将会基于我早已表明的原则作出决定，除非巴顿能够提供更多减罪证据，但这种情况基本不可能。

最后，他写道："我已经派人去找巴顿，好让他有机会当面向我陈情。从所有现有证据来看，除非出现意料之外的新信息，否则，我会解除他的指挥权，将他遣送回国。"

艾森豪威尔之所以想要寻找"意料之外的新信息"，原因不在于巴顿的言行，而是与其继任者卢西安·特拉斯科特息息相关。作为西西里岛第三师师长，他显然是最合适的人选。此人是一名咄咄逼人的老派骑兵，曾在巴顿的指导下策划了摩洛哥和西西里岛的两栖登陆行动，但是他没有巴顿的政治包袱，不像后者那样管不住自己的嘴巴。

在艾森豪威尔的等候室里，随着时间一分一秒地过去，"血胆将军"巴顿越发感到惶恐不安。他身穿笔挺的夹克和马裤，头戴钢盔，脚蹬骑兵长靴，仿佛是一名向纪律委员会报到的军校学员，或者受邀出席军事葬礼的嘉宾。

艾森豪威尔让他在前厅等了很久。对于一个不知道自己在离开最高统帅办公室时会是什么职位的人来说，这段时间着实令人煎熬。

当时针缓缓指向上午 11 点时，艾森豪威尔的秘书将巴顿带进艾森豪威尔的办公室。门被关上后，屋里只剩下他们两人面对面站着。两人都默不作声，只有艾森豪威尔的香烟飘出袅袅烟雾。

"巴顿，你可是给自己惹了个大麻烦。"艾森豪威尔首先发话。

巴顿打断了他："我想说的是，您的职责比我重要得多，所以如果保住我会连累您的话，那就开除我好了。"

艾森豪威尔摇摇头。"陆军方面已经把所有情况都向我报告了。问题不在于是否会连累我，而是会危及你，会让我失去一位能征善战的陆军司令。"

艾森豪威尔的火气越来越大。他告诉巴顿，马歇尔将军已经受够了他的不检行为。先是肯特·兰伯特事件，接着是西西里岛掌掴士兵事件，现在他又捅了娄子。他状况百出，"已经动摇了这个国家和陆军部的信心"。共和党反对派抓住巴顿的言行，在选举问题上制造事端，声称即使巴顿将军是全世界最杰出的战术家，他的行为也只能说明他缺乏指挥大批部队的判断力。艾森豪威尔说，他已经拍电报给马歇尔，请求其批准自己不要再管这位老朋友的事。

艾森豪威尔后来回忆说，在自己长篇大论地声讨巴顿时，后者始终保持立正姿势，昂首挺胸，目光坚定。但是随着艾森豪威尔的批评越来越长，言辞越来越尖刻，仿佛巴顿即将被逐出英国时，这名老兵的感情占了上风，蓝眼睛里满含泪水。艾森豪威尔传达的信息已经穿透了他从儿时起经过刻苦努力铸就的坚毅躯体，将他从里到外撕成了碎片。

训斥接近尾声时，艾森豪威尔的语气有些犹豫，让巴顿看到了希望。他立即像恳请国王从轻发落的乞儿一样抓住了机会。这位老将发誓，从今天起他一定会格外谨言慎行，再也不会让自己的愚蠢给艾森豪威尔、马歇尔和陆军部增加负担。

"他几乎像个孩子般表示悔悟。"艾森豪威尔在数年后写道，"他把头靠在我的肩膀上，所以钢盔掉到了地上。那是一项闪亮的钢盔，有时候我甚至觉得，他连睡觉时都会戴着这项钢盔。当钢盔在房间里滚动时，我有一种奇怪的感觉，仿佛自己处在某个滑稽的场合……他的钢盔滚过地面，停在了屋子一角。我暗自祈祷，千万别有人进来看见这一幕……他既没有道歉，也没有感到难堪，而是径直走过去，捡起钢盔戴好，然后说：'长官，现在我可以回总部了吗？'"

艾森豪威尔后来告诉最高统帅部一位负责公共关系的军官，巴顿的钢盔掉落后，他泪流满面。"我再也受不了了，"艾森豪威尔事后笑道，"这实在是太好玩儿了！我躺到办公室的沙发上哑然失笑，但是现在回想起来，这样做有些不近人情，所以我十分后悔。当我躺在沙发上大笑时，巴顿将军站得笔直，甚至都没看我一眼。"

巴顿离开办公室后，艾森豪威尔说："我得找人说说这事，所以打电话给比德尔·史密斯，告诉他刚才发生了什么。与史密斯共事这些年来，这大概是我唯一一次看见他笑得如此不可抑制。"

这一幕并不像表面上看起来那样奇怪，至少对那些了解巴顿的人来说是如此。"乔治在感情上不是在这个极端，就是在那个极端，"艾森豪威尔在多年后写道，"他要么情绪高涨、谈笑风生、充满热情，要么自怨自艾、意志消沉。"当看到有人受伤或看到别人的英勇事迹时，巴顿经常会潸然泪下，而每逢自己搞砸了事情，他也会涕泗交流。

吸引德军注意力：巴顿的"缓刑"

巴顿红着眼圈走出艾森豪威尔的办公室，塌陷的脸颊涨得通红，看起来比平时塌得更厉害了。他登上下一班火车，准备返回总部。一路上，随着车轮在铁轨上咔嚓作响，他在心中默念着诗句，以免自己陷入悲观的思绪。自1918年以来，虽然他凭借自己的忏悔、魅力和作战能力一次又一次地脱离了困境，但是这一次他不清楚艾森豪威尔会不会把自己踢出局。他在日记中草草写道："我觉得自己快完了，但是现在尚未出局。假如他们让我作战，我会上战场的；否则我就递交辞呈，以便能够开口说话。我会说出实情，这样或许更有益于国家……关于这个问题，我始终认为我注定要完成一项伟大的事业，只是具体内容我还不知道。不过，最近这次事件虽在性质上无关紧要，但其影响十分糟糕，因此它绝非事出偶然，而是上帝使然，以完成他的旨意。"

次日，巴顿一整天都在思考，上帝是否打算让他在颜面尽失后被遣送回国。对于眼前的困境，他也许越想就越觉得自己像一头西班牙公牛。在他的四周，斗牛士的助手一刀刀刺着他的身体，他虽然血流如注，但仍然不屈不挠，等着斗牛士跃入斗牛场，发起最后一击。因为巴顿身在其中，所以他看不清斗牛士斗篷上缝着的名字，但这个名字很可能是比德尔或马歇尔，甚至是艾森豪威尔。

当威利无忧无虑地卧在办公桌旁时，巴顿再次感到大事不妙，因此心烦意乱、坐卧不宁。与艾森豪威尔会面的次日，他写信给比阿特丽斯："昨天我很不好过……要是能挺过接下来这两天，那我就没事了……可一听到电话响，我还是直冒冷汗……不过，我还没有彻底完蛋。"

他的确没有完蛋。巴顿还不知道，艾森豪威尔正在设法将他留下。尽管巴顿轻率的言行令人讨厌，然而一旦需要开展进攻和追击，艾森豪威尔最信任的高级指挥官还是乔治·巴顿。

"这种冒险家般华而不实、哗众取宠的作风能让他登上报纸的头条，成为民众眼中的英雄，但他就是无法对最高统帅部履行诺言。"艾森豪威尔曾在突尼斯战役最黑暗的日子里写道："然而，一个行动迟缓、有条不紊、按部就班的人在关键岗位上毫无价值可言。简单地说，要想发现那些能够真正胜任指挥官职责的人……必须在这两者之间找到某种微妙的平衡。"

艾森豪威尔手下的将领多如牛毛，但其中绝大部分都属于"行动迟缓、有条不紊"的莱文沃思型军人。他们大多不具备巴顿那种不顾一切的劲头以及为了达到目的不惜呵斥、咒骂和威胁手下士兵的决心。他们也缺少巴顿的专注力和勇往直前的精神，而这种精神仿佛是他的第二天性。艾森豪威尔清楚，巴顿不会成为一名有条不紊的指挥官，就像布莱德雷不会成为一个哗众取宠的冒失鬼一样，但这两个人他都需要。

5月3日，在巴顿经过了7天的煎熬后，艾森豪威尔再次向这位故交发去一封"仅供亲阅"的密电。他告诉巴顿："尽管你的轻率言行造成了破坏性的后果，但我还是再次承担了责任，保留了你的指挥权。我这样做没有任何其他动机，只有一个原因，即对你作为一名战地指挥官的信任。"艾森豪威尔的新闻发布官记得，在发完电报后，艾森豪威尔又亲自给巴顿打电话说："乔治，从现在起，但愿你能给我闭上你那张臭嘴。如果需要你发言，我会告诉你的！我打算充分利用你的才能，让你得偿所愿，有机会在战场上大显身手。我要说的就这么多！"

尽管巴顿一再犯错并且屡次触雷，但艾森豪威尔仍然相信这位故交具有足够的判断力，所以巴顿依然可以偶尔向手下的部队发表低调的讲话。艾森豪威尔虽然警告巴顿不要信口开河，但还是留给了他足够的余地，以履行自己的职责，或者彻底把事情搞砸。

布彻总是与艾森豪威尔如影随形，他在后者的日记中记下了纳茨福德事件的尾声："乔治再次得以挽回颜面。昨天晚上，艾克对我说他刚刚写信痛斥乔治。虽然他告诉乔治这封信会被存入官方记录，但实际上他并没有这样做。"

"但我还是再次承担了责任，保留了你的指挥权……"

巴顿紧盯着这句话。对于一名等待判决的犯人来说，一旦法庭提到"缓刑"或"死缓"的字眼，他会顿时对宣判的其他内容失去兴趣。他在乎的不是华丽的辞藻和严密的逻辑，而是"缓刑"或"死缓"本身。其他的词语都是抽象概念，只有"缓刑"才是他要面对的现实。巴顿的情况正是如此。

不过，他还是读完了电报的其他内容，发现字里行间没有任何隐患，于是将盖伊、斯蒂勒、加菲和查利·科德曼叫到办公室小酌，准备庆祝一番。如果不是因为威利怕水，巴顿很可能会把它也叫过来喝上一杯。

"有时候我真的很喜欢他，现在的情况就是这样"，巴顿在提到艾森豪威尔时说。他如释重负地写信告诉比阿特丽斯，"老天保佑，一切再次安然无恙……可我着实吓坏了。"

当然，巴顿虽然下了绞刑架，但并不等于离开了死囚区，因为"死缓"和"赦免"之间有着天壤之别。为了保住职位，他清楚自己必须谨言慎行，以免又有风声传到艾森豪威尔那里——天知道他这只加利福尼亚猫还剩下几条性命，大概一条也没有了吧。

巴顿最忠实和重要的支持者之一陆军部部长史汀生也写信给他，明确表达了这个意思。他在信中称赞艾森豪威尔胆识过人才将巴顿留下，并且警告后者说："只要你以这种不负责任、不顾后果、傲慢自大的方式做事或讲话，都是在为他增加额外的负担。从今往后，你唯一能够证明自己和上级的方式，就是在登上滩头堡之前免开尊口，通过克敌制胜挽回自己作为一名军人的名声，证明你既能征服敌人，也能管住自己。"

　　每隔一段时间，艾森豪威尔就会提醒巴顿，他在现在的职位上应当如履薄冰。一天，当巴顿到伦敦出差时，最高统帅部的一名上校前来拜访，还带来了艾森豪威尔的口信。上校说，艾森豪威尔将军让自己提醒巴顿将军，他和他的参谋部不得再发表任何公开声明。

　　"他原话是怎么讲的？"巴顿追问。

　　"他说除非他让你说话，否则就闭上你那张天杀的臭嘴。"

　　巴顿不禁大笑起来。

　　艾森豪威尔清楚，有一个地方可以让喜欢出风头的巴顿派上用场。1943 年，盟军最高统帅参谋部的参谋们煞费苦心地制订了一个代号为"坚忍"（FORTITUDE）的调虎离山之计。该计划假设，就像西欧各国一样，德国最高统帅部（Oberkommando der Wehmacht）知道盟军打算进攻欧洲大陆——因为筹备工作声势浩大，不可能不被觉察。众所周知，德国国防军最高统帅部也清楚，盟军进攻需要首先占领法国的重要港口，而港口必须位于盟国空军的覆盖范围之内。这就意味着，盟军只能攻打加莱（Calais）附近的海岸，或者稍微偏南一些，攻打卡昂或瑟堡附近的诺曼底。因此，对艾森豪威尔及其参谋部来说，唯一能够瞒过希特勒的就是进攻的具体时间以及要袭击的海滩的具体地点。

　　盟军的参谋们清楚，德国在西线驻扎着 55 个师，其中大多数师兵力不足、机动性差，但包括装甲教导师和党卫军第十装甲师在内的少数师实力强大。希特勒派遣陆军元帅隆美尔坐镇"大西洋壁垒"，后者在加莱港附近部署了 9 个师，而隆美尔的上司、陆军元帅格尔德·冯·伦德施泰特（Gerd von Rundstedt）正指挥党卫军第一装甲军的重兵，深入内陆向巴黎进发。盟军最高统帅参谋部的策划者们认为，战役之初，盟军最多只能成功对付 12 个德军预备役师。盟军的 5 个师在登陆诺曼底海滩后，继续向前推进本身就已十分困难，假如德军的装甲部队在此时发起突袭，"霸王行动"就会深陷困境。

　　为了让德军的装甲师远离诺曼底，艾森豪威尔批准了一项瞒天过海的计划，旨在尽可能长时间地将令人生畏的第十五集团军牵制在加莱附近。

为了利用巴顿的声名，当年 2 月，最高统帅部对他的指挥权进行了新闻管制，佯装由他指挥总部位于英格兰东部的美国第一集团军群进攻欧洲大陆。一小群木匠和电影道具制作专家利用充气坦克和卡车、希金斯登陆艇道具、空空如也的帐篷和带刺铁丝围栏增加了巴顿的威势。此外，盟军还通过往来不断的无线电通信让德国监听人员误以为他们即将对加莱港发动大规模袭击。虽然许多战地将领对这一计划持怀疑态度，但艾森豪威尔及其参谋部热切地希望，在蒙哥马利和布莱德雷建立一座稳固的滩头堡之前，"坚忍行动"能让德国人相信盟军真正的攻击对象是加莱。

巴顿不会参与集团军群的任何计划，也无权指挥该部队的任何一名士兵，但最高统帅部选中巴顿可谓是神来之笔，而巴顿的表现也极为出色。面对民众，巴顿在镜头前总是面沉似水，还有威利守在身边。他佩戴着第一集团军群的臂章，在真正检阅部队时数次说漏了嘴，暗示盟军即将进攻加莱。乔治·巴顿无疑是军事舞台上杰出的演员，甚至不逊于麦克阿瑟。

除了第十五集团军以外，艾森豪威尔清楚，就像在卡萨布兰卡和西西里岛一样，还有一头莫测的怪物有可能在预定的登陆日——6 月 5 日给他造成巨大的损失，那就是天气。6 月初，因为从亚速尔群岛到北极的高压和低压系统相互碰撞，大西洋上时而微风习习，时而狂风大作。高低压气流碰撞激起的风浪足以淹没最结实的登陆艇。随着两者纠缠旋转，一路向东行进，盟军密切关注着每一个气象变化，因为它们对盟军的胜负至关重要。

为了预测天气变化，艾森豪威尔及其手下的高级指挥官每周一都会与气象学家们见面，并在随后的几天中选定一个假想的登陆日。在气象学家们告诉艾森豪威尔该预定日期诺曼底的天气情况后，他会假设决定进攻还是留在港口。这种活动的结果并不令人乐观，但是经过上述演练，艾森豪威尔对影响沿岸云层、海浪和风力的因素了如指掌。

"就像过去一样，在天气问题上我们无计可施，只能靠运气。"哈里·布彻闷闷不乐地写道，"这通常是艾克最痛苦的时期，现在也不例外。"

紧张的气氛令人难以忍受，其造成的结果显而易见。艾森豪威尔看起来更加苍老了：他左眼的视力由于阅读过量而受损，耳朵也听不得尖厉的声音。艾森豪威尔身上的压力越来越大。用不了多久，问题就会显现。

看到艾森豪威尔变卦，没有撤除巴顿的职务，奥马尔·布莱德雷摇摇头。为什么不把他丢给麦克阿瑟，或者让他到路易斯安那州去对新兵夸夸其谈呢？

布莱德雷十分精明，自然明白巴顿作为一名突击队长的价值，但凡事总有界限。军队只能作为一个团队来行动，你要么属于这个团队，要么不属于这个团队。假如你不愿意充当这个团队的一员，军队里还有成百上千名将官不惜豁出命去取而代之。布莱德雷认为，在乔治·巴顿的问题上，或对任何中校以上的军官来说，事情就是这么简单。

但让布莱德雷不满的是，艾森豪威尔并没有询问过他的意见，毕竟乔治·巴顿是他的部下，所以更多的是他的麻烦，而不是艾森豪威尔的负担。在喟叹人生苦短，不能继续忍受乔治·巴顿之后，既然艾森豪威尔还是让巴顿留在他布莱德雷的手下，那就至少应该跟他商量一下。

不过布莱德雷清楚，抱怨没有任何用处。很少有司令官能够挑选自己的部下，而眼看大战在即，他已经在这个问题上耗费了太多时间。

登陆伤亡率之争

布莱德雷越看隆美尔的防守，就越觉得自己胜算渺茫。眼下，盟军的情报人员估计，截至春末，对手会在法国集结58个师，包括10个装甲和装甲兵掷弹兵师、14至17个前线步兵和伞兵师。航空侦察照片显示，美国即将进攻的海滩上地雷星罗棋布，障碍随处可见，布莱德雷有可能遭遇多达4个步兵师，还要冲过4组重型沿海炮台。最糟糕的是，美国攻打的两片海滩被遍布沼泽的维尔河口（Vire Estuary）分隔开，使各突击师难以互相配合。

至少在计划阶段，布莱德雷对这一计划的每个步骤可谓轻车熟路。这就像军事学院的演习一样，无论是设置障碍还是突破障碍，都只需要在纸上谈兵，而这些纸张与布莱德雷办公桌上每天横七竖八堆叠着的纸张并没有什么不同。

然而，计划是一回事，执行却是另一回事。而后者才是关键所在，因为他的部队一旦登陆，德军就对战斗有了发言权。布莱德雷清楚，进攻时刻只不过是拉开了序幕，等到双方针锋相对时，就要看隆美尔如何应对了。

面对种种变数，唯一的解决办法就是找到那些能够作出正确决定和快速反应，并且能在他和参谋部制订的框架内进行作战的指挥官。至少在布莱德雷看来，最佳的解决办法莫过于此，所以团队精神至关重要。也正因为如此，小乔治·史密斯·巴顿才与布莱德雷的团队格格不入。

随着登陆日临近，布莱德雷变得十分暴躁和疲倦。他沉着的举止曾在参谋部传为美谈，眼下却因为种种难题及其潜在的威胁而不复存在。再加上即将错过女儿李在 5 月的婚礼，他的心情更加糟糕。尽管艾森豪威尔已决定把巴顿留下，但是在手下的参谋面前，布莱德雷毫不掩饰自己对这位喜怒无常的前第七集团军司令的鄙夷。

作为上司，布莱德雷的态度自然也会影响到他在第一集团军的亲信。这些人总是喜欢唠叨巴顿掌掴士兵有多丢脸。他的副官切特·汉森在日记中写道："不知道还有谁会像乔治这样声名扫地。"关于宪兵队队长，汉森写道："（宪兵队队长）威胁说，如果他（乔治）再敢说话，就把他打倒在地。他（乔治）到来的那天晚上，大家都溜出去吃饭了，尤其是红脸奥黑尔（O'Hare），对他厌恶至极"。在与布莱德雷共同进餐时，汉森记得，他手下的参谋们对巴顿的一张宣传照大肆讥讽。"在照片上，他系着摔跤带，上面挂着珍珠柄手枪，昂首挺胸，凝望落日，看起来十分可笑。"汉森写道："迪克森说，这活像我们在西西里岛看过的墨索里尼的照片。我也见过那张照片，两人的下巴的确很像。"第二天，布莱德雷对这张照片一笑置之，不过他也表示自己很高兴曾与巴顿共事，所以他比任何人都更清楚后者的弱点，也知道在登上欧洲大陆后该如何对他加以约束。

然而，布莱德雷眼下的首要任务是登上大陆，并且站稳脚跟。

登陆计划本已十分复杂，但让这项计划变得更加复杂的是，布莱德雷将军要求分别在位于犹他和奥马哈海滩连接处附近的卡朗唐以及犹他海滩后方的圣梅尔埃格利斯（Sainte-Mère-Église）的村庄进行空投。对地面部队指挥官来说，这一方案在军事上不无道理，因为在第四师冲到草地之前，他手下的伞兵可以防护犹他海滩的出口。但令布莱德雷感到意外的是，这个要求让他与艾森豪威尔的战术空军司令、空军上将特拉福德·利-马洛里产生了冲突。

64 岁的利-马洛里生于柴郡，性情冷酷阴郁。他对行动的伤亡十分敏感，但却看不到其背后可能带来的益处。由于担心空降会招致难以接受的损失，他激烈地反对行动计划中关于空投的部分。他的态度十分坚决，以至于在蒙哥马利总部的计划会议上，布莱德雷和利-马洛里吵了起来。最后，当蒙哥马利站在布莱德雷一边时，这场争执才得以平息。

登陆的前 8 天，利-马洛里不肯就此罢休，而是带着一份估算表跑去找艾森豪威尔。据他预测，伞兵的伤亡会达到 50%，而滑翔机士兵的伤亡则高达 70%。艾森豪威尔将布莱德雷叫到办公室，告诉他利-马洛里反对他的提议。

"风险当然是有的，"布莱德雷坦言，"但如果不这样，在犹他海滩登陆的风险要比这大一倍还多。"

艾森豪威尔已经听惯了种种可怕的预言。他后来回忆道："恐怕不会有什么问题比这个更加令人痛苦。"在这样一项无法避免惨重伤亡的行动中，他再次需要对两种不同意见进行权衡，以最大限度地减少人员死伤。布莱德雷预言，如果不进行空投，必然会产生灾难性后果，而利-马洛里警告，如果进行空投，则只会带来灾祸。艾森豪威尔不得不再三考虑，犹他登陆战是否会变成另一个迪耶普（Dieppe）、卡塞林或安齐奥。

但艾森豪威尔又转念一想，迄今为止，布莱德雷从未误导过自己。他向来十分相信布莱德雷的判断力，所以每逢需要赌一把时，他总是支持后者的做法。于是，他深吸一口气，宣布按计划执行空降登陆行动。

行动开始前最后几天，布莱德雷留在英国，以确保各项计划、安排和后勤工作等不出纰漏。他还看望了即将为胜利冒死拼杀的士兵，用简洁的语言对他们进行鼓励，这与夸夸其谈、满口脏话、口若悬河的"血胆将军"形成了鲜明对比。

如果说巴顿的问题在于总是有糟糕的言论被媒体加以引用，那么布莱德雷也正逐渐学会在面对越来越多的记者时处处提防，因为这些记者无时无刻不在考验审查人员的警觉性。在视察第二十九师时，布莱德雷对士兵们作了动员讲话。据称登陆日当天预计会有 90% 的伤亡率，布莱德雷对这一传言嗤之以鼻。"那些会有巨大伤亡的说法简直是一派胡言。"他对广大将士说，"你们当中是有些人回不来了，但只是很小一部分。"数日后，他得知自己私下的言论被刊登在国内各大报纸上，而旁边就是罗斯福、丘吉尔和马歇尔发出的警告——为了降低民众的期望，他们声称这场战役将造成巨大的伤亡。这两种说法大相径庭，布莱德雷感到十分难堪。他不仅处罚了审查员，而且对统帅部的公关处大发雷霆。此外，他还下定决心，即使身边看起来没有记者在场，在公共场合也要谨言慎行。

1944年6月1日，布莱德雷和巴顿驱车来到蒙哥马利在朴次茅斯郊外的战术总部，与后者以及大英帝国的另外两位陆军指挥官共进晚餐，也就是加拿大第一集团军司令克里勒将军和英国第二集团军司令、绰号"小男孩"的迈尔斯·邓普西将军。席间，在谈到4天后即将开始的浴血奋战时，众人意见一致，甚至十分乐观。众所周知，这类社交聚会对巴顿来说再适合不过。几人纷纷谈论，"如果一切按计划进行"，届时他们将会身在何方，但巴顿早就明白，这类大话根本不可信。就连蒙哥马利也得意地扬言，战争将在11月1日前结束。

聚会即将结束时，蒙哥马利的传令兵端上了波特酒。蒙哥马利向几位指挥官祝酒，众人也一饮而尽。看到没有人起身回敬，巴顿走上前去，举起盛有茶色美酒的玻璃杯，"作为在场最年长的陆军司令，"他微笑着说，"我提议大家为蒙哥马利将军的健康干杯，以表达我们在他麾下效力的欣慰之情。"

巴顿的恭维并非完全发自肺腑。这番祝酒词也让布莱德雷很不受用，因为尽管他没有明言，但是他并不愿意接受蒙哥马利的指挥。不过，当天晚上英美两国的指挥官们相谈甚欢，这番话倒是很适合作为结束语。一旦双方的部队登上欧洲大陆，这种兄弟之谊很可能会宣告破裂。

翌日，巴顿向布莱德雷这位来自密苏里州的伙伴告辞，他话虽不多，却充满了感情。巴顿激动得满面通红，转向布莱德雷，紧握着他的双手说："布莱德雷，祝你好运，但愿我们很快就能再次见面。"

在英国南部，随着演习圆满结束，布莱德雷的部下正成群结队赶往集结待命区。在作战地图上，这片区域呈椭圆形，看起来胖乎乎的，所以被各个总部戏称为"腊肠"。按照计划，布莱德雷应该在"奥古斯塔号"，也就是昔日巴顿在"火炬行动"中的指挥舰上监督和协调部队的行动，而第一集团军的大部分指挥设施却和霍奇斯一起登上了一艘经过改装的货轮——"阿却尔纳号"（Archerner）。艾森豪威尔希望布莱德雷和自己留在进攻行动指挥中心普利茅斯，但遭到了后者的婉拒。"如果我们在登陆过程中遇到麻烦，我只能在柯克的旗舰上作出决定。"布莱德雷指出，"我们的通信都在那里汇集，所以我必须留在那里。"

艾森豪威尔点头同意。6月3日，奥马尔·纳尔逊·布莱德雷中将拿起行李袋，登上"奥古斯塔号"，准备再次前往异国的海滩开展登陆行动。"自西西里岛战役结束以后，"他后来写道，"这是我第一次腰别手枪、头戴钢盔。"

布莱德雷登上"奥古斯塔号"后，一排身着蓝色夹克的水兵向他敬礼致意。与此同时，他在第一集团军的"家人们"也纷纷拖着装有防水毒气面罩、手枪、救生衣、维生素片、卫生纸和针线包的手提袋和提箱登上舰艇，其中包括参谋长比尔·基恩、外号"修道士"的情报处长迪克森、外号"水桶"的行动负责人索尔森、切特·汉森和几名通信官。布莱德雷正是希望诺曼底登陆行动就这样开始，既没有任何仪式，也没有大张旗鼓的宣传，而是直截了当地投入战斗。

三人小组：1945年，巴顿（左一）、布莱德雷（左二）和艾森豪威尔（右一）摄于德国。

西点军校学员、橄榄球队员德怀特·艾森豪威尔 （左起第二人）。

军校一年级（1908—1909）的学员小乔治·巴顿。

西点军校时期的奥马尔·布莱德雷。

1919年，艾森豪威尔（左）摄于轻型坦克旁。

1918年夏，巴顿摄于"雷诺"轻型坦克旁。

巴顿身穿自己设计的坦克服。他坚持认为这套制服要比军械部发的好，但是在战争期间，这套"青蜂侠制服"被留在了巴顿的衣柜里。

1930 年，布莱德雷（后排左二）和马歇尔将军（前排中间）与本宁堡全体教员。

艾森豪威尔（右一）在 1941 年路易斯安那州的作战演习中策划摧毁第二集团军的行动。

1920 年，马里兰州米德营美国坦克团集体照，巴顿（第二排左二）和艾森豪威尔（第二排左三）位于中间。

艾森豪威尔的参谋长、外号 "甲壳虫" 的沃尔特·比德尔·史密斯。他被艾森豪威尔视作左膀右臂。

1942 年艾森豪威尔及其部下，从左三至右三依次为：凯·萨默斯比、勤务兵米基·麦基奥军士、他的副手马克·W. 克拉克中将、海军助理哈里·布彻中校、艾森豪威尔以及在他麾下服役直至德国投降的比德尔·史密斯将军。

1942 年， 艾森豪威尔 （左） 和凯·萨默斯比 （右） 摄于北非公路。

法国海军上将弗朗索瓦·达朗。

1943 年， 一支美军反坦克部队在突尼斯小心翼翼地前进。

1943 年 3 月， 艾森豪威尔 （左）， 哈罗德·亚历山大将军 （中） 和巴顿 （右） 在第二军总部举
行会晤。 在巴顿的地盘， 就连艾森豪威尔也要戴上头盔。

1943年3月，艾森豪威尔（右一）为巴顿（右二）佩戴第三颗将星。注意：巴顿上衣的肩章上此时已经缀有三颗将星。

巴顿（右一）为伯纳德·蒙哥马利将军（右二）展示大幅地图。

布莱德雷（右）和特里·艾伦少将（左）在西西里岛的杰拉鏖战期间进行商谈。

1943年9月，掌掴士兵事件发生后不久，艾森豪威尔（左）与巴顿（右）于西西里岛会面。

威廉·辛普森中将

曼顿·埃迪少将

霍巴特·哈普·盖伊准将

马克·W. 克拉克中将

1943 年，美军步兵在意大利卡亚佐 （Caiazzo） 街头前进的同时防备狙击手。

罗斯福总统 （左） 出访地中海期间与艾森豪威尔 （右） 合影。

卢西恩·特鲁斯科特中将　　约翰·P.卢卡斯少将　　海军上将欧内斯特·金

艾森豪威尔（左）、丘吉尔（中）和布莱德雷（右）试射陆军卡宾枪，他们的射击成绩被列为军事

巴顿（左）和陆军部部长亨利·史汀生（右）合影，后者是巴顿在华盛顿的代言人和守护者。

布莱德雷在仪仗队的迎接下登上他在"海王行动"中的指挥舰"奥古斯塔号"军舰，该行动是"霸王行动"的两栖登陆阶段。

艾森豪威尔（左）在诺曼底视察部队。

布莱德雷（左一）、艾森豪威尔（左二）、吉·杰罗少将（右二）和 J. 劳顿·柯林斯少将（右一）摄于攻克瑟堡后。

二兵涉水登上诺曼底海滩。

巴顿（左一），布莱德雷（右二）和蒙哥马利（右一）在镜头前强颜欢笑。

柯林斯（右）向布莱德雷（左）描述瑟堡周围的作战情况。

布拉德雷（左列队伍的排头），巴顿（左列队伍布拉德雷身后）和考特尼·霍奇斯中将（右列队伍的排头）为小西奥多·罗斯福少将送葬。

布莱德雷在指挥车内的办公桌前。

美军巡逻队艰难穿行于圣洛的断壁残垣间。

1944 年 8 月， 人们庆祝巴黎解放。

巴黎解放后， 艾森豪威尔向巴黎人民挥手致意。

蒙哥马利（右）和艾森豪威尔（左）商讨补给、战略和地面指挥权问题。

1944 年 9 月，布莱德雷（左一），比德尔·史密斯（左二）和蒙哥马利的参谋长弗朗西斯·德·甘冈少将（右二）在激辩过后离开会场。布莱德雷和蒙哥马利在兵力分配和基本战略上产生冲突。

1945 年 2 月，布莱德雷（左），艾森豪威尔（中）和巴顿（右）在比利时的巴斯通尼会面。

巴顿（左）和布莱德雷（右）乘坐同一架 C-47 运输机，飞越布列塔尼。

第三集团军渡过莱茵河不久，艾森豪威尔（右四）与巴顿（右三）开玩笑，布莱德雷（右二）和霍奇斯（右一）在一旁观看。

霍奇斯（左一），布莱德雷（左二），巴顿（右二）及其参谋长休·加菲少将（右一）在布莱德雷指挥车上的"客厅"里。

1945年3月，艾森豪威尔（左）与布鲁克元帅（中）和丘吉尔首相（右）在莱茵河畔会晤。

1944 年 10 月，艾森豪威尔（左一）和巴顿（右一）摄于第三集团军总部。为了让蒙哥马利在前线取得进展，艾森豪威尔削减了第三集团军的兵力和补给。

巴顿的士兵通过齐格菲防线的 "龙牙"。

1945 年 3 月, 艾森豪威尔 (左) 与巴顿。

1945 年 4 月， 艾森豪威尔 （中间最前方）、 巴顿 （前排左二） 和布莱德雷 （艾森豪威尔左侧）
惊骇地看着纳粹暴行的产物。

1945 年在波茨坦会议上向星条旗敬礼， 前排从左到右依次为： 艾森豪威尔、 巴顿、 杜鲁门、 史
汀生和布莱德雷。

1945 年 10 月， 被解除职务后的巴顿 （左） 向第三集团军作告别演讲。 巴顿身后是他的朋友和继任者卢西恩·K.特鲁斯科特中将 （右）。

第 16 章　诺曼底登陆日

我为你和你手下部队的表现感到欣慰。

——艾森豪威尔致布莱德雷，1944 年 6 月 18 日

艾森豪威尔伸出打满肥皂的湿漉漉的双手，开始刷盘子。打肥皂泡，转动盘子，冲洗干净，放回架子上，接着刷另一个盘子。简单而机械，就像军队中数以万计的各种器械一样。

艾森豪威尔上一回刷盘子已经是几年前的事情了。就像生活中的许多其他杂务一样，刷盘子这种事情一般由他的炊事班长马蒂·斯奈德（Marty Snyder），或者其他男仆、传令兵和助手负责。假如马蒂不在，米基、莫尼或亨特会代为执行。这是他们的职责所在，所以他们肯定比艾森豪威尔干得好。

但是随着进攻行动在即，艾森豪威尔的双手闲不下来。一想到那些无法控制的因素，他就思绪万千——空中优势，海滩障碍，装甲师，还有天气。他的大脑飞速运转，根本无法入眠。由于长时间得不到休息，他变得越发瘦弱单薄。每天晚上，他都在床上辗转反侧，努力入睡，但往往最终还是放弃了事。通常天还没亮，他就已经拿着抹刀，发牌手般熟练地在铸铁长柄煎锅里来回翻动，鸡蛋噬噬地冒着热气，煎饼慢慢泛出黄褐色。

调中火，抹黄油，打鸡蛋，加热，翻面，清洗灶具。

整个过程简单干脆得令人着迷。

眼下，在艾森豪威尔的另一个煎锅里，许多作料很可能难以调和。其中

有许多作料他根本就看不到，因为它们是成千上万无名的厨师在此前数周乃至数月中的某个节点加进去的，现在想要做些什么为时已晚：蒙哥马利的部队已经登船；布莱德雷的部队也已登船；斯帕茨的航空兵正在待命；拉姆齐的舰队蓄势待发；巴顿在"坚忍行动"中表现出色；补给船上满载货物。艾森豪威尔麾下大约 200 万名将士中的每一个人都知道，他会在 1944 年6 月 5 日清晨做何举动。

只有一个人例外。

临时命令：将行动推迟 24 小时

随着 1944 年 6 月到来，英国本土晴空万里、阳光明媚，掩盖了北大西洋上空阴云密布、风暴欲来的天气。艾森豪威尔将军浑然不知，所以高兴地告诉马歇尔，低压锋面正像雷神托尔的大锤般向北海翻滚，天气看起来很适合在 6 月 5 日登陆。从纽芬兰到斯卡帕湾，一批最杰出的气象学家从 6月初的暴风雨系统开始，正仔细研究气象的每一个细微变化，试图推算出暴风雨着陆的地点、时间和强度。时间最为关键，因为在 6 月初，只有 3天的潮汐和月光符合海军、空降部队、陆军和空军的不同要求，即 6 月 5 日、6 月 6 日和 6 月 7 日。

6 月 3 日晚，艾森豪威尔乘车 20 分钟，从自己的小型活动房屋前往"磨刀石"（SHARPENER）——一栋爬满常春藤的高大宅邸，这座宅邸被称作"索斯威克之家"（Southwick House），从这里可以俯瞰朴次茅斯港。在房间内，几名面色灰白的气象学家正在谈论气压下降的事情。艾森豪威尔手下的高级指挥官们也齐聚此，等待接受"开始行动"的最后命令。艾森豪威尔坐在吊顶很高的图书馆内，用简洁平实的措辞开始了会议。

"好了，先生们，"他开门见山地说，"从上次的分析来看，我们的决定取决于天气，因此我提议立即让气象学家进来。"

首席气象学家是英国皇家空军的詹姆斯·马丁·斯塔格（James Martin Stagg）上校。他步履蹒跚地走进房间，仿佛一名即将被送上绞刑架的死囚。斯塔格操着一口苏格兰土腔，带来了一条令人警醒的消息：设得兰群岛（Shetland Islands）上空正在形成低压区，在随后数日内，该低压区会将巨浪和低云吸引到法国沿岸，届时各项气象指标将变得极不适合开展进攻。

三军将领纷纷向斯塔格抛出有关浪高、云幂①、风和潮汐的问题。艾森豪威尔倾听了几分钟他们之间的问答，最后忧心忡忡地用低沉的声音临时宣布，登陆时间将推迟24小时。

艾森豪威尔有关推迟行动的决定只是暂时的，一旦情况发生变化，这项决定可能会改变。他命令各位将领于次日即6月4日凌晨4点返回，再次研究风力情况。届时统帅部将有一个半小时作出决定，并且来得及在清晨6点前有效地撤销舰队启航的命令。

凌晨4点，气象学家们返回会场，带来了一致意见：鉴于风、海浪和低云的情况，6月5日清晨无法开展空中行动。艾森豪威尔在背后紧握双手，一边低头在宽敞的大厅里踱来踱去，一边暗自嘟囔着各种变量，偶尔会猛地一抬头，向某个指挥官发问，然后继续低下头，皱着眉踱步。接着，他询问了众位高级将领的意见。海军和空军最容易受到天气影响，二者都认为行动必须推迟。在艾森豪威尔问到的人中，只有蒙哥马利赞成当天发起大规模进攻。

艾森豪威尔后来向布彻说过："也许没有人应该承担如此具体而直接的责任，对下一步行动作出最终决定，也没有人能够理解这一负担有多沉重。"艾森豪威尔的内心困扰不已，无论是对他自己，还是对成千上万在等待中痛苦挣扎的将士们来说，他都渴望这种折磨就此结束。但艾森豪威尔心中有一个坚定的声音告诉他，假如天气没有放晴，空军将无法开展行动，更不用说海滩的情况也不利于海军行动，因此从军事上看，此时开展行动很不稳妥。

艾森豪威尔将军扫视了一遍手下的将领，平静地下达了最后命令：将"海王行动"推迟至少24小时。

1944年6月4日星期天，在大半天的时间里，英国沿岸大雨如注。艾森豪威尔本想利用这宝贵的几个小时休息一下，但布彻突然告诉他美联社莫名其妙地发表了一则声明，宣布盟军已经登陆法国海岸。虽然美联社在23分钟后撤回了这则报道，但哥伦比亚广播公司、莫斯科、德国以及世界其他地方还是听到了风声。

---

① 云幂是在阴天和多云条件下，对视程产生阻挡作用的云底高度最低时的云层。——译者

这对艾森豪威尔来说不啻一场噩梦，或者说至少是他最害怕见到的情况之一，但是眼下他已经精疲力竭，所以什么事都不重要了。反正现在木已成舟，他再做什么也是徒劳无益。"他只是咕哝了几句"，布彻说。接着，艾森豪威尔便瘫倒在铺位上，准备睡上一觉。

6月4日是一个艰难的日子，这位来自阿比林的将军陷入了深深的忧愁，他的忧愁就像从冰岛吹过来的乌云般浓得散不开。他只能设法消磨时间，等待当天晚上下一次指挥官会议的召开。当艾森豪威尔和美国全国广播公司的赤色米勒在自己活动房屋外铺有鹅卵石的小道上踱步时，他一边自言自语，一边眯眼看着外面气候险恶、大雨滂沱的天空。他边看边对米勒说："我肩上这4颗星好像每颗都有1吨重。"

时间一分一秒地过去，咖啡也一杯杯地从壶里到杯中再到胃里。艾森豪威尔的情况越来越糟。他的头疼时轻时重，再加上一只眼睛感染和高血压，常常令他痛苦不已。还有该死的电话铃声不绝于耳，让他片刻不得安宁。"艾克从来没有这样焦虑过"，凯写道。她曾无意间听见艾森豪威尔小声咕哝："上帝呀，但愿我清楚自己在干什么。"

调中火，抹黄油，打鸡蛋，加热。端稳煎锅。别把煎饼烤煳了。

9点30分，当倾盆大雨砸向"索斯威克之家"高大的法式大门时，斯塔格上校大步流星地走进黑暗阴沉的图书馆，向艾森豪威尔手下的将官们宣布了一条出人意料的消息。令人难以置信的是，冰岛上空形成了一个气泡般的高压区，这片高压区正向沿岸移动，带来了短暂的晴天。从6月5日星期一夜晚开始，暴风雨将有所减弱，勉强可以使盟军在6月6日实施进攻行动。

面对诸多相互矛盾的因素，例如云幕、潮汐、雨势、装船计划、海军轰炸、月光、海浪和轰炸机掩护等，艾森豪威尔的脑子开始飞速旋转。种种情况形成的矩阵仿佛龙卷风般在他的脑海中盘旋。他虽然是在低声自语，但屋子里的其他人都听到了他的嘟囔："这意味着将整个行动悬于一线，问题是，这种情况能够维持多久呢？"

假如艾森豪威尔能有半天时间进行权衡，他也许不会如此苦恼，但现在根本没有时间。海军上将拉姆齐负责将士兵运往岸边，他明确提出了最后期限。艾森豪威尔清楚，这个期限是说给自己听的。"假如'霸王行动'

要在 6 月 6 日星期二开展，我必须在随后半小时内向部队发出临时预警。"

艾森豪威尔坐在索斯威克图书馆里，虽然身边都是他的朋友，但是他感觉他们距离自己仿佛有千里之遥。艾森豪威尔的得力干将比德尔·史密斯向来不动感情，但他回忆道："在此之前，我从未意识到作为一名指挥官，在需要作出如此重大决定时是何等寂寞和孤立。他没有像往常那样迈着大步快速地走来走去，而只是静静地坐在那里。他看起来十分紧张，就像在 4 月进行演练时一样，开始对天气情况的种种因素进行权衡。"

经过片刻沉默，艾森豪威尔脸上紧张的神色突然消散。"可以肯定，我们现在必须下达命令。"他低声说，"虽然我不喜欢这样，但事已至此……我看不出我们还有什么别的选择。"他猛地回过神来，一切都豁然开朗。

"好吧，开始行动。"他说。

随着一声声"祝你成功"和"祝好运"，众人开始分头行动，迅速返回各自的指挥所。"霸王行动"即将开始，无论最高统帅有多焦躁不安，接下来的事情已非他所能掌控。

"角笛——船首斜桅。"

6 月 4 日凌晨，在"奥古斯塔号"军舰上，通信中心的电传打字机发出清脆的咔嗒声，传来了一条只有寥寥数语的信息。这条信息是发给第一集团军司令布莱德雷的，告诉他"海王行动"推迟了 24 小时。布莱德雷对这一决定表示理解，但深感遗憾，因为这就意味着随后漫长的一天又将在晕船、紧张、潮湿的空气和令人难以忍受的等待中度过。每当他看见乌云间露出一缕阳光，他的心都会跳到嗓子眼儿，但每一次，微弱的光线都很快就被雷雨云吞没。

柯克将军把布莱德雷分到了船长室。1941 年，在与丘吉尔签订《大西洋宪章》（*Atlantic Charter*）时，罗斯福总统就住在这间船舱里。尽管舱内十分舒适，但就像所有步兵一样，在登上缓慢漂荡的军舰后，奥马尔·布莱德雷感觉自己宛如挤在罐头里的沙丁鱼般脆弱无助。

进攻行动即将开始，布莱德雷本已十分焦虑，但另一件事情让他更加不适。他尖尖的鼻子上突然冒出一个疖子，由于疼痛不已，他只好到医务室就诊。为了避免感染而影响身体，"奥古斯塔号"上的医生强烈建议切开疖子放脓。因此，在接下来的几天里，布莱德雷被勒令缠上消毒纱布绷带，等待伤口痊愈。虽然这种感觉有点儿滑稽，但他尽量不让自己受到影响。布莱德雷的助手们担心他的形象问题，所以在指挥官的鼻子恢复正常之前，他们竭力让他避开那些手拿摄像机的记者。整个白天，时间一分一秒地缓慢逝去，布莱德雷始终表现得精神饱满。

为了打发时间，和其他军官一样，布莱德雷不是在担心自己无法掌控的细节，就是同船员和参谋们闲聊。他和汉森还谈起了巴顿威风凛凛攻入墨西拿的往事。即便是在进攻前夜，他仍对巴顿狂妄自大的做派愤恨不已。

布莱德雷一边耐心等待新的命令，一边飞速考虑着不计其数的细节问题。这些问题他已经和参谋们一再确认过。他的战情室是一间用铁皮在后甲板上搭成的狭窄小屋，紧挨着一门声音震耳欲聋的防空炮，所以经常令人感到不适。助手们只好用胶带粘住灯泡、钟面以及其他有可能在开炮时被震碎的东西。墙上挂着一幅米其林公司制作的法国地图，旁边还有几幅海滩图，图上红色的半圆显示出沿岸火炮的火力范围。墙边是一排打字机，地上扔着不少装备带，角落里还堆着一团团破布，这些用来擦除地图上油脂笔痕迹的破布越积越多，令整个屋子显得乱七八糟的。

尽管战情室里乱作一团，但布莱德雷最关心的还是情报处长的预测，即盟军抵达英吉利海峡对岸后即将面临的天气状况：云层很低，能见度低，风速为 8.7 ～ 11.3 米／秒（8 ～ 9 级风），海面波涛汹涌，大浪高 1.5 米，沿岸浪高 1.2 米。

"看来情况不妙。"布莱德雷说。

迪克森点点头："的确很糟。"

24 小时后，"奥古斯塔号"及其姊妹舰艇仍在海峡中上下颠簸。考虑到西面险恶的天气，布莱德雷及其部下认为，艾森豪威尔会再次下令，将进攻推迟到 6 月 7 日，即本月最后一个适合登陆行动的日期。但消息很快传来，艾森豪威尔决定在 6 月 6 日开始行动。布莱德雷回到舱内，扯掉救生衣倒头便睡，连制服和鞋子都没脱，很快便忘掉了风速、海浪和云量。

反正现在再考虑这些也没用。艾森豪威尔控制不了上述因素，而艾森豪威尔又是他们的统帅。至少这一次和西西里岛战役不同，布莱德雷乘坐的舰艇不是绣花枕头。

凌晨 3 点 35 分，布莱德雷从浅浅的睡眠中醒来。他刚刚驱散睡意，就听到舰艇上钟声铿铿，要求所有人员进入战斗部署。他迅速穿上一件海上救生背心，扣好钢盔，胸前挂着一部沉甸甸的望远镜，跑上陡峭的楼梯，来到柯克将军昏暗的舰桥上。

清晨寒风凛冽，众人用棉花团塞住耳朵，以免被海军的大炮声震聋。在奥马哈海滩外，这位来自莫比利的将军将得以近距离目睹有史以来规模最大的两栖登陆行动。

突破希特勒的"欧洲堡垒"

布莱德雷看到的情况不容乐观。天空黑黢黢、阴沉沉的，海上波涛汹涌，登陆艇要想开上海滩绝非易事。更为糟糕的是，迪克森在最后关头得知，德军已经将强大的第三五二师调往奥马哈海滩，现在采取任何措施都为时已晚。

但眼下这些无关紧要。不管即将出现什么情况，空降部队已经着陆，他的部队正在前进。现在布莱德雷可以发号施令的只有那些能够听到他声音的士兵，而他的职责就是鼓励身边的每一个人。因此，布莱德雷隐藏了自己真实的情感，勉强挤出一丝罕见的笑容。他知道，接下来会有数以百计甚至成千上万的年轻士兵阵亡，他们在国内的家人很快会收到陆军部的电报，其家中的窗户上也会多出一颗金星。

"海王行动"规模宏大，当天在场的任何人都不会忘记。英国皇家空军出动了1300架轰炸机，掠过靛蓝色的天空，对法国沿岸进行猛烈轰炸。随后，这群银色的大鸟宛如缎带上点缀的一个个斑点，陆续返回本土。低空飞行的"喷火"战斗机从另一个方向飞来，接着是480架双翼"解放者"轰炸机。它们飞往法国本土，一共投下了近1134吨炸药。在它们下方，有成百上千艘各式各样的舰艇和船只，包括登陆艇、支援艇、战列舰、医务船和护航舰等。有的负责运送士兵，有的负责运送坦克、推土机和信号站。

布莱德雷最发愁的是其中最小的"希金斯"登陆艇和实验性的"谢尔曼"水陆坦克。前者四四方方，只能容纳32名士兵；后者在水中前进时，四面仅有一层薄薄的帆布抵御海浪。看了看滔天的巨浪，布莱德雷和"水桶"索尔森不禁连连摇头。

但布莱德雷提醒自己不必过于烦恼，因为无论将军们在指挥舰上怎样团团乱转，他们的部下都已经远非他们所能掌控的了。掌控局势的是那些端着步枪、操控迫击炮、在前线厮杀，甚至是已经奄奄一息、在障碍物后躲避以及喊着"米奇"和回应"老鼠"的士兵——尽管这些口令有些古怪，但他们的盘问和回答却一丝不苟。此时，决定战争胜负的不是艾森豪威尔、蒙哥马利或布莱德雷，而是这些士兵。在接下来的几个小时里，当海军用大炮轰击碉堡，当士兵们浴血奋战时，奥马尔·布莱德雷只能一边观察一边等待。随着他一声令下，角逐已经开始。

直到上午 10 点，吉·杰罗手下第五军的第一批报告才陆续传来。杰罗的报告令人气馁。上面写道："障碍已清除，进展缓慢……前往 F 绿地的水陆坦克陷入沼泽。"

最让布莱德雷担心的是"进展缓慢"这句话，因为岸上的鏖战不是为了保住奥马哈的沙砾，而是为了拿下通向草地和旷野的要道，这些地方要远比海滩有用。

在得知美军在奥马哈意外遭到德军劲旅的抵抗时，布莱德雷神经紧绷，只是尽量不表现出来而已。德军必然会发起反击，而自己手里的兵力所剩无几，一想到这里，布莱德雷感到胃里阵阵抽搐。从德军发现盟军舰队的那一刻起，美军就必须争分夺秒。在奥马哈，第一波进攻将出动 3.4 万名士兵和 3300 辆交通工具；第二梯队紧随其后，由 2.65 万人和 4400 辆交通工具组成；后续部队需要在下一次涨潮时砸开奥马哈的大门。因此，如果第一波进攻不能夺取海滩，这片危险的海域将会出现史无前例的阻塞。

布莱德雷站在"奥古斯塔号"的甲板上，通过望远镜几乎什么都看不到，但是步兵出身的他可以想象得到，前线的步兵正为拿下海滩而苦战的场面。突击队蹚过齐颈深的海水，步履艰难地爬上岸，准备展开厮杀，浸过水的装备、弹药和衣服几乎拖到了沙砾上。迫击炮弹在他们身边炸开，钢铁碎片四溅。可怕的 MG-42 机枪突突作响，雨点般的子弹不知从何处飞来，在毫无遮挡的沙滩上不紧不慢地来回扫射。爆炸声和尖叫声此起彼伏，鲜血流淌成河。军士和低级军官压低身体，一边寻找能认出的手下，一边试图恢复秩序，好让大家能活下来。

中午时分，杰罗宣布奥马哈"形势危急"。切特·汉森经过迅速侦察，也报告称许多登陆艇陷入泥沼，尸体被炸得满天飞。布莱德雷差一点儿就想要放弃奥马哈，将第二波队伍转往犹他。在这个紧要关头，他忧心如焚。两天后，他对蒙哥马利坦言："有朝一日我会告诉艾森豪威尔将军，最初几个小时的情况有多悬。"

下午 1 点 30 分，布莱德雷及其指挥团队得知，杰罗已经突破海滩出口，正向内陆推进。比尔·基恩也从前线发来报告，确认美军已经拿下奥马哈。布莱德雷长出一口气，开始指挥部队将推土机、大炮和其他诸多物资送上法国的土地。

直到午夜，布莱德雷才上床睡觉。他对今天的战果感到满意。他和手下的将官指挥 5 万名士兵进入了希特勒的"欧洲堡垒"（Fortress Europe），又向柏林推进了 10 千米。这无疑是个良好的开端。

"如果一切顺利，邀功的会有好几十人。但假如出了岔子，担责的只有你一个。"凯·萨默斯比在艾森豪威尔批准进攻行动当晚对他说。在 6 月 5 日漫长的一天里，艾森豪威尔一直在静静思考，一旦登陆行动失败，他需要承担多大责任。要是空降部队被摧毁了怎么办？要是海浪吞没了登陆艇怎么办？要是关于装甲教导师或党卫军第十二师的情报有误怎么办？要是他运气不佳怎么办？

当然，他再怎么揣测也没有用。他没有必要去预估有可能发生的事情，因为一旦出现状况，艾森豪威尔和需要应对这些状况的普通列兵之间还隔着十几级。因此，他只能一边抽烟，一边来回踱步，或者看望一下参战的士兵，包括利-马洛里认为注定会被歼灭的空降部队。他甚至草拟了一份接受失败的声明，但是希望自己永远不用将其发布出去。整个晚上，他一直在自言自语，仿佛问题的答案就藏在索斯威克之家的某张桌子上或某个书架后。

"艾克，别再做徒劳无益的事情。上床睡觉去吧，不要再胡思乱想了。"

他走进活动房屋，随手关上门。

1944 年 6 月 6 日上午 6 点 40 分，在"磨刀石"的房间里，最高统帅专属的绿色听筒扰频电话响了起来。当艾森豪威尔休息时，前线指挥所的布彻负责接听这部电话。电话是利-马洛里打来的，他想要告诉艾森豪威尔一则好消息：空降部队已经着陆，人员伤亡不大。米基·麦基奥兴奋得难以自抑，布彻立即派他叫醒最高统帅。

米基不安地推开艾森豪威尔的房门，发现上司已经醒了。艾森豪威尔坐在床上，手拿一本西部小说，胡子拉碴，面容憔悴，嘴里还叼着一根细细的香烟。床边的烟灰缸里满是灭掉的烟蒂，缸底散落着烟灰，宛如一座小小的雪后山村。艾森豪威尔看起来似乎熬了个通宵，而事实也的确如此，因为他根本就没有睡着。

"他面色疲倦而憔悴，"米基回忆说，"勉强挤出了半点儿笑容。"但是当米基问他感觉如何时，艾森豪威尔哑着嗓子回答："还行，米基。"当米基告诉他海军那里刚刚传来的好消息后，艾森豪威尔立即为之一振。片刻之后，他刮了脸，喝了咖啡，又抽了一根香烟，然后从房间里走了出来——伞兵空降成功的消息让他打起了精神。

"如果一切顺利，邀功的会有好几十人。"凯说过。

没错，艾森豪威尔清楚，从蒙哥马利最初的报告来看，很快就会有几十人来邀功请赏，不过这倒也没什么。他乘车来到蒙哥马利的指挥所，与这位高级陆军指挥官见面，听到了从英国方面传来的更多好消息。英军负责的剑滩和金滩战况不错，而为了争夺朱诺海滩的高地，加拿大军队仍在艰苦地战斗。这个开头还算不赖。

眼看登陆行动即将结束，就像在直布罗陀和马耳他的战役中一样，他越来越担心：布莱德雷的报告在哪？艾森豪威尔的心腹助手正竭尽全力，为最高统帅拼凑出完整的战况。他的亲信苏格兰人吉米·高尔特拿起扰频电话，接通了海军。艾森豪威尔也在侧耳倾听。"老天，情况一定很糟。"高尔特挂断电话后，艾森豪威尔推测道。

6月6日当天，艾森豪威尔的手下始终十分严肃。"没有人像平时那样开一些愚蠢的小玩笑，"米基回忆道，"我们只是坐等消息。"随着战况不断揭晓，由于没有听到美国军舰"奥古斯塔号"及其陆军司令三星将军布莱德雷的任何消息，德怀特·艾森豪威尔感到焦躁不安。

布莱德雷到底在哪？

艾森豪威尔心想，他一定要弄清楚。6月7日上午晚些时候，他和随行人员离开海滩，登上英国的三烟囱布雷舰"阿波罗号"（Apollo），准备亲自造访布莱德雷的指挥舰。当"阿波罗号"驶向奥马哈海滩时，眼前的景象一片混乱，到处都是登陆艇、运油船、补给船、运兵舰、战列舰、人造防浪堤、补给堆、驱逐舰和阻塞气球，海滩上绿褐色的车辆像蚂蚁般成群结队、川流不息，这场面即使在这项行动的设计师看来也是叹为观止。

但艾森豪威尔没有时间观看这一壮丽的景象。"阿波罗号"在"奥古斯塔号"旁边停下，布莱德雷所在登陆艇的艇长很快要求前者批准他登船。

"天哪，布莱德雷，"艾森豪威尔边与这位昔日的同窗握手边说，"昨天上午你可是把大家吓坏了。你怎么没有告诉我们到底发生了什么事？"

"我告诉你们了，"布莱德雷惊恐地说，"我们分毫不差地用无线电发送了消息，包括吉和柯林斯传来的所有情况。"

"昨天下午之前，我这里什么也没收到，连只言片语都没有。我不知道你这里到底发生了什么。"

"可您的总部按照我们的要求，确认收到了每一条信息。您回去以后可以检查一下，就会发现所有消息都发送到了。"

艾森豪威尔耸耸肩，没有理会这件事。他会派人彻查的。但是现在他有很多问题要问布莱德雷将军。

布莱德雷后来发现，问题出在蒙哥马利不堪重负的指挥所。第一集团军的报告通常会发到这里。但登陆开始后不久，英国的解码系统就陷入了瘫痪。面对这些编码电报，蒙哥马利手下的"黄铜杵"们[1]落后了整整 12个小时。

这对布莱德雷来说多少是个安慰。他清楚，在这样一个生死攸关的重要时刻，他已经给这位故交增添了烦恼。

就像近一年前的巴顿一样，布莱德雷也对艾森豪威尔的指责感到委屈。毕竟是他将 5 万名士兵送入了"欧洲堡垒"，这怎么说也算大功一件，而艾森豪威尔竟然因为他没有及时报告情况这种鸡毛蒜皮的小事发牢骚，所以他感到极为不快。

人事上心狠手辣，战术上谨小慎微

1944 年 6 月 9 日，第一集团军的高级指挥所终于登岸。布莱德雷总部

---

[1] brass pounders，英语俚语，意指报务员。——译者

勤勉的工兵在奥克角（Pointe du Hoc）正后方的苹果园内建起了一座由帐篷和拖车组成的小城。3 天前，突击队就是在这里与敌军交手的。眼下，蒙哥马利的部队已经在金滩、剑滩和朱诺海滩站稳了脚跟，正在为包围卡昂而苦战，那也是蒙哥马利登陆日进攻的目标之一。在美军方面，布莱德雷仍然十分乐观，但他也知道，在奥马哈和犹他南部的区域，即科唐坦半岛的颈部，激战仍将持续一段时间。

6 月 12 日，美军拿下了奥马哈和犹他之间的空地。布莱德雷和切特·汉森乘坐吉普车，轰隆隆地一路驶向古老的村庄奥维勒苏勒维（Auville-sur-le-Vey），奔赴附近的前线察看战况。他很喜欢这样四处走走，只要有一辆吉普车、一个软座、一位好司机和一袋当作午餐的干粮就行，不需要旗帜招展，不需要拉响警报，更不需要巴顿那种轰轰烈烈的阵势和一群溜须拍马之徒。

布莱德雷、切特和司机亚历克斯·斯托特沿着一条失修的道路颠簸前行，很快便在路边停了下来，因为他们看到一辆装甲车将 37 毫米口径炮管对准了一名隐藏的狙击手。在一片喊叫和烟尘当中，另一辆吉普车呼啸着冲到布莱德雷的车前，上面坐着的准将满脸担忧。

"你们准是疯了吧，长官，竟然想从这里通过。"准将的声音甚至压过了火炮，"路上肯定有地雷，还是让我走前面好了。"

考虑到自己和准将的风险，布莱德雷摇摇头。"不用了，不过谢谢你，"他对准将说，"我不从这里过了。"斯托特将吉普车调了个头，三人迅速折回海滩。"在攻克卡朗唐之前，我们最好还是待在鱼雷快艇上。"在返回指挥所的路上，他对汉森说。其他将军也许会喜欢咋咋呼呼的危险行为，但布莱德雷不会。

> 从我过去参加登陆行动的经验来看，所有通过无线电获得的所谓的信息都是凭空想象出来的。我之所以清楚这一点，是因为假如是我登上海滩，在行动的这个阶段，我什么都不可能知道，所以那些评论员能了解些什么？

这就是巴顿在登陆日的经历。在一桩桩事件甚至重大事件发生时，这个老人始终守在无线电旁，聚精会神地收听消息。

思来想去，他坐回椅中。当天，他写信给比阿特丽斯："我置身局外，眼睁睁地看着所有辉煌的成就与我擦肩而过，实在感到痛苦不堪，但我想这应该够了。"他在日记中写道："我简单收拾了几件行装，也许有人阵亡后，我将不得不奔赴前线。"

登陆日当天，的确有许多人阵亡。事实上，这个数字高达几千。但是在巴顿看来，阵亡的都不是合适的人，因为这些人中没有中将、少将，甚至没有准将，否则巴顿就能顺理成章地取而代之。要是巴顿想尽快奔赴法国，纳粹打击目标的级别就必须再高一些。

于是他坐在收音机旁，专心地听着大事与他擦肩而过。

当巴顿收听无线电时，布莱德雷正催促增援部队登岸，让他们有条不紊地向瑟堡推进。他的首要职责是为军长们——包括柯林斯、杰罗和刚刚抵达法国的第十九军军长查尔斯·H.科利特少将——提供充足的士兵。但是对布莱德雷来说，最耗费时间的还是后勤和人事工作。布莱德雷认为，人事工作的职责是指一旦开始交火，所有不符合标准的参战人员必须立即予以降级。他也向手下的所有军长明确表达了这一态度。由于第九十师训练不足，尽管该师师长才上任不久，应"闪电乔"的要求，他还是解除了此人的指挥之职。但这位将军的继任者同样表现欠佳，布莱德雷撤换了整个师，用第七十九师取而代之。在解除第九十师师长职务不到一个月后，他又解除了其继任者的职务。第八军在特洛伊·米德尔顿的指挥下抵达法国不久，他又解除了该军第八师师长的职务。

随着战事继续，这种情况一再出现。布莱德雷后来概括了自己对责任的看法：

> 在欧洲，我多次由于指挥官未能迅速行进而解除其职务。其中有些人可能只是形势所迫。现实中会有许多因素影响战役的结果，所以将失败归咎于某一个人或许有失公允。但每一位指挥官都必须始终为每一名部下承担责任。如果他手下的营长或团长未能达到要求，他就必须解除他们或自己的职务。

很多将领认为，布莱德雷没有必要采取如此强硬苛刻的手段。艾森豪威尔也曾教训他说，对于那些有所欠缺的指挥官，不能解职了事，而是应当责令其改正。布莱德雷的看法截然不同。在他看来，战争这位老师不会原谅任何人，如果不能及时解除那些力有不逮的将军的职务，只会招致失败，并不必要地在国内制造更多的"金星母亲"，而这是他最不愿看到的事情。

但在战术问题上，布莱德雷的态度完全不同，他会密切关注、积极对待。布莱德雷手下的三名指挥官——科利特、杰罗和咄咄逼人的第二十九师师长查尔斯·H.格哈特（Charles H. Gerhardt）已经急不可耐，希望攻克圣洛这个重要的道路交会点，那也是科唐坦半岛的咽喉。他们敦促布莱德雷称，拿下圣洛就等于打开了科唐坦的出口。

考虑到艰巨的后勤问题，在乔·柯林斯夺取瑟堡港之前，布莱德雷不同意让三人出战。此时，他正专心致志地攻打瑟堡，可不能把脖子伸得老长，等着农夫希特勒拿着锄头在自己后背上狠狠来一下。他告诉行动负责人"水桶"索尔森说，他手下的军长"急于出战。我必须阻止他们，让他们继续防守。他一定会对我们予以痛击，我可不想出现突破口"。他说，科利特和杰罗必须"守在原地，为了让他们服从命令，即使要收缴他们的弹药也在所不惜。在乔攻占瑟堡之前，任何人都不准擅自行动"。

数日后，事实证明布莱德雷的小心没有错。迪克森笑吟吟地走进军用帐篷，带来了一条好消息——瑟堡外的德军撤出了半岛。显然，德军在布莱德雷身上找不到任何缺口。由于布莱德雷没有拉长战线让部队处于险境，现在他占领了科唐坦，或者说至少占领了半岛的大部分。次日，乔·柯林斯的部队包围了瑟堡，预计很快就能将其攻克。布莱德雷决定在第二天首次对媒体发布重大消息。

在登上科唐坦半岛 10 天后，第一集团军的人事部门计算出了伤亡数字。这个数字对外保密，约有 1.5 万人死亡、负伤或失踪，远低于之前所有人的预期。这也说明布莱德雷在进攻行动前对媒体预测的伤亡数字是准确的，但当时他在国内受到了一致批评。"为什么不把这条好消息告诉美国人民？"他的部下问，"这会让民众清楚，诺曼底登陆根本就不像之前有些媒体渲染的那样，是一场血腥的大屠杀。"

布莱德雷认为这一提议言之有理，并且有助于提振士气，因此同意对外公布伤亡数字。

但不是所有人都同意这种看法。在最高统帅部，情报官员需要通过各种各样的消息摸清敌军的兵力，因此担心德国人有可能根据布莱德雷公布的伤亡数字大致推算出第一集团军的兵力。其中一个人打电话给蒙哥马利的参谋抱怨此事。作为布莱德雷的上级，蒙哥马利冷冰冰地打电话给前者，以他独有的方式对手下这名美国军官在安全方面的失察之举进行了斥责。

此后，布莱德雷和蒙哥马利没有再提起此事。两人都训练有素，不会在一些空泛的或者已成定局的问题上争执不休，起码在战争期间是这样。但蒙哥马利突如其来的警告让奥马尔·布莱德雷明白，这个穿着阔腿裤的英国人必将以极为严厉的手段管理手下的军队。

至少在布莱德雷设法摆脱他的控制之前，情况不会有任何改变。

1944年6月中旬，艾森豪威尔开始怀疑这个曾经在巨大的地形图前高谈阔论的天才是否真的能够突破科唐坦。蒙哥马利在登陆日的进攻目标是卡昂，但迄今为止，卐字旗仍在这座城市的上空飘扬。被卡昂掩蔽的地区空旷平坦，非常适合作为机场或者后勤仓库，而且其东侧的道路直通塞纳河、巴黎和奥尔良（Orléans）。这里不仅可以使盟军拥有足够的空间开动坦克，而且可以加固盟军战线的左翼。

蒙哥马利不仅未能在登陆日拿下卡昂，而且他在随后的两周内也没有完成这一目标，因此最高统帅部渐渐出现了一股恶毒的反蒙哥马利的势头，其中一些不满者含糊其词，实际上隐藏着民族偏见。但他最大的批评者是几名英国皇家空军元帅，其中包括曾在北非与巴顿对抗的、脾气暴躁的外号为"玛丽"的海军上将坎宁安以及艾森豪威尔的左膀右臂阿瑟·特德。蒙哥马利总是喜欢得罪第二十一集团军群以外的同僚，这就意味着会有很多人对他落井下石。

但蒙哥马利冷静地认为，由于前方德国装甲部队的存在，他暂时无法对卡昂发动袭击。反之，他建议"引开第二集团军前线的敌军"，放松布莱德雷的前线，使美军得以从南部进入布列塔尼。经艾森豪威尔批准，蒙哥马利下令布莱德雷向库唐斯（Coutances）方向发动进攻。库唐斯是一座沿海小镇，位于科唐坦颈部的底端。

6月19日，一向乐观的艾森豪威尔遭到沉重打击。暴风骤雨突然袭来，整整持续了3天。这是诺曼底沿岸20年来最大的一场暴风雨，导致大约

800 艘船只倾覆或搁浅，摧毁了工兵和水兵在奥马哈海滩建起的人工港。虽然艾森豪威尔及其参谋部需要好几天，也许是好几周，才能计算出这场灾难的影响，但他很快意识到，这场风暴给盟军造成的损失要远比德国人带来的严重得多。

虽然艾森豪威尔身上的压力越来越大，但另一起事件为他个人带来了些许安慰——陆军部批准他的儿子、新任少尉约翰休假两周，并将这名年轻的军官送往英国去见他的父亲。6 月 13 日，约翰到达英国，已经有人在苏格兰码头迎候，并迅速将他带到艾森豪威尔在索斯威克的总部。这是他自去年圣诞节以来第一次见到父亲，而此时后者正在电话里责骂 J. C. H. 李。

约翰看见父亲忙得不可开交，与他 1942 年夏天离开美国时迥然不同。他变得态度生硬，甚至有些粗鲁。艾森豪威尔固然是一位慈父，但现在的约翰已经是一名军官，作为他的最高上司，艾森豪威尔不能过度显露舐犊之情。在电报房里，他指责儿子在舰桥上表现欠佳。当约翰问起不同军衔军官之间的军事礼仪时，他简短粗暴地回答："在这个战区，没有军官比你军衔更低，也没有军官比我军衔更高。"没过多久，约翰就离开了地中海战区，重新调回部队，但他将于次年春天重返这里。

就像往常一样，在深夜与老朋友交谈才是艾森豪威尔最放松的时刻。这是他摆脱战争压力的一种方式。有时候，所谓正式拜访只不过是一个离开指挥所的借口，好让他能够找人聊聊天，而只有这些人才能让他振作起来。一天晚上，他决定去找布莱德雷，到第一集团军的帐篷里待一会儿。天黑以后，布莱德雷拉下遮光板，让勤务兵拿来一瓶缴获的法国红酒。两人喝着一直聊到深夜，话题也不外乎他们平时在深夜谈到的那一套，有战地公务，也有闲言碎语和逸闻趣事，最后说着说着就扯远了。

有一次，艾森豪威尔告诉布莱德雷说，他曾经遇见一名来自堪萨斯州的士兵。这个小伙子过去是一个种小麦的，自称家里有 7.2 万多亩地，每亩的产量是 6.8 蒲式耳[①]，但艾森豪威尔觉得这话不可信。

"当我还是个孩子时，"他若有所思地说，"对于一个阿比林小伙子来说，最现实的梦想就是能在堪萨斯州拥有 1500 亩地种麦子。没错，这对我来说已经相当不错了，我猜你也差不多吧，布莱德雷。"

---

① 在美国，1 蒲式耳约等于 35.24 升。——译者

布莱德雷想了想说："在莫比利，我能有 970 亩地就够了。"

对于艾森豪威尔、布莱德雷以及其他许多像他们这样身居高位的军官来说，他们总有一些方式让生活变得不那么难以忍受，而拉家常只不过是其中的一种。艾森豪威尔也许与巴顿相交更久，但是跟布莱德雷在一起时他会更加惬意，因为后者不像乔治·巴顿那样总是夸夸其谈，到处显摆，时不时地还会捅个娄子，让他感到不胜其烦。布莱德雷并不擅长追击战，也不会像巴顿那样让生活充满乐趣，但是他和生长于阿比林的艾森豪威尔一样，都来自美国中部。跟他在一起时，艾森豪威尔既感到放松，又十分清楚，如果两人争执起来，奥马尔·布莱德雷总是沉着镇定，只要在军事上可行的事情，他都会努力争取。艾森豪威尔和布莱德雷联手就能共同对付蒙哥马利、巴顿和敌军。

第17章　举步维艰的法国突围战

> 无论是艾克还是布莱德雷都不得要领。艾克被英国人束缚了手脚却不知情，可怜的傻子。其实我们根本就没有什么最高统帅。
>
> ——巴顿，1944年7月12日

艾森豪威尔的另一个敌人是时间。按照"霸王行动"的计划，截至1944年6月底，盟军应该已经深入开阔的农村地带。毫无疑问，此次计划的负责人每天都会检查行动进度。但实际情况恰恰相反，他手下的士兵不是陷入沼泽和灌木丛，就是被德国守军拖住了后腿。从总体上来看，送往法国的部队、装备和补给的总数已经远远落后于最高统帅部计划的时间表。进攻行动已经开始一个月，但盟军夺下的滩头堡也只是滩头堡而已，由于地带过于狭窄，这里不足以调遣军队，也不足以从英国送来后备部队，甚至不足以井然有序地将装备卸到海滩上。事实上，由于滩头堡过于狭窄，盟军最大的目标卡朗唐仍然处于德军炮火的轰击范围内。假如有人站在伊西尼（Isigny）的机场，那么他将看到P-51战斗机起飞，将机翼上的炸弹投向敌军，然后倾斜转弯返回跑道，装载下一批炸弹——这些飞机将始终处于他的视野之内。

半年来，艾森豪威尔的参谋部、蒙哥马利的参谋部、布莱德雷的参谋部以及数以百计的各级参谋呕心沥血制订了行动计划，那么盟军这一大规模行动为什么会陷入严重的僵局？按照计划，情况本不应该如此。

好吧，也许他可以将之归咎于暴风雨，这场暴风雨给临时码头云集的工兵和港口工人造成了灾难性影响。他还可以将之归咎于沼泽和灌木丛，这些古老的天堑让德国守军如虎添翼。他甚至可以将之归咎于蒙哥马利行动迟缓。

但艾森豪威尔清楚，伦敦和华盛顿方面不会谴责灌木丛、天气或者蒙哥马利，而只会谴责他这位最高统帅。

因此，艾森豪威尔必须尽快摆脱诺曼底。

这位苦恼的将军只有两种方式摆脱诺曼底——后者仿佛一双冷冰冰的鞋子，已经粘在了他的脚底。这两种方式都需要开辟新的港口。他可以选择向北，派遣蒙哥马利攻占塞纳河在勒阿弗尔和鲁昂的港口，从而连通英吉利海峡和低地国家。或者，他也可以选择南侧的布列塔尼，让布莱德雷朝圣纳泽尔（St.-Nazaire）、洛里昂（Lorient）和布雷斯特进发。一旦拿下这些港口，美国和英国的弹药、燃油和援军就可以源源涌入，巴顿的第三集团军就能上阵参战，前线部队也可以将后方交给李将军的补给部队，就像美国大兵们常说的，"边打边抢"。接下来，艾森豪威尔就可以考虑巴黎、莱茵河和柏林，甚至可以考虑回国和玛米一起踏上为期 6 个月的垂钓之旅。

然而，这一切都需要他首先找到一个突破口。

暴雨、灌木丛和沼泽

在仔细研究了情报处地图上的红色矩形后，艾森豪威尔得出的结论是：布莱德雷比蒙哥马利所在的位置更适合进行突破。两人都面对着 3.5 万名德军，但邓普西手下的第二集团军对抗的德国装甲部队拥有更多坦克和高射炮，炮火更加密集，还有大量被德军称作"喷烟者"（Nebelwerfers）的火箭炮，这种武器被盟军士兵戏称为"尖叫的米米"[1]。正因为如此，蒙哥马利才未能兑现自己曾经许下的诺言，即在登陆日攻克卡昂，然后"包围法莱斯"。如今盟军已经登陆 30 多天，而纳粹的卐字旗仍在卡昂市中心飘扬，这不仅令蒙哥马利感到尴尬，而且最让人担心的是，还会耗尽英国有限的兵源。艾森豪威尔承认，相较而言向南推进的机动性较大，布莱德雷有可能冲破德军日渐虚弱的包围，向南直捣布列塔尼。事实上，这个选择也与蒙

---

[1] 因"喷烟者"火箭炮发射时的尖啸声而得名。——译者

哥马利在进攻前下达的命令一致，因此它在最初的时候看起来最为合理。

但这并不是说布莱德雷能够轻易突出重围。首先，科唐坦半岛灌木丛生、遍布沼泽，因此易守难攻。在该地区的颈部，泥泞的溪流和深渠纵横交错，即使是步兵也举步维艰。

其次，瑟堡也是难题。现在乔·柯林斯和他的第七军已经将这里围得密不透风，但德军仍在负隅顽抗。这座港口城市早就是"霸王行动"的重要目标，只有占领这里，盟军才能深入内陆。也就是说，在从第一集团军背后拔掉这颗钉子之前，盟军无法转而向东。

更加严峻的是，布莱德雷的部队即将面对的敌军不是沿岸那些静止不动的二流部队。在下一个回合中，他的对手将由大批老兵、装备精良的步兵、掷弹兵、装甲兵和伞兵组成，而这些人全都在苏联前线打过恶仗。布莱德雷麾下虽然有 13 个整编师，包括 9 个步兵师、2 个装甲师和 2 个空降师，但大部分即将到来的师团从未上过战场，空降师也准备返回英国换班，为下一次行动进行休整。

但艾森豪威尔别无选择。由于北方有重兵把守，盟军必须在被德军彻底封锁前突出重围。因此，两害相权取其轻，艾森豪威尔将球传给了布莱德雷，让他带球继续跑。盟军将向南突破，奥马尔·布莱德雷中将成了艾森豪威尔新的跑卫。

英国的"克伦威尔"坦克一旦绕到法莱斯后面，冯·伦德施泰特将难以承受。既然如此，奥马尔·布莱德雷满怀希望地认为，德军在邓普西前线的装甲师难以及时调往南侧，阻止他穿过科唐坦的沼泽并继续向地势开阔的南部和西部挺进。他暗自祈祷一切顺利。按照他的突围计划，12 个师将发起大规模攻势，打开一个通向布列塔尼、卢瓦尔（Loire）和塞纳河的巨大豁口。

布莱德雷认为，这是一个切实可行的好计划。但是他的进攻时间定在 6 月 30 日，而他和上级都对这个时机感到担心，因为无论是最高统帅部还是其他所有人都推测，隆美尔和伦德施泰特会从巴黎调来援兵。眼看 6 月一天天过去，蒙哥马利提醒布莱德雷，德国的重装甲师正在巴黎以西集结，准备发起一场"血腥的还击"，其中包括大约 200 辆马克Ⅳ型坦克、150 辆"豹"式坦克和 80 辆"虎"式坦克。迪克森紧张地预言，此前驻扎在东线的党卫军第二装甲军将于 7 月 3 日抵达。众所周知，对这支党卫军部队绝不能掉以轻心。更为糟糕的是，盟军发现加莱附近第十五集团军的一个军正在向南移动。布莱德雷担心，一旦突围行动开始，希特勒的这支精锐部队会对第一集团军暴露的左翼发起袭击。最高统帅部开始惶恐不安，艾森豪威尔亲自下令要求布莱德雷"全力以赴"，加快进攻。6 月 27 日，艾森豪威尔写信鼓励布莱德雷，但语气实在难以令人信服——他告诉自己的朋友："我敢肯定，你发起的进攻一旦开始，必将大获成功。"

在如此巨大的压力下，布莱德雷非常希望在月底开始行动。但是在 6 月的最后一周，他的参谋说服他让大家在随后的几天继续按兵不动。炮兵弹药和步兵数量都严重短缺，不足以同时向南突围和向北攻陷瑟堡。他手下的各个师正在吸收补充兵员，米德尔顿的第八军的大炮因暴风雨在英国搁浅，弹药储备需要从海滩拖往内陆。除了后方梯队乱作一团，李手下的补给部队由于疏忽大意，没有将载货单送到第一集团军，所以布莱德雷的军需官们只能在奥马哈海滩上堆积如山的木箱中寻找炮兵弹药。

对于最后这件事，布莱德雷忍不住愤愤地向艾森豪威尔抱怨。数日内，艾森豪威尔便打破了这种官僚主义造成的僵局，并且向布莱德雷保证，如果情况仍然没有进展，就会有人人头落地。但是对于布莱德雷面临的其他严重问题，两人目前都无可奈何。第一集团军尚未准备好在月底发动袭击。6 月 29 日，布莱德雷忍辱负重，提笔给艾森豪威尔和蒙哥马利将军写信："对于推迟进攻一事，我非常抱歉，但是……"

在得知布莱德雷要将袭击推迟到 1944 年 7 月 3 日后，艾森豪威尔急火攻心，因为此前蒙哥马利也刚刚宣布，在德军按照预期发动反击前，他将原地不动。

艾森豪威尔摇着头对埃弗雷特·休斯说："有时候我真希望乔治·巴顿在这里。"但巴顿如今还在英国，不在法国。长期以来，失望已经成了艾森豪威尔的家常便饭。接连几天，他都躲在总部的办公桌后，一边焦虑地研究天气预报，一边等待德国的装甲部队从巴黎蜂拥而来。

由于部队行动困难，艾森豪威尔重新扮演起了橄榄球教练的角色，这是他再熟悉不过的角色。他在场边来回奔跑，使尽浑身解数，好让他的球员发挥出最佳状态。7 月 1 日，他飞到诺曼底，准备在布莱德雷的总部停留

4 天。他亲口表示要因陋就简，这次不再接受四星待遇。艾森豪威尔写信告诉布莱德雷："我希望只带着一个铺盖卷过去……除了一条狭窄的战壕和上面的一张帆布以外，我什么都不想要。要是你打算从拖车里出来，那我也不会留在那里。"布莱德雷体贴地认为，艾森豪威尔的言下之意是希望住在帐篷而非拖车里，而他也很愿意满足老朋友的这个要求。

艾森豪威尔在米基和吉米·高尔特的陪同下登上奥马哈海滩，将行装暂时寄存在布莱德雷营地中的一顶帐篷内。艾森豪威尔很喜欢野外生活，认为这能让自己充满活力，所以一连 4 天都住在第一集团军简陋的总部，这对他来说反而是一趟有益的旅行。就像普通士兵一样，他睡在一张简易的小床上（只穿一条红色睡裤，不穿睡衣），用冷水洗脸刷牙，在灌木丛后解手，靠豆子、香肠和部队的咖啡充饥。

他的勤务兵后来说过，艾森豪威尔为住在帐篷里而吃了不少苦头。但是他酷爱西部小说，对野营生活充满了浪漫的想象，仿佛这里也是"水牛漫步的地方"。艾森豪威尔喜欢和战士们待在一起，尽管他清楚，自己这样做只不过是一种象征性的姿态，无法真正地体会普通大兵们所处的困境，但他至少可以分担他们的部分痛苦。布莱德雷的助手后来写道："这个人身上有些特别的地方，当他与你擦肩而过，然后咧嘴一笑，用洪亮到聒噪的声音说话时，他身边的所有人都会感到亲切。你或许需要立正，或许心里怦怦直跳，但是只要他在场，人们就会感到'轻松自如'……他就是这样一个人，快乐随和、声音洪亮、充满活力、思维敏捷、令人鼓舞。"从某些方面来看，这次战前之旅展现出了德怀特·艾森豪威尔作为美国中部人的最出色的一面。

布莱德雷也许离前线更近，所以不存在对户外生活或军事战壕的浪漫想象。这位被记者厄尼·派尔称作"士兵将军"的指挥官在前线视察时，不会像艾森豪威尔那样平易近人。尽管人们普遍认为布莱德雷为人友善，不摆架子，但是他的助手却打趣说，他缺乏幽默感，"朴实得就像一双旧鞋"。艾森豪威尔认为，诸如《星条旗报》（*Stars and Stripes*）之类的报纸在美军的公民军队当中发挥着重要作用，可以让战士们有个撒气的地方。布莱德雷虽然也称得上是"军界要员"，但是就像过去的那些高级军官一样，无论是军办报纸还是民办报纸，他始终对媒体抱着不信任的态度。他没有时间阅读关于普通士兵的那些充满人情味的报道，也拒绝像艾森豪威尔那样站在摄影师面前和士兵们一起摆拍，尤其是当这些照片会被刊登出来时。有一次，当摄影记者要求拍一张这位指挥官与士兵握手的照片时，他直言不讳地说："见鬼，我可以让你拍张照片，但我可不会装腔作势。"在布莱德雷看来，公共关系是别人的问题，他是一名军事指挥官，政治问题应该让艾森豪威尔那样的政治官员去处理。

翌日，即 1944 年 7 月 2 日，艾森豪威尔和布莱德雷乘车前往蒙哥马利的指挥所。这座指挥所位于距圣洛大约 24 千米的一座苹果园内。在斑驳的伪装网下面，两人发现这名英国将军情绪高涨。蒙哥马利声称，他对自己手下部队的进展十分满意。让这两位美国来客感到惊讶的是，他还提议放弃从南部突围，全力以赴攻打重兵把守的加莱。当然，此举会解放英吉利海峡最大的港口，拔掉 V1 "飞弹"火箭的发射点。这种火箭威力巨大，正频繁地被从加莱发射，雨点般落向伦敦。最后这一点对温斯顿·丘吉尔来说非常重要，因为他正是上述飞弹袭击的首要目标。

艾森豪威尔为人老练，他点点头，对蒙哥马利所说的大部分内容表示同意。但他清楚蒙哥马利关于加莱的提议十分荒谬，所以在返回居住的帐篷后，他告诉布莱德雷，对于蒙哥马利过于在意避免失败，甚至不惜放弃胜利的做法，他深感失望。这毕竟是一场战争，战争就需要某种不合常理、不顾一切的闯劲儿，可蒙哥马利似乎根本不明白这个道理。蒙哥马利想要的只不过是整齐划一的后勤队伍和精心安排的进攻，这给了德国人更多时间调动装甲师发起反击。艾森豪威尔告诉布莱德雷，最让他感到不安的是蒙哥马利习惯于把一切失败都归咎于空军。自从巴顿和坎宁安在突尼斯闹翻之后，艾森豪威尔一直在设法平息这种不同军种之间的矛盾。

然而在地中海战区，无论蒙哥马利擦出了多少火星，艾森豪威尔最不能开掉的正是这个乌尔斯特人，所以他只能长叹一声，继续向布莱德雷施加压力，要求他尽快有所进展。

一段时间以来，艾森豪威尔一直希望能有一次打破常规的冒险行动。因此，当第九战术空军司令部司令、人称"皮特"（Pete）的埃尔伍德·克萨达（Elwood Quesada）少将邀请他乘坐特制的双座 P-51 "野马"（Mustang）战斗机前往盟军的滩头堡视察时，他欣然应允，想要换换心情。但除了媒体以外，没有人为此感到高兴，因为所有指挥官都不希望看到这位最高统帅在自己的辖区遇难，无论是否出于意外。但是艾森豪威尔对手下的参谋说，没有人能限制最高统帅外出，他也不会理会布莱德雷让他远离前线的请求。"好了，布莱德雷，"他安慰这位副手说，"我又不是飞往柏林。"

克萨达负责驾驶飞机，艾森豪威尔很快来到战场上空。由于机身大幅倾斜，艾森豪威尔可以看到下方的卡车和吉普车正在道路上颠簸前进。接着，"野马"战斗机转了个弯，在跑道上缓缓停下。他和皮特跳下狭窄的机舱，走进闪烁的镁光灯当中。布莱德雷形容两人仿佛"在瓜田里被逮住的害羞学童"。艾森豪威尔知道，他肯定会因为这趟危险之旅而受到马歇尔和玛米的责怪。几周以来，他只能坐在办公桌后接打电话和参加会议，所以坐在"野马"战斗机上，就像住进布莱德雷总部的帐篷里一样，虽然不乏风险，却是他心向往之的事情。他希望通过这些方式分担一小部分前线士兵们每天都要面临的危险，他也极其需要借此缓解一下最高统帅部枯燥乏味的气氛。

但是，当这架神奇的"野马"战斗机停下来以后，一切又恢复了沉寂。艾森豪威尔从机翼滑下来，重新回到伦敦，回到索然无味的日常工作当中，回到补给估算、天气预报和航运表单当中，回到令人痛苦的地狱当中。

正如在突尼斯时一样，布莱德雷越来越对这位故交的亲英态度感到不满。就在布莱德雷准备发动 7 月大规模攻势的前一天下午，艾森豪威尔一边在总部转来转去，一边开始热情地谈论"坚忍行动"，而这个行动主要是由他最喜爱的盟国英国设计并实施的。这项行动取得了奇迹般的效果，艾森豪威尔说，在牵制和反情报行动方面，美国人可以向英国人好好学习一下。

更让布莱德雷感到恼火的是，艾森豪威尔高兴地表示，在"坚忍行动"中，乔治·巴顿单枪匹马，仅凭自己的名声就拴住了德国的第十五集团军。他还声称，就连第一集团军的普通士兵也清楚这一事实。海滩上有传闻，巴顿的军队在两天内就攻陷了挪威。据说只要艾森豪威尔能够提前军队进入法国的日期，巴顿愿意每星期输给他 1000 美元。

有时候在布莱德雷看来，就像在突尼斯时一样，艾森豪威尔虽然没有在战场上率兵厮杀，但总喜欢对别人指指点点。艾森豪威尔曾经向布莱德雷建议，支持那些有发展潜力的师长担任副军长，以加快他们成为军长的速度。他还说："你在第二军学到的事情是永远无法在哪个师学到的。"言下之意，在突尼斯的5个星期里，他应该向巴顿学习。这一点让布莱德雷感到无法忍受。"在我看来，布莱德雷根本不需要向谁学习。"布莱德雷的副官切特·汉森轻蔑地说。

好吧，布莱德雷心想，就让艾森豪威尔继续唠叨好了。不管巴顿利用凭空捏造出来的第一集团军群做了些什么，或者在突尼斯做过些什么，在他看来都无所谓，因为巴顿来到这里后只能为他效力，而不是为艾森豪威尔效力。只有布莱德雷召他过来，他才可能过来。

7月3日，布莱德雷终于发起了大规模突围行动。按照计划，美军将发起基本的梯队进攻。特洛伊·米德尔顿的第八军打头阵，向南沿科唐坦海岸朝库唐斯挺进。次日，柯林斯将沿着平行的路线出发，科利特的第九军向圣洛逼近，吉·杰罗负责保持与英军右翼的联系。在撬开对手的硬壳后，布莱德雷的部队将逆时针行进，对邓普西将军面临的德军形成威胁，从而为巴顿的第三集团军开辟足够的空间。

从第一枪打响后，布莱德雷发起的攻势就像一块湿漉漉的饼干那样分崩离析。虽然他向米德尔顿保证，第八军会获得所需的一切战术空中支援，但进攻开始的前两天暴雨如注，他们根本无法展开地面支援行动。米德尔顿在泥泞难行、灌木茂盛的波卡基式①的法国乡村和德军占据地利的观察哨之间举步维艰。在随后的两周内，米德尔顿每天只能向前推进90多米。布莱德雷手下其他军长的情况也好不到哪里去。

布莱德雷调来更多兵力，对各师进行了重组，开除了几名将领，还改变了各军的边界，但都无济于事。米德尔顿占领了11千米长的地带，但都是灌木丛生、毫无用处的野地，而第八军的死伤已高达1万人。7月14日，失望的布莱德雷致电米德尔顿和柯林斯，命令他们暂时按兵不动。在接下来的5天里，科利特以死伤5000人的代价，攻克了他在登陆日的目标圣洛，算是小胜一场。总之，布莱德雷将盟军的战线向前推进了11千米，但战争伤亡高达4.5万人，其中还不包括那些患上战斗疲劳症的士兵。美军虽然没有正式公布这一数字，但约有1万人很可能已经丧失了战斗能力。7月4日，

---

① 波卡基指用树木围隔的田地或草地。——译者

布莱德雷亲自拉着大炮的牵索，艾森豪威尔也佯装高兴地在一旁观看，有人拍下了这张纪念照。但除了这张照片外，7月的大规模攻势以失败告终。

作为马歇尔的门徒以及陆军最出色的将领之一，奥马尔·布莱德雷认为，这次行动遭遇了严重挫折，仿佛在他的喉咙里卡了一大片又老又硬的牛肉。在此之前，他也曾经遭遇过挫败，比如在特罗伊纳和瑟堡，但是他都很快挽回了颓势，而眼下他切切实实地陷入了僵局，伤亡代价正变得越来越令人难以容忍。他可以抱怨缺少补充兵员，或者坦克炮动力不足，也可以将失败归咎于天气——正是这个原因让一半的空中支援被迫取消。他可以对那些难以逾越的灌木丛怒目而视，因为每一丛灌木后似乎都隐藏着一挺德国机关枪。但是他心里清楚，这次失败最终只能归咎于一个人，那就是他自己。

布莱德雷在攻势受挫后情绪低落，不过得到了马歇尔将军的同情。在读到艾森豪威尔责备布莱德雷因为一些无法掌控的因素而出师不利时，这位参谋长写信给布莱德雷称："天气对你十分不利，尤其是考虑到你需要突破的地区的地形特征。但是，在我看来情况非常不错，德国人进退两难，这对他们来说仿佛是场噩梦。"蒙哥马利虽然仍受困于卡昂，但他不仅是一位输得起的好汉，而且也是一名乐于助人的队友。在蒙哥马利的总部，布莱德雷承认最初的进展速度低于预期。蒙哥马利安慰他说，在美国人荡平科唐坦之前，英国人会继续牵制住德军。"英国人不会有问题的。"他说。

这一点的确令人感到安慰，但布莱德雷不需要蒙哥马利的鼓励，甚至也不需要马歇尔的鼓励。他需要的是胜利。他需要部队更加机智地向前推进。多名上校、准将和少将被解除了职务，此举无疑向各位师长发出了强有力的信号。但过去两周的经验让他明白，盟军尚未找到突围的方案。他们需要学会在作战时更加机敏，因为战争这位臭名昭著的老师从来不会宽恕任何人。

他将吸取教训，在下一次表现得更好，不过但愿他还有下一次机会。

巴顿归来

1944年6月6日，乔治·巴顿抵达法国，后面跟着斯蒂勒、科德曼、威利和他的吉普车。这次行程极为隐秘，因为德国人仍然认为他指挥着实力强大的美国第一集团军群，准备跨越加莱海峡，抗击德国的第十五集团军。当巴顿手下的参谋为第三集团军的总部选址进行侦察时，他联系上了布莱德雷和特洛伊·米德尔顿。巴顿的指挥所建立后，米德尔顿的第八军将向第三集团军靠拢。

布莱德雷的部下仍然很不喜欢巴顿。汉森本来就对巴顿印象不佳，他在日记中表达了自己的不满：

> 中午刚过，巴顿就在科德曼和一名医师的陪同下抵达。他看起来洋洋自得，衣着考究，穿着一件缀有闪亮纽扣的绿色夹克和一条乳白色的裤子，还扎着一条花哨的皮带。不过我倒是没有看见那把经常上镜的珍珠柄左轮手枪，因为他已经被勒令禁止佩带它了。这种在报纸上显摆的做法已经让他受到了惩戒，可他依旧是一副招摇的做派。

当天，这位受到惩罚但仍然派头十足的将军和布莱德雷在一起度过了一个愉快而漫长的下午，后者向他讲述了第一集团军在灌木丛生的乡村作战的经历。布莱德雷从"谢尔曼"坦克在科唐坦半岛底端洪水泛滥的沼泽里暴露出的弱点谈起，大致概括了第三集团军从英国抵达后将面临的种种困难。

巴顿花了一天时间倾听布莱德雷和他手下的军长们的阐述，在离开时对美军迄今为止的表现印象不佳。他认为，在集团军这个级别，美军缺乏合理的战术。布莱德雷手下各个分散的师就像劲风中的种子，根本无法集中力量。在巴顿看来，布莱德雷试图四处突破德军战线的做法大错特错，梯次进攻也好不到哪里。他到底是怎么想的，竟然认为这一招会对隆美尔管用？

巴顿仔细思考了刚刚得知的一切，从中看到了另一个问题。他认为柯林斯太喜欢处分师长和团长了，而布莱德雷总是毫不迟疑地对他表示支持。巴顿在日记中写道："柯林斯和布莱德雷动不动就砍人脑袋，这会让师长们丧失信心。不能因为一个师长在接手一支新的队伍后一开始遭遇了失败，就对其进行谴责。假如我在非洲时也这样对待第九军的埃迪将军，陆军就会失去一位潜在的军长。"不过，巴顿也至少解除过一位军长的职务，理由是其作战时经验不足。对此他解释道："惩罚一位指挥官的原因绝不应该是他行为大胆，即使他胆大到了鲁莽的地步；而只应该是他不敢冒险。这种情况在战争中屡见不鲜，因为那些表面上看似鲁莽的举动才会奏效。"

随着布莱德雷的攻势在向前推进了 11 千米后被迫搁浅，巴顿的态度变得愈发恶毒。7 月中旬，他在日记中抱怨道："布莱德雷和霍奇斯根本无足轻重。他们唯一的优点就是可以无所作为地继续下去。要是让我来指挥，3 天之内就能取得突破。"随着僵局日益加剧，巴顿对最高统帅部的看法更不会好转。12 日，他写道，海滩上的混乱和盟军的无序状态"是因为缺少一位负责的指挥官。无论是艾克还是布莱德雷都不得要领。艾克被英国人束缚了手脚却不知情，可怜的傻子。实际上我们根本就没有什么最高统帅"。

虽然布莱德雷和巴顿在书信中对对方言辞刻薄，还时常向参谋发发牢骚，但是两人仍然互相尊重。他们一起从旧军（Old Army）晋升，而且并不认为彼此是因为得宠或玩弄权术才走到今天。尽管他们十分不同，但凭的都是真本事。然而，两人在个性、观念和行事风格之间的巨大鸿沟意味着，只有当他们能够紧密合作或者面对共同的敌人，从而看到彼此的实力时，他们才会真正欣赏彼此的才能。

1944 年春，布莱德雷和巴顿之所以能密切合作，是因为蒙哥马利将军的影响过于强大。对于蒙哥马利，两人可谓完全发自肺腑地感到憎恶。巴顿穿着"乳白色的裤子"来到布莱德雷总部的那天，他和休·加菲偶遇蒙哥马利。当时，后者正在为一群美国士兵授勋，旁边有一排电影摄影机正在一名前好莱坞导演的指挥下运行。"至少有 25 名不同类型的摄影师，"巴顿在日记中轻蔑地写道，"绑着扬声器的长杆被举到蒙哥马利头顶，以免遗漏他的金口玉言。"随着灯光熄灭，摄影师开始收拾设备，布莱德雷、巴顿和蒙哥马利来到布莱德雷用作战情室的帐篷内。借用巴顿的话说，蒙哥马利及其参谋"花了几个小时解释他们为什么还没有拿下登陆日的目标卡昂"。当蒙哥马利话锋一转，谈到如何让第三集团军发挥作用时，巴顿明显感觉到他希望第三集团军在将来晚些时候再来法国，比如等米德尔顿的第八军攻克阿夫朗什（Averanches）后。巴顿说，布莱德雷"并不买账，因为他正要利用我作为脱离第二十一集团军群控制的手段。希望他能如愿以偿"。数日后，巴顿在一封亲笔信中对第三集团军尚未参战的原因做了解释：

　　布莱德雷说，他会尽快让我参战。如果他还有点儿骨气，那他现在就能让我参战，这样做对他的好处也会更多。当然，蒙蒂可不想让我参战，因为他担心我会抢了他的风头，而我也肯定会的。

撤换蒙哥马利？

　　由于布莱德雷的攻势受挫，艾森豪威尔把目光转向了蒙哥马利的前线，就像患者等候医生那样望眼欲穿。每日情报报告显示，自6月起，盟军前线集结的装甲部队和步兵部队几乎没有移动。艾森豪威尔意识到，随着僵局不断加剧，也许只有麦克奈尔或亚历山大，甚至杰克·德弗斯才能解他的燃眉之急。因此，7月7日，在与比德尔·史密斯和特德商讨后，艾森豪威尔再次致信蒙哥马利，敦促他"竭尽全力，坚决致力于防止科唐坦的战势陷入僵局"。他还承诺，最高统帅部、空军和第一集团军将为蒙哥马利提供他所需的一切支持。

　　"我本人对目前的局势非常满意"，蒙哥马利次日在电报中回复道。毕竟德军遭受的损失要比盟军更加严重。盟军刚刚获悉，怒火中烧的希特勒于6月底解除了冯·伦德施泰特的职务，取而代之的是另一名陆军元帅古恩特·冯·克鲁格。蒙哥马利向艾森豪威尔以及最高统帅部的批评者们保证，他已经制订了"一项十分明确的计划"，用来突破灌木丛生的乡村地带。他还写信告诉艾森豪威尔："只有一件事可以肯定，那就是僵局将不复存在。"

　　伯纳德·蒙哥马利所谓的明确计划即"古德伍德行动"（Operation GOODWOOD），英军将出动3个装甲师，从卡昂出发，越过奥恩河（Orne River）发动进攻。他将夺取德军占领的卡昂郊区，接着向南部的法莱斯进发，孤立和包抄前线的德军，让他们无路可逃。蒙哥马利告诉艾森豪威尔，该计划最有创意的地方是把重型轰炸机用作会飞的大炮，砸开德国的外围防御。他向艾森豪威尔承诺，"整个东侧"很快将会在他的进攻下化为灰烬。蒙哥马利预言，"古德伍德行动"会让盟军获得急需的"决定性"胜利。

　　艾森豪威尔读完蒙哥马利的来信后，为其中阐述的种种可能感到激动不已。对于那些一心一意追求仿佛遥不可及的"决定性战役"的人们来说，"决定性"这种词语别具意义。一次决定性打击不仅能够为坦克部队提供调遣的余地，为空军提供几座基地，更为重要的是，能够为他赢得足够的空间，以便再出动两个集团军。他对蒙哥马利说，他为"古德伍德行动"感到"振奋不已"，并且盛赞英军的凯旋"会让'过去的那些经典战役'相形见绌，看起来就像是巡逻队之间的小打小闹"。艾森豪威尔需要布列塔尼以及诺曼底的其余地区，而"古德伍德行动"似乎成了他最大的希望。

1944 年 7 月 18 日，蒙哥马利的"古德伍德行动"以空中轰炸开始，仿佛打开了地狱之门，即使"轰炸机"哈里斯前来也不过如此。英国皇家空军轰炸机司令部和美国第八航空队的近 1700 架飞机以及第九航空队的 400 架中型轰炸机和战斗轰炸机掠过德国战线，向地上挤作一团的士兵投下了 7000 吨烈性炸药。当英军离开这片尸横遍野、仍在闷烧的焦土后，艾森豪威尔欣喜地收到了一份报告，称蒙哥马利对部下取得的进展感到"非常满意"。当天晚些时候，蒙哥马利预言他的 3 个装甲师将很快"对法莱斯构成威胁"，而这正是艾森豪威尔最想听到的话。

然而，事实证明蒙哥马利高兴得为时过早。德国守军早就清楚，盟军准备在卡昂附近发动袭击，因此很快就从轰炸后的震惊中清醒了过来，并将党卫军第一师的 8 个营和第二十一装甲师投入战斗，削弱了英军的攻势。反坦克部队也迅速抵达，阻击英军的"谢尔曼"坦克。一场暴风雨使英军的进攻陷入了停滞。截至 7 月 20 日，邓普西的第二集团军只推进了 1 万多米，但损失了约 6 万名英国和加拿大士兵以及约 400 辆坦克——接近英军在法国坦克总数的 1/3。次日，德军的反击封锁了英军的攻势，疲惫的英加士兵只能坚守阵地，等待着上级的下一个伟大想法。

如果蒙哥马利真正的目标是突破被困的滩头堡，那么"古德伍德行动"无疑是一场失败。这是媒体的看法，是皇家空军的看法，也是艾森豪威尔的看法。虽然这次行动将更多德军装甲师吸引到了卡昂，减少了布莱德雷辖区的敌军兵力，但蒙哥马利曾经保证要取得"决定性"的突破。艾森豪威尔在反思后发现，盟军投掷了超过 7000 吨炸弹，但仅推进了 10 千米。他不知道这种每前进 1 千米就需要 700 吨炸弹的做法能支撑多久，但目前的节奏实在令人难以接受。

"古德伍德行动"刚一结束，蒙哥马利的批评者们就开始磨刀霍霍。自 6 月底以来，在最高统帅部和唐宁街 10 号等处，蒙哥马利成了众矢之的。

统帅部的官员们甚至开始传言，当丘吉尔和布鲁克将他解职后，谁会取代这个总是高高在上的家伙。特德最喜欢谈论的话题就是解除蒙哥马利的职务。他宣称不管艾森豪威尔提出如何处理这位傲慢的将军，英国总参谋长都应当表示支持。他敦促艾森豪威尔立即撤换蒙哥马利，亲自接管地面战争的指挥权。

对艾森豪威尔来说，国内的形势也变得愈发危险。民众已经获悉，苏联红军开展了庞大的攻势，解放了数千平方千米的土地，歼灭了德军几十个师；在意大利，盟军攻陷了罗马，德军仓皇撤退到哥特防线（Gothic Line）后；在太平洋，海军上将切斯特·尼米兹（Chester Nimitz）宣布登陆关岛，再次向日本的防御圈狠狠捅了一刀。人们不禁要问，艾森豪威尔将军在法国干了些什么？只要卡昂还在德国人手中，只要盟军仍未冲出诺曼底，这一切就会被归咎于艾森豪威尔，他也会被视作失败的象征。布彻说，艾森豪威尔"对蒙蒂拖慢了进度感到垂头丧气"。

接下来该怎么办？包括罗斯福、史汀生和马歇尔在内的华盛顿政要们认为，艾森豪威尔需要将总部迁往英吉利海峡对岸，亲自掌控地面作战。美军方面也有人认为，对于拖拖拉拉的蒙哥马利，艾森豪威尔的态度不够坚决。哈里·布彻戏言："蒙蒂好高骛远，发布的指令犹如摩西十诫，目前已经难以为继，只有布莱德雷仍在执行，而艾克也仍在对布莱德雷施加压力，因为艾克自认为有这个责任，也有这个权力。"

正如北非战役初期，或者在陆军部上任伊始，以及为"火炬行动"、"螺丝锥行动"（CORKSCREW）、"爱斯基摩人行动"、"雪崩行动"和"霸王行动"日夜操劳时一样，艾森豪威尔的健康状况日益恶化。没完没了的深夜会议，一支接一支地抽烟，不健康的饮食，不停地踱步、咒骂和忧虑，以及生理和心理的创伤，种种有害因素使他的血压升高到了危及生命的程度，仅从耳朵里的嗡嗡声中他就能够了解这一情况。随着登陆日发起的突袭变成旷日持久的消耗战，他身上的压力仿佛是一条饥饿的巨蟒，吞噬了他的健康，让他头目眩晕，甚至已让他徘徊在坟墓的边缘。

"情况看起来不妙。"布彻在谈到艾森豪威尔的健康状况时说。他悲伤地联想起特德·罗斯福将军，后者没有在北非战役、西西里岛战役、犹他海滩战役或灌木丛战斗中丧生，却在诺曼底登陆一个月后因心脏病突发去世。"（艾克的）问题不在于身体劳累，而在于精神压力和焦虑。"他写道，"假如他重蹈特德·罗斯福的覆辙，那不仅将是对那些爱戴他的人们的打击，更是对全世界的打击。"要想避免艾森豪威尔成为在战争中殒命的高级将领之一，关键在于设法让蒙哥马利的部队向南进攻布列塔尼，然后向东朝塞纳河进发。

令人苦恼的是，艾森豪威尔与伯纳德·蒙哥马利的关系始终十分尴尬。1942年，当身为少将的艾森豪威尔当着英王的面吸烟时，蒙哥马利曾经出言训斥，这让艾森豪威尔至今仍心有余悸。艾森豪威尔对蒙哥马利总是小心翼翼，因为蒙哥马利不仅在美英两国深得人心，而且还是布鲁克的爱将，就连丘吉尔有时候都对他十分偏袒。艾森豪威尔清楚，蒙哥马利拥有杰出的军事才能。在阿拉曼战役中和"霸王行动"的计划阶段，他的表现就充分证明了这一点。对于蒙哥马利，关键在于耐心等待。尽管他的从容不迫令人不安，但是其间他夺目的天才总会闪现出光芒。

蒙哥马利觉得最高统帅部犹如一座虎穴，而艾森豪威尔手下的三军将领正对自己这位阿拉曼战役的英雄虎视眈眈。每当需要与艾森豪威尔及其统帅部打交道时，考虑到参谋长弗朗西斯·德·甘冈少将比自己更受人喜欢，不像自己那样容易招惹是非，蒙哥马利经常会派遣弗雷迪[1]前往。但没过多久，这种做法就产生了不良影响。不可否认，德·甘冈机敏圆滑，广受喜爱，但蒙哥马利显然缺乏远见，没有意识到如果他希望保住要职，就必须亲自与盟军的上层打交道。要不然，就必须打一场漂亮的胜仗，但迄今为止他一点都没做到。

尽管卡昂的战事久拖不决，但艾森豪威尔并没有打算为此治蒙哥马利的罪，至少现在不行。巴顿之前让他陷入的困境要比蒙哥马利的更深、更麻烦，但他还是力挺前者。布鲁克多次提醒他说，蒙哥马利在前线要面对更多的德军装甲部队，而这也正是艾森豪威尔的本意，因此，希望蒙哥马利在面临强敌的情况下，像苏联红军那样对卡昂发动大规模攻势显然不切实际。更为关键的是，艾森豪威尔清楚，由一名美国将军解除一名英国将军的职务只会制造不快，更何况英国的审查制度禁止向民众公开将领的调度情况，因此英国民众也不会接受这一决定。

---

[1] 弗雷迪是弗朗西斯的昵称。——译者

　　正因为如此，蒙哥马利保住了自己的职务。艾森豪威尔也不得不致信蒙哥马利，向他保证他不用担心德军会立即发起反击，并且客气地建议，一旦第一集团军发动下一次进攻，他应当敦促邓普西向前推进。

　　对艾森豪威尔来说，"古德伍德行动"就像一场充满失望的战役中又一个令人痛苦的失望，无数士兵为之命丧黄泉。

　　他明白布莱德雷为什么在灌木丛中举步维艰，也清楚邓普西为什么在卡昂附近止步不前。其中当然有原因，也许这些原因很有说服力。但清楚部队为什么陷入停滞并不能让他感到安慰，毕竟"为什么"是将军们、历史学家和政治家们在讨论战役失败以及将官失职时经常提到的字眼儿。

　　不过，这就是战争这头野兽的本质，眼下艾森豪威尔无计可施。拿破仑遭遇过博罗季诺（Borodino）战役①，格兰特遭遇过莽原战役②，而艾森豪威尔遭遇的是诺曼底无边无际的灌木丛和沼泽，他的部队已经深陷其中。这是艾森豪威尔遭遇的一个难关，而他和布莱德雷以及士兵们还要再忍受一段时间。

　　艾森豪威尔一边焦急地往来于"阔翼"和"磨刀石"之间，一边竭力想把以往受到的挫折赶出脑海。但是他清楚，如果冬季到来，这些挫折就会像阴魂般重现。"坚持原计划。"他提醒自己，"你一定会取得胜利。"

　　此外，他记得布莱德雷曾经提到，他们手中还有另一张好牌，只不过需要数量极为庞大的轰炸机和坦克。这张牌的名字叫"眼镜蛇（Cobra）"。

　　艾森豪威尔一边思索着，一边进入了梦乡。

---

① 博罗季诺战役是拿破仑侵入俄国时期规模最大的一次会战。会战结果是双方均伤亡惨重，法军险胜，进占莫斯科，但不久后被迫撤退。——译者
② 莽原战役发生在 1864 年 5 月 5 日至 7 日，是格兰特将军在弗吉尼亚对罗伯特·E.李将军和北弗吉尼亚邦联军发动的第一次陆上战役。最终两支军队都伤亡惨重。——译者

第18章　带着满腔仇恨——前进！

> 看在上帝的分儿上，布莱德雷，你得让我在战争结束前参加这场战役。如今我被撂到了一边，除非干出一番事业摆脱困境，否则我非死在这里不可。
>
> ——巴顿致布莱德雷，1944 年 7 月

在走过镶板拖车的墙上悬挂着的大幅行动地图时，布莱德雷咬紧了牙关。地图上凌乱的线条、圆圈、箭头和小方块显示了他的部队正艰难地向圣洛推进的细节。在这段短短的距离内，他手下共有 4 万名士兵在战斗中伤亡。每当看到这些地图时，他的内心就会产生同样的纠结和无助。他仿佛是一个遇到了隔壁恃强凌弱的恶霸的小男孩，知道后者一定会欺负和羞辱自己。对于一名指挥官来说，这些精心绘制、整齐干净、分类明确的地图无异于一种奚落，还有 3 名中校专门负责及时更新进度，去除无关的内容。这些地图不断提醒他，尽管他为 1944 年 7 月 3 日制订的作战计划十分完美，但他仍然深陷诺曼底，而且在短时间内不可能突围。

问题到底出在哪里？

好吧，问题是出在地形、暴雨、补给和士兵身上，当然还有德军身上。但是站在教官的角度，布莱德雷转念一想，自己的计划在基本理念上就存在缺陷。天哪，在西点军校他曾经谆谆教诲过无数的学员千万不要这样做，可他自己却在宽广的战线上分散了兵力，所以才无法集中力量穿透德军的防御。

"眼镜蛇行动"： 布莱德雷的美式冒险

7月的第二周，布莱德雷萌生出一个念头：如果他的计划能够正确实施，这项行动有可能让他的部队冲出科唐坦，接着夺取沿海港口，将坦克开向开阔的野外。但要想让这个念头具体起来，让模糊的概念转化成切实的方案，他还需要回到地图室里仔细想想。

这间地图室是布莱德雷内心的密室，是他的山巅圣殿。实际上，所谓的地图室不是一间房屋，而是一顶长长的帆布帐篷，他的情报人员用能找到的最大的诺曼底地图覆盖了整面墙。这里既可以用于办公和研讨，也可以用来静修，因为对布莱德雷来说，地图就像《圣经》一样，只要你愿意花时间去思考，就会从中学到很多东西。

接连两个晚上，布莱德雷一边咚咚咚地在帐篷内的木地板上走来走去，一边手拿铅笔画出一道道线条，接着用橡皮擦掉，再画出更多的线条，仿佛是穿着军装的爱因斯坦，正在草草地演算理论公式。帐篷的角落里堆着一团团满是铅笔污渍的破布，布莱德雷就在旁边一遍遍地勾画公路网，研究四周的地形。随着黑色的线条逐渐勾勒出雏形，布莱德雷眼前一亮，意识到在科唐坦布满车辙的旧道间存在着胜利的可能。

在解决难题并形成了切实可行的初步构想后，他先让霍奇斯和柯林斯谈了自己的想法。7月12日，他又邀请比尔·基恩、索尔森、迪克森以及手下的几名军长对他的构思进行批评。众人拖拖拉拉地走进布莱德雷的办公室，仿佛一群准备评议硕士论文的沉闷教授。经过商讨，这群人最终敲定了一项计划。

这项被索尔森取名为"眼镜蛇"的行动计划为日益恶化的僵局提出了一个美式解决方案。正如"古德伍德行动"一样，布莱德雷的战斗将以饱和轰炸取代传统的炮兵齐射作为开始。但"眼镜蛇行动"和"古德伍德行动"的区别在于，第一集团军将出动步兵师而非装甲师，在敌军位于圣洛四周的防线上打开一个狭窄的突破口。在步兵把守两侧的同时，一整个装甲军团和机械化步兵将从中冲出。如果走运的话，3个机动师将炸开一条血路，杀到库唐斯，然后调转方向，包围德国的守军。果真如此的话，布莱德雷就能将装甲部队送到布列塔尼半岛底端的阿夫朗什。在占领阿夫朗什以后，他就会有足够的地盘让巴顿的军队参战，而布列塔尼那些富得流油的港口也将手到擒来。

布莱德雷承认，这是一项危险的计划。灌木丛生的野地还会延伸近65千米，在坦克穿过这里来到遍布果树的平原之前，它们在面对步兵、地雷和反坦克进攻时将不堪一击。此外还有燃料、食物和弹药补给的问题，第一集团军只能将其集中在从海滩到前线的两条狭长脆弱的干道。补给车辆一旦遭遇突袭部队，这些道路就会被完全阻塞。哪怕是一辆熄火的卡车或一支迷路的车队都能够像发起还击的敌军那样，有效阻止他的前进。"最后我们当然会乱作一团，我们只能等穿越（突破口）以后再重整旗鼓。"布莱德雷对忧心忡忡的参谋坦言。

他还承认自己会再赌一把，派两个经验相对不足的师把守突破口，而这两个师一旦出现任何差错，整个行动就会彻底完蛋。一言以蔽之，他操着柔和缓慢的密苏里腔调说："整件事情取决于这几个前提，即大胆行动，做好准备，在必要时不惜付出高昂代价。"

诚然，这项计划不仅将许多人置于险境，还违背了他曾在西点军校和本宁堡反复强调的许多规则。但是假如不这样做，他们就会重蹈覆辙，像过去的两个月那样久拖不决。这实在令人难以接受，尤其是强大狰狞的德国第十五集团军就盘踞在加莱四周，等着与巴顿的军队一决雌雄。布莱德雷清楚，敌军不会永远按兵不动。

就像所有的行动计划一样，在战役打响前，"眼镜蛇行动"的最终方案看起来干净利落、切实可行。行动一开始，美军将对位于佩里耶—圣洛公路（Périers-St.-Lô highway）正南方的长6400米，宽2286米的矩形地带展开大规模空中轰炸。轰炸结束后，3个步兵师，即第四、第九和刚刚抵达的第三十步兵师将在马里尼（Marigny）和圣吉尔（St.-Gilles）之间打开一个4800多米长的缺口。突围部队包括"大红一师"、第三装甲师和绰号"车轮上的地狱"的第二装甲师。突围成功后，这3个师将迅速冲向库唐斯，来到米德尔顿第八军对面的6个德国师的背后，而后者已经遭到了英军的削弱。接下来就是瓮中捉鳖了。米德尔顿将向前推进，歼灭被包围的敌军，荡平科唐坦颈部的底端。布莱德雷的装甲纵队将向南挺进，在攻占法国领土的同时逼退德军。在美军沿着海岸直捣阿夫朗什后，第三集团军也将出

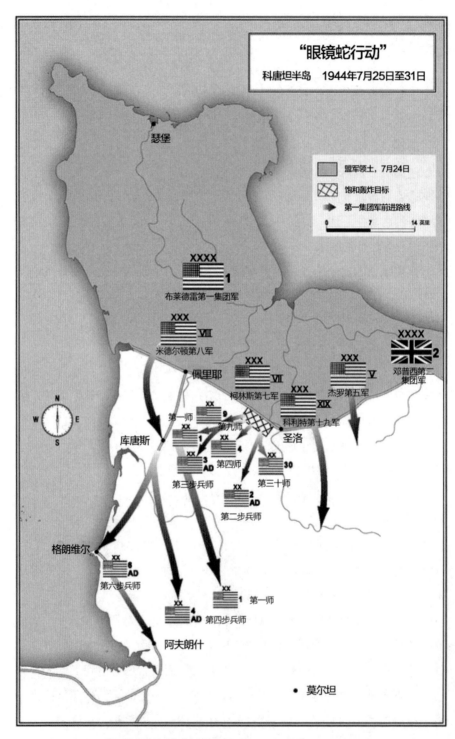

图 18-1 "眼镜蛇行动"（科唐坦半岛，1944 年 7 月 25 日至 31 日）

场，赶赴遍布港口的布列塔尼。

天气向来都是未知因素。7月中旬，诺曼底暴雨滂沱，道路变得泥泞难行，布莱德雷只能眼睁睁地看着自己的时间表被打乱。7月20日，艾森豪威尔来到布莱德雷的总部准备观战，但布莱德雷困窘地告诉他，由于暴雨，大规模进攻被推迟到次日。但第二天大雨仍然没有停歇，布莱德雷的情绪变得阴郁，只能一天接一天地推迟"眼镜蛇行动"。

在接连数日的大雨后，布莱德雷向助手抱怨道："要是天气再这样下去，我就要拿牧师问罪了。"

虽然天公不作美，但是从"眼镜蛇行动"构想之初到发动进攻的11天里，奥马尔·布莱德雷大放异彩。他的参谋们进行了周密策划，并对自己的成果感到自豪。随着行动计划日渐完满，布莱德雷像陀螺般在总部忙里忙外，一边要求众人遵从行动的总体原则，一边让参谋和战地指挥官们制订详细方案。这种工作不会被报纸刊登在头条上，也不会有画家用鲜艳的色彩在《星期六晚邮报》上对其进行描画。但是在设计这项错综复杂的行动的过程中，布莱德雷显示出过人的才干。为了制订突围行动的细节，他倾注了全部心血。他希望在手下的将士们出征前，他自己已经竭尽全力。

随着"眼镜蛇行动"即将开始，布莱德雷再次情绪高涨。他之所以胸有成竹，其中一个原因在于最先出击的军长是人称"闪电乔"的柯林斯。此人长着方正的下巴，眼神充满活力，看起来仿佛高中的明星四分卫般自信。柯林斯闯劲儿十足，布莱德雷看到，这名年轻的将军具备乔治·巴顿的许多优点。但与巴顿不同的是，"闪电乔"既充满热忱，又不乏明智的判断，而且具有团队精神。布莱德雷清楚，如果让柯林斯在"眼镜蛇行动"中担当主角，自己可以给予柯林斯足够的余地指挥突围，且不用担心第七军会把坦克开向柏林，然后在半路耗尽汽油。

当美军准备开展"眼镜蛇行动"时，布莱德雷第十二集团军群的新总部以及巴顿第三集团军的参谋部和两个军的新总部都已建立。此时，布莱德雷应当可以担任集团军群司令了，但这一职位自内战以来实际上并不存在。艾森豪威尔授权这位密苏里将军自行选择时机，启动第十二集团军群和第三集团军。两人一致认为1944年8月1日是最合适的日期。在"眼镜蛇行动"开始的当天，艾森豪威尔给布莱德雷写了一封告别信，将控制权交给这位门徒："今天是你发动攻击的日子，在此送上我的期望和祝福……作为美军负责人而非盟军司令，我向你保证，举国上下都会关注你的进展，而我将全权负责，为你提供赢得胜利所需的一切。"

但是，在发起行动之前，布莱德雷需要对一个他不太熟悉的细节进行权衡，即他的部队到底可以距离轰炸区多近？

显然，布莱德雷不希望将手下的士兵置于险境，但是也不希望他们距离过远，使德军在美军赶来前得以重整队伍，因此他选择了 730 米（800 码）的"安全区"。6 月 19 日，他飞往盟国远征军空军位于伦敦以北的斯坦摩尔（Stanmore）的总部，亲自向特拉福德·利-马洛里、克萨达等空军大佬解释"眼镜蛇行动"的需求。他告诉他们，其中一点是轰炸机必须从与敌军战线平行的方向接近目标，而不是飞过美军步兵的头顶，以免意外把炸弹投进友军的战壕。

对于这一点，盟国远征军空军总部表示反对。他们认为，布莱德雷选择的目标很合理，并且向他保证轰炸结束后，这个长方形的区域会被夷为平地。但是他们不愿冒险将轰炸机集中在一条排列着德军防空炮的狭窄区域内。众人预测，他们无法在"眼镜蛇行动"分配的一个小时内，按照布莱德雷的要求出动足够数量的飞机，通过这个长方形区域。考虑到上述要求，他们指出，在布莱德雷手下步兵和德军之间，730 米（800 码）的距离太近了，不能确保所有士兵的安全。如果布莱德雷想要使用高爆炸药开展地毯式轰炸，他们强调，两军之间需要有一个 1371 米（1500 码）的"安全区"。

布莱德雷对空军的回复很不满意，拒绝将步兵撤到距离公路 1143 米（1250 码）开外的地方，因为这条公路是轰炸区的边界。当然，他承认炸弹有可能会被投向己方，但正如他向柯林斯指出的那样，更大的危险在于，当美军小心翼翼地前进时，德军就可以重新调整 MG-42 机枪和迫击炮的位置。要想从敌军战线的缺口通过，前提是当步兵抵达时缺口仍然存在。1915 年，在索姆河，由于英军距离敌军过远，最终将导致成千上万的士兵阵亡，布莱德雷可不想重蹈覆辙。

会议结束时，布莱德雷作出了妥协。克萨达的战术空军司令部将出动准确度较高的"雷电"轰炸机对距离较近的目标进行轰炸，而让体形庞大的"飞行堡垒"轰炸机和"解放者"轰炸机负责打击矩形区域内较远的目标。在有关与敌军战线保持平行的问题上，虽然利-马洛里在第二次开会时迟到并提前离场，他们没有详细谈论这一点。但布莱德雷认为，这个问题以对自己有利的方式得到了解决，因此在离开斯坦摩尔时，他为自己得偿所愿而感到满意。

但这一方案仍存在风险。众所周知，C-119飞行车厢运输机在高海拔巡航时只会乱丢炸弹，它们在登陆日当天和斯莱普顿沙滩的表现很难让布莱德雷对其充满信心。为了进一步拉近与敌军之间的距离，他计划在重型轰炸机进攻结束，而战斗轰炸机仍在对附近区域进行轰炸和低空扫射时，让步兵立即奔赴公路。"我们真是冒了很大的风险，这个风险远超出我的预期，因为我军前线和打击目标之间仅相距不到2千米。"布莱德雷说。就像乔治·巴顿让伞兵登上运输机前往西西里岛的那个夜晚一样，布莱德雷凭的完全是自己的直觉，但他相信此举一定能带来他想要的结果。

又打中了自己人！

巴顿从容地穿行于新指挥所的帐篷和活动房屋之间，认为自己已经脱离了危险。不过，这种危险指的并不是枪林弹雨，尽管很久以前他就已经不再开玩笑说三星将军应当面对更多的敌军炮火，但他还是希望能够置身其间。他所说的危险是指自己在讲话时要面对一名拿着钢笔或麦克风的记者。只有当马歇尔将军或比德尔·史密斯早上喝咖啡顺手拿起一份报纸时，这种危险的后果才会显现出来。

巴顿估计，他暂时不会面临这种职业风险。他曾向艾森豪威尔保证不对媒体乱说，而且也履行了这一诺言。大部分时候，他都会将那把用以彰显自己身份的珍珠柄手枪留在办公室。审查人员也尽职尽责，确保媒体上不会出现巴顿佩戴第三集团军徽章的照片。因此，7月17日，布莱德雷总部的一通来电让他惊慌失措。显然，第三集团军的随军记者一定告诉了第一集团军的同行，他们已经了解到第一集团军的重大计划，而这项计划正是布莱德雷试图对第一集团军记者团隐瞒的秘密。

"这到底是怎么回事？"布莱德雷责问道。"眼镜蛇行动"是陆军最需要严加保守的秘密之一，显然是有人鲁莽地走漏了风声，而这个人就是巴顿手下负责媒体关系的军官查尔斯·布莱克尼（Charles Blakeney）。

巴顿吓坏了。他完美的杀人机器尚未大显身手，战争就有可能结束。一想到这里，他更加惊恐不已。他立即给布莱德雷回电道歉，并承诺会撤掉布莱克尼。"看在上帝的分儿上，布莱德雷，"布莱德雷记得巴顿如此恳求道，"你得让我在战争结束前参加这场战役。如今我被撂到了一边，除非干出一番事业摆脱困境，否则我非死在这里不可。"

布莱德雷接受了巴顿的解释和补救措施，但是没有对未来的行动做出保证。如果一切顺利，隆美尔、希特勒和纳粹很快就会遭到重创。

巴顿猜测，一定是第三集团军的记者为了与第一集团军的同行竞争，所以才吹嘘他们掌握了第一集团军的一些机密，而第一集团军的记者很快也会发现这些秘密。巴顿知道自己对记者开口会惹上麻烦，所以不希望因为手下的错误把自己也拖下水。他立即召集随军记者，就这次泄密事件的危险性对他们进行了严厉训斥。"我不知道该怎么形容，这种违反命令和信任的行为会对士兵的生命造成怎样的危险，"他对记者们说，"因为你们当中有人随便乱讲，完全有可能造成数以千计的同胞或盟军士兵在战场上阵亡，而一场大规模行动也完全有可能因为刚刚发生的事情而功亏一篑。"

星期一，天空浓云密布。在最后关头，布莱德雷得知利-马洛里已经飞到法国，要亲自对实施轰炸的情况进行评估，并且推迟了空袭时间。在获悉轰炸机不会抵达后，布莱德雷也下令暂停行动，但轰炸机队最终还是飞到了法国。在靠近目标后，首批飞机在佩里耶—圣洛公路后方的矩形地带投下了约 685 吨炸弹，后面的飞机也如法炮制，只见地面上浓烟滚滚、尘土飞扬、残骸四溅。一切似乎都在按计划进行。

但布莱德雷发现，还是有些地方与原计划不同。轰炸机本应从与步兵战线平行的方向飞抵，但是它们正在从布莱德雷步兵的后方垂直接近目标。此外，并非所有的轰炸机都在进攻，而且炸弹着陆的地点近于原定的距离。这下利-马洛里可有的解释了。布莱德雷的参谋长开始疯狂地给空军总部打电话，想要弄清到底是怎么回事。

消息零零星星地传入布莱德雷征作观察哨的石砌小屋。当天清晨，利-马洛里来到诺曼底，发现云层过厚，因此试图取消空袭行动。一些机组收到了消息，但也有机组没有收到。结果战斗轰炸机有一半留在了本土，中型轰炸机根本就没有露面。其余的轰炸机从北方抵达，但没有按照布莱德雷的要求平行于敌军的战线，而是垂直于战线接近目标。更为糟糕的是，在一支由 16 架轰炸机组成的编队中，为首飞机的投弹器卡住了。为了打开装置，投弹手朝第三十师丢下了部分炸弹。他身后的 15 架重型轰炸机也紧随其后，纷纷投下炸弹，因为这就是轰炸机的行动方式，当领航机投弹后，其他飞机也会如法炮制。第三十师算是倒了大霉，共有 156 人死伤，其中 30 人阵亡。

第七军总部也乱作一团。就在轰炸开始前，柯林斯将部队撤离公路，以免成为轰炸的对象。接着，布莱德雷将军的总部通知他，空中和地面行动已经取消。但再接下来，轰炸机纷纷开始投弹。

这是不是说"眼镜蛇行动"要重新开始，或者轰炸行动只是为了制造混乱？

柯林斯打电话到第一集团军，想要弄清布莱德雷是否推迟了"眼镜蛇行动"。布莱德雷是希望空中和地面行动全部暂停，还是想让他在半半拉拉的轰炸结束后向前推进？如果行动取消，柯林斯必须在德军弄清他们的目的之前将步兵撤回原来的战线，但美军就会失去发动奇袭的宝贵战机。反之，如果行动继续，他就只能让部队穿越尚未完全饱和轰炸的地区，而这就意味着德国的守军将远多于预期。"无论如何，"柯林斯强调，"总得有人告诉我该怎么做。"

在指挥所，布莱德雷怒不可遏，正暴躁地踱来踱去。空军本来同意从侧面接近目标，而非从他手下将士的头顶掠过——至少在 7 月 19 日会议结束后，离开斯坦摩尔时，他是这么认为的。皮特·克萨达确实是这样做的，他的战斗轰炸机从侧面飞抵。但是布莱德雷获悉，利－马洛里胆小怕事，刚刚试图取消第一天的空中行动，现在竟又跑到他的指挥所，声称自己不清楚接近敌军目标的方向。在布莱德雷看来，这不是因为他不知情或疏忽大意，而是这位空军高官严重不守信用。

但布莱德雷知道，现在没有时间指责利－马洛里。他可以等以后再跟艾森豪威尔理论这事。眼下，10 万人正在等候命令，他必须在仓促之间作出决定。这种事情在好莱坞电影中屡见不鲜，但在实际行动中并不常见。

布莱德雷希望迅速发动闪电袭击，但也希望不出现任何差错。巴顿经常说，今天的好计划胜过下周的完美计划，但布莱德雷的看法不同。要是让他选择的话，假如今天不能顺利执行计划，他宁可等到明天，让一切都能完美无缺地开展。因此，他下达了暂停命令："眼镜蛇行动"将于次日，即 1944 年 7 月 25 日星期二重新开始。与此同时，柯林斯将部队撤回到了佩里耶—圣洛公路。

或许明天一切都会好起来。

两天来，布莱德雷都在侧耳细听飞机的声音，这次是和最高统帅一起，后者就在他身旁。但轰炸机司令部无法及时规划并下达更改路线的命令，除非再次延后"眼镜蛇行动"的进度。这一点艾森豪威尔和布莱德雷都不赞成，所以后者只能极不情愿地同意让轰炸机依照上次的方式，即沿着与美军战线垂直的方向飞行。

这一次轰炸机队伍全部抵达，1500 多架"飞行堡垒"轰炸机和"解放者"轰炸机缓缓从低空飞过目标，向位于布莱德雷划定的矩形区域内的倒霉蛋——装甲教导师——投下了逾 3000 吨高爆炸药和杀伤弹。第二波 380 架中型轰炸机随后到来，投掷了 650 吨高爆炸药和杀伤弹。接下来，大批战斗轰炸机呼啸而至，再次投下 200 吨高爆炸药和一种由胶状汽油制成、被军械署称作"凝固汽油弹"的可怕炸弹。随着一波接一波空中杀手的到来，大地为之颤抖，漫天的尘土飞起又落下，然后再次飞起，德军的防御阵地尸横遍野。炸弹造成的冲击极为强烈，以致每当爆炸声轰隆隆响起时，在前线 2 千米开外，布莱德雷和柯林斯所在小屋的花边窗帘也随之颤抖。正在商议计策的两人心想，炸弹爆炸的地方一定距这里很近。

不一会儿，满身尘土的助手走了进来，向两人报告前方指挥所传来的坏消息。

"哦，老天爷，"布莱德雷喃喃自语，"可别又是打中了自己人。"

艾森豪威尔高兴地看到，布莱德雷不顾危险发起了"眼镜蛇行动"。他暗自希望，这次行动的结果一定会比"古德伍德行动"好得多。此前一天，第三十师遭到误炸的消息令他感到担忧。他经常担心，在云层之上的高空飞行的空军，在面对敌军的防空炮火时会过于紧张，所以会急于投弹，以便尽快返回。这些炸弹有可能没有命中目标，而是让下方成群结队盟军的步兵遭殃。

在获悉利－马洛里在 24 日试图取消空袭，导致"眼镜蛇行动"推迟和美军士兵伤亡后，他开始怀疑重型轰炸机是否适合为地面部队提供支援。在离开第一集团军总部返回"磨刀石"时，艾森豪威尔告诉布莱德雷，他"对出动轰炸机支援地面部队的做法完全丧失了信心……""这次我批准了他们的行动，但我向你保证，这也是最后一次"。

然而，第二天的轰炸似乎取得了良好的效果。初期报告显示，轰炸对布莱德雷划定的矩形地带造成了严重破坏，至少可以让这一区域内的步兵速战速决。接着，布莱德雷得知，空军再次犯了同样的错误。在 3 起事件中，有炸弹误伤了友军，导致 111 人死亡，490 人负伤。但最令人震惊的是，其中一名死者不是别人，而正是陆军地面部队负责人莱斯利·J. 麦克奈尔中将。此人也是美军虚构的驻扎在英国的第一集团军群司令巴顿的继任者。

麦克奈尔是马歇尔的同事和密友，早在路易斯安那大演习之前，他就是陆军中的明星将领。当天下午，他不幸成为美军阵亡将士中级别最高的军官，被从战壕中掀起 25 米高，炸成了碎片。有人从尸体肩膀上的三星标志认出了他。更糟糕的是，艾森豪威尔甚至不能体面地掩埋他的尸首，或者说仅余的残骸，因为麦克奈尔来到法国是盟军的高级机密，就像 7 月初巴顿也是在秘而不宣的情况下出现在这里一样。因此，麦克奈尔只能在几名高级军官和前任副官的陪伴下下葬，而他的亲属对此毫不知情。

据凯回忆，在返回朴次茅斯后，艾森豪威尔悄无声息地在总部内踱来踱去，看起来"异常沮丧"。陆军在欧洲的高级军官不幸殉命，这一消息对他来说犹如五雷轰顶。艾森豪威尔告诉马歇尔，他曾在多个场合告诫麦克奈尔不要去冒不必要的险，因为在突尼斯，这位喜欢四处走动的指挥官就曾在艾森豪威尔的麾下任职时负伤。

除了损兵折将以外，随着"眼镜蛇行动"的继续，艾森豪威尔发现轰炸行动似乎并没有达到预期的效果。后续报告显示，德军的炮兵部队仍然实力强大。在行动第一天，第七军仅从出发地点向前推进了有限的距离。美军将士本应在当天下午轻松来到佩里耶—圣洛公路的南侧，但是他们失望地发现，德军仍然十分活跃，这无疑是对美军兜头泼了一盆冷水。

当天晚上，布莱德雷打电话到"磨刀石"，汇报第一天的最初进展：第九师向前推进了 2100 米，但另外两个突击师，即第四师和第三十师，推进的距离不到第九师的一半。

从某种程度上说，第一天的战斗以失败而告终。艾森豪威尔认为，这次代价高昂的行动很可能像上次一样令人沮丧地陷入停滞。尽管如此，他还是对这位密苏里将军抱有信心。就像对待其他将领一样，在布莱德雷遭遇挫折后，他安慰后者说，虽然布莱德雷的侧翼进展缓慢，但是"我敢肯定你一定会获得成功"。

然而，除了为部下打气之外，艾森豪威尔已无能为力。在返回英国南部后，他只能希望布莱德雷会继续向前推进，并且在必要时甘愿冒险，直到取得一定的战果。布莱德雷向他保证，自己一定不会就此罢手。

艾森豪威尔的预言

虽然"眼镜蛇行动"第一天的战果令人失望，但布莱德雷还是看到了一丝希望。步兵没有完全守住矩形地带的两侧，但从装甲教导师战俘的状态来看，德军一定是被轰炸机炸了个人仰马翻。在佩里耶—圣洛公路以南，德军几乎没怎么抵抗，这有可能说明他们正准备逃跑，或者说明有人让他们撤离，准备在布莱德雷的装甲师开往库唐斯时对其发起猛击。

布莱德雷不知道到底是哪一种情况，但在1944年7月25日下午晚些时候，他不得不做出决定。虽然柯林斯没有完全攻克两侧的城市圣吉尔和马里尼，但他还是决定突围。他在报告中称，公路已经足以供装甲部队通行，而他将于第二天早上比原计划稍早一些出动"谢尔曼"坦克。当美军步兵在缺口处消灭了德军的主要抵抗力量后，坦克就可以从中穿过，奥马尔·布莱德雷也就可以准备坐等捷报了。

但布莱德雷发现，美军并没有像预期的那样取得大捷，或者说至少没有马上传来捷报。由于道路堵塞和德军抵抗，许布纳的"大红一师"未能及时赶到库唐斯并攻克这座城市，包围位于他和米德尔顿之间的德军。但是在接下来的两天，米德尔顿的第八军迅速前进，柯林斯派出的装甲纵队也从撤退的德军背后发起了猛攻。美国第二和第三装甲师的"谢尔曼"坦克全速前进，开往南方，加深了德军左翼的缺口，包围了德国的一三四军。布莱德雷的强力一击正好打中了冯·克鲁格左侧的入口，现在他的部队终于可以进入开阔的野外。

布莱德雷变得情绪高涨。虽然"眼镜蛇行动"一开始出师不利，但是在不到一个星期的时间里，他的部队已经迅速越过库唐斯，带着满腔仇恨向阿夫朗什推进。他们向盟军的战俘营送去了近 2 万名俘虏。随着德军防线崩溃，布莱德雷让克里特和杰罗投入战斗，阻止德军继续撤退。他眼看就要拿下行动之初他和艾森豪威尔最向往的目标。布莱德雷开始在总部谈起，要让德国在法国的军队"无条件投降"。28 日，也就是"眼镜蛇行动"开始 3 天后，布莱德雷写信给艾森豪威尔称："现在第一集团军总部的人们意气风发，这么说毫不为过。"

1944 年 8 月 1 日，信心十足的布莱德雷出任第十二集团军群司令。这个性格温和的教师之子要让全世界看看，他究竟能干出怎样一番事业。

自 1943 年 12 月起，"霸王行动"的计划就限定了德怀特·艾森豪威尔的生活。该计划要求盟军在登陆 90 天后或 9 月 4 日左右进入巴黎。从 6 月到 7 月，蒙哥马利和布莱德雷反复试图冲出隆美尔、冯·伦德施泰特和冯·克鲁格组成的包围圈，但每次行动的结果都仿佛是在嘲弄艾森豪威尔。

然而，"眼镜蛇行动"改变了一切。7 月底，布莱德雷拿下了阿夫朗什。他攻占的法国领土已经给第三集团军创造了一定的活动余地。布列塔尼一旦攻克——如今看起来仿佛探囊取物般容易——布雷斯特港就会成为盟军第二个重要的补给干道。随着德军在法国的抵抗趋于瓦解，再加上 7 月底希特勒遇刺后不可避免地对军队进行清洗，艾森豪威尔早先的预言进一步应验，即欧洲战争将在 1944 年底结束。就连蒙哥马利也加入了其中，7 月28 日，他通知艾森豪威尔，自己已经命令邓普西将军不惜冒险、接受伤亡地"加速前进"。

因此，8 月初，疲惫不堪但又精神饱满的艾森豪威尔告诉哈里·布彻说："如果截获的情报属实，我们马上就要冲进布列塔尼，在诺曼底将他们打个落花流水。"他甚至同布莱德雷开玩笑说，丘吉尔非常高兴，所以准备纡尊降贵，前往第十二集团军群的总部，给布莱德雷的两颊来上一吻。随后，巴顿也写信给艾森豪威尔称："布莱德雷干得不错。最让我兴奋的是，他将在我参战前取得胜利。"巴顿盛赞布莱德雷的计划是一个"伟大的军事构想"。这个自以为是、喜欢抛头露面的家伙告诉来访的记者说："布莱德雷立下了大功，现在对他的赞扬根本不够。"

随着"谢尔曼"坦克冲出灌木丛生的野地，艾森豪威尔开始有更多时间与爱将布莱德雷待在一起。两人会挤在用作地图室的活动拖车里，听取从前线传来的最新消息。艾森豪威尔也经常与这位故交谈到深夜，只要有可能，他就会留下来吃晚饭和过夜。在不谈公务时，两人会闲聊几句，回忆起陆军的橄榄球赛，或者谈到应当提拔哪些人和解除哪些人的职务。当他们需要外出，与诸如蒙哥马利和德弗斯等"外人"开会时，他们常常乘坐同一辆车，一起商量主意，然后才会讲给其他人。凯说过，他们俩亲密无间，"简直就像兄弟"。艾森豪威尔开始一封接一封地写信给马歇尔将军，敦促他将布莱德雷的军衔提升为永久少将。

随着军队不断向前推进，为了赶上他们的步伐，1944 年 8 月 7 日，艾森豪威尔让几名副手把自己的前线指挥所迁到了小山村图尔尼埃（Tournières）。那里是一派田园风光，距离以挂毯驰名的巴约（Bayeux）不远。新的指挥所代号"弹爆点"（SHELLBURST），是按照他喜欢的方式建造的：简单的军队风格，几辆简陋的卡车，几顶铺有木地板的帐篷作为办公室，四周是狭长的掩壕。艾森豪威尔站在乱七八糟的灌木丛和纵横交错的电话线后，想要亲自看看这里的地形，因为他的部队就是在这里作战的。在接下来的"铁砧行动"（Operation ANVIL）中，他将和温斯顿·丘吉尔一起，从图尔尼埃打响最后一役。

"铁砧行动"后来被更名为"龙骑兵行动"（Operation DRAGOON）。在这项行动中，盟军将在德弗斯的指挥下登陆法国南部。此举不仅能够增加盟军在欧洲大陆的兵力，同样重要的是，还会为李将军的后勤部队提供两个大型港口，即马赛（Marseilles）和土伦（Toulon）。随着盟军士兵越来越多，他们将从这里输送更多补给。但丘吉尔强烈反对这一构想。8 月 5 日，这只英国"牛头犬"出现在艾森豪威尔的指挥所，花了几天时间进行游说，不依不饶地要求后者取消"龙骑兵行动"。艾森豪威尔十分恼火，他对这项行动充满信心，因此拒绝作出让步。8 月 15 日，"龙骑兵行动"如期开展。特拉斯科特将军的第六军和法国第一集团军很快解放了土伦、马赛和格勒诺布尔（Grenoble）。艾森豪威尔欣慰地看到自己的这支新军来到罗讷河谷（Rhône Valley），准备与巴顿的第三集团军汇合。

媒体与政界的混战： 蒙哥马利降职后遗症

当特拉斯科特的军队横扫法属里维埃拉（French Riviera）时，艾森豪威尔不得不设法应对媒体的一片批评声。美联社某个差劲的记者不知怎么从审查人员眼皮底下蒙混过关，发布报道称艾森豪威尔准备将蒙哥马利将军从地面部队总司令降级为陆军地面部队司令。英国报纸的编辑们清楚，国内读者的爱国主义情绪极易受到影响，因此明确表示他们感到十分愤怒。为了澄清事实，最高统帅部声明目前蒙哥马利仍将继续指挥所有地面部队，但这一声明激起了美国媒体的强烈反对，也引起了史汀生和马歇尔的高度关注。

从"霸王行动"初期开始，行动计划就要求蒙哥马利将地面部队指挥官的权力交给最高统帅，并全面接管第二十一集团军群。因此，这则有关蒙哥马利被黜的报道对艾森豪威尔及其参谋们来说并不新鲜。目前欧洲大陆共有6支军队，即蒙哥马利手下的英国第二集团军和加拿大的第一集团军、布莱德雷手下的美国第一和第三集团军、德弗斯手下的法国第一集团军和美国第七集团军，所以在艾森豪威尔看来，自己理应担任地面部队总司令。

尽管英国民众和媒体并没有看到这则报道，但它还是激起了一片抗议之声，而蒙哥马利并没有加以遏止。艾森豪威尔和布莱德雷很快被卷入了一场佛里特街①和美国媒体之间的严重争端。前者呼吁保留蒙哥马利作为盟军地面部队指挥官的职务，后者指责英国骑在美军士兵的头上操纵局势。"真见鬼！"艾森豪威尔忍不住说道，"英国人永远也不明白美国人的指挥系统。"

双方之间的部分问题的确如此。按照惯例，美军指挥官只负责制订目标，至于怎样以及何时开展行动，他们会尊重部下的意见。例如，布莱德雷的"眼镜蛇行动"只有一页半的说明，还有一张图表用于解释他希望各师怎么做，剩下的就是信任和细化了。艾森豪威尔信任布莱德雷、蒙哥马利和德弗斯能够尽职尽责、有效地完成自己的任务，所以盟军不需要再单独指定一位地面部队指挥官。

但蒙哥马利、丘吉尔和英国媒体所熟悉的英国模式要求凡事都应不厌

① 佛里特街是英国多家报社的所在地，这里用于指代伦敦新闻界。——译者

其详地作出指示。因此，蒙哥马利的集团军群命令，除了包含怎样以及何时开展行动，还会确定行动在哪里以及由谁开展。蒙哥马利称，这种做法是为了"牢牢把握战争"，因此英国军界和政界的官员很难理解艾森豪威尔在行动细节上的自由放任的态度。

这是记者和政治家们之间的一场糟糕的混战，但是作为战时盟国，在这两个伟大的民主国家中，哪个国家的最高统帅都不敢小觑这个问题。为了讨好蒙哥马利将军，丘吉尔将这位大英帝国的臣子提升为陆军元帅，相当于美国的五星将军。艾森豪威尔竭力想要挽回事态，因此向这位喜欢动怒的元帅表示热烈祝贺，但拒绝对指挥体系作出任何改变，让蒙哥马利继续充当自己手下级别最高的副官。

这场地面部队指挥官之争在蒙哥马利和美国将领尤其是布莱德雷之间埋下了深深的祸根。蒙哥马利很快就开始向艾森豪威尔控诉布莱德雷，并且后来还向马歇尔控诉艾森豪威尔。不过美国人并不买账，参谋长马歇尔和艾森豪威尔仍是布莱德雷最坚定的支持者。但是不可否认，盟军在欧洲的指挥系统已经出现了裂缝。布莱德雷在事后表示："这场不幸的 8 月之争始终没能完全弥合。"

巴顿在欧洲大陆设有 4 个隐藏的军部，还拥有大约 3 万名法国非正规军。当布莱德雷的"眼镜蛇行动"在他尚未参战的情况下逼近阿夫朗什时，他焦急地蠢蠢欲动。巴顿一边等待开拔命令，一边担心上层的权力斗争有可能影响到行动的有效开展。他还担心布莱德雷也许不愿意启用第三集团军，因为这意味着后者将升任集团军群司令，从而远离"眼镜蛇行动"的前线。"在这一点上，我能够理解他。"巴顿说。

7 月的最后一天，第三集团军的孵化期终于结束，正准备破壳而出。尽管直到次日巴顿才会正式成为第三集团军的指挥官（代号"幸运六号"，LUCKY SIX），但他决定将总部（代号"幸运总部"，LUCKY MAIN）立即迁往库唐斯至圣洛的公路。他的前线指挥所（代号"幸运前锋"，LUCKY FORWARD）包括一辆带有住舱的货车、几部安全电话和一张玻璃面书桌。在这里，他命令米德尔顿将军让停滞不前的第八军穿过塞吕讷河（Selune River），进入布列塔尼半岛。

巴顿的战争即将再次打响。

第19章 "10天之内结束战斗"

> 乔治习惯于遭到一个师的袭击，……但是他适应不了三四个师的进攻。他还不知道这意味着什么。

> ——布莱德雷，1944年8月2日

> 布莱德雷过来看我，神情非常紧张……他的信条似乎是"一有疑问就停止行动"。

> ——巴顿，1944年8月15日

在布莱德雷看来，巴顿不明白对纳粹绝不能小觑。在欧洲大陆，他们的对手是德军，而不是法军或意军。对盟军发动袭击的不是几个营，而是几个军或几个师。但巴顿作为第三集团军司令做出的第一个命令告诉布莱德雷，他仍在按照北非和西西里岛战役中那套小打小闹的规则行事。

布莱德雷发现，巴顿的为人以及在计划行动时存在的诸多缺陷与霍奇斯形成了鲜明对比。后者虽然咄咄逼人，但总是适可而止，而且精明审慎、注重细节。正如布莱德雷后来所言："巴顿不愿为细节问题操心，但霍奇斯在研究问题时十分谨慎，因此更适合执行较为复杂的行动。"此外，切特·汉森也在日记中指出："布莱德雷……很难让巴顿按计划行事。巴顿关心的不是怎样稳健作战，而是怎样登上头条。"

出乎布莱德雷意料的是，巴顿很快就表现得像一名合格的军人那样规规矩矩，至少是因为他清楚，只要自己稍有不慎，就会被遣回巴勒莫。巴顿向来尊重高级将领之间的礼仪，或者军界要人之间的绅士规范，比如向上级敬礼、称呼"长官"、送上一些小小的殊荣，包括配备汽车队和仪仗队。只有当两人私下相处或者身边只有亲信时，他才会放弃这些社交规则，变

393

得不拘礼数。还有一件事能够明确显示巴顿清楚谁才是老大，那就是他经常拙劣地奉承集团军群司令。抵达欧洲后不久，巴顿就开始将布莱德雷喻为"雄鹰"，而且还对布莱德雷的副官盛赞他的军事智慧，满心希望布莱德雷在听到后会认为他是出于一片真诚。在西西里岛和英国时，他就是这样讨好艾森豪威尔的。

但巴顿私下里清楚，布莱德雷就像接替他担任第一集团军司令的霍奇斯一样，缺乏闯劲儿和想象力。他们不具备甘于冒险的精神。布莱德雷不懂得即兴发挥的作用，而在敌军并非静止不动的运动战中，这一点至关重要。"眼镜蛇行动"开始后，随着德军的抵抗日趋瓦解，巴顿认为，盟军应该抛开原计划，一路将敌军追到莱茵河。与其让所有军队聚集在布列塔尼半岛，为什么不能掐断布列塔尼的脖子，出动装甲部队荡平其内部，然后派一个步兵师将被困的守军赶往港口，再让剩余的部队直捣巴黎？巴顿惯于从开展大规模扫荡行动的角度考虑问题，所以他认为在开进布列塔尼的同时，投入一个师的兵力保护侧翼是一种巨大的浪费。

侧翼只能好自为之？

在巴顿和布莱德雷产生矛盾后，特洛伊·米德尔顿首先被卷入其中。在执行布莱德雷夺取圣马洛的命令时，米德尔顿又接到巴顿将军的电报，命令他绕过该镇。"反正那里什么都没有，"巴顿向他保证，"又不会藏着千军万马。"据情报人员估计，镇上的卫戍部队约有 3000 到 6000 名精兵，但是当米德尔顿准备绕开圣马洛时，只听炮火齐鸣，炮弹雨点般砸来，让他的部队动弹不得。米德尔顿只好出动第八十三师，才结束了这场麻烦。最后，第八十三师共俘虏德军 1.4 万人，至于打死了多少人，米德尔顿始终没弄清楚。

这就是巴顿出了名的直觉。

当米德尔顿的第八军连续发起猛攻，向布雷斯特进发时，布莱德雷亲自干预，取消了巴顿的命令。在西西里岛战役中，布莱德雷就对巴顿的这种做法感到十分愤怒。布莱德雷认为，为了避免灾难，他不得不插手巴顿的事情。米德尔顿回忆说：

混乱持续了数日之久。例如，布莱德雷告诉我："你向南冲出阿夫朗什后，一定要派重兵把守南方的侧翼，因为那里极易受到来自南部的攻击，而且正对着巴黎。当地有一座小镇叫富热尔（Fougères），等巴顿来了以后，我准备派第七十九师封锁那里。""绝对不行，"巴顿说，"我们要去布雷斯特。"

布莱德雷很快就来到米德尔顿的指挥帐，发现这位平时沉默寡言的路易斯安那将军正在抱怨巴顿的命令。

"我这里门户大开"，米德尔顿拖着密西西比三角洲长长的腔调埋怨道。他向布莱德雷解释说，第八军的前线不是向东而是向西，而敌军的主力部队就盘踞在东部。"我可不想在腹背受敌时发动袭击，更何况我的后方完全暴露了出来。如果敌军切断我们的联系，我就困在这里了。"

听到这个消息后，布莱德雷怒不可遏。

"真该死，我可没兴趣制造新闻"，戴着金丝边眼镜的布莱德雷皱了皱眉。他下令米德尔顿派第七十九师前往富热尔，对第八军的后方进行支援，并且向这位前大学校长大谈巴顿的弱点：

> 在那里，德军可以出动 3 个师对我们发动袭击，这会让我们显得愚不可及，也会让乔治很尴尬。乔治习惯于遭到一个师的袭击，而且也完全应付得来，但是他适应不了三四个师的进攻。他还不知道这意味着什么。

尽管这位三星将军怒火中烧，他还是让斯托特军士开车带他前往"幸运前锋"处，准备为巴顿定下几条基本规则。"老天爷，乔治，"布莱德雷说，"你的侧翼都暴露了，你打算怎么办？我已经派第七十九师过去了。我真不想越级指挥，毕竟这是你的军队。"接着，他责备巴顿说，当米德尔顿向布雷斯特进发时，巴顿需要确保东线的安全。

布莱德雷和米德尔顿不知道的是，巴顿已经派第五装甲师前往富热尔，保护他的侧翼。听到这里，巴顿只是冲布莱德雷笑了笑，告诉后者他会保证第七十九师按时抵达。布莱德雷后来回忆道，巴顿把手搭在自己的肩膀上，咧嘴一笑说："好的，好的，布莱德雷。你不说我也会这样做的。"

在乘车返回集团军群总部的路上，布莱德雷感叹道，巴顿大概会因为自己越级指挥，插手他手下的一个军，正在背后骂自己是个混蛋吧。但他为什么不能这样做？早在西西里岛，当巴顿这样做时，布莱德雷就是这种感觉。但是布莱德雷知道自己做得没错。"真见鬼，要是我们不向那里派出援军，天知道会发生什么事。"布莱德雷解释道。从他与巴顿紧密合作的经验来看，他知道这个加利福尼亚人需要上级的约束，因为巴顿根本看不到自己冲动过头的缺点，更不用说扬长避短了。"如果有3个师对巴顿发动进攻，他自己就会损失两个师，这会令人无比尴尬。他也会因此被撤职，所以他应该对我所做的事表示感谢才对。"

巴顿并没有感谢布莱德雷。相反，他在日记中记下了两人的谈话，但说法与布莱德雷大相径庭。他写道：

> 布莱德雷稍显窘地表示，他一直在第八军等着我。因为我没有出现，他才担起责任，让米德尔顿将第七十九师调往东侧……他说他知道我一定会同意。我说我同意是同意，但是不赞成他的做法，而且担心他染上了英国人过于谨慎的毛病。值得一提的是，就在大约一年前的今天，我曾经不得不强令他对西西里岛发动进攻。这倒不是说他想要借机报复，但是他天生就超级保守。

当然，"超级保守"是一种相对的说法，与巴顿的观念相比，布莱德雷似乎确实如此。在巴顿看来，在运动战中，侧翼只能好自为之。"有些该死的笨蛋说，必须确保侧翼安全。"一名记者引用巴顿的话说，"我可不敢苟同。我的侧翼是用来让敌人担心的，而不是让我自己忧虑的。早在敌人找到我的侧翼之前，我就已经切断了这个杂种的喉咙。"

这无疑是巴顿式的大话。在担任第三集团军司令当天，他就派出一个步兵师，掩护装甲师的两翼。如果得不到可靠的战术空中支援，他还经常调动步兵师，掩护各部队之间令人不安的缺口。但巴顿此言概括了他的基本作战方式，也反映了这名骑兵的作战观念，即军队的战略势头应当始终保持向前。这就是他和布莱德雷意见相左的地方，或者说两人的看法至少在程度上存在差异。巴顿曾经告诉布莱德雷，他已经被撇到了一边，只有干出一番事业，才能摆脱困境。布莱德雷在数年后回忆说，当时的巴顿几乎没有什么可以失去的，但有很多事情需要去争取，所以不惜在法国的旷野中冒巨大的风险。

巴顿担心布列塔尼战役的进度，认为盟军正朝着错误的方向前进，所以零敲碎打地将部队送往布列塔尼半岛。他将第六装甲师派到敌军较少的布雷斯特，将第四装甲师调往敌军兵力不明的洛里昂，将第五步兵师分散在昂热（Angers）和南特（Nantes）之间。巴顿清楚，这种做法如果放到莱文沃思，只会让学员们不及格。"我这么做没有跟布莱德雷将军商议，"他写道，"因为我敢肯定，他会认为这种做法过于危险。的确有些危险，但战争就是如此。"

当米德尔顿的军队在布列塔尼的颈部开展行动时，布莱德雷和巴顿正在考虑巴黎、塞纳河乃至更远的地方。巴顿力劝布莱德雷放弃"霸王行动"计划中对第三集团军的安排，让他向东进发。巴顿辩称，布列塔尼可以留给米德尔顿的军队清理，他可以让自己其余的部队向德国挺进，而非朝大西洋进发。布莱德雷也得出了同样的结论，因此同意巴顿的意见。

由于诺曼底海滩补给成堆，而布雷斯特只剩下一片废墟，所以布列塔尼的港口对后勤来说已经意义不大。对布莱德雷来说，布列塔尼之战已经变成了一个尊严问题，而非战略问题。正如他后来向巴顿坦言的："除了你以外，这话我不会对任何人讲，即使是对参谋我也给出了其他借口，但是为了美军的荣誉，我们必须拿下布雷斯特。"（对此巴顿讥讽道："他可比我想的要情绪化多了。"）

在确定这件事后，布莱德雷力劝艾森豪威尔让他用尽可能少的兵力镇守布列塔尼，而让巴顿的大部分兵力——第十二、第十五和第二十军——攻打塞纳河。艾森豪威尔为"眼镜蛇行动"的成功而兴奋不已，因此批准了布莱德雷的建议。

第三集团军的先头部队是由3个师组成的第十五军，由韦德·海斯利普（Wade Haislip）少将指挥。作为一名军人，海斯利普表面上看起来乐呵呵的，实际上却有着杀手的本能。7月中旬，他刚刚在欧洲大陆安顿下来。海斯利普的坦克准备好以后，乔治·巴顿非常高兴，立即让他的几个师穿过阿夫朗什的颈部，开往东南方向的开阔野地。

第二十军也刚刚抵达，军长是绰号"牛头犬"（Bulldog）的沃尔顿·沃克（Walton Walker）少将。随后，海斯利普的第十五军和沃克的第二十军迅速冲向德国第七集团军的腹部。1944 年 8 月 7 日，巴顿的部队向勒芒（Le Mans）进发，沿着卢瓦尔河飞奔而去。这个节奏对布莱德雷来说稍微有些冒进，对巴顿来说又稍微有些保守。但这次行动卓有成效，在法国的战役进入关键阶段时为布莱德雷带来了种种有益的可能。

因此，8 月初，在距离"霸王行动"地图的边缘 160 千米开外的地方，布莱德雷准备分配给巴顿一项所有将军都梦寐以求的任务，但他首先要得到艾森豪威尔的批准。

艾森豪威尔终于看到了曙光。巴顿加入了战斗，霍奇斯正向东进发，布列塔尼的港口唾手可得。他对手下的军队充满了信心，开始考虑下个阶段的安排，也就是"霸王行动"之后的战争。他还跟布莱德雷开玩笑说，要是能在 10 月 14 日他生日那一天进入巴黎，那么将没有什么事比这更让他高兴的了。"我们会接管最大的酒店，不让其他人进来，然后在里面举办一场全世界最大的聚会，直到所有人都累趴下。"当布莱德雷的坦克奋力前进，开往空旷的野外时，艾森豪威尔哈哈大笑地说道。

艾森豪威尔不仅为布莱德雷感到欣慰，在看到巴顿冲出布列塔尼，进入法国中部后，他同样感到兴高采烈。巴顿向勒曼推进的速度如此之快，布彻写道："通信简直跟不上，就连记者们在写到这个速度时都会欣喜若狂。"由于巴顿的进攻步伐过快，艾森豪威尔被迫取消了塞纳河以西的空降行动。当李将军愤怒地抱怨巴顿的手下征用他的补给车辆向前线运兵时，艾森豪威尔不仅没有生气，反而觉得十分好笑。

巴顿的"环法之旅"让艾森豪威尔精神大振，他很愿意为巴顿记上一个大功。但是不管巴顿有多喜欢出风头，目前艾森豪威尔还不希望解除对第三集团军的新闻管制。

当布彻提及此事时，艾森豪威尔反问："我为什么要把这件事告诉敌人？"但是在向布莱德雷解释自己为什么仍然不让巴顿发声时，他用的是这位来自密苏里州的将军能够听懂的话："我要让他受一点儿惩罚。一开始他让我受了那么多罪，我已经承担不起了，所以我得让他也尝点儿苦头！"

布莱德雷的"短勾拳"与巴顿的"长勾拳"

当年夏天，当巴顿穿过布列塔尼，将剩余的兵力调往东部时，布莱德雷紧咬的牙关开始松了下来。"眼镜蛇行动"开始10天后，他终于看到自己从布里斯托尔开始的奋战收到了成效。一想到从听到教堂钟声的那天起自己完成了怎样的目标，他不禁深感振奋。

信心百倍、激动不已的布莱德雷辗转反侧，在孤寂的拖车里思来想去，接连几晚都睡不着。在坦克部队穿过阿夫朗什时，他告诉切特·汉森说："每次上床后我都在考虑这件事情，而且一想就是半夜，根本睡不着觉。"从日出到日落，布莱德雷都睡眼蒙眬，最后不得不让助手到医务室去要几片安眠药。

整个8月，布莱德雷都在诺曼底西部穿梭。他乘坐的是一辆经过改装的卡车，有半个卧铺车厢大小，后面还挂着过去那辆作为住舱的两吨半卡车。但是经艾森豪威尔提议，他很快换了一辆更大的拖车，拖车装备并装饰有树脂玻璃做的天窗、长长的日光灯管、红木护墙和厚厚的地毯，当然还有更多的地图。在拖车里面，一根樱桃木色的顶梁像栅栏般将他的私人区域与会客厅分隔开来。他的书桌上放着一个红色的皮夹，皮夹里装着玛丽和女儿伊莎白的照片。烛台般的可口可乐空瓶在他的办公室里随处可见。在炎热漫长的8月里，这是布莱德雷最喜欢的饮料，所以勤务兵每隔一段时间就会过来清理一次。在拖车外面，有两只流浪狗，一只叫奥马哈，一只叫犹他。它们不是跟随着路过的士兵，就是在总部卡车上罩着的伪装网上蹿上跳下。

布莱德雷看到，部队的进展在地图上被整洁地标示了出来，但是战果有喜有忧。霍奇斯的第一集团军遭到了4个装甲师、1个装甲掷弹兵师和2个步兵师的抵抗。考特尼的部队正在莫尔坦（Mortain）和维尔（Vire）附近的公路上缓慢前行。巴顿面对的德国守军分散在较为广阔的地区，所以相对来说进展较快。此时的巴顿如鱼得水、无所畏惧，正不顾一切地向前推进。但这正是问题所在，布莱德雷敏锐地察觉到了那些应该由巴顿担心的事情，比如他脆弱的侧翼和从东部袭来的装甲师。此外，还有一个事实令他不安，那就是第三集团军的补给线靠近莫尔坦和大海之间的一条狭窄通道。

但真正的危险不在巴顿的地盘，而在霍奇斯的前线。1944 年 8 月 7 日一早，冯·克鲁格发起了"列日行动"（Operation LÜTTICH），派出两个集团军向莫尔坦和阿夫朗什发起还击，第一集团军的前线战火纷飞。冯·克鲁格想要摧毁第七军，切断第三集团军的补给线，迫使后者退到科唐坦。如果行动成功，他就能堵上科唐坦的颈部，收回自美军 7 月 25 日发动攻势以来失去的土地，再次将美军困到波卡基式的法国农村。

"列日行动"来势汹汹。柯林斯遭到 4 个装甲师围攻，当德军的增援部队一路杀到距离盟军在阿夫朗什的枢纽不足 19 千米的地方时，他只得停了下来。在他们身后有数个德国师，还有遭遇轰炸后的装甲教导师残余势力。这是自登陆日以来，美军遭到的最猛烈的还击。

由于第三集团军的主动脉经过阿夫朗什，布莱德雷担心巴顿的军队有可能被切断与盟军之间的联系。如果对方来到海边，美军会被一分为二，而巴顿一旦耗尽了汽油，就会遭到痛殴。

但转念一想，布莱德雷发现希特勒拱手送给了盟军一个天赐良机。他很快意识到，莫尔坦的反击不过是将德国多个强大的坦克师送进了盟军巨大的包围圈里。其北面是英军，南面是巴顿，剩下来要做的就是等布莱德雷合上这个包围圈。

想到盟军有可能从两侧包抄德军，布莱德雷顿时兴奋不已，这可是军事战术中求之不得的机会。布莱德雷一边在脑海中的巨大地图上寻找种种可能，一边亲自指挥第一集团军，将临近的几个师与第七军连接起来，好让柯林斯进行防御。他认为，这可以暂时挡住冯·克鲁格的装甲师。在处理好阿夫朗什的事情后，他驱车赶往巴顿的战术总部"幸运前锋"，与后者商讨在哪里停止向东进攻。

在与巴顿讨论过这个问题后，他批准了后者的命令，即将 3 个师留在莫尔坦附近，以防德军加大攻势。巴顿其余的部队将沿着卢瓦尔河疾速向东，因此布莱德雷面临着两种危险且令人不快的选择：他可以让巴顿继续向东，但如果阿夫朗什失守，他的部队就可能被孤立甚至全歼；或者，布莱德雷可以命令巴顿将全部兵力撤回阿夫朗什，但这无异于放弃了过去 7 天的战果，而他也很可能会遭到最高统帅部的批评。布莱德雷倾向于采取更加大胆的措施，但是考虑到其中的风险，他不愿独自做出决定。

　　布莱德雷首先与蒙哥马利进行了短暂的商讨，然后准备去见艾森豪威尔，后者当时正在集团军群总部附近的公路上视察前线。他开车过去，发现艾森豪威尔那辆硕大的帕卡德停在路边，凯像平时一样坐在驾驶座上。布莱德雷坐上帕卡德，与艾森豪威尔前往库唐斯，商讨德军有可能从哪里突破。在详细讨论过兵力平衡和援军情况后，他们得出的总体结论大致相同。德军有可能冲出包围，前往阿夫朗什，但柯林斯也极有可能守住莫尔坦以西的战线——这一点谁都不能保证。但假如德军抵达了圣米歇尔山（Mont Saint-Michel），艾森豪威尔向布莱德雷承诺，空军的运输机将每天输送 2000 吨补给，足以保证巴顿的需求。鉴于上述情形，这两位主将准备大胆一搏。他们认为冯·克鲁格是在虚张声势，因此同意让巴顿继续向东推进。

　　在决定让巴顿继续战斗后，两人开始考虑怎样以及从哪里进行包围。不出所料，巴顿果然希望打"长勾拳"，即一路杀到塞纳河，然后左转直奔英吉利海峡。巴顿声称，这一行动会包围巴黎以西的所有德军。这就是他"骑兵风格"的战术。

　　艾森豪威尔和布莱德雷喜欢这个构思，但清楚其中存在着一些明显的风险。巴顿有可能会耗尽汽油，即使汽油没有耗尽，他的战线也是处处薄弱，有可能招致敌军的突围，从而造成严重的人员伤亡。假如希特勒从东线调兵，他的损失将不可估量。

　　另一方面，艾森豪威尔和布莱德雷认为，巴顿也可以尝试向阿尔让唐（Argentan）和法莱斯打"短勾拳"，因为对钻入盟军包围圈的德国师来说，这两个地方是顺理成章的脱险通道。这就只需要巴顿留下 3 个师，把守阿夫朗什的走廊。他可以让海斯利普从勒芒转而向北部的法莱斯前进，与英军汇合。在本周结束前，大约会有 20 个德国师将在眨眼之间成为盟军的炮灰。

　　按照军事礼节，布莱德雷需要打电话给蒙哥马利，请求这位有名无实的地面部队司令批准海斯利普向北进发。这项计划要想顺利实施，还需要蒙哥马利让手下从法莱斯向南挺进，然后与海斯利普汇合，合上阿尔让唐以南的包围圈。布莱德雷拨通了蒙哥马利总部的电话。

　　这通电话与其说是为了请求批准，不如说只是客气地告知了美军的意图。布莱德雷告诉蒙哥马利，艾森豪威尔将军也和自己在一起，两人一致认为应当在阿尔让唐和法莱斯附近挡住德军的退路。蒙哥马利别无选择，

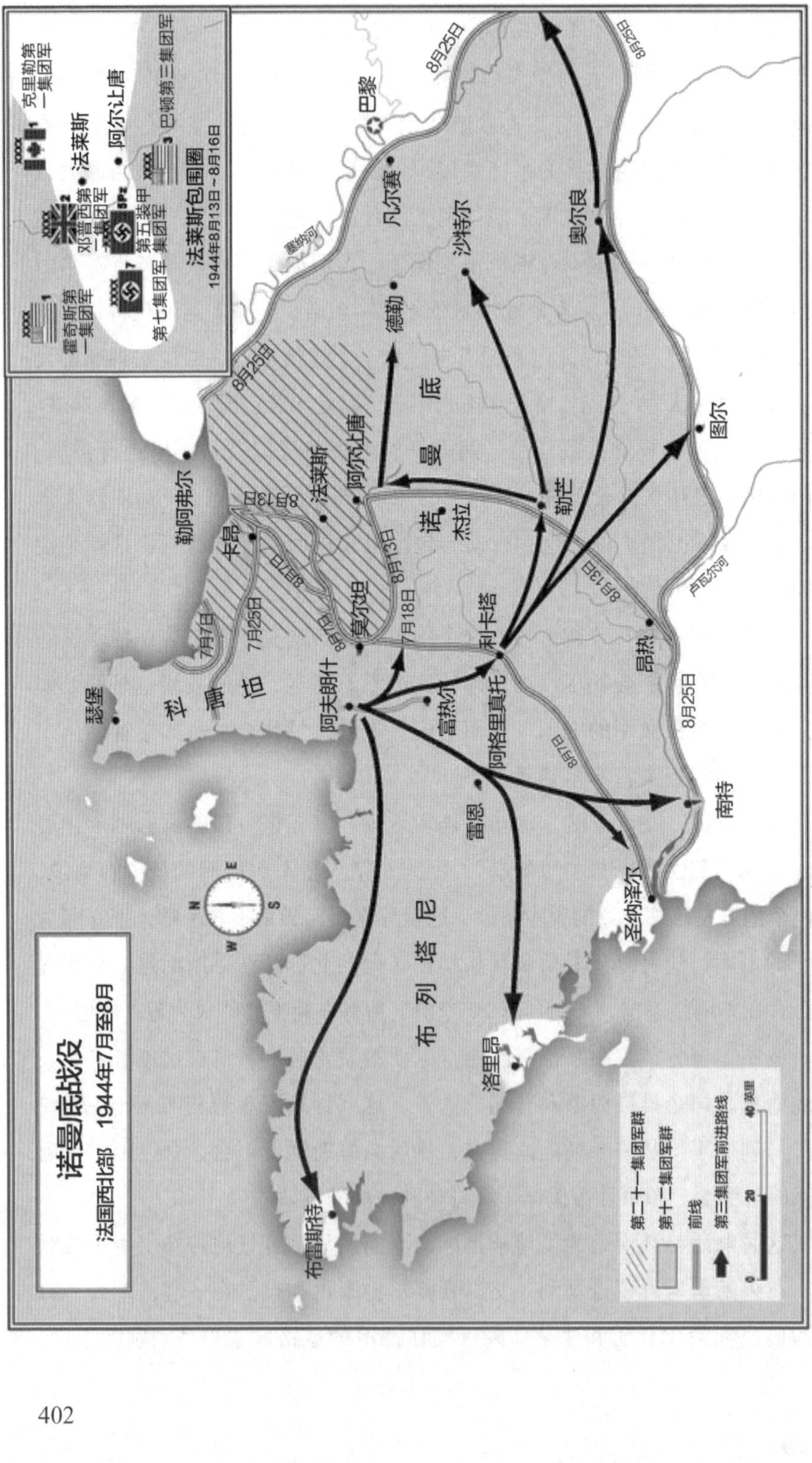

图 19-1　诺曼底战役（法国西北部，1944 年 7 月至 8 月）

只能批准布莱德雷袭击敌军的侧翼和后部，并且向他保证，克里勒将军的加拿大军队会从北方推进。随后，他们会共同合上法莱斯和阿尔让唐之间巨大的钳口，歼灭德军的第七和第五装甲集团军。

布莱德雷需要坚定不移地确保巴顿服从于盟军的整体目标。他清楚，此次合围将为整场杰出的行动画上一个完美的句号。正如他告诉一位来访的贵宾，盟军眼下的"机会对一名指挥官来说可谓百年一遇。我们准备彻底摧毁全部敌军……我们会从这里直捣德国的边境"。

接到布莱德雷的命令后，巴顿将海斯利普派往前方，准备绕过敌军的侧翼和后部，向阿尔让唐逼近。巴顿高兴地看到，盟军"牵着敌人的鼻子，踢着敌人的屁股"——当然，踢敌人屁股的是第三集团军。他不动声色地命令第十五军在勒曼停下，然后向北在阿尔让唐与加拿大军取得联系。

巴顿清楚这种做法十分稳妥，但还是从心底里对谨小慎微的布莱德雷深感失望。"短勾拳"是一种安全的打法，而不是足以造就缪拉①那样的名将的大规模包围。巴顿认为，考虑到自己前线敌军的状态，沿着塞纳河加长包围圈完全可行。他觉得更妙的办法是向东侧的奥尔良移动，接着沿塞纳河进入巴黎，再从巴黎开往海边。他向埃弗雷特·休斯抱怨布莱德雷制订的"步兵风格"的战术过于缓慢，并且清楚这话会传到艾森豪威尔的耳朵里。

尽管如此，包围两个德国集团军仍是大功一件，战场上任何头戴钢盔的将军都不会拒绝，因此巴顿虽然对朋友们又是埋怨又是游说又是抗议，但还是下令让海斯利普打"短勾拳"。问题是布莱德雷所谓"短勾拳"的命令并没有明确指出美军和加拿大军在哪里合围。德军出口的北端和南端分别是法莱斯和阿尔让唐，位于第二十一集团军群的范围内。布莱德雷和蒙哥马利在决定合围时，一致认为让克里勒的加拿大军从北部接近阿尔让唐，比让巴顿的军队从更加遥远的勒芒前往那里容易。蒙哥马利命令克里勒将军穿过法莱斯，进入阿尔让唐，与南方的美国人汇合。

然而，当克里勒向南部的法莱斯推进时，加拿大军遭到了德军的坚决抵抗，这种抵抗远比南边美军面临的抵抗强烈得多。截至 8 月 13 日，加拿大的第一集团军仍在法莱斯以北 20 多千米的地方奋战，而巴顿的坦克部队即将抵达阿尔让唐。其结果是布莱德雷急于合上的包围圈还存在一个 30 多

---

① 缪拉是法国军事家，拿破仑一世的元帅。——译者

千米的缺口，也就是阿尔让唐的海斯利普第十五军和法莱斯以北的加拿大军之间德军占领的地方。巴顿的坦克准备向北进发，他随时准备拉动绳子，将包围圈合拢，问题是蒙哥马利和布莱德雷是否会下令让巴顿将口袋系上。

当天下午，布莱德雷跟蒙哥马利讨论了这个问题。两人仔细研究了一幅铺在吉普车后面的地图。在蒙哥马利和巴顿抢攻墨西拿之前，两人也是这样做的。布莱德雷和蒙哥马利一致认为，只要海斯利普的军队没有遭遇抵抗或者遭遇的抵抗很弱，巴顿就可以不用管集团军群之间的正式界限，让海斯利普缓慢向前推进。

布莱德雷虽然得到了收紧口袋的许可，但有一件事在他心里隐隐作怪。他认为德军肯定知道自己已经三面被围，眼下他们也一定清楚不能从阿夫朗什突围。即使是在海斯利普有可能切断德军的退路时，他们仍在莫尔坦负隅顽抗。这根本说不通。德军到底在打什么主意？

"他们要么是疯了，要么就是不知道发生了什么事。"他喃喃地对汉森说。

然而据布莱德雷所知，冯·克鲁格并没有疯。德军有20多个师被困进了口袋，他们一定是在等待着什么。至于到底在等什么，他也说不清。

不完美的胜利

巴顿虽然常以赴险如夷自诩，但即便是他，在端详地图时也要停下来思考。他让海斯利普的军队向东推进，而右翼毫无防范，左翼离最近的步兵部队也还有40千米，就连刚刚入学的候补军官都会发现其中的危险。

不出所料，1944年8月12日夜，正在阿朗松（Alençon）奋战、向阿尔让唐挺进的海斯利普将军打电话给巴顿，请求停止前进。他的军从勒芒一路延伸到了阿朗松、阿尔让唐和法莱斯，因此他警告巴顿称，德军一旦对他的侧翼发起猛攻，他有可能会失守，至少要给他增派援军，以封锁阿尔让唐以北东西走向的公路。

巴顿赞同海斯利普的顾虑，因此派出一个步兵师掩护他的左翼。但"短勾拳"的目的是将德国的两个集团军装入口袋，如果他要等到所有人都各就各位，那么这个目标根本不可能实现，因为到那时德军就会在塞纳河的另一侧安营扎寨。因此，8月13日凌晨，他下令海斯利普的坦克部队继续向前推进，拿下阿朗松，再拿下阿尔让唐。巴顿认为："管他呢，如果真有必要，就打到英吉利海峡去，只要能包围这些德国人就行。"

8月13日零时刚过，"雄鹰"战术指挥部（Eagle TAC）和"幸运前锋"的电话疯狂作响。布莱德雷在弄清了前一天晚上不明白的事情以后，让参谋长艾伦打电话给第三集团军的参谋长加菲将军，确保巴顿清楚第十二集团军群的意图。艾伦明确无误地告诉加菲，第十五军将在集团军群的分界处，即阿尔让唐南部停止前进。巴顿不得去堵住法莱斯的缺口。

在听到这则消息后，巴顿简直不敢相信自己的耳朵。他怔了一下，立即给艾伦回电，像监狱里的律师一样极力申辩。他提出，面对盟军的4个集团军，德军需要建立一个长长的防御圈，因此没有足够的兵力阻止自己。让海斯利普继续向前是确保合围的最好办法，也是布莱德雷一开始就希望看到的结果，即两面包抄。否则，巴顿说，德军会逃之夭夭。布莱德雷能否再考虑一下？

艾伦很快回电称，蒙哥马利和布莱德雷都不希望海斯利普向法莱斯推进。集团军群之间的界限保持现有状态，他再怎么说都没有用。海斯利普的第十五军必须停止前进，坚守阵地。

"我们已经有部队到了阿尔让唐。"巴顿终于打通了布莱德雷的扰频电话。

但这个消息宣布得为时过早，因为在巴顿说话时，一支由两个德军装甲师临时拼凑出的队伍正在将海斯利普的先遣队赶出阿尔让唐的郊区。但海斯利普已经穿过阿朗松，与北部的阿尔让唐相去不远。强大的第三集团军正打算收紧口袋。巴顿保证，只要布莱德雷一声令下，这些德国军队就会灰飞烟灭。

布莱德雷一直担心，随着加拿大军和美军汇聚在一起，他们有可能误伤对方。他告诉巴顿，第十二集团军群的情报人员预计，德军即将对海斯利普发动大规模袭击，所以继续前进只会犯下致命的错误。可以想见，如果海斯利普向前推进，德国的10万名士兵将面临失去自由的危险，他们一定会对他的第十五军发动猛攻。到时候，一个战线过分延长的军怎么能挡住不顾一切的德国军队？

"你不能越过阿尔让唐，"布莱德雷斩钉截铁地说，"必须留在原地，加固那里的肩部。赛伯特告诉我德军准备撤离，你最好坚守阵地，准备迎敌。"

正如布莱德雷后来所言，"与其可能在法莱斯折断脖子，我更希望在阿尔让唐加固肩部。"此外，布莱德雷心想，傲慢自负的蒙哥马利曾经表示要夺取阿尔让唐。布莱德雷可不打算攻占这里，好帮助这个英国人实现目标。"要是蒙哥马利在合围时需要帮助，"布莱德雷下定决心，"就让他来找我们。"

巴顿为此愤怒不已。当天，他在日记中草草写道："我敢肯定停止前进等于犯了大错，就像我敢肯定英国人一定不会在法莱斯合围一样。"他私下里将停止前进的命令归咎于"第二十一集团军群"，称这支军队"要么是嫉妒美军，要么是对形势愚昧无知，或者两者兼而有之"。他气愤地告诉加菲，让海斯利普停止前进的决定必将受到历史的谴责，并且命令加菲将他与艾伦对话的速记内容存入第三集团军的历史档案，好让全世界都知道不能把胆小懦弱的罪名安到乔治·巴顿头上。

1944 年 8 月 21 日，盟军终于得以合围。但是此时冯·克鲁格的继任者、陆军元帅瓦尔特·莫德尔（Walter Model）已经利用所剩无几的坦克守住了一个出口，使大约 2 万到 4 万名士兵得以逃脱，隐藏到塞纳河对岸。然而，盟军挽回了莫尔坦的战局，俘虏了大约 5 万名敌兵，还有 1 万名希特勒所谓"超人"的尸体横七竖八地被堆在东侧道路两边的沟渠里。

这是一场不完美的胜利，或者说是一次部分的失败，这取决于人们从哪个角度去看待这场战役。布莱德雷立即对蒙哥马利进行指责。作为地面部队司令，蒙哥马利没有要求甚至也没有建议变更集团军群之间的界限，以使布莱德雷能够让海斯利普向北移动。此外，蒙哥马利没有将手下的加拿大军调往德军后方，将后者收进口袋，而是让主力部队从中部向前推进，像挤牙膏一样把德军逼出了口袋。正如布莱德雷后来所言，"艾森豪威尔将军、巴顿和我都对蒙哥马利进攻的方式深恶痛绝"。

但是在事后，布莱德雷不禁怀疑自己所做的决定是否正确。他是否应当亲自打电话给蒙哥马利，请求后者批准他向法莱斯推进？他是否将自己的意见强加给了艾森豪威尔或蒙哥马利？他是否把蒙哥马利当成了自己未能作出正确决策或提出解决方案的替罪羊？面对这些令人不安的问题，布莱德雷会在余生中继续寻找令人满意的答案，但他的当务之急是打赢这场战争。

在获悉德军正撤出法莱斯的包围圈时，布莱德雷命令巴顿派海斯利普向东前往塞纳河，然后左转，朝英吉利海峡沿岸的勒阿弗尔进发。一周前，他不得不放弃了"长勾拳",但是现在他将筹码又压在了这一策略上。在英军和加拿大军像猎犬追逐鹌鹑那样将德军赶出包围圈时,巴顿希望自己能够迅速东进,及时将德军堵上。

为了让自己出兵阿尔让唐东部的行动得到支持,巴顿亲自飞往"雄鹰"战术指挥部。在伪装网下,他说服布莱德雷派遣"牛头犬"沃克的第二十军向巴黎东南的沙特尔(Chartres)进发。两人同意,在海斯利普的余部向巴黎以西的德勒(Dreux)挺进时,让吉尔伯特·库克少将的第十二军向几乎位于法国首都正南方的奥尔良进发。如果按照这种方式展开兵力,巴顿将几乎穿过美军在巴黎以西的全部前线,而把霍奇斯逼到第二排。

"这真是一个绝妙的方案,完全出自我的手笔,但我让布莱德雷以为,这是他自己想出来的。"在离开布莱德雷的总部后,巴顿写道,"哎呀,为了欺骗敌军,我们编织了一张如此错综复杂的巨网。"

尽管巴顿曾经称赞布莱德雷是这场战争中最伟大的将领,就像他曾经盛赞艾森豪威尔是有史以来最伟大的将领一样,但背地里,他对两人的不满日益加深。在巴顿看来,未能在法莱斯完成合围是最高统帅部缺乏胆量的又一个典型例证。

8月15日,仿佛是为了印证"巴顿医生"的诊断,布莱德雷命令巴顿让海斯利普向东进发的师返回阿尔让唐,以巩固缺口的两侧,防止敌军必然会发起的突围。巴顿轻蔑地用钢笔蘸了蘸墨水,在日记中匆匆写道:

> 布莱德雷过来看我,神经非常紧张。有传言称阿尔让唐驻扎着5个装甲师,但我对此表示怀疑。布莱德雷因此希望我停止向东行进……他的信条似乎是"一有疑问就停止行动"。我会遵从他的命令,但是明天我很可能会说服他让我继续前进。如果我是最高统帅就好了。

但巴顿不是最高统帅,无论上级的命令精明还是愚蠢,他都必须坚决服从。不过,到了1944年8月中旬,当最高统帅部终于向民众公布了第三集团军的名称及其司令人选时,他对艾森豪威尔的不悦有所减轻。无独有偶,参议院也于次日批准将小乔治·S.巴顿的永久军衔提升为少将。巴顿一天之内连升两级,从某种程度上洗刷了纳茨福德掌掴士兵事件的耻辱。

然而，为了提醒巴顿不要忘记那起事件，艾森豪威尔通过布莱德雷的参谋长利文·艾伦向巴顿传达了一条言简意赅的信息：

> 艾森豪威尔将军打电话给我，让我通知你，国会在关于你的晋升的问题上做出了对你有利的举动，马歇尔将军要求你不要发表公开声明，以免破坏已经立下的大功；艾森豪威尔将军要求"你应避免发表公开声明，不要拍摄任何照片"，他希望向你强调这一点。另外，任何将官在向媒体发表声明前，必须经布莱德雷将军批准。

不管法莱斯战役有何缺陷，艾森豪威尔都并非一无所获。他的军队杀死并俘虏了约 6 万名德国士兵，尽管第七装甲师有部分残兵败将得以逃脱，德国陆军还是损失了数以千计的车辆和大炮。被俘的军官告诉迪克森，德国第七集团军基本被摧毁。对俘虏的审讯显示，希特勒已经没有足够的兵力把守德国的"西墙"，在法德边境进行防御。

为了亲眼看看战场，艾森豪威尔到公路上转了一圈，发现到处都是被烧焦的尸体以及第五装甲集团军和第七集团军的残遗。马匹和士兵肿胀的黑色尸首一眼望不到头，中间还夹杂着许多被遗弃和焚毁的装备。布莱德雷集团军群的一名军官在描述眼前的场景时这样写道：

> 这里看起来仿佛是被复仇天使扫荡过了一般，而这位天使决心要摧毁德军的一切……我看不到战壕或者任何类型的掩体和野战工事。德军四处狂奔，但无路可逃。他们很可能精疲力竭，根本来不及挖掘战壕……他们可能累得连投降的力气都没有了。在离开这片区域时，我后悔看到了这些……在这种情况下，根本没有所谓的超人——所有人都成了寻找洞穴试图逃命的兔子。

艾森豪威尔认为，这场屠杀的大部分功劳要归第十二集团军群司令所有。布莱德雷立下大功一件。他派遣霍奇斯向塞纳河逼近，让巴顿的突击队向奥尔良、沙特尔和德勒飞驰。他是一位稳重的将领，而他近来所取得的胜利也证实了艾森豪威尔的看法，即布莱德雷是一名合格的集团军群司令以及一位能够执行最高指令的战略家和战术家。艾森豪威尔曾经劝服马歇尔将布莱德雷的永久军衔提升为少将，现在他知道自己做的没错。

虽然布莱德雷是艾森豪威尔的第一爱将，但绝不是只有他一个人获得了成功。8月以来捷报频传。26日，艾森豪威尔接到巴顿发来的一封得意扬扬的公函，措辞很能体现他的个人风格。"亲爱的艾克：今天我朝塞纳河吐了口痰。"这足以说明，巴顿在敌军的地盘推进的速度之快已经到了令人咂舌的程度。8月中旬，巴顿的名号向媒体公开后，民众才发现，艾森豪威尔当初留下这名喜欢惹是生非的斗士，着实具有先见之明。在回顾艾森豪威尔对巴顿的忠诚时，《纽约先驱论坛报》（New York Herald Tribune）在社论中写道："'血胆将军'也好，'无赖将军'也罢，说得轻一些，不管你喜欢叫他什么，他都已经向世人证明，他的这位同窗完全有理由对他如此信任。"

艾森豪威尔对手下的信任得到了巨大的回报，现在他可以把目光投向塞纳河甚至更远处的敌军了。

解放巴黎：战术上无益，但政治上有用

塞纳河，这条充满传奇色彩、肮脏又宽阔的河流蜿蜒曲折，穿过法国的胸部。这条河给艾森豪威尔带来了新的问题。它无异于敌军的一道天堑，而法国希望的中心与自由的象征——巴黎就坐落在它的两岸。

在艾森豪威尔看来，巴黎只不过是一座大城市，是一处公路与铁路的交叉口。在前往柏林的路上，他可以从这里穿过，也可以选择绕开。他非常清楚这座城市对4000万法国人的象征意义，更不用说盟军士兵认为巴黎是欧洲解放战役中仅次于柏林的第二大目标。但艾森豪威尔是在打仗，而不是参加竞选，所以他为自己能把军事战略放在象征因素或政治考虑之上而感到骄傲。德军正在向齐格菲防线（Siegfried Line）仓皇撤退，而艾森豪威尔的当务之急就是在他们的毛瑟枪口指向错误的方向时，歼灭希特勒的这些"超人"。8月，艾森豪威尔的军队在法国势如破竹，因此他没有时间和多余的兵力在巴黎进行胜利阅兵。

随着战线不断向前推进，艾森豪威尔还要负责后方的所有事务，所以另外一件让他担心的事情就是"光明之城"里面及周边的200万平民。他

的补给线拉得太长，已经到了崩溃的边缘。据布莱德雷估计，饥饿的巴黎人每天大约需要 4000 吨补给，这个数字几乎足以维持盟军的一个集团军的运作，而艾森豪威尔根本无力承担。

然而，法国实际上的国家元首夏尔·戴高乐另有考虑。8 月 20 日，当戴高乐出现在"弹爆点"时，他还是像 1942 年 11 月时那样，明显表现出了令艾森豪威尔厌倦的法式傲慢。戴高乐强烈警告艾森豪威尔，要提防维希政府的拥护者等，并且威胁道，他会命令布莱德雷掌管的法国军队停止向巴黎推进和继续作战。在耐心听完戴高乐这番话后，艾森豪威尔极不情愿地得出了结论：出于联合作战的政治上的考虑，他需要占领法国首都。尽管这意味着他必须将军队急需的大量粮食、燃煤和医疗用品转交给物资同样匮乏的平民，但他不能让这只"高卢雄鸡"利用巨大的个人影响力使法军脱离盟军，因为他需要这支队伍留在盟军当中。艾森豪威尔认为自己别无选择。

8 月 22 日，艾森豪威尔让布莱德雷来到"弹爆点"，和他一起商讨这个棘手的问题。布莱德雷声称，德军已经没有任何能力在前线阻止盟军。最近他还同一名报社记者开玩笑说，盟军拥有足够的兵力向巴黎推进，只要愿意，他们随时都能占领这座城市。

虽然这会让布莱德雷的战线变得更加复杂，但解放巴黎的光荣任务最终交给了雅克·勒克莱尔少将指挥的法国第二装甲师。布莱德雷已经将该装甲师从巴顿麾下调至霍奇斯麾下。尽管一开始不太顺利，但勒克莱尔的军队最终于 8 月 25 日占领了这座城市。巴黎再次升起三色旗。不管怎样，法国首都最终落入了艾森豪威尔手中。

艾森豪威尔曾向联合参谋长委员会承诺，除非有紧急军务，否则他不会在巴黎逗留。但是 8 月 26 日，这座首都刚刚解放，艾森豪威尔、凯和吉米就驱车来到沙特尔的"雄鹰"战术指挥部，准备就前往巴黎作出安排。在得知总部的主人去了布雷斯特，很快就会回来后，艾森豪威尔一行在布莱德雷拖车外的 3 把椅子上舒服地坐了下来，等着后者返回。布莱德雷惊讶地发现上司来到了自己的军营。当艾森豪威尔以会见戴高乐和杰罗将军为借口，邀请他和自己一起于次日前往巴黎时，布莱德雷感到有些为难。当时，杰罗正在荣军院建立第五军总部。

布莱德雷对这次出访缺乏热情，因为他必须暂时放下塞纳河东岸的军务，而且他们还不得不邀请蒙哥马利，但艾森豪威尔极力想要说服他。"今天是星期天，"艾森豪威尔说话的口气仿佛是一个拿着渔竿逃学的顽童，"大家都睡得晚。我们就算过去也没有人会大惊小怪的。"

由于两人暂时不是非得留在总部不可，所以次日一早，这两位同窗登上了艾森豪威尔草绿色的凯迪拉克。这辆汽车体形庞大，散热器盖上插着的英国、法国和美国国旗像花束一样缤纷多彩。按照布莱德雷的建议，他们从南面进入这座城市，因为北方的狙击手仍然十分活跃。就像大部分步兵一样，布莱德雷对狙击手憎恶不已。当车队经过被戴高乐当作临时总部的警察局时，凯迪拉克热情的驾驶员凯·萨默斯比冲过往的行人和骑自行车的人们按响了喇叭。

离开荣军院后，艾森豪威尔和布莱德雷沿着香榭丽舍大道，简单参观了一下市中心。不少抵抗军的战士、掷弹兵、商人、去教堂做礼拜的人们和其他普通市民聚集在一起，看着车队经过。当得知其中一辆车上坐着鼎鼎大名的欧洲解放者时，人们顿时变得群情激动。随着人越聚越多，情绪也越发高涨。人群中爆发出"艾森豪威尔！艾森豪威尔！"的喊声，喊声在协和广场上空此起彼伏。艾森豪威尔不需要任何提示，立即露出了灿烂的笑容，主动向巴黎人民摆出了代表胜利的 V 字手势。接着，艾森豪威尔和布莱德雷由一群法国、英国和美国将军陪同，来到了凯旋门前，门上一面巨大的三色旗在夏日的微风中飘扬。巴黎几乎每家每户的窗户上，都有英国、法国和美国的国旗在翻飞舞动。

这场景仿佛出自印象派画家的手笔，令人眼花缭乱。当艾森豪威尔和布莱德雷将军及其随行人员下车，准备向无名烈士墓致敬时，人们仿佛疯了一般。一个营的宪兵挡住了熙熙攘攘的人群。艾森豪威尔和布莱德雷穿过人群，想要回到凯迪拉克车上，但宪兵把守的警戒线被冲开了一个缺口，人群顿时蜂拥而入。他们欢呼着、呐喊着、一边笑着一边向前伸出手去，想要触碰这位著名的美国解放者。汗流浃背的宪兵强行挤开了一条蜿蜒曲折的道路，让这位最高统帅通行。站在人潮中的布莱德雷孤立无援，只好挤进了一辆护卫车上，但却在中途"挂了彩"，脸上留下了一抹深红色的口红印。艾森豪威尔没有他这么幸运，在他登上敞开的凯迪拉克前，一名高大的法国男子不知怎么冲上前来，一把抱住他，像圣伯纳德犬般亲吻了他通红的双颊。

如果说在巴黎受到的热吻让艾森豪威尔感到紧张，那么在蒙哥马利的总部，他知道自己不必为此担心。艾森豪威尔计划跟蒙哥马利谈谈战略目标的问题。自7月以来，最高统帅部的后勤分析人员预计，塞纳河以东将出现燃料和补给短缺的问题。艾森豪威尔清楚，届时盟军指挥部将被迫作出艰难的选择。要么让所有部队放慢前进的步伐，要么在牺牲其他部队补给的前提下，让一个集团军群向前冲锋。纳粹在法国西部的垮台给了布莱德雷和蒙哥马利一个绝佳的机会，使他们可以在这条大河的东部痛击敌军。但法国的铁路已被炸得面目全非，而曲折狭窄的古道也只是勉强能供美军的两吨半卡车通行，在跨过塞纳河后，最高统帅部很难为两个集团军群提供足够的补给。这一事实一定会让艾森豪威尔和蒙哥马利产生冲突。

这是一个复杂的问题，因为搞砸艾森豪威尔后勤的不只是距离和地形。"Com-Z"，即后勤区的部分问题在于其高层，后勤部队的一位将军。对于这位将军，艾森豪威尔既不能开除他，也拿他没办法——人称"李天王"的约翰·克利福德·霍奇斯·李中将耽于虚荣，把手下安排到巴黎最好的旅馆，而不是为前线作战的将士们运送补给。当有消息称后勤部队的人开着豪华轿车并囤积日用消费品时，艾森豪威尔将军怒火中烧。他对李将军下令，只要能在其他地方找到条件相当的补给设施，就必须让手下搬出奢侈的住所。

但问题在于艾森豪威尔的前半句话。巴黎的公路和铁路网纵横交错，拥有西欧最佳的补给设施。对李的后勤部队来说，没有任何"条件相当的补给设施"，因此尽管李将军饱受批评，他和部下也坚决不愿离开由167座宾馆组成的战线。虽然艾森豪威尔和比德尔·史密斯不断向他发去措辞严厉的电报，盟军的野战指挥官们也旁敲侧击，但李将军的部队仍然坚守在乔治五世国王和阿斯托利亚宾馆。

李将军榨干了补给系统。艾森豪威尔痛惜最高统帅部的这处流血的脓疮。但他清楚，李将军是马歇尔和后勤部队司令布里恩·萨默维尔中将的宠儿，所以他没有听从比德尔和休斯的建议，将李将军一脚踢开。当休斯斩钉截铁地告诉艾森豪威尔，后勤部队几近崩溃，而李将军应当为此负责时，艾森豪威尔又是威胁又是咒骂，甚至还拍了桌子，但最终什么也没有做。

　　补给，舆论，占领，战略，政治；法国人、德国人、英国人，空军和海军。每天早上一下床，盟军统帅就面临着这么一大帮敌人。重重压力以及其他令人恼火和不安的事情压在艾森豪威尔身上，一刻也不消停。由于缺少汽油和弹药，他仿佛走到了一条岔路口，两个人正在远处的暗影里向他招手：一个路口站着蒙哥马利，另一个路口站着尤里西斯·辛普森·格兰特。

第20章　补给，仍是补给问题！

要是艾克不再老是拉着蒙蒂的手，而是把补给给我就好了。我会像出膛的子弹般穿过齐格菲防线。

——巴顿，1944年9月

艾森豪威尔已经嗅到了胜利的味道。这种味道深入他的鼻腔，闻起来甘甜而浓稠，让他一天到晚总是笑吟吟的。将到的胜利不仅得益于历史的规律和人们的普遍支持，还得益于他出色地履行了自己的职责。当艾森豪威尔的军队跨过塞纳河时，这位来自阿比林的将军就是这样想的。

这并不是说艾森豪威尔天真地以为战争会就此结束。眼下能不能占领柏林还说不准。因为要想攻占柏林，首先要把军队调往柏林，而要想把军队调往柏林，就要将堆积如山的粮食、弹药和 P. O. L. 运到那里。所谓 P. O. L.，是后勤部门的行话，即"石油、汽油和润滑油"（Petroleum, Oil and Lubricants），也是最重要的物资。港口工人在诺曼底沿岸囤积了大量的物资，但它们深藏于李将军后勤区的便便大腹中，距离盟军快速推进的前线近500千米。随着艾森豪威尔的军队向默兹河、摩泽尔河（Moselle）和莱茵河下游推进，要将燃料和弹药运往前线，就需要经过更长的距离。

但在1944年8月中旬，这些似乎都不重要。没错，德军在波卡基地区对布莱德雷造成了重创。事实证明，德军在莫尔坦之战中也没有丧失锐气。盟军并未对德军造成致命打击。布莱德雷和"龙骑兵行动"荡平了法国南部，蒙哥马利的部队一路厮杀，从英吉利海峡沿岸北上，直奔低地国家。9月14日，即登陆日100多天后，盟军即将抵达的地点是保守的最高统帅部曾经令人尴尬地预言盟军将于 1945 年 5 月抵达的地点。在东线，苏联红军在 7 个星期内解放了白俄罗斯，摧毁了希特勒集团军群的据点。这场战役无疑削弱了德军向西线调兵的能力，其战果甚至比诺曼底战役更加可观。种种迹象显示战争有可能在 1944 年圣诞节前结束，也许会更早一些。

这种"胜利病"极具传染性，在艾森豪威尔的总部不胫而走，很快扩散开来。他的情报处长肯尼斯·斯特朗夸口称，"经过两个半月苦战，欧洲的战争已经接近尾声，胜利唾手可得"。比德尔在接受记者采访时说："从军事上看，我们已经打赢了这场战争。"在前方，德·甘冈和克里勒将军预言，战争将在 3 周内结束，布莱德雷的军队自夏季以来势头正猛。布莱德雷和巴顿也开始仔细研究战斗停止后第三集团军将占领的德国领土的地图。"现在大家一开口，就是战争将在多久后结束"，切特·汉森写道。

虽然艾森豪威尔也希望胜利近在咫尺，但他还是竭力压制民众对速战速决的期望。他警告马歇尔说，盟军的补给线越来越长、越来越薄弱，并且召开新闻发布会称，一些将领发表了不切实际的预言，说战争将在几周内结束，而他将对这些人予以严惩。

但到了 9 月中旬，就连艾森豪威尔也乐观地认为战争已经接近尾声。1944 年 1 月，他曾预言战争将于年底结束。当年 7 月，当盟军深陷波卡基地时，这话听起来像是胡言乱语，而艾森豪威尔也显得盲目乐观。但现在盟军已经跨过了塞纳河，他反而显得过于缺乏信心了。眼看胜利在即，他沉着地告诉手下的将领，可以开始考虑对柏林发动总攻了。

把英国军队留在场内： 艾森豪威尔的折中方案

关于怎样取得胜利，盟军的参谋们进行了一场漫长的辩论。德国的西部边界从瑞士向北，一直延伸到北海，即莱茵河以西 40 ~ 80 千米，而莱茵河是德国人"祖国父亲"（das Vaterland）的传统疆界。德国有赖于多处天堑的保护，包括瑞士边境的孚日山（Vosges Mountains）、南部的摩泽尔河和萨尔河（Saar River）、中部的阿登森林（德国人称作"艾弗尔山地"）以及纵横交错地穿过荷兰的河流。德国的边境要塞梅茨（Metz）堪称摩泽

图 20-1　消耗战（西线，1944 年 9 月至 10 月）

尔河上的堡垒，而齐格菲防线沿着敌军所谓的"西墙"建造了一系列碉堡、反坦克障碍和炮位。进攻者即便敲开了这道防线的硬壳，还需要跨过莱茵河。这条河流宽阔雄伟，自恺撒大帝的时代起，就对西方构成了难以逾越的屏障。

登陆日的一个月前，最高统帅部的参谋们为艾森豪威尔将军提供了登陆诺曼底后的 4 个方案。艾森豪威尔否决了其中 2 个将柏林作为主要目标的方案，而选择了另外 2 个穿过鲁尔河谷（Ruhr River Valley）的方案。鲁尔区遍布钢厂、制造厂和炼油厂，被科隆（Cologne）、杜塞尔多夫（Düsseldorf）、埃森（Essen）和其他几十座较小的工业城镇所环绕。最高统帅部的参谋们从后勤供应的角度说服了艾森豪威尔，因为鲁尔是德国的工业中心。他们告诉艾森豪威尔，盟军一旦拿下鲁尔，希特勒就没有了保时捷（Porsche）坦克、梅塞施米特战斗机和克虏伯（Krupp) 大炮。到时候德军只能朝盟军扔石头，而战争马上就会结束。

但鲁尔是一个明显的目标，希特勒绝不会让盟军轻易得手。再者，调动百万大军不只是简单地用手指着地图上的某个地点说"就是这里"这可以办到的，而是一个错综复杂的过程。它需要道路网络、可以防守的补给线和安全的侧翼。由于茂密的阿登森林挡住了通向南方的道路，所以这个地区难以容纳盟军的所有部队。盟军只有一部分兵力能够对鲁尔发动有效的进攻。

因此，艾森豪威尔望着盟军战线的南端，也就是巴顿的军队正在竭力向前推进的地方，开始考虑在萨尔河谷附近穿过齐格菲防线。这里是德国的第二大工业区，盟军冲过萨尔区就等于打开了第二条通往法兰克福的道路，从而切断柏林与南部德奥军队的联系。这条路线将为盟军带来许多机会。

在认真看过地图后，艾森豪威尔准备齐头并进，建立一条"宽广的战线"。他将派遣蒙哥马利在阿登北部的集团军群穿过比利时和荷兰，派遣布莱德雷在北方的军队穿过中部，大体包括比利时和卢森堡。盟军一旦击破鲁尔的外部防御，布莱德雷和蒙哥马利就可以相向而行，从两侧进行包抄，夹击鲁尔，摧毁被困在这个巨大口袋里的所有敌军。与此同时，最南端的军队——巴顿的第三集团军和外号"桑迪"的亚历山大·帕奇

（Alexander "Sandy" Patch）中将的第七集团军——将在德弗斯的指挥下开展行动，穿过凡尔登、梅茨和萨尔州（Saarland），阻止并消灭敌军，扫荡其重工业工厂，打开一条前往南部的道路，通向德国仍在跳动的心脏。

艾森豪威尔深深吸了一口烟。他的战略构思源于他心目中的英雄尤里西斯·辛普森·格兰特。这位来自中西部的将军为人谦逊，但在 1864 年成功迫使南部联盟投降。格兰特意识到，北方工业实力强大，兵源充足，所以要想打胜仗，最保险的方式就是动用一切力量，在所有地点和所有时间对南军进行打击，让他们没有重组、调兵、搜罗补给和巩固阵地的机会。格兰特曾经说过，"要打得他们失去平衡"——面对兵力远少于自己的敌人，这才是正确的作战方式。

艾森豪威尔同意这位老将的看法。截至 1944 年秋，盟军已经向欧洲大陆投入了超过 200 万名士兵和 40 万辆交通工具。盟军的战斗机控制着欧洲的领空，轰炸机摧毁了德国几乎所有的工厂、炼油厂和铁路。在所有地点和所有时间对敌军进行打击，让其失去平衡，是防止莫德尔、冯·伦德施泰特和凯塞林拆东墙补西墙、调动其有限的机动增援部队的最佳办法。如果让蒙哥马利从北部穿过加莱、安特卫普（Antwerp）和鲁尔河谷，霍奇斯向中部推进，巴顿直奔萨尔州，德国国防军就只能被迫撤退，或者顽抗至死。

蒙哥马利没有参与制订最高统帅部齐头并进的最初计划。对于如何克敌制胜，他自有想法。他清楚德国陆军队伍已经普遍陷入混乱，所以认为如果让第二十一集团军群率先从北方出击，就能更快结束战争。在他看来，取得胜利最迅速的方法是北上英吉利海峡沿岸，穿过荷兰，越过阿登高地，穿过鲁尔，再穿过汉堡和柏林。他认为布莱德雷应当与第二十一集团军群并肩作战，掩护英军的侧翼，暂时不要去管阿尔萨斯—洛林（Alsace-Lorraine）地区，包括南锡、梅茨和萨尔。

对蒙哥马利来说，这一战略从后勤角度来看十分合理。因为与"霸王行动"时估计的不同，希特勒没有在塞纳河边与盟军展开激战，这使盟军没有机会向前输送补给和援兵，从而大规模向德国推进。因此外围的军队，也就是巴顿和德弗斯的部队，应当留在原地，为蒙哥马利的集团军群节省汽油和弹药。

　　蒙哥马利不愿离开代号"雄狮"（LION）的指挥所，向艾森豪威尔推销自己的看法。他始终不明白，在联合作战中，与"盟军主席"建立私人关系至关重要，因为这有利于说服艾森豪威尔认同他的战略。在关于选择齐头并进还是集中进攻的问题上，当最高统帅部的争论到了关键时刻时，蒙哥马利并没有亲自前往，而是派弗雷迪·德·甘冈少将出面。从8月20日至8月22日，德·甘冈向艾森豪威尔和比德尔力荐蒙哥马利元帅的计划。8月23日，两位将军来到蒙哥马利的战术总部，努瓦罗河畔的孔代（Condé-sur-Noireau），敲定渡过塞纳河以后的行动计划。

　　在孔代，蒙哥马利要求在没有比德尔和其他人员在场的情况下与艾森豪威尔会面。在将艾森豪威尔隔离后，蒙哥马利对他的"单一攻势"战略作出了有力陈述。他声称，盟军没有足够补给让部队在德国西部推进。大英帝国的兵员补充情况形势严峻，为了确保战场上的兵力，英国陆军只能东拆西借。他缺乏足够的兵力扫荡英吉利海峡的港口、保卫安特卫普以确保前线物资供应以及掩护己方暴露出的狭长侧翼。

　　蒙哥马利竭力辩称，布莱德雷的第一集团军所处的位置最适合进行支援。最好让霍奇斯在蒙哥马利的指挥下掩护侧翼，直到盟军打到鲁尔，或者至少是打到安特卫普为止。他表示，要把重点放在北方。此外，他告诉艾森豪威尔，一周以前他与布莱德雷谈过此事，当时后者同意第二十一集团军群最适合担当主力。

　　艾森豪威尔考虑了一下。这个主意与他的直觉相悖，但是鉴于盟军在法国节节胜利，蒙哥马利所言似乎很有道理。盟军的步伐要远快于"霸王行动"的时间安排，因此补给方面的短缺已经到了令人惊恐的程度。布莱德雷的军队距离补给库过远，很难在一次行动中对敌人造成致命打击。然而，蒙哥马利希望将整个第一集团军置于自己的麾下——艾森豪威尔知道，无论马歇尔还是美国民众都不会支持此事。

　　艾森豪威尔清楚，如果让蒙哥马利独挑大梁，美国的将领们一定会大发牢骚。后来，在回忆起蒙哥马利让英军集中兵力发动进攻的提议时，就连比德尔这个很少关心民族自豪问题的现实主义者也说，这是"一位在职将领所提出的最异想天开、愚不可及的建议"。但是艾森豪威尔心想，只要蒙哥马利打开安特卫普的大门，所有人的补给就会源源不断地涌入。假如德军还不投降，他就会给布莱德雷更多自主权。

在会晤期间，蒙哥马利还提出了一个微妙的问题。这个问题是蒙哥马利的心结，所以他绝不会妥协——按照最高统帅部的计划，盟军一旦在欧洲大陆建立通信系统，艾森豪威尔将亲自负责地面战争，但蒙哥马利极力主张艾森豪威尔应保留一位经验丰富的地面部队指挥官，指挥欧洲战场上的所有军队。无论是从资格还是经验来看，这个人显然非蒙哥马利莫属，更何况盟军曾经在他的指挥下节节胜利。

1944年8月底，能够让艾森豪威尔在法国指挥战争的通信网络远没有建好。然而，由于弗里特街叫嚣蒙哥马利在8月1日"被贬"为与布莱德雷同级，美国媒体挺身而出，声称英国是骑在美国士兵的背上指挥地面战争。艾森豪威尔知道，华盛顿方面一定也听到了这则消息。蒙哥马利之所以力主保留自己的地面部队指挥官之职，主要是因为8月的一系列胜仗是在他的指挥下打赢的，但艾森豪威尔认为这种看法是错误的。在突围战役中，布莱德雷并没有听命于蒙哥马利。此外，由于前线十分漫长，需要有人能够将注意力不只集中在一个地区，但蒙哥马利不需要地面部队指挥官的头衔就能做到这一点，而他希望扩大权限的唯一原因显然在于，当他自己的集团军群杀向柏林时，能够阻止盟国的军队一同前往。

出于政治上、军事上和个人层面的考虑，艾森豪威尔无意让蒙哥马利对盟军发号施令。1944年9月1日，蒙哥马利正式接管了3个集团军群。丘吉尔立即将蒙哥马利晋升为陆军元帅，但他仍只是艾森豪威尔手下的3个集团军群司令之一，指挥着前线最关键的地段。在三人当中，蒙哥马利虽是同侪之首，但他们的地位仍是平等的。

至于地面战略，艾森豪威尔同样认为蒙哥马利需要美军的帮助，才能长途奔袭扫荡东南。他留下了第一集团军群的一个军和一个来自英国的空降军，同意在蒙哥马利的部队向安特卫普开进时，将补给首先输送给第二十一集团军群。在蒙哥马利向北发动攻势时，艾森豪威尔还给了他"行动协调权"，即蒙哥马利可以利用布莱德雷第一集团军群的左翼掩护自己的侧翼，但部队仍归布莱德雷指挥。然而，艾森豪威尔能做的也仅限于此。布莱德雷将加强巴顿的兵力，向萨尔河发起大规模袭击，而帕奇的第七集团军将在德弗斯的指挥下向南推进，掩护布莱德雷的右翼。

对艾森豪威尔来说，这是最佳的折中方案。他不能将英加军队推到场外，因为第二十一集团军群面对着 3 个重要目标：V-1 火箭基地、安特卫普和鲁尔。但蒙哥马利提出的"集中进攻"的做法会招致敌军对其侧翼发动致命打击，而他的其他部队由于缺少燃油，将无法进行防御。比德尔的参谋们认为，出于后勤上的考虑，蒙哥马利的计划极不可行。此外，他们指出蒙哥马利的性格也不适合实施这一战略。不管怎样，艾森豪威尔很难告诉马歇尔，自己会让美国军方征召、训练并送到欧洲的 100 多万名士兵在场外旁观，而让蒙哥马利在德国缓慢前进的同时，指挥美国的大批军队掩护他的侧翼。

艾森豪威尔的方案中还包含着一层个人盘算，他希望布莱德雷能够得到应有的认可。布莱德雷是"眼镜蛇"突围行动的设计者，正是这一行动使法国战役的形势大为改观。8 月中旬，艾森豪威尔致信马歇尔称："如果布莱德雷只是因为必须通过蒙哥马利传达他所奉行的基本方针和政策，致使其不能因自己的杰出表现而获得应有的功劳，那将是一个巨大的遗憾。"

在艾森豪威尔看来，蒙哥马利不是那种速战速决的将领。面对实力空虚的德军阵地，如果盟军再次像在突尼斯战役中那样失利，那也将是一个巨大的遗憾。

因此，为了让所有人都满意，艾森豪威尔客气地对这群清楚怎样把职权运用到极致的将领发布了命令。他屏住呼吸，希望"海王行动"中各方的团结合作能够持续下去，哪怕只是持续很短的一段时间。

这项折中方案正如战时的大部分折中方案一样，激怒了所有人。迄今为止，布莱德雷对蒙哥马利尤其感到憎恶，一想到让这个英国人掌舵，他就怒火中烧。在野战拖车里，当老同学艾森豪威尔向他兜售由蒙哥马利负责地面战争的想法时，他大发雷霆。布莱德雷仍对盟军在法莱斯贻误战机感到恼火。他借用了巴顿一句话，不过措辞要文雅得多，如果采取"蒙哥马利优先"的战略，那么盟军就会在中部和南部丧失宝贵的机会。

在北方，蒙哥马利的总部宛如一座由帐篷和卡车组成的城市。他信步穿行其间，对艾森豪威尔让军队继续在南部作战的命令大为光火。其他军队都是美国军队这一事实与蒙哥马利的计算无关，他唯一担心的是，从军事上看，美军所处的位置不适合对齐格菲防线进行侧翼包围。他坚持认为应当从北方对柏林"全力以赴发动攻势",因为这才是结束战争最迅速的途径。在一封写给布鲁克元帅的私人信件中,蒙哥马利烦躁地抱怨道:"艾森豪威尔很容易激动,然后就会扯着嗓门儿信口乱说!!他现在就是这种状况,这实在令人遗憾。对于怎样打仗,他根本一无所知。他虽然很受拥戴,但除此以外什么也没有。"

蒙哥马利毫不在乎他的战略方针会在美国或者参谋长联席委员会当中引起怎样的政治反响。正如巴顿根本不懂民众的支持在民主战争中的作用一样,蒙哥马利只关心军事上的结果,而对要将美国人放在前面的需要浑然不觉,但这一点却是罗斯福、史汀生和马歇尔迫切需要的。

在此之前,艾森豪威尔试图让蒙哥马利明白这一点。有一次,他教训蒙哥马利说:"只有获得舆论支持,我们才有胜利可言。"

"只有打赢战争,我们才有胜利可言。"蒙哥马利反唇相讥,"只要获得胜利,人们才不在乎是谁打赢的。"

蒙哥马利当然在乎是谁打赢的。

布莱德雷、巴顿和艾森豪威尔也在乎。

1944年9月初,由于乘坐的侦察机遭遇恶劣天气在海滩迫降,已经麻烦缠身的艾森豪威尔扭伤了右膝,而他右膝的情况本来相对"较好"。因为伤势严重,艾森豪威尔的右腿打上了石膏,但无论是战争还是他手下的地面部队指挥官们都不会等着他康复。

在这段不确定的日子里,盟军的战局不像前段时间那样清楚明了。艾森豪威尔与蒙哥马利进行了多次讨论,但是意见截然不同。由于缺乏正式记录,两人究竟达成了哪些共识,人们不得而知。艾森豪威尔喜欢频频点头,以避免在交谈过程中陷入不必要的争执,这一点与罗斯福总统有些相似。但这一举动有可能说明他同意说话者的意见,也有可能说明他只是表示听到了说话者所说的内容。

到了9月初,不管出于什么原因,艾森豪威尔感到自己不能再附和蒙哥马利的看法了。两周后,随着"齐头并进"的模糊概念转化为书面指令,艾森豪威尔在会议结束后拍电报给蒙哥马利,以澄清自己在欧洲战略上的立场。他告诉蒙哥马利元帅,虽然他会暂时优先考虑第二十一集团军群的前线,但是"我们必须立即乘胜追击,迅速突破齐格菲防线,齐头并进渡过莱茵河，夺取萨尔和鲁尔"。随后，他又在一份私人备忘录中重申："我看没有理由改变（齐头并进的）这一理念……我认为在支持穿过比利时向东推进的同时，重要的是让巴顿再次行动起来，因为只有这样我们才有可能做好准备，将我们对这场战役最后阶段的最初构想付诸实施。"

9月10日，为了确保蒙哥马利能够遵守规则，艾森豪威尔从病床上站起身来。只要他一起身，他的双膝——"其中一个还打着石膏"就会疼痛难忍，但是他认为自己必须与蒙哥马利见面，以解决两人之间的分歧。

像往常一样，蒙哥马利回电称自己不能离开总部。艾森豪威尔虽然身体有恙，还是同意前往第二十一集团军群在布鲁塞尔的总部。由于行动不便，艾森豪威尔请蒙哥马利到自己的飞机上会面，蒙哥马利表示同意——对于伯纳德·蒙哥马利子爵来说，这可是一次罕见的让步。

会晤一开始，两人都十分诚挚。他们讨论了蒙哥马利大胆的计划，即出动坦克和空降部队在莱茵河下游的阿纳姆（Arnhem）建立桥头堡，还讨论了艾森豪威尔应当对其他集团军群做出哪些限制，以最大限度地确保蒙哥马利的袭击取得胜利。但是在两人交谈时，蒙哥马利不禁纳闷，英国媒体对英国这位最受爱戴的将军"被贬"一事作出的反应，是否让艾森豪威尔在政治上受到了严重打击——只见艾森豪威尔拖着伤腿，孤独地坐在机舱里，看起来的确十分憔悴。

没过多久，蒙哥马利就开始蠢蠢欲动，按捺不住自己的冲动。他越说越愤慨，甚至批评起了最高统帅部的命令。由于艾森豪威尔没有作出回应，他变得越发来劲，对前者的态度已经不再是温暖亲切，而是根本不顾礼节。他甩出了一页最高统帅部的电报，像校长叱责逃学顽童般地将电报的内容读给艾森豪威尔。他痛批最高统帅部"齐头并进"的计划，挑出其中许多潜在的缺陷，一再要艾森豪威尔讲明他最近下达的命令中"优先"一词的含义。他逼着艾森豪威尔作出坚定不移的承诺，承认第二十一集团军群是盟军发动攻势的唯一队伍。令艾森豪威尔感到厌烦的是，他还谴责艾森豪威尔是位力不胜任的上级，称他近来发出的电报"纯粹是一文不值的胡说八道"！

艾森豪威尔竭力克制自己的脾气。作为一位外交老手，艾森豪威尔之前也对付过其他强硬和自以为是的人，比如吉罗、丘吉尔、戴高乐、麦克阿瑟，等等。但这些人都是他的上级，或者说至少表面上看起来如此。他还没有被哪位名义上的下级如此痛斥过。

在整个交谈过程中，他忍住自己心中燃烧的怒火。当蒙哥马利元帅一时词穷时，他也努力保持沉默。最后，当蒙哥马利重新清理思绪时，艾森豪威尔向前侧了侧身，平静地把手放在蒙哥马利膝头上说："冷静一下，蒙蒂。你不能这样跟我说话。我是你的上级。"

"对不起，艾克。"蒙哥马利说道。

虽然这次会晤在诚挚的气氛中结束，但艾森豪威尔清楚，或者自以为清楚，这位陆军元帅把他视作眼中钉，因为蒙哥马利如此出言不逊，只能说明他已经向艾森豪威尔宣战。无论是这一举动还是蒙哥马利本人在政治层面上都愚不可及。在两人于跑道会晤的次日，拉姆齐将军来"弹爆点"看望艾森豪威尔。他发现，这位最高统帅看起来十分凄惨。艾森豪威尔躺在床上，一边挨针，一边愤怒地谈到布鲁塞尔的那个自私自利的部下，称他一定会在帝国总参谋部贬低自己。拉姆齐在日记中写道，艾森豪威尔"显然很担忧，而原因无疑是表现糟糕的蒙蒂……（艾克）不相信他会忠于自己，他也完全有理由这样想"。艾森豪威尔一定打心眼里希望，在盟军成功登陆诺曼底后，能撤换掉蒙哥马利。

汽油分配战

随着德军向东逃窜，布莱德雷要考虑的不是在地图上进行轻松的探讨，也不是如何作战，而是弹药、口粮、汽油、润滑油和预计载重量。

8月底，布莱德雷的参谋部草拟了一项行动计划，他的作战处谨慎地将其称为"胜利"。这项计划是他们与艾森豪威尔多次卓有成效的会晤以及与蒙哥马利多次收效甚微的会晤产生的结果。它准备让军队大举进攻德国边界的洛林和沿摩泽尔河谷直抵"第三帝国"心脏的"法兰克福走廊"（Frankfurt Corridor）。按照布莱德雷的构想，霍奇斯将得到第一集团军群的大部分补给，让他们作为主力出击，但布莱德雷也会派出第三集团军沿摩泽尔河和莱茵河上游向前推进。到时候，齐格菲防线就会像地毯一样被卷起来，德国在萨尔河畔的重工业区也会落入盟军手中。

　　这是一个大刀阔斧的出色方案，旨在迅速深入并摧毁德国中部，其灵感源于布莱德雷心目中的军事英雄威廉·特库姆塞·谢尔曼（William Tecumseh Sherman）[①]。但布莱德雷担心艾森豪威尔会受到怂恿，决定从北部进攻德国首都，将最高统帅部有限的资源交给蒙哥马利，从而使美军因为缺少弹药和燃油而动弹不得。要是艾森豪威尔一直让霍奇斯听命于蒙哥马利就坏了，而这种可能并非没有，为此布莱德雷曾和巴顿多次争执。"我跟蒙蒂相处得还不错。"布莱德雷在8月底说，不过这话有些言过其实，"但是我们必须让美国民众明白，我们不会再受到蒙蒂的任何控制了。"

　　当艾森豪威尔告诉布莱德雷巴顿的军队需要在摩泽尔河止步时，布莱德雷就开始对艾森豪威尔的做法感到不安。艾森豪威尔还说，霍奇斯将为蒙哥马利横渡莱茵河的北方行动提供支援。只有当蒙哥马利安全踏上德国领土以后，布莱德雷才能批准第三集团军继续向前推进。

　　布莱德雷感觉艾森豪威尔是在放弃美军，所以打算作最后一搏，为齐头并进的战略辩护。他指出，蒙哥马利面对的是德国装甲部队的主力，而北部的大河纵横交错、蜿蜒曲折，德军无疑会竭力进行防守。但是在南部，布莱德雷的情报处称，"齐格菲防线"的部分地段无人把守，被盟军摧毁的德国师越来越多，巴顿的部队目前仅面临着敌军相当于5个师的兵力。

　　5个师。艾森豪威尔心想，他至少可以让巴顿将这些德国人拴在南方，让布莱德雷的第一集团军和蒙哥马利一起向鲁尔逼近。13日，布莱德雷写信给艾森豪威尔："今天上午，从巴顿面临的局势来看，他有望取得成功。我相信在过去的几天里，他在这里作战时一定干掉了许多德国兵。"

　　布莱德雷希望南方传来的捷报能够促使艾森豪威尔在美军的胜利基础上再接再厉，而不是在北方从零开始。但他的做法徒劳无益，因为艾森豪威尔已经决定把最大的机会交给蒙哥马利。最高统帅部准备将几乎所有补给都拨给第二十一集团军群，而把余下的部分拨给第十二集团军群，但其中大部分将交给霍奇斯，用于支援英军。

　　虽然布莱德雷十分期待9月5日的安特卫普解放战，但是这对他来说也没有太大益处。由于最高统帅部和蒙哥马利的总部对此严重缺乏了解，因此没有人考虑到下游的斯凯尔特河口（Scheldt Estuary），但这片地势

[①] 威廉·特库姆塞·谢尔曼是美国内战时期联邦军著名将领，陆军上将。——译者

低矮、遍布沼泽的三角洲控制着从北海通往安特卫普的道路。事实证明，只要能够控制斯凯尔特河口，德军就不再需要安特卫普，而盟军同样无法占领这个港口。因此，在可预见的未来，布莱德雷将会在炮弹、汽油、粮食和补充兵员的问题上，与艾森豪威尔及其参谋部讨价还价。他一直缠着艾森豪威尔，想要一处空运地点和更多燃油，但这一举动作用不大，因为艾森豪威尔正在将所有大炮、弹药以及运送弹药的卡车集中到蒙哥马利的前线。

"北方优先"的战略使布莱德雷及其后勤人员陷入了巨大的困境。因为仅是第三集团军一天的配给就要 1000 吨，半个炮兵部队又需要 2000 吨（每门榴弹炮约需 62 枚炮弹），所以如果将巴顿的补给减少到 3000 吨，他就几乎没有汽油可用。在这种情况下，第十二集团军群的后勤人员不得不削减配给、东拼西凑。"为了弥补英军造成的运力不足，我们被迫从霍奇斯那里挪用车辆，"布莱德雷后来写道，"而为了让霍奇斯开展行动，我们只得从巴顿那里揩油，借走他的卡车。其结果是，由于汽油短缺，巴顿很快发现自己只能止步不前。"

物资匮乏让布莱德雷束手无策，他只好开始两头争辩。他警告艾森豪威尔说："巴顿现在的配给只有（每天）2500 吨，你不能再将它减得更少了。"但是他清楚，只要第三集团军的汽油和润滑油遭到削减，巴顿及其后勤人员随后就会出现，哭着喊着要汽油。艾森豪威尔强调，第一集团军的首要任务是掩护蒙哥马利的侧翼，布莱德雷只能勉强执行命令。他虽然不喜欢这样，但不得不利用职权压制巴顿，让第三集团军服从大局。8 月底，布莱德雷的总部宣布，第三集团军和第一集团军补给分配为：巴顿每天 2000 吨，霍奇斯 5000 吨。

布莱德雷很快发现，自己的大部分时间都用于处理后勤问题以及在两个多疑的竞争对手之间维持和睦。这两个集团——霍奇斯及其参谋部，巴顿及其参谋部——仿佛垃圾场里的两条狗，都想要在同一个消防栓上标记地盘。布莱德雷向巴顿的参谋长发牢骚说："我被夹在两个集团军之间，可真是受够了。再怎么说我们也都是盟军呀。每当我想让他们互相帮助时，一个总是要的太多，而另一个根本不愿意给。"

蒙哥马利手下第二集团军的邓普西将军向媒体表示，当"法莱斯缺口"

合龙时，美军漫无目的地穿过了他的前线，以致英军不得不推迟 48 小时再追击德军。他的这番话无异于火上浇油，进一步激怒了布莱德雷。布莱德雷对他的说法感到怀疑，美军在前往勒阿弗尔的途中只走了 2/3 的路程，歼灭了第二集团军面临的大部分敌军。如果不是美国人挡住了英军的去路，那肯定将是德军挡住他们，并且向他们开枪。邓普西应当为此感谢他才是，而不是进行谴责。

布莱德雷立即打电话到"雄狮"战术指挥部，向蒙哥马利提出了这一问题。但蒙哥马利对两人的争端不置可否，只是声称媒体中一贯会出现错误的引语。蒙哥马利私下里为邓普西道歉，但是没有下令让邓普西撤回声明。闷闷不乐的布莱德雷在"雄鹰"总部吹胡子瞪眼，对兄弟军队的做法感到怒不可遏，然后大声咆哮着叫速记员过来。他怒气冲冲地对艾森豪威尔说："我认为邓普西将军的声明是对美军的直接批评，而且极不公正。这无疑会给不清楚真相的读者造成错误的印象。我认为必须采取措施纠正这一错误印象，要么由邓普西本人再次发表声明，要么通过其他手段向英国媒体澄清事实。"

这位"士兵将军"认为自己应当捍卫美国大兵在战争史中的地位，但他越是这样看待自己，他就越倾向于仇英。在突尼斯战役和西西里岛战役中，他和巴顿就产生过这种情绪，而现在这只会给他的老同学艾森豪威尔制造更多的问题。

1944 年 9 月 1 日, 巴顿宣告："这是蒙哥马利最后一天指挥美国的军队，我们真应该为此感谢上帝！"

攻克巴黎后，巴顿不是要面对纳粹军队无力的抵抗，就是要面对最高统帅部强大的阻力。他并没有因为补给遭到削减而怪罪布莱德雷，至少没有过分怪罪后者。布莱德雷当然不是一个大胆的角色，巴顿有时在日记或家书中将他称作"稳重先生"或"帐篷制造商奥马尔"，但布莱德雷也开始逐渐认同巴顿对最高统帅的看法,并对后者越来越感到厌倦,8 月 22 日，巴顿飞往布莱德雷的总部，力荐向摩泽尔河逼近的计划。返回自己的总部后，巴顿在日记中写道："布莱德雷在去见艾克和蒙蒂的路上等着我。他很担心，因为他觉得艾克不会反对蒙蒂，所以美军只能整体或分批转向北方……我还从来没有见过布莱德雷如此愤怒，他嘟囔说'最高统帅到底干

了些什么'——什么也没有。"巴顿认为,问题在于英国人对那位阿比林的和事佬造成的长期影响。他写道:

> 蒙蒂能言善辩,总是能让艾克按照他的想法行事。作为最高统帅,艾克没有起到任何作用。我告诉布莱德雷,如果不让我们东进,他、霍奇斯和我就辞职不干。到时候艾克一定会屈服,但布莱德雷不同意,称我们为了大局必须坚守阵地。我觉得只要我们摊牌就一定能赢,因为艾克不敢解除我们的职务。(他没这个胆量!)

布莱德雷耸耸肩,不屑理睬这个建议,巴顿也不会自己去找艾森豪威尔。巴顿清楚,战争中不可能人人都满意,因为在大部分时间里物资都不够用,无论是汽油和弹药,还是训练有素的士兵。上级必须有所取舍,所以艾森豪威尔和布莱德雷决定给他多少,他就只能接受多少。目前,巴顿的部队仅剩下 2 个军,一共只有 7 个师,但至少布莱德雷批准他向东行进,并且向巴顿承诺,只要另外 4 个师能够开始前进,他就会让它们加入第三集团军。

但即便布莱德雷同意巴顿前进,他的命令里也包含了太多限定条件、假设和警告。一天早上,在与布莱德雷讨价还价后,巴顿不禁抱怨道:"为了继续沿默兹河前进,我得像个乞丐那样央求布莱德雷。这算是哪门子人生。"

还有一件事巴顿需要乞讨,那就是汽油。8 月的最后一周,他的汽油开始出现短缺。9 月第一周,第三集团军只得到了前进所需汽油和润滑油的 2/3,而其中约有一半将用于追击渡过摩泽尔河的敌军。为了节约燃油,巴顿不惜减少部队的粮食,并且命令战地指挥官从半空的坦克里抽出汽油,好让其他坦克继续开往摩泽尔河。在视察目前由曼顿·埃迪少将指挥的第七军时,巴顿极为不悦地发现,他的燃油再次遭到削减。他立即来到布莱德雷在沙特尔的总部反映情况。"真见鬼,布莱德雷,"他带着一贯的鼻音说,"给我 150 万升汽油,我会让你在两天内进入德国。"

尽管巴顿平时喜欢夸夸其谈,但这一次他说的不无道理。第三集团军的坦克刚刚穿过凡尔登,眼下距离摩泽尔河畔最大的要塞梅茨只有 56 千米。巴顿的情报人员告诉他，齐格菲防线无人把守，而抵达莱茵河前的最后一道屏障萨尔河则手到擒来。他们所需不过是 15 万升汽油。

布莱德雷穿着普通的作战服、作训裤和伞兵靴，同情地点点头。他也和这个战区的其他人一样，希望第三集团军能继续行动，并且不愿将其撤回。但他不能让巴顿太过超前，所以他虽然没有命令巴顿停步，但是他清楚由于汽油耗尽，第三集团军很快就会停止前进。他还让巴顿于次日，即 9 月 2 日返回沙特尔，届时艾森豪威尔也将来到"雄鹰"战术指挥部，而艾森豪威尔肯定想要听听巴顿的意见。

作为艾森豪威尔的朋友和布莱德雷的盟友，巴顿清楚自己有责任将艾森豪威尔拉出英国人的队伍，尽可能让他留得久一些，好让自己的"谢尔曼"坦克渡过摩泽尔河。第二天中午刚过，他就来到了沙特尔，只见艾森豪威尔、布莱德雷、霍奇斯和第九航空队司令霍伊特·范登堡（Hoyt Vandenberg）正在商讨向莱茵河推进的战略。

"艾克看起来像主教般威严，向我们引用了克劳塞维茨的名言。"巴顿在后来写道。他不知道这位 19 世纪战败的参谋跟装甲、空降和两栖登陆行动有什么关系——据巴顿所知，克劳塞维茨根本没有见过上述行动。经过几番礼貌的争执，当香烟的雾气散去后，布莱德雷和巴顿达成了平局。正如巴顿后来记录的：

> 我们最终说服艾克，一旦加莱地区平定，就让第五军、第一集团军和第三集团军进攻齐格菲防线。但在此之前，我们拿不到继续向前推进的汽油和弹药。他一再谈到德国的大战……我们向他保证，德军已经无力进行抵抗。

在离开会议室时，巴顿像其他战地指挥官一样心情恶劣。"艾克只知道谨慎，因为他根本没到过前线，不知道（打仗）是什么样的。"巴顿抱怨道。对于蒙哥马利的那套陈词滥调，艾森豪威尔似乎照单全收，把最大的胜利拱手送给了英国人，却让巴顿的手下在摩泽尔河畔坐着不动，为蒙哥马利的大捷买单。

随着欧洲之战演变成了一场汽油分配战，巴顿愤愤地对记者说："要知道这些坦克可不是用尿开动的。"他对故交艾森豪威尔的看法变得越发糟糕。在巡视第八十师辖区内的几座法国山村时，他怨恨地写道：

> 在赛格山（Mt. Seg）的顶部，有一座巨大的纪念碑，用于纪念我们在圣米耶勒战死的将士。这是艾克在这场战役后亲自监督修建起来的。这也是他对那次事件的唯一参与。眼下，他的拖延很可能会让我们为阵亡的美军将士建立更多纪念碑。每耽搁一个小时，我们就会牺牲更多生命。

15 日，巴顿和副官阿尔·斯蒂勒及牛头梗犬威利来到布莱德雷的指挥所。指挥所位于凡尔登郊外，被带刺的铁丝网围了起来，里面到处都是帐篷、横七竖八的电话线和狭长的拖车，看起来乱哄哄的。他们跳过帐篷和拖车之间小道上的泥潭，登上布莱德雷的指挥车，发现后者正与艾森豪威尔的作战处长、身材纤长的布尔将军激烈地争论。不幸的是，布尔的职责包括向布莱德雷传达坏消息。巴顿写道：

> 布尔和布莱德雷正吵得不可开交。蒙蒂想怎样就怎样，艾克只会唯命是从。蒙蒂想要把所有的补给送给他和美国第一集团军，让我按兵不动。但布莱德雷认为我也应该继续推进。布莱德雷告诉艾克，如果让蒙蒂如愿以偿，接管第一集团军的第十九和第七军，他——布莱德雷——就会请假。布尔说，艾克觉得我们认为他这是在背叛我们，但是他不得不这么做，因为蒙蒂不会听命于任何人，所以我们必须服从命令。布莱德雷表示摊牌的时候到了。

布尔强调，后勤区缺少将补给运往第三集团军的基础设施。他虚伪地提议，如果第三集团军占领南锡，后勤部队就可以利用通往那里的铁路，向他们运送更多弹药、粮食和汽油，因此要想继续冲向前线，最好的办法不是抱怨最高统帅部分配的补给，而是敲开这个硬壳。

布尔话音刚落，利文·艾伦就走了进来，宣布第三集团军刚刚攻克了南锡。"哼，这下看你怎么办？"巴顿笑嘻嘻地吼道，冲着屋里所有人露出龅牙咧嘴一笑，"还不向我道贺吗？"布尔皱了皱眉，知道自己无话可说，所以一脸愠怒地走出屋子，返回了凡尔赛。

"好样的，布莱德雷，这真是旗开得胜呀！"巴顿在布尔离开后大声喊道，"我为你感到骄傲！"他再次向布莱德雷提出请辞的想法，但还是遭到了后者的拒绝。不管由谁指挥第十二集团军群，不管巴顿和布莱德雷对他发出什么威胁，艾森豪威尔已经打定主意，要从北方发动大规模攻势。因此，无论成功与否，蒙哥马利的荷兰行动都会隆重开启。整个下午，布莱德雷和巴顿都在愤恨地奚落蒙哥马利，称他不是向德国的心脏"插入匕首"，而是"插了一把黄油刀"。

不过，美军虽然没有捞到好处，巴顿心想，但拿下南锡足以让他精神振奋。在"雄鹰"战术指挥部谈完公事后，他叫上威利准备出发。因为布莱德雷的参谋们也养了几条小狗，临行前，他警告布莱德雷："威利是个色眯眯的家伙，别让它靠近那些小狗。该死，威利，快给我滚！"

说完这句"美好的祝福"，乔治·巴顿大步流星走向自己的汽车，副官们和上蹿下跳的威利也跟在后面。

返回营地后，巴顿心想一旦他也参战，高级将领就不能将他撤回，所以无论有没有上级的命令，他都最好自行其是，不用去管盟军战线的北端。"（让蒙哥马利）见鬼去吧！"他发誓说，"我就是要狠狠搅和进去，让他们阻止不了我。"17日，他向同情自己的奥马尔·布莱德雷大吐苦水，后者同意两天后联系巴顿，向他发布新的命令。挂断电话后，两人都拭目以待，准备看看巴顿的军队仅凭自己的力量能干出些什么。

巴顿在保护自己的补给线，以免第二十一集团军群得寸进尺时，得知南方出现了一个新的威胁。有小道消息称，第六集团军群司令雅各布·德弗斯向朋友吹嘘，他将从第三集团军得到几个师。这对巴顿来说可是一个严重的问题，因为布莱德雷已经把米德尔顿的第八军给了霍奇斯。此外，在攻克巴黎前不久，他最珍爱的第十五军也被调给了霍奇斯。在痛失两支由老兵组成的部队之后，巴顿绝不会再让人偷走第三支。

巴顿清楚艾森豪威尔对德弗斯十分厌恶，所以9月21日，他飞往巴黎"面见艾克，利用艾克（对德弗斯）的反感破坏这一计划"。两人一起愉快地共进午餐，艾森豪威尔边吃边慨叹，英国陆军元帅"这个家伙真聪明"。巴顿认为，这说明艾森豪威尔对蒙哥马利还是有信心的，至少目前

如此。艾森豪威尔不喜欢德弗斯，其原因可以追溯到两件往事。一件是
1942 年德弗斯曾在突尼斯战役中对艾森豪威尔进行批评，另一件是 1943
年在"雪崩行动"中，德弗斯不肯借出艾森豪威尔急需的 4 个轰炸机大队。
就像所有高明的政界老手一样，艾森豪威尔能够记得很久以前遭受的冷遇，
也不会大度到不计前嫌。艾森豪威尔甚至告诉布莱德雷，他本想把第七集
团军交给后者，但是这样一来德弗斯的手下就只剩下法军了，这在政治上
对美国集团军群来说是行不通的。

在两人用餐期间，艾森豪威尔让德弗斯和第七集团军司令帕奇在接
待室里等了将近两个小时。这可是个"好兆头"，巴顿心想。在返回夏隆
（Chalons）后，他对自己的政治手腕感到满意，并且在日记中不乏阴谋论
意味地写道："与朋友斗争，要比对敌人更狠。"

然而，就像蒙哥马利一样，巴顿也误解了这位好友。事实证明，艾森
豪威尔对德弗斯的反感并没有巴顿认为的那样严重。德弗斯向艾森豪威尔
保证，第六集团军群的补给线一直延伸到了巨大的马赛港，所以能够再为
两个师提供补给，这一点布莱德雷根本办不到。巴顿的拆台行动以惨败告
终。第三集团军不得不将第七装甲师交给霍奇斯，将另外两个师交给德
弗斯。

对乔治·巴顿来说，这又是一个糟糕的时刻，但是除了自怨自艾和对
布莱德雷抱怨以外，他也无可奈何，只能寄希望于德军大败德弗斯。"愿
上帝让他烂掉肠子。"他啐了一口说。

"市场—花园行动"： 为了拿到王牌，你必须冒险一搏

蒙哥马利从荷兰渡过莱茵河的计划让艾森豪威尔想起自己打算在战
争结束后进行一次钓鱼之旅。这个计划包含两个错综复杂的行动：一个是
"市场行动"（Operation MARKET），即由 5 个空降师对荷兰在莱茵河下
游的桥梁发动进攻；另一个是"花园行动"（Operation GARDEN），即让
装甲部队直插阿纳姆，替换掉伞兵，强行打开通向鲁尔的大门。这些计划
与艾森豪威尔在西点军校赛耶大楼后偷偷抽烟的日子里学到的东西截然相
反，虽然有些离经叛道，但无疑是一场精彩的豪赌，也许会加快战争结束

的速度。

如果"市场—花园行动"（Operation MARKET-GARDEN）奏效，盟军将取得丰硕的战果。但艾森豪威尔始终对行动的结果保持冷静，并且非常清楚行动的代价。通往阿纳姆的道路网络把守严密，而盟军在西西里岛和诺曼底进行空降作战的结果好坏参半。此外，"市场行动"所需的空中运输需要抽走向蒙哥马利其他军队运送补给的飞机，3 个刚刚抵达的美军师只能原地不动，将卡车交给蒙哥马利，用于向他手下的军队再运送 500 吨补给。艾森豪威尔在一封绝密电报中告诉马歇尔将军："为了让蒙哥马利得到他所需的兵力，以便从北部抵达莱茵河，对鲁尔形成威胁，我作出了巨大牺牲。"鉴于华盛顿和伦敦对此次行动期望很高，艾森豪威尔需要蒙哥马利迅速赢得阿纳姆之战的胜利。

尽管"市场—花园行动"一定会伤亡惨重，但艾森豪威尔还是给予这次行动以鼎力支持。他一直想为马歇尔钟爱的空降师找到一个大显身手的机会，而蒙哥马利的方案咄咄逼人，大胆到近乎疯狂的地步，比其他相对保守的行动更可能取得辉煌战绩。艾森豪威尔从中看到了机遇，这项行动有可能使他深陷荷兰的河网，也可能让他轻而易举地跨过莱茵河，绕开齐格菲防线的"龙牙"和碉堡。艾森豪威尔是个赌徒，如果说他从不计其数的桥牌之夜中学到了什么，那就是为了拿到王牌，你必须冒险一搏。

因此他深吸一口气，批准了"市场—花园行动"，同时也做好准备，打算面对布莱德雷和巴顿等人不可避免的怒吼。

然而，"市场—花园行动"失败了。仅携有轻武器的空降部队——两个美军师、一个英军师和一个波兰旅——遭到了党卫军重型装甲部队的猛击。他们坚守桥梁，被敌军压得喘不过气来，但蒙哥马利的支援装甲部队未能及时越过狭窄的公路来解救他们，因此空降部队损失惨重，很多人顽强作战，死在了荷兰的桥上。9 月 25 日，蒙哥马利取消了行动，召回幸存的伞兵进行休整。艾森豪威尔垂头丧气地回到办公室，开始考虑下一步该怎么走。

当盟军为夺取桥梁展开激战时，艾森豪威尔的参谋将最高统帅部的总部迁到了凡尔赛的特里亚农宫（Hôtel Trianon）。那里的通信网络条件较好，空间足以容纳伦敦总参谋部的大部分人员。艾森豪威尔的办公室过去是纳粹空军的一个办公套房，其中一个阴暗的大房间一面是壁炉，另一面用隔扇分出了一个区域，作为秘书凯的接待室。凯不擅长打字，不过现在已经是美国陆军妇女队的一名少尉。她的职责主要是制订艾森豪威尔的日程、为他安排社交活动、回复爱戴者的来信以及记录他在办公期间的举动。

艾森豪威尔的参谋们将他的住处安排在巴黎郊外一处宽敞朴素的居室里，这里从前归他的对手冯·伦德施泰特所有。没过多久，这里的住户又增加了不少，包括艾森豪威尔的勤务兵、助手、裁缝、男仆、侍者和两只诺曼奶牛——梅里贝尔（Maribell）与卢拉贝尔（Lulabell），它们为艾森豪威尔的餐桌提供新鲜的牛奶和黄油以换取容身之地。餐厅的军士长把多余的牛奶拿到布莱德雷的厨师那里，换来新鲜的鸡蛋，这一交易可以确保两位将军都能吃到营养丰富的早餐。

在"市场—花园行动"发生死亡惨剧期间，艾森豪威尔一边焦急地抽着烟，一边调养疼痛难当的双膝。

BROTHERS, RIVALS, VICTORS

第四部分

千年帝国的陷落

第21章　杀向莱茵河

蒙蒂还没有说完"重新部署"这几个字，我们就已经席卷了法国，可现在我们却被困在洛林的泥潭里。为什么？因为补给线上某个家伙虽然从来没有听到过一次愤怒的枪声，也从来没有耽误过任何一餐，但是却认为钢琴和乒乓球拍比弹药和汽油更重要。

——巴顿致查理·科德曼，1944 年

这是一次有益的联盟，但是就像其他所有有益的联盟一样，从某种程度上来讲，布莱德雷和巴顿的联盟也是建立在恐惧之上的。比如，担心英国人，担心德弗斯；担心如果蒙哥马利劝说艾森豪威尔把一切补给都押在北方的攻势上，艾森豪威尔会怎么做；担心他们手下的美军士兵被困在法国东部孤立无援，而英国的部队一路浴血奋战，缓慢地逼近柏林，等等。

1944 年 9 月初，布莱德雷和巴顿在弹药、燃料和补给问题上的态度一致。面对手下两个嗷嗷待哺的集团军，布莱德雷成了分配补给的仲裁者。当艾森豪威尔造访"雄鹰"战术指挥部时，布莱德雷竭尽全力，想要艾森豪威尔为自己适当增加补给。巴顿也随声附和，声称自己用不了多少补给就能抵达德国边境，只要艾森豪威尔维持他现有的补给吨数就行。"只要你不再削减我们的补给，"他用低沉粗哑的嗓音说，"我们就能用现有的补给实现目的。我敢用自己的名誉打赌。"

"说话当心点儿，乔治，"艾森豪威尔扬了扬眉毛说，"你的名誉可值不了几个钱。"

巴顿咧嘴一笑。

"我的名誉现在还不错嘛。"

蒙哥马利比德军的威胁更大

对布莱德雷来说，重点不在于巴顿的名誉是好是坏，或者不好不坏，而在于他除了要在东部和德军作战，还有两场角逐要应付。一场是和最高统帅部在补给问题上展开较量，另一场是争夺第一集团军的控制权，因为蒙哥马利总是把他手下的这支队伍视作殖民地的后备军，认为其首要任务是掩护英军的侧翼。

1944 年 9 月中旬，奥马尔·布莱德雷被夹在北方的蒙哥马利和艾森豪威尔、南方的德弗斯以及后方冷漠的后勤区之间，感到自己几近崩溃，于是闷闷不乐地找到艾森豪威尔，想要说服后者在攻克鲁尔后，让自己率先发动攻势。迄今为止，他已经厌倦了抵抗艾森豪威尔的政治信念，尽管他对此表示理解，但是他并不认同后者的看法。9 月 22 日，在前往凡尔赛与艾森豪威尔和德·甘冈商讨过后，布莱德雷掩饰不住心中的沮丧，写信告诉巴顿，第三集团军要把两个师交给霍奇斯。此外，第三集团军每天仅有 3500 吨补给，所以只能采取守势，而第一集团军每天将获得 5000 吨补给，足以在蒙哥马利的右侧向前推进。

听到这则消息后，巴顿幽灵般地出现在"雄鹰"总部。巴顿来到凡尔登后，布莱德雷向这位昔日盟友倾吐了自己的苦恼。他说，艾森豪威尔再次命令他让第一集团军开展支援行动，掩护蒙哥马利的侧翼，听凭后者差遣。他告诉巴顿，这个战区的补给极其短缺，如果巴顿不能在接下来的两三天内让第三集团军渡过摩泽尔河，那么当蒙哥马利在北部重新部署时，巴顿将不得不暂停行动，采取守势。

布莱德雷和巴顿的配给全都少得可怜，所以两人互相表示同情。正如巴顿写道："布莱德雷情绪低落，因为蒙哥马利再次说服艾克，要求在他向鲁尔推进时让第一集团军提供支援……我们不仅要采取守势，有限的补给也要继续被削减，这着实令人气馁。布莱德雷和我都感到沮丧。"这两位将军意志消沉，感叹地说，如果能被派往中国，甚至被派到尼米兹将军的中太平洋战区该有多好。

由于艾森豪威尔已经下达了命令，布莱德雷很难帮助巴顿。但是他认为，眼下继续维持两人这种"热乎"的关系有益无害，所以暗自批准巴顿在当地发动小规模袭击，以"扳直他的战线"。不出所料，巴顿果然将他的命令理解为大规模攻势的开始，但布莱德雷在写信给艾森豪威尔报告此事时措辞要谨慎得多：

> 数日前，我在您的总部接到命令，根据这一命令，我下令第三集团军采取守势。但与此同时，我批准乔治对他现有的战线进行微调……我之所以这样做，是认为此举符合您的指示精神，即采取守势，为第一集团军节约补给。

一周后，布莱德雷陪着艾森豪威尔来到巴顿的总部。艾森豪威尔完全清楚，两人一定会在背地里叫苦连天，但还是大致阐述了盟军即将对希特勒军队发动军事打击的计划。艾森豪威尔说，英军的兵源已经告罄，新加入的师只可能是美军师，而美军师自然会被划归第十二集团军群。等到攻占安特卫普和马赛后，第十二集团军群会获得足够的补给，以便进军德国，但眼下第二十一集团军群仍是主力军。艾森豪威尔警告巴顿说，他不会容忍任何人在"谁来打赢这场战争"的问题上叫屈或者打趣。他告诉两人，这些话留着得胜回国后再说。

艾森豪威尔、布莱德雷和巴顿三人所扮演的角色与很久以前在国内时不同，随着盟军将领像球案上的台球般互相碰撞而不断旋转和变换。艾森豪威尔牢牢把握整体战略，巴顿负责具体执行，布莱德雷徘徊于两者之间。1944 年秋，艾森豪威尔会告诉布莱德雷何时出击，但也会虚心征求布莱德雷的意见。比起会议室的严肃气氛和措辞严密的备忘录，他更喜欢打桥牌或者小酌时轻松随意的交谈。同样，布莱德雷是集团军群内部的决断者，但是对巴顿十分尊重，不仅会征求后者的建议，而且无论当着什么人，始终称巴顿为"阁下"。

在这个由来已久、彼此熟悉的三角关系中，地位最高者说了算，地位低的人总是抱怨不迭。布莱德雷觉得艾森豪威尔没有充分认识到自己的能力和第十二集团军群的需求，而巴顿认为布莱德雷对第三集团军缺乏信心。这是个历史悠久的传统。巴顿的军长怨恨巴顿，师长怨恨军长，以此类推，直到最后很可能有某个列兵正在法国战场上发牢骚咒骂所有人。

布莱德雷意识到，他与巴顿的关系日渐好转，鉴于两人以前在西西里岛的过节儿，这一点不能不令人感到意外。当巴顿刚刚抵达法国时，布莱德雷担心，无论是从巴顿的性格来看，还是从他们在地中海战役中的紧张关系来看，后者都不可能服服帖帖地听从他的指挥。然而，随着蒙哥马利对两人构成的威胁超过了德军的威胁，他们的关系发生了彻底转变。正如布莱德雷在战后写道：

> 我本来对乔治持有严重的保留意见，但他很快就让我对此感到懊悔，因为他不仅对我毫无成见，而且在作战过程中，对第十二集团军群抱有无限的忠诚和热爱……几个月来，新的巴顿让我完全打消了不必要的担心，我们也像高级指挥部那样组成了一个亲切友善、令人满意的团队。乔治已经不再是过去那个趾高气扬地穿过西西里岛的家伙了，而是成了一个审慎、明智、令人爱戴的指挥官。

对于布莱德雷的公开示好，巴顿也作出了回报。在公众场合，他总是将布莱德雷称作"阁下"或"布莱德雷将军"。他经常将自己的象牙柄手枪放在办公室，而佩带一把较为低调的 9 毫米（0.38 英寸）口径自动手枪。显然，他从纳茨福德的掌掴士兵事件中得到了教训，并且多次告诉第三集团军的记者，不能引用他和他们说过的他对战争的看法。对巴顿来说，这与其说是他变得谦逊了，不如说是为了明哲保身，因为即使是猫也只有九条命，而巴顿已经挥霍掉差不多七八条了。

从在西西里岛作战时起，布莱德雷的心腹切特·汉森就不喜欢巴顿，但是现在却奇迹般地发现，这位第三集团军的指挥官举止有度。他在日记中写道：

> 乔治在这场战役中的地位有了巨大提升，所有人对他都远比在西西里岛时更加尊敬。他既具有好强的本能，正是这一点让他十分出色，又变得更加现实和克制。如今布莱德雷也表现得像个平等主义者，他需要弄清采取怎样的组合和战术，才能让部队在行军时完美协作。乔治也不再像往日那样夸夸其谈，看起来很尊重布莱德雷的权威。

正如汉森所言，巴顿现在有可能服服帖帖，也有可能少了一些浮夸，但因为他是三人组合中最爱慕虚荣的那个，所以他们之间形成了一条默认的规则，即只要巴顿举止得体，当他在宾客面前"出风头"时，布莱德雷和艾森豪威尔就甘当配角。有一次，艾森豪威尔和布莱德雷设宴款待乔治六世国王。艾森豪威尔记得英王与巴顿闲聊起来。国王陛下一向关心美国盟友，所以客气地询问巴顿将军，他用那把象牙柄手枪击毙了多少人。

"差不多 20 个，陛下。"巴顿回答。

"乔治！"艾森豪威尔厉声断喝。

"哦，大约有 6 个吧。"巴顿立即改口，但脸上没有露出一丝尴尬。

艾森豪威尔的儿子记得，父亲说过，他可以肯定，这个问题的答案应该是 0。

整个 9 月末，巴顿一直在抱怨艾森豪威尔"采取守势"的命令。即使艾森豪威尔批准他前进，但德军已经在摩泽尔河畔加强了力量，再加上补给严重短缺，他也只能在当地开展小规模袭击。他把大部分补给吨数分给了汽油而非弹药，因为既然够不着敌军，弹药就派不上用场。他还拿出在突尼斯检查士兵是否佩戴钢盔的劲头来，取消了后方梯队所有不必要的交通。

除此以外，他什么都做不了。早在盟军登陆之前，这里的桥梁、铁路以及铁路上的全部车辆都被炸回了石器时代，所以他不可能依靠火车。没有被分配给蒙哥马利的空运配给十分有限，很难让他渡过莱茵河。众所周知，10 月过后，诺曼底海滩已经不再有用。从圣洛到苏瓦松（Soissons）的红球快车（Red Ball Express）[①]虽然专门用于运送物资，但是效率比空投更低，因为卡车需要轮胎、零件和成吨的汽油才能开得动，而它们运送的物资仍是燃油。

在拖车里静下来以后，巴顿不禁怀疑，艾森豪威尔减少他的补给，难道是为了阻止第三集团军在 11 月大选前发起大规模袭击？但即便是他也认为这种假设有些匪夷所思。最后，巴顿断定问题仍像往常一样，是出在糟糕的陆军补给系统上。"蒙蒂还没有说完'重新部署'这几个字，我们就已经席卷法国，可现在我们却被困在洛林的泥潭里。"他对一名助手说，"为什么？因为补给线上某个人虽然从来没有听到过一次愤怒的枪声，也从来

---

① 红球快车是"二战"期间，美军在欧洲战区利用汽车运输实施的大规模补给行动。——译者

没有耽误过任何一餐，但是却认为钢琴和乒乓球拍比弹药和汽油更重要。"

尽管补给奇缺，但巴顿还是于 9 月中旬在梅茨附近的摩泽尔河畔获得了一处立足点。当然，他可不会让记者们忽视这一功劳。巴顿强调，宽广蜿蜒的摩泽尔河是"有史以来最让人讨厌的家伙"，但是他的军队勇挑重担。他的下一个目标梅茨市同样如此。

梅茨是法德边境的重镇，位于摩泽尔河东岸。451 年，这座古老的城堡屈服于匈奴人。16 世纪时，神圣罗马帝国皇帝查理五世（Charles V）对其进行了修缮。一个世纪以后，法国的传奇工程师沃邦（Vauban）又对其进行了改良。在随后的 200 年中，法国人在此继续扩张。普法战争结束后，法国将梅茨割让给德国。这座城市的防御系统在德国人手中进一步得到完善。通往梅茨的道路上遍布带刺铁丝网、碉堡、凹凸不平的土地、河道障碍以及一系列相互联结的城堡。这些城堡的名字全都十分奇怪，比如德里昂特（Driant）、凯撒斯梅克（Kaisersmacker）、圣昆廷（Saint-Quentin）和普拉珀维尔。在两次世界大战中，梅茨遭受过多次袭击，如果说世界上有哪个地方坚不可摧的话，那一定是摩泽尔河畔的这座城市了。

巴顿本打算绕过梅茨，因为这是一根难啃的硬骨头。要想尽可能减少伤亡，盟军必须拥有大量补给，还要连续 3 个晴天才行。巴顿最近对记者表示："虽说我是个混蛋，但我可不会让士兵们去送死。"巴顿决定避开地面上的重量级对决，因为这种做法更有利于防守的一方。但巴顿手下第二十军的军长沃克低估了德国守军的决心。他力主出动空军和步兵打击这座堡垒，并设法说服巴顿同意了他代号"霹雳"（THUNDERBOLT）的行动。布莱德雷在向艾森豪威尔保证第三集团军很快就会有大批军队渡过摩泽尔河后，也对此给予了支持。

1944 年 9 月 29 日，艾森豪威尔来到巴顿的前线指挥所。在埃坦的这间小屋里，这两位昔日的同僚看着地图，就像在米德营中纸上谈兵的岁月里一样，一边策划梅茨战役，一边互相打气。巴顿的蓝眼睛紧紧盯着这座"坚不可摧"的堡垒，他仿佛是追捕白鲸的亚哈船长（Captain Ahab）①，很快就要攻打这座古老的城堡。

尽管经过了详细规划，但 9 月底的梅茨之战还是演变成了一场小型灾

---

① 亚哈船长是小说《白鲸》（Moby Dick）的主人公。——译者

难。之所以说是小型灾难，是与蒙哥马利在阿纳姆和斯凯尔特面临的大型灾难相较而言的。一个月来，巴顿和沃克对梅茨发起猛攻，试图使其屈服，但正如巴顿闷闷不乐地向吉米·杜利特尔坦言的：“德国人这些卑鄙的杂种第一次打得我鼻青脸肿。”

随着伤亡消息不断从伊当（Étain）传来，布莱德雷认为应该停止这场行动。“看在上帝的分儿上，巴顿，别再打了。”他终于对巴顿说，“我答应你会给你机会。等我们再次开始行动时，你会轻而易举地掐住梅茨，从背后拿下它。为什么非要慢慢去啃，让自己被打得鼻青脸肿呢？”

“我们只是利用梅茨让新来的师练手。”巴顿若无其事地说，并且向布莱德雷证明他开展的只是有限的小规模行动，出动的不过是几个营，没有太大风险。

布莱德雷耸耸肩，不再提起这事。两人继续投入战斗。

与此同时，巴顿再次犯下了错误，虽然微不足道，但是在艾森豪威尔看来，这只能说明他缺乏良好的判断能力。这一次巴顿干涉了后方的政策，而艾森豪威尔是后方公认的负责人，不需要征求这位故交的意见。正如巴顿10月17日在日记中写道：“我对艾克说，他办公室里有人让法国人阻止我们的士兵去逛妓院。他从来没有听说过这种荒唐的事情，因为这会造成十分糟糕的局面。”

这种做法不仅荒唐，而且无疑违背了人类的本性。但是当巴顿在信中建议，让艾森豪威尔暗中为法国妓院提供青霉素时，艾森豪威尔大为光火。他心想，巴顿总是会说些蠢话，当着各色人等的面乱发议论，只是为了博得关注。但即便是巴顿，也不应该在正式公函里出馊主意。如果因为军方向法国妓女发放青霉素导致美国士兵由于感染死在战场，可以想见国内的母亲和妻子们对此会作何反应，更不用说陆军部了，“这不过是巴顿再次管不住自己的嘴巴，说出了一些最不应该说的浑话”。

10月底，他回信给巴顿说：“我强烈反对为这些地方提供青霉素。如果冒着这种重要药品有可能出现短缺的危险，而只是为了向法国妓院供应，我绝对不能接受。”

巴顿的此类言论提醒着艾森豪威尔，他必须密切关注手下的这个军事奇才兼问题“儿童”。巴顿固然是一名杰出的战士，但他在无所事事时显然缺乏理智的判断。只要巴顿没有在前方参战，艾森豪威尔就必须对他多加留意。

1944年10月初，巴顿设计了一个雄心勃勃的计划，从梅茨的南北两侧横渡摩泽尔河，让军队向萨尔推进，迅速穿过齐格菲防线。他手下的两个军将在强大的空中火力和炮火的掩护下发动袭击。工兵负责在河面架设桥梁，步兵负责凿开一个缺口。接下来，迅猛强悍的"谢尔曼"坦克就可以利用这个缺口向前推进。如果一切顺利，还没等盟军和德军将领弄清发生了什么事，巴顿就已经冲到了莱茵河。

10月7日，巴顿向布莱德雷和前来视察的马歇尔将军简要汇报了他攻打梅茨的计划。10天后，他又向艾森豪威尔和德弗斯作了简单说明。他还向布莱德雷寄出一封快信，称这个密苏里人为"我亲爱的布莱德雷将军"，好让后者批准自己同时向萨尔河前进。此外，他还派遣作战处长保罗·哈金斯代表自己前往布莱德雷在卢森堡新建的总部，私下恳请布莱德雷准许他继续深入。巴顿强调，第三集团军一定能够获得胜利，但不会耗尽最高统帅部的资源。他唯一的需要就是每天2100吨弹药和相当数量的燃油。

3天后，巴顿得到了答复。布莱德雷和参谋长利文·艾伦留在南锡吃午饭时表示，第十二集团军群的弹药只够3个集团军中的1个发动袭击。巴顿暂时只能按兵不动，但他向巴顿保证，盟军很快就会运来足够的补给，齐头并进发动大规模攻势，到时候巴顿就可以继续前进了。

巴顿步步紧逼。他认为，第三集团军可以在两天内发动进攻，现在最适合向萨尔挺进。如果布莱德雷这次优先考虑第三集团军，他的部队就能撬开敌军的防线。

布莱德雷反对巴顿的这一看法。现在不只第十二集团军群还没有足够的补给和兵力，最高统帅部也没有。等到时机到来——很可能是11月初的某个时间——第十二集团军群将再次发动大规模攻势，英军和第一集团军、第九集团军以及第三集团军将并肩作战，但是现在不行。

在这次令人失望的会晤结束后，巴顿哀叹道："布莱德雷过于保守——他想一直等到大家能够同时发动进攻，但是到时候我们会有一半的士兵患上感冒或者'战壕足'[①]……真希望他能有一点儿胆量。"

---

① "战壕足"，指人体长时间停留于温度比冰点稍高而又低于10℃的潮湿战壕内，引起双足的冷伤。——译者

巴顿不清楚为什么比他年轻的布莱德雷竟然会比自己这个老家伙更加保守。也许是因为缺乏信心，也许是因为级别比蒙哥马利和艾森豪威尔低所以感到尴尬。但毫无疑问，还有一个原因是两人的背景不同。巴顿所接受的骑兵训练告诉他速度就是一切。无论敌军再怎么兵强马壮，如果他们原地不动，就很容易被打败。在巴顿看来，集团军与马匹并没有太大的不同。你都要喂饱它们，都要为它们钉上蹄铁。假如你坐在它们身上一动不动，那它们在战斗中就坚持不了多久。

但布莱德雷和艾森豪威尔就是不明白这个道理，这让巴顿感到大惑不解。

"市场—花园行动"失败后，随着空降师退出舞台，奥马尔·布莱德雷认为，现在是时候让艾森豪威尔给自己一个突破的机会了。就像"眼镜蛇行动"一样，他想再来一次大抢拳，而这一行动与艾森豪威尔"齐头并进"的战略完全吻合。他是美军将领中齐头并进向鲁尔推进战略的倡导者，先后在诺曼底和法国东部取得了大捷，所以布莱德雷认为，他已经为手下的大兵在艾森豪威尔那里赢得了一席之地。如今霍奇斯正在逼近亚琛（Aachen），也就是盟军所能到达的范围内的第一个德国城市。布莱德雷心想，如今他向同窗艾森豪威尔施压的时机到了，他要让美军能够大显身手。

10 月 18 日，在布鲁塞尔召开的一次重要战略会议上，艾森豪威尔批准在秋末发动战役，从两侧包抄鲁尔。鉴于蒙哥马利的当务之急是攻打斯凯尔特河，他下令 11 月的主要行动将由第一和第九集团军开展，巴顿的第三集团军负责支援。虽然一开始蒙哥马利攻打的鲁尔是盟军战略的重点，但根据艾森豪威尔的长期计划，盟军还需要夺取南部的法兰克福，也就是说第三集团军仍会参加角逐，而这对蒙哥马利的构想来说不啻一种诅咒。

为了实施艾森豪威尔的战略，布莱德雷提议让北部的两个集团军，即第一和第九集团军，向阿登以北推进，穿过许特根森林（Huertgen Forest），渡过罗尔河（Roer River），进入德国的科隆和波恩（Bonn）。在较远的南部，巴顿第三集团军的两个军将渡过摩泽尔河，穿过梅茨，进入萨尔河谷。从运送补给的进度来看，布莱德雷预计，北部的进攻可能会推迟到 11 月 5 日左右，而巴顿的掩护部队可能在 11 月 10 日左右出发。

布莱德雷认为，这是一次出色的行动，尽管咄咄逼人，但是张弛有度。这也许是他在年底前渡过莱茵河的最后一次机会。在接到艾森豪威尔的参战邀请后，布莱德雷自然感到很高兴。会议结束后的周末，他同艾森豪威尔和比德尔·史密斯一起猎松鸡、打桥牌，一打就打到深夜，然后在艾森豪威尔的客房里一觉睡到天亮。

但让布莱德雷感到困惑的是艾森豪威尔与英国人达成的浮士德式的交易，无论是两人的友谊还是作为美国人的感情都无法改变艾森豪威尔的决心。在此之前，艾森豪威尔曾经答应让第二十一集团军群作为主力攻打鲁尔，但这一次他的布鲁塞尔战略违背了上述方针，因此假如布莱德雷不能在这次行动中大获全胜，艾森豪威尔就打算在莱茵河再给蒙哥马利一次机会。为此，蒙哥马利甚至可以动用美国的一个集团军。

布莱德雷当然希望保留自己对手下 3 个集团军的指挥权，但如果他必须放弃一个"爱子"，他将放弃刚刚抵达的第九集团军，其司令是威廉·H.辛普森（William H. Simpson）将军。布莱德雷本来计划将第九集团军安插在霍奇斯和巴顿之间的阿登较为平静的地区，但既然这支队伍最缺乏经验，那么如果蒙哥马利想要窃取美国的某个集团军，他就能将自己的损失降到最小。因此，经艾森豪威尔批准，布莱德雷开始将第九集团军从卢森堡的中部阵地迁往美国战线的最北端，以便与蒙哥马利手下的英国第二集团军并肩作战。接着，他派遣米德尔顿的第八军把守阿登，但这样一来，米德尔顿不得不让手下的 4 个师在长达 145 千米的前线展开，因此其防御十分薄弱，很难抵挡敌军的猛烈进攻。但布莱德雷认为此举并无不可，因为德军袭击的可能性不大，反倒是英国人的威胁切实存在。假如蒙哥马利想要挖走他的部队，也只能拿走经验不足的第九集团军，而布莱德雷就可以留下第一和第三集团军。

为了对付这位盟友，布莱德雷可谓煞费苦心。

"布莱德雷缺乏灵感……还有可能嫉妒我"

自 1944 年 9 月初起，巴顿就蠢蠢欲动，准备大显身手。从 10 月初开始，他一直缠着布莱德雷，想要后者批准自己向莱茵河进发，但始终没有得到同意。布莱德雷希望第一和第九集团军能够再增加一些补给，然后由 3 个集团军互相支援并一起发动进攻，而不是让巴顿单枪匹马出征。布莱德雷认为，从大局来看，他完全应该发动大型攻势。

但巴顿像往常一样，根本不在乎什么大局。在总部里，他仔细研究了地图，又同参谋们进行了探讨，最终断定第三集团军只要一个加强军就可以渡过摩泽尔河——不管布莱德雷的其他集团军能做什么。他将派遣埃迪经过扩充的第七军横渡摩泽尔河，穿过梅茨，然后向莱茵河逼近。与此同时，沃克的第二十军将包围梅茨，削弱当地敌军的力量，接着在城市后方的萨尔河上架设桥梁。总之，将有 25 万人在巴顿的指挥下参与行动，其中包括7 个步兵师，3 个装甲师，52 个炮兵、坦克和反坦克营，3 个骑兵大队和 15个战斗工兵营。

这将是一场大战，当巴顿向布莱德雷吹嘘自己的方案时，他声称这一行动完全符合布莱德雷所谓的大局以及艾森豪威尔的整体计划。10 月 21 日，布莱德雷批准了巴顿的建议。两人一致认为，第三集团军应当渡过摩泽尔河和萨尔河，向法兰克福逼近，或者从美因茨（Mainz）和沃姆斯（Worms）之间穿过莱茵河，届时采取哪种方案将视具体情况而定。

然而，眼看行动在即，事情却出了岔子。布莱德雷告诉巴顿，英国的第二集团军尚未做好准备，不能及时参与外围支援行动。在蒙哥马利归还美军自 10 月起借给他的两个师之前，第一集团军只能推迟行动。这就是说，第三集团军的行动将得不到盟军的侧翼掩护。考虑到敌军在德国边境的顽强抵抗，这一举动无疑十分危险。布莱德雷严肃地眨了眨黑眼睛，问巴顿是否愿意先单独发动攻势。

巴顿清楚，如果行动一开始缺乏协调，就会带来严重甚至致命的风险，因为假如其他部队不能在他出发后迅速行动，德军就会像一群野狼扑到他身上。但巴顿是个根深蒂固的乐天派，他知道如果第三集团军单枪匹马发动袭击，这支队伍及其指挥官就会获得盛誉。因此，他答应布莱德雷无论天气如何，无论空中掩护和侧翼支援是否到位，他都将于 11 月 8 日发动进攻。布莱德雷点头同意。在告辞时，巴顿感觉自己仿佛年轻了 40 岁。

但是随着战争即将到来，过去那种令人窒息的感觉再次缠绕在了巴顿宽阔的胸膛上：他的呼吸变得粗重急促；他的胃里阵阵抽搐；他的心脏怦怦直跳。巴顿清楚，这只不过是战斗来临前的神经紧张。

巴顿提醒自己，这对他来说是一种正常现象。等到战斗开始，他也会像其他所有人一样完成任务。11 月初，为了分散注意力，他会经常去教堂坐坐、读会儿《圣经》或隆美尔的《步兵攻击》(*Infantry Attacks*)，或者观看一部由美国劳军联合组织（USO）出品、玛琳·黛德丽（Marlene Dietrich）主演的影片。("非常粗俗的喜剧，简直是对人类智商的侮辱"，他这样评论道。) 但无论他怎样分散注意力，无论他参加过多少战役，每当战斗开始前，他还是会感到阵阵恶心和神经紧张。

每次巴顿向窗外望去，看到乌云在摩泽尔河上越垂越低，他的胃里就会一阵阵发紧。11 月 5 日，在这片草木茂盛的地区雨越下越大，将小路变成了沼泽，将水坑变成了泥潭。由于大雨如注，洛林的天空仿佛都在打旋，摩泽尔河的水位上升到了 50 年来的最高点。

他没有空中掩护，也不可能迅速渡河。坦克能不能开得动也是个问题。巴顿原计划里的所有因素都变得不再确定。唯一确定的是，在这种情况下发动进攻十分困难，甚至根本不可能。他手下的两名心腹副官——埃迪将军和第六装甲师的罗伯特·杰罗少将——也向他强调了这一事实。两人都请求巴顿在天气变晴之前推迟之前制订的进攻日期。

但是巴顿答应过布莱德雷将军还有媒体，他将于 11 月 8 日发动进攻，所以他不能违背诺言。11 月 7 日，在瓢泼大雨中，他让信号员向第七军总部发出了他最喜欢的暗语：开球（PLAY BALL）。

对乔治·巴顿来说，德国战役已经开始。

11 月 8 日凌晨 5 点，巴顿在 400 根炮管的轰鸣中醒来。大炮仿佛震碎了黎明，把守摩泽尔防线的 4.6 万名德军士兵打了个措手不及。大雨并没有停止，道路泥泞难行，但即便如此，巴顿的攻击艇和两栖运兵车已经驶入河中，士兵们在舷缘下挤作一团。他们即将渡过摩泽尔河，钻出运兵车，登上对岸，然后兵分几路，向险恶的敌国领土进发。伴随着子弹呼啸、炮声隆隆，第三集团军的战士们将从"第三帝国"身上狠狠咬下一块鲜血淋漓的肉来。

3 个小时后，布莱德雷打电话到"幸运前锋"，询问进攻是否如期进行。巴顿欣慰地报告称，他的部队已经在指定时间开始行动。正当两人交谈时，一个带着中西部口音的熟悉声音插了进来。

"乔治，我是艾克。"这个声音说，"希望你再接再厉，大获成功。"

"谢谢，将军，我会的。"巴顿回答。

事后他沉思道："我在想如果（艾克的）那些得力助手建议他小心行事，他是否会作出冒险的决定，恐怕他根本不会。"

就像往常一样，巴顿的胜利时刻总是会被一个小小的不和谐的音符破坏。这一次，他动用了第十二集团军群下令作为预备队的一个师，愤怒的奥马尔·布莱德雷打电话过来，想要对他进行斥责。布莱德雷大致询问了一下第三集团军的进攻情况，然后表示了他对沃克出动该师感到不满。巴顿后来得知，沃克并没有将该师当作先头部队，而是按照自己的要求将其作为后续部队，因此断言一定是有人向布莱德雷误传了消息。但布莱德雷坚持己见，最后巴顿说道："要是你准备亲自指挥这个师的话，那最好别让任何人用。"

巴顿讥讽布莱德雷管得太细，后者也不再继续争论，而是从沃克的军队中撤出该师，将其调往第一集团军。巴顿很少会为预备队作长远打算，所以在日记里私下嘲笑说："我猜霍奇斯和米德尔顿一定花了 1 个星期去说服布莱德雷。他天生胆小，又经常表现得很胆怯，这件事简直是在出他自己的洋相。"

一般来说，巴顿极少使用预备队。他惯于将队伍拉得很长，以至于"战略安慰"成了一件奢侈的事情，因为即便没有这种安慰，他也照样能够打仗。事后，他还与艾森豪威尔的爱将洛厄尔·鲁克斯（Lowell Rooks）少将通过电话。接着，巴顿在日记中表达了对这个问题的看法。"令人遗憾的是，鲁克斯的思维充满了学究气。"他写道，"他教给过我许多宝贵思想，其中一点就是一个集团军应该始终保留一个军作为预备队。我告诉他说，在我打仗时，预备队向来不超过一个营。虽然有预备队是件好事，但是你只能用你手头拥有的军队去打仗，而不是利用你可能得到的军队去打仗。"

在巴顿看来，这场战争的关键在于利用一切资源，在一切地点，尽己所能地对敌人发动进攻，而不是怎么舒服怎么来。布莱德雷将军将一个师作为预备队的命令不仅侵犯了巴顿作为集团军司令的管辖权，而且侵犯了他的作战方式。

就像布莱德雷的"眼镜蛇行动"一样，巴顿对摩泽尔河发动的袭击一开始也进展缓慢：步兵们奋力划动突击艇，在泥浆中艰难跋涉；工兵们在暴涨的河流上架起桥梁；炮兵们正在猛轰东侧的山坡。虽然困难重重，但在进攻开始后的第三天，他的军队攻占了梅茨的一座堡垒，解放了十几座小镇。随着头戴钢盔的士兵涌过河流，乔治·巴顿如鱼得水，终于松了一口气。

11 日，他仍然留在南锡，几名班长为他在科赫上校的营房举办了一场生日聚会。布莱德雷打电话过来，祝愿巴顿长命百岁，艾森豪威尔也发电报表示祝贺。但布莱德雷的副官切特·汉森却匪夷所思地指出，这个日子具有双重意义："1944 年 11 月 11 日。这一天既是休战纪念日，又是乔治·巴顿的生日，但两者水火不容。"

15 日，艾森豪威尔及其随从，包括凯和小泰莱克，来到了盟军漫长而血腥的战线上巴顿所在的位置。艾森豪威尔极其关心部队的福利，当他看到巴顿的军官们有数量充足的干袜子对付"战壕足"时，不禁满意地点点头。早在阴雨天气来临前，巴顿就请求艾森豪威尔为他加急运送了一批袜子。最高统帅穿着一件大衣，扣子系得严严实实，正艰难地四下走动。眼见此景，巴顿告诉比阿特丽斯说，"艾克似乎非常高兴，有人拍下了大量他在泥地里与士兵交谈的照片"。

巴顿像往常一样，从表面上看很讨人喜欢。他将众人带回总部，举行午餐会进行招待，甚至还把牛头梗犬威利赶出了餐厅，免得吓到泰莱克。但是当这群人一起用餐时，第三集团军的牛头梗犬和最高统帅部的苏格兰犬还是在桌腿和椅腿之间乒乒乓乓地打了起来。威利出其不意发起反击，两条狗扭打在一起，根本不管旁边的这些高级将领。

宾客们一脸惊愕，纷纷离席俯身到桌子下面，想要看看究竟发生了什么。两条狗互相咆哮，即使朝它们身上泼水也无济于事。巴顿从椅子上"腾"地站起身，用其副官和爱犬熟悉的语言，命令副官将它们分开。

当巴顿假装惭愧地在一旁观战时，勤务兵终于捉住了威利并将它拖出房间。巴顿为这场闹剧连声向艾森豪威尔道歉。

"这可是威利的家呀！"艾森豪威尔同样尴尬地说，"应该把泰莱克关起来才对。"

"不行，长官！"巴顿坚决答道，"泰莱克比威利级别高，所以得让泰莱克留在这里，把威利关禁闭。"

他忍不住想加一句："管他级别高低，我的威利差点儿把你那该死的苏格兰野狗给咬死。"

除了这场宠物大战以外，艾森豪威尔下榻的宾馆还发生了一场小小的事故——麦基奥军士在假壁炉里点燃了柴火。尽管如此，艾森豪威尔的这次来访还是让两人想起了过去的时光。他们不仅都上了年纪，而且都谢了顶。两人一直聊到凌晨 2 点 30 分，说的都是军队里的八卦和过去的滑稽事，也谈了一小会儿公务。他们的友谊始于 1919 年，经历过时间、距离和政治的多次考验，不论军衔谁高谁低，不论战局是好是坏，这种深夜来访每次都会让两人之间的关系变得更加亲近一些。翌日清晨，当艾森豪威尔离开南锡时，他觉得自己又犯了"乔治·巴顿宿醉"——每当他与这位故交聊到深夜，第二天清晨他就会感到脾气暴躁、精疲力竭、晕乎乎的，仿佛脑子里进了一团雾。

10 天后，艾森豪威尔和布莱德雷出现在"幸运前锋"，前者为巴顿颁发了铜星勋章。他打趣说："乔治，在这场战争中，好像我大部分时间都在往你胸前挂东西。"艾森豪威尔这话让巴顿高兴极了，而艾森豪威尔也清楚这一点。巴顿完成了自己的任务，即在向敌军发动无情进攻的同时保持沉默，所以艾森豪威尔认为自己理应对他进行安抚。于是，他轻轻拍了拍巴顿的后背。

巴顿一边作战，一边等待从摩泽尔河继续向前推进的命令。11 月 19日，他打电话给布莱德雷，称梅茨已经落入盟军手中，但这显然是夸大之词，因为他要到 3 天以后才能拿下这座堡垒。在包扎好梅茨这个流血的溃疡之后，他计划动用海斯利普的第十五军。他希望艾森豪威尔将其从第七集团军调往第三集团军，由这支军队在萨尔河上建立滩头堡。

11 月 24 日，艾森豪威尔和布莱德雷来访时，巴顿出示了自己的计划。艾森豪威尔似乎很喜欢这个方案，但布莱德雷指出了其中的缺陷，认为如果把巴顿的部分地盘交给德弗斯，他们也可以得到同样的结果。

巴顿和蔼地对艾森豪威尔和布莱德雷说："我会争取我能得到的一切东西，但是不管你们给我什么，我都会非常满意。"次日，布莱德雷打电话告诉他说，在德弗斯的劝说下，艾森豪威尔不打算让第三集团军使用第十五军，而是把该集团军的部分地盘连同第十五军都交给了德弗斯。这与布莱德雷此前的建议完全一致。巴顿和布莱德雷进行了激烈争辩，但是徒劳无益。他只好在日记中愤愤地说：

> 显然是德弗斯劝说艾森豪威尔，不让我拥有第十五军。好吧，我阻止不了这事，但我对此感到十分厌恶，而且从军事角度上看，这种做法也很愚蠢。我打电话给布莱德雷表示反对，但是没有进展……布莱德雷缺乏灵感，只知道平等，还有可能嫉妒我。

数日后，当巴顿手下的军队向齐格菲防线推进时，他和德弗斯讨论了第三集团军及其南邻第七集团军如何协调的问题，而后者在最近一段时间内仍将保留海斯利普的军队。会晤结束后，巴顿评论说，德弗斯"保证全力配合，目前似乎也兑现了承诺。我不确定，如果两害相权取其轻，留在他的集团军群里也许并非不是件好事。他干涉得很少，也不像布莱德雷那样胆怯。如果后者的部队真的被'收编'，也许是件幸事，因为他虽然是个好人，却称不上伟大"。

堵住致命的伤口：许特根森林之战

当巴顿艰难地穿过摩泽尔河时，布莱德雷的凯迪拉克在黑沉沉的天空下，正隆隆驶向斯帕（Spa）。斯帕是法国的一座度假小镇，距离德国边境仅有不到 20 千米。他准备拜访霍奇斯，后者刚刚占领了这座小镇，并且在布里坦尼克酒店（Hôtel Britannique）建立了总部。11 月 14 日，距巴顿发动进攻已过了 6 天。早在 3 天前，第一集团军就应该开始行动。由于天气恶劣，在低垂的乌云下，布莱德雷的大批空中支援——重型轰炸机和胖嘟嘟的战斗轰炸机——仍然停在跑道上，发动机冷冰冰的，挂弹钩上空空如也。

在这个灰暗的日子里，布莱德雷的心情就像天气一样糟糕。他的军队已经落后于原定计划。他没怎么好好睡过觉，面部也因为过敏而浮肿泛红——布莱德雷对很多食物过敏，这次只不过是个偶然事件。天气决定了他的一切。天气会告诉他何时可以发动袭击，何时只能按兵不动，何时可以出动轰炸机，何时不能出动轰炸机。现在的天气告诉布莱德雷，他什么都不能做。他生气地对一名副官说："这可真倒霉。德国人正像我们一样调兵遣将，但是我们却无计可施。"

两天后，随着乌云消散，金黄色的太阳露出了笑颜，第一集团军终于发起了进攻。陆军航空队和皇家空军的轰炸机对霍奇斯前方的阵地发起猛轰。就像在"眼镜蛇行动"中一样，柯林斯的第七军率先在德军的战线上撕开一道裂缝，第一集团军中的其他军紧随其后，霍奇斯也加入了战斗。

紧接着事情出了乱子。尽管有着战争中最猛烈的地面支援，霍奇斯的几个师还是在遍布地雷、炮台、迫击炮掩体和机枪工事的野地里陷入了困境。死伤人数不断增加。因为长期住在战壕里，大批前线的步兵患上了"战壕足"，这让伤亡人员又增加了 1.2 万人。看来这次进攻不会像"眼镜蛇行动"那样取得巨大突破。

布莱德雷清楚，要想打进莱茵兰，盟军必须经过苦战。由于敌军大部分都是步兵，只要布莱德雷的"谢尔曼"坦克进入开阔地带，"眼镜蛇行动"就能向世人证明接下来会发生什么。布莱德雷担心的是，敌军会在碉堡和战壕里深藏不出，到时候他的士兵只能像在太平洋战场上那样，将敌人挖出来。因此，他非常希望德军发动莫尔坦之战那样的攻势，好让他的坦克大显神威，打碎德军的钢牙，将他们赶回莱茵河边。当艾森豪威尔的情报部门负责人比德尔·史密斯和肯·斯特朗提出，德军有可能发动反击时，布莱德雷答道："让他们放马过来。"他希望对手转守为攻，只要他的部队能够看见敌人，他们就能杀死更多敌兵。

但是为了稳妥起见，他下令让补给库仍然留在默兹河后方，以防万一。

罗尔河和莱茵河之间开阔的乡野长约 50 千米，是出动坦克的完美地带，非常适合盟军的运动战。但是当霍奇斯向罗尔河推进时，有一种地形特征让布莱德雷感到担心，那就是一连串的水坝。如果有人在合适的时机将其炸毁，河堤内的水位就会暴涨，形成一道近 2 千米宽的洪流。这道洪流足以摧毁前方的所有桥梁、车辆和士兵，与《圣经》中红海淹没埃及军队的场面相比，恐怕也有过之而无不及。

为了夺取这些水坝和保护第一集团军的右翼，布莱德雷和霍奇斯认为，应该让乔·柯林斯扫清附近的许特根森林。这片茂盛的原始丛林位于亚琛以南，仿佛格林兄弟的童话故事中闹鬼的森林一般。许特根森林本身并不重要，但布莱德雷和霍奇斯不愿让敌军继续占领这里，因为他们清楚，这个伤口将来有可能产生致命的威胁，所以两人决定，在向莱茵河畔的科隆进发前，由第七军负责夺取这片森林。

许特根森林战役是一场小规模冲突，既是为了巩固阵地，也是为了延续进攻，从 9 月中旬一直持续到 12 月初。德国守军仿佛嗅到了机会，幻想在不损兵折将的情况下将第一集团军榨干。炮弹从高处隐蔽的阵地上像雨点般砸落，美军仿佛再次经历了安齐奥战役。霍奇斯不像巴顿那样善用奇谋，而是不断将手下的师送进"绞肉机"。他已经下定决心拿下这片森林，因此不会因为德军占据着高地就取消行动，正如索尔森后来所言："我们已经抓住了熊尾巴，所以绝不会松手。"

战斗结束前，霍奇斯和柯林斯一共向这片可怕的森林派出了 4 个步兵师、1 个装甲师、1 个坦克团、1 个突击营和 1 个装甲步兵营。截至 12 月中旬，霍奇斯共损失了 3.1 万名士兵。他虽然赢得了战役，却也为此付出了惨重的代价。霍奇斯占领了这片阴森死寂的森林，但是这里除了垂死的树木和血染的灌木丛以外，既没有公路网，也没有工业区，更没有罗尔河的大坝。

恶劣的天气、无休止的战斗和内讧对布莱德雷造成了严重影响。他看起来十分疲惫，额头的皱纹越来越深，两腮深陷，眼睑下垂。11 月底，他已经彻底无法工作。在卢森堡，由于患上了感冒、荨麻疹和鼻窦炎，再加上身体和心理上都极度疲倦，他脚步蹒跚地回到床上，一个人在房间里待了将近 6 天。透过结霜的窗户，布莱德雷看到冬季的暴风雪已经来临。他裹着西点军校的睡袍，穿着拖鞋，脚下放着一个煤油暖炉。在小餐桌的边缘，还放着一杯柚子汁。他无法专心处理军务，只能给家人写信，也很少接待宾客。直到 12 月 6 日，病体难支、疲倦易怒的布莱德雷才走出房间，准备面对新一轮的政治和后勤角逐。

布莱德雷清楚，许特根森林的血腥战役只会有助于巩固蒙哥马利地面战役指挥官的地位，尽管英国的集团军群规模相对较小。布莱德雷在病床上写信给蒙哥马利称，他不会为了增援北方而减少巴顿的军队。他还威胁说如果必须听命于蒙哥马利，他就会辞职不干，因为"这只能表明我不能胜任集团军群司令之职"。即便如此，他还是对最后的战局将如何展开而感到忧心忡忡。他担心 12 月 7 日在马斯特里赫特（Maastricht）举行的集团军群司令重要战略会议上，艾森豪威尔将会像战役之初那样放弃自己。

虽然布莱德雷病体难支、情绪低落，但当艾森豪威尔打电话说想在马斯特里赫特会议之前到他的战术指挥部造访时，他仿佛看到了一线曙光。艾森豪威尔愁眉不展地出现在卢森堡，身后还跟着特德将军。布莱德雷知道，事情有可能出现转机，因为特德几乎和自己一样厌恶蒙哥马利。当艾森豪威尔表示，轰炸机指挥官同意为他在德国南部的推进提供支援时，布莱德雷再次看到了希望。虽然他们的主要任务一直是摧毁德国的工业，但是如果能让布莱德雷直捣莱茵河，他们将很愿意再次开展地毯式轰炸。

艾森豪威尔和布莱德雷这一对老同学来到后者的办公室，坐在一张大幅地图前，商讨次日的战略。奥马尔·布莱德雷戴着眼镜，身体前倾，用一根长教鞭在地图上指指点点。艾森豪威尔穿着一件有毛皮内衬的飞行夹克，脸上布满了皱纹，坐在布莱德雷办公室低矮的沙发上，神神秘秘地低声对后者说话。这次会面结束后，两人都很清楚他们需要从蒙哥马利那里得到些什么。

将美军指挥权分给英国人？

从 1944 年 10 月到 11 月，艾森豪威尔始终步履维艰——他不仅压力重重，而且的确行走困难，有时比他想象的还要严重。由于奔赴前线看望士兵，他脆弱的双膝严重受损。此外，他还要面对一系列重大问题，例如黑市交易、港口配给、逃兵、"战壕足"、后勤供应、妓院强奸案审判、法国人、缴获的烈酒、集中营、钩心斗角，当然还有战略问题，而过量吸烟和不健康的饮食对他的心脏、肺部和腿脚造成了严重伤害。除了军务上沉重的负担外，他还遭遇了另一件令人痛心的事情——特拉福德·利－马洛里爵士的飞机在飞越法国阿尔卑斯山时失踪，这位空军司令也不见了踪迹。此人虽然是个悲观主义者，但为人诚恳真挚。

在办公室里，凯·萨默斯比是少数几个能让艾森豪威尔高兴起来的原因之一，如今却再次成了一个难题。她不仅被委任为陆军妇女队少尉，而且是艾森豪威尔的司机兼秘书，还是艾森豪威尔出行时经常同行的三位旅伴之一，所以地位特殊，同时也令人侧目。有一次，在兰斯（Reims）举行的正式午宴上，虽然有英国首相、帝国总参谋长和盟军最高统帅等人在场，但身为少尉的凯竟然坐在主座旁边。午宴结束后，布鲁克元帅在私下里表示："我发现他的专职司机凯摇身一变成了女主人，这可真是有意思……艾克这样做会招来不必要的闲话，对他毫无益处。"

玛米与艾森豪威尔长期两地分居，所以她自然担心两人的婚姻问题以及独子的安全。这件事也为艾森豪威尔带来了无穷的烦恼。11月中旬，孤独懊丧的玛米在信中大发脾气，指责艾森豪威尔没有采取任何措施，保证他们唯一的儿子在战争中不受伤害。这一指责让他深感难过。艾森豪威尔在位于格勒（Greux）的指挥所里恼火地给玛米回信：

> ……每当你说起我玩弄的"卑鄙伎俩"，以及你貌似是因为我而承受打击时，我都会十分沮丧……是的，迄今为止我们已经分开两年半了，而且在这种情况下，分居的确令人痛苦且难以忍受……别忘了我每天都要承受打击。除了我自己的问题，我经常会收到那些经历了丧亲之痛的母亲、姐妹、妻子们的来信，还有人恳求我让他们的家人回国，或者至少将他们派到作战区以外相对安全的地带。在约翰的事情上，我们唯一能做的就是祈祷。如果我在这件事上稍加干涉或者间接介入，他的余生都会充满怨恨。假如他认为你也跟此事有关联，那么无论是我还是你都会感到不安……请不要把我想得那么可鄙，至少让我知道等这一切麻烦事都结束时，你还欢迎我回家。

11月的最后一天，蒙哥马利坐立不安。在得到布鲁克的谨慎支持后，他旧事重提，在齐头并进还是集中进攻的基本问题上，再次揭开了尚未愈合的伤疤。他在写给艾森豪威尔的信中宣布，盟军在莱茵河和鲁尔河之战中遭遇"惨败"；"我们已经无望"从北方攻入德国；由于盟军——当然是指艾森豪威尔——坚持要在多地发动进攻，所以"遭遇了战略逆转"。蒙哥马利告诉艾森豪威尔，在9月之前，当布莱德雷处于他的麾下时，他和布莱德雷合作愉快，但是"自从你将我们分开以后，情况就一直不太好"。为了理顺地面战略，蒙哥马利建议再次召开会议，并且表示"我提议除了各位参谋长之外，其他人一概不要参与，且那些参谋长也不得在会上发言"。

早在一个月前，蒙哥马利就曾设法改变盟军的指挥结构，好让自己成为地面战争的总指挥，但都被艾森豪威尔制止了。经过几番书信往来，艾森豪威尔厌烦不已，威胁说要将此事提交联合参谋长委员会。但这件事仍像波利斯·卡洛夫（Boris Karloff）[①] 饰演的怪物一样阴魂不散，让艾森豪威尔气愤至极。他痛恨蒙哥马利的傲慢自大，痛恨他认为自己绝对正确的态度。多年以后，艾森豪威尔仍然对此感到愤怒不已，他在战后接受记者采访时气急败坏地说："他就是个精神病，完全以自我为中心，好像他所做的一切都完美无缺，他平生没有犯过任何错误一样……"

读到蒙哥马利的来信时，艾森豪威尔怒不可遏。他满脸通红、青筋暴露，拿着烟的手不住地颤抖，像个老兵般地扯起了大嗓门。

艾森豪威尔叫来一名速记员，口述了自己想要回复的内容。经过两次修改，缓和了语气后，他发出了电报。

艾森豪威尔在这封电报中坚决拒绝关于改变战术或指挥结构的提议。他告诉蒙哥马利，他的情报处长肯尼斯·斯特朗有可靠信息显示德军即将崩溃。他认为，9月以来的僵局与布莱德雷7月"精彩突围"之前的诺曼底的形势并没有太大不同，这无异于给了蒙哥马利一记耳光。尽管艾森豪威尔也认为，盟军不应该在南方发动毫无意义的进攻，但是他宣称："只要德弗斯和巴顿继续清理我们的右翼，让我们能够集中兵力，我就无意叫停他们的行动。"艾森豪威尔同意举行会晤，但毫不客气地表示他的参谋长想说什么就能说什么，只要他觉得有必要。"比德尔之所以会成为我的参谋长，是因为我信任他并尊重他的判断。"艾森豪威尔写道，"我绝不会在我们两人都参加的会议上让他保持沉默，否则就是对他的侮辱。"

艾森豪威尔的信让蒙哥马利服软了，后者很快收回了自己对过去几个月战局的看法。艾森豪威尔对他的回复感到满意，但由凯记录的办公日志里却这样写道："蒙蒂急于将布莱德雷纳入自己麾下，一再表示这样做优势很多，不过他肯定是疯了才会这么想。"

艾森豪威尔与比德尔就蒙哥马利的回信进行了长谈，随后谨慎地写信与蒙哥马利和解，以挽回他的面子。艾森豪威尔对蒙哥马利说，"对于误解了您11月30日的来信而深表歉意"，并且安慰后者"假如我的去信有所冒

[①] 波利斯·卡洛夫：英国演员，曾在1931年的电影《科学怪人》（*Frankenstein*）中饰演怪物的角色。——译者

犯，我将深感遗憾"。

1944 年 12 月 7 日，艾森豪威尔在马斯特里赫特，也就是蒙哥马利的防区召开了会议，与特德、布莱德雷和蒙哥马利商讨战略问题。蒙哥马利戴着他招牌式的贝雷帽和一条长围巾，身穿一件皮毛内衬短夹克抵达会场，为他"集中兵力"在北方开展攻势的提议进行游说。他说，他需要空中和地面增援以及 10 个美军师的直接支援。他希望将布莱德雷的集团军群调往北方。他激烈反对巴顿采取任何行动，反对巴顿逼近法兰克福或卡塞尔（Kassel）以及亚琛以南的任何地方。他认为该地区的任何行动都不会取得"决定性"胜利。艾森豪威尔在会上作出了许多妥协。他将美国第九集团军暂时划归蒙哥马利的集团军群，并且答应蒙哥马利北方的行动将享有最高优先权。不过，像之前一样，艾森豪威尔拒绝终止南方的行动。他说，巴顿和德弗斯将继续向萨尔州推进。

蒙哥马利不为所动，认为只是将第九集团军交给自己算不得重大让步。他坚持要求艾森豪威尔分割美军的指挥权，让第二十一集团军群控制阿登以北的所有军队。这就需要艾森豪威尔将第一和第九集团军都交给他，而布莱德雷负责的地区在他看来无关痛痒，但艾森豪威尔拒绝继续作出任何妥协。

艾森豪威尔用军事术语阐述了自己的观点。他说，鲁尔河不是最终目标，他也不会将鲁尔河作为集团军群的分界线。但艾森豪威尔拒绝让步的隐含原因只有一个，那就是民族。而艾森豪威尔曾经告诉过蒙哥马利，他不会以此作为制定战略的依据。无论让蒙哥马利指挥美国的第一和第九集团军有何利弊，事实是无论马歇尔还是布莱德雷——更不用说巴顿、德弗斯、美国媒体和罗斯福政府——都不愿让蒙哥马利长期指挥美国的军队。

蒙哥马利清楚，在这一点上，艾森豪威尔绝不会退让，因此他虽然感到恼怒，但还是放弃了提议。

会议结束后，艾森豪威尔知道蒙哥马利一定会为他的行动进行游说，或者说至少为在阿登以北的行动进行游说。12 月 12 日，为了确保自己的心血不会付诸东流，艾森豪威尔准备找到蒙哥马利在国内的靠山，对他的方案进行破坏。艾森豪威尔带着特德一起飞往伦敦，与丘吉尔首相及其高级幕僚举行了一场情况说明会。在会上，艾森豪威尔阐述了自己的方案，即双管齐下对鲁尔发动进攻。蒙哥马利的死党布鲁克自然对艾森豪威尔冷嘲热讽,但艾森豪威尔以堪萨斯人的直率向丘吉尔阐明了情况,既从军事方面进行了讲解,又从政治方面稍作暗示,好让丘吉尔立即明白,他必须按照艾森豪威尔的方案执行。回到凡尔赛后,艾森豪威尔清楚自己已经完成了出发前的任务,即赢得这只"英国牛头犬"的支持。

1944 年的秋天阴雨连绵,十分沉闷。到了 12 月,如果不考虑蒙哥马利,艾森豪威尔总算稍获宽慰。霍奇斯和柯林斯即将攻克许特根森林。巴顿告诉艾森豪威尔,他战线上的敌军即将崩溃。弹药和燃油储备不断增加。蒙哥马利终于扫清了斯凯尔特河。最高统帅部计划于明年 1 月中旬大规模挺进德国。据肯·斯特朗称,德军受到重创,希特勒每个月会失去 20 个师,但只能再纠集 12 个新的师来替代。蒙哥马利的战区几乎没有动静,弗雷迪·德·甘冈于 12 月 15 日请短假返回了英国。蒙哥马利也问艾森豪威尔,他是否能够回国和儿子一起共度圣诞节。这场战争终于胜利在望。

马斯特里赫特会议结束后,艾森豪威尔驱车前往卢森堡,在布莱德雷的第十二集团军群过夜。两人望着美军的战线,基本上感到满意。巴顿的军队已经冲出摩泽尔河,辛普森的军队盘踞在罗尔河附近,霍奇斯的军队虽然在中部的许特根遭受了损失,但仍有两个军准备向亚琛以外的地方发动进攻。米德尔顿在阿登的军队无疑势力单薄,不过布莱德雷向艾森豪威尔保证,一旦该地区遭受袭击,他会从其他地方调来兵力。阿登以西已经没有任何地方值得攻占。在南方,巴顿如鱼得水,在齐格菲防线沿线开展了多次行动,在布莱德雷认为近期战功最卓著的军官当中排名第 6,仅次于比德尔、图伊(Tooey)、霍奇斯、克萨达和特鲁斯科特(Truscott)。而布莱德雷始终与艾森豪威尔步调一致,将德弗斯排在第 21 位,几乎名列所有集团军司令和军长之后。

总体来看,艾森豪威尔认为目前的形势不错,甚至还挺好。

1944 年 12 月 16 日,艾森豪威尔获悉罗斯福总统正式提名他为陆军五星上将,与马歇尔、阿诺德和麦克阿瑟将军比肩。虽然他竭力要求记者只能适度报道,但这名老兵还是为这次晋升感到激动。仅在数年前,他还提醒家人说,他也许只能做到校官而已。然而,在被任命为中校 3 年 3 个月零 16 天后,他荣升为五星上将。"天哪,我真想看看自己第一次作为陆军五星上将签名时是什么样。"他对切特·汉森坦言。

此外，还有一件计划之外的事情让他感到高兴，这也是一年来令他感到由衷喜悦的少数几件事之一。他为自己忠诚的助手米基·麦基奥军士举办了一场婚宴。

米基性格活泼，长着一张爱尔兰人的面孔，是艾森豪威尔的心腹之一。前不久，他热烈地爱上了陆军妇女队中一位来自明尼苏达州的名叫珮丽·哈格雷夫（Pearlie Hargrave）的司机。这对新人经艾森豪威尔批准，在凡尔赛宫中玛丽·安托瓦内特（Marie Antoinette）王后美丽的皇家教堂里成婚。12月16日，艾森豪威尔一行身穿制服参加婚礼。众人虽然在寒冷的教堂里浑身颤抖，但始终面带微笑，在两人立下誓言时全都兴奋不已。新娘、新郎在众人的掌声中彼此亲吻，随后大家来到艾森豪威尔宽敞的别墅参加宴会。这里有蛋糕、音乐和香槟，而最难得的是，他们可以暂时忘记战争。

当众宾客列队欢迎这对新人时，作为最高统帅，艾森豪威尔首先握了握米基的手，接着吻了吻新娘，然后交给这对新人 100 美元的战时公债作为结婚礼物。他祝愿两人的巴黎蜜月之旅幸福甜蜜——布彻为米基夫妇提供了一间酒店套房。对艾森豪威尔来说，这无疑是愉快的一天，他不需要没完没了地担心德军的行动和法国人的打算，或者蒙哥马利、李还有德弗斯会卖什么关子。虽然东方的天空阴沉沉的，但几个小时的庆典让艾森豪威尔在整个下午都充满了温暖的希望。

正当宴会上一片欢声笑语、高脚杯叮当作响之际，特里亚农宫通信室里的电传打字机咔嗒咔嗒地工作了起来。一定是前线发生了什么事情，但具体情况不得而知，电报上并没有说明。

凯·萨默斯比在日志中总结当天的情况时，诙谐地写道："德军向前推进了一点。"

第22章   阿登战役： 让盟军措手不及的反攻

> 看在上帝的分儿上，艾克，要是你这样做的话，我可不能对美国人民
> 负责。我要辞职！
>
> ——布莱德雷致艾森豪威尔，1944 年 12 月 20 日

布莱德雷从前到后看了看自己的战线，顿时觉得一团糟。没错，情况看起来不妙：霍奇斯虽然在许特根森林打垮了 6 个德国师，但是他也有 5 个师遭受损失，步兵连的伤亡尤其惨重。许特根和摩泽尔之战是一场步兵战役，而布莱德雷的军中最缺少的恰恰是那些肩扛 M-1 步枪的士兵，那些在 900 米开外眯起眼睛，盯着森林里、窗户里和地面上的一举一动的士兵，那些把守侧翼、发起冲锋、叫来掷弹兵和在碉堡四周匍匐前进的士兵，那些负责杀敌的坚毅的士兵。

布莱德雷清楚，冯·伦德施泰特正在集结装甲部队准备发动进攻，第一集团军和最高统帅部也证实了这一点。霍奇斯需要更多的补充兵员，尤其是补充步兵，以继续向东推进，因为只有拥有步兵，他才能打赢战争。如果美军打算在 1 月穿过德国，布莱德雷认为最高统帅部必须立即增加补充兵员，因此他需要亲自拜访艾森豪威尔。

这一天是 1944 年 12 月 16 日，星期六。

这不是小打小闹

早餐过后，布莱德雷和身材魁梧的爱尔兰裔人事处长约瑟夫·奥黑尔

（Joseph O'Hare）准将坐进他带有白色星型纹饰的凯迪拉克专车后座，前往凡尔赛。车内温暖如春，但窗外天色阴暗、乌云低垂。切特·汉森告诉他，当天的空中掩护被迫取消，这种情况在当地不足为奇。经过 5 个小时，两人的汽车终于驶过 400 千米结冰的路面，从卢森堡市（City of Luxembourg）来到最高统帅部的总部。

吃过午饭后，艾森豪威尔与布莱德雷和统帅部的高级官员在地图室召开会议，商讨补充兵员一事，而此事已经成了陆军部的一个棘手的问题。当众人正在就补充兵员、补给物资和运送安排发表意见时，一名神色紧张的准将闯进会议室，为艾森豪威尔的情报处长斯特朗少将带来了一条紧急信息。片刻之后，瞠目结舌的斯特朗打断了众人的讨论，操着一口低沉的苏格兰土腔宣布，德军从阿登森林沿线的 5 个地点对第一集团军发动了袭击，但冯·伦德施泰特意欲何为尚不清楚。

布莱德雷虽然担心，但并没有感到惊恐，因为德军显然缺少发动大规模攻势的兵力。他觉得不必过分夸大这一威胁。第十二和第二十一集团军群都认为希特勒已经无力开展运动战，所以冯·伦德施泰特不太可能对盟军发起决定性打击。近来，第一集团军的情报处长迪克森多次警告，敌军有可能攻打阿登地区，但人们普遍认为这是在杞人忧天。自突尼斯战役以来，迪克森就在布莱德雷手下负责情报工作，但是最近他严重酗酒。布莱德雷认为，对方很可能只会发起破坏性进攻，以拴住霍奇斯和巴顿。

当天晚上，布莱德雷和艾森豪威尔、埃弗雷特·休斯以及其他几个朋友一起开了一瓶香槟，庆祝艾森豪威尔晋升为陆军五星上将。这几位将军打了 5 轮桥牌，喝了一瓶"高原风笛手"威士忌，然后各自回去休息。在没有收到进一步消息之前，布莱德雷只能坐等新的报告。整个晚上，他一直半睡半醒。

次日清晨，当布莱德雷醒来后，肯尼斯·斯特朗已经确认，霍奇斯的前线至少有 17 个德国师，远超出他的预期。虽然布莱德雷仍然希望这只不过是一次破坏性进攻，但乌尔特拉（ULTRA）①破译了冯·伦德施泰特的进攻命令：决定命运的时刻已到来。强大的进攻部队面对着盟军。一切都处于危急关头。我们要决一死战，为祖国尽到神圣的职责。

---

① 盟军破译德国秘密无线电通信的组织。——译者

这道命令显然不是为了开展牵制战。

12月16日星期六，德国第五和第六装甲集团军冲向第一集团军最薄弱的环节——特洛伊·米德尔顿第九军中4个战线拉得过长的师。在此之前，没有人真的认为敌军会对这里发动进攻。布莱德雷及其参谋部认为，这里没有任何战略价值，因为这里没有燃油库、港口和铁路。即使德军来犯，他们也只会攻打北方的鲁尔河或南方的萨尔河谷。

但是他们怎么会攻打阿登地区呢？他们究竟意欲何为？

12月17日星期天，奥马尔·布莱德雷大部分时间都很镇定，仍然坚信这只不过是一场小打小闹，敌军只是为了搞搞破坏，以防巴顿集结兵力穿越齐格菲防线。然而，报告不断从第一集团军传来，似乎有大批党卫军装甲部队、步兵师、掷弹兵师正在向圣维特（St. Vith）、巴斯托涅（Bastogne）和第一集团军的总部斯帕进发。挡住敌军去路的是两个曾在许特根森林战役中遭到重创的美军师，其中第四步兵师不得不孤注一掷，让厨师、打字员、翻译和面包师也加入了战斗。另外两个师，即第九十九和第一○六师，还没有任何作战经验。

直到星期天，最高统帅部的人们才明白，这次德军是来真的。早在11月，比德尔就派斯特朗与布莱德雷讨论德军正在集结装甲师一事。当天清晨，他在看到布莱德雷后讥讽道："瞧呀，布莱德雷，你一直希望敌军发动反击，现在看来你如愿以偿了。"

"我是希望敌军发动反击，"布莱德雷答道，"可没料到规模会这么大。"

不管他有没有料到，霍奇斯正在拼死战斗，因此布莱德雷急需在阿登防线破裂前堵上缺口。问题是用什么去堵？

艾森豪威尔也在考虑同样的问题。他问布莱德雷，第十二集团军群打算怎样阻止敌军前进？但是在此之前，布莱德雷并没有问过霍奇斯和米德尔顿，假如他们在阿登遇袭，他们将如何防守。布莱德雷告诉艾森豪威尔，他会从北方调来第七装甲师，从南方的第三集团军调来第十装甲师。只不过若想从巴顿那里要走第十装甲师，布莱德雷说，他一定会大发脾气。

"告诉他，艾克正在指挥这场该死的战斗。"艾森豪威尔粗暴地说，命令布莱德雷让第十装甲师赶赴巴斯托涅。德军的突破是战略举动，而战略问题不由巴顿负责。作为一名集团军司令，他的级别太低，所以轮不到他

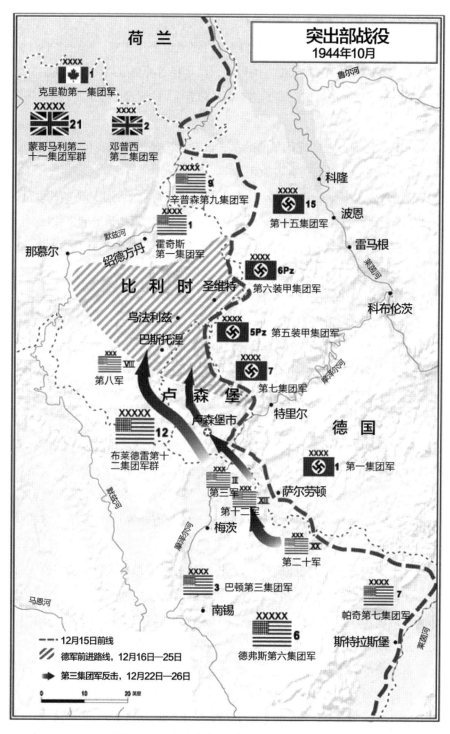

图 22-1　突出部战役（1944 年 10 月）

在盟军如何应对的问题上发言。

当天，在卢森堡市，布莱德雷浑身僵硬地走进作战室，脸色比平时更加阴沉。他没有在意卫兵和助手的敬礼，而是径直冲到战局图前。利文·艾伦正在看着情报人员标记已知的德军师的位置："1个、2个、3个、4个……目前已有14个师。"

这还只是情报人员确认了的敌军，谁知道冯·伦德施泰特在施内艾弗尔（Schnee Eifel）以外还有多少兵力？

布莱德雷看着油脂铅笔的箭头从艾弗尔展开，一直延伸到他的战线前，感到情况不妙。据霍奇斯和比尔·基恩描述，他们附近的情况非常糟糕。

布莱德雷问利文·艾伦："这个家伙到底从哪儿弄来这么多兵力？"

艾伦点点头，"好吧，看来德军真是规模不小"。

很长时间以来，美军都没有像这样慌过手脚。米德尔顿的防线被撕开了一个又一个血淋淋的口子。布莱德雷几乎没怎么休息，在地图四周走来走去，看起来十分疲惫。在哈里·布彻看来，第十二集团军群总部现在就像是卡塞林战役中的第二军。

第一集团军传来的消息十分糟糕。斯帕和卢森堡之间的电传打字机通信时有时无，最后完全陷入寂静。第一集团军的参谋部不得不烧毁文件迅速撤离。他们前脚刚走，德军如狼似虎的装甲部队就从南方赶了过来。有传言称，德国的破坏分子身穿美军制服，会扭转路标，暗杀美军的高级将领。布莱德雷接连3次被士兵拦住，盘问一些只有真正的美国人才能答得上来的问题，譬如"伊利诺伊州（Illinois）的首府是哪？"（其中一名宪兵坚称，正确的答案应该是芝加哥。）

布莱德雷的参谋们也惊恐不已，将铝热剂手榴弹塞进成堆的机密文件里，准备在敌军攻来后将其焚毁，并且将总部的飞机调回了巴顿过去的总部所在地埃坦。但布莱德雷拒绝在这个危急关头将"雄鹰"战术指挥部撤到后方，他对助手说："我不会跟总部一起后撤，否则我就会威信扫地。"

布莱德雷清楚，岌岌可危的不只是他的威信。

在凡尔赛，艾森豪威尔故态复萌，左手的食指和中指之间总是夹着一根香烟，烟雾袅袅上升，仿佛巫师正在表演什么把戏："14个……16个……17个德国师？"

他清楚，如果德军发动如此大规模的袭击，西线的战事不可能就此结束，而且除非他真的是个巫师，否则这场战役必定会耗时费力、损兵折将、丧失城池。艾森豪威尔认为，盟军必须在德军渡过默兹河之前阻止其攻势，因为这条河流是通往布鲁塞尔和安特卫普的最后一道大型屏障。如果他们没能做到，眼前的挫折就会演变成一场战略灾难。

在艾森豪威尔看来，布莱德雷没有认真对待德军的攻势，所以他最好在后者打电话过来之前弄清自己该怎么办。但这是一个棘手的问题，因为最高统帅部只有两个轻型师作为"战略预备队"，即第八十二和第一〇一空降师。在"市场—花园行动"惨败后，这两个师被调往兰斯附近。他让参谋部制订一个快速反应方案，以备第十二集团军群求援。艾森豪威尔、比德尔和统帅部的作战副处长、人称"运动员"（Jock）的约翰·怀特利（John Whiteley）开始商讨该将这个战区仅有的预备队放到哪里。

不出所料，在德军装甲师对米德尔顿发动袭击 36 个小时后，布莱德雷手拿钢盔来到统帅部，想要走艾森豪威尔的两个宝贝空降师。艾森豪威尔听取了布莱德雷的报告，尽管他不想动用最高统帅部仅有的预备队，但是他清楚如果这时还把这些士兵留在后方，就会让前线陷入极大的危险，因此答应了布莱德雷的请求。很快，绰号"全美之师"（All-Americans）的第八十二空降师和绰号"嚎叫之鹰"（Screaming Eagles）的第一〇一空降师登上军用卡车，在湿滑的道路上开赴阿登。

凡尔登会议：划破美军最高指挥部的"闪电"

1944 年 12 月初，巴顿始终对北方的战局不屑一顾。他的情报处长奥斯卡·科赫认为霍奇斯的前线有可能遇到麻烦。在与科赫进行了简短的商讨后，巴顿命令参谋部制订紧急计划，以便向卢森堡推进，援助第一集团军。

但事情仅限于此。巴顿向来以自我为中心，他更关心的是东部的德军，而非这个在很大程度上只是假设的问题，即便它真的存在，那也主要是霍奇斯的问题。他早就想好了一条让希特勒先生大吃一惊的妙计，即沿萨尔河发动大规模进攻。战略和战术空军向他保证，在此之前他们将会发起一波猛烈的轰炸。12 月初，当布莱德雷终于告诉巴顿，第三集团军将在下一轮进攻中充当主力时，巴顿和 12 月 3 日回到参谋长位置上的哈普·盖伊就开始构思这项行动。巴顿对第十九战术航空队的"野马"战斗机和"水罐"（Flying Jugs）战斗机充满信心，其司令是人称"奥佩"（Opie）的奥托·P. 维兰德（Otto P. Weyland）准将。巴顿计划在 19 日发动袭击，如果走运的话，他们将成为第一批渡过莱茵河的美军。

在巴顿看来，这次在南方开展的行动的利害关涉巨大。如果打赢了，他就会穿过不可一世的齐格菲防线，直抵甚至渡过莱茵河。他也会像 8 月他让坦克部队以惊人的速度直捣塞纳河时那样，成为轰动一时的英雄。如果打败了，他则会再次回到次级战场。也就是说，他将损兵折将，再次陷入 9 月以来的失意踌躇当中。12 月中旬，这位孤独的击剑师、寂寞的跑手、为自己而非他人而竞争的人，在总结自己的处境时写道：

> 尽管目前兵力短缺，我仍将发动进攻。但如果我未能在闪击之后取得突破，在援军抵达之前，我将只能采取守势。在此期间，我可能损失更多士兵。我必须取得突破性进展，但愿上天助我。

巴顿在写到"上天助我"时十分虔诚，因为天气无法控制，向来都是未知因素。11 月时，正是因为天气恶劣，他在摩泽尔的行动险些无法开展。12 月 14 日，他写信告诉比阿特丽斯："我还没有见过也想象不出哪个国家会有这种鬼地方，所有的东西上总是积着 10 厘米深的水，而且雨一天到晚下个不停。"最近一段时间，天气给他制造的麻烦不亚于德军带来的问题，甚至更多。

巴顿不希望同时受到这两个敌人的夹攻，所以在 12 月初决定求助于超自然力量。毕竟上帝曾经让太阳停住，好让约书亚（Joshua）在明亮的日光下大败亚摩利人（Amorites），所以对仁慈的上帝来说，让暴风雨刮到其他地方去不过是举手之劳。这样一来，奥佩的轰炸机就可以将躲在他战线上的德国鬼子炸得魂飞魄散。巴顿需要一份祷文，一份极好的祷文，所以他命令随军牧师长詹姆斯·奥尼尔（James O'Neill）上校起草适合的内容。

一小时后，奥尼尔神父拿来了一份颇具《旧约》风格的祷文。其中的祷词十分微妙，既像是祈望神的帮助，又像是请求神准许他们进行杀戮。

文中写道：

> 全能、至慈至悲的天父，我们谦卑地乞求您大发慈悲，制止这霏霏的淫雨，别让我们继续在雨中作战。赐予我们开战的晴好天气吧！请仁慈地倾听我们战士的心声，赐予他们您的力量，让我们无往不胜，摧毁仇雠的压迫与罪恶，在众人和列国之间树立您的正义。阿门。

写得真优美，巴顿心想。如果说有什么祷词能让乌云离开他的前线，那非此莫属。他让人将这段祷词印在一张小小的圣诞节卡片背后，一共印了25万份，第三集团军人手一张。接着，他继续处理起凡间的事务。

1944年12月14日，巴顿再次与布莱德雷谈到马斯特里赫特会议的结果。"显然，蒙蒂在首相的帮助下拿到了第九集团军。"巴顿抱怨道，"蒙蒂极力反对帕奇和我的行动。他想让所有他能染指的军队在北方集结，并且由他指挥。他告诉艾克和布莱德雷，当他负责指挥时，战争取得了胜利，但是自从他离开最高统帅部后，战事就陷入了困境。真是个蠢货！"

12月16日星期六，也就是巴顿计划发动进攻的3天前，第十二集团军群的利文·艾伦打电话给盖伊。"米德尔顿遭到敌军攻击"，艾伦说，"他需要援助。"他告诉盖伊，第三集团军的第十装甲师将被调给米德尔顿的第八军，立即向北进发。

这可不行，在得知这一消息后，巴顿心想。第十装甲师是他手下的关键有生力量之一，也是第三集团军将战势南移的最后一次良机的一部分。再者，米德尔顿前线的敌军发动的有可能只是佯攻或者助攻，因为德军正在沃克的第二十军的前线集结力量，这就意味着真正的进攻将发生在第三集团军的前线，而不是在第一集团军的地盘。他打电话给布莱德雷，想要说明这个问题，但结果令人失望。

"乔治，"布莱德雷的声音里略带歉意，"让第十装甲师开赴卢森堡。"

"但是那里并没有受到重大威胁。"巴顿说，"真见鬼，那很可能什么都不是，只是为了搞搞破坏而已，好让我这里失去平衡，让我们停止这次进攻。"

"我也很不愿这样做，乔治，可我不得不拿走那个师。即使真像你说的那样，敌人发动的只是破坏性袭击，米德尔顿也需要援兵。"

当天夜间，巴顿在日记中写道："布莱德雷承认我说的有道理，但还是让恐惧占了上风，下令让第十装甲师开拔。真希望他不要这么胆小。"

巴顿不得不接受现实，放弃第十装甲师，但他仍然决意按计划发动大规模闪击。为了确保他心爱的部队第四装甲师不会再出什么岔子，他命令曼顿·埃迪将军参战，但只是在当地向前推进，以免上级夺走这个师。运气好的话，他的军队将在12月19日按计划跨过萨尔河。

12月18日星期一上午10点左右，布莱德雷再次打电话过来。他想要巴顿带上手下的情报、作战和后勤处的负责人立即赶往卢森堡，商讨下一步的对策。10分钟后，巴顿的车队冲上泥浆已经结块的公路，呼啸着驶向卢森堡市。下午1点，巴顿及其高级职员抵达"雄鹰"战术指挥部。布莱德雷将军刚听完参谋部的秘密简报。此时他脸色铁青，表面上看似镇定，但内心很紧张。他带着巴顿来到一间会议室，让卫兵在他们身后关上了门。

"我想你肯定不会喜欢我们要做的事情，但是这恐怕十分必要。"布莱德雷说。作为一名集团军群司令，他在对部下说话时竟然有些迟疑。接着，他带领巴顿来到战情图前，后者吃惊地发现，德军已经如此深入美军的战线。第八军的整个前线和杰罗手下第五军的大部分前线已被突破。德军的装甲部队正冲向霍奇斯在斯帕的总部。伞兵部队一小股一小股地在美军的战线后降落，令人不安的是，已发现的德国师的名单越来越长。

当布莱德雷问巴顿他能做些什么时，这名骑兵立即响应了号召。巴顿看到了反败为胜的机会，他告诉布莱德雷，他会让加菲的第四装甲师停止前进，将约翰·米利金（John Millikin）少将的第三军调往突出部的南部边界。他将贺拉斯·麦克布赖德（Horace McBride）少将的第八十师划归米利金的第三军，并且在卢森堡"雄鹰"战术指挥部附近建立了临时野战总部。接着，他打电话到南锡的"幸运总部"，约定在次日清晨8点召开参谋会议，然后致电盖伊将军。他下达的命令强调了事态的紧急性："不管休和麦克布赖德在做什么，让他们立刻停下来。目前他们不需要后撤，但明天他们一定要开始行动。"

这就是巴顿的闪击战。但巴顿认为，向北进攻其实和向东进攻差不多。

"管他呢，"他对布莱德雷耸耸肩说，"反正我们照样能够杀敌。"

当天晚上，巴顿从南锡打电话给布莱德雷询问情况。"那里的战局比我们上次谈话时要糟糕得多"，布莱德雷承认。他告诉巴顿，艾森豪威尔准备于次日在凡尔登召开会议，他希望巴顿一同前往。"我认为艾森豪威尔将军打算让你接管第八军，"他带着密苏里人的鼻音说，"并且负责该地区新到达的部队发动的攻势。"

巴顿立即支棱起耳朵。他全神贯注，兴奋不已，答应一定会做好准备。放下听筒后，他打电话到"幸运前锋"，将两个师调往第八军，接着把米利金的总部和加菲的作战司令部迁到通往卢森堡的路上。整个晚上，他都在推测北方所受的威胁。

翌日清晨，巴顿告诉手下的参谋解决方案显而易见。纳粹的装甲部队正向西行进，所以不可能从南方阻止他们的进攻，更何况这次进攻还有强大的空中支援，那是奥佩·维兰德手下的战斗轰炸机最擅长的事情。他下令参谋部策划一次袭击，假定由他率领第三军和第八军钻入敌军这条长蛇的腹部。他选定了 3 个潜在的目标，即默兹河附近突出部的尖端、巴斯托涅附近突出部的腰部和比特堡（Bitburg）附近突出部的底端。他还制订了一个简单的代码，以便在凡尔登与艾森豪威尔和布莱德雷会晤结束后，通过电话告知盖伊将军他们的最终决定。也就是说，许多部队都要作 90° 转移，这可是一件高难度任务。

巴顿带上作战副处长保罗·哈金斯和副官查理·科德曼，跳上他用作指挥车的吉普车，一路颠簸着驶向凡尔登。在第一次世界大战中，有无数年轻的士兵就是在这座法国古城的周围被炸成了碎片的。在这个昏暗寒冷的清晨，寒风敲打着脆弱的车窗。巴顿在车里思来想去：

> 如果艾克想要我们前往圣维特，那米利金要到这里，埃迪要到那里，加菲的师要沿着这条道路前进，第三十五师要沿着那条道路北上……如果想要拿下巴斯托涅，米利金就要前往阿尔隆（Arlon），第四装甲师要占领这条道路，麦克布赖德要到那里去……如果想要圣休伯特（St. Hubert），那么……

10 点 45 分，他的吉普车来到"雄鹰"总部的入口，地上的泥浆已经结成了硬壳。

这场有艾森豪威尔、布莱德雷和德弗斯等人参加的会议仿佛一道闪电，划破了美军最高统帅部。艾森豪威尔、巴顿和布莱德雷决定不再坐等敌军出其不意，然后被动作出反应，他们制订了一个方案。如果成功的话，他们就能消灭突出部的敌军，摧毁希特勒的精锐部队，豁开德国边境，从那里发起沉重的最后一击。他们一致认为，第三集团军的第八军应当北上，与米德尔顿的军联手发动进攻。巴顿会让沃克的第二十军留在南方的萨尔劳登（Saarlautern），而德弗斯集团军群中的其他部队要向左铺开，在巴顿向北突袭时占领第三集团军原来的地盘。在捣毁突出部的南侧后，艾森豪威尔强调，盟军要一起掉头向东，展开新一轮角逐。

会议结束后，乔治·巴顿激动难耐，派哈金斯和科德曼飞回南锡向盖伊汇报情况，然后将他的拖车、个人用品和野战服带过来。巴顿乘车在前线兜了一圈，然后从新的指挥所接打电话，改组了第三集团军，像赌场的发牌手般对各师进行洗牌，并且依据新的进攻轴线对各军军长和补给路线作出调整。

巴顿虽然将行动重点放在北方，但时刻关注着东侧的动静，因为他还没有干掉萨尔河边的德军。他预计，这场战斗过后将会有更大规模的战役，也需要多次渡河发动进攻。这场"突出部之战"满足不了巴顿的胃口。21日，他下达命令，提醒手下的指挥官"准备向东北掉头，夺取莱茵河的渡口"。为了将沃克的第二十军及其大批稀缺的架桥设备留在第三集团军的行动边界内，巴顿与布莱德雷和德弗斯争吵了一番。但是，当他的军队向虎口发起冲锋时，他终于如愿以偿。

为什么又让英国人主导战役?!

对最高统帅来说，凡尔登会议取得了良好的效果。他不仅说服巴顿踏上了正确的道路，即向北而非向东进攻，而且他有理由相信第一和第三集团军能够守住突出部的两肩，从而使希特勒的攻势变成另一场莫尔坦战役。德弗斯虽然对最高统帅部的决定持保留意见，但还是在南方按计划开展行动，向左铺开手下的队伍。最重要的是，艾森豪威尔清楚，特德终于有了适合出动空军的好天气。只要有连续数日的晴天，敌军的尸体就会像法莱斯之战时一样，在道路上堆积如山。

艾森豪威尔尤其对第三集团军司令在近日这场危机中为大家挺身而出的表现感到满意。眼看战争即将到来，而且巴顿要开展的是一场运动战，虽然几乎没有时间准备，但他还是立即进入了状态。过去几年中，艾森豪威尔多次出面保护这名骑兵，现在他终于可以得到回报了。因为他为巴顿所做的一切，因为他力挺巴顿，挡住了马歇尔、国会、德鲁·皮尔森和海军的鞭挞和谴责，他得到了巴顿丰厚的回报。后者不可思议地将军队急转90°，在只有3天准备时间的情况下发动闪击。

当然，他还是得对巴顿提高警惕，以免后者说服布莱德雷，仓促冲向柏林。但是他认为，布莱德雷向来精明稳重，一定能让巴顿服从大局。

目前艾森豪威尔最担心的是其他美军将领。当党卫军第一装甲师逼近斯帕时，第一集团军参谋部仓皇逃走。艾森豪威尔难以想象，他们会在无意间落下多少机密材料。霍奇斯及其参谋在绍德方丹（Chaudfontaine）的新指挥所中似乎也未能有效协调各军的行动。布莱德雷仍在突出部以南的卢森堡坐镇，很难与霍奇斯取得直接联系。假如敌军抵达默兹河，艾森豪威尔担心霍奇斯与其他部队的联系会被完全切断。

自17日从艾森豪威尔的总部返回卢森堡市后，布莱德雷没有再到霍奇斯那里造访。要想从卢森堡的首都前往绍德方丹而不经过德军的战线，布莱德雷只能向西渡过默兹河，再向北进入比利时，然后掉头向东。第十二集团军群的通信线路在一个名叫热梅勒（Jemelle）的小镇被敌人切断，随着德军继续向前推进，通信部队的无线电台不得不后退，布莱德雷、霍奇斯和辛普森之间本就十分微弱的通信线路也中断了。

凡尔登会议结束后次日，艾森豪威尔带着上述种种顾虑，参加了上午的参谋部会议。会上，比德尔·史密斯提出了一个他已经考虑了一整天的问题：第十二集团军群的指挥权。

布莱德雷并不认为霍奇斯已经溃不成军。在他看来，阿登战役虽然不无风险，但是早就经过最高统帅部的全盘考量，必须放在大局当中看待。它不是一场灾难，也不是战略逆转。布莱德雷认为，霍奇斯应该能够牵制敌军，以使盟军拥有足够兵力轻而易举地从两面压垮突出部，从而对德军造成不可估量的损失，为盟军进攻柏林铺平道路。

问题在于，布莱德雷不知道该从哪里阻止德军。

他上次与霍奇斯通电话时，那位来自佐治亚州的将军声音里满是疲惫和沮丧，但他仍在坚守位于马尔梅迪（Malmédy）的突出部北肩和圣维特最关键的交叉路口。米德尔顿的步兵师虽然遭受重创，但是他将敌军拖了很久，一直等到附近的援军到来。尽管战线后移让布莱德雷费尽周折才到达第一集团军的指挥所，但他的电话线路仍然畅通。12月18日星期一，他还与霍奇斯通过电话。在电话线路被切断后，他使用了高频无线电信号，不过这需要两个中继站，利用微弱的信号传送信息。这个系统虽然看起来不太好，但还是起到了作用。

布莱德雷很快得知，问题出在大后方。从表面上看，艾森豪威尔镇定自若、十分满意，也对美军将领表示支持。在凡尔登会议上，他没有对布莱德雷说过任何态度消极的话。但是当天下午，他拍电报给布莱德雷和李，建议将李的支援部队组织起来进行防御，如果必要的话就炸毁默兹河上的桥梁。这封电报说明，最高统帅部有些恐慌。当天晚上，布莱德雷接到了比德尔·史密斯的电话。

比德尔像往常一样开门见山。"艾克认为最好把你在北边的两个集团军交给蒙蒂，让他从第二十一集团军群那边攻打突出部。这样我们会省去很多麻烦，更何况你跟霍奇斯和辛普森之间的通信已经中断。"

即使比德尔说要因为醉酒而把他送上军事法庭，布莱德雷也不会如此震惊。拿走两个集团军？这简直像是朝他脸上狠狠扇了一巴掌，而且再次让英国人来主导战役。这显然是因为艾森豪威尔将军神经紧张。

不管布莱德雷内心有多愤怒，他也不愿像蒙哥马利那样向艾森豪威尔施压，尤其不会在这个节骨眼儿上。艾森豪威尔肯定会自己转过弯来，明白这种做法有多愚蠢。因此，布莱德雷喃喃地对比德尔说："我怀疑是否有必要作出这种改变。"

"这种做法很合理，"比德尔竭力劝道，声音里没有丝毫犹疑，"蒙蒂负责突出部以北的一切事务，你负责突出部以南的一切事务。"

比德尔仿佛感到了布莱德雷的不满，因此步步紧逼。"这一变化只不过是临时调动"，他强调。巴顿的进攻就像盟军的下颚，所以在战线固定之前，布莱德雷最好在南部与他保持密切联系。等盟军攻占突出部以后，第一和第九集团军当然会还给布莱德雷。再者，比德尔指出，如果让蒙哥马利负责北边，他有可能更加乐意让英军投入战斗，从而尽快扭转战局。

布莱德雷飞快地想了想。这种办法的确有可能让蒙哥马利的军队参战，但直觉告诉他这是一招错棋，只不过他一时说不清楚到底为什么。对奥马尔·布莱德雷来说，这当然是一招错棋，但是这不足以说服比德尔。他不知道该怎么办。

"比德尔，"布莱德雷最后说道，"我很难表示反对。假如蒙蒂是美国指挥官，我当然会完全同意你的意见。这样做合情合理。"

通话结束后，布莱德雷仍然希望比德尔只不过是在权衡利弊。艾森豪威尔的参谋长肯定不会愚蠢到向他提出如此极端建议的地步，更何况现在的战局十分紧张。

翌日清晨，比德尔向艾森豪威尔保证："这件事再简单不过了。"12月20日一早，他和肯·斯特朗还有怀特利坐在艾森豪威尔的办公室，力劝最高统帅在作战期间将第一和第九集团军调往蒙哥马利的集团军群，并且直言不讳且逻辑严密地陈述了自己的理由。

艾森豪威尔一向不喜欢中途换将。尽管他平日里总是武断地表示，必须撤掉那些毫无价值的人，但是在卡塞林战役中，当需要撤换弗雷登道尔时，他却犹豫不决。10个月前，他还对马歇尔将军说："在危机时刻，盟军绝不可能将一支部队的指挥权从一个国家转交到另一个国家手中。"然而在这场危机中，艾森豪威尔最担心的是此时此地的紧急战略，而非更重要的指挥权问题。因此，他个人虽然不愿中途换将，但作为统帅，还是要顺应前线的需求。

为了做到心中有数，艾森豪威尔需要弄清德军在不可避免地撞上南墙之前究竟能走多远。他让凯联系布莱德雷将军。当布莱德雷接听电话后，艾森豪威尔问道："如果只付出最小的代价，你有把握在哪里守住战线？我不管这条战线有多靠后。"

布莱德雷没有确定的答案。他说自己要跟霍奇斯商谈后再回复艾森豪威尔。

艾森豪威尔挂断电话，再次皱了皱稀疏的眉毛。他必须弄清冯·伦德施泰特究竟能够推进多远，才能决定在哪里从南北两面夹击突出部，将这个流血的脓疱挤掉。但艾森豪威尔觉得布莱德雷知道的并不比自己多，这似乎进一步证实了比德尔的看法，即第一集团军已经陷入瘫痪。

在大多数部下的眼里，比德尔就像傲慢自大的威廉·布莱（William Bligh）船长①。20日凌晨，当同为英国人的斯特朗和怀特利将他叫醒，提议由蒙哥马利接管美国在北方的两个集团军时，他怒骂了几句，然后解除了两人的职务。但转念一想，比德尔知道他们说得对。突出部的鼻子将布莱德雷的集团军群一分为二，即位于北方的第一和第九集团军，以及巴顿手下位于南方的第三集团军。布莱德雷身处卢森堡，能够与巴顿进行协调，但是与第一和第九集团军在很大程度上失去了联络。斯特朗的副手造访绍德方丹时，发现第一集团军总部的状况一塌糊涂，众人乱作一团，显然没有做好下一步打算。

将近中午时，比德尔重新启用了还没来得及收拾行装的斯特朗和怀特利，带着他们去见艾森豪威尔。比德尔告诉艾森豪威尔，他认为蒙哥马利应当接管突出部以北的战事，指挥第一和第九集团军，而布莱德雷只需要从南方发动进攻。再者，比德尔说，他已经跟布莱德雷谈过此事，后者也认为这种做法"合情合理"。

如果布莱德雷不表示反对，或者说没有强烈反对，艾森豪威尔在作决定时就会容易一些。但即便布莱德雷极不情愿，艾森豪威尔也清楚他必须这么做。中午时分，第一和第九集团军将归蒙哥马利指挥。

艾森豪威尔致电布莱德雷，解释了自己的决定，斯特朗等人也在一旁倾听。这两个来自中西部的美国人嗓门儿越来越大，语气也越来越激烈。布莱德雷在确认了自己最担心看到的事情后，竭力进行争辩，指出在交战过程中最不应该分化指挥权。但无论他怎样叫嚷和抗议，艾森豪威尔都听不进去。最后，布莱德雷愤怒至极。

"看在上帝的分儿上，艾克，"他气急败坏地说，"要是你这样做的话，我可不能对美国人民负责。我要辞职！"

"布莱德雷，要对美国人民负责的是我而不是你，"艾森豪威尔冷冰冰地说，"所以你辞职毫无意义。"

布莱德雷瞠目结舌地放下听筒。他刚刚把手下的两个集团军输给了他

---

① 威廉·布莱船长：英国海军将领，由于他个性傲慢自大，当指挥官时极不受人爱戴。——译者

最鄙视的那个人。

他认为，那种觉得盟军有理由感到惊恐的看法纯粹是出于无知，并对此极为愤怒。据他所知，无论是前线的士兵还是总部的军官都没有陷入恐慌。陷入恐慌的反倒是最高统帅部，也就是那些被战士们戏称"还是先到军中历练一下"①的后方办公室文员。

不过，在那些临时造访者看来，"雄鹰"战术指挥部仿佛遭到了围攻。房屋和拖车的四周围着一圈圈的蛇腹型铁丝网；道路上的关卡由配备冲锋枪的宪兵把守，这些宪兵板着面孔，没完没了地进行盘查，而答案只有真正的美国人才会知道；墙边垒着沙袋，沙袋上架着 7.62 毫米口径的机关枪。哨兵把守着所有出口，而且每天都会更换口令，里面的军官还会要求所有人出示身份证明。每天清晨，布莱德雷都要经过不同路线前往工作地点，他的腿上还放着一把上了膛但没开保险的手枪。有一次，一名过度认真的宪兵盘问他们贝蒂·格拉布尔（Betty Grable）②的现任丈夫是谁，并且因为布莱德雷回答不出而将他扣押。但是后来宪兵又问了一个备用的问题："克利夫兰印第安人队最早的游击手是谁？"作为陆军前棒球明星，布莱德雷在给出了正确回答后终于得以通行。

布莱德雷一边骂娘一边气冲冲地走进屋里，巴顿和切特·汉森也跟了上来。布莱德雷刚刚遭到了背叛和侮辱，所以他对着大西洋两岸的来客痛斥蒙哥马利。他清楚蒙哥马利很可能通过布鲁克和丘吉尔控制了艾森豪威尔，而艾森豪威尔在他看来已经不再是美国人，面对英国的压力他竟然甘心屈服。在布莱德雷的眼里，蒙哥马利就是英国人一切错误的代表，也是最高统帅部和艾森豪威尔一切错误的化身。

布莱德雷的愤怒很快变成了无奈。19 日夜，当比德尔打电话过来时，他就应该坚决反对，但他却坐失良机。布莱德雷反应过慢，没有意识到威胁即将到来。在过去 4 天里，他接连两次遭到意外打击，一次来自冯·伦德施泰特，另一次来自比德尔和艾森豪威尔。

在随后的 5 天里，布莱德雷的任务是监督巴顿北上。他们必须改设电

---

① 这句话的首字母缩写与最高统帅部一样，都是 SHAEF，其英文全称为 Should Have Army Experience First。——译者
② 贝蒂·格拉布尔：当时美国著名的好莱坞明星。——译者

话线，打印地图，囤积补给和把守萨尔河沿岸的战线。巴顿需要将 10 万名士兵和上万部车辆从萨尔经卢森堡市调往阿尔隆。早在西西里岛时，布莱德雷的手下就对第三集团军的参谋部嗤之以鼻，但如今后者势头正盛，需要布莱德雷竭尽全力提供帮助。

布莱德雷迎难而上，但是失去了往日的劲头。他经常在入睡后醒来，在脑海中反复思考这场战役，所以晚上不得不依靠安眠药入睡。一天早上，不知是哪个参谋在他的办公桌上留下 4 瓶维生素片。"这大概是想让我振作起来。"布莱德雷愧疚地猜道。

巴斯托涅之战： 巴顿的"黑魔法"再见成效

12 月里寒风凛冽，乔治·巴顿将厚厚的大衣扣得严严实实的，宛如一头山狮疾步走来走去，似乎准备一跃而起。他身穿派克大衣，头戴钢盔，偶尔还会别上象牙柄手枪，看起来威风凛凛。巴顿在卢森堡"雄鹰"战术指挥部附近的一个"老人之家"建立起临时指挥所。每天清晨，他会乘坐道奇吉普车，与米姆斯军士前往各师和各军的指挥所视察。这辆指挥车装有树脂玻璃窗和 7.62 毫米口径机关枪，可以用于防范德军和抵御比利时凄厉的寒风。

就像平日一样，巴顿总是爱出风头。例如，一个天寒地冻的清晨，巴顿乘坐一辆敞篷吉普车，吵吵闹闹地来到"雄鹰"战术指挥部。在 12 月冰冷的寒风里，他头戴钢盔，身上只穿着制服和野战短外套。布莱德雷亲切地前来迎接，但是没有提到有卫兵刚刚打电话报告，称发现巴顿的豪华轿车就停在市郊，车上的余热还未散去。

尽管巴顿喜欢作秀，但他和布莱德雷同仇敌忾，格外团结，因为两人正尽心竭力策划进攻。他们合作得很好，还经常开开玩笑，为自己和部下打气。当着下级军官的面，两人甚至称呼彼此为"布拉德"和"乔治"，而不是像平时那样面对众人互称"布莱德雷将军"和"巴顿将军"。布莱德雷需要巴顿拔掉敌军突出部，让他重新开展攻势，所以他对巴顿下达了一项这名骑兵梦寐以求的临时任务，即率装甲部队开展救援，打击敌军的侧翼和尾部。切特·汉森在西西里岛和英国时对巴顿非常不满，却在月初的日记中写道："我改变了过去的看法。在布莱德雷的控制和引导下，再加上加菲负责管理工作，巴顿表现出的指挥才能和进取姿态可以使军队保持斗志，不断获胜。巴顿胆量过人，颇具雄心，必定会干出一番惊人的事业……"

巴顿向来关注自己在战争中的地位。当有时间坐下来思考时，他很高兴看到自己的运气要比布莱德雷的爱将霍奇斯好得多。"就连帐篷制造商也承认，考特尼是个蠢货。他对我还十分嫉妒。"

第三集团军的重点当然是巴斯托涅。这个地方对南北两方都很关键，因为它连接着一个大型公路网，而冯·伦德施泰特也亟须拿下这里，以继续保持攻势。守卫巴斯托涅的是第一〇一空降师以及第九和第十装甲师的部分兵力，因此势单力薄。1944 年 12 月 20 日，这里的战局令人绝望。巴斯托涅的守军遭到敌军包围，还被切断了与盟军其他部队的联系，而且补给也即将告罄。巴顿一针见血地指出，没有了补给，"他们总不能靠爱生存"。

虽然巴斯托涅控制着关键的路网，但即便是巴顿这样的猛将也认为这场行动注定会失败，因此他决定下令边打边撤。但他仍然希望将德军诱进陷阱，所以在得知米德尔顿命令"嚎叫之鹰"第一〇一空降师不惜一切代价守住巴斯托涅时他大为光火。12 月 20 日，他在卢森堡与各位师长和军长召开会议时冲米德尔顿吼道："特洛伊，我听说过的混账事多了，但还没有人蠢到这种地步，竟然让第一〇一空降师被困在巴斯托涅！"他命令米德尔顿缓慢撤出该地，同时炸毁桥梁，拖延时间，直到援军从南方到来。

米德尔顿摇摇头。他争辩说自己可以守住这座小镇，至少能再坚守一段时间。如果盟军控制着巴斯托涅，德国的第五装甲集团军沿着突出部南侧运送弹药、补给和增派援军时就会困难重重，因此在增援部队抵达前，他们最好坚守阵地、死战到底。

巴顿的情报处长奥斯卡·科赫在听完米德尔顿的观点后表示赞同。布莱德雷的意见也和他们一致。

巴顿最终作出让步，这件事就此解决。当地的守军会继续保卫巴斯托涅，而第三集团军负责从南部解围。

为了提前做好准备，他打电话叫来所有能找到的军一级的参谋，对他们作了战前动员讲话。"每当进攻开始前，"他写道，"他们就会顾虑重重，而我好像一直是个乐天派。感谢上帝，我总是十分乐观。我们能够也一定会胜利，愿上帝帮助我们。"当第二十一集团军群的英军联络员问巴顿，他是否要向蒙哥马利元帅传达什么信息时，众人注意到巴顿沉默了下来。他盯着此人想了一会儿，然后把烟灰弹到一边。

接着，巴顿点点头说："你告诉蒙哥马利，第三集团军准备向北进攻，让他快点闪开，因为我要把德军追得狼奔豕突。"

这是乔治·巴顿的一贯作派。这名骑兵演员般矫揉造作的讲话本来不可能激励手下的士兵，他虔诚的祈祷本来不可能改变天气状况。他别着手枪，乘坐吉普车四处奔忙，指挥着一个糟糕透顶的不入流的参谋部，本来不可能让混乱的局面恢复秩序。

但不知怎的，巴顿的"黑魔法"在卡萨布兰卡起了作用，在杰拉起了作用，而现在又一次莫名其妙地起了作用。

12 月 22 日清晨，巴顿兑现了承诺，让米利金的 3 个师直插巴斯托涅。天气情况不佳，而且德军事先截获了美军的无线电通信，所以作好了应战准备。第一天，米利金的部队只推进了 11 千米。

巴顿认为，由于路面状况糟糕，再加上敌军的顽强抵抗，这个进度尚属合理。但还是担心他的救援行动给艾森豪威尔将军留下的印象，所以每天巴顿都会给艾森豪威尔打电话汇报进展情况。这是他的习惯，既为了向最高统帅汇报，也为了让自己的精神保持高昂。巴顿一开始会说："将军，我为进展缓慢感到抱歉。雪下得太大了，对不起。"

接着，艾森豪威尔会问："乔治，你会继续打下去吗？"

"我会，长官。"

"好的，我想要你做的只有这些。坚持下去。"

12 月 23 日，进攻发起一天以后，太阳终于出来了。巴顿从指挥所就能听见奥佩·维兰德的战斗轰炸机在卢森堡上空盘旋，发出嗡嗡的声音。他高兴地获悉，奥佩的飞行员已经升空，因为他清楚，奥佩的"野马"战斗机和"水罐"战斗机会将敌兵及其车辆炸成焦炭，在公路上堆积如山，而这些公路是第五和第六装甲集团军向默兹河推进的必经之路。德军的主力部队一旦被打败，那些茫然失措的残兵败将很难再将公路夺回。

然而，即使有了空中掩护，巴顿的进展速度仍然很慢。圣诞节前夜，他的士兵在抵抗德国装甲部队和步兵部队的反击。第四装甲师的一些部队被推了回去，损失了10辆"谢尔曼"坦克。巴顿认为，这是因为他坚持要不分昼夜连续发动进攻的结果。事实证明，这种做法在追击战中效果显著，但面对固定阵地时作用不大。"弄懂战争需要一个漫长的过程。"他坦言。

当天晚上，巴顿和布莱德雷前往卢森堡的圣公会教堂做礼拜，为那些被困在巴斯托涅的士兵、那些仍在前线奋战的士兵和那些已经在上帝怀中安息的士兵祈祷。卢森堡是一座美丽的城市，银色的月光洒在洁白的雪地上，群星在冬季的夜空中闪烁。

不幸的是，这里的天空不仅在卢森堡居民的眼里十分美妙，对纳粹空军来说同样完美。当天夜间，他们一共发动了24轮空袭，打破了这座城市仅有的宁静。高射炮断断续续的吼声和冒着烟的防空炮弹碎片打断了教堂里的圣诞颂歌和赞美诗，这些炮弹碎片飞向地面，深深地扎进雪堆里。

在最高统帅部的权术斗争中，布莱德雷甘拜下风

1944年12月24日，布莱德雷从蒙哥马利位于宗霍芬（Zonhoven）的总部那里收到了他在这个圣诞节得到的唯一的一件圣诞礼物——一次令人窝火的经历。圣诞前夜，这位阿拉曼战役的英雄打电话给布莱德雷，提出次日召开会议，地点当然是在宗霍芬。次日一早，布莱德雷戴上头盔，穿上大衣，匆匆跳上一架飞机，飞往比利时，准备与蒙哥马利进行协调。

布莱德雷很快意识到，他犯了一个可怕的错误——他不应该前往宗霍芬去见蒙哥马利。当他和切特·汉森走下飞机时，他们发现机场上根本没有人前来迎接。没有汽车，没有助手，没有指示牌，什么都没有。这肯定是在故意侮辱他们，布莱德雷心想。他提议两人立即返回总部，但切特很快找到了第一集团军的参谋，后者把自己的汽车借给布莱德雷和切特。两人四处寻找路标，最后终于摸到了蒙哥马利的总部。蒙哥马利的手下显然在庆祝圣诞节，但无论是这位陆军元帅还是他的侍从都没有为布莱德雷提供任何食物或饮料。布莱德雷明白，这还是在故意侮辱他们。

蒙哥马利单刀直入，一番简短尖刻的问话让两人之间仅存的客套不复存在。他对布莱德雷大加申斥，仿佛后者是一个逃学的顽童。他告诉布莱

德雷，他们已经被彻底击败，现在所有人必须承认这一点。他们没有必要自欺欺人，认为可以扭转战局，反败为胜。蒙哥马利认为，这完全是因为美国人力主对德军两面夹攻。他告诉布莱德雷，巴顿表现得过于虚弱，无法对突出部发动成功的进攻，而布莱德雷的其他部队应当退回到萨尔—孚日山一线，甚至退回到摩泽尔河。

布莱德雷既震惊又伤心，而且极为愤怒，但他的舌头仿佛再次不听使唤。他没有驳斥蒙哥马利的谬论，没有诘问在卡塔尼亚、卡昂、法莱斯、斯凯尔特和阿纳姆之战中这位军事天才在哪儿，没有力逼蒙哥马利发起进攻，以补救他所大谈特谈的失败，而只是点头附和。他几乎没有资格对北方的战略指手画脚，而且在蒙哥马利麾下隐忍了很久。在最高统帅部的权术斗争中，他总是甘拜下风，所以他本能地隐藏了真实的感受，而是像个合格的军人那样点头并服从命令。

因此，当蒙哥马利提出在随后3个月将第一集团军调往中立地区，让布莱德雷将巴顿撤回摩泽尔河，将巴顿多余的师交给霍奇斯，以便蒙哥马利从北方发动决定性攻势时加以征用，布莱德雷只是顺从地坐着不动。他既不安又恼火，却无法插话表达自己的愤怒。

半小时后，这场苦不堪言的会面终于结束。奥马尔·布莱德雷涨红了脸，紧咬牙关钻进飞机，准备返回卢森堡。在离开"雄狮"总部时，他一言不发、怒火中烧，感觉受尽了侮辱，但还是认为自己想对蒙哥马利说的话有悖于他对两国伟大联盟应尽的义务。尽管如此，他仍对这个傲慢的英国佬感到狂怒不已。

在卢森堡，用过晚餐后，他私下与巴顿见面，终于发泄了出来。他告诉巴顿，蒙哥马利想让第一集团军停止行动，将第三集团军撤回摩泽尔河，让多余的师北上，显然是为了在蒙哥马利浩浩荡荡进攻柏林时，掩护他脆弱的侧翼。巴顿很同情布莱德雷，他在日记中写道："我认为这实在令人难以接受，有可能让我军丧失勇气，让人民丧失信心。""如果接到后撤的命令，我想我会要求解除我的职务。"

1944年12月26日，阿登地区的战情戏剧般地达到了高潮。在西部，德国第二装甲师开到了距离默兹河27千米的地方，但是被巴顿的旧部第二装甲师打得溃不成军。在北部，蒙哥马利拉直战线，组建起一支像样的预备队，作为抵御德军袭击的壁垒。在南部，巴顿终于杀进了巴斯托涅。盟军的战线内虽然还留着一个巨大的突出部，仿佛一个隆起的肿瘤，但真正的危险已经过去了，因为那个流血的伤口每天都在缩小。

布莱德雷认为，推行"美国优先"战略的时机已经成熟。次日，他打电话到最高统帅部，打算立即发起反击。在这一点上，他和巴顿意见完全一致。在得知艾森豪威尔不在办公室后，布莱德雷请比德尔接电话。他告诉后者，对手已是强弩之末，现在德军装甲部队唯一能做的就是杀出一条血路来撤退。布莱德雷能够对德军造成沉重打击、采取行动的时机已经到来。"立即把我的集团军还给我"，布莱德雷请求道："我会迁移总部，让美军相互配合，将突出部拦腰斩断。"他告诉比德尔，至少也得让蒙哥马利命令霍奇斯向东进发。

"不行，""山地人"直截了当地回答，"现在跟蒙蒂达成协议为时已晚。艾克已经把北方的集团军交给了蒙蒂，让他负责北方的战事。"

"此外，"比德尔说，"敌军眼看就要抵达默兹河，他们是否会渡河难以确定。"

"胡扯！"布莱德雷说，"德军不会渡过默兹河，也不会发起反击，因为他们已经没有足够的兵力了。"但比德尔听不进去，布莱德雷不知道接下来该怎么办。蒙哥马利不肯让步，而艾森豪威尔竟然让这个英国人带着布莱德雷的两个集团军，在默兹河边静坐不动。

12月26日星期二晚上，当布莱德雷上床睡觉时，他很想知道艾森豪威尔在作何打算。如果他能够找到艾森豪威尔，让后者看清情况，他或许有可能说服艾森豪威尔归还自己的两个集团军。那可是他的集团军。怎么说两个人也是老朋友了，更何况他还是艾森豪威尔在美军当中资格最老、最信得过的副官。这当然会起到一些作用。

布莱德雷关上了灯。

第 23 章　再战莱茵兰

> 艾克担心布莱德雷会不喜欢这种安排,但是在战争中,个人的感情和
> 追求不可能总是占据上风。
>
> ——凯·萨默斯比,1945 年 1 月 11 日

过去 10 天里,艾森豪威尔遭到了沉重打击,但如今回过了神。突出部的情况相对稳定,蒙哥马利在默兹河前拦住了德军的装甲师,巴顿从南方解救了巴斯托涅。

自 1944 年 12 月 20 日以来,艾森豪威尔几乎从未外出。有传言称,一名冷血的党卫军上校向前线派出了一批身着美军制服的德国士兵,命令他们刺杀艾森豪威尔将军及其高级下属。此人正是奥托·斯科尔兹内(Otto Skorzeny),他曾在 1943 年从意大利救出被囚禁的墨索里尼。最高统帅部的安保人员高度警觉,用带刺铁丝网以及由坦克和哨兵组成的警戒线围住了特里亚农宫。比德尔和其他参谋们都带着卡宾枪和手枪,像迪林杰黑帮(Dillinger gang)① 一样深居简出。为了阻挡潜在的刺客,他们悄悄将艾森豪威尔转移到特克斯·李的公寓,甚至还让一个长相酷似艾森豪威尔的人走来走去,想要看看会不会有人朝这个倒霉蛋开枪。

一开始,这种间谍般的活动十分刺激。但过了几天,艾森豪威尔就不再看重类似的报告,而且还得了幽居病。一天下午,他不顾保安人员的苦苦哀求,径自离开了办公室。"就算外面是地狱,我也要出去走走。"他说,"要是有人想开枪打我,那就让他打好了。"

---

① 迪林杰黑帮:20 世纪 30 年代活跃于美国中西部的黑帮。——译者

两个只能留一个

除了为外出散步与保镖讨价还价，艾森豪威尔还要跟布莱德雷、蒙哥马利、马歇尔和比德尔这群情绪无常的人搅和在一起，简直快要透不过气来：比德尔·史密斯由于胃溃疡加重变得更加暴躁；马歇尔对艾森豪威尔变更指挥权感到不满；布莱德雷极力要求他归还自己的军队。最高统帅部位于凡尔赛，距离前线路途遥远，而且戒备森严，尽管巴顿经常打电话过来汇报情况，而且艾森豪威尔手下还有一群参谋，但他对目前的战况所知不多。蒙哥马利向来认为美军注定会失败，早就预言巴顿的反击会功亏一篑。26 日，即第四装甲师攻入巴斯托涅的第一天，艾森豪威尔向参谋部抱怨说："从南部发动进攻并与第一〇一空降师会合的行动功败垂成，我感到备受打击。"

在这场危机中，有一点让艾森豪威尔十分不安，这种感觉与卡塞林战役时如出一辙——他手下的将领令人失望。布莱德雷被打了个措手不及，蒙哥马利虽然掌控了北方的局势，但也仅仅止步于此。

阿登之战似乎激发了德怀特·艾森豪威尔坚毅的一面。平日里，他只需要坐在温软的营房里，与一群温和的人打交道，因此在某些方面变得平和了许多。只有经历一场严重的危机，艾森豪威尔身上那股不管不顾的劲头才会显露出来。突出部战役正是这样一场危机，让他不得不在激战当中用身份压制自己的同窗好友。可以肯定，他把两个美军师交给蒙哥马利，深深地伤害了布莱德雷，后者也为此对比德尔·史密斯愤怒不已。但是从军事角度来看，艾森豪威尔清楚他做得没错。在艾森豪威尔看来，一名军官的个人情感并不重要，甚至毫无价值——从你宣誓入伍的那一天起，你就应该清楚自己的职责所在。

然而，布莱德雷是艾森豪威尔在军中相交最久、最亲密的朋友，艾森豪威尔尊重他的判断。圣诞节期间，蒙哥马利在变更指挥权一事上惹恼了布莱德雷，所以可想而知，布莱德雷一定希望拿下突出部，好让他跟蒙哥马利的关系回到此前的状态。

艾森豪威尔不希望自己中途换将的做法被视为他对布莱德雷投出了"不信任票"。12 月 21 日，他向马歇尔将军发去了一封"仅供亲阅"的电报，说这是"晋升布莱德雷"为四星将军的"绝好机会"。他向马歇尔解释说：

> 虽然在当前的行动中，我们无疑未能对敌军有可能穿过阿登森林的兵力作出正确估计……面对这种形势，布莱德雷头脑清醒，态度积极，行事有条不紊。绝不会有任何人将责任归咎于布莱德雷。我对他一如既往地表示信任，并且相信如果现在对他进行提拔，所有美国军队都会认为，在面对磨难和困境时，冷静果决和勇敢的表现，无论是在前线还是在国内都会受到赞赏，从而产生良好的影响。

这是艾森豪威尔目前能为布莱德雷所做的一切。最终，为了让布莱德雷晋升为四星将军，他将拿出更有说服力的理由，但是现在，按照战场上的冷酷逻辑，布莱德雷只能在幕后耐心等待，让蒙哥马利用他手下三个美军师中的两个对突出部发起围攻。

当12月26日夜幕降临，第四装甲师占领了巴斯托涅的阵地时，布莱德雷向北发动攻势的要求似乎比艾森豪威尔从他手中夺走第一和第九集团军的那一天更加无望。艾森豪威尔向蒙哥马利的集团军群投入了两个集团军，所以希望从中得到回报。他不断打电话到"雄狮"总部，敦促蒙哥马利向东南部位于德国突出部底端的乌法利兹（Houffalize）进攻。为了确保蒙哥马利真的能够向前推进，他安排28日与这位陆军元帅会晤，地点当然是蒙哥马利的总部。

由于当天天气恶劣，蒙哥马利只得前往比利时的哈塞尔特（Hasselt）火车站与最高统帅见面，因为那里是艾森豪威尔能够抵达的离他最近的地点。这是一次真正的高峰会议，按照蒙哥马利的要求只有两人参加，没有助手，也没有记录员。"最让我生气的是，"比德尔后来怒气冲冲地对特德说，"蒙蒂不愿当着其他人的面讲话。他独自把艾克带到了角落里。"

当其他人坐在车站旁冰冷的有轨车里等候时，艾森豪威尔仿佛遭遇了晴天霹雳。蒙哥马利一副居高临下的样子告诉艾森豪威尔，齐头并进的做法从一开始就是一场灾难，在他接管地面战争后形势大为好转，不应当继续齐头并进，而应当从北方单独展开攻势。为了渡过鲁尔河发动致命一击，布莱德雷的两个集团军应该由他长期指挥。至于何时发动下一次进攻，蒙哥马利向艾森豪威尔保证，冯·伦德施泰特将进行最后一搏，盟军则会坐等应战，只有到那时，第二十一集团军群才会开始发起反击。

艾森豪威尔礼貌而坚决地表示反对。他表示敌军不太可能发起反击，所以希望盟军最晚在 1945 年 1 月 7 日前展开进攻。蒙哥马利最终同意了这一点，却不愿敲定具体日期。为了这件事，艾森豪威尔后来还忍不住对特德抱怨。

两个小时的唇枪舌剑结束后，艾森豪威尔与蒙哥马利握手作别。随着机车头冒出蒸汽，艾森豪威尔的火车在冰冻的铁轨上咣当咣当地向凡尔赛开去。艾森豪威尔没怎么跟随行人员说话，只是坐在那里揉搓着光秃秃的、冰冷的额头，自言自语地嘟囔道："蒙蒂还是和平时一样。"语气中充满了怨愤，但更多的是无奈。

回到温暖的特里亚农宫后，艾森豪威尔径直来到比德尔·史密斯的办公室。两人回忆起在地中海时轻松愉快、充满喜悦的时光。那时候，所有的事情都用不着讨价还价，至少，要对付蒙哥马利的不是艾森豪威尔，而是亚历山大。那真是一段轻松的日子。

蒙哥马利明白，艾森豪威尔的意思是不要坐等冯·伦德施泰特再次发起袭击，因为这一假设未必成立，而是要尽快发动进攻。命令就是命令，而蒙哥马利是一名合格的军人，所以最终一定会服从命令。在那之后，盟军将回到原定的制胜策略，也就是艾森豪威尔提出的齐头并进的方案。

但是在哈塞尔特会议次日，蒙哥马利向艾森豪威尔发去一封电报，差点儿把艾森豪威尔的肺都气炸了。"我们试图为当前的形势提供一个解决方案，但显然遭到了失败。"电报开头写道。蒙哥马利表示，齐头并进的战略是错误的。要想掌控战场，必须牢牢掌握盟军的部队，而身为陆军元帅的他是担当此任的不二人选。蒙哥马利强调，"我急切地希望不要有第二次失败"。他警告艾森豪威尔，如果最高统帅部没有听从他的建议，"我们就会再次失败"。

为了替艾森豪威尔省事，蒙哥马利在信中草拟了一道最高统帅部发给其他集团军群司令的指示，并且建议艾森豪威尔立即签署生效。蒙哥马利在帮助艾森豪威尔起草的军令中写道：

> 从即刻起，上述行动的所有行动指挥、控制和协调都交予第二十一集团军群司令，最高统帅部如发布指示，该司令在接到后应予服从。

艾森豪威尔一边读电报，一边气得满脸通红。

看来蒙哥马利还真是喜欢"失败"这个词。如果艾森豪威尔不接受他的建议，那必然导致失败。如果其他将领遭遇挫折，那也无疑是失败。如果让布莱德雷负责主要行动，同样会导致失败。对于一个曾在卡昂、阿尔让唐、奈梅亨（Nijmegen）和安特卫普屡遭挫败的人来说，在谈起其他人时，蒙哥马利的确喜欢说"失败"这个词。

"除了这个家伙，让我跟谁合作都行。"艾森豪威尔曾对记者汉森·鲍德温说。现在艾森豪威尔下定决心，他不必继续再与此人合作。

他为联合参谋长委员会准备了一份备忘录，以彻底解决这个问题。艾森豪威尔和蒙哥马利只能留下一个，另外一个人必须离开。他知道马歇尔会支持自己，所以美国的三军参谋长不会提出异议，最终英国的参谋长们也一定会作出让步。

像往常一样，艾森豪威尔与手下的参谋们就备忘录的草稿进行了商讨，然后准备将其送往通信室。但就在他与特德、吉米·高尔特和比德尔·史密斯对备忘录作最后的润色时，他得知蒙哥马利的参谋长弗雷迪·德·甘冈请求一见。

德·甘冈也很受罪，经常要坐飞机往来于最高统帅部和第二十一集团军群之间。当天天气恶劣，除了浓雾之外，还有冬季的暴雪。艾森豪威尔认为没必要让德·甘冈等候，而他也想听听蒙哥马利的这位特使会说些什么。

凯带着德·甘冈来到艾森豪威尔的办公室。艾森豪威尔正与他的副手、吞云吐雾的空军司令特德和比德尔商议着什么。德·甘冈身材高挑，长着一副浓密胡须。他向来处事机敏圆滑，今天看起来却像一名神经紧张的皇家信使，长长的脖子软弱无力。比德尔已经告诉了德·甘冈，他们准备有何举动，所以德·甘冈今天单刀赴会，准备解救自己的首长。

特德一言不发地向空中喷着白色的烟雾，艾森豪威尔直奔主题。他受够了蒙哥马利滑稽的闹剧，受够了一再跟他扯皮——在齐头并进的问题上，在地面指挥权的问题上，在补给问题上，在盟军失败的问题上，在究竟是采取艾森豪威尔还是蒙哥马利的方案的问题上。当艾森豪威尔和手下为战争运筹帷幄时，还要不断为此分心。艾森豪威尔下定决心，他和蒙哥马利只能留下一个，联合参谋长委员会必须彻底解决这个问题。盟军只能选择一种战略，而失败者必须下台。

他将电报的草稿交给德·甘冈，后者一边默默地看着，一边像刚刚踏进艾森豪威尔的办公室时一样再次涨红了脸。

虽然德·甘冈一开始大惊失色，但他很快就定住了神。他拿出老派人的魅力和真诚，试图挽狂澜于既倒。德·甘冈说他理解艾森豪威尔的担忧。他承诺一定会跟蒙哥马利解决这个问题。如果艾森豪威尔愿意重新考虑此事，他一定会平息事态，让陆军元帅认清形势。

艾森豪威尔表示怀疑，因为他早就不相信此人能让蒙哥马利听从自己的号令，但他还是同意暂缓 24 小时采取行动。德·甘冈在道谢过后迅速赶回总部，不顾一切地想在备忘录变成不可逆转的事实之前弥补双方的关系。

当年的最后一天，另一封以"亲爱的艾克"开头的信从蒙哥马利那里发来，放到了艾森豪威尔的办公桌上。蒙哥马利的语气充满了懊悔，与上一封公函有着天壤之别。他保证会全心全意支持艾森豪威尔齐头并进的战略，并在信的结尾以个人名义作出承诺：

> 无论您作何决定，请相信我一定会百分之百地执行，而且我知道布莱德雷也会如此。如果我的去信令您不悦，我感到非常难过，请您一定将其撕掉。
>
> 您最忠诚的部下，
> 蒙蒂

艾森豪威尔戴着阅读眼镜，眯着眼琢磨信中的内容。

难道蒙哥马利真的有所悔改？还是他故技重演，先是直接命令，接着出言冒犯，最后作出道歉？

两者都有可能，但艾森豪威尔不清楚到底是哪一种。

"我们三个人要辞职，我打头！"

在卢森堡的乔治·巴顿到了 1944 年底可谓收获颇丰。自 1943 年秋天开始，他一下子从冷板凳上跳到了舞台当中。现在他的手下总共有 34.4935 万名士兵、17 个师，布莱德雷又在他的杰出服务勋章上加授了一枚橡叶簇奖章。他攻占了布列塔尼和洛林，在塞纳河、摩泽尔河、萨尔河以及几十条小河上架设了桥梁，解放了数百座城市和乡镇。乔治·巴顿在西西里岛的冷板凳上苦等了很久，现在他终于可以扬眉吐气了。

当然，还是有些令他不快的事情，比如缺乏上级的赏识，布莱德雷过于谨慎，等等。他把第三集团军的授勋推荐人选交给布莱德雷，请他转交给艾森豪威尔，但这份名单像往常一样未能得到批准。

再就是他的老伙计艾森豪威尔。这个人越来越自我膨胀，在政界如鱼得水，忘记了过去的朋友。巴顿为他挑起过那么多重担，付出了艰苦努力，为美军及其最高统帅争取到了如此之多的荣誉，但艾森豪威尔似乎从未想对他表示感激。巴顿经常宣扬一次鼓励胜过十次鞭策，不管德鲁·皮尔森之流的混账东西在报纸上说过什么，他还是乐于鼓励大家。难道艾森豪威尔就不能偶尔也鼓励一下他吗？

巴顿坚信，如果上层的将帅们多一些闯劲，盟军早就杀到莱茵河了。在第三集团军攻克巴斯托涅后，巴顿、比德尔、柯林斯甚至连蒙哥马利手下的第三十军军长霍罗克斯（Horrocks）都纷纷提议，在突出部的底端而非巴斯托涅切掉毒瘤，以便开展正面进攻。但艾森豪威尔希望开展十拿九稳、相互配合的整体进攻。巴顿愤愤地说："如果艾克把第一和第九集团军还给布莱德雷指挥，我们就能包围所有德军。真希望艾克的胆子能再大些。蒙蒂就是个迂腐的蠢蛋。战争需要冒险，而他却不愿承担任何风险。"

然而，尽管艾森豪威尔的指挥存在种种缺陷，巴顿还是担心艾森豪威尔或者艾森豪威尔的上级会作出让步，让蒙哥马利接管地面战争。艾森豪威尔是他的朋友，始终对他表示支持，所以巴顿不敢想象如果让蒙蒂指挥作战，他的人生将会多么不堪。

在此之前，巴顿曾在多个场合表示，如果艾森豪威尔屈服，他就会辞职以示抗议。1945 年 1 月 3 日，他又在日记中写道："蒙蒂想要成为欧洲所有地面部队的副司令。果真如此，我会请求上级解除我的职务。"

随着 1945 年来临，艾森豪威尔表面上笑容可掬，内心却充满了愁苦。从好的方面来看，抗击希特勒的战争无疑取得了成功。他将纳粹赶出了法国，在一定程度上解放了低地国家。据情报处统计人员报告，自登陆日起，盟军共抓获了86万名俘虏，德国国防军很可能还有40万人阵亡或负伤。至少从双方的损失来看，突出部战役已经转败为胜，因为这场战役导致德军死伤8.5万人，而且其补充兵员也已告罄。

但在新年之际，艾森豪威尔仍旧压力重重，而且那时候的情况不像他在1944年要面对的形势。1944年，他的对德战争尚处于策划阶段，不需要流血牺牲。但这时戴高乐威胁要将法军撤出，不再听凭最高统帅部节制。丘吉尔敦促艾森豪威尔抛弃特德，代之以亚历山大。艾森豪威尔清楚，布鲁克仍在幕后行动，试图扩大蒙哥马利的权限，或者让亚历山大担任盟军地面部队司令，而这两者其实差别不大。蒙哥马利也在继续游说，从鲁尔河以北集中兵力发动大规模进攻，但这一次丘吉尔和布鲁克也参与其中。与此同时，马歇尔强烈支持艾森豪威尔，表示兵分两路直逼莱茵河才是正确之举。当丘吉尔、罗斯福、联合参谋长委员会准备在马耳他岛召开大型会议时，艾森豪威尔知道就像在卡萨布兰卡时一样，众人将再次对他的领导权进行无限制的投票表决。

此外，布莱德雷也让他感到担心，不仅是因为前者在第一和第九集团军一事上对他耿耿于怀，而且还因为艾森豪威尔不希望看到自己的左膀右臂在阿登战役结束后被视作弗雷登道尔之类的败将。《华盛顿邮报》发文责问：12月的战事究竟是哪里出了问题？《时代》也在12月4日的封面上刊登了一幅布莱德雷的讽刺画——在暴雨过后泥泞的比利时某地，布莱德雷满面皱纹、愁眉苦脸。布莱德雷经常看起来满面愁容，而艾森豪威尔清楚高级将领如果总是一副苦相，其结果将难以承受。有一次，艾森豪威尔对他提议说："你要表现得总是信心十足、积极乐观，否则就会有人打报告，说你灰心丧气。很快还会有人向首相吹风，然后他又会把这话传到罗斯福那里。总统会召集联合参谋长委员会，而他们听了以后马上就会质问：'哪里出了问题？'"眼看战局正朝着不利于德国的方向扭转，现在艾森豪威尔最不需要的就是国内的怀疑主义论调再次抬头。

1月14日，经艾森豪威尔口述，最高统帅部向马歇尔发去一封电报，第三次贴心地建议陆军部提名他的朋友布莱德雷出任四星将军。他指出，作为一名三星集团军群司令，布莱德雷这位集团军群司令指挥着一群三星将军下属，而他的英国对手、陆军元帅蒙哥马利的地位相当于五星上将。布莱德雷不仅率领美军攻入法国，而且策划了诺曼底突围，彻底改变了战争的进程，因此理应再得到一颗星。

当然，艾森豪威尔承认阿登森林是个麻烦，但此事必须从长远来看。他说，突出部之战"可以想见是这样一类战役，即双方的军队在一条庞大的战线上处于胶着状态，他们在前线的不同地区命运各不相同"。接着，他引申道："真正的答案在于指挥官面对问题时展现出的领导才能，我认为在整场战役中布莱德雷的处理方式值得钦佩。"言下之意是说，布莱德雷是其胜利计划中的关键一员，所以他会竭尽全力保住布莱德雷的地位。

至少巴顿表现得规规矩矩，而他在聚精会神作战时一贯如此。就像所有人一样，他一直缠着艾森豪威尔，想把补给线拉得更长，并且竭力要求后者为他的部下授勋。布莱德雷在向艾森豪威尔转达这条信息时，私下建议如果不能为第一集团军授予类似奖赏，就不要批准巴顿的申请。但从总体来看，巴顿的表现十分出色。艾森豪威尔在一份个人备忘录中将巴顿排在第四，仅次于斯帕茨、布莱德雷和比德尔。他形容巴顿是一名"锐不可当的战士，机敏而勇敢"。艾森豪威尔很乐意提议将巴顿晋升为四星将军，并且告诉马歇尔说他会在合适的时机进行举荐。

尽管两人之间经历了许多事，他们的关系始终磕磕绊绊，但艾森豪威尔仍然对巴顿感到钦佩。在运动战和追击战中，乔治·巴顿是一个执着的天才。他已经在西西里岛、布列塔尼、诺曼底和洛林的战场上证明了这一点，如今又在阿登森林大显神通。

但战场其实是一个出人意料的小天地，而巴顿对战斗的痴迷使他在战地之外成了一个尴尬的人物。他已经在西西里岛、英国和法国反复证明了这一点，谁也不知道他会在什么时候再捅娄子。他的不慎言行耽误了多名高级军官的晋升，这令参议院的共和党十分懊丧，所以艾森豪威尔不希望巴顿再次成为他们的攻击目标，更何况盟军刚刚在突出部反败为胜。他提醒马歇尔说："他的晋升只会让你卷入争议，我认为目前暂无必要。"小乔治·史密斯·巴顿的时机终将到来，但在此之前，就像其他人一样，他必须耐心等待。

从墙上撕掉1944年日历的最后一页时，奥马尔·布莱德雷如释重负。

当艾森豪威尔把第一和第九集团军交给蒙哥马利时，他愤怒得像是一只湿淋淋的公猫。随后，艾森豪威尔又告诉他等盟军拿下突出部后，第一集团军将回到布莱德雷的集团军群，但第九集团军仍归蒙哥马利指挥，直到盟军攻占鲁尔河。这更让布莱德雷无比愤怒。他不仅想让艾森豪威尔立即将这两个集团军还给自己，而且希望他鞭策蒙哥马利再次行动起来。为此，他与比德尔争辩过，与布尔争辩过，与怀特利争辩过，也与艾森豪威尔争辩过。

1944 年 12 月 27 日，他飞抵凡尔赛，力主再次发动攻势，但艾森豪威尔没有退让，而是精心准备了一道切萨皮克奶油牡蛎汤作为午餐，希望用这道佳肴作为欢迎礼。这位密苏里将军不喜欢这顿午餐，也不喜欢谈话的内容。行动方案没有变化，火上浇油的是，艾森豪威尔让布莱德雷将总部从卢森堡迁往那慕尔（Namur），以便离霍奇斯（也就是蒙哥马利）更近一些。布莱德雷勉强表示同意，礼貌地吞下了牡蛎汤。

布莱德雷希望，1945 年能让他有个新的开始。盟军已经阻挡了冯·伦德施泰特的攻势。巴顿从南部向突出部发动猛攻，蒙哥马利早晚也会从北部开展袭击。由于蒙哥马利在哈塞尔特做得有些过火，艾森豪威尔和马歇尔亲自向布莱德雷承诺，今后他再也不用在这个令人厌憎的英国人麾下效力了。

最好的消息也许是一旦第一集团军回到布莱德雷手中，第十二集团军群就无须再为英军充当配角。在短暂造访"雄鹰"总部期间，艾森豪威尔坐在布莱德雷的凯迪拉克后座上，和后者在膝头展开一幅皱巴巴的地图，一边嚼着应急口粮的饴糖，一边商讨为彻底打败德国，他们应当采取何种战略，或者说艾森豪威尔应当采取何种战略。艾森豪威尔向他的朋友保证，所有人都有机会渡过莱茵河。等到军队背靠大河后，按照军事逻辑，主力部队将暂时转移到鲁尔河以北，但第九集团军将被交还给布莱德雷。盟军进攻柏林的路线尚未确定，但布莱德雷认为亚琛和萨尔劳登的中间地带是他手下部队的最佳起跑点。

但布莱德雷却在 1 月 5 日阴沟翻船。当最高统帅部召开新闻发布会，向公众宣布布莱德雷的两个军在阿登危机期间被划归蒙哥马利掌管后，舆论为之哗然。《标准晚报》(*Evening Standard*)、《星期日电讯报》(*Sunday*

Dispatch）和《每日快报》(*Daily Express*）等英国媒体纷纷叫嚣，伟大的伯纳德在岌岌可危之际挽救了美国的败军。美国媒体则对蒙哥马利大加谴责。《纽约时报》告诉读者："自蒙哥马利元帅接管北方之日起，征服德国的高潮便开始减退。"《星条旗报》也冷冰冰地评论道："据悉布莱德雷将继续指挥第十二集团军群，而该集团军群目前只有一个第三集团军。"就连罗斯福总统也不得不加入这场论战，解释说这次令人尴尬的中途换将是出于军事上的临时需要，而不是因为对布莱德雷缺乏信任，但这位三军统帅的支持显然不够掷地有声。

在群情激愤之际，一股愤怒的浪潮席卷了第十二集团军群。布莱德雷恼火地说："我真受够了这件事，我再也不会收听 BBC 了，那简直会让人疯掉。"切特·汉森也在日记中为布莱德雷及其同僚打抱不平：

> 在我们这些在大不列颠被称作亲英派的人当中，有很多人被英国的广播和媒体激怒，我们感觉受到了伤害，并且为之愤慨。在这种情况下，所有的善意都消失不见，而在此之前，我们曾经认为这个民族是一位热情友好、意气相投的朋友，但是今天我们却因为担心受到欺骗而产生了怀疑……他们的媒体正在美国军队当中散布怨恨，这种怨恨永远不可能泯灭，这种怀疑也永远不可能消失。

当英国媒体对布莱德雷四面出击时，一位意料之外的盟友向他伸出了援手。乔治·巴顿在个人新闻声明中对布莱德雷将军坚守巴斯托涅的决定给予了全面肯定，称这是一场葛底斯堡战役般的关键斗争。但巴顿的声明与随后第一〇一空降师师长的说法互相抵触，因为后者声称这是他的决定。尽管如此，作为突出部战役的英雄之一，巴顿显然是为了与上级保持步调一致。在布莱德雷看来，一向爱出风头的巴顿发表这则声明，等于是在向公众传递信号，让大家清楚他站在谁那边。

但巴顿的声明造成的影响微乎其微，人们并没有因此改变对布莱德雷作战能力的看法，而且更糟糕的事情还在后头。1945 年 1 月 7 日，蒙哥马利举行的新闻发布会在布莱德雷看来无异于火上浇油。蒙哥马利头戴一顶火红的贝雷帽，搭配了一件得体的衬衫，面对充满敬畏之情的媒体，信心十足地历数他在这场战役中的功劳：

> 战局开始恶化，但所有盟军队伍团结起来，同仇敌忾，国家因素被抛到了一边。艾森豪威尔将军让我指挥整个北方战线，我投入了英国集团军群全部可供使用的兵力……
>
> 第七军遭到了沉重打击。我说："天哪，不能这样继续下去。它会在战斗中全军覆没的。"于是我开始想方设法，重新组建这支军队。但还有一点让我备感压力，这支队伍在防御战中逐渐消失。我说"来吧，来吧"，并再次将其重新组建，让它在霍奇斯将军的率领下转守为攻。
>
> 最后这支队伍在战斗中大获全胜，而今天，数个英国师正在美国第一集团军的右翼艰苦奋战。可以想见，当美军遭到严重打击后，英军将在美军的两侧进行战斗。这是盟国之间一幅美好的画面。
>
> 这场战役很有意思，不禁让我联想起我指挥过的另一场扣人心弦、错综复杂的战役，当时的情况十分危急……这场战役与 1942 年 8 月 31 日的那场战役有些类似，当时隆美尔孤注一掷，想要攻占埃及，却被第八集团军"送走"了。

当蒙哥马利的讲话通过 BBC 传到卢森堡时，切特·汉森和两名参谋带着一份誉本冲进布莱德雷的办公室。其中一名参谋回忆说，在听到这条消息后，"奥马尔将军怒发冲冠"。布莱德雷开始痛斥，蒙哥马利自我吹嘘的这场战役在事实上根本站不住脚。数周后，布莱德雷在一份个人备忘录中这样写道：

> 在我看来，这场战役导致指挥结构变得很不合理。为了满足英国人的目的，好让蒙蒂主宰一切，最终形成的指挥结构对我军的战术行动造成了不利影响……我看不出来我们有何必要对英国人如此忍让。我军在作战的同时，无疑也给英军带来了极大帮助，所以应当优先考虑我们的利益。我认为这场战役从总体上说是为了提高了蒙蒂和英国人在战争中的地位，而这与他们所付出的努力完全不成比例。这种做法无疑对我们和英国的关系造成了损害，更何况在蒙蒂的支持下，那些报纸引起的争

端还在美国军官以及读者当中引发了极大的愤恨。

布莱德雷怒不可遏地打电话到凡尔赛，向上级下达了最后通牒。"在发生了这些事情以后，"他对艾森豪威尔说，"我不能继续听命于蒙哥马利。如果你让他指挥所有地面部队，请把我送回国内，因为如果蒙哥马利是我的上司，我会失去对自己指挥权的信心……这件事我绝不能接受。"

他还说，巴顿也会和他一起辞职。

艾森豪威尔早就习惯了这种毫无意义的言辞，但是这话从他的好友布莱德雷口中说出来显得格外刺耳。"我还以为你是我唯一能够指望的人，以为你愿意去做我让你做的任何事。"他说。

"那是当然，艾克。"布莱德雷答道，"我很高兴为你效力，但这件事我无法接受。"

布莱德雷的最后通牒并没有提到蒙哥马利新闻发布会的事情，而后者被提升为地面部队总司令的可能性也微乎其微，因为这个问题在艾森豪威尔心里早已有了答案。但艾森豪威尔还是要设法抚慰布莱德雷受伤的自尊心。他向布莱德雷承诺，他会在影响最大的地方也就是华盛顿挽回损失。他还答应致电温斯顿·丘吉尔，好让后者清楚弗里特街发起的这场运动在盟国的最高指挥部内部造成了多大伤害。

艾森豪威尔试图弥合两人友谊的裂缝，但阿登风波却在本来绝对信任对方的最高统帅和他的第十二集团军群司令之间留下了永久的伤痕。他们也许仍是老朋友，甚至仍是知心朋友，但至于是不是值得信赖的朋友，布莱德雷就不确定了。正如他手下的一名作战参谋所言：在阿登战役之前，布莱德雷及其手下希望公正坦率地与英国人打交道，按照公开达成的契约进行合作，并且作出了真诚的尝试；而在阿登战役之后，没有人会对任何人坦诚相待……布莱德雷——及其手下的巴顿、霍奇斯、辛普森——只在他们之间的公开商讨的基础上制订和执行计划，而不需要寻求统帅部的正式援助。这就是说，为了在最短的时间内发动直接进攻打败敌人，他们必须向英国人隐瞒自己的作战计划，同时差不多可以说还要瞒过艾森豪威尔的最高统帅部，因为其中一半都是英国人，而另一半人他们也无法通过争论来对其施加影响。

尽管布莱德雷气势汹汹，但他自认为理解艾森豪威尔的困境。这位盟军最高统帅不可能当着英国、法国、加拿大和波兰盟友的面大肆挥舞星条旗。艾森豪威尔是个美国人，但如果他想要各方有效协作，他就不能表现得过于偏袒美国。

布莱德雷问他的心腹，在这个盟国战争委员会中，谁来为美国的军人代言？谁来为那些来自克利夫兰、布鲁明顿（Bloomington）或特伦顿（Trenton）的士兵代言？他们可不希望有朝一日告诉自己的孙子，当英军攻陷柏林时他们却在一个安静的地方袖手旁观。蒙哥马利毫不掩饰自己是个英国人，德弗斯不可能采取有效行动来充当美军将士的代言人。那么就只剩下一位高级指挥官了。

布莱德雷思来想去，最终作出了决定：如果蒙哥马利侮辱自己，那就相当于侮辱了美军的领导层，他也会以牙还牙。

1945年1月9日，在蒙哥马利召开新闻发布会两天以后，布莱德雷也向记者发布了自己的新闻稿，并且拒绝请艾森豪威尔批准。他回顾了12月里他在阿登地区进行防守的4天，竭力想要人们正确看待这场所谓的灾难。他辩称：他在部署时计算过其中的风险，而他承担的风险有助于盟军在其他地区推进。他还指出，如果不是美军的指挥官们甘愿冒险，"我们可能还在巴黎以西作战"。

布莱德雷再次经过权衡后冒险宣布，最高统帅部很快会将第一和第九集团军归还自己。这句话真假参半，因为艾森豪威尔说得很清楚，在所有人渡过莱茵河前，辛普森的第九集团军仍留在蒙哥马利麾下。但布莱德雷希望通过这则声明施加压力，让最高统帅部把辛普森还给他。布莱德雷认为，由于在突出部遭遇挫折，很多人觉得他被永久剥夺了对第九集团军的指挥权，因此哪怕象征性地让辛普森归他管辖一天，人们的这种印象也会大为减弱。

但他的策略以失败告终。艾森豪威尔早就厌倦了布莱德雷和蒙哥马利之间的内讧。作为一名老练的政客，他也不会对布莱德雷试图抢占先机的外行做法作出反应。辛普森仍会留在蒙哥马利麾下。

1月11日，凯在办公日志中写道："艾克担心布莱德雷会不喜欢这种安排，但是在战争中，个人的感情和追求不可能总是占据上风。"

这场媒体之争让奥马尔·布莱德雷备受煎熬，但他也从中学到了宝贵的知识，即一定要关注媒体。艾森豪威尔、蒙哥马利和巴顿就是依靠这一点博得了声誉。他终于懂得，记者们也像总部里的参谋们一样具有倾向性。他一直以为自己用不着在新闻界结交任何盟友，也照样能够青史留名，但现在看来这种想法过于天真。

问题在于布莱德雷的出身和他所看重的事情，他最看重的是一个人的聪明才智和军队的火力强弱，而不是公共关系。他在应对媒体这件事上完全是个外行。因此，在一群政治人物当中，布莱德雷感到十分无助，完全不得要领。他仿佛一只在孤岛上长大的海雀，不知道什么是危险，所以他在看到有人拿着木棒走过来时，不能本能地意识到此人有可能居心不良。如果布莱德雷不想成为一只孤岛上的海雀，他就需要结识一批值得信赖的记者，让他们从他的角度看待问题。

布莱德雷痛苦地意识到自己犯了错误，因此在到前线视察时，他开始让摄像师一同前往，并且学会了向那些前来采访的著名记者示好。但真正的问题在于第十二集团军群总部没有自己的记者团。集团军有记者团，最高统帅部有记者团，但布莱德雷的集团军群总部只有来访的新闻工作者以及一些关系疏远的三流作家和记者在报道战事，因此他请求最高统帅部批准在第十二集团军群新指挥所那慕尔设立记者区。

此后不久，有一天深夜，在布莱德雷与艾森豪威尔打桥牌时，艾森豪威尔随口问起布莱德雷，他为什么觉得自己需要一个记者团。

布莱德雷很清楚艾森豪威尔这个问题的意思。蒙哥马利一直在利用媒体记者与美国对手进行地面指挥权之争，所以最高统帅部也在暗中议论第十二集团军群此举的动机。艾森豪威尔最不希望看到的就是第十二集团军群调动力量在报纸上开战。

布莱德雷向艾森豪威尔保证不用担心。媒体对突出部战役之所以会进行误导性报道，是因为布莱德雷手下集团军的记者难以真正理解这些集团军在集团军群战略中的位置。他说，在"雄鹰"总部设立记者团有助于让公众了解大局，至少了解萨尔河与鲁尔河之间的战局。他承诺，他向记者提供的信息一定会简短、真实，绝不会像蒙哥马利那样将媒体当作武器。

艾森豪威尔思索了片刻，点头应允。他信任布莱德雷。第十二集团军群可以拥有自己的记者团。

布莱德雷按捺着自己在集团军调动一事上的怒火，但心中的愤慨在当年冬天并没有完全平息。艾森豪威尔也想方设法对他进行安抚。他亲自授予这位密苏里将军铜星勋章。经艾森豪威尔提议，丘吉尔（他在私下里将布莱德雷称作"愁眉苦脸的讨厌鬼"）向下议院发表演说时亲切地称赞布莱德雷治军有方，并且把突出部之战描述成美军取得的伟大胜利。

更为重要的是，丘吉尔发表演说当天的凌晨零点零一分，最高统帅部将第一集团军还给了布莱德雷的司令部。

在布莱德雷看来，艾森豪威尔所作的努力远远不够。就像巴顿在两个月前一样，布莱德雷疑心重重，发现北方和南方正在出现新的威胁。在阿登森林以北，艾森豪威尔计划让蒙哥马利开展"真实行动"（Operation VERITABLE）和"手榴弹行动"（Operation GRENADE），率先向鲁尔河发动进攻。在"真实行动"中，英国的第二集团军将直奔莱茵河西岸，而在"手榴弹行动"中，第九集团军会首先渡过罗尔河，然后转向莱茵河。这两次行动如果成功，蒙哥马利的集团军群就可以渡过莱茵河，直逼盟军垂涎已久的鲁尔地区。

与此同时，第一集团军发挥的作用相对较小。正如布莱德雷所言，他们的任务是攻占罗尔河上"该死的水坝"，以确保第九集团军经过洪泛区时的安全。第三集团军将再次按兵不动。在这场战役中，当蒙哥马利向鲁尔发起冲锋时，第十二集团军群就像一位劳累过度的伴娘。

在南方，布莱德雷发现了另一个威胁。他获悉雅各布·德弗斯包围了瑞士边界城市科尔马（Colmar）的大约5万名敌兵。艾森豪威尔下令收紧口袋、消灭敌军。德弗斯本打算派遣拉特·德·塔西尼（Lattre de Tassigny）将军指挥的法国第一集团军执行这项任务，但令布莱德雷难过的是，艾森豪威尔不想这么做。艾森豪威尔希望在盟军奔赴莱茵河之前荡平科尔马，所以决定让德弗斯指挥一个由5个师组成的军去歼灭敌军。

让布莱德雷感到不安的是，他不清楚艾森豪威尔会抽调谁的部队。他当然不想再失去一个军。布莱德雷正准备向施内艾弗尔发起反击，切断德军在蒙哥马利附近的战线，所以无法接受被抽走5个师。然而，1月22日，就在艾森豪威尔将第一集团军交给他还不到一周时，最高统帅部命令布莱德雷将巴顿的步兵师调给德弗斯。统帅部的一名参谋打电话给布莱德雷，询问他的集团军群还能再向南部的科尔马派去几个师。布莱德雷大发雷霆，愤怒地表示最高统帅部如果抽走这些部队，他即将开展的攻势将会陷入瘫痪，而这是盟军目前唯一一个向东进发的行动。次日清晨，他打电话给艾森豪威尔，劝说最高统帅取消这个在战术上看来如此愚蠢的举动。

但这只是他的一厢情愿。第二天，当布莱德雷与霍奇斯、巴顿、盖伊以及几名参谋开会时，他的助手让他过去接史密斯将军的电话。

比德尔直截了当地告诉布莱德雷，他必须向科尔马调去足够的师，好让德弗斯组成一个军。不管艾森豪威尔之前说过什么，现在他显然改变了主意，或者是布莱德雷误解了艾森豪威尔。

布莱德雷紧咬着假牙，抄起电话，冲着话筒吼道："美军士兵和美国军队及其指挥官们的声名和信誉危在旦夕。如果你也这么想，那么就我个人而言，你想从第十二集团军群拿走多少师或多少军都可以，想干什么就干什么，而我们这些被你置之脑后的人会坐在这里死等下去。我相信你肯定以为我不会生气，但我现在要告诉你，我他娘的气愤至极！"

布莱德雷的办公室里一向人来人往，声音嘈杂，但是此刻鸦雀无声。他的部下们怔怔地盯着他，接着有人开始鼓掌，最后房间里掌声如雷。这些身穿卡其布军装的人们早就受够了最高统帅部对其他部队的偏袒，现在他们的将军终于道出了过去 6 个星期里他们所受的委屈，所以不禁为他喝彩。在众人鼓过掌后，布莱德雷操着尖利而虚弱的南方口音说："让他们见鬼去吧，我们 3 个人要辞职，我打头！"

攻击性防守： 巴顿的变通

1945 年 1 月的前半个月，乔治·巴顿陷入了定位进攻的苦战。这是他最讨厌的作战方式，而且也像其他人一样没有胜算。面对德军凶猛的进攻，巴顿别无选择，只能按节奏有条不紊地发动袭击——如果换作别人这么做，他一定会十分鄙夷。到了 16 日，巴顿的第十一装甲师终于在乌法利兹与第一集团军的第二装甲师会合。他们从腰部切断了突出部，按照与艾森豪威尔的约定，巴顿为奥马尔·布莱德雷赢回了第二支军队。

巴顿很快来到他的部下经过鏖战才攻克的城镇，就连他都对这里遭到的破坏感到震惊。当天晚上，他模仿圣诞颂歌《啊，小镇伯利恒》（*O Little Town of Bethlehem*），在日记中草草写下一首歪诗，里面的诗句显然是从沿途的大兵那里听来的：

> 啊，小镇乌法利兹，你是如此的寂静，
>
> 在颓圮的街道上，只有飞机掠过苍穹。
>
> 在你黑暗的街头，看不到一丝光明，
>
> 所有希望和恐惧，昨夜都已炸成泡影。

第一和第三集团军会师两天后，该战区出现了一张友善的面孔。巴顿昔日的知己埃弗雷特·休斯造访第三集团军总部，并私下告诉前者自己将接替比德尔担任参谋长。巴顿听到这则消息非常高兴，因为埃弗雷特是他在军中最要好的朋友之一，而且他很鄙视比德尔，认为此人肆无忌惮又胆小怕事，仿佛《奥赛罗》（*Othello*）中的伊阿古（Iago），在他身边时，所有人都需要处处提防。

此外，艾森豪威尔的一句话也引起了巴顿的兴趣。"你知道吗，埃弗雷特，"艾森豪威尔曾经说过，"乔治是一名伟大的战士。我得在战争结束前让马歇尔为他做些什么。"

不久之后，艾森豪威尔与巴顿开诚布公地谈起了晋升一事。将布莱德雷提升为四星将军的建议几经周折，已经被放到了马歇尔的办公桌上，但是还要经过史汀生、罗斯福和参议院审批。巴顿清楚，陆军论功行赏的政策存在缺陷，无论他作为一名战地指挥官有多出色，也不可能在布莱德雷甚至德弗斯晋升为四星将军之前得到提拔。因此，后来谈到此事时，巴顿写道，艾森豪威尔对于将他提升为"四星将军一事充满了歉意，但他也有充分的理由，那就是他必须维护指挥结构的等级制度，或者解除其他人的职务，而他没有理由解除他们的职务"。艾森豪威尔答应巴顿，在下一批晋升名单上，他会成为第一个得到提拔的集团军司令。巴顿假装漠不关心地回答："我感兴趣的是带兵打仗，根本不在乎什么军衔。"

不管艾森豪威尔将来作何打算，乔治·巴顿目前遇到了一个紧急问题，而这个问题与战术无关。1945年1月底，他接到命令，要向蒙哥马利那里派去更多部队。这就意味着，他将不得不再次取消本应由曼顿·埃迪的第七军开展的大规模袭击。布莱德雷同情地告诉巴顿，按照联合参谋长委员会制订的计划，艾森豪威尔命令他将第九十五师以及五六个炮兵营派往第九集团军，参加蒙哥马利对鲁尔发动的大规模攻势。"见鬼去吧！"巴顿听到这则消息后怒气冲冲地说，"这又是打算为了一场毫无胜算的行动，放弃正在进行的袭击，只是为了能让蒙蒂扬扬得意。自从离开非洲，他就没打过胜仗。即使是在非洲，他也只打赢了阿拉曼战役。"

随着战争成为一种有组织的行为，士兵必须服从上级命令，而无须过问其中的原因。巴顿和霍奇斯也不例外。但是有时候作为集团军群司令，布莱德雷的一个责任就是充当最高统帅部和集团军之间的调解人，设法让后者理解他们应当如何从大局出发。2月2日，在斯帕与霍奇斯、辛普森和巴顿的午餐会议结束后，布莱德雷将巴顿和霍奇斯叫到一边，向两人解释这次会导致他们兵力空虚的部队调动另有内幕。"联合参谋长委员会命令艾克以第二十一集团军群为主力部队，向莱茵河发动进攻"，他解释道。德弗斯及其第六集团军群将继续采取守势。与此同时，巴顿可以按计划在南部袭击比特堡和普吕姆（Prüm），"前提是人员伤亡和弹药消耗不要太多。"

"前提是人员伤亡和弹药消耗不要太多……"巴顿一向擅长曲解上级的命令，所以他越想就越觉得布莱德雷虽然表面上对人员伤亡和弹药消耗作了限制，但实际上根本没有限制。巴顿认为，只要他行动迅速，伤亡就会很少，如果这次袭击奏效，他完全可以让手下的装甲师转向敌军的后方，甚至能够瓦解整个齐格菲防线。即便没有成功，他也是在为盟军的总体目标服务，即让蒙哥马利渡过莱茵河，因为他在南部拖住了德军，使他们无法向北进攻蒙哥马利。不管怎样，艾森豪威尔都应该感到高兴。

巴顿越想越觉得有道理，因此决定让埃迪率军向比特堡推进。尽管他认为自己的做法合情合理，但还是细心地考虑到艾森豪威尔和布莱德雷或许另有看法。巴顿意识到，这次袭击有可能违背联合参谋长委员会命令的主旨甚至命令本身，他断定："如果布莱德雷知道我让第七军开展新的行动，他有可能会加以阻拦，所以我还是不告诉他好了。"

按照他的计划，将有十万大军暗中开展行动。2月5日，也就是发动袭

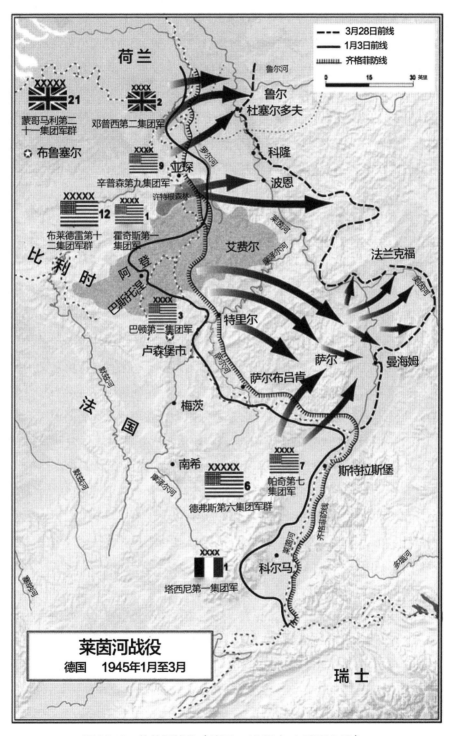

图 23-1　莱茵河战役（德国，1945 年 1 月至 3 月）

击的两天前，当布莱德雷打电话过来，问巴顿能否在当天下午到巴斯托涅去见他和艾森豪威尔时，巴顿心生警惕。"我准备去巴斯托涅见最高统帅和帐篷制造商"，他告诉比阿特丽斯，同时焦急地表示，"我不会告诉他们即将开展的比特堡攻势，以免上级下令取消。"

几个小时后，巴顿头戴作战头盔，脚蹬长靴，身上穿着普通士兵的厚大衣，腰上还扎着弹带，来到巴斯托涅见艾森豪威尔和布莱德雷。三人注意到，这个地方与上次他们齐聚在此时迥然不同——那时是1944年11月初，阿登灾难尚未发生，巴顿也尚未崭露头角。

事实上，这次会面只不过是通信兵团安排的。他们精心选择了一处瓦砾堆，好为三人拍照。艾森豪威尔和布莱德雷穿着熨得平平整整的将军制服，而且打着领带，但巴顿身穿厚厚的大衣，大衣上还有斑斑雨渍，仿佛刚从前线回来。当巴顿热情地与艾森豪威尔握手，而奥马尔·布莱德雷在一旁对艾森豪威尔微笑，仿佛在等待最高统帅批准什么时，摄影师按下了快门。

在巴顿看来，这张照片完美地体现了巴斯托涅战役的真实境况。

当然，巴顿很高兴能在自己的剪贴簿上再贴上一张具有历史意义的照片，等到有朝一日，他的孙子进入西点军校之前，他就可以讲讲当时发生的故事。不过，他最感激的是，艾森豪威尔和布莱德雷没有逼问他第七军即将开展的行动计划。巴顿曾经提到，埃迪将率军开展"试探性袭击"。当布莱德雷问到此事时，巴顿只是含糊地回答埃迪会发起"果断的袭击"，以"试探"前方有多少敌军。但他没有告诉布莱德雷，更不用说告诉艾森豪威尔，他所谓的"果断的袭击"其实是一场大规模进攻。第二天，他告诉埃迪将军，等到最高统帅部发现真相后，他可不想在电话旁守着。巴顿曾告诉自己的内弟，他的作战原则是，"只要我打赢了，谁也不会再说什么，而我必胜无疑。"

不幸的是，由于天气异常温暖，融雪流进了摩泽尔河和萨尔河，耽误了埃迪的推进速度。巴顿担心如果再来一场梅茨之战，艾森豪威尔将会下令让他原地不动，因此他决定向埃迪增派援军，速战速决。于是，他打电话给布莱德雷，询问是否可以保留第十七空降师，而在之前他曾接到命令，要求该师向北行进加入辛普森的第九集团军。

"不行，"布莱德雷回答，"这是最高统帅部直接下达的命令。"第十七空降师归辛普森，第三集团军必须放行。

对于布莱德雷，巴顿有一点很不明白。现在他们已经冲出了阿登森林，布莱德雷也拿回了第一集团军，但是这个密苏里人仍然不敢反抗最高统帅部。可以说布莱德雷甚至比艾森豪威尔更加坚定地反对第三集团军向前推进。2月8日，巴顿在日记中抱怨道："他帮不上什么忙。他的成功只是因为面对上级时缺少骨气、卑躬屈膝。没有他我照样能行。事实上，我向来如此。即使是在西西里岛，他也只能靠我实现目标。"

次日，当布莱德雷告诉巴顿，按照最高统帅部的计划，第三集团军必须转攻为守时，巴顿怒不可遏。"无论从年龄还是作战的时间来看，我都是陆军中资历最老的将领，如果非要我转为守势，我会请求他解除我的职务。"他写道。布莱德雷试图安抚这位最老的将领，提醒后者说他需要尽到军人的职责。他还劝巴顿说他有义务继续战斗，以维护第三集团军的利益。

"照这么说对我有义务的人也多着呢，"巴顿写道，"我非常生气。"

冷静下来以后，巴顿心想，管他呢。他已经做了自己能做的事情，很快还会有下一场进攻，所以他取消了原定的计划。当天晚上，这位懊丧的第三集团军司令举办了一场深夜宴会，主持者是他的"侄女"琼·戈登。吉恩用波旁威士忌把这群将军和参谋灌了个酩酊大醉。"当我到那里时，所有人都喝高了。"埃迪将军在日记中困惑地写道，"说实话我根本不知道发生了什么事情。"

随着第九集团军开展"手榴弹行动"，向罗尔河发起冲锋，巴顿有理由相信，他按兵不动的日子即将结束。布莱德雷也暗示，如果辛普森的第九集团军被敌军拖住，第一和第三集团军有可能重返战场。而这很可能是因为罗尔河的行动遭遇惨败。第一集团军于2月2日向罗尔河水坝发动的袭击以失败告终。7天后，德军的工兵堵住了其中一座水坝的闸门，泄出的水流不大但持续不断，把河湾变成了湖泊，困住了第九集团军的脚步。

布莱德雷曾经斥责"真实行动"和"手榴弹行动"是"最高统帅部犯过的最大的错误"。巴顿也在私下里表示："的确如此，或者说至少是其最大的错误之一。因为最大的错误是8月底艾克决定让第一集团军北上援助蒙蒂，并减少了我的汽油供给，要不然我们早就超过苏联人，杀到柏林了。"

由于辛普森被困在罗尔河后，布莱德雷认为上级有可能下达命令，让他出兵科布伦茨（Koblenz）和科隆。这样一来，巴顿就可以向德国历史最悠久的城市特里尔（Trier）进发，而那里正是位于摩泽尔河和萨尔河交汇处的要塞。

当最高统帅部再次下令，让第三集团军交出第十装甲师作为战略预备队时，巴顿清楚布莱德雷并不高兴，但还是责怪后者没有反抗艾森豪威尔。他写信告诉比阿特丽斯："这里有太多的嫉妒、怨恨、恶意和无情，让他们见鬼去吧。"

1945 年 2 月 20 日，由于只能按兵不动而备感失意的巴顿写信给"亲爱的布莱德雷将军"，指出第三集团军前线适合开展行动的地方。巴顿显然准备让这封信被载入史册，他在信的末尾写道："我们必须直面现实，如果我们在可以采取攻势时未能发动进攻，我们这些身居高位者无疑都要为此负责。"

布莱德雷很讨厌巴顿装腔作势的态度，于是坐在办公桌前写了封回信。"如你所知，"他告诉巴顿，"上级已经作出决定，在其他地方开展主攻。不管你我对这一决定作何感想，身为军人，我们必须执行命令。"

乔治·巴顿也许在萨尔河边停滞不前，但他还有足够的弹药来开展几次行动。虽然他不能发动进攻，但他可以在执行命令时灵活一些，采取"攻击性防守"。去年 9 月，他就是依靠攻击性防守不断让部队向前推进的。在一次军长会议上，他问："沃尔顿，你能不能向前靠近 10 千米，拿下特里尔？还有曼顿，你为何不侧向而行，攻占比特堡？"接着，他转向米德尔顿问道："米德尔顿，你看你能不能移动 8 千米左右，占领格罗尔斯泰因（Gerolstein）？"

米德尔顿是陆军当中较有头脑的将领，他对此表示怀疑，因为正是这个乔治·巴顿曾向他保证，圣马洛的德军不到 500 人，也是这个乔治·巴顿在梅茨险些被敌人削掉了鼻子。更何况布莱德雷一再强调不要发动袭击，倘若第三集团军由于违背命令而陷入困境，布莱德雷一定会唯巴顿是问。

"如果行动失败，"米德尔顿警告说，"你可能要承担严重后果。"

"我愿意冒这个险。"巴顿厉声说道。

但是为了防范风险，巴顿在与上级临时会晤时，精心安排了一次集体推销。2 月 25 日，当巴顿与各军军长以及第十九战术航空队司令、为人可靠的奥佩·维兰德召开会议时，第十二集团军群的助手打电话问，布莱德雷和艾伦将军是否可以来"幸运前锋"吃午饭。巴顿表示很高兴接待他们。当布莱德雷和利文·艾伦前往卢森堡时，巴顿开始让手下演练如何说服这位上级及其参谋长。

布莱德雷抵达后，众人在午餐桌上谈到，在沃克拿下特里尔之前，应当让第十装甲师留在第二十军。所有军官的意见似乎出奇一致，他们都认为第八和第十二军要尽可能向东北的基尔河（Kyll River）移动，以拉直第三集团军的战线。就连奥佩也加入了进来，指出如果盟军攻占特里尔的机场，他的空军基地到轰炸目标的距离就会大大缩短，相当于为他增加了两个空军大队。

巴顿当天的游说取得了成功。布莱德雷暂时同意了他提出的行动方案。接下来，众人在午餐桌上开起无伤大雅的玩笑，又谈了一些军中的事情。巴顿就像福勒（Fuller）公司的牙刷推销员一样，急于敲定这一协议，因此向布莱德雷总结道："按照我的理解，我可以让第三集团军向东出击，占领基尔河一线……此外，如果时机到了，装甲部队能够在摩托化步兵的支援下迅速突围，冲向莱茵河，我就可以利用这一形势。"

布莱德雷点点头说："你可以这样做。"

巴顿仿佛闻到了莱茵河那黑沉沉的河水的味道。

对布莱德雷来说，1945年初的隆冬时节，盟军内部充满了政治斗争，让他感到很不自在。他勉强接受了最高统帅部的命令，耐心劝说巴顿和霍奇斯，并说服艾森豪威尔同意在蒙哥马利横扫莱茵河、发起戏剧性的最后一击之前，让美军逼近这条河流。

在"雄鹰"战术指挥部巴洛克式的城堡内，布莱德雷凝望地图，发现盟军所处的军事局势比政治局势更加暗淡。他手下的一名参谋坦言，第一集团军未能在遭到炮击前夺取罗尔河水坝，这是美军犯下的"愚蠢的错误"，严重耽误了第九集团军"手榴弹行动"的进度。

但布莱德雷的世界里还有一线希望。由于罗尔河畔的战事进展缓慢而棘手，艾森豪威尔批准布莱德雷让巴顿向基尔河推进，前提是他要低调行事，不要引起蒙哥马利的愤怒。他们将其称为"攻击性防守"。

"攻击性防守"不是军官手册或西点军校教材中拥有精确定义的术语。

这个术语由两个自相矛盾的词语组成，从而带来了巨大的主观解读空间，而这正是布莱德雷和巴顿想要的。两人一致同意，为了开展攻击性防守，他们可以派出侦察队离开第三集团军的阵地，结果派出的是数个营级规模的侦察队。当然，当这些营级侦察队前进时，为了确保安全，他们就可以顺理成章地加强阵地。而这些阵地不可避免地会受到北侧和东侧的敌军阵地的威胁，所以必须由其他的营以类似方式在这两侧进行攻击性防守。用不了多久，他们也必须消灭附近的山丘、河流和森林中的敌军，从而形成新的前线，继续开展攻击性防守。

在外行看来，不管艾森豪威尔命令的本意如何，攻击性防守更像是低烈度的进攻，但布莱德雷告诉巴顿，继续向前推进，除非最高统帅部出面叫停。另外，布莱德雷答应，他不会守在电话旁边等着凡尔赛的命令。

攫取最宝贵的财产——莱茵河上的桥

2 月底，当蒙哥马利的第九集团军渡过洪水泛滥的罗尔河时，布莱德雷的天空终于拨云见日。蒙哥马利返回绘图桌前，准备制订一项耗资巨大、名将云集的横渡莱茵河的计划，并将其命名为"掠夺行动"（Operation PLUNDER）。布莱德雷终于从艾森豪威尔那里争取到了几天机动时间。到 2 月底，巴顿已经渡过萨尔河与摩泽尔河的交叉口，攻占了特里尔和齐格菲防线的一部分。接着，艾森豪威尔在 3 月 1 日批准了"伐木工行动"（Operation LUMBERJACK），让霍奇斯从科隆向莱茵河发动进攻。"伐木工行动"大获成功。3 月 10 日，布莱德雷的军队占领了莱茵河在摩泽尔河以北蜿蜒曲折的河段。

但布莱德雷最大的收获是，他的部队意外拿下了全世界最宝贵的财产——莱茵河上的一座完好无损的桥梁。

早在恺撒大帝时代，莱茵河就是一道令人望而生畏的天堑。到了现代，谁能控制莱茵河上的桥梁，谁就能控制德国的腹地。希特勒格外小心，绝不会让任何桥梁落入盟军手中。随着德国工兵点燃了石头桥墩和铁索上的导火索，莱茵河上一座座弧形的大桥沉入了河底。

只有一座桥梁例外。当第一集团军靠近莱茵河时，雷马根（Remagen）

壮观的鲁登道夫铁路桥（Ludendorf Railroad Bridge）正对着布莱德雷的地盘。当时，武装党卫军、当地的卫戍部队和纳粹空军全都声称对这座桥梁拥有管辖权，因此陷入了一场官僚主义的拉锯战。当第九装甲师抵达雷马根时，德国工兵的炸药出了毛病，而且各方就由谁下令炸毁桥梁的问题争执不下，所以美军迅速占领了这座桥，然后在莱茵河东岸呈扇形铺开，击退了当地仅余的抵抗势力。因此，这个每一位盟军将领都希望获得的战利品落入了布莱德雷手中。

但是当天晚上，布莱德雷在指挥所被艾森豪威尔的作战处长、人称"平克"（Pink）的哈罗德·布尔气得满面通红、勃然大怒，因为布尔向他传达了最高统帅部的命令：让第一集团军的大部分师转为预备队，并且将其余的部队交给雅各布·德弗斯，在最南方开展行动。布尔声色俱厉，就像一个爱管闲事的高中校长。这位参谋一向墨守成规，不管情况如何变化，都会按既定方案作战。布尔绝对不可能跳出上级批准的方案进行思考，而且也丝毫不为此感到不安。

当布莱德雷与布尔争执不下时，门突然开了，一名怯生生的助手进来请布莱德雷接电话。"电话是霍奇斯打来的，他有重大消息要汇报"，这名助手说。

布莱德雷听了片刻，顿时被霍奇斯的消息惊呆了。

"我们拿下了一座大桥。"

布莱德雷喜形于色。

"真有你的，考特尼！这下我们可是给它开了个大口子！"他在电话中大声说道，"让你所有的部队都过去，考特尼，一定要牢牢守住这座桥。"

布莱德雷挂断电话，满是皱纹的脸上露出了灿烂的笑容。他转向布尔将军。"战局有变，'平克'。"他说："考特尼刚刚从桥上跨过了莱茵河。"

这是布莱德雷一生中最激动人心的一个时刻。这条传奇般的河流自登陆之日起就是盟军的攻占目标。自抵达塞纳河后，莱茵河犹如盟军竞相争夺的圣杯。在攻克巴黎后，莱茵河成了西线最令人觊觎的目标，因为它是通向柏林的最后一道重要屏障。

更令人高兴的是，美军拿下雷马根大桥正是时候。两周以后，蒙哥马利准备出动空军、海军和炮兵部队，开展大规模行动，直扑莱茵河，对德军发起最后一击。因此，占领鲁登道夫大桥不只是美军的大捷，也是一次激动人心的个人胜利，是布莱德雷通过迅猛的行动获得的成功。

"你在雷马根哪都不能去，"布尔说，"你虽然拿下了一座桥，但位置不对。这根本不符合行动计划。"

布莱德雷顿时从兴高采烈变得无比震惊。上天向盟军怀里丢了一个"金苹果"，但最高统帅部的行动参谋竟然表示他不想要！

"计划——见鬼去吧！"布莱德雷气急败坏地说，"一座桥就是一座桥，不管在莱茵河上的什么地方，都是非常棒的。你到底想要我们怎样，难道是撤退并炸掉这座桥吗？"

"平克"没有回答，但也毫不退让。布莱德雷觉得他必须打电话给艾森豪威尔。

"布莱德雷，这太棒了！"艾森豪威尔在听到这则消息后高兴极了，"立即让你手下的所有部队过桥。这可是我们最大的突破！"艾森豪威尔对布莱德雷表示热烈祝贺，批准第一集团军让4个师立即前往莱茵河东岸。

但布莱德雷没有就此罢休。他盯着"平克"的眼睛，不动声色地告诉艾森豪威尔，他清楚此举有悖于最高统帅部的计划，因为那里的地形显然并不理想。

"你问要是那些参谋不高兴怎么办？"艾森豪威尔说，"德军更不高兴。行了，开始行动吧，布莱德雷。只要我这里有，你要什么我给你什么，一定要守住桥头堡。即使那里的地形不理想，我们也要好好加以利用。"

24小时后，布莱德雷派出8000人在莱茵河的德国一侧安营扎寨。

尽管攻占雷马根大桥的消息令人欣慰，但是作为最高统帅，艾森豪威尔在1945年初的前几个星期里很不好过。除了天气、法国人以及反复出现的地面部队指挥官的问题以外，最让他感到头疼的是，这场旨在提高蒙哥马利地位的运动屡次三番地发生。2月，他对布鲁克元帅说："在我担任盟军指挥官期间，没有哪次事件像这场在报纸上爆发的事件这般让人难以应对。"

艾森豪威尔清楚，双方的感情都受到了影响。

一方面，布莱德雷仍对英国媒体的评论耿耿于怀，而私下里艾森豪威尔及其心腹也不会因此责怪他：英国人总是夸夸其谈，宣称第八集团军在突尼斯取得大捷；当蒙哥马利的军队英勇作战时，布莱德雷的大兵却在西西里岛"吃葡萄"；美军在阿登战役中笨手笨脚，致使盟军不能早日结束战争。美国军官在这场战争中一直被视作低级合作伙伴，早就对英国人的这些吹嘘感到不满。美国国内的报纸也在头条写道："蒙蒂独得赞颂，美军备受冷落。"

艾森豪威尔清楚，马歇尔一定看过所有这些文章。而蒙哥马利却无意压制英国人对布莱德雷的批评，这自然会导致许多美国人以及许多英国人认为蒙哥马利居心叵测。比德尔深悉幕后的一切，他后来表示"不知道该怎样正确形容蒙蒂，只能说他是个混蛋"。布莱德雷的怨恨在经巴顿挑拨之后，到1945年时已经根深蒂固，蒙哥马利再说什么也都是徒劳，因为无论他有多诚恳和真挚，美国方面都不会感到满意。

另一方面，尽管蒙哥马利的妄自尊大不逊于麦克阿瑟，但艾森豪威尔知道蒙哥马利是真的认为他知道该如何打赢这场战争。这个英国人往往是正确的，而且能够击中要害。除非你能彻底让他闭嘴，否则他会一直争论不休。但是在上级作出坚定而明确的决定，并且下达不容置疑的命令后，他绝不会拒绝执行。他为人正派，也无疑是一名优秀的军人。他之所以遭遇惨败，是因为没有考虑到人为因素。他的新闻发布会虽然不幸遭到美方的误读，但他的本意是真诚地向美军士兵致敬。蒙哥马利在讲话时多次强调，盟军要团结一致，艾森豪威尔也认为蒙哥马利的这一言论"十分正确"。

因此，蒙哥马利的问题不在于他超过了界限，而是他根本看不到界限。在这方面，他与艾森豪威尔手下的另一位将军有些类似，只不过巴顿是美国人，又是艾森豪威尔的部下，所以即便他的言论引起了麻烦，艾森豪威尔也比较容易控制。

布莱德雷与蒙哥马利在去年6月初建立起来的战友之情逐渐消散，他对蒙哥马利的怒火也在两人进入德国后再次燃烧起来。布莱德雷不会谋求扩大个人或者国家的影响，所以很难理解蒙哥马利行为的缘由。正如蒙哥马利在战后接受采访时表示："我经常会想，假如当时巴顿在我的右翼，（欧洲的）局面就会有所不同，他们也可能会更理解我。"

艾森豪威尔清楚，对于这些长期抱有偏见的中年人，任何笼统的命令都不可能改变他们的态度，因此他只能以身作则，宣传倡导，清除自己军中的极少数闹事者。但是，就像补给、天气，法国人和德国人的问题一样，民族主义问题也始终挥之不去，艾森豪威尔只能尽量减小它们的影响，而不能完全消除。

艾森豪威尔知道，他的其他问题同样难以对付。由于健康状况恶化，他长期处于痛苦之中，为此时常会发脾气，就像他经常要为部下生气一样。当年 2 月，有医生专程从伦敦飞来，治疗艾森豪威尔受伤的膝盖，但他因为要连续在床上躺 36 个小时而很不高兴。在背上的肿瘤被切除后，他半开玩笑地说，自己背上缝了好几针，所以不会再走背运了。他抽烟比过去更加频繁，眼袋比过去更黑、更明显。他病恹恹地抱怨，自己身上没有一处不疼的地方。更糟糕的是，唯一能够稳定艾森豪威尔情绪的海军助理哈里·布彻被调往最高统帅部的公共关系处，因此艾森豪威尔与他相处的时间少了许多，他非常想念布彻。

艾森豪威尔疲于应对政界领导人，再加上糟糕的饮食习惯、缺乏睡眠和肺部积聚的一氧化碳，使他变得心情烦躁，动不动就对部下发脾气。他破口大骂和恐吓人的次数甚至让他的老朋友们都感到吃惊。他的血压再次飙升。有一次，在艾森豪威尔大发雷霆后，埃弗雷特·休斯在日记中草草写道："艾克又是咆哮又是责骂，他表现得简直就像个疯子。"

艾森豪威尔精神紧张，健康状况日益恶化，就连疾病缠身、憔悴不堪的比德尔·史密斯也看不下去了。这位参谋长以自己惯有的方式直抒己见。

"你看看你自己，"比德尔责备道，"你现在长了眼袋，血压也前所未有的高。你甚至都走不到屋子对面。"他认为艾森豪威尔需要尽快离开巴黎，好好休息一下。

艾森豪威尔一言不发。他还能说什么？比德尔说的对，但战争正在进行，休假对他来说是一种奢侈，至少现在不行。

艾森豪威尔在考虑手下将领的利益时，认为巴顿也应得到一定的奖赏。艾森豪威尔曾在一份个人备忘录中对手下的美军将领进行评价，将骑兵巴顿排在第四，仅次于布莱德雷、卡尔·斯帕兹和比德尔·史密斯，排在克拉克、特鲁斯科特、杜利特尔和杰罗之前。2 月，艾森豪威尔向马歇尔递交了一份名单，被建议擢升的人中第三集团军有 4 个，而第十二集团军群仅有 1 个，第一集团军没有人在这份名单上。他还向布莱德雷和德弗斯发去一份备忘录，称赞巴顿的第四装甲师和第三十五师打破了巴斯托涅的包围圈。此后不久，艾森豪威尔又对马歇尔说："巴顿是我最要好的朋友，我们相交已有 25 年。另外你也知道，我在战争中曾经多次力挺他，我想现在轮到他回报我了。在某些情况下，他简直无可匹敌。"

当然，艾森豪威尔的这名爱将并非完全不让人担心。有记者告诉布彻，陆军部曾经因为巴顿的正式报告过于华丽，不像是合格的军事文章，所以下令让他低调一些。这种说法放在巴顿身上倒也十分可信。此外，艾森豪威尔还得知，巴顿声称《星条旗报》的《威利和乔》系列作品的作者、著名漫画家比尔·莫尔丁描绘了两个在战壕里无精打采、蓬头垢面的普通士兵，是在鼓励人们外表邋遢、纪律松懈，因此威胁说要把他关进监狱。为此艾森豪威尔感到非常尴尬。

在艾森豪威尔看来，自去年 8 月以来，这名来自加利福尼亚州的跑卫战功赫赫。他一直想要为此让巴顿晋升为四星将军，关键在于时机。

而目前的时机肯定不合适，因为布莱德雷和德弗斯仍是三星将军，因此艾森豪威尔在此事上态度坚定，不会让巴顿在华盛顿的拥戴者破坏了合理的晋升制度。"我相信陆军部会等到我推荐以后，再把巴顿的名字列入晋升名单，"他对马歇尔说，"没有人比我更熟悉巴顿的优点和缺陷。过去，我曾在最艰难的时候对他加以赞赏。在特定情况下，我和布莱德雷会选择巴顿指挥我们手下的其他将领，但在其他情况下，我们更倾向于霍奇斯……我认为，他应当与其他合适的人选一起，等待陆军部的考量。"艾森豪威尔对这件事态度坚决，因此在同一天再次给马歇尔写信，做了补充说明：

> 我很清楚，为什么巴顿的魅力和知名度会对陆军部产生巨大影响，但是只要德弗斯仍在我麾下，并且恪尽职守，对他们就应当按照我之前提供的顺序进行任命。我和布莱德雷都认为，那些战功赫赫的集团军司令最终都会获得四星将军的军衔，但是目前，如果让巴顿单独排在霍奇斯、帕奇和辛普森之前，将有损后者的威信，我认为这是一种不明智的做法。

布莱德雷和德弗斯这两位集团军群司令是下一次提拔的关键人物。

1944 年 12 月，国会授予了一批将领五星上将军衔，因此接下来也应当任命另一批将领为四星将军。艾森豪威尔继续向马歇尔施压，希望将布莱德雷提拔为四星将军，但他和马歇尔都清楚，布莱德雷的擢升会带来一堆问题，因为还有许多比他资历更老的将军，例如麦克纳尼、德弗斯、克拉克，甚至还有乔治·巴顿。

布莱德雷拿下雷马根的桥头堡后，艾森豪威尔得以再次为此事进行游说。3 月中旬，罗斯福总统向参议院提交了布莱德雷、德弗斯和克拉克三人的名字。当艾森豪威尔看到史汀生部长这次没有把巴顿的名字也加进去时，他如释重负。艾森豪威尔很高兴他能为这位忠诚的朋友做些实实在在的事情。3 月 14 日，他写信给布莱德雷说："如你所知，我一直认为这件事情早就该发生，所以我几乎没有必要再说'祝贺你'。我真的非常高兴，但更让我感到欣慰的是，我相信总统和陆军部的这一举动将在很大程度上在国内重新建立人们对美军领导人在该战区所起的实际作用的正确理解。"

3 月中旬，艾森豪威尔再次时来运转。由于布莱德雷从雷马根穿过莱茵河，挽回了美军的声誉，美国的三军参谋长彻底否决了布鲁克关于设立"地面总司令"的方案，现在盟军可以全神贯注地开展鲁尔河战役与柏林战役。3 月 24 日，蒙哥马利即将开展"掠夺行动"，率军浩浩荡荡渡过莱茵河，因此，将希特勒企图建立的"千年帝国"扫入历史的垃圾堆，只不过是个时间问题。

眼看胜利在望，艾森豪威尔想要稍微放松一下。他不希望自己成为这场战争中的最后一个牺牲品，他承认，高血压像 88 毫米口径高射炮一样，会置他于死地。有时候，斯帕兹将军还会带着吉他，来到艾森豪威尔的营房。这两个西点军校的同窗——有时候再加上他们的助手、陆军妇女队和红十字会的姑娘以及记者们——会一起引吭高歌，齐唱军中过去流行的歌曲，譬如《炮兵之歌》(*The Artillery Song*) 和《啤酒桶波尔卡》(*Beer-Barrel Polka*)，但唱着唱着就走了调。

艾森豪威尔很喜欢布莱德雷造访凡尔赛，虽然两人一开口就是谈公务，但几个小时以后，他们就会讲起荤段子，谈到战争结束后带着猎犬去打猎，还会呷上几口小酒。艾森豪威尔打桥牌比过去要频繁一些，甚至还计划休几天假，他早就想到法国里维埃拉的豪华别墅里住上一段时间了。

里维埃拉在战前一度是欧洲贵族的游乐场，但如今已经面目全非。1944 年 8 月，这里成了"龙骑兵行动"的袭击目标，因此推土机、两栖运兵车和高速货船的痕迹仍然留在这片传奇的海滩上。但是在夏纳（Cannes）的一座名为"背风地"（Sous le Vent）、据称耗资 300 万美元建成的宏伟宅邸，恰好位于"龙骑兵行动"的登陆区之外，非常适合在紧张的战事之余进行休养。3 月 19 日，身体和精神都极度疲劳的德怀特·艾森豪威尔和凯、比德尔及其秘书、米基、布莱德雷以及其他几人一起动身前往夏纳。

对艾森豪威尔来说，带着好友和迷人的秘书，前往里维埃拉一栋偏僻的别墅，仿佛是一场恣意的郊游。他暂时把战争的控制权放心地交给了他人，他头脑放空，身体也陷入了无意识状态，而这正是他长期以来一直求之不得的。艾森豪威尔走进卧室，一连睡了将近两天。据凯回忆说，艾森豪威尔眼神茫然，几乎不怎么吃东西，即便偶尔振作精神，也很少做什么事。当凯建议打一轮桥牌时，艾森豪威尔拒绝了。"我集中不了注意力，不能打牌。"他用最简单的言辞含糊不清地对凯说，"我只想坐在这里，什么都不用考虑。"

来到里维埃拉的第三天，在凯看来，艾森豪威尔似乎"有些像是正常人了"。1945 年 3 月 23 日，他在蒙哥马利发动"掠夺行动"的前一天离开了夏纳。此时，他已经近似过去的那个艾森豪威尔了——总是面带微笑，喜欢抽烟、开玩笑和打桥牌，并且急着回到飓风中心。他不仅恢复了往日的活力，也恢复了在 1 月与布鲁克和蒙哥马利争斗时以及在阿登战役后有所减损的自信。艾森豪威尔情绪高涨，甚至庆幸自己，当然还有布莱德雷，始终坚持了齐头并进的战略。他在不久之后写道：

> 去年（1944 年）夏天，我和布莱德雷为莱茵河以西的战役制订了计划，并且对此坚定不移。这是向莱茵河东部深入的必不可少的初始步骤，我们也严格按照方案执行，所以我感到欣慰。你们可能知道，帝国总参谋长（布鲁克）一度认为我所做的事情是错误的，并且在这个问题上与我进行了激烈的争论。昨天我在莱茵河畔见到他时，他彬彬有礼地告诉我说我做得对，我现有的计划和行动经过深思熟虑，适应目前的局势……但愿这不是我自吹自擂，可我必须得承认，我和布

莱德雷从一开始就坚信不疑并且在面对内外部反对意见时仍一以贯之
的计划取得了显著成效。

艾森豪威尔已经做好了重返战场的准备。接下来，在他生平最盛大的
一场演出中，他将亲眼看见令人欣慰的最后一幕。

第24章　直奔易北河

只要布莱德雷和艾森豪威尔凑到一起，他们就会变得胆小怕事。

——巴顿，1945年3月31日

在巴顿眼中，布莱德雷永远是一名优秀、技术熟练的军人，而不是一位有创造力的指挥官。自突尼斯战役以来，布莱德雷采取的战术就一成不变：始终向前推进，但不会用力过猛；能承担风险，但不会大胆冒险；侧翼一旦暴露，就开始忧心忡忡。"他虽然是一名出色的军官，但身上显然少了点儿什么。"巴顿在1945年1月底说道，"他无法把战争视作一种斗争，而不是一门教育课。"

然而，在拿下特里尔和雷马根大桥后，这位"帐篷制造商"似乎愿意多承担一些风险了，给了巴顿的集团军更多回旋余地。3月的一天下午，当巴顿在指挥所刮脸理发时，布莱德雷走进临时理发店，并告诉巴顿他准备横扫德国南部，在第三和第七集团军的结合部从侧翼进攻齐格菲防线，并且希望跟巴顿商讨一下。巴顿顿时来了兴趣。他站起身，大声叫来另外一名理发师。几分钟后，这两位将军肩并肩坐在一起，脸上都盖着热气腾腾的毛巾，开始讨论可能的战略。

两人决定让巴顿派遣沃克的第二十军前往齐格菲防线后方，穿过帕奇的第七集团军的前线，从背后对第七集团军的敌人发起猛攻。如果行动成功，他们就能卷起齐格菲防线，包围德国西部第二大工业区萨尔的普法

515

尔茨领地（Palatinate）[①] 的敌军，还能占领莱茵河和美因河上几处理想的渡河地点，打开通向德国腹地的边门。"最高统帅部正在就是否让我们渡过莱茵河作出决定，这能让我们不再静坐观战"，巴顿说。对他来说，这话差不多可以算是在称赞第十二集团军群深谋远虑。

也许布莱德雷终于不再"少了点儿什么"了。

席卷齐格菲防线： 与蒙哥马利竞赛

两天后，即 3 月 9 日，巴顿在那慕尔把埃迪将军发来的电报拿给布莱德雷。埃迪告诉他说，第十二军在摩泽尔河与莱茵河汇合处不远的地方攻占了一座完好无损的桥梁。巴顿想到了种种可能性，并且说服布莱德雷让德弗斯将第七集团军的界线暂时南移，以便第三集团军在美因茨逼近莱茵河。后来，当巴顿发现这座桥梁在交战期间被炸毁时，他决定隐瞒这个消息。他架设了 3 座浮桥，然后继续前进。

为了让自己在政治上和军事上能多一些回旋余地，巴顿还与好友帕奇达成了一个秘密约定。两人一致认为，出于"复杂的原因"，第七和第三集团军的边界需要进行调整。运气好的话，3 月底之前，巴顿就能在他的战线后方占领萨尔的普法尔茨领地，俘虏大批敌军。

巴顿对目前事态的发展感到满意，但眼看大战即将结束，他亟须攻城略地，成为新闻的焦点。3 月 11 日，当布莱德雷打电话过来时，巴顿告诉他："抱歉我没有登上报纸的头版。"布莱德雷不以为意，而是答道："嗯，看来就连你有时候也需要重整旗鼓。"但"重整旗鼓"是巴顿最不喜欢的字眼儿，两天后，他如释重负地看到，普法尔茨领地的攻势如期开展。

第三集团军的进攻非常顺利。沃克的步兵和炮兵部队在隆隆的炮声中率先出击，将德国的后备部队吸引到南部。接着，埃迪的第十二军扑向摩泽尔河。他的坦克手驾驶着"谢尔曼"坦克一路冲杀，击垮了势单力薄的抵抗军，向莱茵河疾驰而去。巴顿也很快率领 4 个装甲师，从德军自诩牢不可破的齐格菲防线后面发起冲锋。他综合了装甲部队迅速出击、近距离

---

① 普法尔茨是德国历史上一种特殊领地的名字。这种领地的领主被称为普法尔茨伯爵，这个头衔的意思是"王权伯爵"。在普法尔茨领地内，普法尔茨伯爵拥有行使王权的能力。——译者

空中支援和步兵快速推进等可靠战术，包围了德国的第一和第七集团军。这两支军队在巴顿和帕奇的夹击下溃不成军。3月21日，盟军控制了萨尔地区的工厂，巴顿终于得以向莱茵河进发。

当普法尔茨战役进入高潮时，艾森豪威尔和比德尔·史密斯意外造访了第三集团军。他们本来将目的地定在布莱德雷的总部，由于天气恶劣不适合飞行，最后只能在卢森堡降落。巴顿临时组织了一个仪仗队迎接两人，因为他猜测比德尔·史密斯以前没有受到过这种礼遇。在对两位贵宾表示热烈欢迎后，巴顿带着艾森豪威尔和比德尔乘坐吉普车视察了第十装甲师的地盘。最高统帅部之前曾下令让巴顿将这支军队交给统帅部作为预备队。这次友好之旅起到了作用。艾森豪威尔对战果表示高兴，预言巴顿的迅速行动能够挽救前线数以千计的士兵的性命。为了助第三集团军一臂之力，艾森豪威尔愉快地答应了巴顿的请求，将帕奇手下的第十二装甲师交给他，好让第三集团军能够向东发起猛攻。巴顿发现，第三集团军已经开始接收援军，而不是向其他部队输送力量了。

当天晚上，艾森豪威尔在第三集团军的总部留宿。次日清晨，按照巴顿刻薄的说法，"他第一次屈尊对我进行了褒扬"。正如巴顿后来写道，在一次参谋会议上，"他（艾森豪威尔）表示我们第三集团军都是经验丰富的老兵，而没有认识到自身的伟大之处，我们理应更加自信和自负才对，否则人们就会意识不到美军战士有多优秀……他还大加赞扬，声称我不仅是一位出色的将军，而且是一位幸运的将军。他还说就算是拿破仑也更看重幸运而非伟大。"接着，巴顿"告诉他说，这是我们一起服役两年半以来，他第一次夸奖我"。

艾森豪威尔却不以为意，因为巴顿本来就是这个样子。

随后，巴顿陪同艾森豪威尔和比德尔乘坐他的C-47专机，前往帕奇的总部。斯帕兹将军之前将这架配有真皮座椅的飞机，连同上面的机组成员和一名红十字会女乘务员送给巴顿作为礼物。这次会晤十分愉快，所有人都表现得很合作。巴顿返回总部后一身轻松，并且在吃晚饭时回顾起艾森豪威尔的这次访问。

"我看艾克很高兴，"巴顿对哈普·盖伊说，"他们应该让他多出来几次。"

"有一点我不明白，"盖伊答道，"他说第三集团军不够自负，这句话你怎么看？"

"很简单，"巴顿一边搅动汤匙一边说，"艾克很快就要竞选总统。第三集团军可代表着很多选票呢。"

众人怀疑地笑了起来。巴顿抬头看着大家。

"你们觉得我是在开玩笑吗？我可没有。不信咱们就走着瞧。"

普法尔茨战役是巴顿在这场战争中发动的最后一次大规模攻势。他的部队围绕帕奇的第七集团军展开行动，包围了凯塞林第一集团军的大部分人马，摧毁了齐格菲防线。巴顿和盖伊认为，这场战役是第三集团军的巅峰时刻。霍奇斯充满钦佩地看着巴顿向前推进。性情温和的吉·杰罗现在负责指挥第十五集团军，也发电报给巴顿表示祝贺，称他再创"杰作"，包围了几支军队，"其中一支是我们的军队"。第十二集团军群的总工程师打电话给第七集团军的参谋，开玩笑地告诫说："看在上帝的分儿上，赶紧往巴黎跑吧，否则你会被巴顿关进囚笼！"

对巴顿来说，一切都格外顺利。当有消息称巴顿再次取得大捷时，高级记者们立即抓住机会，纷纷带着纸笔奔向南方。《时代》杂志派出席德·奥尔森（Sid Olson）撰写了一篇关于巴顿的封面报道。这也是他第三次登上该杂志的封面。在封面的水彩画中，巴顿中将在一辆坦克旁边皱着眉头，将戴着指节铜环的拳头放在坦克上。

德国国防军——或者说德军的残兵败将——士气低落，兵员不足，从弹药到泡菜，所有补给都十分匮乏。盟军不应继续等待，而是要立即夺取渡口，直插德国垂死的心脏。布莱德雷扫了一眼日历，认为巴顿必须迅速前进。1945 年 3 月 19 日，他批准巴顿竭尽所能地尽快渡过莱茵河。

随着普法尔茨战役告捷，巴顿渡过莱茵河的压力也越来越大。由于蒙哥马利计划于 23 日在北方横渡这条大河，有传言称如果巴顿不能迅速杀到莱茵河东岸，他和帕奇的 10 个师会被调往蒙哥马利的集团军群。因此，问题不只是要在渡河时抢先蒙哥马利一步，以赢得更大威望。在渡过莱茵河后，巴顿这位墨西拿的征服者计划发动一场猛烈的进攻，好让最高统帅部无法撤出他的部队交给蒙哥马利。他希望，将这个"荣誉"留给帕奇。

巴顿不顾一切地想要赶在蒙哥马利之前渡过莱茵河，因此甚至开始考虑出动小型炮兵侦察机，一个营一个营地将步兵运到对岸，但第三集团军仅仅依靠突发奇想的计策可过不了莱茵河。3 月 22 日一早，巴顿在以酿酒闻名的小镇奥本海姆（Oppenheim）取得了突破。当获悉这里的渡口几乎无人把守后，他命令埃迪在夜幕降临后拿下桥头堡。晚上 10 点，埃迪的第五步兵师率先冲了过去，在渡河时没有遇到任何阻拦。次日清晨 8 点，该师陆续利用摩托艇和竹筏渡河，将 6 个营的步兵送到莱茵河东岸。

“赞美上帝！”巴顿感叹道。

3 月 23 日是蒙哥马利计划大规模横渡莱茵河的日子，当天一早，布莱德雷像往常一样在那慕尔城堡精致的餐厅里吃早饭。当他小口呷着第二杯饮料时，助手转过来一通电话，是第三集团军的巴顿打来的。

布莱德雷听到听筒里那边的人在神神秘秘地低声说话，巴顿的声音听起来有些尖厉，说明他很激动。

“布莱德雷，别告诉其他人，我已经过了河。”

“天哪，真的吗？你是说过了莱茵河吗？”

“当然，昨天晚上，我悄悄向对岸送去了一个师。”巴顿说，“但是附近的德军很少，他们还都不知道，所以不要对外宣布，我们先保守秘密，看看情况会如何发展。”

布莱德雷让巴顿将 10 个师送过莱茵河，然后挂断了电话。

当天的时间似乎飞快地过去了。黄昏时分，布莱德雷再次从电话中听到巴顿尖厉的声音。

“布莱德雷，看在上帝的分儿上，赶快告诉所有人我们已经过了河！我们今天干掉了 33 个德国兵，他们想要摧毁我们的浮桥。我想让全世界都知道，第三集团军在蒙蒂渡河之前就获得了成功！”

布莱德雷立即答应下来，迅速召集记者团，详细叙述了美军在奥本海姆渡河的情况。他清楚，蒙哥马利即将率领百万大军从北方渡河。这次大规模行动经过长期计划，事先进行了一个月空袭，有强大的海军、空军、烟幕和炮兵支援，甚至还提前研究了莱茵河两岸的土壤样本。布莱德雷强调，第三集团军已经成功渡河，甚至没有发射一枚迫击炮弹。他知道，媒体一定会进行对比，而蒙哥马利声势浩大、耗资巨大的渡河行动也一定会处于不利地位。既然布莱德雷已经在莱茵河上拿下了第二座桥头堡，他很高兴能抢了蒙哥马利的风头。

不过，这只是一座小桥。巴顿急于成为万众瞩目的焦点，所以在仓促之间让第五师渡河，让师长感到如坐针毡。更糟糕的是，为了能以最小的阻力渡河，巴顿决定率军从莱茵河与美因河交叉口的南部渡河。这就是说，他必须渡过美因河，才能抵达这次行动的直接目标法兰克福。

但巴顿已经比蒙哥马利抢先一步，所以他毫不在乎。他已经完成了 3 个星期前开始的任务：在敌国打一场漂亮仗、包围敌军并赶在英国对手之前抢渡莱茵河。为了确保所有人都不会忘记他来过这里，24 日，他让米姆斯军士驾车，带他来到一座浮桥当中，站在莱茵河中央。他先是说了一句"这一刻我已经期待很久了"，然后解开裤子拉链，朝这条德国的大河撒了一泡尿。

巴顿这泡尿无疑向柏林传递了一个明确的信号，从而再次让艾森豪威尔精神一振，因为这明确地说明，战争即将接近尾声。这也进一步证明，尽管巴顿一向反常，但艾森豪威尔有理由对他的这位朋友表示信任。数日后，艾森豪威尔写信给巴顿：

> 我写这封短信的目的是亲自对你表示深切的感谢。从 8 月 1 日第三集团军投入战斗开始，你就率领这支部队出色地开展行动……作为一名战地指挥官，自从非洲战役打响之日起，你就陪伴在我身边，而且自始至终表现得如此杰出，我为此感到骄傲……
>
> 谨此一如既往地向你致以亲切问候，
>
> 德怀特·D. 艾森豪威尔

当巴顿率军艰难地穿过莱茵兰东部时，有一个地方引起了他的注意。2 月，比德尔的秘书曾通知哈普·盖伊，巴顿的女婿约翰·沃特斯上校被从波兰东部的一座战俘营转往西德某地。盟军获悉，哈默尔堡（Hammelburg）附近的一座战俘营 Oflag 8-B① 内关押着不少美国军官。巴顿认为，沃特斯很有可能就被关押在那里。虽然这座战俘营恰好位于第三集团军的界限之外、第七集团军的地盘内，但他很难从地图上移开目光。据他所知，德军

---

① Oflag 即德语 Offizierlager 的缩写，意思是军官营。——译者

会在战俘营被解放前将他们转移或屠杀殆尽。此外，远在东半球的麦克阿瑟将军曾经派遣突击队，解放了菲律宾的一座战俘营，救出了大约 500 名美国士兵，否则这些人就会被日军看守杀害。此举让麦克阿瑟成了各大报纸头条竞相报道的对象。也许这次，他可以在德国开展同样的突袭行动——不，更出色的突袭行动。

1945 年 3 月 26 日，巴顿飞往曼顿·埃迪的总部，提议派一个团向战俘营发动袭击。这个行动并非没有价值。在突出部战役之前，埃迪就解放过一个战俘营。但埃迪和第四装甲师师长威廉·霍格（William Hoge）准将对这一行动抱有严重顾虑。埃迪指出，如此深入敌后，其风险显而易见，并且警告巴顿说，一旦行动失败，他会让整个团的 3000 人陷入危险，但能够营救出来的战俘相对较少，这会使他备受谴责。

巴顿像往常一样不为所动。他已经突破了齐格菲防线，占领了萨尔，渡过了莱茵河。现在的他就像葛底斯堡战役之前的李将军一样，仿佛他的第三集团军能够攻无不克。他下令埃迪和霍格发动突袭，但由于埃迪强烈坚持，他同意霍格将一个团缩减为两个摩托化连，派出不到 300 人，以增强机动性，让敌军措手不及。巴顿的高个助手、得克萨斯人亚历克斯·斯蒂勒少校一再请战，巴顿只得让他加入了突击队。"因为我能认出约翰·沃特斯来。"亚历克斯说。

这次突袭以惨败告终。本应偷偷潜入敌后的特遣队后来被迫一路杀了过去，包围了战俘营。当约翰和其他美国军官在休战旗下走出战俘营时，一名德国卫兵用毛瑟枪射中前者的后腰，将他打倒在地，随后约翰又被拖了进去。当地的德军使用"铁拳"火箭筒和小型武器集中力量对美国特遣队发起攻击，摧毁了全部 53 辆汽车。特遣队的 293 名战士中，只有 15 人返回了美军的战线。

巴顿清楚，自己一定会因为这次鲁莽的行动被骂个狗血喷头。更让他抓狂的是，约翰·沃特斯以及前去营救他的助手不知道会发生什么事。米德尔顿记得，一天下午，巴顿忧心忡忡地出现在第八军总部。

"米德尔顿，"他说，"我又惹麻烦了。这一次我闯大祸了。我简直是让亚历克斯·斯蒂勒去送死。"

巴顿满脸都是痛苦。"我爱这个孩子就像爱自己的儿子一样，"他接着说道，"我怎么会听他的，让他也参加行动了呢？"

"你派去了多少人？"米德尔顿眯着眼睛问。

"哦，差不多算是一个加强连吧。"

"一个加强连！"米德尔顿大吃一惊，"你可真行。这种任务至少要有一个作战司令部才行。"

巴顿没有听进他的话，而是一心在想着亚历克斯和约翰。他嘟嘟囔囔地说，他当时看亚历克斯"一副病容"，所以不让他去，但最后还是作出了让步，同意亚历克斯前往。

在"幸运前锋"，巴顿清楚他必须尽量减小这件事对自己声名的危害，而且为了不让媒体对此大做文章，他封杀了这件事情。当然，最终他还是会取消新闻禁令，但那是以后的事，等到有好消息能够盖过这次突袭再说，而目前他的眼中只有一件大事，那就是攻打德国。

谁来攻占柏林？

3月底，在追击残余的纳粹国防军时，奥马尔·布莱德雷效仿他心目中的英雄谢尔曼将军，一路穷追猛打。突出部的威胁已经减弱，"伟大的平庸之地"——这是布莱德雷对巴黎和瑟堡之间的巨大补给区的称呼——的后勤问题也不像去年9月时那样紧张了。正如他的一位密苏里州同乡所言，他在运筹帷幄时犹如"一个握有四张王牌的基督徒那样泰然自若"。艾森豪威尔让布莱德雷在最后一战中担当主角，随着他的部队不断涌向德国领土，让布莱德雷感到宽慰的是，他完全有理由对英国人置之不理，就像蒙哥马利在这场战争的大部分时间里对他也是置若罔闻一样。虽然凡尔赛偶尔也会命令布莱德雷将部队交给第六集团军群，但他已经在莱茵河上建立了桥头堡，征服了萨尔的普法尔茨领地，所以最高统帅部不会再像过去那样公然抢走他的部队了。

如今，布莱德雷率领着美国有史以来最大规模的军队，登上了事业巅峰，成为每一个身穿戎装的人都羡慕的对象。他的个人生活也令人愉快，指挥所内舒适豪华，还有著名影星玛琳·黛德丽陪在身边——自去年12月以来，布莱德雷就经常与她共进晚餐。在鸡尾酒会上，黛德丽还会向他唠叨个没完，比如自己当过希特勒的情妇云云。她似乎很喜欢挑逗布莱德雷的部下。在喝过几杯马提尼后，她笑嘻嘻地对布莱德雷的几名助手说，她把布莱德雷送给她的一件夹克当成了睡袍。

黛德丽总是抱怨"主宰"（Master）和"雄鹰"总部不尽如人意的营房、粗鲁的校官和一星军官，布莱德雷的参谋们的负担本来已经很重，用不着容忍这位好莱坞影星，但他们又不得不迁就黛德丽，因为布莱德雷有些迷恋这个明星，喜欢让她陪在左右。不过，黛德丽在这里不只是为了鼓舞士气。当美军占领德国西部后，这位德国演员凭借第十二集团军群司令的帮助，开始不顾一切地寻找在大雾和战争中失散的亲人。

此外，奥马尔·布莱德雷还与他昔日最大的眼中钉达成了和解。在与最高统帅部和蒙哥马利斗争的过程中，他和巴顿的关系不断加深。布莱德雷希望，他终于开始了解小乔治·史密斯·巴顿这个人。多年以前，巴顿的父亲、凯瑟琳·马歇尔和艾森豪威尔就意识到，你越是关注巴顿身上许多令人恼火的毛病，它们就越是糟糕。从某些方面来看，这些毛病就像小孩子发脾气，如果你置之不理，它们就起不到任何作用。2月中旬，布莱德雷的助手，也是巴顿长期的批评者之一的切特·汉森，表示自己改变了对此人的看法：

> 巴顿将军总是被人描述成一位神气活现、哗众取宠的将军，但他实际上是一位精明出色的将领。作为陆军指挥官，他受到了人们的盛赞。他反常的习惯显然是有意为之，是为了感染手下的士兵。如果你在晚宴上听他故作毫无事实根据的惊人之语，然后昂起头来等着众人对此作出的强烈反应，它的确会是一件很有意思的事情。

然而，就算他们改变了对巴顿的看法，第三集团军很快就又惹出了乱子。大约在3月27日，一名新闻记者问起布莱德雷有关巴顿将军下令到敌军战线后解放战俘营的事情。布莱德雷皱了皱眉，表示对这次突袭无可奉告，因为他一无所知，但他答应会弄清事实。

他打电话到巴顿在伊达尔—奥伯施泰因（Idar-Oberstein）的总部，让后者接电话。布莱德雷开门见山又不失礼貌地问了几个问题，巴顿只得抱歉

图 24-1　挺进易北河（德国，1945 年 4 月至 5 月）

地告诉前者，他的确曾经下令在哈默尔堡开展突袭。

巴顿发誓自己不知道女婿被关在这座战俘营，但他知不知道这一点并不重要。这次惨败让巴顿及其上级，也就是布莱德雷和艾森豪威尔，很难面对媒体。这次突袭已经演变成了一场公关噩梦，而且造成了不必要的灾难。"乔治当然清楚，假如他请求我批准，我一定会表示反对，"布莱德雷后来说道，"他几乎全军覆没……这只是一个惊人的噱头。这次突袭也许会让他救出女婿，登上各大报纸的头条，但我认为这是一次莽撞的行动，从一开始就注定会失败。"

然而，即使哈默尔堡突袭是一次莽撞之举，但布莱德雷近来已经改变了对巴顿的态度，认为这只不过是白璧微瑕。随着巴顿率军穿行于被炸毁的小镇和莱茵河畔的丘陵，布莱德雷对这名骑兵的信心不断增长，相信德国的末日即将到来。巴顿在最大限度地发挥优势，几乎是不计后果地进行冒险。在布莱德雷的地图上，那些油脂铅笔画出的蓝色线条看起来极其单薄而危险。但他相信巴顿的直觉，此人不会把任何兵力浪费在掩护侧翼和应对还击上，但总是能够在德军来犯时拥有足够的兵力。最近，随着第三集团军不断向前推进，他过去用于四处炫耀的标志——象牙柄手枪——也多次出现在人们眼前，但布莱德雷不再像从前那样在意了。

虽然布莱德雷不会对巴顿的夸张行为感到恼火，但他还是注意到第三集团军成了媒体的焦点。他不介意自己手下的将军登上报纸，却对第三集团军吸引了过多的笔墨感到不安。正如哈里·布彻所言："不论是谁，必须要有足够的影响，才能与巴顿平分秋色。"在布莱德雷看来，霍奇斯得到的关注远远不够。在报纸上，其他将领也需要——介绍，但第三集团军是"巴顿的军队"，这支英勇的队伍攻占了近3000座城镇，俘虏了14万名敌军。霍奇斯被平平淡淡地称作"第一集团军的主将"。在描写齐格菲防线战役时，《时代》杂志充满了溢美之词：

> 巴顿如鱼得水，在艾森豪威尔教练的手下，他犹如一名敏捷勇猛的中卫。他的四分卫奥马尔·N.布莱德雷将军安排了一出好戏，示意巴顿采取行动。在中卫巴顿旁边，考特尼·希克斯·霍奇斯中将的第一集团军进行了出色的拦截……现在，中卫巴顿攻下了圣洛，抢占了报纸的头条。

> 他绝对是欧洲战场上民众心目中的头号英雄……在体型瘦削、心胸宽广
> 的巴顿身上，喜欢崇拜英雄的美国人看到了一位英雄将军的身影——风
> 趣的冒险家、勇猛的骑兵、行动迅速的实干家，更是一位胜利者。

布莱德雷心想，这完全是胡言乱语，像麦迪逊大道式的广告，与事实相去甚远。没错，从某种程度上来看，霍奇斯就像一名坐镇指挥的教练。但是作为一名战地陆军指挥官，他的职责就是冲锋陷阵。他并没有静坐不动。在鲁尔河，霍奇斯作为盟军这把巨钳在南方的钳臂，与英军合围包抄了近 32.5 万名德军，比苏联红军在斯大林格勒形成的包围圈更大。霍奇斯率先渡过莱茵河，占领了第一座德国城市，也将第一个与苏军会师，因此真正的配角不是霍奇斯，而是巴顿。

布莱德雷一直声称自己不在乎宣传问题，而且大部分时间里他也的确如此。布莱德雷天生谦逊。他不明白为什么媒体会对在欧洲战场上战斗的上百万美国人中的一个如此大惊小怪，不管他是否有闪亮的手枪。随着蒙哥马利、巴顿和艾森豪威尔成了万众瞩目的英雄，奥马尔·布莱德雷不会不觉得自己受到了媒体的忽视，否则就是不近情理了。他也的确经常被媒体忽视。在诺曼底登陆 3 天后，他从蒙哥马利那里借来一份报纸，急切地想要找到有关进攻行动的新闻，但只看到媒体对巴顿在多佛（Dover）以及蒙哥马利在诺曼底的表现大加褒扬。4 月初，有记者问布莱德雷，巴顿什么时候能与苏军会师，布莱德雷立即提醒此人，"任何一支军队都有可能与苏军会师"。1 月，当巴顿和蒙哥马利扫荡突出部时，布莱德雷的助手抱怨说：

> 布莱德雷是战略制定者，巴顿是执行者，但报纸把所有的功劳都归到
> 巴顿名下，而布莱德雷却默默无闻。其证据非常明显，虽然在布莱德雷
> 的出色掌控下，美军制订了进攻计划，但是这一点却没有得到足够重视，
> 以至于他未能入选《时代》杂志的年度风云人物，而在美联社的民意调
> 查中，巴顿位居第二，仅次于艾森豪威尔。如果说真有什么年度风云人
> 物的话，这简直匪夷所思。

艾森豪威尔就像一名走钢丝的演员，现在只剩下最后 30 米了，他暗自

祈祷在抵达终点前千万不要滑倒。1945 年 3 月底，德国战败已成定局。艾森豪威尔毫不客气地提醒某些同僚，尽管有人多次反对，但他始终坚持在莱茵河以西抗击敌军，而非绕到北部作战。他的这番话完全可以理解。虽然艾森豪威尔为人老练，没有指出此人是谁，但所有人都心照不宣。由于当面的德军已经所剩无几，艾森豪威尔几乎可以兵不血刃地进入柏林。珍珠港事件发生后，他的信心备受打击，但如今他情绪高涨，决定让蒙哥马利坐到后排，由布莱德雷掌控方向盘。

在随后几周里，随着巴顿在南方自由开展行动，霍奇斯冲出雷马根的桥头堡，艾森豪威尔眼看着作战地图上一簇簇蓝色的箭头不断向前推进。在鲁尔河两岸，蒙哥马利越过埃森来到利普斯塔德（Lippstadt），霍奇斯前往帕德伯恩（Paderborn），包围了鲁尔谷的守军。3 月 28 日，当有关鲁尔包围圈的消息传到最高统帅部时，艾森豪威尔清楚，敌军的蛇头已经被从身体上斩断。在艾森豪威尔看来，这场战争已经结束。

当然，真正的战斗并没有结束。蛇头从身体上掉落后，仍然会咬住敌人，并将其置于死地。盟军包围鲁尔以后，蛇头必死无疑，接下来所有人都会问：盟军是否会攻占柏林？

这个问题由来已久，但在之前还只是理论之争。现在，盟军已经渡过鲁尔河，艾森豪威尔必须直面这个难题。对于是否进攻柏林，就像是否进攻巴黎一样，艾森豪威尔只能从军事上而非政治上进行考虑。攻占希特勒首都的政治影响显而易见，但他力图忽视这一点，因为他关注的重点是战情地图，而不是政治家们会说些什么。在面临大多数军事问题时，艾森豪威尔都会征求左膀右臂的意见，这一次也不例外。

布莱德雷早就认为，即使柏林陷落，一些狂热的纳粹骨干分子仍会负隅顽抗。第十二集团军群的情报人员一直听到有关"民族堡垒"（National Redoubt）的传闻。据说这是一座位于德国南部农村的基地，一些纳粹的中坚分子准备从这里打游击战，等待帝国复兴。再者，布莱德雷估计，进攻德国首都会造成 10 万人死伤。"为了如此显赫的目标，我们必然会付出高昂的代价"，布莱德雷提醒道。他提议艾森豪威尔应该将注意力放到南方，正确的做法是将主攻方向对准巴伐利亚、奥地利，甚至捷克斯洛伐克。

艾森豪威尔听完了布莱德雷的建议。他向来不喜欢显赫的目标，也想不出一个必须占领柏林的军事理由。有 120 万雄师的苏联红军距离这座城市已经不到 56 千米，而距离柏林最近的盟军也还有大约 240 千米。艾森豪威尔下令"针对德国的心脏开展行动，摧毁其武装力量"。除非联合参谋长委员会作出明确指示，要求他攻占柏林，否则他认为自己没有必要为此牺牲美国、英国、法国和波兰士兵的生命。

此外，他十分信任布莱德雷对柏林作出的军事判断。虽然有关"民族堡垒"的消息没有确凿证据，但他不能冒险在战争的最后一刻犯错。就像格兰特将军在阿波马托克斯一样，艾森豪威尔担心如果不能取得彻底的胜利，他将不得不继续与希特勒那些心理扭曲的信徒在巴伐利亚的山间展开血腥的持久战。尽管柏林具有巨大的政治价值，但他只愿意考虑军事战略。按照这一战略，美军应当向中部和南部进发，英军向德国北部海岸进发，而让苏军攻占柏林。

在柏林问题有了答案之后，艾森豪威尔批准对垂死的"第三帝国"发动两路进攻。布莱德雷负责发动主攻，离开法兰克福，穿越德国中部和南部。最高统帅部会将辛普森的第九集团军还给布莱德雷，由布莱德雷指挥辛普森和霍奇斯发动这场战争中的最后一场大规模进攻，与苏军在爱尔福特—莱比锡—德累斯顿一线附近会师。为了防止纳粹顽固分子在南方孤注一掷，巴顿和德弗斯将横扫巴伐利亚，进入奥地利西北。在最北方，蒙哥马利将占领德国的港口城市，切断德国与丹麦的联系。这是艾森豪威尔"齐头并进"战略的翻版，只不过稍有变化。这一次，蒙哥马利和布莱德雷互换角色，蒙哥马利负责掩护布莱德雷的左翼，布莱德雷负责围剿德军的残兵败将。

随着德意志帝国的最后一幕悲剧拉开大幕，一想到不可避免的流血牺牲，艾森豪威尔就会感到压力重重。他始终在考虑前线的士兵：他们能吃什么，在哪里睡觉，有没有干爽的袜子和可用的武器，这仿佛是他与生俱来的本能。近来，他还要担心，他们会不会成为不幸的棋子，在战争的最后一刻殒命。除了这些负担以外，当苏联士兵和西线的士兵会合后，友军的炮火也像幽灵般萦绕在艾森豪威尔心头。如果说在战争结束前死于德军的毛瑟枪下已经是一出无情的悲剧，那么死于苏军的托卡列夫枪下只会让这出悲剧变得更加悲惨。

既然如此，艾森豪威尔心想，他至少可以采取措施，尽量减少第二种风险。3月28日，他给斯大林元帅写了封短信，大致描述了他对战争的最后几周的计划。他告诉这位大元帅，在确定最后的行动前，希望能与红军协调行动，确保迅速摧毁德国的军队，并请求斯大林告知他打算采取的行动。

数日后，美国驻莫斯科代表收到了斯大林的回信。斯大林同意艾森豪威尔的建议，即让盟军和红军在爱尔福特—莱比锡—德累斯顿一线会师。但是，这位元帅并没有提到他在攻打柏林时需要任何帮助，因为他很清楚自己将如何处置这座城市。

在寄信给斯大林的当天，艾森豪威尔将自己的决定通知了蒙哥马利，要求后者将第九集团军归还布莱德雷。他解释说，第十二集团军群将发动主攻，与苏军在易北河沿岸会师。"你所辖集团军群的任务，"他告诉蒙哥马利，"是掩护布莱德雷北部的侧翼。"

丘吉尔和布鲁克自然对艾森豪威尔将英联邦军队送往次级战场的做法感到愤怒。丘吉尔辩称，战后世界的命运取决于盟军是否能够攻占德国首都。如果让可怕的锤子和镰刀旗 ① 在德国国会飘扬，苏联人必然会在决定欧洲命运的谈判桌上提出令人无法忍受的条件。

在读完丘吉尔的电报后，艾森豪威尔再次大为光火，因为前者要他为了一座在军事上并不重要的城市派士兵白白去送死。除非联合参谋长委员会对此作出明确指示，否则他不会出兵柏林。随后，艾森豪威尔寄信给马歇尔解释自己向德国外围推进的理由。马歇尔在回信中表示，如果未经最高统帅批准，他绝不会下令出兵柏林。这一回复让艾森豪威尔放了心。既然斯大林和马歇尔在柏林问题上意见一致，丘吉尔和布鲁克就只能互相抱怨几句，在形式上反对一下。无论英王陛下的首相作何感想，艾森豪威尔的战略就是盟军的行动纲领。在西欧，已经没有人能够挑战艾森豪威尔的权威了。

宝藏与死亡营

巴顿清楚，他在哈默尔堡一事上得罪了艾森豪威尔和布莱德雷。但是他并没有就此止步。从以往的经验来看，让他们忘掉一条坏消息的最好办法，

---

① 锤子和镰刀旗指苏联国旗。——译者

就是用一条好消息取而代之，而第三集团军已经蓄势待发，准备再次登上报纸的头条。他的军队——不是第三集团军，而是巴顿的第三集团军——素以冲锋迅速、作战勇猛而闻名。《时代》杂志的一篇封面文章引用了最高统帅的一句趣话，鲜明地概括了民众在这个令人兴奋的春天里对巴顿的印象。当被问到行动迅速的巴顿身在何方时，艾森豪威尔回答："我怎么会知道，我已经 3 个小时没收到过他的消息了。"

因此，巴顿并不担心哈默尔堡事件，只要他能够跑得更快，不断给艾森豪威尔带来胜利、战俘、村庄和桥头堡，艾森豪威尔就会永远支持他这个老朋友。

但是巴顿发现，布莱德雷仍然过于谨慎，不愿割断风筝线，让他自由行动。3 月底，布莱德雷告诉巴顿，他的军队不能向东部的易北河进发。巴顿抗议说，敌军正在逃窜，这样做只会贻误战机。次日夜晚，布莱德雷和艾森豪威尔打电话过来，告诫巴顿不要对魏玛、奥尔德鲁夫和爱尔福特附近的一个大型通信中心逼得过紧，为了能够继续进攻，巴顿保证他一定会大获全胜。挂掉电话后，他打趣道："只要这两个人凑到一起，他们就会变得胆小怕事。我敢肯定，假如我们自始至终采取大胆的策略，这场战争早就已经结束了。"在约翰·艾森豪威尔少尉的部队短暂驻扎在巴顿的地盘时，他曾对前者说："一直有人要我等等，好让其他人赶上我。但不管怎样，我每天都会推进 24 千米。"说完，他带着揶揄的笑容，用食指指着约翰说："可别告诉你爸！"

巴顿不断向前推进，截至 1945 年 4 月 6 日，他已经包围了爱尔福特—奥尔德鲁夫地区。埃迪报告称，在这一带的默克斯（Merkers）附近有一座钾矿，其中藏着德国国家银行（Reichsbank）的大批黄金储备，很可能是德国剩余的全部黄金。巴顿的第一反应是，如果这条消息属实，最高统帅部应当向全世界宣布攻占了这里。他认为，此举会让德国的货币急剧贬值，比向战场增加兵力更能加快战争的结束。但是，鉴于这些黄金的归属权可能成为政治问题，他打电话给布莱德雷，力劝他让最高统帅部立即派人来监管这些黄金。在消息被证实前，他下令严禁对此事进行新闻报道。在得知最高统帅部派驻第三集团军的审查员批准了有关报道后，他立即下令将此人开除。

按照巴顿的建议，最高统帅部派遣艾森豪威尔的财务顾问伯纳德·伯恩斯坦上校前来保管这批战利品。伯恩斯坦暂时选择远在西边的法兰克福的德国国家银行作为这批黄金的储藏地。当伯恩斯坦通知巴顿将军，他准备将黄金转往法兰克福时，巴顿兴奋地告诉伯恩斯坦，他可以把黄金留在默克斯，而且想留多久就留多久，因为德军不可能将第三集团军赶出这个地区。

伯恩斯坦回答，他不是这个意思。"三巨头"已经决定，一俟战斗结束，他们目前所在的地方将被交给苏联人。巴顿占领的地区即将成为苏联红军的占领区。

巴顿的脸色顿时沉了下来。他还没听说这事，他平静地说。

如果说美军中还有人希望向奥德河（Oder River）及其以东进发的话，两天后，在布莱德雷的总部，布莱德雷和艾森豪威尔的举动将使这一希望彻底破灭。他们告诉巴顿，他必须让沃克的第二十军在易北河西岸停止行动。苏联红军将接管东部的所有地盘，巴顿只能取消继续进发夺取桥头堡的计划。对他来说，战争的终点就是在易北河畔的某个地方与人握手了事。

4月12日，在发现默克斯的宝藏数日后，艾森豪威尔和布莱德雷飞往巴顿在黑斯费尔德（Hersfeld）的总部，视察第三集团军的防区，其中包括钾矿和奥尔德鲁夫附近的一座"劳动营"。此前，巴顿已经告诉布莱德雷，他这里有一座集中营，布莱德雷应该过来看看。"你肯定不敢相信这些德国人有多混账"，他说。艾森豪威尔答应和布莱德雷一同前往视察，以保存纳粹掠夺和行凶的证据。艾森豪威尔希望好好向将军、记者、摄影师——当然，最后还有政治家们——进行展示，让他们见证一下所谓"优等民族"的罪恶行径。

三人陆续登上吉普车，很快便来到默克斯，通过一系列重兵把守的路障，来到钾矿入口。三位将军和几名随从走进洞穴张开的大口，挤进一辆由一个德国人操纵的摇摇晃晃的木制升降吊笼。随着吊笼马达的声音在黑暗的矿井里回响，艾森豪威尔、布莱德雷和巴顿紧张地来到地面600米以下。随着细长的电缆剪影映在井壁上，井下的日光越来越少，巴顿暗自点头，说道："要是这根晾衣绳断了，美国陆军中的晋升将大大加快。"

黑暗之中，有人操着堪萨斯口音淡淡地说："行了，乔治，你说够了吧。

在我们回到地面之前，不要再开玩笑了。"

隧道里凉气逼人，没有通风设施。三人扯紧外套，在光秃秃的电灯泡下仔细检查。他们面色铁青地查看了木托盘里的金条、紧紧捆扎的纸币、德国银行的印钞板以及装在板条箱、手提箱和扁皮箱里的数吨重的硬币。随着脚步声在地牢般的矿井里回响，众人来到矿井中的另一个地方，里面堆放着各种各样的战利品：好几长列摆放整齐的手提箱，里面装满了假牙、手表、烟盒、珠宝、银器以及其他个人物品，这些东西的主人已经被有组织地杀害了。另一个洞穴里全是木箱，木箱里是纳粹从欧洲各地的博物馆掠夺来的艺术珍品。"我看见的 3 样东西，在我看来每件大概值 2 美元，都是过去的酒吧间里常见的类型。"巴顿讥讽道。但这些作品很多出自马奈、提香、拉斐尔等大师之手，曾经被柏林的弗雷德里希皇帝博物馆（Kaiser Friedrich Museum）以及欧洲大陆各地的私人和公立艺术馆收藏。

默克斯矿井让他们亲眼看见了纳粹帝国的险恶之处，三人很高兴能够乘坐吱吱呀呀的木制升降吊笼重新返回地面。在刺眼的阳光下，他们不禁眨着眼睛，登上吉普车，在埃迪的总部吃过午饭后，搭乘几架 L-5 飞机，前往奥尔德鲁夫的战俘营。

这群来访者下了吉普车，走进战俘营的大门，发现这里出奇地安静。几位盟军将领穿过营地，宪兵、摄影师、翻译和助手在后面跟随。木制营房里走出一些被解放的囚徒，他们个个衣衫褴褛，睁大眼睛阴沉地望着这几位将军。

奥尔德鲁夫营的正式称呼是"劳动营"。而实际上，这是一座死亡集中营，这里的标准处死方式是劳累致死或营养不良，但遍布弹孔的尸体和绞刑架显示，饥饿不是导致死亡的唯一原因。众人的第一站是营地的绞刑架。绞刑架由几根粗糙的木桩制成，上面绑着钢琴丝，宽度足以同时吊死 3 个人，而且高度较低，不会让囚徒因为颈部折断而死亡。受害者会被缓慢而恐怖地绞死，过程极其痛苦，往往长达数分钟，好让其他囚徒和卫兵有机会近距离目睹。

他们的第二站是一座大型木制鞭笞台，囚徒会被捆在上面，遭受粗木棍的殴打。就在不远处，在一圈干涸的血泊中，是一堆堆半裸的、干瘪的尸体。第一堆大约有 40 人，巴顿估计，每人头上都有一个弹孔。旁边的一堆大小差不多，但很多尸体只剩下骨头，上面洒着一层薄薄的生石灰，以掩盖尸体腐烂的臭味。

巴顿的情绪向来容易波动，他实在受不了如此可怖的场景。尽管他身体结实，但面对集中营里种种令人憎恶的行径，他还是无法承受。在阿登森林，这名战士曾经幸灾乐祸地用相机拍下德军士兵的死尸，但是眼前的景象却让他目瞪口呆，一句话也说不出来。他毫无征兆地冲入人群，绕到一座房屋的角落里狂吐起来。他竭力控制自己不再呕吐，却怎样也无法镇定下来，所以他不愿继续陪着艾森豪威尔和布莱德雷。在前方的一座大木屋里，约有300具尸体从1月起一直堆积到现在。在集中营的另一个地方，他们看见一处仓促搭建起的大型柴堆，用来毁灭纳粹施暴的证据。柴堆呈不规则的金字塔状，里面全是头骨、尸骨和被烧得面目全非的躯干。

艾森豪威尔仿佛跟随撒旦的脚步，一边缓慢行走，一边沉着脸怒目而视。在走出一间肮脏的棚舍后，艾森豪威尔这个昔日的堪萨斯州阿比林市稚气的少年站在死尸当中，不知该说什么才好。他不会慷慨激昂地发表演讲，指出盟军行动的正义性，也不会滔滔不绝地谴责纳粹的威胁，呼吁联合国与之抗争。"眼前的一切让我无言以对"，他在事后告诉马歇尔说。"关于饥饿、虐待和兽行，我们看到的证据和听到的证词铺天盖地，让我感到阵阵恶心，"布莱德雷回忆道，"我厌恶到说不出话来，因为在这里死亡遭到了严重亵渎，让我们感到无比震惊和麻木"。"血胆将军"也称这是"我见过的最骇人听闻的景象"。

三位将军返回巴顿的总部吃完饭，一边喝酒一边聊天，试图慢慢消化白天看到的一切。巴顿还请来几个红十字会的姑娘，以活跃气氛。他们边谈边抿着从德军指挥官那里抄没的香槟。巴顿开玩笑说，他们应该对外界隐瞒钾矿里的战利品，等到国会削减陆军的拨款时，他们就可以拿出这笔财富，为第三集团军购买武器。

艾森豪威尔仍对集中营的事情感到愤慨，所以情绪十分糟糕。在吃晚饭时，他对巴顿大发雷霆，因为当最高统帅部的一名审查员批准发表关于在苏占区发现宝藏的报道后，巴顿将此人开除了。这一次，巴顿不愿让步，声称自己作出了正确的判断。他挑衅般地用叉子戳着盘子里的肉，然后仰头说道："我知道这件事我做得对。"

艾森豪威尔立即反驳说："看在上帝的分儿上，乔治，在你说这话之前，你或许是对的。但假如你真的这么肯定，我知道你一定是错了。"

这一天对所有人来说都很不好过。

当时针指向子夜时，三人坐在"幸运前锋"二楼的一间空屋里。随着外面的车辆来来往往，发出隆隆的响声，艾森豪威尔开始与巴顿和布莱德雷商讨，他们两人应当在哪里彻底停止前进。他说，第一和第九集团军要在抵达莱比锡以西的萨尔河畔后止步，而巴顿的部队已经到达了那里。艾森豪威尔表示，第三集团军必须停止向东行进，而要转向南部的巴伐利亚。这就是艾森豪威尔的想法，至少目前他这样认为。

那柏林呢，巴顿问。

柏林只不过是地图上的一座城市，艾森豪威尔说，是另一个巴黎，那里也有不计其数的饥民需要粮食。在他的部队冲上国会大厦的台阶前，许多美军士兵会为此丧生，还是让苏联人来解决这个难题好了。

巴顿摇摇头。他说："艾克，我不明白你为什么看不出来这一点。我们最好攻占柏林，然后迅速转向奥德河。"就像丘吉尔一样，巴顿也认识到，只有占领德国首都，才能在战后的欧洲获得最大的收益，更不用说军事上的荣耀。他可不想看到只是因为艾森豪威尔不愿意再起干戈就让苏联红军两者兼得。

但这件事得取决于艾森豪威尔，而不是巴顿。直到子夜时分，三人才作别。艾森豪威尔和布莱德雷来到附近的一座房屋里休息，巴顿也返回了自己的拖车。

上床以后，巴顿发现自己的手表停了，原来是他忘了上发条。于是他打开收音机，想要知道现在到底几点了，却突然听到一则令举国上下震惊的消息：富兰克林·德拉诺·罗斯福总统逝世。

看来这漫长的一天还没有结束。巴顿穿上靴子，大步流星走到客房，向布莱德雷转告了这一消息。接着，他们一起来到艾森豪威尔的房间，三人为失去三军统帅悲痛不已。正是这位伟人带领他们的国家走出了一次次最严重的危机。

他们还仔细考虑了未来会发生什么。三人都不熟悉即将成为国家元首的副总统哈里·S.杜鲁门（Harry S.Truman），即便奥马尔·布莱德雷与后者同样出生在密苏里州。他们只知道杜鲁门参加过第一次世界大战，崛起于腐败的政界，还当过几个影响力较大的参议院委员会的主席，但是在国际外交方面，此人恐怕还是个新手。艾森豪威尔担心在对付斯大林时，杜鲁门是否会缺少马基雅维利式的狡猾。正如所有军人一样，巴顿并不关心政治，对这位新任总统也没有太多正面评价。"人们只是为了确保政治取向才选出副总统，因为无论是其所在党派还是上帝，当初都没有打算让他成为总统，这似乎很不幸。"他写道。唯一令他们感到安慰的是，他们三人都信任的乔治·C.马歇尔将军仍然留在权力核心。

"国际争端"不能发生！

1945 年 4 月 13 日，巴顿硬着头皮取消了对哈默尔堡突袭的新闻禁令。私下里，他清楚自己搞砸了这次冒险行动，在罗斯福去世前，他一直担心媒体会不会像对掌掴士兵事件那样，再掀起一场波澜。然而，随着三军统帅逝世，他推测哈默尔堡事件很可能根本就上不了新闻。他自鸣得意地对部下说道："总统去世后，就算你当街做出格的事，恐怕也只会被刊登在第四版以后。"

巴顿的推测虽然没有经过具体的检验，但总体看来是正确的。在一场每天进攻、突袭和冲突不断的战争中，哈默尔堡突袭虽然比巴顿过去捅下的那些娄子更加严重，但并没有像掌掴士兵事件那样引起轩然大波。媒体刊登这则报道后，几乎没有人发表评论，他终于脱离了危险。4 月 18 日，他和埃弗雷特·休斯共进早餐时，看到《星条旗报》上说他已经被提名为四星上将。

"哎呀，真是活见鬼……"他读完这条新闻后说。

但他很快镇定了下来。虽然巴顿实现了毕生最大的目标之一，但他自称感到十分困惑，因为布莱德雷和其他资历较浅的一些人上个月已经成为四星将军。再者，霍奇斯也被"放在"同一份名单上，不过他比巴顿晚晋升了一天。"虽然我很高兴成为四星上将，"巴顿在日记中写道："但如果把我放在之前的一组，我会更加感激，因为我可不想被视作落选者。"事实上，四星将军的名誉为巴顿带来了一个长期的问题，因为在他将纳粹打了个落花流水之后，这次晋升让他更难被调往太平洋。在麦克阿瑟的战区，没有太多空缺职位适合这个级别的军官。

尽管如此，这仍是史汀生、马歇尔和艾森豪威尔的一番好意，只是巴顿认为这种做法有些马后炮而已。他的助手查理·科德曼设法找到了两枚四星胸针和一面四星旗，巴顿的心腹用一瓶四星轩尼诗庆祝他获此殊荣。他的助手们也开始重新油漆巴顿将军车队上的名牌。当巴顿再次出现在参谋会议室时，他发现部下四个四个站成一组，于是发自内心地感到高兴。

没过多久，这些带有四星标志的车辆开始在最高统帅部和第十二集团军群的双重约束下，在德国东南部风驰电掣。1945 年 5 月初，第三集团军获准进入捷克斯洛伐克。巴顿很高兴接到新的任务，虽然他们遭到了德军的小规模抵抗，但还是几乎毫发无损地踏上了前往布拉格（Prague）的道路。

巴顿刚开始调动军队，布莱德雷就打电话过来说，第三集团军不能超过布拉格以西大约 88 千米的卡尔斯巴德—比尔森（Karlsbad-Pilsen）一线。当时，布拉格仍处在德军的占领之下。对于当地居民来说，不幸的是，有关美军即将到来的消息传到了这里——当然，当地没有人知道美军的界线——他们纷纷揭竿而起，激起党卫军的冲锋队在布拉格横行施暴，导致大约 1.5 万名捷克平民死亡。巴顿打电话请求布莱德雷批准继续前进，但得到的命令是让他按兵不动。红军很快就会抵达布拉格，艾森豪威尔不希望与苏联人产生任何"国际争端"。

"在我看来，作为一个大国，美国应当让别的民族去担心会不会产生争端，"巴顿抱怨说。尽管他知道自己将来一定会后悔，但他还是表示服从命令。"我当时认为，现在也仍然觉得，我们应该向莫尔道河（Moldau River）① 推进。如果苏联人不高兴的话，那就让他们见鬼去吧。"

但是巴顿清楚，比尔森的界线就像马球比赛中的最后一次冲杀，早在几个月前，他们就已经在这场比赛中稳操胜券了。在欧洲战场，就像其他人一样，他只不过是在等着柏林的那些法西斯分子投降和死亡。5 月 1 日，巴顿写道："即使是最高统帅部也不可能让这场该死的战争再继续一个星期。"随着战事逐渐结束，他在埃朗根（Erlangen）的总部写道："在这种情

---

① 莫尔道河是伏尔塔瓦河的旧称。——译者

况下，和平反倒会成为一件令人讨厌的事，因为激动人心的事情再也不会发生了。"

就像布莱德雷一样，艾森豪威尔始终需要驯服附在巴顿身上的一头怪兽，那就是后者庞大的宣传机器。艾森豪威尔认为，巴顿在国内获得的称赞已经远超应有的范围，而霍奇斯和布莱德雷却没怎么得到关注，这很不公平。他决定利用自己对媒体的巨大影响力"拨乱反正"。在接受《时代》杂志采访时，他盛赞布莱德雷是"第二次世界大战中最伟大的野战指挥官"。他还向马歇尔将军发去一封长长的电报，解释第一集团军、霍奇斯和布莱德雷没有受到舆论应有的关注。艾森豪威尔提议，陆军部的公共关系处也许可以撰写一篇有关第一集团军的文章，好让霍奇斯的大名也见诸报端，因为这完全是他应得的荣誉。艾森豪威尔告诉最高统帅部的公关处负责人哈里·布彻："霍奇斯和布莱德雷在这场战争中所作的杰出贡献理应得到更加浓墨重彩的描写。"4月中旬，在向马歇尔参谋长提到布莱德雷这位昔日的同窗时，他一锤定音地写道："我认为有一个人的战术和战略判断几乎无懈可击，此人当然就是布莱德雷。"

相形之下，巴顿显然是一段本该悦耳的音调中的不和谐音符。不可否认，艾森豪威尔对他的战术判断的信任超过其他任何将领。但是他无疑也是一位时时让艾森豪威尔提心吊胆的指挥官，因为后者总是担心他不知什么时候会再次做出令人震惊的轻率之举。4月中旬，艾森豪威尔听说了哈默尔堡突袭一事，也得知巴顿开除了批准媒体报道盟军缴获德国黄金的最高统帅部审查员。在后面这件事上，布莱德雷私下认同巴顿的处理，认为审查员的做法有误，但是艾森豪威尔把巴顿叫到门后，亲自给他读了这两起事件引起的乱子。"艾克简直想扒了乔治的皮。"布彻写道，但他接着又补充道，"我想乔治有很多层皮，就像猫有很多条命一样，因为这至少是艾克将军第四次要扒这位爱将的皮。"

艾森豪威尔不希望哈默尔堡和审查员事件传到欧洲战区之外，但他清楚国内的报纸一定会小题大做。他希望自己和马歇尔能够光明正大地处理此事，因此在去信斥责巴顿的同一天，他向参谋长转述了信中的内容，并且正式致信马歇尔。为了更好地讲述巴顿近来的轻率之举，艾森豪威尔一改往日冗词赘句的风格：

　　乔治最近的离奇举动有可能引起公众关注。其中一件是乔治任性地开除了一名审查员（无论如何他都无权这样做），原因是他认为此人判断有误。这名审查员所做的一切不过是批准刊登一则有关盟军缴获德国一些储备货币的报道。在这起事件上，三四家报纸刊文对巴顿表示了愤怒。令我反感的是，他们将其称为"军方犯下愚蠢错误"的又一例证。我对乔治进行了痛斥，但是此外无计可施。随后，他又派出一小支探险队，试图解放某些美军战俘，但是白费力气，结果只救出25名战俘，却失去了一个连的中型坦克和一个排的轻型坦克。接着，他愚蠢地对这一行动实施新闻封锁，准备以后再解除禁令，但是后来却将此事忘了……

　　"乔治是个难于管教的儿童，"艾森豪威尔最后写道，"但在追击战方面却是一位伟大的作战指挥官。"

　　不管巴顿是不是一个不服管教的"儿童"，只要战争还没打完，艾森豪威尔就不得不承受这个负担，而且战争的确还没打完。为了力挺巴顿，艾森豪威尔的第一步通常是对他进行严厉责骂，而现在他已经完成了这一步；第二步是告知马歇尔，但又不透露过多细节；第三步让巴顿有事可做，好占住他的脑子和嘴巴。为了做到最后一步，他可以让巴顿前往奥地利和捷克，尽管这就意味着将后者的军队要调到雅各布·德弗斯的地盘。4月18日，他写信告诉巴顿："你即将开赴的方向稍有变化，但是目前我不太确定什么时候才能下达命令。在我让你离开之前，还有一项任务你必须完成。"

　　奥马尔·布莱德雷清楚，巴顿最后的界线应该在捷克斯洛伐克某地。早在1945年3月26日，他就和艾森豪威尔商讨过此事，当时两人把易北河作为美军止步的地点。最合理的办法是在德国中部大致画一条线，将德国剩余的部队一分为二，然后对德国的中部和南部——而非柏林——发动主攻，从而将布莱德雷的集团军群置于舞台中央，让蒙哥马利和德弗斯充当配角。

　　如果说蒙哥马利对由谁担当主角还存有疑问的话，那么当艾森豪威尔派遣布莱德雷去见他，敦促他加快速度向北部沿岸推进时，他的疑问顿时烟消云散了。布莱德雷发现，这位阿拉曼战役的英雄看起来无精打采，甚至有些无动于衷。布莱德雷高兴地向蒙哥马利保证，艾森豪威尔不会让第二十一集团军群南下攻打柏林。他还以高人一等的姿态问道，蒙哥马利是否需要第十二集团军群帮助他们完成主要任务，当然，这要等布莱德雷攻占了南部的主要目标后才行。蒙哥马利愠怒地回答，他缺少掩护第十二集团军群侧翼的兵力。布莱德雷扬扬自得地向艾森豪威尔报告说，第十二集团军群会自行掩护侧翼。

在位于威斯巴登（Wiesbaden）的"雄鹰"战术指挥部，布莱德雷向艾森豪威尔汇报了蒙哥马利麻木的状态，称后者拒绝了他的提议，并且告诉艾森豪威尔蒙哥马利很有可能无法完成最后的目标，即切断德国与丹麦的联系，夺取与红军在最北端的会师地点吕贝克港（Lübeck）。听到这话，艾森豪威尔皱了皱眉头，但是仍很镇定。蒙哥马利一心恋战，所以速度过慢。战争已经接近尾声，美国军队差不多可以按照最高统帅部的要求，自行结束这场战争了。

这对蒙哥马利来说真是太糟了，布莱德雷心想。

布莱德雷让霍奇斯和辛普森在莱比锡附近的易北河—穆尔德河沿线（Elbe-Mulde line）停步，他们的作战任务就到此为止。他派遣巴顿深入多瑙河谷与苏军会师，对后者在南方的部署稍加改动，将健康状况欠佳的特洛伊·米德尔顿和曼顿·埃迪送回国内，但是从总体上说，巴顿还是可以去做他最擅长的事情，即面对敌军微弱的抵抗迅速推进。

4月19日，艾森豪威尔飞抵威斯巴登做短暂访问。巴顿走出"幸运前锋"，这是两人在战争中的最后一次会晤。他们来到一辆大型拖车里，布莱德雷也曾在这里调动美军参加战斗。巴顿把一幅巨大的地图钉在墙上，地图上标出了他计划开展的行动，此时助手也打开了长长的荧光灯。他们商议了一个小时，最后艾森豪威尔和布莱德雷向巴顿下达了行军命令。

随着战争即将结束，布莱德雷完全有理由感到欣慰。这是一条漫长的坎坷不平的道路，但是现在已经胜利在望。他看着巴顿的集团军下辖的15个师向多瑙河逼近，而第一集团军与苏军在易北河会师。渡过莱茵河后，他的部队俘虏了84.2万名敌兵，杀死的敌人不计其数。从诺曼底到易北河，他们包围了186万名敌军。他恪尽职守，虽然忙碌但很愉快。他的压力相对较小，因为他主要是坐在指挥车里接电话，应对后勤问题。对于一个指挥着130多万大军的人来说，除了等待艾森豪威尔的电话，布莱德雷需要做的事情很少。

事实证明，南方的战事出奇地令人扫兴。当柏林四周的套索越拉越紧时，盟军获悉希特勒在 4 月 30 日自尽。盟军的坦克、卡车和半履带货车隆隆驶过满目疮痍的德国，拉开了这场悲剧的最后一幕。无论是德军还是盟军，所有头戴钢盔的士兵都想要在接下来难以预测的几天里活下来。

艾森豪威尔戴着厚厚的眼镜，坐在前线指挥所里，看着地图上军队的进展情况。指挥所建在兰斯的一座砖砌校舍里，里面有一张墙壁大小的巨幅地图。随着巴顿手下的各师渡过多瑙河，冲向奥地利北部，然后向东来到布拉格郊外，有人会在地图上定期更新信息。

5 月 4 日黄昏，艾森豪威尔坐在兰斯的办公室里，望着那部听筒是绿色的电话，仿佛只要他使劲儿瞪着电话，铃声就会响起来。布彻和凯也和他在一起，等待蒙哥马利元帅的电话。在此之前，阿道夫·希特勒的继任者海军元帅卡尔·邓尼茨（Karl Dönitz）派派遣特使海军上将汉斯-乔治·冯·弗里德堡（Hans-Georg von Friedeburg）与蒙哥马利取得了联系，后者本应在 6 点 30 分打来电话，向艾森豪威尔汇报德国是否愿意投降。但是距约定时间已经过了 20 分钟，该死的电话仍然悄无声息。

6 点 55 分，艾森豪威尔不愿继续等下去，告诉凯说他要回自己的营房。凯劝他再等 5 分钟："电话也许会打来呢。"的确，不到 5 分钟，电话铃声大作。当艾森豪威尔抄起听筒时，布彻和凯也伸长脖子细听。

"好的……好的……很好，蒙蒂。"

艾森豪威尔挂断电话。他说，德国人要在明天过来见他。

说完，艾森豪威尔起身去吃晚饭。

次日下午 5 点，冯·弗里德堡将军抵达最高统帅部，被人领到比德尔·史密斯凌乱不堪的办公室内，后者将代表盟军就停火协议与之进行谈判。冯·弗里德堡一直在拖延时间，在每一点上进行争辩，并且请求盟军允许他们只在西线投降，而继续在东线抗击苏军。但比德尔根本不接受，谈判很快就破裂了。比德尔将弗里德堡送回德军的前线，并让他向邓尼茨转达：要么对所有盟国无条件投降，要么继续战斗，那样就会继续有人阵亡。

战斗的确仍在继续，前线也的确继续有人阵亡。但是次日，邓尼茨派出西线军队参谋长阿尔弗雷德·约德尔（Alfred Jodl）将军前来谈判，想看看约德尔会不会做得更好。当艾森豪威尔在大厅尽头的办公室里焦躁不安地抽烟时，约德尔再次向比德尔提出仅在西线投降，但不管他有多强硬，他面对的可是艾森豪威尔手下最强硬的家伙。1943 年，面对前来投降的意大利人，比德尔就毫不退让，如今面对真正的敌人，他什么都做得出来。他把一幅地图拿给约德尔，上面显示着盟军和苏军即将开展的攻势——不过这当然是子虚乌有的事情。比德尔告诉这个巴伐利亚人，如果德国不能在子夜前在两条战线上都投降，他就会停止谈判，封锁西部边境，继续屠杀约德尔的士兵。

约德尔试图拖延时间，但比德尔的最后通牒没有给他留下任何余地。他只好打电话给上级，并于 5 月 7 日星期一凌晨 1 点 30 分返回兰斯，代表上级接受了无条件投降的要求。

最高统帅部的作战室。整面墙壁大小的地图上遍布红色和蓝色的箭头。凌乱的墙边摆着一排排强弧光灯和照相机，地板上到处都是横七竖八的电线。将军们、助手们、陆军妇女队成员们、卫兵们和记者们全都挤在这间作战室里，准备见证这一历史转折点。

在这幅怪诞的背景下，约德尔和冯·弗里德堡先后抵达，他们身穿长长的黑色皮衣，里面灰色的制服熨得笔挺。他们坐下后，摄影师们纷纷按动快门，镁光灯不停闪烁，拍下了千年帝国两位幸存部长冷漠的面孔。凌晨 2 点 41 分，约德尔拿出金笔，在军事投降书上签字，房间里所有人都一言不发地瞪大了眼睛。

然而，当这群将领目睹可怕的德意志帝国寿终正寝时，有一个人没有露面。他就是艾森豪威尔。

艾森豪威尔憎恶这些人，是他们征服了他祖先的故土，迫使他的国家陷入长达 1244 天的流血战争。他并不认为抗击纳粹的战争是职业军人之间的某种浪漫体面的事情，也不会与战败的元帅握手言和，愉快地称赞他们干得好，把佩剑交还给对方，然后祝愿和平长存、友谊万岁。1943 年，当冯·阿尼姆在突尼斯投降时，艾森豪威尔就拒绝与他见面，宣布"我不会与纳粹分子握手"。自从第一次取得胜利起，艾森豪威尔对希特勒爪牙的愤怒有增无减。恐怖的集中营、闪电战的狂轰滥炸、复仇的武器、屠杀俘虏、掠夺财宝、蹂躏村庄以及种种罄竹难书的罪行让他对德国人变得心硬如铁。

在 5 月的这个星期一，在艾森豪威尔看来，这两个身穿墨黑色大衣的男人仿佛是魔鬼的代表。

作为一个原则问题，在投降书签署之前，艾森豪威尔拒绝接见约德尔或其他德国人。因此，当他的部下在没有他的情况下与对方达成协定时，他在大厅尽头的办公室里不安地踱来踱去。他颓然地坐下，焦躁地吸着烟。在凯的眼中，五星上将德怀特·戴维·艾森豪威尔，这个非洲、西西里岛和西欧战役的胜利者，看起来完全没有大获全胜的样子。从女人的视角来看，凯觉得在艾森豪威尔瘦削下垂的面庞后，隐藏着一个孤独的可怜人。

当艾森豪威尔获悉德国人签署了投降书后，他让人把约德尔叫进办公室单独面谈，并且希望这次会面尽快结束。他笔直地站在桌后，身旁是特德，还有泰莱克在桌子下面发出低沉的吼叫。接着，只听有人穿着长筒靴走进办公室。艾森豪威尔没有客气和寒暄，而是径直问约德尔，他是否理解投降书中的条款。约德尔一脸苦相，作出了肯定的回答。艾森豪威尔冷若冰霜，斩钉截铁地告诉约德尔，他将对任何违反协议条款的行为承担个人责任。

"好了。"艾森豪威尔说，见面到此结束。

约德尔离开后，艾森豪威尔的身体和大脑都放松了下来。他的呼吸顺畅了许多。接着，他召集比德尔·史密斯、斯特朗、特德、米基和凯等人，在作战室拍下一张世人永远不会忘记的照片。艾森豪威尔笑容满面，举起两支缴获的金笔，组成一个 V 字——这是丘吉尔最著名的手势，意思是"胜利"。

在接下来的几分钟里，众人欢声笑语，拍摄了很多照片。随后，艾森豪威尔转身返回办公室，打了几通电话，宣布停火的最后期限，第一通当然是打给奥马尔·布莱德雷。最后，艾森豪威尔疲惫地倒在营房的椅子上，一边大口吃着米基做的煎蛋三明治，一边思索要在接下来发给联合参谋长委员会的电报中说些什么。助手们想了许多大气磅礴的词句，在艾森豪威尔的办公室里听起来效果倒也不错，但是他认为这些套话如果读给堪萨斯人或者美国中部的人们来听，会显得十分迂腐，达不到预期的效果。因此，艾森豪威尔只是点点头，礼貌地对他们表示感谢，并和蔼地谢绝了他们的建议。

接着，他只口述了一句话：盟军已于当地时间 1945 年 5 月 7 日 2 点 41 分完成了任务。

第 25 章　曲终人散

我从人们身上看到的越多，我就越后悔自己在战争中幸存。

——巴顿，1945 年 9 月 22 日

电话铃声响起。

巴顿睁开惺忪的睡眼，从枕头上抬起头。拖车里黑黢黢的，但他听得出来，是那部绿色电话机在响。电话上一根长长的、纤细的电线将他与第十二集团军群的总部连接起来。

他使劲儿抬起胳膊，拿起听筒。

"战争结束了，乔治。"电线那头传来一个悦耳的声音。是布莱德雷。巴顿继续听下去。

"艾克刚从兰斯打来电话。德国人已经投降。投降书从 5 月 8 日，也就是明天子夜起生效。现在所有人都原地不动，等候命令。"

原来如此。战争结束了。

下一个战场——太平洋？

巴顿立即明白了其中的含义，因为他早就在等着这通电话。他曾经恳求马歇尔，等欧洲战争结束时，哪怕在中国给他一个师，或者把他派到前线的岛屿上对日作战也行。但他得到的答复是，陆军部不会考虑此事。华盛顿的一个朋友告诉他，问题在于巴顿的迂回和侧翼进攻方式只适合对付

德国人，不适合对付日本人。这些战术在太平洋的岛屿上根本不管用，因为那些小岛上的大部分阵地都绕不开。假如要"跳过"这些岛屿，盟军就必须用手榴弹、喷火器和炮弹将日本守军消灭干净。

这只不过是别人告诉他的原因，但是巴顿在内心深处清楚其中真正的缘由。太平洋是麦克阿瑟的舞台，就像蒙哥马利一样，麦克阿瑟也肯定不希望自己的地盘上再来一个大人物。巴顿还派人游说，替他到中国——魏德迈的战区——谋个差事，但是无论此人还是马歇尔都没有再给他回话，他只好安于现实，认为自己恐怕再也没有机会打仗了。他在历史上的地位已经定型，而他作为战士的生涯也到此为止。

"据说有一种鲸鱼大部分时间都待在海底最深处，"5月9日，巴顿对部下说，"可以说我现在的感受比这头该死的鲸鱼还要低落。"他对这个比喻很满意，所以又写信给妻子比阿特丽斯，并且在后面加上一句："我热爱战争、责任和激情。和平只会让我难过。我很可能会成为一个讨人厌的家伙。"

约德尔投降4天后，巴顿和奥佩·维兰德飞往巴特维尔东根（Bad Wildungen），参加布莱德雷为最高统帅、美军司令官和空军军官举办的美式午宴。在这片缺衣少食、生灵涂炭、工业被毁的土地上，这是胜利者们第一次举办如此精致的宴会，而接下来还会有很多次。在人们吃完最后一道菜后，仆人们撤掉餐盘，斟满葡萄酒杯。艾森豪威尔与大家作别，只留下几名高级指挥官。宪兵们关上门，在外面站岗把守。

艾森豪威尔左手夹着一根香烟，蓝色的眼睛扫视着桌边的人们。他告诉众人，国会即将开展调查。这件事不可避免，情况历来如此。政治家们会检查战争中的行为、梳理报告、审问军官，以判断是否有人犯过错误，也许还要杀掉几个替罪羊。

艾森豪威尔说，这是一场漫长而艰苦的斗争，所有人都要恪尽职守。但重要的是，在被国会召去作证或者接受国会的查探、质询时，美军司令部的所有将领必须保持统一战线。他们的记录要清晰、一致，以免他们虽然付出了鲜血和牺牲，但是却要遭受带有政治动机的攻击。艾森豪威尔还强调，美军将领必须与美国的同盟者合作，包括苏联人、法国人、中国人尤其是英国人。

巴顿仔细地打量着这位老朋友，内心充满了怀疑。他从艾森豪威尔的话中听到了政治动机。他在日记中写道："在我看来，他无疑在战争期间犯过战略失误，人们很有可能对此进行批评，而他所谓的合作只不过是为了掩盖这一点。我不知道这是不是应该归咎于他个人，还是因为他与英国人合作得太多，但我认为他有些过度配合了。"

陆军部打算最后再利用一次巴顿这位斗士的名声。马歇尔和艾森豪威尔命令布莱德雷让巴顿的坦克在恩斯河边（Enns River）一字排开，好吓退铁托元帅（Marshal Tito）。当时，后者在南斯拉夫北部搅了个天翻地覆。铁托退却后，巴顿的战争生涯就结束了。

就像在卡萨布兰卡时一样，巴顿的另一个任务是进行管理。艾森豪威尔派遣巴顿出任巴伐利亚东部的军事长官，让第三集团军坐镇巴伐利亚。巴顿的总部建在一所前党卫军军官训练学校，他将负责在纳粹主义的发源地监督当地的非纳粹化过程。

但是在巴顿到巴伐利亚走马上任前，陆军部将他召回美国，让他与加利福尼亚老乡吉米·杜利特尔将军一起，进行一轮关于战争与胜利的巡回演讲，目的是开展正面宣传，因为巴顿最适合担当此任。

欧洲战争胜利后，布莱德雷大部分时间都与艾森豪威尔将军待在一起，不是进行庆祝，就是与苏联人一起参加宴会，或者在国内作短暂的胜利巡回演讲时，他偶尔也会代替最高统帅行使职责。就像巴顿一样，布莱德雷的黑眼睛也瞄准了太平洋。早在去年8月，他就告诉一名助手："我只想再开展一次两栖登陆行动，也就是进攻日本。"随着欧洲的战事日渐结束，麦克阿瑟将军有可能将艾森豪威尔手下的精英投入太平洋战场。还有谁比第十二集团军群司令、执掌着130万大军的布莱德雷更适合？既然麦克阿瑟高兴地接受了霍奇斯以及第一集团军的总参谋部，布莱德雷认为他同样有可能接受自己这个集团军群司令，毕竟他既不像巴顿那样喜欢炫耀卖弄，也不像艾森豪威尔那样与麦克阿瑟有过一段不快的历史。

但问题在于布莱德雷是一位四星集团军群指挥官。太平洋虽然是一个广阔的战场，但土地极其有限，即使是这些有限的地方，也需要在陆军和海军之间瓜分。麦克阿瑟的部队只有80万士兵，比布莱德雷整整少了50万，所以这里很难再挤进来一个集团军群司令。

事实上，这件事根本不可能成功。麦克阿瑟之所以会接受霍奇斯，是因为此人性格安静、能力很强，而且只是一位集团军司令。而布莱德雷只符合上述3个条件中的2个。4月25日，马歇尔将军发电报给艾森豪威尔称："麦克阿瑟不希望任何集团军群司令前往日本本土，也不希望他以外的任何人开展行动。布莱德雷是否愿意率领目前的集团军群参谋部，而只是作为一名集团军司令前往？"

在布莱德雷威斯巴登的办公室里，一名助手让他去接艾森豪威尔将军的电话。他接过电话，认真地想听听艾森豪威尔会说些什么。艾森豪威尔问他是否愿意作为集团军司令被调往太平洋。布莱德雷表示担忧，如果他以集团军群司令的身份，恳求在麦克阿瑟麾下担任一名集团军指挥官，那么美国在欧洲的集团军就会显得无足轻重。这不是他个人的问题，他向艾森豪威尔保证，他绝不是自命不凡。但这会对他的部下造成严重影响，因为他们的上级为了加入太平洋战场，不惜接受某种形式的降级。布莱德雷的声音冷冰冰的，他尽量直白地表示："马歇尔将军把我派到哪里，我就会去哪里服役。"

无论布莱德雷的反对是出于自尊和事业上的考虑，还是为了维护部下的利益，艾森豪威尔都不愿让布莱德雷陷入这种境地。他把后者的想法转达给了参谋长："让他在太平洋指挥集团军就会让这个战区的所有军人和民众认为，这里的战争无足轻重或者十分容易……这种调动还会进一步削弱布莱德雷在战后的军队和公众舆论中的地位，因此我坚信，我们无论如何都要避免这种可能的发生。"艾森豪威尔接着表示："尽管这种可能性微乎其微，但假如我出了什么事，布莱德雷理应接替我的职位。"虽然布莱德雷告诉艾森豪威尔，马歇尔派他去哪儿他就去哪儿，但艾森豪威尔还是写道："我能明确感觉到，在他看来，如果他作为集团军司令前往太平洋，就会降低美军在这里所取得的成就以及300万美军士兵的艰辛付出在美国人民心中的地位。"

翌日，马歇尔在回信中告诉艾森豪威尔，他不再考虑让布莱德雷前往太平洋。艾森豪威尔转达了他的意见，而奥马尔·布莱德雷想在这场战争中发动最后一击的希望也就此破灭。

与布莱德雷不同的是，艾森豪威尔没有对太平洋抱有任何幻想。早在1939年，他就已经与麦克阿瑟分道扬镳，更何况太平洋也没有大到足以容纳两位五星上将。艾森豪威尔清楚，他已经尽到了自己在这场战争中的职责，他的下一个任务是在德国派驻占领军，开始非纳粹化的过程，确保不发生叛乱，并返回家乡，开始他自 1942 年以来一直在计划的漫长的钓鱼之旅。他甚至还半开玩笑地考虑自己回国后要不要辞职，而不只是休息一段时间——这样一来，他就可以无所顾忌地表达自己的看法，即支持美国练兵备战。

然而，5 月 17 日，当助手交给他一封来自华盛顿的电报时，他的胃里再次翻江倒海。马歇尔在电报中告诉艾森豪威尔，他将请求杜鲁门总统批准他退役。这位陆军的中流砥柱是艾森豪威尔在政府中最信任的人，如今他即将退休。

接下来，他的脑海中闪过一个念头："如果马歇尔卸任，他们很可能会让我当参谋长。"

此前，艾森豪威尔曾经表示他不希望出任参谋长。在德国投降前，他需要运筹帷幄，而他也喜欢戎马倥偬的生活。他拥有真正的指挥权，承担真正的责任，制定真正的战略。艾森豪威尔过人的精力来自他的使命感，早在 1942 年盟军宣布由他担当"大任"时，艾森豪威尔就定下了打败希特勒的目标。

但是大战的枪声平息后，艾森豪威尔只想要一座小屋，也许他可以去宾夕法尼亚州，在那里种出最大的蔬菜，烹饪最新鲜的鱼虾。陆军参谋长是一项待在办公室里做的工作，也是一项政治工作，仿佛处在大理石厕所的最深处，里面充满了种种阴谋。更糟糕的是，下一任参谋长将负责肢解陆军，而为了建立这支军队，艾森豪威尔曾倾注了大量心血。他还记得，他在"一战"后解散柯尔特营造成了多大影响。他也记得 1920 年《复员法》（Demobilization Act）带来的降职和减薪。他是否愿意这样对待那些曾经深深信任他的人们？任何士兵都不愿意就陆军裁军幅度的问题与国会讨价还价，此时，筋疲力尽的艾森豪威尔最不想干的事情就是接管一支日渐衰微的陆军。

此外，电报中还提到了另一件事。艾森豪威尔这位最亲密的朋友担心，杜鲁门总统与退伍军人管理局（Veterans Administration）之间产生了摩擦。媒体纷纷痛批这个部门变得官僚化、政治化和功能失调。杜鲁门承认，这个消息有可能会让布莱德雷"深感失望",但他想要知道布莱德雷将军是否愿意接管该部门。

他还不如问问布莱德雷愿不愿意加入海军。如果布莱德雷不愿到太平洋担任集团军司令,那他又怎么会愿意去陆军部中这个不堪重负而且令人尴尬的部门做案头工作?但艾森豪威尔还是拿起电话,打给布莱德雷,后者正在卡塞尔的总部宴请苏联的伊万·科涅夫(Ivan Koniev)元帅。"他离开以后,"艾森豪威尔说,"你尽快到兰斯来,晚上就住在我这里。我有事要跟你商量。"

第十二集团军群主将奥马尔·纳尔逊·布莱德雷准备离开战场,而他也完全有资格这样做。当然,礼节性的活动还是免不了——宴会、祝酒、互换勋章、拍照留念,等等。他希望,即将举行的胜利阅兵能把他送回玛丽和李的身边。就像他的兄弟军官一样,他也逐渐习惯了快速的节奏、崇高的地位、公众的关注、强大的权力以及在战时作为军事指挥官的岗位。他曾经指挥130万大军作战,所以并不希望从事烦冗的职业工作,或者从事管理岗位,这些工作更适合卢修斯·克莱(Lucius Clay)或比德尔·史密斯。如果不再有仗可打,他宁愿去当一名普通的士兵。他甚至开玩笑说,战争结束后,他会返回本宁堡,因为那里很适合钓鱼和打猎。

但从长远考虑,布莱德雷还是盯上了参谋长这个行政岗位。他希望能够接替马歇尔将军,并且有所作为。因此,3月17日,当艾森豪威尔从兰斯打电话过来时,他的声音在扰频电话的那头听起来十分沉重,布莱德雷并没有感到意外。他匆匆赶到兰斯,被人带进最高统帅的营房,发现这个堪萨斯人正坐在一把舒服的椅子上,与英籍助手吉米·高尔特喝着威士忌。艾森豪威尔挥手让布莱德雷进来,向他指了指手中的电报。

"布莱德雷,在我给你看这个之前,你最好先来杯烈酒。"他说。

布莱德雷点点头。当琥珀色的液体倒入玻璃杯中时,冰块噼啪作响。当他坐下来以后,艾森豪威尔把电报递了过去。

在看到马歇尔即将卸任那段话时,布莱德雷的心怦怦直跳。但是当他读到第二段时,他的心脏差点儿停止了跳动。

退伍军人管理局?

这个想法让他不知所措。最近两年多来,他一直住在拖车、帐篷和攻占的宫殿里。所到之处，他就是一切的主宰。在战场上，他至少可以说是个神一般的人物——如果众神也需要与委员会和庞大的参谋部共事的话。因此，他根本不可能去考虑，更不用说去接受一个如此卑微、如此官僚、如此渺小的职位。

冷静，艾森豪威尔安慰他说。这背后还有个说法，他解释道，艾森豪威尔将只担任 2 年参谋长，而不是通常的 4 年，等他完成任期以后，他会不遗余力地让布莱德雷成为他的继任者。哼，要是他现在就能让布莱德雷当上参谋长，他也会毫不犹豫。马歇尔在电报中暗示，杜鲁门希望布莱德雷干"大概一两年"，所以这也算不上长期徒刑。如果担当此任，他就能向杜鲁门证明自己是个良好的合作伙伴，而作为团队的一员，他也会得到回报，这一点布莱德雷比任何人都清楚。

布莱德雷平静下来，仔细思索。战争已经结束，至少他负责的战役是这样。拒绝总统的请求不会让他在战后飞黄腾达。如果艾森豪威尔和马歇尔希望他接受这份工作，他愿意按照他们的意思去做。

1945 年 7 月初，布莱德雷开始为自己在欧洲的事务做个了结。战后，最高统帅部将决定陆军日渐增多的将军们的命运。作为其中的一员，布莱德雷的一项职责就是为手下的高级将领撰写评定报告。虽然他最终要对许多军官作出评估，但他打算从手下级别最高的副官们开始，包括辛普森、杰罗、霍奇斯和巴顿。

在这场战争中，布莱德雷几乎大部分时间都与巴顿待在一起，有时候位居其下，有时候和他平级，后来甚至位居其上。对于这个身上存在诸多矛盾的人物，除了艾森豪威尔以外，没有任何人能比布莱德雷更有资格向陆军部作出简洁明了的总结。虽然他曾在穆斯塔加奈姆受到了情感伤害，在西西里岛感到愤愤不平，在英国对此人充满了疑虑，但布莱德雷最终还是与巴顿和解了。巴顿不仅是他的导师、知己和苦恼的来源，还以一种奇特的方式成了他的朋友。在谈到乔治·巴顿将军时，他写道："勇敢、风趣、善于吸引注意力，有时候脾气暴躁，但实际上心地善良，具有高超的指挥才能，作战勇猛……是我们最杰出的战地指挥官之一。"

在动身回国前，布莱德雷坐在办公桌前，给几位最亲密的伙伴写了告别信。在这场有史以来最为惨烈的战争中，是他们帮助他度过了 26 个月，也是他们让奥马尔·纳尔逊·布莱德雷这名来自密苏里州南部的寂寂无闻的军官一跃成为家喻户晓的英雄。他在其中一封信中写道：

亲爱的乔治：

我准备于 7 月 21 日离开本战区，我们的密切联系将就此正式结束。自 1942 年 3 月 7 日以来，我们就一直并肩作战，其间只是稍有中断。在此期间，我们共同参加过许多战斗。令人欣慰的是，我们一起参加过三场以胜利而终结的战役。

我有幸能与你共同服役。在我认识的人当中，我最希望与你共赴战场。我尤其希望对你以及你的集团军在进攻欧洲大陆过程中所取得的辉煌成就表示感激与祝贺。此外，我还要感谢你一直以来对我的忠诚支持。

期待在战后与你一起射击飞靶，并且还是希望和你在同一个团队。再会，祝你好运，愿我们未来的道路仍有交集。

真诚的，
布莱德雷

同一天，艾森豪威尔也坐在办公桌前，口述了一封信：

亲爱的布莱德雷：

我已经向我在盟军内的前任主要部下，包括你，寄去了一封相对正式的感谢信，感谢你们的付出。在你即将返回美国之际，我不禁再次希望以个人的名义，表达我对你的感激和钦佩之情。

自 1942 年初你来到我的麾下，我就始终毫不怀疑地听从你的意见和建议……在我看来，你是这场战争中主要作战部队指挥官中的佼佼者。你的领导才能、强大的魄力、专业本领、无私精神、高度责任感以及对全人类的同情与理解结合起来，使你成为美国最伟大的领袖和战士之一……

你的老朋友
艾克

"从此，我对世界将毫无益处"

在指挥"霸王行动"之前，艾森豪威尔就向玛米道出了自己心中的疑惑：不知道一个肩负重任、居无定所的人是否能够安顿下来，过上宁静的生活。一次次永无休止的战役看似是某种负担，但是当战争结束后，我们当中有很多人可能会变得精神脆弱，根本适应不了正常生活。

然而，1945 年，艾森豪威尔顺利地过渡到了和平时代，甚至比他在1941 年 12 月突然离开时，过得还要愉快。5 月底，他庞大的随从团，包括 1 辆专列、2 只奶牛、3 只苏格兰猎犬、1 只名叫"谢夫"的猫、1 张台球桌、1 张乒乓球桌、1 部电影放映机、1 部便携发电机，还有他的行李和管家，都被搬到了距法兰克福 19 千米的巴特洪堡（Bad Homburg）。他把办公室设在 I. G. 法本公司 ① 在法兰克福的大楼里。过去 3 年间，这座城市遭到了多次超过 220 千克炸弹的轰炸，几乎被夷为平地，法本公司的大楼几乎是这里仅存的建筑。6 月初，艾森豪威尔临时回国参加胜利阅兵仪式，发表了多次演讲，参加与战争有关的活动，拍照留念，然后继续发表演讲。在此期间，他得以与玛米短暂地团聚，随后到西点军校和阿比林故地重游。这次旅行他盼望已久，这让他大部分时间都很僵硬的笑容变得亲切了许多。此外，1945 年的美国也让艾森豪威尔意识到，如此漫长而艰苦的战斗是值得的。

7 月，当艾森豪威尔作战司令部的大幕徐徐落下，陆军部找到他，询问是否可以拍摄一部有关他生平的影片。这部电影的剧作者是罗伯特·谢伍德（Robert Sherwood），由米高梅（MGM）公司的塞缪尔·高德温（Samuel Goldwyn）担任制片人。该片雄心勃勃，仅预算就高达三四百万美元。制片方同意，电影所获利润将作为英美大学交换生的奖学金以及反种族歧视教育基金。艾森豪威尔写信给布莱德雷和巴顿，告诉他们制片人正在寻找他战争期间故事的主要演员，问他们有没有什么建议。

巴顿对这种宣传持谨慎态度。他早就清楚媒体变幻无常，也不希望电影把他这个真正的战争英雄刻画成一个傻瓜。电影肯定不是确保他的遗产

---

① I. G. 法本公司建立于 1925 年，曾经是德国最大的公司，也曾经是世界最大的化学工业康采恩。——译者

得以传承的最佳方式。

但是，艾森豪威尔是他相交最久的朋友，他也欠艾森豪威尔很多。艾森豪威尔很可能会把这部电影视为通向白宫的跳板，所以这个忙他必须得帮。因此，这个一再与艾森豪威尔分分合合的战士在回信中写道："我不会反对……一个前提是不要找一个土匪扮演我，另一个前提是不要让其他人来拍摄有关我的影片。"他接着写道："不过我敢肯定，要想找到两个秃老头来扮演我们俩，恐怕十分困难。"

当杜鲁门、丘吉尔和斯大林在召开波茨坦会议（Potsdam Conference）时，艾森豪威尔、布莱德雷和巴顿这支三人小队仿佛最后一次听到军号声响起。丘吉尔因为在自己的选区内失利，中途被召回英国。斯大林认为，苏联在战争中阵亡了2000万名将士，因此他有资格对东欧施加影响。但在艾森豪威尔他们三人看来，这次集会纯粹是象征性的，不禁让人联想起巴顿在迈尔堡充当"宫廷卫士"的日子。他们没有任何具体职责，除了在国歌奏响时与杜鲁门站在一起，全神贯注地向星条旗敬礼。

但这是这支队伍最后一次接受检阅。他们看起来不愧是盟军的中流砥柱，正是这支盟军与苏军一起推翻了纳粹帝国。巴顿将军头戴闪亮的作战钢盔，脚蹬锃亮的长靴，看起来光彩夺目，站在制服笔挺的艾森豪威尔和布莱德雷身边。当旗帜飘扬，"三巨头"迎来未知的美式和平时代时，三人和美军最高统帅部的其他成员一起敬礼。

1945年6月，陆军部邀请乔治·巴顿和吉米·杜利特尔同时进行两场胜利巡游，包括在一些小镇短暂停留、发表演讲以及在波士顿和洛杉矶（Los Angeles）举行盛大的游行。在巴顿过去的想象中，当他荣归故里时，美国应该像古罗马帝国凯旋时一样，让古老的共和国里最伟大的将领们沿着神圣大道列队行进。

但这次巡游并没有像巴顿在德国时想象的那样激动人心。每当他张嘴说话时，他的顾问就会战战兢兢。他的媒体关系顾问詹姆斯·夸克（James Quirk）少校对妻子说，当巴顿将军走向麦克风，准备发表即兴演讲时，他险些"被吓死"。杜利特尔也记得，在洛杉矶体育场，当巴顿面对10万名欢呼雀跃的拥戴者发表演说时，军方专门安排了一个小个子坐在讲台下面手拿开关，以便在巴顿说了不该说的话时将话筒关掉。

不过，讲台下的这个小个子动作还是不够快。据报纸上讲，巴顿的演说是典型的"血胆将军"的风格，尽是捶胸顿足的夸夸其谈和不假思索的言辞。例如，他说"那些在战场上被杀死的家伙往往都是傻瓜"，类似的说法让13.5万名欧洲战场阵亡烈士的家属无比震惊，更不用说陆军部的各级政治官员会作何感想。

正如1919年时一样，巴顿无法融入和平时期的美国。虽然欧洲遭到了严重破坏，但他还是认为战火能够磨炼一个人的品质。他不相信一名德国将军的说法，即要想从一个国家的血液中萃取精华，战争是人们所能采取的最糟糕的方式，因为最勇敢的士兵往往会最先死去。1945年，不计其数勇敢士兵的家人不得不承认这句真理，并且无时无刻不活在痛苦之中。

巴顿的想法与艾森豪威尔写给玛米的话如出一辙：

> 对于那些在欧洲幸存下来的人们来说，全体美国人的态度都十分不利。他们当中谁也没有意识到，一个人不可能在打了两年半仗之后仍旧保持不变。但是当你归来时，他们希望你能融入离开之前的环境，融入那些没有经历过战争的同胞们始终没有离开过的环境。

当世界各地庆祝日本战败时，巴顿感到自己的人生正走向终点。"另一场战争也已经结束，从此，我对世界将毫无益处，"他在日记中写道，"对我个人来说，这是一种十分悲哀的想法。现在我唯一能做的就是无所事事，等着殡仪员的到来和死后的永生。"在和平世界里，没有明确工作的巴顿就像是一个扑克玩家，当牌局散去后，他独自坐在那里，看着来来往往的人们，想要知道谁还有兴趣继续玩牌。但是经过4年的流血和伤痛，没有人愿意加入进来。

当年夏天，巴顿在返回德国时变得忧郁而疲惫。他想尽办法要做些有用的事情。9月中旬，当艾森豪威尔前来看望他时，他希望艾森豪威尔能给他一个新的任务。两人还是像过去那样聊到深夜，直至凌晨3点。他们谈起了巴顿的未来，还谈到当艾森豪威尔搬往华盛顿后，麦克纳尼将军将主持欧洲战区的事务，成为巴顿的新上司。巴顿对艾森豪威尔说："我不愿在麦克纳尼将军手下服役，这不是因为我个人对他有什么看法，而是从我的作战履历来看，我不适合听命于一个连一声枪响都没听过的人。"

　　"好吧，"艾森豪威尔问，"那你想要什么样的工作？"

　　"我觉得在美国只有两个工作我愿意干，"巴顿说，"一个是陆军战争学院院长。这个我想已经有人担任了，另一个是陆军地面部队司令。"

　　艾森豪威尔点点头。这两个岗位都很适合他。问题是，这些岗位正在发生变化，就像陆海空三军正被归入国防部一样。战争学院即将扩大，增加海军和空军，所以下一任院长很可能会由海军军官担任。至于陆军地面部队司令，艾森豪威尔倒是愿意让巴顿接替现任司令德弗斯将军，但是随着空军已经成为独立兵种，陆军将不会再有什么"地面"部队，这个岗位也可能会被逐渐淘汰。

　　显然，艾森豪威尔比巴顿更清楚眼前的现实，那就是时代在变化，世界在变化。两人所熟悉的拿着棍棒骑马打仗的常规军已经成了老黄历。

　　"正因为如此，眼下我唯一能做的事就是回家和退役。"巴顿写道，"但是艾森豪威尔将军告诉我，等他离开以后，我要至少再待 3 个月，好让事情平稳过渡。我暂时同意了他的建议。"

军事政府等同于盖世太保？

　　"艾克，等我们打败了这些混账，我希望你能让我成为海因里希·希姆莱（Heinrich Himmler）。我会以他们根本想象不到的方式，让他们也尝尝恐怖统治的滋味。"

　　1944 年，当巴顿、艾森豪威尔以及一些随行人员在英国乘火车北上，造访第三十五师时，巴顿在"刺刀"专列用柚木镶板装饰的客厅里幸灾乐祸地说了上面的一番话。当时，艾森豪威尔对这位好斗的朋友十分恼怒，甚至还有一丝尴尬。

　　从进攻欧洲大陆开始，艾森豪威尔对敌人的态度发生了转变，巴顿也同样如此。随着德意志帝国摇摇欲坠，纳粹对俘虏的屠杀、党卫军的儿童士兵、死亡营、闪电轰炸以及数百万人陷入的惨境让他胸中燃起了无法熄灭的烈火。相比之下，巴顿在战后的态度上落后于艾森豪威尔。艾森豪威尔肯定开始觉得，他让巴顿担任巴伐利亚军事长官的决定是一种拙劣的做法。在前往一座为"流离失所者"建立起的营地时，巴顿潜在的反犹态度浮出水面。所谓流离失所者，是盟军对 25 万犹太人、斯拉夫人以及其他被征服者的称呼。尤其是当这些人不能保持营地整洁时，他的厌恶情绪尤为明显。有一次，在造访一座营地后，他在日记中写道，他和艾森豪威尔"返回家中，到湖边钓鱼，想要借此从脑海中清除我们所到的营地里那股恶心的臭味和令人作呕的事物，但是没有成功。随后，我们花很长时间好好洗了个热水澡，直到我们不能忍受为止，好从我们身上清除当天积攒的细菌"。

事实上，除了法国人以外——因为他自始至终热爱法国人——巴顿向来看不起任何被征服的民族。巴顿出生于家境殷实的名门望族，他所生长的地方从未受到战争蹂躏，所以沙文主义是他思想的重要组成部分，他与远隔重洋的日本武士同样秉持武士道原则，只不过他不愿承认。面对居住在昔日集中营里的 25 万流民，这位军事长官对这些被保护者作出了如下结论："我从一开始就见过他们，据说人都是照着上帝的形象造出来的，但是他们的外貌和举止实在令人惊讶。"

对这位巴伐利亚东区军事长官兼第三集团军司令来说，最大的问题是如何在不雇用任何原来的纳粹分子的情况下，照顾巴伐利亚的平民，并且为他们提供食物。在过去 12 年里，纳粹垄断了这里的行政岗位，所以为了确保这里的一切继续运转，以及为当地居民提供食物，巴顿绞尽了脑汁。他在慕尼黑以南的巴特特尔茨（Bad Tölz）的总部里写道："显然，过去人们如果想要有事可做，无论其真实观点如何，必须得说自己是个纳粹党员，已经交了党费。而那些不是纳粹分子的年轻人都在俘虏收容所里，他们不是犹太人就是共产党。一旦涉及招收公务员的事情，我们就处境艰难。"他在写给艾森豪威尔的信中抱怨道："在德国，一个人要当公务员，就得首先声称自己信仰纳粹主义。就像在战后的美国，一个人要当公务员，至少得声称自己是个民主党人，或者等共和党上台后声称自己是个共和党人。"

但艾森豪威尔的信念十分坚定，他曾经发誓要让世界免遭纳粹荼毒，所以下定决心要信守诺言，甚至不惜处死或驱逐几千名德国军官。艾森豪威尔就开除前纳粹分子一事下达了严格命令，并且对自己为被占领土制定的法律充满信心。去年秋天，当巴顿向艾森豪威尔提议为法国妓院分发青霉素时，他就应该了解这一点。

然而，在给巴顿回信时，艾森豪威尔并没有对前者对待纳粹分子的态度提出太多异议，只是重申了盟军的基本方针，即"一切不只是在名义上的参加过其活动的纳粹党成员……都应从公职或私人企业中履行职责的岗位上开除或排除在外"。他向巴顿保证，"我相信我们的指令将确保铁路、电话以及其他必不可少的设施继续运行……因此我认为我们应当继续尽心竭力，执行参谋长联席委员会下达的非纳粹化指示……"

不知是由于疏忽大意，还是一反常态地词不达意，或者只是没有意识到巴顿对盟军方针的异议有多深，艾森豪威尔强烈的反纳粹态度未能明确传达给巴顿，所以后者并不理解这个问题对他的朋友来说有多么重要。

随着时间一周周过去，巴顿对盟军的政策越来越缺乏耐心，从一开始的私下不满发展成为难以掩饰的敌意。"军事政府的所作所为是不民主的，实际上采用了盖世太保的做法。"他在8月私下抱怨道。当他奉命将德国俘虏交给法国人作为强迫劳工时，他嘲讽说："有意思的是，这不禁让我回想起，我们发动革命是为了捍卫人权，发动内战是为了废除奴隶制度，而现在我们又回到这两条老路上去了。"如今媒体发布报道不需要经过他的审查，因此不会向他讨好，而他也对媒体心生怨恨。他先是在日记中痛骂报纸目中无人，美国的政策目光短浅，然后写道："我从人们身上看到的越多，我就越后悔自己在战争中幸存。"

在与德军作战时，巴顿会倾尽所有心力。有一次，在北非练习拼刺刀时，他冲着一群士兵大声呵斥道："那是德国人！你们对他恨得不够。你们太斯文了。你从小受的教育告诉你，不能踢奶奶的屁股，但别以为他们就不会，因为他们肯定会，而且他们全都会这样做。他们就是世界上最卑鄙的人，也许日本鬼子不算在内……"

但是战争结束后，德国只是一个昔日的竞争对手，而在巴顿眼里，纳粹党差不多只是一个被废黜的政党——他们之所以需要被踢出局，是因为他们胆敢挑战美国。因为巴顿向来对政党没有兴趣，所以他开始以身涉险，发表政治意见。一年前，当有人问到德国民众当中的普通纳粹分子时，他回答："现在民主党员有几百万？要是共和党上台，他们会剩下多少？纳粹实际上是个政党，而不是兄弟会。当他们发现他们的人失势了，他们就会加入另一边。我有个亲戚是加利福尼亚州格兰岱尔（Glendale）的邮政局长，他所在的地方什么党都有，所以他会用双手投票。"德国投降的当天，他对媒体说，党卫军在德国的意义并不比民主党在美国的意义大多少——不过这句话不能引用啊。我这样说的意思是，一开始党卫军的确是一群坏人，但是随着战争不断推进，这些家伙越来越少，他们只好把随便什么人都拉进去了。一些高级党卫军军官应该被当作罪犯，但是没有理由对那些被拉进这个组织的人进行审判。

巴顿清楚，此类言论一旦公开，他就会被送回国内。有一次，他顺带说了一句："可笑的是，不管在哪遇见德国人，我都毫不怀疑我会把他们打个落花流水。我唯一怀疑的是，在两次战役的间隔时间里，我是否能够活得下来，因为我好像总是会惹上麻烦。"在率领第三集团军作战的前一个星期，巴顿曾对记者谈起另一位将军。他说，此人的话"被报纸引用，他说除了上级的命令，谁都不能阻止他。他们就是这样毁掉一个人的。这种话只会让你卷铺盖走人，所以他被送回了国内。我可不是在开玩笑"。

然而，巴顿对流离失所者的反感、对苏联红军的不信任、对德军作战记录的钦佩和对状况百出的巴伐利亚政府的懊丧，再加上查理·科德曼和夸克少校等能够节制他的人的离去，他将不可避免地说出一些丢脸的话来。有一次，他在巴特特尔茨的总部召开参谋会议，并邀请记者列席。和平常一样，他的一番即席讲话给他带来了麻烦。

1945 年 9 月 21 日的参谋会议本来只是小事一桩，开会的消息已经在3 天前贴到了总部的公告板上。当天只有 11 名记者出席，现场没有速记员。会议结束后，当助手摘掉地图，参谋陆续离开时，《芝加哥每日新闻》（*Chicago Daily News*）的记者爱德华·P. 摩根（Edward P. Morgan）、《纽约先驱论坛报》的卡尔·莱文（Carl Levin）和《纽约时报》的雷蒙德·丹尼尔（Raymond Daniell）问巴顿将军，他们是否可以问几个问题。

巴顿后来强调，他遭到了记者们的围攻。他本来不打算回答任何问题，当记者们提出要求时，他曾经试图离开，最后勉强同意给他们四分半钟时间，但这群记者利用仅有的四分半钟抓住了他的错误。他们就他如何对待巴伐利亚的纳粹分子以及仍然在岗的纳粹分子的数量抛出了一些尖锐甚至挑衅的问题，质问他为什么没有更多地开除这些人。按哈普·盖伊的说法，他们甚至把自己的意思强加给巴顿。巴顿为自己进行辩护，声称如果他不顾冬天即将到来，撵走那些遭到指控的管理者，结果只会产生领导层真空，导致更多老年人、儿童和妇女因为患病和缺少基本生活用品而死亡。当记者继续对他穷追猛打时，他离开房间，回到了参谋当中。

巴顿并没有把记者们的含沙射影当回事，但是当天晚上在日记中抱怨道："媒体显然受到了犹太人的影响。"

但是事后，巴顿是越回想自己对这些问题的回答，就越觉得不安。"如果除了那些支持让士兵回国的言论，人们还有时间看些其他内容，"他写道，"我很可能会登上头版，但说实话，我根本不在乎。"

这两件事都被他不幸言中。9月23日，《时代》杂志的头条赫然在目："巴顿贬低非纳粹化"。这篇文章指出，巴顿的观点与艾森豪威尔的指示以及波茨坦会议设置的目标相互冲突。文章宣称："在这次非同寻常的讨论过程中，这位将军发表了许多言论，其中最令人吃惊的是说非纳粹化这件事就像是民主党与共和党之间的选战，但他声称自己惯于'夸张'。"次日，《时代》杂志再次表示："如果巴顿将军贬低的恰恰是我们打响欧洲战争的目的，即对德国进行非纳粹化，那么我们认为，他的指挥官艾森豪威尔将军以及他在华盛顿的上级不应该不对他的言论进行质疑。"

这篇文章发表两天后，比德尔·史密斯打电话到巴特特尔茨，朋友般地斥责了巴顿，还说正是因为巴顿是他最要好的朋友之一，他给自己制造的麻烦反而比这个战区的其他任何人都多。他的声音冷静下来，开始大声朗读美国各大报纸头条的简报。"这是一件严肃的事情"，他说。

巴顿感到怒火中烧。战争已经结束，他恶狠狠地说，要是媒体不喜欢他在巴伐利亚的处事方式，他可以辞职，然后就能公开还击。

"不要意气用事。"比德尔说。欧洲战区会有很多变化，现在陆军正在复员，他和巴顿有可能很快就会失去工作。但是现在为了挽回损失，比德尔让他召开一次后续新闻发布会，发给记者们一篇书面声明，以澄清他的真实意图，好让事情重回正轨。巴顿答应了下来。

巴顿本以为一篇书面声明就足以解决问题，但他很快发现事实并非如此。晚餐过后，艾森豪威尔的总部向巴特特尔茨发来电报。"媒体的报道显得你我在实现德国非纳粹化的方式上意见相左，尽管你多次接到命令，但还是在这个问题上向公众表达了自己的意见。"电报中写道。巴顿声称，他所说的话被媒体错误引用，而他也接到指示准备再次举行新闻发布会，以澄清自己的言论。"我希望你能做得到，因为这个问题非常严重。"艾森豪威尔警告说。新闻发布会后，巴顿需要给艾森豪威尔将军送去一份完整的报告，详细说明目前仍在担任公职的前纳粹分子的人数，然后在天气适合出行时尽快飞往艾森豪威尔的总部。

巴顿清楚这意味着什么。此前他曾多次到过艾森豪威尔的小木屋，甚至可以完全凭记忆画出这间该死的房子。他只好自认倒霉："看来这群市井小人很可能会打垮我。"他还对妻子说："要是艾克等人不喜欢我的做法，他们可以解除我的职务，那我就会辞职，但是不会退役。到时候我就可以向世人说出值得一听的真相。"

不幸的是，巴顿的第二次新闻发布会反而让他陷得更深。他宣称自己完全致力于盟军的非纳粹化，但是丹尼尔和《时代》杂志的编辑部声称，他的澄清不足以弥补"他的言论所造成的破坏"。比德尔·史密斯对上述说法作了不同寻常的公开驳斥，并且告诉媒体："巴顿的脑子经常管不住嘴巴。他行事的原则是，宁可遭到痛批，也不会一言不发。"

艾森豪威尔盯着这些新闻报道，气得满面通红、勃然大怒，说了一堆中西部方言里的骂人话。不管今年是不是大选年，这种事情无论对哪届政府、哪个党派来说都不能容忍。公众和国会将再次陷入狂热。《时代》杂志和《每日新闻》每个工作日都会更新专栏，继续架桥拨火儿。在稍微冷静一些后，他告诉玛米："乔治·巴顿又一次轰轰烈烈地上了报纸，这个人简直要把我逼疯了。在我认识的人当中，几乎没有人像他这样，一次张嘴的机会都不肯错过。"

当然，这并不是说艾森豪威尔没有预见到巴顿会说蠢话。巴顿不是政治家，艾森豪威尔之所以让巴顿担任巴伐利亚的军事长官，因为这里是他唯一可以安置自己的故交、四星将军巴顿的地方。但是巴顿对自己过于纵容了。艾森豪威尔曾经多次得到令人不安的报告，声称前纳粹分子在巴伐利亚担任高官。他的文职政府幕僚长克拉伦斯·L. 爱德考克（Clarence L. Adcock）准将告诉他，自己从俄亥俄州立大学（Ohio State University）的前历史学教授沃尔特·多恩（Walter Dorn）那里听说，巴顿让右翼分子在基督教社会联盟党（Christian Social Union Party）的旗号下以某种新纳粹的方式管理政府。在巴顿举行新闻发布会 11 天前，艾森豪威尔就认为有必要提醒他，非纳粹化问题"是早就确定的事情。我们不能以任何方式与纳粹主义妥协"。他说，不管他手下的战地指挥官和当地的管理人员怎么说，即使不使用前纳粹党成员，巴顿照样可以保证饮水和供暖。

在此之前，巴顿已经欠了艾森豪威尔很多账，例如与海军的争执、军情报告、西西里岛伞兵误杀事件、医院事件、纳茨福德、哈默尔堡。天知道在他们共事的 3 年里，还有多少事情艾森豪威尔没有听说！但巴顿就像牛市中的商人一样，总是能够还清债务，因为在艾森豪威尔的王国里，人们使用的货币不是军衔，不是阿谀奉承，甚至也不是权术，而是军事胜利。只要第三集团军能够杀死或俘虏敌军以及攻城略地，仅仅它们一家的账户就足以弥补巴顿犯下的大部分错误。因此艾森豪威尔曾对马歇尔说："他作战的方式正是我喜欢的……如果我照顾乔治，每隔一段时间就会跟着倒霉。换你也会这样做，但你最好还是把他给我。"

然而，随着枪声平息，巴顿所在的市场已经枯竭。现在他的账户余额是零，如果巴顿依然故我，将来他就会负债累累。艾森豪威尔不能再给他提供更多的贷款，所以因为这次轻率之举，巴顿很可能不得不离开。

解雇令： 艾森豪威尔的"背弃"

1945 年 9 月 28 日，巴顿穿着普通的长裤和艾森豪威尔式短夹克，驱车前往 480 千米外的法兰克福。艾森豪威尔的总部设在法本公司高大的建筑里。像以往一样，巴顿不清楚自己接下来的命运如何。他知道，他受到过排斥，但还是凭借自己的力量走了出来。不过，在接近法兰克福的郊区时，他不知道这位经常挽救自己免于自毁前程的老朋友这次会怎么说，而他又应该怎么解释。

巴顿被带到法本的会议室。他拖着脚走过漫长而令人望而生畏的会议室——这只不过是艾森豪威尔办公套间的一部分。一尘不染的地面上响起了他的脚步声，直到他走上厚厚的地毯，艾森豪威尔已经在那里等候。这位五星上将站在那里，对巴顿的信口开河进行了责骂。他怎么能在这个最糟糕的节骨眼儿上，作出错误的判断？他的胆大妄为既是他的长处，也是致命的短处。艾森豪威尔的语速越来越快，嗓门儿越来越大，最后甚至吼了起来。凯在事后写道，这是"我们总部里最激烈的一次会面，也是我第一次听到艾森豪威尔将军真的扯着嗓子说话"。

接着，艾森豪威尔把爱德考克和多恩教授叫了进来，问两人如果把纳粹分子赶出去，食品部是否能够正常运转。在对两人进行几分钟的盘问后，艾森豪威尔得出的结论是，对于巴伐利亚居民的安全来说，巴顿所辖区域内的前纳粹分子并非不可或缺。多恩后来回忆说，艾森豪威尔将军"大发雷霆，不停地怒骂和质问，如果美军不能肃清德国政府及其管理部门里那些臭名昭著和引人注目的纳粹分子，那么他们究竟是在那里搞什么名堂？他说，苏联人杀掉了为首的纳粹分子，而我们却让他们继续供职。在接下来的 10 到 15 分钟里，他大谈特谈自己让成千上万的士兵去送死，是为了摧毁这个邪恶而恐怖的东西"。纳粹以及任何抱有类似态度的后继者都必须离开。

那巴顿也要离开吗？

就像在纳茨福德事件中一样，巴顿唯一的借口就是媒体故意对他的原话加以错误引用，这很可能是那些同性恋及其在《时代》杂志的自由派朋友干的。艾森豪威尔清楚，巴顿说的可能是对的。但是谁知道他的话还会再被误引多少次？艾森豪威尔可不敢保证。

艾森豪威尔断定，不管巴顿在战场上追击敌军时有多英勇，他都不适合在和平时期的世界中担任要职。在随后的几分钟里，他东拉西扯地说到必须清除纳粹政权的残余势力，然后声称自己突然想到一个主意——"他很可能是在演戏"，巴顿心想。——巴顿将军应该接管杰罗将军的第十五集团军，这支队伍位于后方，其任务是书写欧洲的战争史。吉·杰罗已被调回国内，既然巴顿酷爱历史，艾森豪威尔说，第十五集团军是一个再适合不过的岗位。

巴顿吓坏了，他可不想失去自己钟爱的第三集团军。他意识到自己有可能地位不保，便急于改变艾森豪威尔对这个问题的看法。在他的军队所辖的区域内，政府雇员约有 25 万人，而他已经开除了将近 5 万名前纳粹分子。从统计数字上来看，他们清除的纳粹分子比其他任何集团军都要多。媒体在抱怨的那些人，大部分都是他从前任军事长官那里继承过来的，包括财政部长。在艾森豪威尔变更集团军之间的界线时，是帕奇的第七集团军在负责这片地区。他恳求艾森豪威尔让他保留自己的作战部队，而不是去接管一支文职队伍。他是一名四星上将，如果让他接替一名三星将军的职责，只会有损他的声名。"不行"，他说，要是让他离开第三集团军，艾森豪威尔最好解除他的职务，把他开除好了。

艾森豪威尔摇摇头。国内并没有向他施加压力，让他解除巴顿的职务，他说，他不会开除巴顿。但巴顿显然不相信盟军正在执行的政策，他的部下也显然接受了他在私下表达的意见。民众希望肃清纳粹在德国的影响。现在战争已经结束，最重要的事情是遵守政治方针。艾森豪威尔断定，让巴顿离开巴伐利亚符合所有人的利益。巴顿还有 10 天时间结束他在第三集团军的事务，然后接管第十五集团军。6 点 30 分时，艾森豪威尔结束了这场激烈的对话，转而告诉他的朋友，如果想要留下过夜，他会很欢迎，"但是我想你还是应该尽快返回巴特特尔茨，我已经让人准备好了专列，定在 7 点钟出发"。

艾森豪威尔陪着巴顿，走上通向门口的漫长的走廊。走廊里到处都是记者，纷纷追问艾森豪威尔将军对巴顿将军说了些什么。艾森豪威尔没有理睬这些问题，而是嗫嗫地说道："我想什么时候会见集团军司令，就什么时候会见，就是这样。"他向记者们保证"巴顿将军和我还是最好的朋友"，然后把巴顿送到门口。两人握手后分别离去。

一想到就要签署命令，解雇这位朋友，艾森豪威尔仿佛老了 10 岁。

在法本巨大的会议室里，巴顿几乎无话可说，也不可能改变艾森豪威尔的主意。就像突出部危机时的布莱德雷一样，艾森豪威尔在巴顿辩解前已经有了主意，所以只能得出一个结论。乔治·巴顿一脸绝望地坐在火车车厢里，当火车咔嚓咔嚓地在巴伐利亚西部美丽的山麓间穿行时，他思考起自己过去几年的军事生涯。

"要是我被踢到第十五集团军，我是该接受，还是该递交辞呈，请求解除我的职务？"他问自己：

　　如果采取第二种做法，我就能挽回自尊，代价是名誉会受损，但若选第一种做法，我很快就会被视作一个牺牲品。我相信，等到"非纳粹化"的口号过时以后，人们就会明白，这种做法只会刺激布尔什维克主义的发展。到时候，钟摆就会摆到另一边。果真如此的话，我就可以说，我之所以接受第十五集团军的职务，是因为我不想，事实上根本不愿参与这种假借非纳粹化之名摧毁德国的活动。

巴顿认为，艾森豪威尔决定解除他的职务，是因为过度自负。此人已经嗅到了总统宝座的味道，所以他最关心的不是当兵，而是自己的政治前程。两人在法本会议室见面后，巴顿在日记中写道："艾克显然有着高度的救世主情结。这也不能怪他，因为除了他自己以外，所有人都会对他献媚。"巴顿认为，艾森豪威尔之所以十分紧张，"是因为他非常担心他有可能会被推迟提名出任参谋长，还担心如果继续留在这里，他就会失去部分声望。我想这种担心不无根据，可我不认为他因为精神极度紧张就可以罔顾自己的善良本性，在对待德国人时毫无道德观念"。在接到解除职务的正式通知后，巴顿对"火炬行动"中美国国务院的联络员罗伯特·墨菲抱怨道："艾克太想当总统了，我一眼就能看出来。"

比德尔·史密斯打电话给巴顿，向他宣读了艾森豪威尔刚刚签名的信件，艾森豪威尔的斧子终于落下。巴顿将于10月7日左右被调往第十五集团军，特鲁斯科特将军将接管巴顿第三集团军的权杖。在"火炬行动"期间，特鲁斯科特曾是巴顿的部下。在纳茨福德事件中，艾森豪威尔也曾考虑过用他替换巴顿。艾森豪威尔在信中安慰巴顿说，这次调动并不反映艾森豪威尔对他的感情，"只是因为我相信，你独到的才能更适合新的岗位，而且可以想见，这一计划之中的安排能够最好地利用有限的人才"。

巴顿表示，"这最后一段话纯粹是毫无意义的胡扯，甚至比写信的这张纸更没有价值"。

艾森豪威尔心情沮丧。当汽车沿着安静的高速公路驶向第十五集团军在巴特瑙海姆（Bad Nauheim）的指挥所时，他对随行的儿子约翰说："今天我被迫解除了乔治第三集团军司令的职务。"他对约翰回忆说，巴顿举行新闻发布会后，媒体一片哗然，陆军部也像炸了锅。这就是巴顿的本性，他总是会惹出麻烦。"这场风暴最终会平息，"他不无伤感地说，"实际上，我撤掉乔治不是因为他做了什么，而只是因为他接下来还会做什么。"

在调动完成前，艾森豪威尔不打算发表任何公开声明，以免巴顿再生是非，但消息还是走漏了出去。10月2日，艾森豪威尔打电话给巴顿，表示自己准备于次日，即10月3日宣布此事。当艾森豪威尔解释自己为什么要改变计划后，巴顿表示认同，但是在后来写道："小艾森豪威尔吓坏了，我早就知道他会这样。他认为比原定计划提前宣布解除我职务一事，能让他从中获益。所谓走漏消息纯属子虚乌有，只不过是为了圆谎而已。"

"平民生活一定非常无趣，没有欢呼的人群，没有鲜花，也没有私人飞机。我相信对于一名军官来说，最好的结局就是死在战场上。"在战争结束后，巴顿回忆起这场战争的结局时说。但是战争结束5个月后，巴顿并没有死去，而军事生涯的结束，就像和平时期生活的许多方面一样，根本达不到他的期望。

1945年10月7日，在一个简短而感人的仪式上，他离开了钟爱的第三集团军，将其交给卢西恩·特鲁斯科特。在他作为集团军司令的最后几个月里，他开始编写欧洲战场的历史。"其中很多东西根本不会有人去读。"他抱怨说。此外，他还对记者们、比德尔·史密斯和艾森豪威尔愤恨不已。他曾私下对一名记者说："这样对我很不公平，因为我认为，事实证明巴伐利亚的非纳粹化程度和改组程度要高于德国的其他地区……我有一个不幸的习惯，就是发表一些貌似惊人的言论，然后再加以解释。可在这件事上，他们没有对我的解释进行报道，而只是关注我的言论。"

不管艾森豪威尔对媒体说了些什么，两人之间的默契已经不存在了。他和巴顿已经不再是最好的朋友。现在，艾森豪威尔即便造访巴顿的新总部，也表现得十分低调。他不想过于公开地与这位故交继续交往，正如凯所言，"最高统帅继续和他待在一起会显得很不明智"。当艾森豪威尔离开欧洲，前往陆军部踏上政治生涯并返回玛米身边时，凯也遭遇了同样的命运。在巴顿看来，艾森豪威尔已经完成了从一名陆军军官到潜在总统候选人的过渡。巴顿认为，艾森豪威尔把政治置于友谊之上，把选票至于胜利之上，他"已经没有了道德勇气"。对巴顿来说，这位昔日值得信赖的战友如今成了波涛汹涌的大海里的一条政治鲨鱼，而巴顿只能看到他掠过汪洋时露出的背鳍。

　　10 月 12 日，艾森豪威尔来到巴顿第十五集团军在巴特瑙海姆的总部，竭力试图向巴顿保证两人的友谊会继续下去，但是在巴顿看来，艾森豪威尔这话说得太少，也来得太迟。巴顿不愿相信艾森豪威尔背弃了自己，所以把他被解职的大部分责任归咎于比德尔·史密斯。他对艾森豪威尔说，他再也不会与史密斯同桌进餐。艾森豪威尔告诉巴顿，比德尔想要道歉，但在巴顿的心里，比德尔已经彻底死去。奇怪的是，巴顿写道，艾森豪威尔声称想让巴顿参选国会议员，"大概是认为我会助他一臂之力"。但巴顿暂时决定在年底退役，所以不愿卷入任何与政治有关的事情。

　　巴顿和艾森豪威尔最后一次见面是在法兰克福的一场橄榄球赛上，这是第五〇八空降步兵团的总部参谋及其成员之间举行的比赛。宪兵把巴顿安排到艾森豪威尔将军身边。两人肩并肩坐着观看比赛，在世人看来，这幅画面是那样亲切：美国最著名、最受尊敬的两位指挥官十分默契，像亲兄弟般一起欢呼呐喊。

　　但是在内心中，巴顿越来越不信任艾森豪威尔，因为他看到的艾森豪威尔已经不再是一名优秀的军人，因为后者被政治诱惑，抛弃了昔日的好友。他在日记中草草写道："艾克很有意思，一再徒劳无功地试图驾驭舆论的狂潮，而这只会将他毁掉。"他还告诉比阿特丽斯："也许让德怀特·艾森豪威尔垮台的最好办法就是一封道歉信，我们怎么能指望一个竞选总统的人有骨气可言？"

　　巴顿的怨恨之情与日俱增。一个星期后，他写信给一位老朋友说："我认为在面对 3 个小记者的抗议时，艾森豪威尔将军过于优柔寡断地作出了让步。作为一个美国人，这只会让我更加不信任他，也就是说，更进一步证明他缺乏道德勇气。自从首次登陆非洲，这一点就已经显现。如今他忙着做总统梦，这一点变得更加明显。"

　　1945 年 10 月 15 日，在写给比阿特丽斯的信中，他预言这位昔日的朋友不会成功："艾克迷上了总统梦，但是胆小怕事。他总是认为，我作为军事长官陷入了严重危机，是他好意使我摆脱了困境。他不可能当上总统！"巴顿每天都要对自己手写的日记进行校订，好让他的老战友处于不利地位，以凸显自己杰出的战术本领。他准备出版自己日记的删节版当作战争回忆录，对艾森豪威尔发起最后一击。

11 月初，艾森豪威尔离开欧洲战区的部下，也离开了心烦意乱的凯·萨默斯比，准备在美国战后的和平世界中继续自己的人生。在即将离开法兰克福时，他打电话给巴顿。"我会回美国一段时间，"艾森豪威尔说，"在我离开后，你将成为这个战区级别最高的军官，你可以发布一些常规的小命令。根据陆军的相关规定，我将接管美国战区。"也就是说，巴顿将掌管欧洲的所有美国军队。

"这是在开玩笑吧。"巴顿对比阿特丽斯说。尽管这里的美国军队已经成了一具空壳，他还是乐意担任名义上的司令，但没有意识到自己还要额外承担很多责任。他仍然对比德尔感到憎恶，但还是和后者一起，为艾森豪威尔最后告别军队制订了计划，并将日期定在 12 月 20 日至 30 日，而且还定下了艾森豪威尔的继任者麦克纳尼将军的接管日期。除此之外，他不外乎是在打猎、监督陆军编纂官方历史以及督促仍收容着流离失所者的前战俘营加快进度。

12 月初，当麦克纳尼抵达法兰克福接替巴顿时，后者参加了他的欢迎宴会。"我很少与这群人搅在一起。"他写道，"整个午宴的过程让我想起了夏威夷的扶轮社（Rotary Club）①。在那里，大家一边拍着彼此的后背，一边寻找适合下刀的地方。我承认我对这种做法感到羞愧，但是当时我也没有合适的武器。"

巴顿之死

1945 年 12 月 9 日星期天一早，身高 185 厘米的巴顿钻进凯迪拉克的后车厢，高高兴兴地和哈普·盖伊以及一名短发向导前往曼海姆（Mannheim）的郊外打猎。巴顿情绪高涨，靠在汽车的后座上。他刚刚接到回国的命令，也很乐意从靴底抖落战后欧洲的尘土，因为这里已经成了一个蛇窝，到处都是记者、欢迎团和身披戎装的政客。

当他们开出很远以后，通信兵团的一辆重型卡车在巴顿汽车左侧的道

---

① 扶轮社是依循国际扶轮的规章所成立的地区性社会团体，以增进职业交流及提供社会服务为宗旨。其特色是每个扶轮社的成员需来自不同的职业，并且在固定的时间及地点每周召开一次例行聚会。——译者

路上一个急转，撞上了低速行驶的凯迪拉克。汽车在冲击下跳了起来，巴顿四仰八叉地倒在后座上，前额开裂，头骨暴露在 12 月的寒风当中。

在恢复意识后，他虚弱地问盖伊及其司机——列兵贺拉斯·伍德林（Horace Woodring）是否受伤。盖伊从巴顿 82 千克的身躯下爬了出来，告诉后者他们都没事。接着巴顿说："哈普，我好像动不了了。"盖伊抱住他的手臂，开始使劲儿揉搓，但这名骑兵毫无感觉。医护兵迅速将巴顿将军送往位于 32 千米开外的海德堡（Heidelberg）的军医院。抵达医院后，巴顿意识清醒，脉搏微弱，四肢麻木，还抱怨说他脖子疼。X 光片显示，巴顿的颈椎第三节骨折，第四、第五节脱位。这可能会导致瘫痪，甚至危及生命。

在医院里，所有人看起来都十分糟糕，但是巴顿这位被家人和朋友奉若神明的将军显得尤为可怜，就连铁石心肠的休·加菲将军也忍不住为之泪下——他颈部以下都动弹不得，头部被医生用外形可怕的工具固定了起来；他的呼吸已经恢复正常，但是不能控制大小便；他的脸上还有令人痛苦的牵引装置留下的新伤疤。12 月 11 日，当比阿特丽斯乘坐艾森豪威尔提供的军用运输机抵达时，巴顿看起来惨不忍睹。

巴顿清楚他一定像个饱受折磨的垂死之人，但面对妻子，他还是努力绽开了笑颜。比阿特丽斯也表现出了最坚强的一面。巴顿是一个模范病人，对护理人员言听计从。由于不能行动，在这段时间里，他向妻子口述回忆录，由她给那些祝愿他早日康复的人回信。他甚至跟为他打石膏的医生和护士开起了玩笑。陆军部不希望这位美国偶像死在遥远的异乡，所以坚持希望他回国。

巴顿不得不承认，他可能需要一个迟缓、漫长而痛苦的过程才能康复，所以不再像往日那样趾高气扬，对艾森豪威尔的怨恨也逐渐消减。当这位老朋友写信过来时，他感到宽慰不少，还让妻子念给他听。这位曾被巴顿预言不可能当上总统的新任参谋长在信中写道：

亲爱的乔治：

　　在得知你遭遇严重事故时，你可以想象我有多么震惊。最初我只是听到一些传闻，所以根本不相信……我立即拍电报到法兰克福，这才伤心地得知此事属实……

我下令采取一切可能的措施，包括在比阿特丽斯方便时为她提供前往德国的最快的交通工具。昨天晚上，在动身之前，她打电话给我，但是我想不出该说什么才好，因为我想说的话已经写在给你的电报里。实际上，我刚刚从小睡中醒来，状况不是太好……

巧合的是，仅在一天前，也就是星期六，我还让人联系你，以确定你是否愿意回国任职，因为有个职位就要出现空缺。这次写信给你的真正目的是想向你保证，你将始终有事可做，不用担心这次意外会让你失去可选择的机会。

如你所知，当我深受触动时，很难向你表达我的真实感受。我只能再次向你承诺，我会始终惦念着你，我希望也会祈祷你能早日康复。无论是什么事情，只要有我能真正帮忙的地方，请一定毫不犹豫地让助手转达给我。

举国上下都和我有着同样的感受。总统、陆军部和公众都已经得知了这次事故，所有人无一例外地祈祷你早日痊愈。

谨此致以深情和亲切的问候。

一如既往的朋友

德怀特·D. 艾森豪威尔

巴顿似乎看到了希望，他让比阿特丽斯再读一遍让他回国就职的那一段。这份礼物虽小，但说明了艾森豪威尔的好意，仿佛一线微弱的希望之光射进了巴顿的无菌病房。尽管发生了那么多事，尽管艾森豪威尔曾经将他抛到一边，让他远离非洲、西西里岛、英国和德国战争的召唤，也许艾森豪威尔仍然看重他。

在清醒的时候，巴顿让比阿特丽斯对艾森豪威尔致以问候，但是心中的恨意不可能完全消除。虽然他的愤怒已经减少，但他还是把火撒在了仇敌比德尔·史密斯身上。12月14日，巴顿发布了最后一道命令，告诉妻子不准让比德尔进入自己的病房。

两天后，一封来自华盛顿的信函出现在纷至沓来的书信当中。这封信是从退伍军人管理局的局长办公室寄来的，上面写道：

亲爱的乔治：

德国人那么长时间想干却没有干成的事情，一辆卡车肯定也做不到。各地的朋友都在为你的康复祈祷。我相信，成千上万如今已是退伍军人的士兵也会和我一道，对你表达美好的祝愿，一如既往地对你致以最亲切的问候。

布莱德雷

翌日，布莱德雷来到艾森豪威尔在五角大楼的办公室，而这间房屋曾经属于他们的导师马歇尔。这两位军人坐在那里谈起了巴顿，认为他的健康状况很可能已经无望。他们谈到了战争和近来的一些事情。随后，艾森豪威尔再次口授了一封信，给巴顿打气。每当巴顿情绪低落，需要这位老朋友的鼓励时，艾森豪威尔就会这样做。

仅在一年前的这个月，我们参与了最关键的战斗之一，最终大获全胜。战斗获胜中一个决定性因素就是你不屈不挠的意志力和昂扬的战斗精神。布莱德雷刚刚来过我的办公室，这让我想起了当我们三个在凡尔登会晤时，我们把关键任务给了你和你的集团军。从那一刻起，我们对这场战争的忧虑逐渐消失。什么也阻止不了你，无论是暴风雨、寒冷的天气、冰雪覆盖的道路，还是凶猛顽抗的敌军。我们想说的是，在你眼下的这场战斗中，我们完全相信，你的精神会再次让你赢得胜利。谨此送上我们的祈祷和祝福，并且向你保证，我们期待与你早日团聚。到那时，我们三个就可以一起回忆你在今年12月和一年前所打过的胜仗。

祝你好运
在此向比阿特丽斯致意
艾克

对于曾经活得有声有色的巴顿来说，他的人生终点并不离奇。由于上了年纪，再加上神经严重受损，他的身体器官受到了严重损害。他肺部衰竭，还出现了血栓。巴顿清楚，自己已经时日无多。1945年12月23日星期五清晨，他把头稍稍转向比阿特丽斯，闭上了蓝灰色的眼睛。他低声说："太黑了……我是说，太晚了。"

　　对巴顿来说，天的确黑了。

★ 尾声

团队就是互相成就

到了晚年，美国前总统艾森豪威尔喜欢坐在葛底斯堡家中的炉边，生动地讲述乔治·巴顿的故事。他把这个战场上的"弄臣"称作"我相识最久和最要好的朋友之一——讨人喜欢、风趣慷慨，是个很好的家伙"。尽管巴顿有种种缺点和怪癖，还多次在公众面前失态，但艾森豪威尔始终在心里为这个性急的骑兵留着一个特殊的位置。他还记得，在1919年那个肃杀的秋天，这名骑兵曾在米德营的田野上昂首阔步。

尽管艾森豪威尔珍惜他与巴顿的友谊，但是他也承认这位招摇的骑士留下了长长的阴影。在西点军校，他的雕像比真人还大，正凝视着他们的母校。随着"血胆将军"的传奇广为流传，艾森豪威尔稍感不安，因为他清楚巴顿的缺点几乎与他的优点一样多，因此他极力为其他将军的战绩辩护——这些人不喜欢炫耀，所以在历史上的地位有可能被第三集团军司令遮盖。战争结束后不久，艾森豪威尔在杂志和书籍中读到，有人说乔治·巴顿是他最钟爱的指挥官。胡说，他对采访的记者表示，虽然他与"乔治"的深情厚谊长达35年，但在艾森豪威尔看来，奥马尔·布莱德雷才是美国现代史上最伟大的地面部队指挥官。他曾在个人回忆录《稍息：我对我的朋友们讲的故事》（*At Ease: Stories I Tell to My Friends*）中写道："布莱德雷是一位杰出的将领。我还没有见过像他这样既能进攻又能防守的指挥官，任何军队在他的指挥下都能抗敌作战。战争结束后，令我惊讶的是，当有人写到地中海和欧洲的战役时，他经常会受到冷落和低估。举例来说，巴顿最擅长快速追击。巴顿本性倔强、勇敢好斗，在这两个人中更加惹人注目……但布莱德雷熟谙韬略，只是缺少博人眼球的本领或意愿。我认为他在这一点上值得称赞。"

艾森豪威尔在晚年听说有人要制作一部关于乔治·巴顿生平的影片。当有人来信询问时，他回信给其中一位制片人：

> 乔治的性情使他成为媒体关注的对象，但他不是布莱德雷——或辛普森和霍奇斯——那种全能、均衡、称职和高效的指挥官。不过，他在追击战方面是个天才。在意识到这一点以后，不管公众多少次因为他在公开场合做出的愚蠢举动而要求对他进行严责，我还是决定把他留在身边。他非常憎恶激烈的战斗，但这是取得突破所必需的步骤。正因为如此，1944 年 7 月底，在滩头堡进行突破的缓慢角逐中，我没有起用他。然而，一旦我军取得了突破，他自然会被投入战场。他利用我军右翼的纳粹军队的弱点乘虚而入。在西西里岛，情况同样如此。他迅速出击，占领了这座岛屿西部的所有土地。1945 年 3 月，当我们渡过莱茵河后，他再次做到了这一点。
>
> 但是，当我们在摩泽尔河陷入艰苦的鏖战，以及后来他试图杀进巴斯托涅时，他很容易变得悲观泄气。在这种情况下，他经常需要精神上的鼓励。

虽然巴顿在艾森豪威尔心中始终处于特殊地位，但是直到卸任前，艾森豪威尔一直在提携布莱德雷，因为他相信这个密苏里人对自己的忠诚。艾森豪威尔兑现了承诺，布莱德雷后来当上了陆军参谋长。接着，他又被提名为参谋长联席会议的首任主席，而这多半是因为艾森豪威尔在其中发挥了作用。1950年，作为杜鲁门内阁的团队成员，布莱德雷受到了嘉奖，成为最后一位永久军衔是五星上将的将军，年薪高达1.7万美元。得到擢升后，他收到了一封来自堪萨斯州的贺电，署名是他"忠诚和钦佩的朋友"。

随着艾森豪威尔一步步走上总统的宝座，奥马尔·布莱德雷始终是他手下的一名忠实战士。两人的友谊历经了柏林危机、朝鲜战争、麦克阿瑟、北约成立和冷战初期的风风雨雨。1952年，当艾森豪威尔参加选举时，布莱德雷对他的仰慕有所改变。这位共和党的候选人对杜鲁门政府留下的"烂摊子"发起了挑战，而布莱德雷和马歇尔是该政府中的两位高级决策者。在艾森豪威尔当政期间，布莱德雷担任参谋长联席会议主席。但是这两位昔日同窗的关系却变得冷淡而正式，不再像早年那样互称"布拉德"和"艾克"。1953年，在为布莱德雷退役举行的仪式上，艾森豪威尔总统为他颁发了最后一枚杰出服务勋章。他还向布莱德雷寄去一封道别信，这封信，后者一直珍藏到临终之际。

亲爱的布莱德雷：

当你离开现役岗位时，你可能会因为如此多的晚宴和向你致敬的仪式而感到疲惫不堪，因此你很高兴一生中只有一次这样的经历。尽管如此，我还是希望你永远不要忘记，举办这些活动是大家为了向你表达感激之情，因为在为我们祖国服务的漫长时间里，你作出了有益和杰出的贡献。

我写这封信的目的，只不过再次向你保证，正如我过去多次向你保证的一样，对于任何提议或方案，我始终把你的赞同视作对其价值的肯定，而你的反对则意味着我最好放弃它们，不要再继续采用。

你一定清楚，无论你的新岗位在哪里，我的钦佩和关爱会始终伴随着你……

请代我向玛丽和你的家人致意，永远向你致以最美好的祝福。

一如既往的朋友

艾克

　　艾森豪威尔和布莱德雷从容地老去。按照法律，身为平民的他们从未从陆军的花名册上"退役"。人们偶尔会在西点军校的聚会或登陆日的庆祝活动上见到两人的身影。他们会面对镜头微笑，聊起钓鱼、打高尔夫、射飞碟、过去的日子和家人的消息。随着越南战争的阴影加深，他们会一起接受采访，讨论他们挚爱的祖国所面临的军事挑战。两人的友谊始于 1911 年的哈德逊河畔。这段友谊虽然蛰伏了一段时间，但后来在战争的压力下结出了硕果，成为他们的骄傲和怀旧之源。这段友谊持续到被国人称作"艾克"的德怀特·D. 艾森豪威尔总统在 1969 年成为历史为止。

　　"士兵将军"布莱德雷说话温和，是第二次世界大战的最后一位伟大的指挥官。他在艾森豪威尔死后顽强地又活了 12 年，成为一个活生生的传奇。像艾森豪威尔一样，至少在巴顿逝世后的几年里，他对这位将军一直抱有好感。1951 年，布莱德雷在回忆录中写道："直到今天，在回忆起我对乔治的调动的第一反应有多不情愿时，我仍会感到懊恼不已，因为 1944 年 8 月，当乔治来到我麾下时，他十分热切，像朋友一样丝毫没有恼怒、愤恨或抱怨。与他在欧洲共事的一年，是我军事生涯中最愉快的记忆之一。"他对切特·汉森说："据我所知，在我的部下当中，他是对我最忠诚的人之一。有好几个人都对我说过，乔治显然对我忠心耿耿。坦率地说，他们听到他骂过陆军中的每一个军官，无论是他的上级还是下级，但是我除外。他们没有听到他说过一句反对我的话。"

　　然而，在这两位大名鼎鼎的战友的光环下，奥马尔·布莱德雷的传奇明显黯然失色。在想到自己在历史上的地位时，布莱德雷深受困扰。

　　布莱德雷认为自己理解艾森豪威尔对美国民众的吸引力。艾森豪威尔毕竟是最高统帅，是一个有着敏锐政治直觉的人，一个声名显赫的人物——不过，在艾森豪威尔的两次总统选举中，布莱德雷并没有为他投票。但巴顿则另当别论。布莱德雷始终不理解，为什么他手下的一名四星集团军司令，一个在次级战场上指挥次级军队的人，会如此受电影、媒体和公众的拥戴。在一场有数百万士兵参加的大战中，还有许多出色的将领，他们没有那么多抱怨，也不会惹那么多麻烦。布莱德雷不禁想问，美国公众为什么要去崇拜乔治·巴顿？

就像在西西里岛时一样，布莱德雷越去琢磨巴顿，他对这位前任上司兼前任部下就越发怨恨。布莱德雷及其助手切特·汉森在战后的著作中将巴顿描述成一个复杂的人物，而对其他将领加以褒扬。直到布莱德雷为奥斯卡获奖影片《巴顿将军》（Patton）担任技术顾问时，公众才重新发现他，但这部电影只不过是再次确立了巴顿在公众心中的神圣地位。一想到他的战时遗产成了巴顿和艾森豪威尔这两个伟大传奇人物的附属物，布莱德雷就对巴顿充满愤恨，而对艾森豪威尔心怀蔑视，只不过没有说出来而已。

1974 年，巴顿的日记和书信发表后，布莱德雷终于醒悟，前者对自己并没有那么忠诚。在生命的最后 10 年中，他决定要按照自己的想法纠正这个错误。布莱德雷与人合著的第二部自传在他于 1981 年过世后才完成。在这部自传中，他将艾森豪威尔描述成一个政治奇才，但是在战术上犯下了许多错误，只适合主持会议，而不适合率军打仗。在提到巴顿时，他声称在他认识的人当中，前者是"最野心勃勃的人和最奇怪的家伙"。布莱德雷还在这本书的后记中将乔治·巴顿描述成一个浑身缺陷的、缺乏安全感的人，称他偶尔会有天才之举，但多数时候都会陷入漫长的停滞期，而在此期间他总是沮丧、自负和无能。直到去世的那一天，布莱德雷仍然身体健康、头脑清醒，并且说完了自传中的最后一个故事。在这部花了 30 年才完成的著作中，既有理想主义与挫折，也有怨恨与互相尊重。

在由众多天才音乐家演奏的交响乐中，德怀特·艾森豪威尔、乔治·巴顿和奥马尔·布莱德雷只不过是三个音符，但这三个音符组成的精妙和弦极其动人心魄。从很大程度上来看，艾森豪威尔所作的许多重大决定，例如突出部的反击和德国中部的攻势，反映了巴顿这名马球运动员兼良师益友的灵感以及布莱德雷这位杰出同窗的建议。反之，巴顿和布莱德雷之所以能在战争和历史中取得如此地位，也要对艾森豪威尔表示感激。假如艾森豪威尔在支持两人时稍有犹疑，他们就不可能意识到自己的全部潜力，或者在美国人的意识中留下如此深刻的印记。在他们的巅峰时期，艾森豪威尔、巴顿和布莱德雷作为一个团队对盟军事业的价值要远大于三人各自价值之和，而这正是他们在陆军部队中受到严格训练的结果。最终决定战争进程的不是骑兵嘹亮的号角、步兵指挥时的吼声或者将军演讲的回响。相反，正是这三者的融合，这种由友谊推动的不断发展的伙伴关系，勾勒出了胜利的轮廓。

★ 致 谢

　　"二战"期间与艾森豪威尔、布莱德雷、巴顿三位将军关系密切的人几乎都已去世。令人费解的是，这三位传奇人物的战时记录也被封存了。本书的叙述源自书中人物的数千页日记、报告、笔记、口头叙述、回忆录、写给家人和朋友的信件、电报、地图、照片、录音和电影片段。

　　没有众多专家学者的慷慨帮助，我根本无法使用并组织这些资料。我必须为我的研究和写作感谢艾森豪威尔图书馆（Eisenhower Library）、国会图书馆（Library of Congress）、美国陆军遗产与教育中心（U.S. Army Heritage and Education Center）、乔治·C. 马歇尔基金会图书馆（George C. Marshall Foundation Library）、国家档案记录管理局（National Archives and Records Administration）、巴顿博物馆（Patton Museum）、美国军事学院图书馆（United States Military Academy Library）、俄亥俄大学图书馆（Ohio University Library）、科布县公共图书馆（Cobb Country Public Library）和埃默里大学伍德拉夫图书馆（Emory University's Woodruff Library）的热情的工作人员。

　　另外，我还要感谢布伦特·霍华德（Brent Howard）、杰里·莫洛克（Jerry Morelock）、约翰·S.D. 艾森豪威尔（John S.D. Eisenhower）、凯特·乔丹（Kate Jordan）、丹·克罗斯韦尔（Dan Crosswell）、阿莱格拉·乔丹（Allegra Jordan）、哈尔·埃尔罗德（Hal Elrod）、吉姆·霍恩费舍尔

（Jim Hornfischer）、萨莉·乔丹（Sally Jordan）、辛迪·波普−科赫（Cindy Pope-Koch）、撒德·威尔逊（Thad Wilson）、安德鲁·林中校（LTC Andrew Ring）、约翰·滕特（John Tent）以及数十位博客作者和历史论坛参与者，他们在编辑、学术、逻辑论述和常识性的知识上，为我提供了无私的帮助。

 参考文献

SELECT BIBLIOGRAPHY

PRIMARY SOURCES

ARCHIVAL COLLECTIONS

Dwight D. Eisenhower Presidential Library, Abilene, Kansas
Henry Aurand Papers
Ruth M. Briggs Papers
Harold R. Bull Papers
Harry C. Butcher Papers
Craig Cannon Papers
Joseph L. Collins Papers
Gilbert Cook Papers
Norman D. Cota Papers
Thomas Jefferson Davis Papers
Dwight D. Eisenhower,
Pre-Presidential Papers
Dwight D. Eisenhower,
Presidential Papers
Dwight D. Eisenhower,
Post-Presidential Papers
Alfred Gruenther Papers
Courtney Hicks Hodges Papers
C. D. Jackson Papers
Ernest R. Lee Papers
Floyd L. Parks Papers
William E. Robinson Papers
Charles B. Ryder Papers
Henry B. Salyer Papers
Thor M. Smith Papers

Walter Bedell Smith,
Personal Papers
Walter Bedell Smith,
World War II
Barbara Wyden Papers
George C. Marshall Foundation Library, Lexington, Virginia
George C. Marshall Papers
Frank M. McCarthy Patton Movie Collection
Library of Congress, Washington, D.C.
Omar N. Bradley Papers
Everett S. Hughes Papers
George S. Patton Jr. Papers
National Archives and Records Administration, College Park, Maryland

Ohio University, Athens, Ohio
Cornelius Ryan Papers
Patton Museum, Fort Knox, Kentucky
Albert Collections I and II
Grow, Robert W. Collection
Patton, George S. Jr. Collection
United States Military Academy, West Point, New York
Omar N. Bradley Papers
United States Army Military History Institute, Carlisle Barracks, Pennsylvania
Clay and Joan Blair
Omar N. Bradley
Robert E. Coffin
Richard Collins
Donald E. Currier
Garrison H. Davidson
James Gavin
Hobart R. Gay
Peter C. Hains III
Elton F. Hammond
Chester B. Hansen
Courtney Hicks Hodges
William T. Hornaday
Kenyon A. Joyce
Albert W. Kenner
John P. Lucas
Raymond G. Moses
Sidney H. Negrotto
Office of the Center of
Military History
George S. Patton Jr.
D. Kenneth Reimers

BOOKS

Allen, Robert S., Lucky Forward (New York: Manor Books, 1947, 1977 ed.).
Ayer Jr., Frederick, *Before the Colors Fade* (Boston: Houghlin Mifflin, 1964).
Bland, Larry I., ed., *George C. Marshall Interviews and Reminiscences with Forrest C. Pogue* (Lexington, Virginia:George C. Marshall Foundation, 1986, 1996 ed.).

Bradley, Omar N., *A Soldier's Story* (New York: Henry Holt & Co., 1951, New York: Modern Library,1999 ed.).

——, and Clay Blair, *A General's Life* (New York: Simon and Schuster ,1983).

Alanbrooke, Field Marshal Lord, *War Diaries*: 1939-1945, Alex Danchev and Daniel Todman, eds. (London: Widenfield & Nicolson, 1957; Los Angeles: University of California Press, 2001 ed.).

Butcher, Harold C., *My Three Years with Eisenhower: The Personal Diary of Captain Harry C. Butcher, USNR,Naval Aide to General Eisenhower, 1942 to 1945* (New York: Simon & Schuster, 1946).

Chase, Margaret, *Never Too Late* (San Francisco: Ausonia Press, 1983).

Churchill, Winston S., *The Grand Alliance* (Boston: Houghton Mifflin, 1950).

——, *The Hinge of Fate* (Boston: Houghton Mifflin, 1950).

——, *Closing the Ring* (Boston: Houghton Mifflin, 1951).

——, *Triumph and Tragedy* (Boston: Houghton Mifflin, 1953).

Clark, Mark W., *Calculated Risk* (New York: Harper Bros., 1950).

Codman, Charles R., *Drive* (Boston: Little, Brown, 1957).

Davidson, Garrison, H., *Grandpa Gar* (Self-published, 1974).

de Guingand, Francis, *Operation Victory* (New York: Charles Scribner's Sons, 1947).

——, *Generals at War* (London: Hodder & Stoughton, 1964).

Eisenhower, Dwight D., *Crusade in Europe* (New York: Doubleday & Co., 1949).

——, *At Ease: Stories I Tell My Friends* (New York: Doubleday & Co., 1967).

——, *The Papers of Dwight David Eisenhower: The War Years*, Alfred D. Chandler, Jr., ed. (5 vols., Baltimore:Johns Hopkins Press, 1970).

——, *The Eisenhower Diaries*, Robert H. Ferrell, ed. (New York: W. W. Norton & Co., 1978).

——, *Letters to Mamie*, John S. D. Eisenhower, ed. (New York: Doubleday & Co., 1978).

——, *Eisenhower: The Prewar Diaries and Selected Papers, 1905-1941*, Daniel D. Holt and James W. Leyerzapf, eds. (Baltimore: Johns Hopkins Press, 1998).

——, *Dear General: Eisenhower's Wartime Letters to Marshall*, Joseph P. Hobbs, ed. (Baltimore: Johns Hopkins University Press, 1999).

Eisenhower, John S. D., *Strictly Personal: A Memoir* (New York: Doubleday & Co., Inc., 1974).

——, *General Ike: A Personal Reminiscence* (New York: Free Press, 2003).

Harkins, Paul D., *When the Third Cracked Europe: The Story of Patton's Incredible Army* (Harrisburg, P.A.: Stackpole Books, 1969).

Harmon, Ernest N., *Combat Commander: Autobiography of a Soldier* (New York: Prentice–Hall, 1970).

Ingersoll, Ralph, *Report on England, November 1940* (New York: Simon & Schuster, 1940).

——, *The Battle Is the Payoff* (New York: Harcourt, Brace & Co., 1943).

——, *Top Secret* (New York: Harcourt, Brace, 1946).

Koch, Oscar W., *G-2: Intelligence for Patton* (Atglen, P.A.: Schiffer Military History, 1999 ed.).

McKeogh, Michael J., and Richard Lockridge, *Sgt. Mickey and General Ike* (New York: G. P. Putnam's Sons, 1946).

Montgomery, Bernard Law, *Normandy to the Baltic* (Boston: Houghton Mifflin, 1948).

——, *Despatch Submitted by Field Marshal the Viscount Montgomery of Alamein.....to the Secretary of State for War, Describing the Part Played by 21st Army Group, and the Armies Under His Command, From D-Day to Ve Day* (New York: British Information Services, 1946).

——, *The Memoirs of Field-Marshal Montgomery* (London: World Publishing Co., 1958; New York: Signet Books, 1959 ed.).

Moorehead, Alan, *Mediterranean Front* (New York: Whittlesey House, 1942).

Morgan, Frederick, *Overture to Overlord* (London: Hodder & Stoughton Ltd., 1950).

Murphy, Robert, *Diplomat Among Warriors* (New York: Doubleday & Co., 1964).

Odom, Charles B., *General George S. Patton and Eisenhower* (New Orleans: World

Picture Productions, 1985).

Patton, George S. Jr., *War as I Knew It* (Boston: Houghton Mifflin, 1947; Boston: Houghton Mifflin, 1995 ed.).

——, *The Patton Papers, vol. I: 1885-1940*, Martin Blumenson, ed. (Boston: Houghlin Mifflin, 1972).

——, *The Patton Papers, vol. II: 1940-1945*, Martin Blumenson, ed. (Boston: Houghton Mifflin, 1974; Da Capo Press, 1996 ed.).

Pogue, Forrest C., ed., *George C. Marshall Interviews and Reminiscences* (Lexington, V.A.: George C. Marshall Foundation, 1996).

Pyle, Ernie, *Here Is Your War* (New York: Henry Holt & Co., 1943).

——, *Brave Men* (New York: H. Holt, 1944, Lincoln: University of Nebraska Press, 2003 ed.).

Reynolds, Quentin, *The Curtain Rises* (New York: Random House, 1944).

——, *By Quentin Reynolds* (New York: McGraw-Hill, 1963).

Semmes, Harry H., *Portrait of Patton* (New York: Appleton-Century Crofts, 1955).

Smith, Walter Bedell, *Eisenhower's Six Great Decisions* (New York: Longmans, Green, 1956).

Snyder, Marty, *My Friend Ike* (New York: Frederick Fell, 1956).

Strong, Kenneth, *Intelligence at the Top* (New York: Doubleday, 1969). Summersby, Kay, *Eisenhower Was My Boss* (New York: Prentice Hall, Inc., 1948; reprint, New York: Dell Publishing, N.D.).

Summersby Morgan, Kay, *Past Forgetting: My Love Affair with Dwight D. Eisenhower* (New York: Simon and Schuster, 1975).

Tedder, Lord Arthur, *With Prejudice* (Boston: Little, Brown & Co., 1966).

Totten, Ruth Ellen Patton, *The Button Box: A Daughter's Loving Memoir of Beatrice Ayer Patton* (Columbia, Missouri: University of Missouri Press, 2005 ed.).

Truscott, Lucian, *Command Missions* (New York: Dutton ,1954; New York: Arno Press, 1979 ed.).

Wallace, Brenton G., *Patton and His Third Army* (Harrisburg, P.A.: Military Service Publishing, 1946).

ORAL HISTORIES AND TRANSCRIBED INTERVIEWS

Alexander, Harold (USAMHI)

Aurand, Henry S. (COHP)

Barker, Ray W. (EL)

Bernstein, Bernard (Truman Library)

Berg, Harold (EL)

Betts, Thomas J. (EL)

Bolte, Charles (EL)

Bonesteel, Charles H. III (USAMHI)

Boyle, Andrew J. (USAMHI)

Bradley, Omar N. (USAMHI)

Brooke, Alan (USAMHI)

Broushous, Charles R. (EL)

Cannon, Craig (EL)

Cheever, Charles E. (USAMHI)

Clark, Mark W. (EL)

Clay, Lucius D. (EL)

Coffin, Robert E. (USAMHI)

Collins, J. Lawton (USAMHI)

Coningham, Arthur (USAMHI)

Decker, George H. (USAMHI)

Dempsey, Miles (USAMHI)

Devers, Jacob L. (EL)

Dickson, Benjamin A. (USAMHI)

Eisenhower, Dwight D. (EL)

Eisenhower, Dwight D. (Ohio University)

Eisenhower, John S. D. (EL)

Eisenhower, John S. D. (COHP)

Eisenhower, Milton (EL)

Gault, James (USAMHI)

Gay, Hobart R. (USAMHI)

Gruenther, Alfred (EL)

Hains, Peter C. III (USAMHI)

Hamlett, Barksdale (USAMHI)

Harkins, Paul D. (USAMHI)

Harrell, Ben (USAMHI)

Hart, Charles E. (USAMHI)

Hechler, Ken (Truman Library)

Heilbronn, Kurt (EL)

Howze, Hamilton H. (USAMHI)

Huebner, Clarence L. (USAMHI)

Hull, John E. (USAMHI)

Ismay, Hastings L. (USAMHI)

Jehl, Sue Sarafian (EL)

Kenner, Albert W. (USAMHI)

Lee, Fred L. (Truman Library)

Lee, John C. H. (USAMHI)

Lucas, John P. (USAMHI)

Marshall, George C. (GCML)

Morgan, Frederick E. (USAMHI)

Murphy, Robert D. (EL)

Richards, George J. (USAMHI)

Robb, James M. (USAMHI)

Rooks, Lowell K. (USAMHI)

Rosengartern, Adolph (USAMHI)

Scarman, Leslie (USAMHI)

Scott, Inez G. (EL)

Simpson, William H. (COHP)

Smith, Walter Bedell (USAMHI)

Strong, Kenneth W. D. (USAMHI)

Tedder, Arthur (USAMHI)

Train, William F. (USAMHI)

Truscott, Lucian K. (USAMHI)

Waters, John K. (USAMHI)

Whiteley, John F. M. (USAMHI)

PHOTOGRAPHIC COLLECTIONS

Eisenhower Library, Abilene, Kansas

Ruth M. Briggs

Harold R. Bull

Harry C. Butcher

Craig Cannon
Courtney Hicks Hodges
Floyd L. Parks
Elwood R. Quesada
George C. Marshall Foundation, Lexington, Virginia
George S. Patton Jr. Museum, Fort Knox, Kentucky
Oakes, John J.
George S. Patton Jr.
Library of Congress, Washington, D.C.
Everett Hughes Papers
George S. Patton Jr. Papers
National Archives and Records Administration, College Park, Maryland
Sound and Motion Picture Recordings
Still Photograph Records
USAMHI, Carlisle Barracks, Pennsylvania
Clay Blair
Chester B. Hansen
Hamilton H. Howze
Geoffrey Keyes
John P. Lucas
Halley G. Maddox
H. U. Milne
Samuel L. Myers
George S. Patton Jr.
Small Photograph Collection
William V. Soloman
Henry L. Stimson
Robert W. Wilson
World War II Miscellaneous

OTHER PRIMARY SOURCES

O'Neill, James H., "The True Story of the Patton Prayer," Review of the News (Oct. 6, 1971), reproduced at www.pattonhq.com/prayer.html.

SECONDARY SOURCES BOOKS

Abrams, Joe I., *A History of the 90th Division in World War II* (Baton Rouge: Army & Navy Publishing, 1946).

Ambrose, Stephen E., *Eisenhower and Berlin, 1945* (New York: W. W. Norton & Co., 1967; New York: W. W. Norton, 2000 ed.).

——, *The Supreme Commander* (New York: Doubleday, 1970; Jackson: University of Mississippi Press, 1999 ed.).

——, *Eisenhower: Soldier and President* (New York: Simon & Schuster, 1990; New York: Simon & Schuster, Paperbacks, 2003 ed.).

——, *The Victors: Eisenhower and His Boys*: *The Men of World War II* (New York: Simon & Schuster, 1998).

Astor, George, *Terrible Terry Allen: The Soldier's General* (Novato, C.A.: Presidio Press, 2003).

Atkinson, Rick, *An Army at Dawn* (New York: Henry Holt, 2002; New York: Owl Books, 2003 ed.).

——, *Day of Battle* (New York: Henry Holt, 2007).

Axelrod, Alan, *Bradley* (New York: Palgrave-Macmillan, 2008).

Beevor, Anthony, *D-Day: The Battle for Normandy* (New York: Viking, 2009).

Blumenson, Martin, *The United States Army in World War II: Breakout and Pursuit* (Washington, D.C.: Center of Military History, 1961, 1993 ed.).

——, *Kasserine Pass: An Epic Saga of Desert War* (Jove Books: 1983 ed.).

——, *Mark Clark* (New York: Congdon & Weed, 1985).

——, *Patton: The Man Behind the Legend, 1885-1945* (New York: William Morrow, 1985).

——, *Battle of the Generals: The Untold Story of the Falaise Pocket-The Campaign that Should Have Won World War II* (New York: William and Morrow, 1993).

Brandon, Dorothy, *Mamie Doud Eisenhower: A Portrait of a First Lady* (New York: Charles Scribner's Sons, 1954).

Breuer, William B., *Hoodwinking Hitler: The Normandy Deception* (Westport, Conn.: Praeger, 1993).

Brighton, Terry, *Patton, Montgomery, Rommel: Masters of War* (New York: Crown Publishers, 2008).

Charles, Roland W., *Troopships of World War II* (Washington, D.C.: Army Transportation Association, 1947).

Clark, Jeffrey J., and Robert Ross Smith, *The United States Army in World War II: Riviera to the Rhine* (Washington, D.C.: Center of Military History, 1991, 1993 ed.).

Cline, Ray S., *Washington Command Post: The Operations Division* (Washington, D.C.: U.S. Government, 1951; Center of Military History, 1990 ed.).

Coffman, Edward M., *The Regulars: The American Army, 1898-1941* (Cambridge: Belknap Press, 2007).

Cole, Hugh M., *The United States Army in World War II: The Lorraine Campaign* (Washington, D.C.: Center of Military History, 1950, 1993 ed.).

——, *The United States Army in World War II: The Ardennes: Battle of the Bulge* (Washington, D.C.: Center of Military History, 1965, 1993 ed.).

Colley, David P., *Decision at Strasbourg: Ike's Strategic Mistake to Halt the Sixth Army Group at the Rhine in 1944*(Annapolis: Naval Institute Press, 2008).

Cray, Ed, *General of the Army: George C. Marshall, Soldier and Statesman* (New York: Cooper Square Press, 1990; New York: Cooper Square Press, 2000 ed.).

Crosswell, D.K.R., *The Chief of Staff: The Military Career of General Walter Bedell Smith* (New York: Greenwood Press, 1991).

——, *Beetle: The Life of General Walter Bedell Smith* (Lexington: University Press of Kentucky, 2010).

D'Este, Carlo, *Patton: A Genius for War* (New York: Harper Collins, 1986; New York: Harper Perennial, 1996).

——, *World War II in the Mediterranean, 1942-1945* (New York: Workman Publishing Co., 1990).

——, *Eisenhower: A Soldier's Life* (New York: Henry Holt, 2002; New York: Owl Books, 2003 ed.).

Eisenhower, David, *Eisenhower at War 1943-1945* (New York: Random House, 1986; New York: Wings Books, 1991 ed.).

Eisenhower, John S. D., *The Bitter Woods: The Battle of the Bulge* (New York: G. P. Putnam's Sons, 1969; Cambridge: Da Capo Press, 1995 ed.).

——, *Allies: Pearl Harbor to D-Day* (New York: Doubleday & Co., 1982; Cambridge: Da Capo Books, 1990 ed.).

Erickson, John, *The Road to Berlin* (Boulder, Colorado: Westview Press, 1983; London: Cassell Military Paperbacks, 2003 ed.).

Farago, Ladaslas, *Patton: Ordeal and Triumph* (New York: Dell Paperbacks, 1970 .).

——, *The Last Days of Patton* (New York: McGraw-Hill, 1981; New York: Berkeley

Books, 1986 ed.).

Follain, John, *Mussolini's Island* (London: Hodder & Stoughton, 2005).

Funk, Arthur Layton, *The Politics of TORCH: The Allied Landings and the Algiers Putsch 1942* (Lawrence, K.S.: University of Kansas Press, 1974).

Gabel, Christopher R., *The U.S. Army GHQ Maneuvers of 1941* (Washington, D.C.: U.S. Government, 1991).

Garland, Albert N., and Howard M. Smythe, *The United States Army in World War II: Sicily and the Surrender of Italy* (Washington, D.C.: Center of Military History, 1963, 1993 ed.).

Gelb, Norman, *Ike & Monty: Generals at War* (New York: William Morrow & Co., 1994).

Gilbert, Martin, *The Second World War* (New York: Henry Holt, 1989).

Greenfield, Kent R., and Robert R. Palmer, *Origins of the Army Ground Forces: General Headquarters U.S. Army, 1940-1942* (Washington, D.C.: Historical Section: U.S. Army, 1946).

Harrison, Gordon A., *The United States Army in World War II: Cross-Channel Attack* (Washington, D.C.: U.S. Government, 1951; Washington, D.C.: Center of Military History, 1993 ed.).

Hart, Stephen Ashley, *Montgomery and "Colossal Cracks"* (Westport, Conn.: Praeger, 2000).

Hastings, Max, *Overlord: D-Day and the Battle for Normandy* (New York: Simon & Schuster, 1984).

Hirshson, Stanley P., *General Patton: A Soldier's Life* (New York: Harper Collins, 2002; Harper Perennial, 2003 ed.).

Hogan, David W., *Command Post at War: First Army Headquarters in Europe, 1944-1945* (Washington, D.C.: Center of Military History, 2000).

Howe, George F., *The United States Army in World War II: Northwest Africa: Seizing the Initiative in the West* (Washington, D.C.: U.S. Government, 1957; Washington, D.C.: Center of Military History, 1993 ed.).

Korda, Michael, *Ike: An American Hero* (New York: Harper Collins, 2007; New York: Harper Perennial, 2008 ed.).

Lande, D. A., *I Was with Patton* (St. Paul: MBI Publishing, 2002).

MacDonald, Charles B., *The United States Army in World War II: The Siegfried Line Campaign* (Washington, D.C.: Center of Military History 1963, 1993 ed.).

——, *The United States Army in World War II: The Last Offensive* (Washington, D.C.: Center of Military History,1973, 1993 ed.).

——, *A Time for Trumpets: The Untold Story of the Battle of the Bulge* (New York: Harper Collins, 1985).

Manchester, William, *The Arms of Krupp* (New York: Little, Brown & Co., 1968, 2003 ed.).

Marshall, S.L.A., *Bastogne: The First Eight Days* (Washington, D.C.: Infantry Journal Press 1946, Washington D.C.: Center of Military History 1988 ed.).

Maycock, Thomas J., "The North African Campaigns," in: Wesley Frank Craven and James Lea Cate, *Army Air Forces in World War II: TORCH to POINTBLANK, August 1942 to December 1943* (Washington, D.C.: U.S. Government, 1948).

Mayo, Lida, *The United States Army in World War II: The Technical Services: The Ordnance Department: On Beachhead and Battlefront* (Washington, D.C.: Center of Military History, 1968, 1991 ed.).

Miller, Edward G., *A Dark and Bloody Ground: The Hürtgen Forest and the Roer River Dams, 1944-1945* (College Station: Texas A&M University Press, 1995).

Miller, Merle, *Ike the Soldier: By Those Who Knew Him* (New York: G. P. Putnam's Sons, 1987).

Moorehead, Alan, *African Trilogy: The North African Campaign 1940-1943* (London: Hamish Hamilton, 1944; London: Cassell, 1998 ed.).

Morelock, J. D., *Generals of the Ardennes: American Leadership in the Battle of the Bulge* (Honolulu: University Press of the Pacific, 2002).

Morgan, Ted, *FDR: A Biography* (New York: Simon & Schuster, 1985, 1986 ed.).

Murray, G. E. Patrick, *Eisenhower Versus Montgomery: The Continuing Debate* (Westport, Conn: Praeger, 1996).

Neillands, Robin, *Battle for the Rhine: Arnhem and the Ardennes-The Campaign in Europe, 1944-1945* (London: Weidenfield & Nicholson, 2005).

Patton, Robert H., *The Pattons: A Personal History of an American Family* (New York: Crown Publishers, 1994; Dulles, Virginia: Potomac Books, Inc., 2004 ed.).

Perret, Geoffrey, *Eisenhower* Holbrook, M.A.: Adams Media, 1999).

Perry, Mark, *Partners in Command: George Marshall and Dwight Eisenhower in War and Peace* (New York: Penguin Press, 2007).

Pitt, Barrie, *Churchill and the Generals* (London: Sidgwick & Jackson Ltd., 1981; Yorkshire: Pen & Sword Books Ltd., 2004).

Pogue, Forrest C., *The United States Army in World War II: The Supreme Command* (Washington, D.C.: Center of Military History, 1954, 1989 ed.).

——, *George C. Marshall: Ordeal and Hope 1939-1942* (New York: Viking Press, 1965).

——, *George C. Marshall: Organizer of Victory 1943-1945* (New York: Viking Press, 1973).

Prefer, Nathan H., *Patton's Ghost Corps: Cracking the Siegfried Line* (Novato, CA: Presidio Press, 1998).

Price, Frank James, *Troy H. Middleton: A Biography* (Baton Rouge: LSU Press, 1974).

Reynolds, Michael, *Monty and Patton: Two Paths to Victory* (Staplehurst, Kent: Spellmouth Ltd., 2005).

Roberts, Andrew, *Masters and Commanders: How Four Titans Won the War in the West, 1941-1945* (New York:Harper, 2009).

Rogers, Russ, *Historic Photos of General George Patton* (Nashville: Turner Publishing Co., 2007).

Ruppenthal, Roland G., *The United States Army in World War II: Logistical Support of the Armies(2 vols.,Washington, D.C.: Center of Military History, 1953, 1995 ed.).*

Ryan, Cornelius, *The Longest Day* (New York: Simon & Schuster, 1959; New York: Simon & Schuster Paperbacks, 1994 ed.).

——, *A Bridge Too Far* (New York: Simon & Schuster, 1974; New York: Simon & Schuster Paperbacks, 1995 ed.).

Shirer, William L., *The Rise and Fall of the Third Reich* (New York: Fawcett Crest, 1962, 1992 ed.).

Spires, David N., *Air Power for Patton's Army: The XIX Tactical Air Command in the Second World War* (Washington, D.C.: Air Force History and Museums Program, 2002).

Toland, John, *The Last 100 Days* (New York: Random House, 1965).

Weigley, Russell F., *Eisenhower's Lieutenants* (Bloomington: Indiana University Press, 1981).

Weintraub, Stanley, *11 Days in December: Christmas at the Bulge, 1944* (New York: Free Press, 2006).

——, *15 Stars: Eisenhower, MacArthur, Marshall* (New York: Free Press, 2007).

OTHER SECONDARY SOURCES

Anderson, Charles R., "Algeria-French Morocco 1942," CMH Pub. 72-11 (Washington, D.C.: Center of Military History, 1990).

——, "Tunisia," CMH Pub. 72-12 (Washington, D.C.: Center of Military History, n.d.).

Barnhart, Barton V., "The Great Escape: An Analysis of Allied Actions Leading to the Axis Evacuation in Sicily in World War II," unpublished MA Thesis, Command and General Staff College (Fort Leavenworth, 2003).

Becker, Marshall O., "The Amphibious Training Center: Study No. 22" (Washington, D.C.: Army Ground Forces, Historical Section, 1946).

Bilgé, Kerem, "Admiral Leahy: U.S. Ambassador to Vichy," *World War II Magazine* (November 2006).

Birtle, Andrew J., "Sicily 1943," CMH Pub. 72-16 (Washington, D.C.: Center of Military History, n.d.).

Bodner, Diana L., "The Relationship Between Fox Conner and Dwight Eisenhower," Army War College Study (April 2002).

Bradsher, Greg, "Nazi Gold: The Merkers Mine Treasure," *Prologue: Quarterly of the National Archives and Records Administration* (Spring 1999).

Carpenter, Douglas C., "A Failure of Coalition Leadership: The Falaise-Argentan Gap," Army War College Study (April 2002).

Condit, Howard, "General George C. Marshall, Strategic Leadership and Coalition Warfare," Army War College Study (April 1996).

Dale, Matthew B., "The Professional Military Development of Major General Ernest N. Harmon" (Leavenworth, Kansas: U.S. Army Command and General Staff College, 2008).

D'Este, Carlo, "Monty's Armored Smokescreen," *World War II* (July 2009).

——, "The Storm Before the Storm," *World War II* (May/June 2010).

Doubler, Michael D., "Busting the Bocage: American Combined Arms Operations in France, June-July 31, 1944" (Leavenworth, Kansas: Combat Studies Institute, 1988).

Gabel, Christopher R., "The Lorraine Campaign: An Overview, September-December, 1944" (Leavenworth: Combat Studies Institute, 1985).

——, "The 4th Armored Division in the Encirclement of Nancy" (Leavenworth, Kansas: Combat Studies Institute, 1986).

Gabel, D. L., "Leadership or Management: The Cadet Chain of Command and the West Point Class of 1915"(December 4, 1989), accessed at http://digitallibrary.usma.edu/libmedia/archives/toep/cadet_chain_command_wp_class_1915.pdf .

Gavin, James M., "Bloody Huertgen: The Battle that Never Should have been Fought," *American Heritage* (December 1979).

Hall, John L., "Eisenhower, Strategic Operator and Leader," Army War College Study (February 1996).

Johnson, Richard H., "An Investigation into the Reliefs of Generals Orland Ward and Terry Allen," unpublished monograph, Command and General Staff College (Fort Leavenworth, 2009).

Kiefer, Todd A., "The Most Reasonable of Unreasonable Men: Eisenhower as Strategic General," unpublished MA Thesis, Command and General Staff College (Fort Leavenworth, 1999).

King, Michael J., "Rangers: Selected Combat Operations in World War II," No. 11 (Leavenworth, Kansas: Com Kiefer, Todd A., "The Most Reasonable of Unreasonable Men: Eisenhower as Strategic General," unpublished MA Thesis, Command and General Staff College (Fort Leavenworth, 1999).

King, Michael J., "Rangers: Selected Combat Operations in World War II," No. 11 (Leavenworth, Kansas: Combat Studies Institute, U.S. Army Command and General Staff College, June 1985).

Kirkpatrick, Charles E., "Joint Planning for Torch," *Parameters* (Summer 1991).

Laurie, Clayton D., "Rome-Arno," CMH Pub. 72-20 (Washington, D.C.: Center of Military History, 1990).

Lowder, Joseph B., "The Falaise-Argentan Gap: Dysfunctional Unity of Effort," Army War College Study (April 2001).

Morelock, Jerry D., "Darkest of Times: A Critical Analysis of Bradley's Leadership in the Battle of the Bulge" (unpublished monograph).

———, "General Omar Bradley's Battle of the Bulge," *Armchair General* (January 2007).

———, "Ike's Warriors," *Armchair General* (April/May 2009).

———, "Terrible Terry Allen," *Armchair General* (April/May 2010).

Niederost, Eric, "A Fool's Errand," *World War II* (July/August 2006).

Renstrom, Danielle Stout, "Roosevelt's Olive Branch: The Diplomacy of Unconditional Surrender," unpublished MA thesis (North Carolina State University, 2006).

Reynolds, Michael, "The Final Days of General George S. Patton Jr.," *World War II History* (November 2007).

———, "Patton's End Run," *World War II History* (September 2009).

Ruppenthal, Roland G., "Utah Beach to Cherbourg," CMH Pub. 100-12 (Washington, D.C.: U.S. War Department, Historical Division, 1948; Washington, D.C.: Center for Military History, n.d.).

Smith, Kenneth V., "Naples-Foggia 1943-1944," CMH Pub. 72-17 (Washington, D.C.: Center for Military History, n.d.).

Sullivan, John J., "The Botched Air Support of Operation Cobra," *Parameters* (March 1998).

Tozer, Eliot, "How Eisenhower Gambled on History's Most Fateful Weather Forecast," *Popular Science* (June 1957).

U.S. War Department, Historical Division, "To Bizerte with the II Corps," CMH Pub. 100-6 (Washington, D.C.: U.S. War Department, Historical Division, 1943; Washington, D.C.: Center of Military History, 1990).

Vannoy, Allyn, "American Drive to the Moselle," *Military Heritage* (August 2009).

Weintraub, Stanley, "Patton's Last Christmas," *MHQ: The Quarterly Journal of Military History* (April 2007) ."The Winning of World War II: Top Command: Field Commanders: Omar N. Bradley and George S. Patton Jr." (Viewmark Production, 1996)